中国社会科学院文库
经济研究系列
The Selected Works of CASS
Economics

中国社会科学院创新工程学术出版资助项目

中国社会科学院文库 · 经济研究系列
The Selected Works of CASS · Economics

新时期全面深化国有经济改革研究

STUDY ON COMPREHENSIVELY DEEPENING THE REFORM OF STATE-OWNED ECONOMY IN A NEW ERA

黄群慧　等著

中国社会科学出版社

图书在版编目（CIP）数据

新时期全面深化国有经济改革研究／黄群慧等著．—北京：中国社会科学出版社，2015.12

ISBN 978－7－5161－7338－1

Ⅰ.①新…　Ⅱ.①黄…　Ⅲ.①中国经济—国有经济—经济体制改革—研究　Ⅳ.①F121.21

中国版本图书馆CIP数据核字(2015)第300750号

出 版 人　赵剑英
责任编辑　王　茵
特约编辑　马　明　王　称
责任校对　闫　萃
责任印制　王　超

出　　版　中国社会科学出版社
社　　址　北京鼓楼西大街甲158号
邮　　编　100720
网　　址　http://www.csspw.cn
发 行 部　010－84083685
门 市 部　010－84029450
经　　销　新华书店及其他书店

印　　刷　北京君升印刷有限公司
装　　订　廊坊市广阳区广增装订厂
版　　次　2015年12月第1版
印　　次　2015年12月第1次印刷

开　　本　710×1000　1/16
印　　张　39.75
插　　页　2
字　　数　672千字
定　　价　139.00元

凡购买中国社会科学出版社图书，如有质量问题请与本社营销中心联系调换
电话：010－84083683

《中国社会科学院文库》出版说明

《中国社会科学院文库》（全称为《中国社会科学院重点研究课题成果文库》）是中国社会科学院组织出版的系列学术丛书。组织出版《中国社会科学院文库》，是我院进一步加强课题成果管理和学术成果出版的规范化、制度化建设的重要举措。

建院以来，我院广大科研人员坚持以马克思主义为指导，在中国特色社会主义理论和实践的双重探索中做出了重要贡献，在推进马克思主义理论创新、为建设中国特色社会主义提供智力支持和各学科基础建设方面，推出了大量的研究成果，其中每年完成的专著类成果就有三四百种之多。从现在起，我们经过一定的鉴定、结项、评审程序，逐年从中选出一批通过各类别课题研究工作而完成的具有较高学术水平和一定代表性的著作，编入《中国社会科学院文库》集中出版。我们希望这能够从一个侧面展示我院整体科研状况和学术成就，同时为优秀学术成果的面世创造更好的条件。

《中国社会科学院文库》分设马克思主义研究、文学语言研究、历史考古研究、哲学宗教研究、经济研究、法学社会学研究、国际问题研究七个系列，选收范围包括专著、研究报告集、学术资料、古籍整理、译著、工具书等。

中国社会科学院科研局

2006 年 11 月

序　言

国有企业改革一直是中国经济体制改革的中心环节。30 多年的国有企业改革与发展已经取得了巨大的成就，计划经济体制下以国有经济为主体的单一的微观经济结构已经有了显著改观，国有大中型企业大部分已通过公司制、股份制改革初步建立起现代企业制度，适应社会主义市场经济要求的多种所有制共同发展的混合经济结构已经基本确立。在社会主义市场经济体制逐步建立的大背景下，国有经济的布局和结构有了很大的改善，国有经济在国民经济中发挥了主导作用，控制了关系国民经济命脉的重要行业和关键领域，国有企业在保持我国经济稳定增长、推进我国快速工业化、提高我国经济国际竞争力等方面发挥了重要的作用。但是，从建设成熟的社会主义市场经济体制的要求看，国有企业改革还有待全面深化，无论是公司制和股份制的改革，还是垄断行业的国有企业改革，以及国有经济的战略性调整和国有资产管理体制改革，都还不到位，国有资本流动性仍然较差，还未很好做到有进有退、合理流动和实现国有资本动态优化配置。

党的十八届三中全会开启了全面深化改革的新时期。全面深化改革，要发挥经济体制改革的牵引作用，而布局经济体制改革，首先是坚持和完善基本经济制度。党的十八届三中全会通过的《中共中央关于全面深化改革若干重大问题的决定》（以下简称《决定》）特别提出混合所有制经济是基本经济制度的重要实现形式，这意味着积极发展混合所有制经济是今后完善基本经济制度的着力点。积极发展混合所有制经济，就要完善国有资产管理体制，国有资产监管机构要从管国有企业为主转为管国有资本为主，改革国有资本授权经营体制，建立若干国有资本运营公司和国有资本投资公司，通过国有资本有效流动将国有资本更多投向关系国家安全、国民经济命脉的重要行业和关键领域，重点提供公共服务、发展重要前瞻性战略性产业、保护生态环境、支持科技进步、保障国家安全。十八届三中全会《决定》还提出继续推动国有企业完善现代企业制度，准确界定不同国有企业功能，建立协调运作、有效制衡的公司法人治理结构，以及支持非公经济健康发展、鼓励非公有制企业参与国有企业改革。这不仅为全面深化国有企业改革指明了方向，还提出了深化国有企业改革的具体任务要求。

党的十八届三中全会提出的深化国有企业改革的任务不仅重大而且艰巨，落实在政策制定上，还有许多问题需要深入研究和探讨，落实在具体推进上，还有许多工作需要统筹兼顾、攻坚克难。无论是发展混合所有制经济，还是深化垄断领域改革；无论是探索以“管资本”为主的国有资本管理新体制，还是建立国有资本经营公司和国有资本投资公司；无论是推进国有经济战略性调整，还是形成国有资本合理有序流动机制；无论是国有企业功能界定，还是国有企业分类改革和治理；无论是国有企业完善现代公司治理结构，还是建立国企领导人的有效激励约束机制，都需要积极的探索和艰苦的努力。2015 年 9 月 14 日《中共中央国务院关于深化国有企业改革的指导意见》发布，接下来“1 + N”全面深化国有企业改革的政策系列将不断出台，这将对未来深化国有企业改革的实践发挥重要的指导作用。国有企业改革的重大任务的完成是无法一蹴而就的，在深入推进过程中还会面临许多具体的实践难题，这些难题不能完全靠政府部门来单向推动和解决，还需要广泛的社会参与，尤其是需要学术界的基于现实问题导向的深入系统的研究。

现在摆在读者面前的《新时期全面深化国有经济改革研究》，就是这样一本从新时期国有企业改革现实问题出发、以十八届三中全会精神为指导、系统研究国有企业改革各方面问题的专著。该书是以中国社会科学院工业经济研究所所长黄群慧研究员为首席专家的 2012 年国家社科基金重大项目的最终成果。这本书围绕过去三年左右时间里我国国资国企改革与发展面临的新形势、新进展和新问题进行了系统研究。上篇着重探讨了推进国有经济战略性调整的有关问题。20 世纪末，党提出对国有经济实施战略性调整，到目前，国有经济的战略性调整还没有到位。今后，应该将 20 世纪 90 年代提出的从战略上调整国有经济的布局和结构，转变为从战略上调整国有资本的布局和结构，加快推动国有资本更多投向关系国家安全和国民经济命脉的重要行业和关键领域。书中论述了结合当前经济“新常态”推进我国国有经济布局和结构战略性调整的实践方向。下篇紧密结合党的十八届三中全会以来的国资国企改革的重大现实问题进行论述。具体包括发展混合所有制、员工持股制度、产权保护制度、国有资产管理体制、国有资本经营预算制度、国有企业领导管理制度等专题。这部分还结合“三分类”的方法，对一般商业性企业、公共政策性企业和特定功能性企业的差异化治理架构进行了论述。本书还将他们三年来发表的若干有代表性的论文收录在后面，同时还附上了本课题组发表的成果目录，这使读者可以对他们三年来的研究成果全貌有一个概览。

长期以来，国有企业改革与发展问题，一直是工业经济研究所的重点研究领域之一，有很好的研究积累，本书则是工业经济研究所的同志们在这个领域的代表性的最新成果。黄群慧研究员和他的研究团队针对新时期国有经济改革与发展中的现实重大问题深入研究，提出了一些有价值的观点和富有实践指导意义的建议，比如，构建“三层三类全覆盖”的国有经济管理新体制、按照国有企业的使命和功能来准确界定企业类型、推动国有企业的分类改革与分类治理相结合、国有企业领导管理体制从“集中统一”转向“分类分层”等，这些观点，我认为是值得大家关注、参考与借鉴的。当然，有鉴于国有企业改革实践的复杂性，这本书里的一些观点也可以进一步推敲和商榷。有的专题研究，也只是探索性的或仍然有进一步深入研究的余地。学无止境，我衷心期待黄群慧研究员和他的研究团队在这个研究领域里，坚持严谨务实的治学精神，在不远的将来拿出更有分量的研究成果，为我国国资国企改革大政方针和有关政策的制定以及各类国有企业的改革实践，提供更有力的智力支持。出于这样的认识与期待，我愿意在这里向大家推荐此书，并为之作序。

张卓元

二〇一五年十月二十日

目　录

下 篇

附　　录

前言　论新时期全面深化国有经济改革重大任务*

党的十八届三中全会通过了具有里程碑意义的《决定》，提出要紧紧围绕使市场在资源配置中起决定性作用和更好地发挥政府作用深化经济体制改革，对国有经济进一步深化改革提出了新要求，中国国有经济改革在经历了30多年理论和实践探索后，进入了一个全面深化改革的新时期。

一　实现市场在资源配置中起决定性作用条件下的国有经济与成熟市场经济体制的融合

1. 国有经济改革的根本问题

在中国确立社会主义市场经济体制改革的目标后，作为公有制代表的国有经济如何与市场经济体制融合，一直是国有经济改革需要破解的根本性问题。如何通过改革，解决国有经济与市场经济体制存在的管理体制、运行机制、定位布局、实现形式等方面矛盾，使得国有经济能够适应市场机制，在市场竞争中不断提高效率、发展壮大，从而发挥在国民经济中的主导作用，构成了中国国有企业和国有资产管理体制改革的主线。

---

* 本文刊发于《中国工业经济》2014年第9期。本报告在9个分报告基础上由黄群慧汇总执笔完成，这9个分报告分别为：《新时期国有企业与国有资产管理体制改革的形势与思路》（黄群慧执笔），《国有资产管理体制改革总体设计》（黄速建、余菁执笔），《积极发展混合所有制研究》（王钦、肖红军、贺俊、张航燕执笔），《国有企业功能定位与分类治理》（李钢执笔），《组建国有资本投资公司与国有资本经营公司研究》（余菁执笔），《深化垄断行业改革研究》（刘戒骄执笔），《国有资本经营预算体制改革研究》（杜莹芬执笔），《完善国有企业现代公司法人治理研究》（刘建丽执笔），《国有企业员工持股制度研究》（王欣执笔）。

沿着这个改革主线，中国国有经济改革先后经历了三个阶段。[①] 第一个阶段是改革开放之初到党的十四届三中全会的“放权让利”阶段，该阶段大体上用了15年的时间，贯穿20世纪80年代和90年代初。当时，改革的重心落在国有企业层面。这一阶段，改革的主要任务是引导国营单位走出计划经济体制的旧观念与行为的束缚，使它们能够逐步适应商品化的经营环境，完成自身的企业化改造，解决了一个个国有企业进入市场的问题。第二个阶段是20世纪90年代初至21世纪初的“制度创新”阶段，大体上有10年的时间。当时，改革的重心落在建立现代企业制度和推动国有经济结构调整上。这一阶段，改革的主要任务是引导国有企业确立与市场经济要求相适应的资本和产权的观念，建立现代企业制度，通过国有经济布局与结构战略性调整，初步解决了整个国有经济部门如何适应市场竞争优胜劣汰的问题，改变了国有经济量大面广、经营质量良莠不齐和国家财政负担过重的局面。第三个阶段是党的十六大以后，以2003年国资委成立为标志的“国资发展”阶段，国有企业改革进入以国有资产管理体制改革推动国有企业改革时期。这一阶段，改革的主要任务是由国资委负责监督管理国有企业实现国有资产保值增值目标，解决了以往国有经济管理部门林立、机构臃肿、监管效率低下的问题，使国有资产利用市场机制发展壮大成为可能。

30多年的国有经济改革进程表明，伴随着中国市场经济体制逐步建立，实现国有经济与市场经济体制的融合，在市场竞争中发挥国有经济主导作用，不断增强国有经济的活力、控制力和影响力，一直是中国国有经济改革的根本问题。

2. 新时期国有经济改革的基本目标

经过上述三个阶段30多年的改革，国有经济改革与发展取得了巨大成就。一是经济布局优化。国有资本逐步从一般生产加工行业退出，国有资本更多地集中于关系国民经济命脉的重要行业和关键领域，在国民经济中发挥着主导作用。二是政企关系优化。初步建立起相对有效的国有资产管理体制，改变了过去“五龙治水”、普遍“内部人控制”的现象，企业经营性国有资产得到了相对规范的管理。财政预算不再安排用于补充国有

---

① 黄群慧、余菁：《新时期的新思路：国有企业分类改革与治理》，《中国工业经济》2013年第11期，第5—17页。

且有资本金性质的支出和经营性亏损，政府的公共管理职能和出资人职能初步分离。三是经营机制优化，从数量上看大部分国有企业已经进行了公司制股份制改革，初步建立起现代企业制度，公司治理结构逐步规范。四是经营绩效优化，国有企业发展质量和运行效率得到了提升，竞争力有了很大提升，国有经济已经摆脱困境，对经济社会发展的贡献进一步显现。

应该说，国有经济从总体上已经与市场经济体制逐步适应和融合。但是，中国国内外环境正发生巨大变化，从国际环境看，在经济全球化的大趋势下，中国开放水平进一步提高，国有经济面临国家使命提升与国际环境严峻的双重压力；从国内经济环境看，进入“十二五”以后，中国已经步入工业化后期，[①] 中国经济发展方式亟待转变，国有经济所熟悉的要素驱动型的发展环境正在改变。这些新形势对中国经济发展提出了新要求。尤其是党的十八届三中全会以后，中国要建立市场在资源配置中起决定性作用和更好发挥政府作用的市场经济体制，这是一种更加成熟的社会主义市场经济体制，现有国有经济与这种成熟社会主义市场经济体制的要求还有很大差距，这主要表现在由于国有经济改革“不到位”而产生的不适应。一是国有经济战略性调整不到位，使得国有经济功能定位和布局不适应。国有经济的公共政策性功能和市场营利性功能还没有区分，许多国有企业在经营中还面临着“公益性使命”和“营利性使命”的冲突，处于赚钱和不赚钱两难的尴尬境界——不赚钱无法完成国有资产保值增值、壮大国有经济的目标，赚了钱又被指责损害了市场公平和效率。垄断行业的国有企业改革还不到位，缺乏一条明确、可信又可行的改革路径。垄断行业的国有企业追求行政垄断地位的行为，影响到构建公平有效的市场经济格局。二是国有企业的公司制股份制改革没有到位，使得国有经济的产权实现形式还存在不适应。为数众多的国有大企业，其母公司及二级以上公司层面的股权多元化改革，大多是停滞不前。三是国有资产管理体制改革不到位，无法适应新形势的要求。一方面，国有资本流动性仍然较差，还满足不了有进有退、合理流动和实现国有资本动态优化配置的要求；另一方面，国有企业还常常面临相关政府部门不当干涉的困扰。四是现代企业制度建设还不到位，国有企业的微观治理机制还不适应成熟市场

① 陈佳贵、黄群慧、吕铁、李晓华等：《中国工业化进程报告（1995—2010）》，社会科学文献出版社 2012 年版。

经济的要求。国有企业治理结构还不规范，企业具有行政级别，国有企业经理人的市场选聘、监督约束机制改革还有待形成和完善，存在国有企业经营管理者“党政干部”和“企业家”双重角色的冲突，这既使企业市场化经营权利无法得到充分保障，又影响到市场公平性。

这些改革不到位的问题，从本质上说还是国有经济没有与成熟市场经济体制有机融合，在管理体制、运行机制、定位布局、实现形式等方面还存在矛盾。党的十八届三中全会决定要建立市场在资源配置中起决定性作用的健全的社会主义市场经济体制，这就对国有经济与市场经济体制的融合提出了更高的要求，国有经济一方面要提高国有企业活力和适应市场公平竞争的能力，另一方面要提高服务国家战略目标、提供公共服务的能力。新时期全面深化国有经济改革，就是要解决国有经济与成熟市场经济体制的这些矛盾。基本目标是，市场在资源配置中起决定性作用的条件下，实现国有经济与成熟市场经济体制的全面融合。

3. 新时期国有经济改革的重大任务

基于中国国有经济改革理论和实践探索，参考国外成熟市场经济国家的经验，中国国有经济与成熟市场经济体制实现融合，需要回答以下四方面重大问题：一是在社会主义市场经济体制中，国有经济应该有怎样的功能定位和布局？是否需要动态调整？二是与计划经济体制下单一国有制相比，市场经济体制下国有经济主要实现形式是什么？尤其是国有企业主要以怎样的所有权结构形式存在？三是中国庞大的国有经济，在市场经济体制条件下应该建立怎样的国有经济管理体制？四是作为国有经济主要微观主体的企业，在市场经济条件下为了保证自己的竞争力，应该具有怎样的治理结构和运营机制？

党的十八届三中全会通过的《决定》，在总结中国国有经济改革的历史经验、分析中国面临的新形势、新任务的情况下，回答了上述四方面问题。关于国有经济的功能定位和布局，在明确坚持公有制主体地位、发挥国有经济主导作用的前提下，提出准确界定不同国有企业的功能，国有资本运营要服务于国家战略目标，重点是提供公共服务、发展重要前瞻性战略性产业、保护生态环境、支持科技进步、保障国家安全；关于国有经济的主要实现形式，提出要积极发展混合所有制经济；关于国有经济管理体制，提出完善国有资本管理体制，以管资本为主加强有资产监管；关于国有经济微观制度基础，提出要推动国有企业完善现代企业制度，健全协调运作、有效制衡的公司法人治理结构。这实质上明确了新时期中国国有经济改革的重大任务。关于国有经济四项重大改革任务和具体措施的内容和关系如图0－1所示。

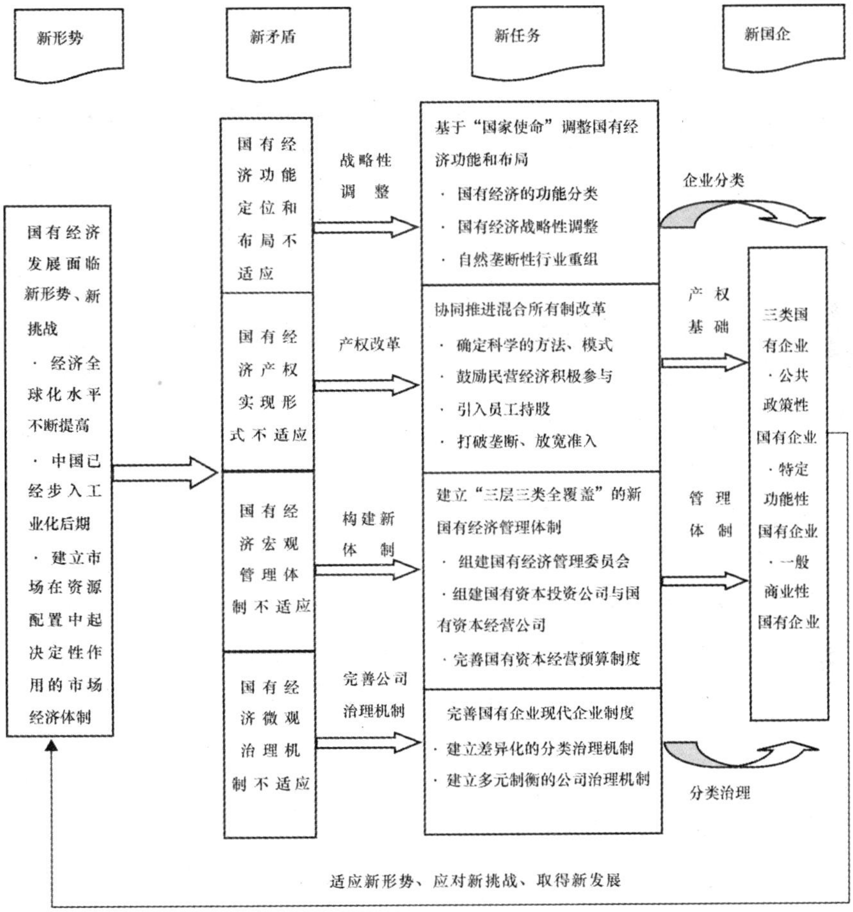

图0－1　新时期全面深化国有经济改革的重大任务

资料来源：作者整理。

以党的十八届三中全会的精神为指导，本书认为，新时期国有经济面临新的形势和新的挑战，要实现国有经济与成熟市场经济体制全面融合面临着一些矛盾，这要求完成与时俱进地根据国家使命调整国有经济功能和布局、推进混合所有制改革确立国有经济的主要实现形式、建立分类分层的新国有经济管理体制、推动国有企业完善现代企业制度以奠定国有经济高效运行微观基础这四项重大任务，通过这四项重大改革任务和具体的改革措施的推进，最终形成以“新型国有企业”为主的国有经济，① 这些“新国企”将适应新形势的发展要求，与市场在资源配置中发挥决定性作用条件下的成熟社会主义市场经济体制日益融合。

二 与时俱进地根据“国家使命”调整国有经济功能定位和布局

1. 基于使命的国有经济功能分类

使命就是企业存在的理由，是企业的价值取向和事业定位，使命不明确或者使命冲突会导致企业行为逻辑混乱。对于国有企业而言，实现国家赋予的使命——“国家使命”是国有企业生存发展的理由。在社会主义市场经济体制下，国有经济的“国家使命”不应仅仅着眼于如何运营管理好现有的存量国有资产的问题，而应放眼社会、放眼世界、放眼未来，从社会性、国际化和可持续性的视角入手，更好地配置国有资本，更好地发挥国有经济部门与非国有经济部门的互补功能，为整个国民经济向更健康、更有竞争力、更具可持续性的方向发展，为中华民族实现伟大复兴、实现“中国梦”而贡献积极力量。

具体而言，中国是一个发展中的渐进式的经济转轨国家，这就决定了中国的国有经济在相当长的历史时期既要有一般的市场体制国家在市场经济运行中国有经济应承担的使命，又要有发展中国家在经济赶超中国有经济应承担的使命，还要有转轨经济国家在渐进式转轨过程中国有经济应承担的使命，我们将其划分为国有经济的“市场经济国家使命”“发展中国家使命”和“转轨经济国家使命”，针对这三类“国家使命”，国有经济相应的功能分别是“弥补市场失灵功能”“实现经济赶超功能”“培育市场主体功能”。

市场经济国家普遍面临着市场失灵问题，所谓市场失灵是指市场机制在某些领域不能使社会资源的配置达到帕累托最优状态的表现，这些领域包括自然垄断、公共产品、存在外部性和信息不完全等领域。由于市场经济无法达到最优的资源配置，就需要国家对市场经济进行干预，以达到优

① 有关“新国企”的更为全面的研究可参阅金碚和黄群慧《“新型国有企业”现象初步研究》，《中国工业经济》2005 年第 5 期，第 5—14 页。

化资源配置的目的。也就是说，相对于市场而言，政府在纠正自然垄断、矫正外部效应、提供公共物品、实现区域协调发展、保证收入公平分配等方面具有更大的优势和作用，而国有经济则是政府承担这一职能的重要载体，国家或政府通过举办国有企业、发展国有经济的手段实现政府干预市场、弥补市场失灵的目的。[①] 这就是市场经济国家赋予国有经济的使命，也就是国有经济的“弥补市场失灵功能”。

实现经济赶超是发展中国家特有的目标，发展经济学表明，发展中国家在经济赶超阶段、在国际市场上往往遵循静态比较优势，发展中国家可以从国际贸易或国际分工中获益，但却不能从根本上解决核心技术的研发、产业结构提升、经济发展方式转变等重大问题，其后果就是陷入“比较优势陷阱”或“低端锁定陷阱”。[②] 因此，在成为世界一流强国之前，发展中国家都必须保持相当数量的国有企业，去承担建立现代化经济强国、实现经济赶超的功能。在国家的支持下，国有企业在充分理解国际竞争秩序的条件下，在立足于自身现有的条件和资源状况的基础上，通过专业化学习、投资创新及经验积累等后天因素着力培育和强化其动态比较优势，从而在事关国计民生的基础产业、支柱产业、战略产业与国外企业竞争抗衡，承担支持科技进步、保障国家经济安全等功能，这就是国有经济基于赶超国家使命而承担的“实现经济赶超功能”。

对转轨经济国家，尤其是渐进式改革的转轨经济国家，其转轨过程是由大一统的国有经济结构向混合所有经济结构的演进。在传统的计划经济体制下，这类国家是没有真正的市场经济主体——企业的，改革的过程是将国有企业转化为自主经营、自负盈亏、自我约束、自我发展的真正的市场主体，也就是培育市场主体的过程。同时，随着民营经济的兴起和外资企业的进入，市场经济主体逐步丰富，混合所有制的经济结构逐步形成。转轨经济国家需要国有经济承担逐步发展独立的市场经济主体的功能，作为独立市场主体的国有企业要积极应对市场的激烈竞争，在竞争中通过追求盈利来实现国有资产保值增值，回报国家这个所有者代表。这就是国有经济要承担的“转轨经济国家使命”和“培育市场主体功能”。

---

① 韩丽华、潘明星：《政府经济学》，中国人民大学出版社 2003 年版。

② 朱春红：《发挥我国产业静态比较优势与培育动态比较优势构想》，《现代财经》2005 年第 11 期。

多年改革发展留下的巨大的国有经济总体上承担着上述三大“国家使命”，但这三大使命在具体国有企业中没有区分。由于“弥补市场缺陷”强调国有企业作为政府实现公共目标的工具或者资源，具有公共政策性，而“培育市场主体”则要求国有企业追求市场营利性，保证国有资产的保值增值，这就造成国有企业面临着“使命冲突”，从而使得国有企业无法与市场经济体制彻底融合。新时期要深化国有经济改革，需要准确界定不同国有企业的功能，国有企业已经步入了一个“分类改革与分类监管”的新时期。我们认为，基于上述三类“国家使命”和国有经济功能性质，考虑到历史沿革和可行性，可以将国有企业分成公共政策性、特定功能性和一般商业性三种类型。①

公共政策性国有企业是带有公共性或公益性的、特殊目的的国有企业，它们仅承担国家公益性或公共性政策目标而不承担商业功能。公共政策性国有企业应该是国有独资企业，具体监管方法是“一企一制”“一企一法”，确保企业活动始终以社会公共利益为目标。这类国有企业数量非常少。目前，有的公共政策性国有企业也在开展商业性业务活动，一旦明确企业功能定位，其商业性活动应该逐步分离出来。从长远看，公共政策性国有企业将是国有资本加强投资和监管的重点。

一般商业性国有企业也就是人们常说的竞争性国有企业，它们属于高度市场化的国有企业，只承担商业功能，追求盈利性经营目标。一般商业性国有企业采用公司制或股份制，其股权结构应该由市场竞争规律决定，遵循优胜劣汰原则。在规范运作的前提下，这类企业的股权多元化程度和股东的异质性程度不应该受到非市场性因素的困扰和扭曲。为数众多的中小型国有企业都属于这一类型。

特定功能性国有企业具有混合特征，它们有一部分商业功能，也有一部分非商业性或政策性功能，其非商业性功能的实现又要求以企业自身发展和经营活动盈利为基础和前提。特定功能性国有企业的股权结构是国有绝对控股或相对控股的多元化结构。有特殊的政策性功能要求的，可以制定具体政策来规范企业的股权结构；没有特殊政策规定的，应该由市场来发挥资源配置的决定性作用。从长远看，特定功能性国有

① 黄群慧、余菁：《新时期的新思路：国有企业分类改革与治理》，《中国工业经济》2013年第11期，第5—17页。

企业将进一步分化，这类企业中的大多数将转变为一般商业性国有企业。

有关基于国家使命的对国有经济的功能定位和国有企业的分类之间的对应关系可见表0－1。

表0－1　国有经济“国家使命”、功能定位与国有企业分类的对应关系

国家使命	市场经济国家使命	发展中国家使命	转轨经济国家使命
功能定位	弥补市场失灵	实现经济赶超	培育市场主体
功能说明	作为国家政策的一种工具，弥补市场经济的不足，发挥纠正自然垄断、矫正外部效应、提供公共物品、实现区域协调发展、保证收入公平分配等方面作用，是建立市场经济条件下现代的国家治理机制的一部分	在事关国计民生的基础产业、支柱产业、战略产业中与国外企业竞争抗衡，承担支持科技进步、保障国家经济安全等功能，最终实现经济赶超。在成为世界一流经济强国之前，需要保持相当数量的此类国有企业	国有经济承担在经济体制改革中逐步发展独立的市场经济主体的功能，作为独立市场主体的国有企业，要自主经营、自负盈亏、自我约束、自我发展，要积极应对市场的激烈竞争，在竞争中通过追求盈利来实现国有资产保值增值
企业分类	公共政策性企业	特定功能性企业	一般商业性企业
价值导向	公共功能	功能＋利润	市场利润

资料来源：作者自撰。

基于分类思路，本书认为，现在的113家中央企业中公共政策性企业有5家，即中储粮总公司、中储棉总公司、华孚集团、国家电网和南方电网；特定功能性企业有32家，包括国防军工板块的十大军工企业和中国商飞公司，能源板块的三大石油公司、国家核电、中广核集团和六大电力公司，及其他功能板块的中盐公司、中国国新、三大电信公司、三大航空公司以及中远集团、中国海运；一般商业性企业76家，包括一般工业制造企业、综合贸易服务企业、建筑工程企业、科研企业和资产规模在500亿元以下的其他中小型企业。由于国有企业构成的复杂性，具体的分类方法可以是动态的，会随着环境和情况变化而调整。

2. 功能转换与国有经济战略性调整

国有经济的功能定位并不是一成不变的，如果说，以前国有经济保值增值被放到更加重要的位置，那么在新时期，国有资本将加大对公益性的投入，在提供公共服务方面做出更大贡献。这种功能转换意味着新时期中国需要进行国有经济战略性重组。基于上述三类国有企业的功能定位，各类国有企业战略性调整的方向和重点都不同。

对于界定为一般商业性企业的国有企业，其战略性调整目标是完全剥离行政垄断业务，通过市场化手段增强企业活力、提高企业效率，同时建立国有资本灵活退出机制，逐步退出部分国有资本，投向更符合公共服务和国家战略目标的企业。为实现上述改革目标，一方面，要推进公共资源配置市场化，加快政府管制改革，破除各种形式的行政垄断；另一方面，这类国有企业应勇于突破所有制观念的束缚，大力引入其他所有制经济成分，充分发挥其企业制度中内生的国有资本放大功能。在改革实践中，应该按照市场公平竞争要求，鼓励非公有制企业参与一般商业性国有企业的改革，鼓励发展形成非公有资本控股的混合所有制企业；鼓励一般商业性国有企业在改革成为混合所有制企业的同时，实行员工持股，形成资本所有者和劳动者利益共同体。在改革过程中，从这类企业中陆续退出的部分国有资本，将通过国有资本运营公司这一运作平台，转而投向那些更加符合国家战略目标的重要行业和关键领域。

对于界定为公共政策性企业的国有企业，其战略性调整目标是退出营利性市场业务领域、专注公共政策目标的实现，在此前提下，国有资本要加大对这类企业的投入。首先，已从事的营利性市场业务，要逐步剥离；其次，要继续加大国有资本的投入力度，提高这类企业的公共服务能力和承担社会责任的能力；最后，要不断提高公司管理科学化水平，改善国有资本的使用效率。虽然公共政策性企业不以盈利为目标，但为了提高管理效率，在具体项目和环节上可探索引入竞争机制，允许非国有资本参股公共政策性企业负责的一些公共服务项目。公共政策性国有企业自身，既不适合改组为国有资本投资公司或运营公司，也不适合推行员工持股制度来发展混合所有制。

对于界定为特定功能性的企业，战略性调整的总体方向是，主要依托国有资本投资运营公司这一运作平台，不断地主动退出那些竞争格局趋于成熟、战略重要性趋于下降的产业领域和环节，不断努力在提供公共服务、保障国家安全和符合国家战略要求的各种新兴产业领域发挥更大的功能作用。其中，那些功能定位与提供公共服务、保障国家安全紧密相关的国有企业，在推行混合所有制经济、实行企业员工持股方面，要慎之又慎；那些与保护生态环境、支持科技进步、开展国际化经营、战略性新兴产业领域相关的国有企业，可鼓励探索和发展混合所有制经济和员工持股制度。如果某些特定功能性国有企业的功能特征有日渐弱化的趋势，它们就应该及时转变为一般商业性国有企业，再遵照一般商业性国有企业的规律来进行战略性调整和深化改革。

需要说明的是，随着国有经济管理体制改革的深入，现有的113家中央企业数量会进一步减少，尤其是按照党的十八届三中全会精神，组建国有资本投资公司和运营公司，这些平台公司组建过程本身就是国有经济战略性调整过程，甚至是未来几年内国有经济战略性调整的主要任务。

3. 垄断性行业国有经济的战略性调整

电力、电信、民航、石油天然气、邮政、铁路、市政公共事业等垄断性行业国有企业是国有经济中非常特殊但问题突出的部分，大部分属于上述特定功能性企业。垄断性行业国有经济战略性调整，应该通过产权重构带动业务重组和企业组织结构调整，实现产业组织效率和企业绩效的同步提升。产权重构旨在形成符合行业技术经济特征和经济发展阶段要求的产权结构和治理架构。业务重组旨在优化相关业务配置和遏制垄断，形成主业突出、网络开放、竞争有效的经营格局。企业组织结构调整旨在形成兼有规模经济和竞争效率的市场结构，使企业成为社会主义市场经济体制更具活力的市场主体，成为中国国民经济和国有经济中更具战略性的组成部分。

产权重构是国有企业产权多元化的重要途径，也是垄断性行业国有企业建立现代治理制度的基础。垄断性行业国有企业产权重构主要有三种目标模式，即国有独资模式、国有绝对控股模式和国有相对控股模式，重点推动垄断性行业中央企业从国有独资公司向国有绝对控股公司再向国有相对控股公司转变，发展混合所有制经济，实现产权多元化。随着社会主义市场经济体制的成熟定型和民营经济成长，应降低上述领域对国有经济的依赖，逐步从国有绝对控股转向国有相对控股。

业务重组要区分自然垄断的网络环节和可竞争的非网络环节性质，根据行业特点整体规划、分步实施。一般认为，电力产业的输配电网，铁路行业的路轨网络，石油产业的输油管线，天然气行业的输气管线，电信行业的电信、电话和宽带网络，属于自然垄断的网络环节；而电力行业的发电、售电业务，铁路的运输业务，石油和天然气的勘探、销售业务，电信行业的移动电话、互联网、电视网络和增值业务等属于可竞争的非自然垄断环节。① 有关部门应积极研究将电信基础设施和长距离输油、输气管网从企业剥离出来，组建独立网络运营企业的方式，着眼于整个国民经济而不仅仅是某个行业或经济主体自身，谋划和评估网络设施开放使用，通过网络设施平等开放推动可竞争性市场结构构建和公平竞争制度建设，使垄断性行业国有经济成为社会主义市场经济体制更具活力的组成部分，使改革和发展成果更好地惠及国民经济其他产业和广大人民群众。具体而言，石油行业主要是深化中石油和中石化内部重组，通过兼并重组、注入资本金等政策将中海油、中化集团整合成一家新的国家石油公司。电网行业主要是实现国家电网公司和南方电网公司的合并，在国家电网公司、区域电网公司与省电网公司之间建立规范的母子公司关系。输配分离后，国家电网公司和区域电网公司经营输电网，配电网划归省电网公司。民航业重点培育几家区域性航空运输企业，解决航空支线垄断程度过高的问题，把航油、航材、航信三家企业改造成由各航空运输企业参股的股权多元化的股份有限公司。

企业组织结构调整重点在产权结构和业务结构重组的基础上，对一些行业内国有企业的数量及其关系进行选择和优化。由于垄断性行业国有企业均为大型企业或特大型企业，国有企业数量对行业垄断竞争状况和产业绩效具有重要影响。从有效竞争和便于管理的角度看，国有企业在特定行业内的企业数量既不是越少越好，也不是越多越好，否则不是造成垄断就是造成国有企业过度竞争。企业组织结构调整应解决经营者数量过少导致的竞争不足问题，适当增加经营者数量，形成兼有规模经济和竞争效率的市场结构。

---

① 冯飞等：《深化垄断行业改革研究》，载“改革的重点领域与推进机制研究”课题组《改革攻坚（上）——改革的重点领域与推进机制研究》，中国发展出版社 2013 年版。

三　协同推进混合所有制改革确立国有经济的主要实现形式

1. 推进混合所有制改革的方法论原则

为了既避免改革过程中的国有资产流失等问题，又能够达到混合所有制改革的目标，推进混合所有制改革必须坚持“上下结合、试点先行、协同推进”的改革路径和方法论原则，混合所有制改革一定要在上下结合、先行试点的基础上制定改革细则，然后才能全面协同推进，做到“蹄疾而步稳”。

中国改革经验表明，成功的改革推进路径是先“自下而上”——允许基层积极探索，具体包括基层创新、发现问题、积累经验、总结分析等操作步骤，得到基层探索的整体改革意义；进而“自上而下”——进行顶层指导下的推进，具体包括明确方向、选择试点、制定规则、全面推进等程序，从而实现积极稳妥的全面改革。而且这个“自下而上”和“自上而下”的过程往往需要多次反复。这种“上下结合”的改革推进路径，既激发了基层改革创新的积极性，保护了经济的活力，又实现了改革的有序性，避免了改革一哄而上的混乱，是我们改革取得巨大成就的方法论保证。[①] 同样，今天我们推进混合所有制改革，也应该坚持这样的改革路径，或者说方法论原则。党的十八届三中全会明确了大力发展混合所有制的方向，这意味着经过多年“自下而上”的探索，我们已经明确了混合所有制改革方向，全国正处于“自上而下”地推进混合所有制改革阶段。

当前混合所有制改革工作的重点应该是积极推进试点，在试点的基础上分析问题、总结经验，进而制定具体规则和程序、探索混合所有制改革实施细则，以保证进一步全面推进混合所有制改革在制度和法律的框架下规范运作；并根据实际情况，积极开展分类试点，寻找突破口，总结经验，形成操作规范；在试点中前行，在具体实践操作中，不断发现新问题，寻找解决问题的办法，并进行知识的积累，最终形成操作的规范，在“开展试点”的基础上，加强经验交流，全国各地相互促进，探索发展混合所有制经济的新规范。近日，国务院国资委选择国家开发投资公司、中粮集团有限公司开展改组国有资本投资公司试点，中国医药集团总公司、中国建筑材料集团公司开展发展混合所有制经济试点，新兴际华集团有限

---

① 黄群慧：《混合所有制的改革要“上下结合”》，《人民日报》2014 年 4 月 8 日。

公司、中国节能环保公司、中国医药集团总公司、中国建筑材料集团公司开展董事会行使高级管理人员选聘、业绩考核和薪酬管理职权试点，还将在国资委管理主要负责人的中央企业中选择 2—3 家开展派驻纪检组试点。[①] 这种试点的方法是具有重要意义的，但注意很多改革在企业层面是有机联系的，要注意改革制度的协同性，不要人为割裂。相对于国务院国资委试点先行的做法，一些地方政府将混合所有制企业比例、混合所有制企业中民营企业参股比例、国有资本证券化比例等作为混合所有制改革的量化考核指标，放在国有企业改革指导意见中，这是不妥的，在改革试点没有开展之前制订这种改革方案，使改革方案成为彰显政绩目标和决心的“改革大跃进规划”，这种政府主导的急于求成的心态会加大国有资产流失的风险。

通过推进混合所有制改革试点，要探索和制定三方面细则。一是界定不同国有企业功能，将国有企业分为公共政策性、特定功能性和一般商业性，为不同类型国有企业建立不同法律法规，进而设计不同的混合所有制改革实施细则；二是完善公司治理结构，总结国有董事会试点经验，明确混合所有制下国有企业董事会的运行规则，建立有效的高层管理人员选拔和激励约束机制，从机制上保证国有董事和非国有董事的行为规范化和长期化，保证国有和非国有资产共同保值增值；三是着力营造公平竞争市场环境，努力完善产权流动的市场机制和产权保护的法律体系，重新制定《非国有资本参与国有企业投资项目办法》《国有资本运营公司和国有资本投资公司试点办法》之类的新制度，完善和修订不适应混合所有制改革要求的法律法规、规范性文件。

发展混合所有制是一个系统性、整体性和协同性的改革。需要统筹好中央和地方的关系、试点和规范的关系、渐进和突破的关系。从中央和地方的关系看，在中央层面，主要解决垄断行业的国企混合所有制改革问题；从地方层面则着重解决地方融投资平台、城市公共服务业等改革问题，一些影响大的问题也可由地方先行试验；从试点和规范的关系看，一方面要建立容错机制、允许试点创新，并以此为基础不断形成规范性的政策指导，另一方面也要通过规范，设定基本的试点创新“底线”；从渐进

---

① 高江虹：《国资委密集会商改革整体方案：“四项改革”试点启动》，《21 世纪经济报道》2014 年 7 月 9 日。

和突破的关系看，既要通过渐进式开展积累相关经验，激发发展混合所有制经济的积极性和主动性，又要敢于面对难点攻坚突破，突破改制重组的瓶颈。在协同推进上，要处理好三个协同。一是行业协同，就是要把握发展混合所有制节奏，既要加快竞争性领域改革步伐，又要攻坚克难，突破垄断行业的改革，相互借鉴经验；二是制度协同，要协同推进公司治理、产权和资产交易、资本管理、人事和分配制度等各方面的制度建设；三是进度协同，要把握好试点先行、细则制定和全面推进的时间协调。

2. 发展混合所有制的模式选择

依据不同的标准，发展混合所有制的模式划分存在显著差异。从宏观推进层面来看，按照主导力量的不同，发展混合所有制可以分为政府主导型模式和市场主导型模式；按照推进路径的不同，发展混合所有制可以分为自上而下型模式、自下而上型模式和上下结合型模式；按照改革对象的不同，发展混合所有制可以分为存量改造型模式和增量发展型模式。从微观操作层面来看，按照混合途径的不同，发展混合所有制可以分为合资混合模式、合作混合模式和配股混合模式；按照资本属性的不同，发展混合所有制可以分为公有资本与私有资本混合模式、公有资本与外资混合模式、公私资本与外资共同混合模式；按照控股主体的不同，发展混合所有制可以分为公有资本控股型混合模式、私有资本控股型混合模式和外资控股型混合模式，或者分为公有资本控股型混合模式和公有资本参股型混合模式；按照混合程度的不同，发展混合所有制可以分为整体混合模式和部分混合模式。

由于发展混合所有制既要有宏观层面的顶层设计，又要有微观层面的操作方案，因此模式的划分应实现宏观与微观的结合。基于改革顶层设计的清晰性需要，在宏观推进层面可以以改革对象为划分依据，将发展混合所有制区分为存量改造型模式和增量发展型模式。存量改造型模式主要是鼓励非公有制经济参与国有企业和集体企业改革，实现国有企业和集体企业存量产权的多元化。存量改造型模式是当前发展混合所有制的重点，其微观实现方式主要包括公司制股份改革、开放性市场化双向联合重组、股权激励和员工持股。增量发展型模式主要是新的投资中推动公有资本与非公有资本的共同参与，实现国有企业和集体企业增量产权的多元化。增量发展型模式也是发展混合所有制的重要形式，其微观实现方式主要包括新设混合所有制企业或新投资项目中推动公有资本与非公有资本的共同参与。进一步说，无论是存量改造型模式还是增量发展型模式，均可采取公有资本绝对控股、公有资本相对控股和公有资本参股三种形式。

发展混合所有制的不同模式各有优劣，并没有普适性的模式，实践中需要综合考虑产业性质、市场发育程度、企业组织特征、企业发展基础等多个方面的内外部因素。从产业性质来看，相对成熟的产业中因公有资本的布局已经相对明确，因此发展混合所有制可以更多地选择存量改造型模式；而新兴产业中所有属性的资本布局仍然都是不确定的，因此发展混合所有制可以更多地选择增量发展型模式。但无论是存量改造型模式还是增量发展型模式，对于涉及国民经济命脉的重要行业和关键领域，可以采取国有绝对控股的混合所有制形式；涉及支柱产业、高新技术产业等行业，可以采取国有相对控股的混合所有制形式；对于国有资本不需要控制，可以由社会资本控股的领域，可以采取国有参股的混合所有制形式。从市场发育程度来看，当产权交易市场、资本市场较为发达时，发展混合所有制可以更多地采取存量改造型模式，反之则可以更多地采取增量发展型模式。从企业组织特征来看，当公有制企业规模较大时，发展混合所有制可以同时采用存量改造型模式和增量发展型模式，反之则可以更多地采取存量改造型模式。从企业发展基础来看，如果公有制企业盈利能力较强，可以同时采用存量改造型模式和增量发展型模式，而且，当公有制企业具有决定性的要素优势时，可以选择国有绝对或相对控股的混合所有制形式，否则则采取国有参股的混合所有制形式；如果公有制企业盈利能力较弱，可以更多地采用存量改造型模式，并主要采取国有参股的混合所有制形式。

3. 推进国有企业混合所有制改革具体要求

由于每家国有企业的功能定位、历史沿革、行业特性、规模大小、生存状态千差万别，在具体推进混合所有制改革中，“一企一策”是一个必然的选择。但这并不意味着国家没有统一的约束。国家统一的约束应该至少体现在改革程序公正规范、改革方案依法依规、股权转让公开公允、内部分配公正透明四个方面。一是改革程序要公正规范。整个改革先后程序必须有严格的规定，不要担心繁文缛节，公正规范是企业改革的第一要义，在规范和效率的选择上，规范始终应该摆在首位。二是改革方案要依法依规。企业改革方案要严格遵照各项法律、规范和流程制定，最终必须经过相应政府主管部门的批准。一些重大的企业改革方案建议由同级人大讨论批准。三是股权转让公开公允。在混合所有制改革过程中，涉及国有股权转让，信息必须公开透明，转让价格要保证公允。信息公开透明，发挥社会的监督作用，往往是避免国有资产流失的最好办法。四是内部分配公正透明。混合所有制改革中，会涉及员工持股和管理者持股。在这个过程中，要保证分配公正透明，这不仅是为了避免国资流失、利益输送等问题出现，还为了更好地发挥员工持股的激励作用。为了保证公正透明，一定要做到充分的民主，要注意充分发挥职代会的作用。通过多轮投票选举产生职代会代表，职工代表充分发挥沟通和桥梁作用，在改革总体方案的形成、职工持股认购额度分配等关键环节，每一项改革决策的酝酿与形成都要交由职代会表决通过。

发展混合所有制之所以受到很大的争议和阻力，在很大程度上是由于发展混合所有制过程中可能出现国有资产流失等“混合失当”问题，这使得防止国有资产流失成为发展混合所有制的关键问题。发展混合所有制过程中的国有资产流失最可能发生的地方是优良企业、优良资产、优良业务线，并可能通过潜在利益、资产评估、同业竞争和关联交易等渠道发生。基于此，发展混合所有制过程中防止国有资产流失，应重点采取两个方面的关键举措：一是统一政策标准，分企审批，即制定统一政策标准，使国有企业混合所有制改革的一些重要事项有政策标准作为依据，同时每个国有企业混合所有制改革的具体方案都必须上报国资监管部门审批。二是统一产权管理，建立统一、开放、规范、高效的产权交易市场，严格执行产权交易进入市场制度，加强产权交易的监管以及混合所有制企业的国有资产监管，确保做到混合前公平评估、混合中阳光操作、混合后规范运营。

4. 鼓励非公有制企业参与国有企业改革

鼓励非公有制企业参与国有企业改革，就是要从有利于企业竞争力和总体经济效率的基本要求出发，清除当前制约非公有制企业参与国有企业改革的障碍，创造继续深化改革的条件，形成继续深化改革的强大动力。

经过过去30多年的国有企业改革探索，中国的国有全资企业相当一部分已经演变为同时含有国有股和非国有股的混合所有制企业，并且已经涌现出一批以联想集团、TCL、万科股份等为代表的优秀混合所有制企业，形成了进一步推进混合所有制改革的示范效应。但是总体上看，目前进一步推进非公有制企业参与国企改革还存在许多障碍，既有政策性障碍，也有市场性障碍，具体表现为：一是对于民营资本进入意愿比较高的领域，包括能源、交通、医疗、教育、通信等，政府尚未给出放松进入的时间表，更未给出非禁即入的“负面清单”，民营资本通过参与混合所有制企业改革进入这些领域的难度大、成本高；二是民营企业面临“玻璃门”“弹簧门”“旋转门”等各种隐性壁垒，国有企业在项目审批、土地、税收和户口指标等方面具有“政策红利”；三是具有垄断势力、财务绩效良好的国有企业缺乏引入民营资本的内在动力，政府和企业内部管理层缺乏推进混合所有制改革的积极性；四是一些地方政府出于发展地方经济的考虑，在引入非公企业资本时，常常对于混合所有制企业的经营范围和区位布局制定“特别条款”，影响了混合所有制企业的商业化程度和独立性，[①] 造成实际上的非公有制企业资本的股权与控制权的不对称，也造成事后股东间公司的权力斗争的隐患；五是人员身份转换和安置障碍是非公企业参与国有企业改革的后顾之忧。

针对以上发展混合所有制的现实障碍，鼓励非公有制企业参与国有企业改革、发展非公有制控股的混合所有制企业来进一步深化国有企业改革需要满足多方面的条件，从而形成既满足现实需求又符合理论规律的改革思路：一是产权改革与治理改革协同推进。产权改革是前提，但在产权多元化的基础上优化公司治理结构才是发挥混合所有制企业制度优势的关键。[②] 在坚持在统一的《公司法》和国有企业改革总体安排的制度框架下，促进各利益相关方根据各自的利益诉求进行平等对话和谈判、形成公司治理差别化和动态化的前提下，当前中国混合所有制企业的公司治理安排中尤其重视积极引入战略性投资者。研究和经验表明，当改制形成的混合所有制企业引入的非公企业投资者不属于具有长期性投资愿景和具备相关行业技术管理经验的战略性投资者时，股东之间的冲突和摩擦，进而公司的权力斗争将导致高额的治理成本。因此，混合所有制改革不能流于形式，必须着眼于提升企业效率、降低治理成本，把引入真正能够提升公司长期价值和竞争力的战略性投资者作为推进混合所有制改革的要点。二是产权改革与市场结构调整协同推进，弱化垄断性租金驱动的混合所有制企

---

① 张文魁：《解放国企：民营化的逻辑与改革路径》，中信出版社2013年版。

② 谢贞发、陈玲：《所有权、竞争、公司治理与国有企业改制绩效——一个荟萃回归分析》，《珞珈管理评论》2012年第12期，第95—106页。

业改革。市场化的企业主体和有效竞争的市场结构是提升产业效率的两个重要条件，[①] 缺一不可。无论是行政性管制导致的自然垄断还是市场竞争过程中国有企业形成的经济性垄断，在垄断企业自身投资主体和股权多元化的同时，要配合放松行业进入管制，通过鼓励形成新的市场竞争主体、形成有效竞争来全面促进经济效率的提升，避免在混合所有制改革后形成新的民营资本垄断或“合伙垄断”；与此同时，也通过形成竞争预期，避免非公企业参与国有企业改革的激励扭曲，有利于真正的战略性投资者进入。三是混合所有制和政府功能完善协同推进，弱化行政性租金驱动的混合所有制企业改革，消除政府在资金、税收、融资、土地、项目审批等方面对国有企业和混合所有制企业（特别是国有资本控股的混合所有制企业）的各类显性和隐性补贴与优惠，避免行政权力对股权结构、董事会结构和高层管理人员选聘的干预。四是保证非公企业参与国有企业改革过程的透明性和竞争性，通过社会性治理保证交易的公平公正，避免国有资产流失。由国资委牵头制定非公企业参与国有企业改革的信息披露制度，对于资产评估、股权定价、股权结构、管理层持股等重要交易信息按照标准化的文本格式及时对外公布，形成媒体、学术界和社会各界对非公企业参与国有企业改革的监督和约束机制。

5. 推进混合所有制改革中引入员工持股制度

国有企业在推进混合所有制的过程中引入员工持股制度，一方面有利于国有企业混合所有制改革，完善公司治理；另一方面有利于建立员工长期激励机制，使员工与企业形成利益共同体。但是，员工持股制度能否有效发挥增加经济激励与改善社会治理的双重效应，关键取决于员工持股的具体方案设计。方案设计不当，不仅无法发挥激励作用，还有可能造成国有资产流失、寻租和利益输送等问题。国有企业推进混合所有制改革引入员工持股制度，应该坚持激励相容、增量分享和长期导向三个原则。[②]

（1）激励相容原则。这要求员工持股方案保证员工在追求自身利益的过程中，也实现了公司整体价值的最大化。只有在股票价格、持有比

---

① Hay, Donald & Liu, Shaojia. The Efficiency of Firms: What Difference Does Competition Make, *The Economic Journal*, 1997 (5): 597 - 617.

② 黄群慧、余菁、王欣、邵婧婷：《新时期中国企业员工持股制度研究》，《中国工业经济》2014 年第 7 期。

例、持有期限、退出机制等方面设计得当，才有可能产生这种“激励相容”的效果，使员工的个人利益与企业长远发展的利益捆绑在一起，否则，会造成激励过度或激励扭曲的问题，从长远看会造成国有资产流失。例如，在持股比例上，管理层持股过高，普通员工持股过低，造成了收入差距过分拉大，企业内部产生矛盾，影响企业长期发展；再如，持股期限和退出机制设计不当，员工在公司上市前持有大量股份，待公司上市后立刻大量抛售股票以获取股票溢价收入，从而无法激励长期化行为；又如，“人人都持股”的平均主义，或普通员工持股比例过低，会造成新“大锅饭”和“搭便车”的激励不足现象。

（2）增量分享原则。实行员工持股制度，不能够将现有的国有资产存量作为员工持股的来源，要着眼于“分享增量利益”。也就是说，设计员工持股制度，不允许将原有的国有资产存量与员工分享，而允许将企业增量效益，尤其是那些明确由于员工努力而新创造出来的企业超额收益用作员工分享。这样，可以有效避免国有资产流失，而且，这将更加有利于激励员工努力工作，提升企业的未来发展空间，进一步做大做强国有资产总量，实现国有资产和员工利益的“双赢”。

（3）长期导向原则。在大力发展混合所有制的背景下实行员工持股制度，应该仔细考虑如何将长期导向原则植入职工持股制度之中。在制度设计中，不仅要对持股员工的工作年限提出要求，还要规定员工持股时间，尽可能延长员工持股时间。证监会最新颁布的《试点指导意见》提出了“要使员工获得本公司股票并长期持有”，但是，该文件在持股期限上所作的具体规定——“每期员工持股计划的持股期限不得低于12个月”，并没有贯彻落实长期持有的政策思想，未来政策应进一步朝着延长持股期限的方向变化。只有坚持长期导向的激励原则，才有可能充分发挥这一制度的激励效用，保证国有资产的保值增值。

6. 打破垄断推进混合所有制改革

垄断性行业国有企业改革应该立足于发展环境和功能定位，以放宽准入、多元投资、有效竞争、合理分配、独立监管为主攻方向，提高市场开放与竞争程度，推动垄断性行业向可竞争性市场结构转变，为国有企业推进混合所有制创造条件，实现竞争效率和规模经济的同步提升。

（1）解决垄断性行业国有企业经营活动和招投标系统内封闭运行，向社会开放不够的问题。推动电信、电力、油气、公用事业等领域招投标向社会开放，鼓励民营企业申请勘察设计、施工、监理、咨询、信息网络系统集成、网络建设、项目招标代理机构等企业资质。凡具有相应资质的民营企业，平等参与建设项目招标，不得设立其他附加条件。鼓励民间资本参与上述行业基础设施的投资、建设和运营维护。引导大型国有企业积极顺应专业化分工经营的趋势，将基础设施投资、建设和运营维护外包给第三方民营企业，加强基础设施的共建共享。

（2）加强和改善垄断业务监管，防止相关企业凭借网络设施排挤竞争者。根据行业特点对于在技术经济上要求保持物理和经营管理上的整体性、垄断性业务，可以授权一家或少数几家国有企业垄断经营，非国有资本可以以股权投资形式进入，但要防止相关企业凭借网络设施排挤竞争者，滥用市场优势地位。随着社会主义市场经济体制的成熟定型和民营经济成长，应逐步降低上述领域对国有经济的依赖，实现从一股独大向股权分散的社会化企业的转变。对于资源类产品和服务的进出口，应放宽市场准入，允许更多的经营者经营，以便对国内垄断企业形成一定的竞争压力。

（3）构建可竞争性市场结构，更好发挥竞争机制的作用。油气产业上游领域，重点解决石油、天然气探矿权和采矿权过度集中和一家独大的问题，须引进一批具有资质和能力的企业从事页岩气、页岩油、煤层气、致密气等非常规油气资源开发。下游领域，重点加强符合条件企业的炼油业务，改变原油和成品油进口管制，增加从事原油和成品油进口业务的主体，取消非国营贸易进口的原油必须交给两大石油公司加工的“隐性政策”，放宽进口原油在国内自由贸易的限制，允许非国有企业根据市场需求组织进口。电信应完善关于码号资源、市场竞争行为管理的相关规定，维护好消费者权益，对企业退出机制、个人隐私保护、服务质量保证等方面作出更为细致的规定。解决中国移动“一家独大”掌握绝对市场控制力，中国电信和中国联通难以对中国移动构成实质性竞争的问题。电力重点解决发电侧缺乏竞争和购电、售电过度垄断问题，赋予电厂卖电、用户买电的选择权和议价权。放宽发电企业向用户直接售电的限制，允许全部分布式发电自用或直接向终端用户售电，允许全部规模以上工业企业和其他行业大中型电力用户直接、自主选择供电单位，大幅度增加直接购电用户的数量，改变电网企业独家购买电力的格局。解决调度与交易、发电厂与用户接入电网审批等权力不透明、电费结算不公平和电网接入审批困难等问题。

四 构建分层分类全覆盖的新国有经济管理体制

1. 构建“三层三类全覆盖”的国有经济管理新体制

目前，关于如何改革国有资产管理体制，有两种观点。一种观点强调要肯定和坚持自2003年以来国有资产管理体制改革的成果，而党的十八届三中全会提出的以“管资本”为主的管理体制，应该是对现行“管人、管事、管资产”管理体制的完善，以淡马锡模式和汇金模式为代表的金融资本管理模式存在政企不分、政资不分的弊端，不能将金融资本管理模式照搬到实业资本管理模式上，尤其是面对中国庞大的国有实体经济，这种照搬更不可行。另一种观点认为，现行国有资产管理体制在过去十年的运行中，暴露出加剧政企不分、政资不分，过度干预以及国有资产规模扩张快但运行效益水平不高这些新矛盾和新问题，深化改革需要转换国资委的角色，以“管资本”为主的管理形式来替代国资委现行“管人、管事、管资产”的管理形式，推动国有资产的资本化和证券化，学习汇金模式和淡马锡模式，建立以财务约束为主线的国有产权委托代理关系。

本书认为，中国应该构建一种分层分类的国有经济管理体制。

从分层看：①在最高层次上，是政府的国有经济管理部门（这里没有将最高层次的人民代表大会考虑进去，而未来国有资本经营预算是应该向人民代表大会定期汇报的），可以命名为“国有经济管理委员会”（简称“国经委”），区别于现有的“国有资产监督管理委员会”（简称“国资委”），“国经委”负责整体国有经济（包括隶属不同部门的国有企业、国有资产和国有资本）监管政策的制定和监督政策的执行，解决整个国有经济部门和不同类型的国有企业的功能定位问题，建立国有资产负债总表、编制和执行国有资本经营预算，负责中间层次的国有资本运营公司、国有资本投资公司的组建，对其章程、使命和预算进行管理，负责国有经济的统计、稽核、监控等。这意味着，与现有的“国经委”相比，“国经委”管理职能要减少和虚化很多。②在中间层次上，组建和发展若干数量的国有资本投资公司和国有资本运营公司。作为世界最大规模的经济体之一，在中央政府层面，需要至少十数家或者是数十家的中间层次这类平台公司。从现实出发，这类平台公司有三类：一是类似于汇金模式的国有资本运营公司；二是投资实业方向相对单一、主业突出的国有资本投资公司如中石油；三是投资实业方向多元、主业不突出的国有资本投资公司，如中粮、国投等。正是这三类平台公司共同存在，实际上就折中了上述国有资产管理体制改革的两派观点。作为政府与市场之间的连通器，这些平台公司将在确保国家政策方针贯彻落实的前提下，尽最大可能地运用和调动各种市场手段，为下辖的国有企业提供与其企业使命、功能定位相称的和相适宜的运营体制机制。③在第三层次上，指一般意义的经营性国有企业。

从分类上看，本文已经讨论上述三类基于使命的国有企业功能定位，由于类型不同，相应的管理方式也将有很大的差别。这里新体制的结果是，只有极少数量的、定位于履行公共政策功能的国有企业会继续运行在政府部门直接管理的体制中，为数众多的国有企业将运行在以“管资本”为主的日趋市场化的管理体制中。总之，本书设想的国有经济管理体制是由“国有经济管理委员会—国有资本经营公司或者国有资本投资公司—一般经营性企业”三个层次构成，管理“公共政策性、特定功能性和一般商业性”三个类型国有企业的“三层三类”体制。①

需要进一步说明的是，这种“三层三类”国有经济管理体制，也使得“全覆盖”的国有资产和国有企业的统一监管成为可能。因为“国经委”管理职能的“虚化”，使得工业、金融、文化、铁路等各个领域的国有经济能够全部纳入“国经委”的管理范围中，只是要根据行业特征在其下组建不同的国有资本运营公司和国有资本投资公司而已。建立“全覆盖”的统一监管体制，确立“国经委”的政策权威地位，由“国经委”出台统一的国有经济监管政策，有助于消除现行监管体制中的“盲区”，有利于打破“条块分割”的局面，促进全国国有资本的统一优化配置。现有的“条块分割”国有资产管理体制，容易导致部门利益和行业壁垒，导致国有资产政策缺乏整体性和系统性，不利于国有资产保值增值。②“国经委”要着重通过对不同国有部门的准确功能定位，对国有资本投资公司或者国有资本运营公司进行充分授权，避免随意参与和干预相对低层

---

① 早在1991年，蒋一苇先生就提出要建立国有资产管理部门、投资公司、被投资企业的三层国有资产管理体制，并深入论述国有资产的价值化管理问题，也就是当前提出的从“管资产”到“管资本”转变问题，具体参阅蒋一苇、唐丰义《论国有资产的价值化管理》，《经济研究》1991年第2期。

② 赵昌文等：《国有资本管理制度改革研究》，载“推进经济体制重点领域改革研究”课题组《改革攻坚（下）——推进经济体制重点领域改革研究》，中国发展出版社2013年版。

次的国有资本投资运营公司及下辖国有企业和国有资产的日常运营活动。当然，由于“全覆盖”改革力度很大，建议先在厦门、大连等地方国资委试点的基础上，进一步扩大到地方国资委层面进行试点，然后逐步提高到中央层面。也就是说，这里提出未来构建的是“三层三类全覆盖”国有经济管理体制。

在上述“三层三类全覆盖”国有经济管理体制下，如何实现以“管资本为主”加强国有资产监管呢？这要求具体明确“管资本”的核心职责是什么。我们认为，“管资本”的核心管理职责包括：①公司章程审批；②国有股东代表管理；③国有资本经营预决算；④经营业绩与绩效考核评价；⑤国有资本经营收益上交；⑥审计；⑦信息披露管理。对于一般商业性国有企业，一般只需管理这七项职能即可，而对于特定功能性国有企业，可以在此七项核心管理职责基础上，结合具体企业所承担的特定功能，进一步添加或减少适用于该企业的特定功能的基础管理职能。例如，有的企业在投资方向上承担了国有经济布局与结构调整特殊使命，此时，就需要添加针对其投资方向或投资力度的相关监管职能；而有的企业在应急管理、维护稳定和技术创新等方面承担了特殊任务，此时也需要针对这些经营活动，增加相应的监管职能。对于公共政策性国有企业，应该按照“一企一法”“一事一议”的管理方针来不断调整和优化相应的管理职能。从分层角度看，要保证第二层次的平台公司起到对第一层次的“行政性”政策要求的过滤器作用，从而为第三层次的经营性国有企业营造一个真正贴近市场运作规则的公平竞争的制度环境。

过去十余年的改革实践表明，国有经济管理体制改革是一项综合性的体制机制改革，不仅涉及国有经济、国有资产和国有企业的功能定位问题，还涉及干部管理体制，劳动人事制度以及调整政府与企业之间、中央政府与地方政府之间的关系等更为深层次的社会经济运行的体制机制问题。要使得上述分层分类的新国有经济管理体制真正建立并发挥理想作用，还要注意以下几点。一是政府及国资监管部门要按照国家治理体系和治理能力现代化的要求，转变治理理念和转换职能，对国有企业进行简政放权，新时期的改革，需要借鉴“负面清单”的思想，确保权力和责任相统一，管关键事项，落实问责机制。二是需要解决国有企业领导人的行政级别问题，推行国有企业高管人员的市场化选聘、考核与薪酬制度以及彻底实施企业的三项劳动人事制度改革。三是中央政府与地方政府需要更为清晰地界定各自的国资管理权限。在实践中，地方政府层面的国有资产管理体制和中央政府层面的国有资产管理体制有很大的不同。中央政府与国有资产运营主体的关系相对超脱，而地方政府与国有资产运营主体的关系更加紧密。这意味着，越在地方层面，改革国有资产管理体制，实现政企分开、政资分开和对国有企业进行充分授权的难度越大。[①] 四是研究破解长期经营不善和严重亏损企业的改革难题。目前，国有企业和国有资产可持续增长与发展的基础尚不稳固，有一些长期经营不善和严重亏损的困难国有企业的改革任务仍然非常艰巨，要研究如何推动国有资本从低效企业、困难企业的退出和盘活，切实解决好这些困难企业的改革难题，需要国家在员工安置、企业依法破产等方面给予配套政策支持。

2. 组建国有资本投资公司与国有资本运营公司

建立“三层三类全覆盖”国有经济新管理体制，当前的关键任务是要逐步试点组建国有资本运营公司和国有资本投资公司。国有资本投资和国有资本运营公司居于中间层次，承当了特定的功能。它们是新时期完善国有资产管理体制、构建以管资本为主的新国资监管体制的主要抓手，是真正实现政企分开、政资分开和分类监管的枢纽、界面和平台，是落实国有资本投资运营服务于国家战略目标这一责任的市场主体。虽然党的十八届三中全会提出组建国有资本运营公司和国有资本投资公司，并将二者做了投资实业和不投资实业的区分，但在现实经济中，资本流动性很大，金融资本和实业资本是可以循环的，可能并没有非常明确的界限，与人们通常所说的国有控股公司的含义接近。这实际上也就是说，需要在组建国有资本投资公司和运营公司过程中，有更为包容、更为务实的态度，不要主观规划组建资本投资公司和资本运营公司的数量比例，要根据现有的集团公司的具体业务、资金状况、功能定位等情况，“一企一策”地推进资本

① 关于国有经济管理的中央和地方的关系，在理论界早就有大量的讨论，有的学者提出中央和地方“分级所有”的建议，认为这样有利于推进股份制改革，形成多元股东相互制衡的规范公司治理机制（蒋一苇、唐丰义：《论国有资产的价值化管理》，《经济研究》1991 年第 2 期）。现在并没有实施“分级所有”体制，实际管理上是中央和地方的分级代表行使所有权。本书提出的“三层三类全覆盖”的国有经济管理体制更多的是集中讨论中央层面，如果考虑到地方分级代表行使国有经济所有权，那么更为全面准确的表述应该是“分级分层分类全覆盖”的国有经济管理体制。

投资公司或者运营公司的组建，实际上这是一个复杂的国有经济战略性调整过程，需要耐心地、有序地推进。

组建国有资本投资或者国有资本运营公司，原则上应在现有的大型或特大型国有企业集团的基础上组建或改组，尽可能不新设国有资本投资或者国有资本运营公司。这个组建过程，正是集团公司股权多元化的过程。长期以来，中国集团公司层面的股权多元化进程停滞不前，而组建国有资本投资公司或者运营公司，会极大地加快中国集团公司层面的股权改革进程。预计用三年左右的时间，中央政府层面和地方政府层面将分别组建一定数量的国有资本投资公司和国有资本运营公司。国有资本投资公司和国有资本运营公司应有一定的资产规模优势；资产规模不突出的企业，可以联合其他国有企业改组设立国有资本投资运营公司。在中央政府层面，国有资本投资运营公司的数量可以为几十家，户均资产规模应在千亿元级以上的水平；在地方政府层面，需要视当地国有资本规模而因地制宜。到2017年，各级政府的80%国有资本应实现向国有资本投资公司或者国有资本运营公司的集中。

推进集团公司改制为国有资本运营公司或国有资本经营公司，需要选择试点稳步推进。要成为国有资本投资运营公司的试点企业，应该具备一定的前提条件。首先，试点企业应该具备一定的资产规模优势。规模太小的企业或企业集团，其试点意义不突出，很难对其他企业产生示范和带动效应。其次，试点企业应该有相对较强的国有资产的资本化能力和保障国有资本投资公司或国有资本盈利水平的能力。最后，试点企业需要有配套的体制机制来确立自身相对规范的市场主体地位。只有这样的企业，才能运用企业化和市场化的手段，通过有效开展国有资本的投资运营活动，在实现企业自身发展的同时，实现国家与区域社会经济发展的战略性目标。在实践中，实行试点的企业或企业集团，可以各具其业务特点。首先，业务领域专业化特征突出的企业，可以选择成为国有资本投资公司的试点企业。例如，2014年7月，国资委选择了国家开发投资公司和中粮集团有限公司开展改组国有资本投资公司试点。这两家公司既有一定的资产规模优势，又有相对较强的资本投资运营能力，还有相对突出的专业化领域，因而是较理想的试点对象。其次，业务领域多元化、特征突出的企业和一些已经形成较为显著的产融结合的业务结构的企业，可以选择成为国有资本运营公司的试点企业。在实践中，有的企业将发展金融控股公司作为自身的发展定位，这类公司相对适宜开展国有资本运营公司试点。最后，既有专业化的业务领域又有多元化的业务架构的企业，可以选择成为国有资本运营公司的试点企业。成为国有资本投资公司或国有资本运营公司试点，要将国有资本更多地在国家战略目标所需要的提供公共服务、发展重要前瞻性战略性产业、保护生态环境、支持科技进步、保障国家安全和国际化经营这六个方面开展投资运营活动。

组建国有资本投资公司或国有资本运营公司，需要做好体制机制上的制度保障工作。具体而言，一方面，需要改革国有资本授权经营体制，理顺国资监管部门与国有资本投资公司或国有资本运营公司之间的关系；另一方面，需要改革国有资本投资公司或国有资本运营公司内部的集团化管控体制，理顺国有资本投资公司或国有资本运营公司与出资企业之间的关系。同时，国资监管部门还应该为国有资本投资公司或国有资本运营公司提供健康高效运作的政策环境。例如，国有资本投资运营公司在开展国有资本运营、促进存量资产的资本化和有序流动时，会需要有关部门提供各种政策手段的配合与支持。再如，国有资本投资运营公司在解决困难企业问题时，应对企业的历史遗留问题，帮助解决企业资产处置和人员安置、医疗和养老保险接续、依法破产等问题，这些都是政策性非常强的改革难题，单纯靠国有资本投资公司或者国有资本运营公司的主观努力是不够的。国资监管部门应该努力为这些活动创造规范且有利的政策环境。

3. 完善国有资本经营预算制度

国有资本经营预算从2007年开始试点，经过3年的试运行，基本建立了国有资本经营预算政策法规、组织保障和预算指标、报表体系，制定了基本的业务流程，实现了国有资本经营预算编制和收益收缴两方面的突破，结束了国有企业连续13年“不向政府分红”的历史，① 但是仍然在一些重大问题上，如国有资本经营预算目标、编制主体、利润收缴（范围、比例）、分配、使用和监督、国有资本经营预算与其他预算的关系等方面有较多分歧。按照党的十八届三中全会公报《决定》精神，未来完善国有资本预算制度的方向有以下几个方面：一是构建完整的国有资本预

① 周绍朋、郭凯论：《国有资本经营预算制度的建立与完善》，《光明日报》2010年5月18日。

算体系，建立覆盖全部国有企业、分级分类管理的国有资本经营预算和收益分享制度。逐步扩大试点，将金融、铁路、交通、教育、文化、科技、农业等部门所属中央企业纳入中央国有资本经营预算试行范围。推动地方国有资本经营预算试点工作，做好汇总编制全国国有资本经营预算准备工作。二是合理确定国有资本收益上缴的对象，同时要根据中国国情和国有企业的类型分别确定国有资本收益上缴的比例。三是合理界定国有资本经营预算支出功能与方向，要向社会保障、医疗卫生、教育就业等民生领域倾斜。四是逐步加大中央国有资本经营预算调入公共财政预算的规模，逐步提高国有资本收益上缴公共财政的比例，至2020年提高到30%，国有资本收益更多用于保障和改善民生。同时，提高中央国有资本经营预算资金调入公共财政预算的比例，至2020年提高到50%。五是加强国有产权转让的监管，加快推进国有资本变现收益预算管理。强化国有产权交易的全过程控制和监督，增强产权交易的公开性和透明度，加强受让企业资信调查，维护国有资产的安全，尽快将国有资本变现收益纳入国有资本经营预算中。①

完善国有资本经营预算制度，需要加快国有资本经营预算制度化和法制化建设，保证国有资本经营预算支出具有约束力，保证国有资本经营预算编制和执行的顺利进行。一是强调人大作为国家权力机关在国有资本经营预算中的地位和作用。建议全国人大适时启动对现行《企业国有资产法》的修订，在法理上明确全国人大和国务院在国有资产所有权上的委托代理关系，保障全国人大依法对国资治理的履行监督职能。建议各级人民代表大会常务委员会下设的国有资本经营专门委员会，作为国有资本经营预算的审议与监督机构。二是明确国有资本收益支出范围，提高中央企业国有资本收益上缴公共财政的比例，提高中央国有资本经营预算资金调入公共财政预算的比例，建议在《国有资本经营预算条例》中对利润上缴和留存比例作出规定。对国有企业的资本经营预算支出，应按照“统筹兼顾，留有余地”的原则，重点推动国有经济布局的战略性调整和国有经济产业结构的进一步优化，促进国有资本向关系国家安全和国民经济命脉的重要行业和关键领域集中，促进国有企业提高自主创新能力、开展节能减排工作。建议安排专门预算资金解决长期经营不善和亏损国有企业

① 陈林：《什么是国有资本经营预算制度》，《求是》2014年第7期。

的退出和破产工作。[①] 三是根据国有资本分类监管的总体设计，逐步探索科学合理的国有企业资本收益分配制度，应从公司未来发展战略的实际需要考虑，对利润上缴和留存比例作出弹性规定，保障国有企业持续健康发展。四是由于各类国有企业存在较大差异，应当在大原则一致的前提下，制定适合各类、各地区实际的国有资本收益收缴制度。本着既要确保国有资本收益的足额及时收缴，又要考虑国有企业的实际运营情况和承受能力的原则，国有资本收益的收缴标准既可以是净利润，也可以是可供投资者分配的利润。同时，要充分重视国有公司未来发展战略的实际需要，对利润上缴和留存比例作出弹性规划，以保障国有企业持续健康的发展。五是采用跨年期调整预算年度。建议采用从每年的8月1日起至次年的7月31日止的跨年期编制预算。按照《公司法》的规定，企业在年中结束后的两个月内报出年中报表，可以为预算编制提供更多的参考数据，是国有资本经营预算得以高质高效编制的有利保障，同时还可以解决年度中间预算执行空档的问题。此外，在年度预算的基础上，还应当编制三年期的多年预算，以全面反映国有资本经营的发展趋势。六是建立与国有资本经营预算目标一致的国有资本经营预算编制的确认计量基础：建立以修正的收付实现制为基础的国有资本经营预算编制指标体系；使用增量预算的编制方法反映国有资本在经营过程中的保值及增值状况。七是加快配套的制度建设，加快《公司法》《预算法》的修订，出台《国有资本经营预算条例》，改革和完善《政府预算收支科目》。

五　推动国有企业完善现代企业制度以奠定国有经济高效运行的微观治理机制

1. 建立差异化的分类治理机制

在“三层三类”国有经济管理体制下，国有企业的治理也必须采用差异化的分类治理体制。所谓差异化分类治理体制，指的是不同功能定位的国有企业，分别适用于不同的企业治理体制。具体表现为六个方面的差异化制度安排：一是法律适用；二是考核办法；三是企业领导人员选任制度；四是高管薪酬制度；五是国有资本收益上缴制度；六是监督与信息公

① 陈艳利：《进一步深化国有资本经营预算制度的思考》，《国有资产管理》2012年第6期。

开制度。①

（1）关于法律适用。这需要完善现有的法律体系，一是将现有的《公司法》中的国有独资公司特别规定部分独立出来，形成专门的《国有独资公司法》，这个法律主要适用于一般政策性国有企业和一些特定功能性国有企业的集团公司。如有必要，还可以针对每家政策性国有企业进行单独立法。二是针对现有的处于自然垄断性行业的国有企业，可以单独制定专门的行业法规，这些法规对相应的行业的特定功能性国有企业进行保护和约束。三是对于一般商业性国有企业，不需要有任何特殊的法律，与非国有企业完全一样，完全适用修改后的《公司法》。

（2）关于考核办法。一般商业性国有企业的考核，应趋同于一般企业的考核，重在考核国有资本的投资收益水平；公共政策性国有企业，应显著区别于一般企业的考核，主要考核政策性目标的履行情况；特定功能性国有企业的考核，应区隔商业性业务活动和政策性业务活动，再分别从营利性和政策使命角度予以考核。

（3）关于企业领导人员选任制度。现行的国有企业领导人管理制度，所有国有企业领导人同时承担"企业家"角色和"党政干部"角色。这种既"当官"又"挣钱"，或者可以"当官"也可以"挣钱"的双重角色，不仅在社会上造成极大不公平，而且也不利于规范的现代企业制度和公司治理结构的建立，进而影响国有企业向混合所有制方向改革。在分类监管的框架下，国有企业领导人的管理体制也需要从"集中统一"转为"分类分层"管理。一般商业性国有企业领导人员的角色应是职业经理人，除董事长、党委书记等个别主要领导人员外，其他应该全部实行市场化选聘，由董事会任命；公共政策性国有企业领导人员的角色应是党政干部，在选用方面，采用上级组织部门选拔任命的方式，他们有相应的行政级别，选用、晋升和交流都可按照行政方法和渠道；特定功能性国有企业领导人员中，集团公司的少数领导人员和子公司的个别主要领导人员可以是党政干部角色，采用组织部门选拔任命方式，其他大部分企业领导人员要实施市场化选聘制度，由董事会选拔任命。在实践中，应尽可能明确企业领导人员的具体角色，再执行相应的选任制度。推进国有企业领导人员

① 黄群慧、余菁：《界定不同国企的功能推进分类治理与改革》，《经济参考报》2014年7月15日。

管理体制从“集中统一”向“分层分类”转变，一方面，坚持了党管干部原则，缩小了党组织部门直接管理国有企业领导人员的幅度，提高了党管干部的科学化水平；另一方面，有利于推进大型国有企业治理结构的完善、促进董事会作用的有效发挥，有利于国有企业职业经理市场的培育，进而有利于国有企业实现向混合所有制方向的改革。

（4）关于高管薪酬制度。一般商业性国有企业，参照市场标准制定高管的薪酬待遇标准，而且可以实行股权激励制度；公共政策性国有企业的高管薪酬应大体上向同级别的党政官员看齐，可以稍高于同级别官员，但不能采用市场化的激励机制，不能享受过高的年薪和股权激励，这类企业的激励主要以行政级别晋升为主；特定功能性国有企业的高管薪酬的制定依据，应该与该企业高管角色性质保持一致——该企业高管的市场化选聘比例越高，高管薪酬与企业业绩的相关度越高；反之，高管薪酬中的市场化激励色彩越弱。

（5）关于国有资本收益上缴制度。一般商业性国有企业，应该按照市场规范运作的方式、参照市场标准来确定国有资本收益上缴标准；公共政策性国有企业可不要求有资本收益，例如，中国储备粮总公司、中国储备棉总公司这类公司是可以免交国有资本收益的；特定功能性国有企业可以基于其专营和垄断程度来确定其国有资本收益上缴比例，垄断程度越高，国有资本收益上缴比例越高，反之，则国有资本收益上缴比例越低。

（6）关于监督和信息公开制度。一般商业性国有企业，应以市场竞争的硬约束为最重要的监督制度，在市场约束机制真正生效后，其他各种行政化的监督制度可以逐步从量大面广的一般商业性国有企业中退出，这将大幅度减少政府对国有企业的不当干预，同时，也大大降低了国有企业的高昂监督成本；公共政策性国有企业，应该是强化行政监督的主要对象，应该与政府信息公开同步；特定功能性国有企业，宜采用市场化监督和行政化监督相结合、自愿性信息公开与强制性信息公开相结合的制度，同时，应按照市场起资源配置决定性作用的要求，加快向以市场化监督为主的方向改革。

2. 建立多元制衡的公司治理机制

无论是处于第二层次的国有资本投资公司或者国有资本经营公司，还是处于第三层次的一般性经营企业，建立多元制衡的公司治理机制，都是建立现代企业制度的关键。只是对于前者而言，多数企业是国有控股，多元制衡方是不同国有法人。

在积极推进国有企业混合所有制改革的背景下，国有企业已经具备了建立多元制衡的产权基础。混合所有制是当前国有企业存在的主要形态。在混合所有制企业中，不同性质的资本发挥了不同的作用。外资和社会资本具有灵活且独立的天性，是混合所有制中最具活力的因素；国有资本以其稳健和负有“国家使命”为特征，在企业运营中扮演了“定海神针”的角色；管理层和员工的股权激励，将企业管理者的个人价值放到市场中进行评判和裁定，具有激发经营管理团队和员工的经营活力与积极性的功能。

在董事会制度构建上，要让董事会真正成为资本意志表达和决策的平台，保障同股同权。国有股东、财务投资者、管理层和员工持股、外资股等不同成分的资本，以董事会为平台，严格遵行法律法规，按股权比例表决。要完善独立董事和外部董事制度，加大独立董事和外部董事数量，让独立董事和外部董事得到真正的独立和尊重，切实加强董事会薪酬委员会、审计委员会与提名委员会等专业委员会的作用，建立市场化的选人、用人机制和薪酬制度，强化全面风险管理，建立风险预警体系，加强对经理层的监督和指导。

对于国有企业公司治理而言，信息公开制度发挥着关键的制衡作用。无论是否是上市公司，国有企业都应该建立事前报告制度、事后报告制度和总体报告制度。依据国有企业是否涉及敏感行业，修订不同类型企业的信息披露内容、方式、对象和频次。对于多数涉及市场竞争的国有企业，尤其是非上市公司，要改善信息披露的质量和及时性。事前报告的内容应主要集中于经营目标和战略规划；事后报告的主要内容应包括财务报告、公司治理的报告以及社会责任报告等；总体报告主要由企业、审计或监管部门向人代会、社会公众通报有关情况。

对于未上市的混合所有制企业，要参照上市公司，建立与完善能够保障中小股东合法权益、话语权的公司治理制度。例如，关联交易中关联股东的决策回避、控股股东与上市公司实行“人员、资产、财务分开、机构、业务独立”、控股股东不得占用和支配上市公司资产或干预上市公司对该资产的经营管理、不得干预公司的财务与会计活动、控股股东及其职能部门与上市公司及其职能部门之间没有上下级关系、控股股东要避免同业竞争、独立董事制度、专门委员会制度、绩效评价与激励约束制度、信息披露制度等，还有国务院《关于进一步加强资本市场中小投资者合法权益保护工作的意见》，都可以在非上市的混合所有制企业中根据实际情况参照运用。这种治理制度不仅要保障国有控股的混合所有制企业中非国有中小股东的合法权益与话语权，也要保障在非国有资本控股的混合所有制企业中的国有小小股东的合法权益与话语权。①

① 黄速建：《中国国有企业混合所有制改革研究》，《经济管理》2014年第7期。

上　　篇

第一章　总论

国有经济对中国社会经济发展有极其重要的意义。与不同时期国家对国有经济使命与功能的不同要求相适应，国有经济必须有能力去做出动态适应形势需要的相对合理的布局与结构安排。国有经济战略性调整，即为国有经济布局与结构的战略性调整，它对应的正是为实现国有经济上述的主导性功能与使命服务的相关政策举措。

20 世纪 90 年代末，我国提出国有经济战略性调整，对应于抓大放小、加快竞争性领域国有企业改革的一系列政策举措。眼下，我们已经面临新的形势，一方面，党的十八届三中全会提出了未来一个时期全面深化改革的新要求；另一方面，我国正逐步从持续多年快速高增长的发展阶段转入经济增长速度相对趋于放缓的经济新常态中。新的改革与发展形势决定了国有经济部门应该具备跟随新形势下国家战略与功能需要的变化而相应变化的能力，有的放矢地实施相应的战略性调整。

当前深入推进国有经济战略性调整的内涵，与 20 世纪 90 年代末相比，已经有了显著的区别——当前的国有经济战略性调整不仅有国有经济布局收缩的内容，还有国有经济布局扩张的内容，而 20 世纪 90 年代末是以国有经济布局收缩为主要特征的。具体而言，二者区别表现为：首先，当前国有经济战略性调整的实施主体是国有大企业；而 20 世纪 90 年代末国有经济战略性调整的实施主体是国有中小企业。其次，从国有经济布局的变化趋向看，当前的国有经济战略性调整侧重引导国有资本从非重要、非关键的传统产业领域有序退出，转而去开拓那些对国家社会经济发展更加具有战略意义的新兴产业领域；而 20 世纪 90 年代末国有经济战略性调整侧重引导国有资本从竞争性领域退出。再次，当前国有经济战略性调整的主要任务是要提高国有经济的控制力和带动力，与此同时，还要提高国有资本的流动性和运营效率、效益；而20世纪90年代末国有经济战略性调整的主要任务是收缩国有经济战线，改善国有经济部门的财务状况。最后，当前国有经济战略性调整的主要实现途径是积极发展混合所有制，而20世纪90年代末国有经济战略性调整的主要实现途径是向私有企业或私人投资者出售国有股权。

第一节　问题的提出与实践回顾

本节将界定国有经济的概念，陈述国有经济的重要性，进而由此引出国有经济战略性调整的政策意义。在我国改革进程中，国有经济战略性调整这个概念，是20世纪90年代中后期形成的，国务院国资委成立后继续推动有关工作。2008年底的国际金融危机爆发前后，随着国际国内经济形势的变化，国有经济战略性调整已经渐渐融入了新的政策内涵。

一　国有经济与国有经济战略性调整

在中国，国有经济的原义，指的是社会主义全民所有制经济（《宪法》第七条），是指生产资料归国家所有的一种经济类型。在传统计划经济体制下，国有经济形式相对单一化，此时，“国有经济”即等同于“国有企业的集合”。改革开放后，国有经济被改造为可以实行多种经营方式的经济形式，伴随市场化改革的进一步深入，国有经济日益被改造成由国有企业担当市场主体并且体现国家的利益和意志的经济形式。这使得国有经济开始具备宏观和微观层面的不同含义。从宏观层面看，国有经济是指以经济资源归国家所有为基础的一切经济活动和过程。①有观点根据有关国有经济活动所对应的国有资产类型的不同来区分国有经济的内涵，将广义的国有经济理解为国家所有的全部行政事业性和经营性资产及在此基础上衍生出来的经济活动，狭义的国有经济主要指经营性国有企业资产及其活动②。根据这种观点，本书集中考察狭义的国有经济。从微观层面看，人们对国有经济的具体内涵有不同看法。有观点认为，国有经济是国有企业的总体集合，由所有的国有企业组成。这里的国有企业，一般是指国有

① 张聪明：《当代中俄国有经济比较研究》，社会科学文献出版社2012年版。

② 陈鸿：《国有经济布局》，中国经济出版社2012年版。

全资及控股企业。有观点反对这种意见，认为这种观点没有将存在于国有资本相对控股及参股企业这类混合所有制企业中的国有经济成分包括在内。我们支持后一种观点，这也就是说，从微观企业层面看，国有经济不仅包括国有独资企业（全民所有制企业）或国有独资公司，还包括除这两类企业之外的国有控股公司及国有参股公司中的所有国有经济成分。

国有经济，在中国有非常重要的意义。刘国光①指出，社会主义初级阶段国有经济的作用远大于资本主义国家的“国有经济”。《宪法》规定：国有经济，是国民经济中的主导力量。国家保障国有经济的巩固和发展。在我国这样一个社会主义大国，国有经济的数量底线，不能以资本主义国家私有化的“国际经验”为依据。确定国有经济的比重，理应包括保障、实现和发展社会公平和社会稳定等更丰富的内容。张卓元②指出，国有经济牢牢控制着国民经济命脉并对经济发展起主导作用，这恐怕是不会有人怀疑的。国有经济有重要的地位和作用，但是，国有经济在国民经济中的主导地位，指的是国有经济在主导性行业和领域要保持控制力，这既不简单等同于国有企业要在每一个行业领域占主导地位，也不简单等同于国有资本要在每一个国有企业中占主导地位。总之，国有经济极其重要，但我们不能机械地认为，国有经济可以或者是有必要去覆盖国民经济各领域，覆盖所有地区和广泛的产业领域，国有经济必须有能力去做出动态适应形势需要的相对合理的布局与结构安排，同时，国有经济应该大力发展那些与市场经济结合更紧密的微观实现形式，只有朝这个方向发展，国有经济才能更好地成为我国国民经济中的主导力量。

国有经济战略性调整，即国有经济结构和国有经济布局的战略性调整，它对应的正是为实现国有经济上述主导性功能与使命服务的相关政策举措。国有经济布局本质上是国有经济的分布问题，重点解决国有经济“向哪里分布”以及“分布多少”的问题，具体又涉及横向（产业）布局、纵向（产业）布局和区域布局这三个层面的内容。国有经济结构涉及产权结构、公司治理结构和产业组织结构、企业组织结构等诸多内

① 刘国光：《“两个毫不动摇”的当前价值——公有制是社会主义初级阶段基本经济制度的基石》，《人民论坛》2012 年第 5 期。

② 张卓元：《全面深化改革要以经济体制改革为重点》，《理论参考》2013 年第 12 期。

涵。[1] 如果没有合理的结构因素来支持与配合，国有经济布局的调整是难以实现的。

二　20世纪90年代国有经济战略性调整提出的背景

结合中国改革实践来探讨有关“国有经济战略性调整”的内涵这个问题，需要追溯到20世纪90年代中后期。1997年9月，党的十五大提出：“要从战略性调整国有经济布局”，“要着眼于搞好整个国有经济，抓好大的、放活小的，对国有企业实施战略性改组”。从上述文件表述，至少可以引申出两层含义：一方面，国有经济战略性调整，是针对宏观层面的国有经济布局而言的。当时，国有经济面临的问题，不仅源于国有企业产权界定的缺陷和政企职能不分以及由此导致的经济机制僵化，还源于国有经济战线太长，布局太散，与市场经济条件下国有经济的应有功能严重错位等多方面的制约，单从微观层面进行企业改革，已经很难取得整体突破，为此，需要在调整国有经济战线的基础上优化国有经济布局和结构。[2] 魏杰[3]揭示了国有经济战略性调整所内生的“战线收缩”的内涵：国有经济战略调整成为国有经济改革的重要内容，是因为我们曾经盲目扩大了国有经济在整个国民经济中的比例，使国有经济进入自己不该进入的领域，从而使得国有经济在国民经济中占的比例太大。因此，我们必须调整国有经济战略布局。另一方面，国有经济战略性调整和微观层面的国有企业的战略性改组又是紧密联系在一起的。后者对应国有企业的产业结构和组织结构的调整以及股权多元化、转变经营体制机制和建立现代企业制度等一系列改革举措。

针对90年代中后期国有经济运行特点，人们普遍认为，当时提出国有经济战略性调整的基本前提是国有经济的不景气状态。具体有以下三点表现：第一，持续多年的国有经济粗放扩张。数据显示，1985—1995年，国有经济单位固定资产投资总规模从1680亿元增加到10898亿元，平均每年增长20.5%。同期，国有企业产出水平也有较大提高，1990—1995

---

① 陈鸿：《国有经济布局》，中国经济出版社2012年版，第22—25页。

② 吴敬琏等：《国有经济的战略性改组》，中国发展出版社1998年版，序、第3页。

③ 魏杰：《国有经济战略布局调整的思路——纪念国有经济改革30年》，《国有资产管理》2008年第11期。

年，国有工业企业的总产值从13064亿元增加到31220亿元，平均每年增长19.0%。在粗放扩张的格局下，从总量上看，资产和产值的增长速度往往不低，但经济效益不高，人民得到的实惠不多。[①] 第二，国有企业掌握的资源不仅不能得到有效的利用，反而出现大面积的经营亏损和资产流失。据测算，1980年国有独立核算工业企业的净盈利为585亿元，到1995年增长为665亿元，仅增长了13.7%。如果考虑通货膨胀因素，十多年间，国有企业净利润不仅没有增加反而有较大幅度的下降。而与此同时，国有企业固定资产原值从1980年的3730亿元增加到1995年的30936亿元，增长了7.3倍；国有企业固定资产净值从1980年的2528亿元增加到1995年的17474亿元，增长了5.9倍。特别令人不安的是，1996年1—4月和1997年第一季度出现了整个国有工业净亏损的严重情况。在国有企业出现大面积经营亏损的同时，国有资本的损失问题也相当严重。据统计，1995年，在全国30.2万户国有企业中，资不抵债（负债率在100%以上）的企业和空壳企业（资产损失和资金挂账之和大于所有者权益）分别占企业总数的17%和20.2%。[②] 第三，国家财力有限而有限的国有资本又分布过散，难以支撑过于庞大的国有经济盘子，不少国有企业缺乏正常且必要的资本金来源，因而也难以有好的发展前景。截至1995年底，全部国有独立核算工业企业87905个，但企业户均资产规模不过0.54亿元，户均国家资本金仅为0.12亿元，户均销售收入仅为0.30亿元。国有资产这种过于分散的状况严重损害了现有国有企业竞争能力和国民经济整体效益的提高。正是针对国有经济运行中表现出来的上述三个突出问题，国家从政策层面明确了从战略上调整国有经济是解决国有企业面临上述困境问题的重要途径。

有研究者主要从微观层面来认识国有经济战略性调整的有关问题，将国有企业战略性改组等同为企业重组或企业重构的一种类型，将其看作国有企业适应外部经营环境变化而主动改变自身资源配置效率低下状况的企业组织变革行动。具体到我国国有企业而言，主要是传统计划经济体制的长期影响、历史形成的诸多问题、多年以来的重复建设以及市场环境的急剧变化，使得国有企业普遍存在效率损失比较大的问题。这表现在相当一

① 吴敬琏等：《构筑市场经济的基础结构》，中国经济出版社1997年版。

② 吴敬琏等：《国有经济的战略性改组》，中国发展出版社1998年版，第25—26页。

部分国有企业还不适应市场经济的要求，经营机制不活，技术创新能力不强，债务和社会负担重，富余人员过多，生产经营艰难，经济效益下降，等等。部分国有企业甚至可以说已经走到了生与死的关键时刻，因此，对于缺乏市场竞争能力的国有企业，必须而且只有加快战略性改组的步伐，显著提高国有企业的资源配置效率，才能赢得生存和发展的新空间，进一步发挥和释放国有经济的作用。①

三　国务院国资委成立以来推进国有经济战略性调整的政策导向变化

国务院国资委成立以后，将“推动国有经济结构和布局的战略性调整”作为一项主要职责，有关正式文件的表述可见于2006年11月22日颁布的《国务院国资委工作规则》（国资发〔2006〕197号）中。回顾过去这个时期，国务院国资委在推动国有经济战略性调整方面的政策导向，与20世纪90年代末有关部门在推动国有经济战略性调整时所坚持的政策导向相比，逐渐出现了三个重要的变化。

首先，强调推进国有经济战略性调整，但不再强调国有企业从竞争性领域中全面退出来。20世纪90年代末提出国有经济战略性调整这一政策方针，在很大程度上是针对竞争性领域的国有经济而言的，其基本的政策取向是鼓励竞争性领域国有经济的调整与退出。这一政策思路，在20世纪90年代末至21世纪初的数年国有企业改制与改革进程中形成了很强的影响力。2004年前后，国有企业的不规范改制现象引发了社会上的强烈批评，随后各级国资委出台了加强规范与监管国有股权交易的各种政策，制度环境的变化，致使竞争性领域的国有企业改制实践基本退滞。与这种实践方向的变化相呼应，支持竞争性领域国有经济发展的观点开始反弹。纪玉山②指出：国有经济调整就是从竞争性领域退出，这是不准确的。从竞争性领域退出的不是全部国有经济，而是一部分在竞争中失败、被淘汰的国有经济。几乎与此同时，我国经济进入重化工业加快发展的新一轮周期，国有企业在多个行业领域的发展扩张态势非常明显。2008年国际金融危机爆发，国有企业更是成为国家四万亿元投资政策的重要实施主体，而这些投资活动中又有相当一部分发生在非重要行业和非关键领域。上述

① 芮明杰：《国有企业战略性改组》，上海财经大学出版社2002年版，第174页。

② 纪玉山：《竞争性领域国有经济战略调整的理论思考》，《经济学动态》2004年第3期。

实践活动，引发了社会上关于“国进民退”的大争论。几乎与上述实践同步，研究者开始从理论和观念认知层面，对20世纪90年代末形成的关于国有企业应该退出竞争性领域的观点进行修正。在讨论国有经济战略性调整的有关问题时，人们有普遍共识的是，国有经济、国有资本要进一步向关系国家安全和国民经济命脉的重要行业和关键领域集中，但是，具有争议性的问题是，国有经济在非重要行业和非关键领域应该怎么办？王忠明①指出，要避免简单化和绝对化倾向，不能将国有经济战略性调整简单地理解为“一退了之”，也不能要求一切国有企业当下就从竞争中不分轻重缓急地统统一并退出。尽管也有批评者认为，这类观点带有改革回潮、不彻底的味道，是对20世纪90年代末确定的国有企业改革已形成思路的倒退甚至是否定，但仍然有研究者坚持认为，国有经济存量再实施战略性收缩的空间已经很有限了。

其次，在微观层面，国有经济战略性调整，越来越多地和国有大企业特别是中央企业重组以及推进国有资本集中和发展优势国有大企业的政策思路联系在一起。而在20世纪90年代末的国有经济战略性调整中，国有中小企业，而非国有大企业，是改革政策的着力点。2006年12月5日，国务院颁布了国资委《关于推进国有资本调整和国有企业重组的指导意见》（国办发〔2006〕97号，以下简称《指导意见》）。《指导意见》认为，虽然国有经济布局和结构调整已经取得重要进展，但从整体上看，还存在三方面的问题：一是国有经济分布仍然过宽，产业布局和企业组织结构不尽合理；二是一些企业主业不够突出，核心竞争力不强；三是国有资本有进有退、合理流动的机制还没能完全建立起来。在《指导意见》中，加快国有大企业，尤其是中央企业的调整和重组，成为推动国有经济战略性调整的重要政策抓手，《指导意见》明确了改革目标是到2010年国资委履行出资人职责的中央企业数量将调整和重组至80—100家。具体改革措施包括：一是鼓励那些不具备优势的国有企业并入优势国有大企业；二是围绕突出主业而推进的企业非主业资产重组，鼓励部分企业非主业资产向主业突出的企业集中；三是加快大企业内部的重组，简化企业组织机构，原则上将管理层次控制在三级以内；四是鼓励上市公司的母公司、集团公司加快对存续企业的重组；五是鼓励科研设计院所与相关中央企业之

---

① 王忠明：《改革开放与国有经济战略性调整》，《经济与管理研究》2008年第2期。

间的重组；六是不仅鼓励中央企业之间的重组，还鼓励中央企业与地方国有企业之间的重组。同在2006年，国务院国资委还研究起草了《中央企业布局和结构调整的指导意见》，对中央企业之间重组方式等有关问题进行了具体规定。这种将国有经济战略性调整的重点落在发展壮大国有大企业上的政策导向，与20世纪90年代末将改革重点落在国有中小企业上的国有经济战略性调整相比，也出现了明显的变化。

最后，国有经济战略性调整，在宏观层面，越来越多地和发展壮大国有经济联系在一起。如前所述，一方面，在产业层面上，国有经济战略性调整又反对国有企业从竞争性领域退出；另一方面，在微观层面上，国有经济战略性调整通过加快国有大企业重组，而与发展又大又强的优势企业结合在一起，这两方面变化交织在一起，使得新形势下的国有经济战略性调整，同前文中所描述的20世纪90年代末以国有经济战线收缩为主要特征的国有经济战略性调整相比，表现出显著的差异性。2012年，国务院国资委党委在《求是》上发表《坚定不移地推进国有企业改革发展》一文，这篇文章指出，深入推进国有经济布局结构的战略性调整，必须坚定不移地推动国企改革，理直气壮地发展壮大国有经济。至此，新形势下的国有经济战略性调整已经从多个方面呈现出了国有经济以进为主、以退为辅的特征，大大相异于20世纪90年代末国有经济以退为主、以进为辅的特征。

第二节　正确看待深入推进国有经济战略性调整的有关问题

国有经济战略性调整，指的是要使国有经济具备跟随国家战略对国有经济的使命与功能需要的变化而相应变化的能力。当前，国有经济既需要努力完成20世纪90年代末国有经济战略性调整提出至今尚未完成的那些改革任务，更需要适应全面深化改革的新形势以及正在形成中的经济新常态来实施相应的战略性调整。

一　深入推进国有经济战略性调整的必要性

有人认为，国有经济战略性调整已经是20世纪末的改革用语了，时至今日，这一概念已经没有实际意义。这种观点是错误的。当前，深入推进国有经济战略性调整仍然有很强的必要性。除了是完成20世纪90年代末国有经济战略性调整提出后未尽的改革任务外，还有两方面的因素要考虑：一方面，党的十八届三中全会提出了未来一个时期全面深化改革的新要求；另一方面，过去一个时期，我国社会经济发展形势正在发生重要的变化，正逐步从持续多年快速高增长的发展阶段转入经济增长速度相对趋于放缓的经济新常态中。国有经济需要适应上述几方面因素的变化，有的放矢地实施相应的战略性调整。

首先，20世纪90年代末国有经济战略性调整所针对的实践问题，还没有得到彻底解决，需要通过实施深化改革的举措来解决这些顽疾性的问题。这具体涉及两方面的问题：一方面，伴随宏观经济景气周期的出现，国有经济出现了又一轮比较粗放的规模扩张。在过去十年左右时间里，涌现出来了一批百亿、千亿级规模的国有大企业，这其中有些企业摊子大，但实际的运营质量和效益水平却不尽如人意。还有的企业在实现国有资产规模迅速扩张的同时，其资产低效、无效使用的问题也日益突出。在产能过剩的经济形势下，有的企业资产甚至已经成为企业发展的负担和包袱。另一方面，国有经济功能定位不清晰，不利于国有经济布局和结构的合理化。陈鸿①列举了国有经济的九大功能，即维护国家安全的功能、增强国家综合国力的功能、调节收入分配差距的功能、推进科技进步的功能、克服“市场失灵”的功能、挽救私营企业经营不利的功能、维护公共利益的功能、推进经济发展方式转变的功能、提高国家宏观调控的功能。由于国有经济承担了多重的非经济性功能，致使其在平衡经济性功能与非经济性功能或不同的非经济性功能之间的作用关系时，容易触发各种实践矛盾，最终导致国有经济在那些应该强化功能作用的领域反而弱化了，在那些功能作用要求不显著的领域反而滞留、分散了资源和能力，从而形成了比较不合理的国有经济布局和结构。

其次，党的十八届三中全会提出了全面深化改革的任务，这赋予了国有经济战略性调整新的实践要求。《关于全面深化改革若干重大问题的决定》明确指出，国有资本投资运营要服务于国家战略目标，更多投向关系国家安全、国民经济命脉的重要行业和关键领域，重点提供公共服务、发展重要前瞻性战略性产业、保护生态环境、支持科技进步、保障国家安

① 陈鸿：《国有经济布局》，中国经济出版社2012年版。

全。从国有经济现有的布局情况看，需要重点投入的五类行业和领域还远远没有成为国有资本投入的主战场。一方面，在除这五类行业和领域之外的其他战线上，还分布了相当规模的国有资本；另一方面，在五类重要行业和关键领域，国有资本的投入还有很大的增量发展空间。这种格局决定了当前国有经济深入推进战略性调整的重要任务，是要实现国有资本从其他行业和领域的退出以及向五类重要行业和关键领域的集中与集聚。历史地看，在20世纪90年代末推进国有经济战略性调整时，已经形成了国有经济要向重要行业和关键领域集中的改革思路，但这一政策思路的落实情况并不好。经过这十余年的探索，我们可以看到，促进国有经济布局合理化的机制和手段仍然是比较欠缺的，市场配置资源的决定性作用也还受到诸多体制机制因素的限制，这是深入推进国有经济战略性时仍需要探索解决的一个瓶颈性问题。

最后，正在形成中的经济新常态要求，国有经济战略性调整，在强调调整存量的同时，更加要注重通过发展增量来促进国有经济乃至国民经济布局与结构的调整和优化。目前，我国经济面临增长速度的换挡期、结构调整的阵痛期与前期刺激政策消化期“三期叠加”的形势，既要承受经济增长速度减缓的压力，又要承受经济发展中内生的结构性矛盾趋于尖锐化的压力，而要化解上述巨大的形势压力，仅仅靠经济存量的调整是行不通的，必须寻找到新的经济增长点。相应地，国有经济战略性调整，也必须融入寻找新的市场机会和增量发展空间的任务。深入推进国有经济战略性调整，其意义已不仅仅表现为推进我国经济在所有制结构方面的变革，由于国有经济肩负着一定的公益性和功能性使命，我们需要通过推进国有经济战略性调整，来有效发挥国有经济在整体经济结构调整方面的引导性作用和带动作用。这是在新形势下深入推进国有经济战略性调整，不同于20世纪90年代末推进国有经济战略性调整的一个重要方面。

二　国有经济战略性调整与私有化改革的异同

不少人在探讨我国国有经济战略性调整的有关问题时，习惯于将其与国外常说的私有化问题联系在一起，相提并论。事实上，国有经济战略性调整与私有化改革，有一些交集以及相通之处，但也有根本性的区别。

国有经济战略性调整，不仅包括以国有经济布局收缩为主要特征的战略性调整，还包括以国有经济布局扩张为主要特征的战略性调整。人们通常所说的私有化改革，只属于其中的国有经济布局收缩的范畴。私有化，指的是国有企业向私有企业转制，或者说，是国有资产向私有资产转制。[①] 严格地讲，只有将国有企业100%的资产或绝大多数股份及相应的国有企业的所有权、控股权悉数转让给私有部门，这种全部或彻底的私有化，才是真正的私有化；更宽泛的私有化则包括另一些情形，比如，政府仍是大股东，保持着对企业的控股而转让给私人的资产不到企业股份的一半。[②] 无论是严格意义上的私有化，还是更宽泛意义上的私有化，它们都只是以"战线收缩"为主要特征的国有经济战略性调整的具体实现形式。

随之而来的问题是，一个国家到底在什么情况下，才需要实施以国有经济布局收缩为主要特征的战略性调整呢？最根本的动因，简单讲就是在国有经济体制失效的情况下，就需要收缩国有经济战线了。因此，无论是世界各国的私有化改革，还是我国20世纪90年代末的国有经济战略性调整，往往都是在国有经济部门出现了比较严重的效率低下问题或国有企业财务状况大面积恶化的背景下，才被提出来的。经营不善和普遍亏损的国有企业是国家巨大的政治经济包袱，它们会使国家财政不堪重负，同时，在国家财政吃紧的情况下，国有企业自身也会因为缺乏稳定和可持续的国家资金投入而难以为继。当上述不利局面进入一个恶性循环且形势难以扭转时，政府就不得不转向私有化或以"战线收缩"为主要特征的国有经济战略性调整政策。当然，除了经济效益与效率的硬约束外，私有化改革还会受到社会意识形态与政府政策理念的左右。有时候，即使在国有企业持续高效运营时，私有化的推动工作也一直在进行，这仅仅因为人们怀有私有化会来得更加有效和美好的遐想。

那么，当前我国是否具备实施以收缩性质为主的国有经济战略性调整的经济形势基础和条件呢？20世纪90年代末我国的经济形势决定了当时就应该实施以"战线收缩"为主要特征的国有经济战略性调整。过去十余年，我国的经济形势发生了巨大的变化，当前，我们谈深入推进国有经济战略性调整，到底是不是要继续推进以收缩性质为主的国有经济战略性

① 转引自热拉尔·罗兰（GérardRoland）主编《私有化：成功与失败》，中国人民大学出版社2011年版。

② 乔莫：《与日深化的私有化争论：主要观点回顾》，载热拉尔·罗兰（GérardRoland）主编《私有化：成功与失败》，中国人民大学出版社2011年版。

调整呢？我们认为，经济形势变化已经使得我们不再需要完全以收缩性质为主的国有经济战略性调整，而是需要在不同的产业领域中同时推进收缩性质和扩张性质的国有经济战略性调整。

至于经济形势中的变化因素，主要是指两方面：一方面，目前，国有经济的效率整体不高的问题很突出，但还没有发展到国有企业普遍亏损和严重亏损的地步，还不能做出国有制明显失效的判断。有关统计数据显示，2012 年，国有工业企业利润总额为 4030 亿元，国有工业亏损企业亏损额为 927 亿元；国有独资公司工业利润总额为 1441 亿元，亏损企业亏损总额为 283 亿元，还远没有差到 20 世纪 90 年代中期亏损企业亏损总额占盈利企业盈利总额的比重将近 45% 的恶劣局面。因此，我们不能像 20 世纪 90 年代末那样，从整体上去推进以收缩性质为主的国有经济战略性调整。但是，我们也看到，在经历了前些年的盲目投资扩张而今陷入严重的产能过剩的一些产业领域，坚持以收缩性质为主的国有经济战略性调整仍然是非常必要的；同时，在那些国有经济资源分布仍然散、小、弱的竞争性产业领域，继续坚持以收缩性质为主的国有经济战略性调整也是非常必要的。另一方面，随着我国进入工业化中后期阶段，经济结构正在酝酿重大变化，探索新的市场领域的任务非常重，而且，国际金融危机爆发后的国际政治经济环境中充斥着各种复杂的不确定性因素，保障国家安全和维护社会经济稳定运行的压力也非常大。这些因素支持我们在那些国家需要大力发展的产业领域，推进以扩张性质为主的国有经济战略性调整，或者说，要加快其他产业领域的以收缩性质为主的国有经济战略性调整，将有限的国有经济资源尽快归集到那些重要行业和关键领域，更好地发挥国有经济制度的优势一面。

总之，综合以上两方面因素，当前深入推进国有经济战略性调整，不仅要继续努力解决好之前改革中遗留下来未解决好的国有经济在传统产业领域的“战线收缩”问题，更要探索解决好国有经济在新形势下的良性健康发展的“战线扩张”问题。

三　国有经济战略性调整与国有经济比重升降的关系

当我们将国有经济战略性调整和国有经济布局的收缩或扩张联系在一起后，就可以引出另一个相关的问题，那就是国有经济占国民经济的比重的变化趋势。一般而言，国有经济布局的“战线收缩”，会导致国有经济的绝对量及其占国民经济的比重的下降；而国有经济布局的“战略扩张”，会导致国有经济的绝对量及其占国民经济的比重的上升。

我国20世纪90年代末的国有企业改革实践，基本证实了国有经济布局收缩与国有经济绝对量或相对比重下降这两者之间的正相关关系。从国有工业企业的有关统计数据看，我国国有工业企业数量的峰值出现在1996年，超过了11万家。从那之后，呈现迅速下降的趋势，至2000年已经下降至不足5万家的水平；到2005年下降到不足2万家；而从2011年以来，一直保持在不足1万家的水平。表1-1列示的有关数据表明：2003—2011年，我国国有控股工业企业资产占全部工业企业资产的比重已经从约56%下降至约42%、净资产从约56%下降至约39%，主营业务收入占比则从约41%下降至约27%，利润总额占比也从约46%下降至约27%。以上数据所表现出来的国有经济占比的变化态势与改革开放以来我国国有企业改革和国有经济布局演变的总体方向是一致的。

表1-1　2003—2011年国有控股工业企业主要经济指标占全部工业企业的比重

年份 经济指标	2003	2004	2005	2006	2007	2008	2009	2010	2011
资产总额	55.99%	50.94%	48.05%	46.41%	44.81%	43.78%	43.70%	41.79%	41.68%
净资产	55.52%	52.59%	49.21%	47.53%	45.75%	42.44%	41.21%	39.05%	38.73%
营业收入	40.53%	35.91%	34.43%	32.34%	30.68%	29.50%	27.96%	27.85%	27.19%
利润总额	46.01%	45.71%	44.04%	43.51%	39.75%	29.66%	26.89%	27.78%	26.81%

数据来源：根据中国统计年鉴有关数据测算得出。

针对过去30余年我国国有经济在国民经济中占比持续下降的现象，一直有人担心，若国有企业改革及国有经济战略性调整长此以往，会影响到我国作为社会主义国家的性质。也有不少人反对上述观点，他们认为，尽管国有经济比重下降了，但国有经济的绝对规模总体上仍然保持了较好的增长态势。还有一些持反对意见的人们认为，如果以世界上其他国家的国有经济占比水平作为参照，那么，我国国有经济占比水平仍然明显过高，还有比较大的下降空间。从西方国家经验看，意大利是国有经济部门作用较强的一个国家，该国在1976年的国有企业产值占GDP的比重为

24%，到2002年，这一比重值下降到略低于8%的水平。[①] 而西方的另一个国有经济强国是法国，该国在2002年国有企业产值占GDP的比重约为11%。以这两国的经验为参照，有观点认为，一个国家的国有经济在国民经济中的占比从20%的水平再降低2/3，是有可能的。正是基于这种想法，世界银行和国务院发展研究中心在2012年底共同发布了一份研究报告，这份报告认为，我国国有经济产值占比有可能从目前的27%左右的水平，进一步下降到2030年前后的10%的水平。

从2011年至2013年的统计数据表明，我国国有经济比重变化趋势在总体不变的情况下，也出现了值得关注的新情况。一方面，国有控股工业企业主要经济指标占比继续小幅下降，从2011年至2013年，其资产、净资产、主营业务收入和利润总额的占比都下降了2—3个百分点。另一方面，国有工业企业数量逐年减少的势头停止了，连续两年出现了小幅增长的迹象。正如前文已经反复强调的，当前，我国国有经济布局调整中既有收缩性质的成分，也有扩张性质的成分，而不再像世纪之交时那样仅表现出收缩性质的变化特征。正因为国有经济运行具有上述特点，因此，在未来的一个时期内，只要国有经济财务状况基本保持稳定而不出现骤然恶化的情况，那么，我国国有经济进一步大幅下降的可能性是比较小的。

从西方国家工业化进程与私有化改革的发展经验看，在一个国家的工业化中后期，那些由国有企业把持的产业技术发展相对成熟的传统产业领域，往往有希望成为实施私有化改革的重点领域。这一规律在一定程度上也适用我国的情况。我国各省经济发展的经验表明，一些区域工业经济的快速增长通常伴生了国有控股经济比重的有效下降。像广东、江苏、浙江、山东四省，是全国工业总产值最大的省份，这四省的工业总产值加总占全国工业总产值比重将近一半，同时，这四省也位居国有控股企业工业总产值占比最低的省份之列；相形之下，中西部及东北地区经济发展水平相对落后，工业经济总量相对较小，而国有经济比重却明显要高。不同地区的工业经济增长实践与所有制经济结构之间的关系表明，在工业领域，国有经济结构调整步伐与区域经济发展水平基本是同步的。[②] 工业领域中

① 陈鸿：《国有经济布局》，中国经济出版社2012年版，第81页。

② 余菁：《中国工业企业所有制结构变化及趋势展望》，载《中国工业发展报告（2008）：中国工业改革开放30年》，经济管理出版社2008年版。

的不少传统产业领域，将是我国国有经济在实施战略性调整时需要进一步收缩和退出的重点领域。但在工业领域中的新兴产业领域以及工业领域之外的其他新兴产业领域，却很有可能是国有经济在战略性调整时需要进一步扩张的重点领域。如果上述规律成立的话，那么，我们将既面临支持国有经济占比上升的因素，也面临支持国有经济占比下降的因素。

总体而言，在深入推进国有经济战略性调整的过程中，经由国有经济扩张和收缩这两方面力量的共同作用，国有经济占国民经济的比重将呈现出一种“缓降”的特征。陈鸿①指出，一个国家国有经济总量大小、比重高低、分布宽窄，与一个国家经济发展水平高低和工业化发展程度密切相关，经济发展水平越低，国有经济比重越高，反之亦然。由此看来，国有经济比重缓降的趋势，是基本符合我国社会经济健康发展的实际需要的。具体到不同产业领域，在那些传统的工业领域，国有经济占比可能会下降得相对快一点，但在一些新兴的工业领域或非工业领域，国有经济仍有可能获得保持总体占比基本稳定的增长与扩张的机会。面对这种情况，我们在推进国有经济战略性调整时，应该进一步确立“重结构，轻比重”的正确思维。有人总想框定出一个理想的国有经济占比水平，其实，从国家社会经济发展的实际需要出发，我们所能接受的合理的国有经济在国民经济中占比的区间范围是比较大的。同样的一个国有经济比重水平，它也可以对应国有经济截然不同的现实绩效表现，因此，不能盲目纠结于国有经济比重，我们应该看到，国有经济发展质量的重要性并不亚于国有经济数量或比重的重要性。因此，在肯定国有经济占比在总体上的缓降趋势后，我们更应该将国有经济战略性调整的政策重心落在国有经济的发展质量与结构合理化程度上，而不应该停留于具体的国有经济比重增减的无谓之争上。

第三节　深入推进国有经济战略性调整的实践方向

当前，深入推进国有经济战略性调整的改革实践，是与党的十八届三中全会提出的准确界定国有企业功能定位、积极发展混合所有制经济和完善国有资产管理体制这一系列国资国企改革的具体任务紧密联系在一起

① 陈鸿：《国有经济布局》，中国经济出版社 2012 年版。

的。20 世纪 90 年代末的国有经济战略性调整，主要对国有大企业和国有中小企业以及竞争性领域的国有企业和垄断性领域的国有企业进行了区分，采取了“抓大放小”的方针，主要改革方式是向私有企业或私人投资者出售竞争性领域的国有中小企业股权。当前，深入推进国有经济战略性调整，在实践层面，首先，需要对国有企业进行更加细致和准确的功能分类，再将不同的调整任务落实到微观层面的各种不同类型的国有企业身上；其次，当前改革任务对应在微观层面的实施主体主要是国有大企业，因此，不宜再采用完全的或彻底的转换产权性质的改革形式，在这种情况下，发展混合所有制经济正成为非常重要的改革途径；最后，微观企业层面的战略性重组，需要在更加完善的、以管资本为主的新国有资产管理体制下来推进，只有这样，才有可能真正建立起国有经济资源更加自由地流动和实现动态且高效的配置的运行机制。

一　国有经济战略性调整与国有企业的分类改革

国有经济战略性调整，对应于宏观层面和微观层面的不同内涵。作为服务于国家发展战略以及对国有经济功能使命要求的改革举措，深入推进国有经济战略性调整，无论是要实现国有经济扩张，还是要实现国有经济收缩，最终都需要通过微观企业层面的战略性重组来实现。为此，深入推进国有经济战略性调整，应和党的十八届三中全会提出的准确界定国有企业功能、对国有企业实施分类改革结合起来，通过对每家国有企业的使命和功能定位进行界定，并基于使命和功能定位来确实企业战略，再选择相应的公司治理模式和监管方式。只有在此分类管理的架构下，企业才能真正成为具体实现和推进各方面战略性重组任务的有效市场主体。

具体来说，可以基于“使命”将国有企业分为三个大类：第一类是“公共政策性企业”，这类企业是国家保证实现社会公众利益的一种手段和工具，旨在弥补市场缺陷，其“国家使命”定位是以是否完成国家赋予的具体政策目标为核心考核指标的“公共政策”导向。这类企业数量有限，却是未来国有资产管理的重中之重。第二类是“一般商业性企业”，也就是人们常说的竞争性国有企业，其定位是以国有资产保值增值为核心考核指标的“市场盈利”导向。量多面广的国有中小企业和产业竞争度高的国有大中型企业都属于这类企业。这类企业完全是营利性企业，属于竞争性行业，与一般商业企业一样，其生存和发展完全取决于市场竞争。第三类是“特定功能性企业”，这是具有混合特征的国有企业，既非纯粹的一般商业性企业，也非典型的公共政策性企业。其“国家使命”定位是巩固社会主义基本经济制度和在国民经济中发挥主导作用，包括“走出去”、促进经济发展方式转变、保证国家经济安全和主导经济命脉等具体功能，而这些功能的实现要求以企业自身发展和经营活动盈利为基础。这类企业有一定数量，且其具体情况千差万别。

在上述分类的基础上，需要进一步进行分类监管。国有企业一旦明确自己的使命，就要基于国家赋予的使命及由此衍生出来的企业功能定位确定自己的发展战略，在国家法律框架内开展经营活动。而国资委则需要根据国有企业集团不同的使命、战略，选择不同的公司治理模式和监管方式。对于“公共政策性企业”，可以采用国有独资公司的形式，针对具体企业专门立法，并建立严格的政府预算管理制度，其收入和支出都要有严格的预算管理，对管理层考核的核心要求是能否很好地实现公共政策性目标；对于“特定功能性企业”，可以采用国有控股的公司制的形式，也可以成为国有上市公司，这类企业除了满足《公司法》的一般要求外，还要针对其所处行业建立专门的行业法规来管理，这类企业要接受政府一定的预算管理，对管理层的考核要以经济目标为主，满足国有资产保值增值的要求；对于“一般商业性企业”，企业可以是相对控股的公司制形式，企业设立和运行符合《公司法》的要求即可，国资管理部门的监管形式主要依靠对派出董事的管理，其收益主要是股权收益。“一般商业性企业”是由于历史原因而遗留下来的企业，原则上不新设这类企业，从长期看，国有股份可以从这类企业逐步退出，从而保证国有资本集中到关系国家安全和国民经济命脉的重要行业和关键领域，增强国有经济活力、控制力、影响力。这正是国有经济战略性重组的本质要求。国有股份从“一般商业性企业”的逐步退出，可以减少国资委直接管理的国有企业数量，缩小管理半径，否则面对太多的国有企业，无法具体明确各个国有企业的使命和产业定位。从未来发展看，国资委应该通过战略性重组，组建30家左右的国有大型企业集团和控股公司，这些国有企业主要为“公共政策性企业”和“特定功能性企业”。

在上述基于使命对国有企业进行分类监管、逐步将国有资本集中于“公共政策性企业”和“特定功能性企业”的基础上，还要努力建立以分层授权、分类管理为核心特征的国有企业领导人管理制度。可以将国有企业领导人员划分为两类角色。一类是“党政官员”角色，企业集团公司的董事长及董事会主要成员、党组织领导班子成员，整体上市公司的党组织领导班子成员、派出董事和内设监事会主席等，应该界定为这类角色，这些人员由上级党组织和国有资产监管部门管理。在选用方面，采用上级组织部门选拔任命的方式，他们有相应行政级别，选用、晋升和交流都可以按照行政方法和渠道，可以到相应党政机关任职，相应党政机关的领导也可以到这些集团公司的董事会、党组织、监事会任职；在激励约束方面，应该和党政官员基本类似，但考核以企业整体经营发展和功能实现程度为标准，激励主要以行政级别晋升为主，报酬可以略高于同级别的党政官员（可以设想高于同级别党政官员工资的2—4倍），但不能完全采用市场化的激励机制，不能享受过高年薪和股权激励。另一类是“企业家”角色，国有企业中大量的经理人员，包括母公司层面的总经理、副总经理、执行董事以及各个子公司层面的董事会成员和经理团队等都属于这类角色。这类人员是职业经理人员，由董事会进行管理，需要按照市场化的办法选用和激励约束。在选用上，这类人员需要在职业经理市场上通过竞争性的办法由董事会进行选聘；在激励约束方面，以市场化的经营业绩为考核标准，董事会按照市场标准给予其薪酬待遇，采用市场化的薪酬结构和水平，可以实施相应的股权激励制度，但是这些经理人员原则上不再享有相应级别的行政待遇，也没有机会交流到相应的党政机关任职，他们是真正的职业经理人。

二　国有经济战略性调整与积极发展混合所有制

深入推进国有经济战略性调整，实施既有布局收缩性质，又有布局扩张性质的战略性调整，这一改革方向不同于严格意义上的、完全彻底的私有化改革，需要形式更为宽泛的企业产权结构来支持相应的企业重组与改革。从这个意义上讲，深入推进国有经济战略性调整，自然而然就和积极发展混合所有制经济联系在一起了。

根据最直观的理解，混合所有制经济指的是财产权分属于不同性质所有者的经济形式。这既可以用于描述宏观上一个国家或地区，也可以用于描述微观上一个企业组织。从宏观层次来讲，混合所有制经济是指一个国家或地区经济所有制结构的多元性，包括国有、集体、个体、私营、外资、合资、合作等各类公有制经济和非公有制经济；微观层次的混合所有制经济，是指不同所有性质的产权主体多元投资、交叉渗透、互相融合而形成的多元产权结构的企业。发展混合所有制经济，作为深入推进国有经济战略性调整的重要途径，它既有助于解决国有大型企业实行单一的国有制经济结构的弊端以及与市场经济不兼容的体制机制性问题，还有助于更好地发挥国有资本的投资引导功能与带动作用、增强国有经济的控制力、促进国有资本的保值增值和提高相关企业的市场竞争能力。

发展混合所有制经济，与通常意义上的“私有化”有根本区别，把握这种区别，需要有动态发展的眼光。私有化，顾名思义，强调的是将已有国有资产存量转移到非国有经济部门手中的过程，它在很大程度上是一种存量改革，其改革结果往往表现为国有经济部门的规模与范围的明显收缩。我们现在强调的国有企业发展混合所有制经济，在性质上更侧重于增量改革，强调的是对未来的国有经济结构与秩序的动态优化与重构。在发展混合所有制经济的过程中，国有资本不是为了退出而简单退出，而是为了实现其更好的发展而主动选择的退出。要做到这一点，国有资本优化配置必须与国有经济总体布局和结构调整的方向性要求紧密结合在一起。党的十八届三中全会已经对国有经济部门发展提出了比较清晰的国家战略目标，而在现有的国有经济布局结构下，国有企业提供有关功能与服务的能力仍然要进一步提高，国有资本仍大量分散在非战略性领域，在关系国家安全、国民经济命脉的重要行业和关键领域的力量仍不够集中、强化，面临非常巨大的调整压力。发展混合所有制经济是帮助国有经济部门适应上述新形势及使命要求，积极求变的一种改革途径和手段。一方面，在国有资本缺乏竞争优势的领域，要积极引入非公资本；另一方面，从非战略性领域退出的国有资本要加快进入和大力拓展战略性领域，起到引领国家经济综合能力提升的主导作用。

深入推进国有经济战略性调整，积极发展混合所有制经济，应该让“自上而下”的推动与“自下而上”的探索相互作用，实现“上下结合”，才能既激发基层改革创新的积极性、保护经济的活力，又实现改革的有序性、避免一哄而上的混乱。“自上而下”地引导国有企业务实、有序地发展混合所有制经济，需要和分类改革、分类监管相结合，通过准确界定各个国有企业功能类型，设计不同的企业改革方案。在对国有企业进行功能分类时，除行业因素外，还要综合考虑其他多种因素。除少数定位为公益性或公共政策类型的国有企业要保持国有独资形式外，其他特定功能类型或一般商业类型的国有企业可以采用股权多元化或混合所有制的企业制度形式。原则上讲，越是一般商业类型的国有企业、越是层级低的国有企业和越贴近高度竞争的市场的国有企业，它们越适合于发展混合所有制经济。

从党的十八届三中全会召开后的改革实践情况看，发展混合所有制经济的重大改革举措，几乎都是依托资本市场来进行的。有观点认为，这一轮国企改革的突破口是资本化，相应地，国有企业发展混合所有制经济的主要形式或路径是资产证券化、改制上市。[①] 对此，一种解释是我国市场经济体制还不够成熟和不够发达，国有企业受行政性因素制约较大，在这种情况下，如何对国有产权进行合理与公平的定价，成为困扰国有企业发展混合所有制的难点问题。在现行体制下，有两种机制可以保证国有产权定价的合理与公平，一是由国资监管部门审批，来确保国有产权交易的合法性；二是依托资本市场，由更加专业化的金融服务机构的参与和更加严密的证券交易监管机制来确保国有产权定价及交易活动过程符合透明度要求和公允性原则。实践表明，后一种机制在帮助那些参与国有产权交易活动的各方利益相关者克服顾虑情绪方面更加有效。而且，更重要的是，引入金融机构参与和依托资本市场有助于营造足够大的利益分享空间，从而能够大大提高对各方利益相关者的激励。

从国外经验看，成熟市场经济国家的国有大企业在推行私有化改革时，也常常依托国有上市公司来开展。也有批评者在总结各国私有化改革的经验与教训时，将资本市场及有关的金融机构描述为私有化改革的重要推手，强调要注意克制金融资本在私有化改革中过度逐利的倾向。在实际操作中，金融机构主导设计的企业改革方案，很可能会不计企业改革的最终绩效后果，盲目求大求快，以追求金融机构自身利润的及时兑现。这一点，是我们的国有企业依托资本市场来发展混合所有制经济时应该引以为鉴的，要做到立足一个个企业的发展实际需要，审慎研究制订方案，使混合所有制改革能够真正为企业这一市场主体的长远发展服务，而不是沦为其他市场主体的套利工具。

---

① 陈清泰:《国企改革转入国资改革》,《上海国资》2012 年第 6 期。

三 国有经济战略性调整与完善国资管理体制

国有资产管理体制是推进我国国有经济布局战略性调整的重要体制载体。一方面，国有经济布局的战略性调整要求国有资产管理体制发生相应的变化并与之相适应；另一方面，国有资产管理体制改革的深化又为国有经济布局的战略性调整提供了体制保障。张军扩[①]提出，要防止或避免因设立专门的国有资产管理机构而妨碍或延缓国有经济布局的战略性调整。仅从国资监管部门利益考虑，显然是管的企业越多，管的资产越大，其权力也就越大，如果把国有资本从其所管辖的企业撤出，特别是如果将撤出的资金用于充实社会保障资金，用于其他方面需要政府投资的领域，这就会缩小国有资产管理机构本部门的权力范围。这意味着，符合国家整体利益的国有经济战略性调整的政策方针，不一定符合国有资产管理机构的本部门利益。如果没有很好的制度安排，国有资产管理机构很可能利用其权力阻碍调整的过程。为此，深入推进国有经济战略性调整，应同完善国资管理体制联系起来作统筹安排。

党的十八届三中全会提出明确的要求："完善国有资产管理体制，以管资本为主加强国有资产监管，改革国有资本授权经营体制，组建若干国有资本运营公司，支持有条件的国有企业改组为国有资本投资公司。"结合上述要求，深入推进国有经济战略性调整，需要从以下几个方面进一步完善国资管理体制。

首先，要理顺和完善相对统一的管理体制。未来国资管理体制改革的核心问题是国资监管部门的改革，而不是国有企业层面的改革。改革国资监管部门，首要任务应是建立覆盖全国国有企业和全部国有资产的统一管理体制。近些年，一些地方已经有对区域内全部企业国有资产监管实现"全覆盖"的改革尝试。目前，4 个直辖市已实现监管全覆盖，近 20 个省（区、市）和计划单列市国资委的监管覆盖面也超过或接近 90%。[②] 从已有实践看，建立"全覆盖"的国资监管体制，有助于消除国资监管"盲区"和促进国有资产的统一优化配置，利大于弊。这应该成为未来一个时期深化国有资产管理体制改革的一项重点工作。只有在相对统一的管理

① 张军扩：《继续推进国有企业战略调整》，《中国军转民》2003 年第 1 期。

② 谢毅：《当前金融国有资产监管体制的问题》，《经济研究参考》2012 年第 2 期。

体制建立起来之后，我们才能比较全面、准确地掌握国有资产的实际运营状况，进而确定深入推进国有经济战略性调整的具体方针与策略，并将有关的改革责任落实到具体的监管主体上去。

其次，要推动实现国资监管机构的监督职能和运营职能分开。在建立全国统一的管理体制之后，下一步应该是推进监督职能和运营职能分开。也有观点认为，应该是监管职能、股东职能和运营职能的三分开。无论如何表述，对国资委现有的功能定位进行调整，将国有资本的运营主体同相对独立的国有资本的运营政策制定与监督实施的主体分开设置，这应该是下一阶段改革国有资产管理体制的一个核心任务。只有在两种职能相区分的前提下，才有可能真正实现从管人、管事、管资产的“三结合”体制向以管资本为主的体制的转变。这一转变意味着，要用尊重资本的运作规律的方式来管理国有企业和国有资产。深入推进国有经济战略性调整，既要立足于国家社会经济发展的战略要求，也要尊重资本的运作规律，其意义就在于明确国有经济功能要求的前提下，充分发挥市场在配置资源上的决定性作用，充分发挥市场竞争对国有企业行为的硬约束作用，实现优胜劣汰。一旦市场竞争的硬约束真正起作用了，它们就可以替代国资委现在投入大量人力、物力来开展的直接监管工作，有效推动国有经济资源向有效率和有效益的领域配置。

最后，要大力发展国有资本投资运营公司模式。未来改革方向是要大力发展三层级的管理体制，其目的就是要理顺政府与企业的关系，促进政资分开和政企分开。在未来一个时期，国有资本投资运营公司有望成为具体落实推进国有经济战略性调整的改革与发展主体。国有资本投资运营公司是连接高度行政化的国资监管机构与高度市场化的国有企业之间的一个界面和平台机构。按照现有的改革设想，国有资本投资运营公司与其出资的国有企业，应该只有高度市场化的资本纽带关系。其中，国有资本投资公司主要承担产业资本投资职责，国有资本运营公司主要承担股权运营投资职责。国有资本投资运营公司对其出资企业履行核心性的七项运营管理职能：①公司章程审批；②国有股东代表管理；③国有资本经营预决算；④经营业绩与绩效考核评价；⑤国有资本经营收益上交；⑥审计；⑦信息披露管理。针对出资企业的实际情况，国有资本投资运营公司还可以灵活运用“底线管理”加“增项管理”的原则，探索适合不同类型国有企业的、管理职能可增可减的高效管理体制。总之，在未来的改革具体实践中，应发展各种贴近实践需要的国有资本投资公司与运营公司的成熟模式，以使之能够在未来的国有资产管理体制和国有经济战略性调整的过程中发挥关键性的承上启下作用。从近期看，国有资本运营投资公司自身的管理体制中仍会有一定的行政化管理的印迹，但国有资本运营公司和投资公司之下层级的国有企业将是完全融入市场的企业主体；从长远看，国有资本运营公司和投资公司的管理体制，会持续地推进稳健的市场化改革。

第二章　文献综述

1995 年以来，国企改革的重心逐渐从以微观层面的现代企业制度建设为主，向与宏观层面的国有经济战略性调整并重转变。经过 20 年的努力，国有经济战略性调整基本达到 20 世纪 90 年代中后期的预设目标。然而，随着国内外环境的变化和国有经济整体实力的增强，国有经济战略性调整和国有企业改革遇到了新的挑战。社会各界对以大型国有企业为主体的国有经济是否从竞争性行业退出以及如何从战略上进行布局和结构调整展开激烈争论；垄断性行业的国有企业仍处于国有独资阶段，对如何改革缺乏统一认识；竞争性行业国有企业公司制股份制改革没有到位，国有股“一股独大”的现象仍然存在；深化改革和推进调整的体制机制仍然不健全、不完善。

与近年来国有经济战略性调整和国有企业改革所面临的挑战相对应，相关研究主要集中在理论和政策两个层面：在理论层面，主要是对新时期国有经济的性质和功能定位的探讨，以及与之相关的国有经济是否应该“进退”、国有经济与市场经济的相融性和混合所有制经济等问题；在政策层面，主要是对国有经济战略性调整的方向和路径、国有企业股份制公司制和产权多元化改革、国有企业的现代企业制度建设、国有资产管理体制和配套制度改革等方面。

本章首先以中国期刊数据库（CNKI）期刊中的学术论文为文献来源，选择“国有”“国企”和“改革”“调整”“重组”两组关键概念分别进行配对组合，以 2004 年 1—11 月的文献为主进行检索，提炼出研究主题；然后根据研究主题，打破论文发表年限的限制，对中国期刊数据库中引用率在 10 次以上的论文进行检索；还对《人民日报》《光明日报》和《经济日报》等权威性报纸和重点出版社近 10 年来发表或出版的论著进行检索。最后检索到相关文献 336 篇。结合研究主题的相关程度以及国有经济战略性调整的热点和难点，最后确定反映国有经济战略性调整的文献共 235 篇，从国有经济的性质和功能定位、深入推进国有经济战略性调整和深化国有企业改革的方向和路径、竞争性行业国有企业战略性重组和垄断性行业的分类改革、国有企业公司制股份制改革、国有资产管理体制改革等方面进行综述。

第一节　关于国有经济的理论分析

2008 年以来发生的四川航空控股鹰联航空、中粮集团入主蒙牛乳业和山西煤炭重组等国有企业兼并民营企业的典型事件，引起了社会各界对所谓“国进民退”现象的广泛争论。这场争论的背后涉及国有经济的性质和功能定位，也涉及新时期国有经济战略性调整和国企改革方向及路径选择。本部分围绕“国进民退”现象是否普遍存在、“国进”是否影响社会主义市场经济发展和“国退”是否影响社会主义制度基础等理论问题进行综述。

一　“国进民退”现象是否普遍存在

胡乐明和王杰[①]通过对我国工业领域国有企业总体情况、区域结构和行业结构的比重演变分析发现，从总体上看，工业领域是“国退民进”而非“国进民退”，即便是 2008 年爆发金融危机，各个区域和代表性的行业也都没有发生普遍的“国进民退”现象。从区域结构看，经济越发达的区域国有企业所占比重越小，经济越不发达的地区国有企业所占比重越大；这表明国有企业在经济欠发达地区经济发展和社会稳定中发挥重要作用。从行业结构看，国有企业的退出速度具有显著的行业差异，国有企业在竞争性行业退出迅速，而且所占比例极低。赵华荃[②]指出，截至 2010 年，全社会总资产中，公有制经济资产占 26.9%，远低于 55%—60% 的

① 胡乐明、王杰：《国有企业比重演变特征及趋势分析——兼论“国进民退”与“国退民进”》，《中国流通经济》2012 年第 1 期。

② 赵华荃：《遵循客观规律，加快转变经济发展方式——实施两个发展战略，解决两个关键问题》，《管理学刊》2011 年第 5 期。

临界值。从国有经济起主导作用来看，属于国家经济命脉领域的 16 个行业实收资本中，国有资本占 35.5%，远落在 60% 的临界值以下；国有经济具有绝对控制力的资本只占 22.5%，远低于 70% 的临界值；具有绝对控制力和相对控制力行业的资本合计占 74.3%，低于 80% 的临界值。方军雄[①]选取 1996—2008 年所有制工业企业统计数据比对非国有经济市场份额的变化，发现总体上国有企业市场份额依然显著高于外资企业和民营企业，但外资企业和民营企业在中国经济中的地位和作用逐年提高。余菁[②]认为"国进民退"现象只是集中体现在某些地区、某些领域或行业，尚没有在总体层面引发所有制经济结构的显著变化。通过对山西煤炭企业重组、房地产央企争夺"地王"、中粮收购蒙牛三个典型"国进民退"事件的分析，她认为在当前经济运行中不确定因素较多的情况下，要特别注意防范不利于宏观经济大局的"国进民退"，以及在此过程中的国有经济比重上升后带来的经济运行质量的下降。此外，有学者对目前不利于宏观经济大局的"国进民退"现象产生的原因进行了分析，如周泽红[③]认为主要是因为对国有经济的管理还存在权力缺乏约束、垄断性行业收入过高、重大决策不够规范，但这些也正是深化改革亟须解决的问题。

二　"国退"是否会影响社会主义制度的经济基础

国有经济是否应该退出竞争性领域取决于对国有经济性质和功能的定位。理论界对国有经济的功能有一般功能论和特殊功能论两种观点。孔玉生和张帆[④]认为国有经济是一种特有的制度安排，各国对国有经济的认识不同，国有经济的布局和结构差异很大。邵传林[⑤]认为中国国有企业与资本主义国有企业在性质上存在根本差异，主要表现在历史起源、行为目

---

① 方军雄：《政府管制、市场化进程与非国有经济市场份额——来自中国工业企业分行业统计数据的证据》，《产业经济研究》2011 年第 4 期。

② 蒙丹：《试析国企双重职能与深化国企改革》，《经济论坛》2011 年第 1 期。

③ 周泽红：《国有经济改革与发展的几个理论问题辨析——从"国进民退"的争论谈起》，《理论探讨》2011 年第 3 期。

④ 孔玉生、张帆：《国外国有经济布局经验及对我国的启示》，《商业时代》2011 年第 27 期。

⑤ 鲁天鑫：《国外国有企业改革路径的考察及启示》，《技术经济与管理研究》2006 年第 3 期。

标、财政作用、政治内涵及经济效率等方面，而指导思想来源、权力当局的政治目标、经济发展阶段以及计划经济的路径依赖性等因素都会影响国有企业的性质和功能的实现。王华荣[①]以 2008 年爆发的世界金融危机为例，指出无论是资本主义国家还是社会主义国家，国有化政策都是缓解经济波动的重要手段，国有经济在稳定经济大局、促进经济发展方面发挥着不可替代的作用。

多数学者在承认国有经济一般功能论的同时，强调国有经济的特殊功能。袁辉[②]认为，我国国有企业最基本的功能就是向社会提供产品和服务，同时具有弥补市场失灵、保障国家安全、体现国家战略、承担社会责任、促进资本积累等功能。袁辉认为在改革发展的不同阶段，这些功能的相互关系和相对重要性也是不同的，党的十八届三中全会提出要准确界定不同国有企业功能，就是要求我们厘清新时期国有企业的功能定位，依据国有企业功能调整国有资本投向和力度，推动国有企业的资源重组和转型升级，对不同行业实行分类管理，从而不断增强国有经济的活力、控制力和影响力。祝岩松和刘现伟等[③]认为社会主义市场经济体制下的国有企业能够弥补市场经济国家普遍存在的市场失灵、转轨国家存在的市场失灵和发展中国家存在的市场失灵；同时认为社会主义市场经济体制下国有企业还应该承担基础服务、产业导向、国家安全和国际竞争等方面的功能。刘瑞[④]认为尽管通过国有经济进行的宏观调控也还存在一些弊端，但国有经济的宏观调控功能在中国特色社会主义市场经济体制中不可替代。金碚[⑤]指出国有企业要承担起实现国家发展的特殊功能和战略要求，特别是要让整个国家的企业群体更具有整体的竞争力。李济广[⑥]认为公有制的历史必然性在于公有制道路是更好地发展生产力、实现国民经济顺利发展的客观

① 马荣：《中国国有企业效率研究：基于全要素生产率增长及分解因素的分析》，《上海经济研究》2011 年第 2 期。

② 袁辉：《国有企业功能的历史透视与新时期定位》，《江苏行政学院学报》2014 年第 2 期。

③ 祝岩松、刘现伟、赵雪峰等：《国有经济产业调整的对策研究》，《中国投资》2011 年第 8 期。

④ 刘瑞：《积极发挥国有经济在宏观调控中的作用》，《企业经济》2011 年第 10 期。

⑤ 金碚：《论国有企业改革再定位》，《中国工业经济》2010 年第 4 期。

⑥ 李济广：《国有经济的使命、效率及改革——天则经济研究所国有企业研究报告评析》，《探索》2013 年第 1 期。

要求，是消灭剥削、实现共同富裕的制度前提，是实现实质民主和自由发展的必备基础。李中义[1]指出国有经济在国民经济中居于主体地位，起主导作用，具有弥补市场失灵、发展经济和实现共同富裕的功能。田珍都[2]认为，在经济方面，国有企业的发展为整个国民经济的平稳运行创造了良好的经济环境；在政治方面，国有经济控制国家经济命脉才使得政府能够从国家和人民的根本利益出发制定各项政策；在社会责任方面，国有企业既履行经济、政治责任，也履行道德、法律、环境资源和慈善等社会责任；在国际方面，在经济全球化背景下做大做强国有企业，能有力地节制跨国垄断资本，维护国家经济安全。周淼[3]认为只有坚持发展壮大国有经济才能有实力与国际金融垄断资本和跨国公司进行市场竞争，防止国际金融垄断资本对我国经济安全的不利影响。张路[4]认为应以提升国家核心竞争力为目的整合现有资源，培养一批能和国际跨国巨头相抗衡的具有明显竞争力的大型企业，更好地维护国家经济安全。李政[5]认为新时期我国国有企业功能定位有四点：一是作为社会主义市场经济的微观基础，体现社会主义国家的性质和目标；二是弥补市场失灵，提供公共产品和服务；三是保障国家经济安全体现国家发展的战略和目标，如发展战略性高科技产业、环保、节能等；四是应对国际竞争产业发展等一系列问题，国有企业应该是作为国家可操作的工具手段。剧锦钊[6]认为新时期国有经济应成为实施国家战略目标的基本工具，政府宏观调控的政策工具，产业升级、区域振兴的手段和捍卫国家经济安全的屏障。李保民[7]强调国有经济的创新使命，认为新时期的国有企业担负着促进国民经济全面创新的使命，同时

---

① 李中义：《国有经济的功能定位与战略调整——兼评“国进民退”》，《财经问题研究》2014年第2期。

② 田珍都：《推进国有企业改革需深化“四个认识”》，《红旗文稿》2011年第8期。

③ 周淼：《国际金融垄断资本主义阶段必须发展壮大国有经济》，《红旗文稿》2013年第12期。

④ 张路：《构建国家核心竞争力与国有经济布局战略性调整——以国有企业“走出去”为视角》，《企业管理》2014年第5期。

⑤ 李政：《新世纪国有经济功能定位再思考》，《国有经济论丛（2013）——国有经济发展与完善市场经济体制》会议论文，2013年12月28日。

⑥ 剧锦钊：《转轨背景下国有经济的功能及其战略重组》，《当代经济管理》2010年第1期。

⑦ 李保民：《新形势下国有企业的创新使命》，《国企》2012年第1期。

在提高资源利用效率、优化产业结构、提高企业竞争实力、提高国际经营水平和推进国防现代化建设等方面均承担着创新使命。邹俊和张芳①认为新时代背景下国有经济的功能可定位为大力加强科技创新功能、支付发展方式转变成本的功能、协调区域经济发展功能、发挥国有经济在战略新兴产业的先导功能、牢牢把握国有经济“稳定器”功能。黄群慧②基于创新生态系统观视角，提出中央企业应该将自己在国家创新体系中的功能定位为重大自主创新生态系统的核心企业，将更多的资源集中于重大自主创新生态系统的构建，通过整合创新资源引导创新方向，形成创新辐射源，培育具有前瞻性的重大共性技术平台和寻求突破重大核心技术、前端技术以及战略性新兴产业的先导技术，从而有效发挥中央企业在调整经济结构、产业转型升级中的带头和引领作用。李治国③认为把国有经济市场化从而将其职能定位在追求经济利润方面，是长期以来的一个认识误区，也是垄断性行业不合理高收入的体制原因，应该将国有经济的基本职能定位在国家进行宏观调控的工具上并循此进行改革。

正因为我国国有经济承担的特殊功能，许多学者强调“国进”的合理性并反对国有经济退出竞争性领域。李济广④认为国有经济为完成经济发展、社会平等和民主自由等使命，必须实行一定的“垄断”“国进”和“不平等竞争”。宗寒⑤认为国有经济必须控制经济命脉，公有制经济的数量和质量在国民经济中必须占主导地位。国有经济比重严重下降只能意味着国有经济的地位和作用、社会主义生产关系的基础在削弱。王佳菲⑥认为应在数量上保持国有经营性资产在全社会经营性资产中的优势地位，及时扭转国有经济总体数量相对于其他经济成分持续下降的趋势，同时注重

---

① 邹俊、张芳：《转变经济发展方式与国有经济功能再定位》，《前沿》2011 年第 17 期。

② 黄群慧、白景坤：《制度变迁、组织转型和国有企业的持续成长——深入推进国有企业改革的生态学视角》，《经济与管理研究》2013 年第 12 期。

③ 李治国：《走出对国有经济职能定位的认识误区——从垄断行业不合理的高收入谈起》，《当代经济》2011 年第 3 期。

④ 李济广：《国有经济的使命、效率及改革——天则经济研究所国有企业研究报告评析》，《探索》2013 年第 1 期。

⑤ 宗寒：《正确认识国有企业的作用和效率——与刘瑞明、石磊先生商榷》，《当代经济研究》2011 年第 2 期。

⑥ 王佳菲：《现代市场经济条件下我国国有经济历史使命的再认识》，《马克思主义研究》2011 年第 9 期。

从生产力和生产关系两个层面提高国有经济的发展质量。赵金锁[①]认为国家利益既包括政治利益也包括经济利益；如果经济自由化的结果是国有经济从一切营利性行业退出，则国家的政治利益便会丧失殆尽，而这与国家制度供给的目的背道而驰。程恩富和鄢杰[②]认为国有经济改革和调整的目的是更好地发挥国有经济的主导作用，奠定和巩固社会主义公有制经济的微观基础，而不是简单地让国有经济退出所谓竞争性行业和领域。朱安东[③]建立了一个包括近 60 个国家并跨越了近 40 年的数据库，对这些国家国有企业私有化的后果进行了分析，认为私有制的优越性可能被夸大，近年来在多个国家出现的国有化浪潮说明在一定条件下国有化可能也是解决一些社会经济问题的良方。

也有学者认为，如果国有经济仍然掌握着重要行业和关键领域，那么在竞争行业或领域的“进退”并不会影响国有经济的控制力，也不会影响社会主义基本制度的根基。李钢和何然[④]通过对工业全行业数据的分析，发现我国国有经济的总量占比在 1996—2011 年确实在下降，但由于产业结构调整，我国国有经济对国民经济的整体影响能力和控制能力并未显著下降，甚至在一些行业内，国有企业的控制力反而有所提升。与此研究结论相反，程承坪和程鹏[⑤]利用 1980—2012 年的统计数据，通过建立向量自回归及其误差修正模型，研究了国有经济比重与中国经济增长波动之间的关系，发现在控制了其他影响因素的情况下，随着国有经济比重的下降，中国经济增长的波动幅度不断加大。因此他们指出，要促进中国经济平衡增长必须遏制国有经济比重不断下降的态势。李松森和荣杰[⑥]认为理解国有经济的“进退”，不能只停留在“量”的层面，更要重视“质”的问题；同时应当区分不同行业，有针对性地讨论国有经济的合理比重。

---

① 赵金锁：《现行国有企业制度变迁分析——基于经济自由度视角》，《甘肃社会科学》2011 年第 6 期。

② 程恩富、鄢杰：《评“国有经济退出竞争领域”论》，《管理学刊》2012 年第 3 期。

③ 朱安东：《私有化与国有化：理论与现实》，《教学与研究》2011 年第 1 期。

④ 李钢、何然：《国有经济的行业分布与控制力提升：由工业数据测度》，《改革》2014 年第 1 期。

⑤ 程承坪、程鹏：《国有经济比重与中国经济增长波动的关系研究——基于 1980—2012 年统计数据的分析》，《湘潭大学学报》（哲学社会科学版）2014 年第 3 期。

⑥ 李松森、荣杰：《辽宁国有经济布局和经济结构调整的原则取向》，《财经问题研究》2006 年第 7 期。

王建平和张川[①]通过对1978—2009年我国所有制结构与经济增长之间关系的实证分析，发现国有工业经济比重与经济增长率之间存在长期稳定关系，他们通过测算得出我国最优国有工业经济比重应为22.4%左右。此外，张宇[②]认为国有经济作为市场竞争的主体，其进退应该由优胜劣汰机制发挥作用，而不应该主动退出。他还指出当前我国市场结构所面临的主要问题不是垄断，而是企业规模相对较小，产业组织结构分散，国际竞争力低下，自主创新能力不足，不能适应激烈的国际竞争的需要。与此观点相似，丁冰[③]认为国有企业已经处于激烈的竞争之中，硬要国企为民间资本腾出空间将破坏市场机制作用的正常发挥和市场公平竞争原则，国企在竞争性行业的进退应由市场决定。

三　"国进"是否影响社会主义市场经济的发展

"国进民退"争论反映了社会各界对国有经济与市场经济相融性的担忧。国有经济是否能够成为真正有效率的市场主体以及是否会因挤压民营经济而不利于市场经济的发展，这是关于国有经济是否应该退出竞争性领域的核心问题。

1. 国有经济的效率

理论界关于国有经济的效率的观点有无效论和有效论两种，也有学者强调国有经济效率的多维度性（如综合效率和延伸效率等）和国有经济的社会效率。

刘瑞明和石磊[④]认为国有企业不仅本身存在效率损失，而且由于软预算约束的存在拖累了民营企业的发展进度，从而对整个经济体构成了增长拖累。对此结论，洪功翔等[⑤]提出质疑，认为"国有企业存在双重效率损失"的两个假设（国有企业效率相对低下和政府对国有企业存在软预算

① 王建平、张川：《所有制变迁、经济增长与国有经济最优规模》，《经济体制改革》2012年第2期。

② 张宇：《正确认识国有经济在社会主义市场经济中的地位和作用——兼评否定国有经济主导作用的若干片面认识》，《毛泽东邓小平理论研究》2010年第1期。

③ 丁冰：《国企的进退应该交由市场决定兼析〈世行报告〉》，《国企》2012年第7期。

④ 刘瑞明、石磊：《国有企业的双重效率损失与经济增长》，《经济研究》2010年第1期。

⑤ 洪功翔：《国有企业存在双重效率损失吗？——与刘瑞明、石磊教授商榷》，《经济理论与经济管理》2010年第11期。

约束）不符合实际，他们利用中国在2000—2009年29个地区的省级面板数据，实证了国有企业对经济增长具有显著的正向效应。董梅生和洪功翔[①]选取了16个竞争性行业、518家上市公司在2002—2009年的数据对预算约束指标进行检验，发现国有企业与民营上市公司不存在预算软约束问题。他们还从偿债能力、经营管理能力和盈利能力上选取了财务效率指标，利用Malmquist指数计算了技术效率指标，通过两个样本的非参数检验后发现，无论是财务效率还是技术效率，国有企业和民营企业均不存在差异。王霞和杨积勇[②]则指出国有经济在市场竞争中的竞争地位实际上是不平等的，国有企业要承担比非公有制经济更多的社会责任和更重的税收负担。王罗汉和李钢[③]针对国有企业效率的高低问题，从文献计量的统计视角对不同所有制企业效率进行过研究的文献进行了指标分类统计，发现随着时间的推移，认为国有企业效率转好的文献数在增多，而不看好国企效率的文献在变少。

基于“上游市场垄断、下游市场竞争”的非对称竞争视角，刘瑞明和石磊[④]对为什么近年来部分大中型国有企业的利润如此丰厚、国有企业的垄断地位如何妨碍经济增长和社会福利及为什么民营企业不能快速发展壮大等问题进行了研究，发现维持国有企业在上游市场的垄断相当于给予其隐性补贴，这构成部分大中型国有企业巨额利润的主要来源。对此，张晨和张宇[⑤]运用2003—2009年的数据分别考察了竞争性和垄断性行业国有工业企业的效率表现，发现在竞争性行业中，国有工业企业与非国有工业企业在财务效率和技术效率上均不存在显著差异；在垄断性行业中，国有工业企业具有较高的技术效率，并不断保持着较快的技术进步速率。李钢[⑥]分析了国有企业净资产利润率等指标低的原因，认为设备陈旧等历史原因及退出壁垒过高是国有企业上述指标低的原因；如果国有企业能与非

① 董梅生、洪功翔：《国有与民营上市公司效率比较的实证研究》，《马克思主义研究》2011年第9期。

② 王霞、杨积勇：《竞争性领域国有经济不公平市场地位及政策建议》，《合作经济与科技》2011年第5期。

③ 王罗汉、李钢：《国有企业效率研究》，《经济与管理研究》2014年第6期。

④ 刘瑞明、石磊：《上游垄断、非对称竞争与社会福利——兼论大中型国有企业利润的性质》，《经济研究》2011年第12期。

⑤ 张晨、张宇：《国有企业是低效率的吗》，《经济学家》2011年第2期。

⑥ 李钢：《国有企业效率研究》，《经济管理》2007年第2期。

国有企业一样自由退出，国有企业的上述指标将不低于非国有企业；如果不考虑历史因素而仅考虑当期投入，目前国有企业效率已经高于非国有企业。袁恩桢[①]指出，相当一批处于竞争性产业中的国有企业效益仍不理想，特别是其资本产出率不如非公企业，但问题的症结不在于所有制，而是国有企业改革不到位。

近年来全要素生产率被用来衡量国有企业的经济效率。马荣[②]采用数据包络分析方法，对2003—2008年行业加总的国有企业实证核算了全要素生产率，并与外资企业和行业平均进行比较，结果发现国有企业的全要素生产率具有绝对优势，国有企业的低效率主要体现在技术效率和规模效率较低。薛东阳[③]通过文献梳理，将2002—2009年国有企业效率提升的原因归结为宏观经济层面的新一轮经济增长所带来的资产增值效应、国有资产监督管理体制改革所带来的体制效应，中观层面国有经济产业布局调整效应，微观层面国有企业现代企业制度改革的制度效应以及国有企业本身具有的各种资源优势。周耀东和余晖[④]以第二产业为样本研究了国有企业战略性重组之后国有控制力与绩效的关系，结果表明重组后第二产业国有经济部门利润分布并没有发生显著变化，高利润主要来自垄断性的国家控制部门，而不是综合要素生产率，非垄断性部门受到综合要素生产率和资本影响，但其利润水平对全部产业贡献率较低，国有控制力与国有企业的利润呈显著正相关，与非国有企业的利润呈微弱正相关，表明高利润更多地来自行业的行政性壁垒。李政和陆寅宏[⑤]以123家制造业上市公司为研究样本，对其控股股东类型、股权结构特征和创新绩效进行实证检验，发现中国制造业上市公司中，国有控股企业的创新绩效明显高于民营企业，并得出国有企业的创新能力并不比其他类型企业低的结论。

---

① 袁恩桢：《国有经济的主导作用不可动摇》，《毛泽东邓小平理论研究》2012年第7期。

② 马荣：《中国国有企业效率研究：基于全要素生产率增长及分解因素的分析》，《上海经济研究》2011年第2期。

③ 薛东阳：《国有企业全要素生产率变化及其原因分析》，《管理现代化》2011年第5期。

④ 周耀东、余晖：《国有垄断边界、控制力和绩效关系研究》，《中国工业经济》2012年第6期。

⑤ 李政、陆寅宏：《国有企业真的缺乏创新能力吗——基于上市公司所有权性质与创新绩效的实证分析与比较》，《经济理论与经济管理》2014年第2期。

效率标准问题也是相关争论的焦点。陈霞和杨静等[①]认为衡量国有企业的效率必须考虑到国有企业的多重目标，如国有企业的经济实力、生产赢利能力、增长的稳定性和发展潜力、自主创新能力、竞争力和社会责任意识等。整体来看，国有企业的发展是有效率的，而且其效率不逊色于私营企业和外资企业。宗寒[②]认为观察国有企业的效率，不能仅观察国有企业产值大小、获利多少，更重要的是要观察它对国民经济长远发展的延伸效率，即观察它的总投入产出比。他认为国有经济延伸效率相当高，按固定资产投资计算要比全社会产出率高50%—70%，按产值增长率计算要比世界平均水平高300%。金碚[③]认为国有企业应接受双重绩效评价：作为企业，要评价其经营效率的高低，是亏损还是盈利，是否具有市场竞争力等；作为特殊企业，必须评价其是否体现了国家意志和人民的整体利益要求。陈波、张益锋[④]运用层次分析法（AHP）构建了一个关于我国国有企业效率的综合评价指标体系，从经济效率和社会效率两个层面对我国国有企业效率进行科学全面的评判。实证分析表明国有企业整体效率并不比私营企业低，无论在经济效率还是社会效率上都占有一定的优势，并且近年来不断提高。李济广[⑤]指出所有制评价要由宏观经济发展和社会效益来考量，其中效率判断要看所有制对宏观经济发展的速度、平稳性、质量和社会投入产出比的影响，企业净资产收益率等财务指标不能说明所有制效率的高低。

2. 国有经济与民营经济的关系

对于“国进”是否会导致“民退”，杨正东和甘德安[⑥]运用种群生态学的仿真实验分析了自1990年以来中国国有企业与民营企业数量的动态

① 陈霞、杨静、陈亮：《多重目标下我国国有企业效率分析》，《中国流通经济》2011年第10期。

② 宗寒：《正确认识国有企业的作用和效率——与刘瑞明、石磊先生商榷》，《当代经济研究》2011年第2期。

③ 金碚：《国有企业的目的和使命》，《企业文明》2010年第2期。

④ 陈波、张益锋：《我国国有企业高效率论：基于层次分析法（AHP）的分析》，《马克思主义研究》2011年第5期。

⑤ 李济广：《国有经济的使命、效率及改革——天则经济研究所国有企业研究报告评析》，《探索》2013年第1期。

⑥ 杨正东、甘德安：《中国国有企业与民营企业的数量演进——基于种群生态学的仿真实验》，《经济评论》2011年第4期。

关系。他们根据国有企业和民营企业各自的相对优势——国有企业发挥实力、民营企业体现活力——来设置不同的参数，发现市场经济中民营企业具有普适性，并预测出国有经济与民营经济将长期共存并推进中国经济发展。他们还发现，只有进一步发展民营经济，才能释放强大的经济活力、优化产业结构、维护社会的公平正义。这种以国有经济为基础，国有经济与民营经济争高竞长、并驾齐驱的新型经济才是真正的中国特色社会主义市场经济。王文成和沈红微等[①]选取1980—2010年我国国有经济与非国有经济投资水平的年度数据，对我国国有经济投资对非国有经济投资的带动效应进行研究后发现，长期来看，国有经济投资与非国有经济投资不存在均衡稳定的协整关系；1980—1997年，国有经济投资极大地带动了非国有经济的投资；1998—2006年，国有经济投资对非国有经济投资的拉动效应更加明显；2007—2010年，国有经济投资对非国有经济投资的带动能力不足，缺乏广度和深度。李清均和西宝等[②]认为国有与非国有经济作为基本经济制度发展演化的主体，已经出现不同程度的发展共融性的迹象。严若森[③]设计了关于国有企业、民营企业与外国企业混合寡占市场的经济模型，并将相关竞争结构、目标函数与国有企业民营化的最优比例问题纳入同一最优分析框架，得出国有企业民营化的最优比例须基于国有企业与民营企业的生产效率比较结果而定的结论；民营企业越多，则国有企业民营化的最优比例越高；外国企业数量的增加对国有企业民营化最优比例的影响没有确定的方向。他还认为如果推行国有企业民营化政策，则须让更多的民营企业进入市场，且当民营企业的数量不大时，须让更多的外国企业进入本国市场；如若民营化对社会福利的影响并非一定优于国有化，则须正确审视国有企业民营化改革的内在逻辑与政策选择。

---

① 王文成、沈红微、王爔慧：《国有经济投资对非国有经济投资的带动效应研究》，《中国软科学》2013年第7期。

② 李清均、西宝、张聚昌：《国有与非国有经济发展共融性研究——以社会主义基本经济制度激励为视角》，《哈尔滨工业大学学报》（社会科学版）2013年第4期。

③ 严若森：《竞争结构、目标函数与国有企业民营化的最优比例》，《人文杂志》2011年第3期。

第二节 国有经济战略性调整的基本取向研究

一 国有经济战略性调整的方向选择

国有经济的功能定位决定国有经济战略性调整的方向。基于一般功能论，周放生①认为国有经济应首先定位在国防安全、经济安全和社会安全领域，然后是社会公益领域和就业安排领域。方栓喜和倪建伟等②认为应把强化公益性作为优化国有资本配置的战略目标：国有资本的主导作用应当更加显著地体现为全社会福利水平的普遍提高；国有资本要发挥社会稳定功能需要带头进行收入分配改革，在调节收入分配差距上有所作为；国有资本的盈利不能主要服务于国有资本规模的扩张，而应当服务于公益性支出的增加。

基于双重功能论，高梁③认为国有经济必须在战略性、高技术竞争性领域占优势和主导地位。具体包括涉及国家安全的战略性领域，如国防科技工业、国家基础设施、城市重点基础设施、金融、大宗农产品及大型商品物流、对外贸易主渠道和战略物资储备等，这些领域的产品和服务担负着国家政治社会安全职能，是经济社会稳定发展的必要前提；重要基础产业，如电力、电信、重要能源基地、重点石化、冶金行业，此类行业具有公益性质，或为经济社会发展提供基础原料能源，且需要巨额投资，应由国有经济保持优势地位；不可再生的战略资源领域，如重点矿山、油气资源等；国民经济支柱产业和高新技术产业，如由本国资本与机构控制的各类支柱工业、高技术工业和属于资金技术密集型产业。高梁认为第四类既是“竞争性”产业，又是战略性产业，它们要面对国内外市场竞争和“优胜劣汰”的考验，特别是面临着与跨国公司的生死竞争，其成败关系国家安全与产业升级主导权。祝岩松和刘现伟等④认为国有经济产业分布应主要集中在以下四方面：一是公共事业领域和重大基础设施产业，这些部门往往所需投资大、回收慢、服务面广，其社会效益重于经济效益；二

① 周放生：《国有经济的定位与进退》，《企业观察家》2011年第2期。

② 方栓喜、倪建伟、张飞：《以公益性为目标优化国有资本配置》，《经济参考报》2012年5月2日。

③ 高梁：《理直气壮地做大做强国有企业》，《红旗文稿》2012年第6期。

④ 祝岩松、刘现伟：《我国国有经济的功能定位分析》，《中国经贸导刊》2011年第24期。

是涉及国家安全及重要基础性产业，包括涉及国家安全的领域、支撑国民经济的重要基础部门和自然垄断性行业；三是国家战略性新兴产业，这类产业对国家中长期经济社会发展具有重大影响；四是以增强国际竞争力为目标的竞争性产业，这类产业多属资金、技术密集型产业。

黄群慧等[①]创新性地提出基于国家使命的国有经济功能定位和战略性调整的新思路。他们认为，中国是一个发展中的渐进式的经济转轨国家，这就决定中国的国有经济在相当长的历史时期既要有一般的市场体制国家在市场经济运行中的国有经济应承担的使命，又要有发展中国家在经济赶超中国有经济应承担的使命，还要有转轨经济国家在渐进式转轨过程中的国有经济应承担的使命。相应地，中国的国有经济应该承担弥补市场失灵、实现经济赶超和培育市场主体三个方面的功能。国有经济的战略性调整应该以此为基础展开。

关于国有经济战略性调整的近期目标，张晓文和刘现伟[②]以及王晓齐[③]认为，一是中央企业国有资本要向关系国家安全和国民经济命脉的重要行业和关键领域集中，发挥国有经济的主导作用；二是国有资本要向那些技术先进、结构合理、机制灵活、核心竞争力强的大公司、大企业集团集中，做大做强一批有国际竞争力的大公司、大企业集团；三是国有资本要向有竞争力的优势行业集中，要采取增量投入和存量调整相结合的办法，加大对产业进入壁垒高、市场发展前景和国有经济必须保持控制力的基础性、支柱产业和高新技术产业的重组和投入力度，进一步增强我国综合国力和整体竞争力；四是国有资本要向中央企业主业集中，进一步加大主辅分离、辅业改制的力度，促进存量资产的调整重组，组织专业化生产，发展核心业务。另外，省级国有企业应在推动区域经济与当地经济发展中发挥带动力和导向作用，为此应着力发展对当地经济发展有重大支撑作用的大企业集团，培育区域经济发展的主导力量或主力军；依托当地资源禀赋和优势特色，发展相关产业，发挥比较优势；加强与中央企业的合

① 黄群慧、余菁、王欣、邵婧婷：《新时期中国员工持股制度研究》，《中国工业经济》2014 年第 7 期。

② 张晓文、刘现伟：《“十二五”国有资本管理体制改革的总体思路、重点及建议》，《中国经贸导刊》2010 年第 1 期。

③ 王晓齐：《当前国有经济布局与结构调整须着力抓好的几项工作》，《经济研究参考》2010 年第 42 期。

资合作，做大做强相关优势产业和未来主导产业。

二 国有经济战略性调整的路径研究

1. 国有经济战略性调整的理论探讨

郝书辰和蒋震[①]强调国有经济产业布局和结构调整要遵循国有资本产业分布的动态演变规律，他们探讨了市场结构、产业关联和厂商市场行为等因素的动态演变影响国有资本产业分布的动态演变过程，指出为确保实现国有经济的功能和作用，在国有经济战略性调整中要紧紧把握好国有资本控制力这条主线。雷培莉[②]指出在世界范围内国有企业部门分布和配置变化呈现出某些规律性的现象：国有企业的存在和发展在时间上具有阶段性，其地位和作用不是固定不变的；国有企业的存量和结构受国家经济发展水平制约，在不同类型国家其存在和发展不同。汤吉军[③]通过对1978—2008年国有经济战略性调整实践的研究，发现调整过程本身就是不断适应社会主义市场经济体制需要的发展过程，具有路径依赖特征，所以在继续调整过程中，要不断摆脱路径依赖束缚，寻找国有经济战略性调整的优化行为。黄群慧和白景坤[④]基于组织生态学视角，从观念、制度、结构和战略四个方面剖析改革开放以来国有企业组织转型成长的路径。他们发现制度变迁是推动国有企业组织转型和持续成长的决定性因素，但三者之间的关系受到国有企业生态位变化的调节。在制度变迁影响国有企业组织转型的过程中，当国有企业已成为自我发展的市场主体时，如果生态位未能及时调整，组织转型将呈现脱耦特征，国有企业也将因安于现状而失去持续成长的动力。他们指出新时期国有企业组织转型的重点是战略转型，应从宏观层面打破行政性垄断，清理和修订国企改革过程中形成的相关过渡性保护措施，增强组织转型的持续压力。

---

① 郝书辰、蒋震：《我国国有经济的市场结构分析和退出路径选择》，《管理世界》2007年第8期。

② 雷培莉：《国外国有企业在国民经济中布局及发展变化的分析》，《化工管理》1999年第1期。

③ 汤吉军：《中国国有经济战略性调整的路径依赖及其超越》，《首都经济贸易大学学报》2009年第6期。

④ 黄群慧、白景坤：《制度变迁、组织转型和国有企业的持续成长——深入推进国有企业改革的生态学视角》，《经济与管理研究》2013年第12期。

邓宏图和李长英[①]认为国企改革是一个历史过程，要遵循历史与逻辑相统一的“历史逻辑”。国有企业产权改革必须置于历史形成的既有“宪法”的规范下才能寻找到“产权改革”真正的“历史逻辑起点”。由此，单纯寻利性的产权改革将会面临合法性危机从而导致整个改革的合法性危机。国企改革的合法性意味着改革始点必须公平，一旦满足了这个条件，产权交易的寻利过程就会内生出各种所有制企业，转轨后的经济就是“混合经济”。黄华[②]认为国企正面临 WTO 新环境下的竞争压力，必须选择市场化导向的改革路径，这包括政府管理企业行为的市场化和国企自身行为的市场化。尹华和里光年[③]指出国企改革作为一项系统工程，既要受到经济改革的制约，更与政治和文化等社会改革有很强的相关性，国企改革若没有政治、文化、体制、经济改革的协调推进就不会成功。漆思剑[④]指出我国曾经有过的国有企业改革理论，如产权论、竞争论和结构调整论等，都未能把握国家调节经济这一核心。国家经济职能正在经历由统制、主导到调节的转变，目前国企改革应当围绕国家调节经济这一原初性目的展开。

2. 基于纵向分层的国有经济战略性调整

王忠明[⑤]认为应从企业、资产和经济三个层面深入展开国有经济布局和结构的战略性调整：企业层面，我国企业的组织形态、所有制结构等将按照社会主义市场经济体制的要求，进一步形成多元化的有序格局，其中“关键的少数”应实行“绝对控股”或“相对控股”，而大多数企业应实现投资主体多元化或产权主体多元化；资产层面，核心任务是盘活资产，提高国有资产运营效率，并全面搭建交易平台使之流转顺畅；经济层面，主要任务是进一步明确国有经济与非国有经济之间的合理分工，强化国有经济的控制力和主导作用，促使整个国民经济充满活力、富有效率、健康

① 邓宏图、李长英：《国有企业的产权、改革宏观效应与退出成本研究——一个基于历史与宪法视角的国企存在合理性的逻辑证明》，《江苏社会科学》2006 年第 5 期。

② 黄华：《探索符合 WTO 规则的国企改革路径》，《南方经济》2005 年第 1 期。

③ 尹华、里光年：《国企改革的相关性分析》，《中央财经大学学报》1999 年第 10 期。

④ 祝岩松、刘现伟、赵雪峰等：《国有经济产业调整的对策研究》，《中国投资》2011 年第 8 期。

⑤ 王忠明：《改革开放与国有经济战略性调整》，《经济与管理研究》2008 年第 2 期。

运行。祝岩松和刘现伟等[①]认为国有经济产业调整应以加快经济结构调整、转变发展方式为主线，实现国有经济由以保值增值为导向到以完善功能定位为导向的根本性转变。具体路径是：在国家层面，要明确国有经济功能定位及产业选择方向；加快制订国有经济产业分布及调整的整体规划；构建以功能划分为基础的分类管理考核体系，实现国有资本管理体制改革的新突破。在产业层面，构建以功能划分为基础的专业化产业重组投资基金，作为产业整合及结构调整的操作平台。在企业层面，以完善国有经济功能为导向，以能力建设为重点，推进企业重组整合，实现科学发展。在配套制度建设方面，要加快推进产权重组与流动，完善国有经济退出机制。

3. 基于横向分类的国企改革

丁孝智等[②]认为由于体制原因国有企业同时承担利润目标和非利润目标，这种双重目标的存在和国家监管不力导致国有企业效率遭到持续破坏和侵蚀，表现为改革过程中国有企业生产能力不断萎缩。解决国企改革困境的关键是实现国有企业目标单一化，把传统国有企业分为国营企业和国资企业两类，并实行分类改革。崔伟萍[③]从产权角度将国企改革分为三类：政府企业，实行国有独资，产权完全属于国家；特殊企业，国有产权要占主导地位，要实行国家控股；普通企业，建立非国有控股的产权制度多元化的制度。王珏[④]认为国有企业原则上可以分为三类：生产公共物品的企业，应由国家来办；掌握国民经济命脉的企业，应掌握在国家手里；一般的竞争性、营利性企业，国家应逐步从中退出，实行非国有化。蒙丹[⑤]认为，对于提供公共或公益性产品和服务，或者承担某些特殊任务的国有企业，因社会目标高于经济目标，不能强求其经济效益，应根据需要加大投入和支持力度，保证其社会目标的实现；对于处于竞争性行业、专注于经营活动的国有企业，因经济目标优于社会目标，必须承担一定的社

① 祝岩松、刘现伟、赵雪峰等：《国有经济产业调整的对策研究》，《中国投资》2011 年第 8 期。

② 丁孝智、宋领波、张华：《国有企业目标调整与分类改革》，《生产力研究》2007 年第 17 期。

③ 崔伟萍：《试论国有企业的定位与分类改革问题》，《金融经济》2005 年第 2 期。

④ 王珏：《国有经济结构战略性调整探讨》，《党政干部学刊》1997 年第 10 期。

⑤ 蒙丹：《试析国企双重职能与深化国企改革》，《经济论坛》2011 年第 1 期。

会责任；对于处于垄断性行业的国有企业，应该实现诸如控制垄断、保护消费者利益、保证国民经济正常运行等社会目标，为避免社会不公，应适当放宽管理，引入竞争，同时加快垄断国企收入分配制度的改革；对于资源垄断型国有企业，国家应行使其资源所有权，收取资源租金，防止垄断企业吞食租金而获取高额利润。祝岩松和刘现伟等①认为应根据国有经济功能定位及产业特征，确定对国有经济四大类产业的参与程度，如涉及国家安全及重要基础性产业，国有经济可实行绝对控股或相对控股；国家战略性新兴产业、公共事业领域和重大基础设施产业、以增强国际竞争力为目标的竞争性产业，国有经济可实行绝对控股、相对控股或参股。杜国用②从影响力、控制力和活力三个维度出发，将国企改革分为国家安全、公共保障和市场引导三种类型。国家安全类应采取国有独资公司模式，处于垄断地位，产品和服务主要执行政府定价；公共保障类主要采取国家独资控股模式，产品或服务主要采取政府指导定价方式；市场引导类主要采取相对控股或参股的资本模式，组织管理按现代公司治理结构运作，产品或服务主要采取市场定价的方式。

邵宁③将国有大型企业划分为功能性和竞争性企业两种进行分类改革。功能性国有大型企业包括基础设施和公共产品的供给，如供水、供电、供油、供气、公共交通等，重要资源的开发、关系国计民生的重要企业，如军工企业、大飞机等，对这些企业要进行市场化的内部改革；竞争性国有大企业，不能简单地沿用前些年国有中小型企业改革的办法把企业推给别人，而是要依托资本市场，在国有体制下对这些企业直接进行市场化改造，通过上市实现公众公司改革。杨瑞龙④认为国有企业可分为竞争性和非竞争性两大类，非竞争性国有企业又可分为提供公共产品的企业和从事基础工业、基础设施的垄断性企业两类。对提供公共产品的企业宜选择国有国营模式，大型竞争性国有企业宜进行股份制改造，竞

① 祝岩松、刘现伟、赵雪峰等：《国有经济产业调整的对策研究》，《中国投资》2011 年第 8 期。

② 杜国用：《中国国有企业分类改革的理论与实践》，《改革与战略》2014 年第 1 期。

③ 邵宁：《关于国企改革发展方向的思考》，《上海国资》2011 年第 18 期。

④ 杨瑞龙：《国有企业的重新定位及分类改革战略的实施》，《国企》2013 年第 7 期。

争性国有中小型企业宜完全放开。高明华和杨丹等[①]将国有企业基于目标和功能划分为公益性国有企业、(合理)垄断性国有企业(又分为自然垄断性国有企业和稀缺资源垄断性国有企业)和竞争性国有企业。他们在调研的基础上发现，这种划分基本符合国有企业的布局，但他们发现对国有企业的公司治理评价及监管，却没有针对不同类型的企业有的放矢。高明华[②]认为公益性国有企业的作用是直接提供公共服务，具有典型的公共属性，应采取独资公司的产权组织形式；在治理结构和机制的选择上须强调公众代表的决策参与和监督，严格信息公开和透明。对于合理垄断性国有企业(还可以区分为自然垄断性企业和资源类企业两类)，应采取国有控股公司的产权形式；在治理结构和机制上，要强调董事会的集体决策和监督；在董事会的构成上要体现公共性，可以有独立的公共利益的代表和政府代表；要把费用控制作为常态来管理，费用控制不是“压制”，而是“更合理”。对于竞争性国有企业，国家必须放弃保护，或不再赋予其行政性垄断地位，让它们在市场上与民营企业进行平等的竞争。

黄群慧[③]认为，理论界目前对我国国有企业是弥补市场缺陷、巩固社会主义制度的经济基础的使命表述，以及国有经济应该控制涉及国家安全等领域的整体定位是科学的。但对于具体国有企业而言，既作为国家政策工具、为国家的职能服务，又追求利润最大化、壮大国有经济，这两种定位是矛盾的。所以，要区分两类使命的国有企业：一类承担的主要是政府职能和产业政策手段等方面的使命；另一类承担的仅仅是国有资产保值增值、国有企业自我发展壮大、增强国有经济控制力的使命。这意味着，并不是每个国有企业都是以盈利为使命，很多国有企业的使命是政策性要求。黄群慧和余菁[④]进一步指出国有企业可分为“公共政策性”“特定功能性”和“一般商业性”三类进行分类改革与治理。他们认为应针

① 高明华、杨丹、杜雯翠等：《国有企业分类改革与分类治理——基于七家国有企业的调研》，《经济社会体制比较》2014 年第 2 期。

② 高明华：《国有经济战略性调整应坚持的基本思路》，《前线》2013 年第 5 期。

③ 黄群慧：《关于进一步明确国有企业具体使命与定位的建议》，《中国经贸导刊》2007 年第 18 期。

④ 黄群慧、余菁：《新时期的新思路：国有企业分类改革与治理》，《中国工业经济》2013 年第 11 期。

对每家国有企业，明确其具体的使命和定位，并据此分类监管和考核国有企业的经营管理者。具体而言，第一，在国有企业使命方面，国有资产监督管理部门应结合国有企业战略性重组，重新梳理每家国有企业的存在对国家的意义、必要性和法律基础，具体明确每家国有企业的使命。第二，在国有企业产业定位方面，国有资产监督管理部门要对每个产业及产业具体环节的性质，如与自然垄断、国家安全和发展战略的关系度等进行具体分析，研究这些产业和产业环节与国家安全的关系和对国民经济的影响程度，进一步确定国有企业是否进入或者继续处于这些行业和领域，以及在这些行业的国有企业应发挥的作用，从而给每家国企进行产业定位。第三，减少国资委直接管理的国有企业数量，缩小管理跨度。

三　国有经济战略性调整的微观策略

1. 竞争性领域国有企业的战略性重组

关于战略性重组的方式，廖红伟[①]认为后危机时代国有企业战略重组简单停留在企业层面的重组行为已经不能满足现实要求，产业链条的关联性、品牌与人力资本等无形资源，以及市场交易、渠道建设、技术创新等能力的互补与嫁接，将使更高层次、更大范围的重组成为必要和可能。据此，国有企业可选择的重组路径包括：以提升内生竞争力为目的的企业内部重组；以构建企业集团为特征的企业间重组；基于价值链条整合的产业重组；跨层次、跨地区重组；国有资本“出海”与跨国重组等。李鲁云和王学明等[②]总结了次贷危机后广东省企业开展并购重组的六大成功模式：产业链纵向并购（由企业“点对点”到产业“链对链”的经营模式）、跨国并购（海外抄底、资源全球整合模式）、产业置换（政府出资支持并购模式）、横向并购（收购整合同业资源模式）、借助资本市场并购重组（整体上市和借壳上市模式）、央地联姻（引入中央企业强强联合模式）。

---

① 廖红伟：《后危机时代国有企业战略重组的机理与路径选择》，《经济纵横》2011 年第 11 期。

② 李鲁云、王学明等：《后危机时期广东加快重点产业企业并购重组与发展研究》，《南方金融》2011 年第 7 期。

关于国有企业战略性重组的策略，徐传谌和邹俊[①]认为中央企业在重组的过程中，应明确战略定位，承诺行动；信息透明，降低交易成本；健全治理结构，建设人才梯队；控制关键领域，围绕产业价值链开展重组；促进企业文化融合；合理配置人力资本，建立合理人力资本流动机制；加强监控，避免一“组”了之；谨慎择机，积极推进央企重组。郑海航[②]针对央企重组过程中存在的问题提出六条建议：央企重组应该遵循科学规律，而非服从长官意志；央企重组的范围不能局限在央企之间，要打破央企和地方国企的界限，打破国有资本和民营资本（包括境外资本）的界限；要打破国资委或企业是央企重组单一主体的惯例，认为央企重组应该是双主体，即国资委是推动央企重组进行产权划分的主体，而企业集团是内部整合的主体，两个主体各司其职，各负其责；央企重组应该注重企业间资本层面的融合，央企之间相互投资、注资和持股既促进了产权多元化，又促进了整个央企社会资本的合理流动；央企重组的关键是重组之后进行内部整合，涉及企业产品、研发、营销、财务、文化价值观的整合；要通过把重组和央企新发展战略的制定、央企产业结构升级、央企的管理提升以及央企的改革特别是垄断企业的改革结合，优化央企产业结构。谢小兵和金彦平[③]指出部分央企仍以扩大规模为主进行并购重组，须转变发展模式，正确处理好做大与做强的关系；央企之间的深层次资源整合力度仍须加强；央企内部仍须围绕突出和做强主业，进一步加大资源整合、产权构架调整力度；推进国有资产股份化、证券化过程中，应当更加注重整合利用央企现有上市公司资源。李鲁云和王学明等[④]认为政府部门应积极完善配套措施，加强组织领导和政策扶持，为并购重组扫清制度障碍，全面改进对并购重组工作的管理和服务，有效整合各种资源，推动产业结构调整，培育具有国际竞争力的优势企业。崔保军[⑤]强调国有企

① 徐传谌、邹俊：《中央企业战略重组的不确定性及其规制研究》，《经济体制改革》2012年第3期。

② 郑海航：《中央企业重组的历史沿革及发展研究》，《财经问题研究》2011年第3期。

③ 谢小兵、金彦平：《2009年中央企业并购重组情况分析报告》，《国有资产管理》2011年第3期。

④ 李鲁云、王学明等：《后危机时期广东加快重点产业企业并购重组与发展研究》，《南方金融》2011年第7期。

⑤ 崔保军：《我国地方政府引导企业并购重组的制度选择》，《河南师范大学学报》（哲学社会科学版）2012年第1期。

业在跨地区战略性重组过程中应约束和规范地方政府行为，具体应改革目前地方政府官员的绩效考核指标，建立科学的政绩考核制度；注重并购的效率，建立“拉郎配”式并购的责任追究制度；重视并购攸关方的利益，建立合理的利益补偿制度；提高政府的科学决策水平，制定合理的产业政策和产业结构调整制度；制定企业并购法律制度，建立公平的并购环境。

2. 垄断性领域的国有企业改革

常修泽[①]认为十几年来垄断性行业国企改革主要是在政企分开、业务“分拆”和引入行业外资本三方面做了初步的尝试，但用建立完善的社会主义市场经济体制的目标来衡量，从总体上判断还没有完全“破题”。这主要表现为政企尚未分开，缺乏商业化运营环境；进入壁垒依然过高，有效竞争尚未形成；国有资本“一家独大”，非公资本比重有限；科学监管尚未到位，独立监管机构存在严重缺陷，政府监管职能的缺位与越位。

关于垄断性行业国有企业的改革方向，高梁[②]把垄断性行业分为自然垄断性行业和非自然垄断性行业，认为在这些行业引入竞争，推进投资多元化，有利于增进人民社会福利和增强国家竞争力，但前提是在这些关系国民经济命脉的重要行业和关键领域保持国有经济的支配地位。卫祥云[③]认为公益性国有企业不能“股份化”，应该实行“准公务”管理，国有垄断企业不宜建立“现代企业制度”和“现代产权制度”。

关于深化垄断性行业国有企业改革的策略，常修泽[④]认为可把“切入点”选在特许经营权改革上；要为民间资本以市场竞争的方式提供产品或服务开辟空间；要超越既得利益集团的束缚，从制度上摆脱利益集团的羁绊，形成对利益集团的有效制约。他还根据中国当前垄断性行业的实际，将垄断行业分成三种不同的类别：垄断性行业中可以直接竞争的部分；垄断性行业中仍然具有垄断性、间接竞争的部分；垄断性行业中居于

---

① 常修泽：《打响“破垄”攻坚战——对中国垄断性行业改革的思考》，《前线》2011 年第 10 期。

② 高梁：《垄断行业和国有企业改革》，《政治经济学评论》2010 年第 3 期。

③ 卫祥云：《从国企改革看体制机制的创新》，《中国市场》2011 年第 50 期。

④ 常修泽：《打响“破垄”攻坚战——对中国垄断性行业改革的思考》，《前线》2011 年第 10 期。

中间或过渡状态的部分。袁志刚和邵挺①认为对处于自然垄断地位的国企来说，不宜继续提“保值增值”目标，而应代之以全民福利最大化的社会目标；对行政性垄断行业，如移动通信和银行业等，要坚决打破垄断，允许民营资本进入，提高资源配置效率；对竞争性行业的国企，必须将其获得的利润上缴国库，明确国有资产所得的用途，以提高全民福利水平。方栓喜和倪建伟等②认为加快垄断行业改革，一是对改革严重滞后的铁路、食盐等行业尽快实现政企分开、政资分开；二是对电力、电信、石油、民航、邮政等行业应将自然垄断和竞争环节切实分开，在自然垄断部分强调国有资本主导，在竞争性环节对民营经济放开；三是对城市公用事业要尽快健全特许经营制度，形成合理的价格形成机制，积极引导社会资本参与。

对垄断性国有企业管理体制改革，邵宁③认为功能性国有大型企业改革的重点应涉及两方面：第一，以企业内部劳动用工、干部人事、分配制度改革为主要内容的内部改革，也包括规范的治理结构和管理制度建设，建立有别于竞争性企业的、有针对性的出资人管理制度，考核评价应进行功能定位；第二，实施有效的行业监管，包括价格、服务标准、成本控制、收入分配和资源配置，提高透明度，防止企业利用垄断地位损害社会和公众利益，与政府间形成规范合理的政策安排，以兼顾企业为社会服务和企业持续发展的双重目标。

第三节 关于中国国有经济政策评价

一 中国国有经济政策的演变

尽管理论界对改革开放以来国企改革和国有经济政策调整阶段划分存在争议，但大都认同将 1993 年召开的党的十四届三中全会和 2003 年召开的党的十六届三中全会作为阶段划分的关键时间节点。

1993 年以前的国企改革可分为两个小的阶段：1978—1984 年的扩大

---

① 袁志刚、邵挺：《国有企业的历史地位、功能及其进一步改革》，《学术月刊》2010 年第 1 期。

② 方栓喜、倪建伟、张飞：《以公益性为目标优化国有资本配置》，《经济参考报》2012 年 5 月 2 日。

③ 邵宁：《“十二五”，国企改革改什么?》，《企业观察家》2011 年第 5 期。

企业自主权改革阶段，主要做法包括扩权让利试点、实行经济责任制、实施利税改革等；1984—1993 年的转换经营机制改革阶段，主要做法包括对国有大中型工业企业实行承包经营责任制、对国有小型工业企业实行租赁经营责任制、对少数有条件的大中型工业企业实行股份制试点。[①] 这一时期国企改革的着眼点放在单个企业，尤其是效益差的企业，没有从搞活整个国有经济的角度来看待国企改革，实际上成为挽救亏损国有企业的过程。结果是效益差的企业没救活，效益好的企业也被拖累成了效益差的企业，国有企业的亏损面和亏损额不断扩大，搞活国有企业的最初目标并未实现。1993 年党的十四届三中全会以后至 2002 年，国企改革进入以建立现代企业制度和实施战略性改组为特征的改革阶段。这一时期国家提出要从整体上搞活国有经济，为国有企业的现代企业制度建设、资本经营、资产重组，特别是“抓大放小”等改革策略的提出提供了理论依据。但从发展整个国民经济的角度看，仅“从整体上搞活国有经济”则存在明显的不足，根本原因在于国有经济在整个国民经济中的地位和作用已经发生了很大变化。

2003 年党的十六届三中全会召开后，国企改革的运行脉络主要为两条：一是在宏观范畴内继续推进以存量为主的布局与结构的战略性调整；二是在微观主体上加快企业产权制度改革与创新[②]。在纪念改革开放 30 周年的文献中，多数学者认为国有企业微观基础再造的任务已初步完成，国有经济效益显著改善，布局结构逐步优化，大型国有企业股份制改革快速推进，公司治理结构的规范性不断提高；对存在的问题也大都涉及相关配套改革的推进相对滞后，无法适应深化国企改革的需要；垄断行业的国企改革步伐滞后，管理腐败问题比较突出；有效的激励约束机制尚未完全建立，报酬机制不合理、控制权机制不规范、声誉机制不完善、市场竞争机制不健全等方面。[③] 对未来改革的设想，多数

---

① 黄速建：《国有企业改革三十年：成就、问题与趋势》，《首都经济贸易大学学报》2008 年第 6 期。

② 王忠明：《国有经济战略性调整布局与结构的三个层面》，《中国房地信息》2006 年第 5 期。

③ 夏东：《中国企业改革发展三十年回顾与展望——“中国企业改革发展三十年理论与实践研讨会暨中国企业管理研究会 2008 年年会”综述》，《重庆工商大学学报》（西部论坛）2008 年第 5 期。

学者认为应坚持市场化方向，不断探索与创新国有企业的体制机制；继续推进国有经济结构的战略性调整，减轻国有企业的历史负担；深化垄断行业改革，引入竞争机制；深化国有企业股份制改革，完善企业法人治理结构。[①]

2008年以来，随着所谓的“国进民退”现象的出现，理论界对2003年以来中国国有经济政策进行了评价和反思。荣兆梓[②]认为国有经济的产权制度与经营制度已发生根本转变，国有及国有控股企业的经济效率逐步提高，已经具备在市场经济中平等竞争的能力；国有经济的相对规模和产业布局渐趋合理，多元的所有制结构趋于优化。甘志航和朱方明[③]指出国有经济战线缩短，运行质量和效率显著提升，对国民经济的调控能力明显增强。但国有经济战略性调整的任务还远未完成，个别部门国有经济一统天下、高度垄断的局面依然存在；中西部地区国有经济的比重还很高；国有经济的质量和效率还有待提高。黄群慧[④]认为30多年的国有企业改革与发展取得了巨大成就，具体可概括为经济布局优化、政企关系优化、经营机制优化和经营绩效优化四个方面；存在的问题可概念为公司制股份制改革不到位、垄断行业的国企改革不到位、国有经济的战略性调整不到位、国有资产管理体制改革不到位和国有企业监督机制改革不到位五个方面。对于“不到位”的原因，他认为，一是改革动力减弱，主要是因为过去10年间国有企业也充分享受了20世纪末的改革红利和21世纪初前几年的重化工业景气，以致同20世纪90年代相比改革压力减轻了；二是由于改革路径依赖而形成的国有企业“使命冲突”和国有企业领导人“角色冲突”，这是更为根本和深层次的原因——这是由社会主义市场经济体制包括社会主义特性和市场经济特性两方面使命要求决定的，应该一方面赋予中国国有企业巩固社会主义基本经济制度、发挥国民经济中主导作用的经济利益使命；另一方面赋予其弥补市

---

① 叶琪：《新中国成立60年来我国国有企业改革的历程与成效》，《经济研究参考》2009年第10期。

② 荣兆梓：《国有企业改革：成就与问题》，《经济学家》2012年第4期。

③ 甘志航、朱方明：《工业部门国有经济战略性调整的评估与前瞻》，《经济体制改革》2013年第4期。

④ 黄群慧：《国企发展进入“分类改革与监管”新时期》，《中国经济周刊》2013年第42期。

场缺陷的社会公共使命。对于新时期深化国有经济战略性调整和国企改革的策略，郭瑞[①]认为国有经济的战略性调整应该着眼于资产层面上的存量重组和增量运营；集中国有经济优势，转变国有企业发展方式，打造一批大而强的国有企业；还要不断深化国有资产管理体制改革，完善国资监管组织体系，切实改进国资监管方法。

二　国有资产管理体制和国有资本经营预算制度改革

为贯彻党的十八届三中全会《决定》，国资委副主任黄淑和指出重点抓五项工作：一是积极探索“以管资本为主加强国有资产监管”的新模式和新方法；二是抓紧研究组建或改组国有资本投资运营公司；三是准确界定不同国有企业功能，进一步增强国有资产监管的针对性和有效性；四是完善国有资本经营预算制度，提高国有资本收益上缴比例；五是推进国有资本优化配置，使国有资本更好地服务国家发展战略。[②]

1. 国有资产管理体制改革

对于我国国有资产管理体制存在的问题，荣兆梓[③]认为一是国资委管辖的资产规模太大，在国民经济中比重过大；二是政府管理与企业股份资本管理没有分开，政府机构仍然是国有股份资本的经营管理者，仍然以大股东的身份对公司治理结构发挥主导作用，政府的多元目标对企业市场行为造成扭曲；三是政府规制不到位，对垄断性央企的价格规制缺乏有效控制，导致石化、电力、烟草等行业垄断利润的长期存在，职工工资畸高、福利膨胀。袁东升[④]认为，一是公有产权初始委托人的效用诉求无法通过单一清晰的委托代理关系传递到企业，特别是地方政府管辖的企业，并未对企业代理人形成有效的导向约束；二是产权委托人——国资委受制于地方政府，无法对企业管理层进行有效监督，导致公司治理问题严重。周叔

---

① 郭瑞：《如何正确认识中国国有经济的战略性调整问题》，《经济研究导刊》2012 年第 22 期。

② 曲波：《深化国有企业改革完善国有资产管理体制——国资委副主任黄淑和就深化国资国企改革相关问题答记者问》，《中国勘察设计》2014 年第 1 期。

③ 荣兆梓：《国有资产管理体制进一步改革的总体思路》，《中国工业经济》2012 年第 1 期。

④ 袁东升：《国有资产管理体制调整探究》，《社会科学家》2012 年第 5 期。

莲[1]认为国有资产管理包括国有资产运营管理和国有资产监督管理两种职能。国资委特设监管机构的定位及其“出资人”职能使得这两种职能难以分清。张金鑫[2]认为，国资委作为政府特设机构不是法人机构，这种非法人身份决定国资委不可能直接参与企业的融资、担保、借贷等经营活动中去，无法具体直接处置资产、买卖产权，无法直接承担企业的法律责任；但作为出资人，国资委又需要承担国有资产保值增值的责任，这种经营目标的实现要靠在市场竞争中微观层面的国有资产经营行为来完成，这种“双重身份难题”源于制度设计的政企不分。朱节云[3]认为主要是缺乏对国有经济及其分类的基础知识体系的了解，国有资产管理体系的分类及其基础体系还没有确定；有关国有资产及其管理的法律制度建设还未形成科学体系；国有资产的产权管理仍未理顺。

对于完善国有资产管理体制的总体思路，黄速建和金书娟[4]指出，国有资产管理体制改革的基本目标是要进一步搞活国有和国有控股企业，实现国有资产保值增值，促进国有经济布局的战略性调整，增强国有经济的控制力和影响力；基本要求是要强化依法管理、股权管理和资本管理，淡化行政管理和资产管理。据此，未来国有资产管理体制改革的方向是：进一步完善国有资产管理的法律法规体系；健全国有资产经营管理的监督体系；进一步明确国资委的定位；进一步推进国有资产的“分类监管”；健全国有资产管理绩效考核体系；加快建立国有资本经营预算制度。李军国和蔡跃[5]认为加强对大型国企国有资产监管，一是明确国资委的国有资产出资人代表的身份属性，通过相关规则严格界定国资委的管理范围，做到政资分开、政企分开，政府与国有企业管理者分开，并逐步实现从侧重实物形态的资产管理向价值形成的资本管理转变；二是探索符合国情的国企领导人选拔任用考核评价机制；三是完善大型国企经营业绩和薪酬的激励约束机制；四是加强国有资本经营预算管理，提高红利征收比例；五是完善国企会计制度、治理机制以及财政

① 周叔莲：《解决自身问题仍是国企改革的一项极其重要的任务》，《中国党政干部论坛》2012年第9期。

② 张金鑫：《国有资产监管的模式与演进》，《中国国情国力》2010年第2期。

③ 朱节云：《国有资产管理体制的缺陷及原因探究》，《人民论坛》2012年第27期。

④ 黄速建、金书娟：《中国国有资产管理体制改革30年》，《经济管理》2009年第1期。

⑤ 李军国、蔡跃：《继续深化大型国企改革》，《中国发展观察》2011年第4期。

监督机制和惩罚机制，以保证国企利润的公开透明和足额上缴。周景勤[①]认为国有资产管理体制包括国有资产及其价值形态的国有资本的管理、运营和监督三个核心部分，深化国有资产管理体制改革，应该围绕这三个部分组建不同的组织机构，建立起权责分明、相互制衡的运行体制。为此，要通过建立国有资本公共管理机制，实现政资分开；通过设立国有投资控股公司，使国有资本在运营层面实现所有权和经营权分离；国有资本投资或持股的企业自主经营、自负盈亏，成为独立的法人实体和市场主体。基于“委托—代理”理论，廖红伟[②]认为国资委（局）为了有效履行出资人职能，必须彻底摆脱传统行政职能的干预和束缚，实现“行政型治理”向“市场化治理”的定位转型。国资委（局）应定位为在“管人、管事、管资产”方面拥有重要决策权的政府特设机构，而不是政府的执行机构，保证国资委在履行国有资产出资人职责时具有《公司法》对“股东”赋予的权威性，使其成为真正的企业出资人。赵昌文[③]认为，国有资产管理体制改革的关键有三：一是以管资本为主完善国有资产管理体制；二是出资人的职能和监管职能应该分开，管理体制要从根本上进行变革，出资人的职能应当由拟成立的国有资本投资公司或国有资本运营公司承担，监管职能可以继续由现有机构行使；三是有必要在国家层面制定国家所有权政策指引，主要包括关于国有资本功能定位的政策、国有资本投资运营公司的资本增加和减少政策、国有资本经营收益政策等，上述政策均属于重大公共政策，既要有专门的部门负责也必须通过全国人民代表大会或者国务院批准。黄淑和[④]认为未来组建或改建国有资本投资运营公司有可能采取的实施方式是，部分中央企业集团所属的子企业股权多元化改革完成之后，具备条件的中央企业集团可以改建为国有资本投资运营公司；另外，根据国有经济发展的情况和企业的发展状况，也可能会新设一定数量的国有资本

① 周景勤：《国有经济战略性调整与深化国有企业改革》，《北京市经济管理干部学院学报》2011 年第 3 期。

② 廖红伟：《“委托—代理”机制与国有资产出资人模式创新》，《江汉论坛》2011 年第 11 期。

③ 赵昌文等：《深化改革，为发展注入新动力》，《光明日报》2013 年 10 月 29 日。

④ 黄淑和：《积极深化国有资产和国有企业改革》，《先锋队》2014 年第 8 期。

投资运营公司。罗华伟和干胜道[①]认为，“管资本”是国有资产管理设定的终极目标，该目标实现的最大障碍是国有资产所有权被割裂和行政权力的过度干预，根本原因是顶层缺乏一元终极所有者代表。他们建议确立人民代表大会作为国有资本终极所有者代表的宪法地位，通过立法和专门委员会、国家董事和国家监事等法制化管理国有资本，彻底破解我国国有资产管理体制改革的困局。郭春丽[②]认为，设立投资运营公司，是完善国有资本管理体制的关键。应依据国有资本的功能定位，按照“改组为主、新建为辅”的原则，组建或改组不同类别的国有资本投资运营公司，建议由全国人大新设立国经委直接管理，按照市场化和商业化方式经营。随着我国国有经济战略性调整逐步到位，从事实业投资的国有资本投资公司要逐步向专司资本运作的国有资本运营公司转变。

关于国有资产管理体制改革的目标模式，杨立春[③]概括了国外国有资产管理的两种模式，一种是“两层”管理模式，政府直接管理国有企业的资产，实行该模式的国家通常国有企业较少，国有资产规模较小，以美国、法国和德国为代表；另一种是“三层”管理模式，在政府与国有企业之间设立国有资产营运机构来进行管理。杨立春还对我国国有资产管理体制改革提出了建议：条件允许的情况下实现国有资产产权构成多元化；严格依法管理国有资产；分类管理；强化激励机制与监督机制；强调竞争性行业的市场化运作。张晓文、刘现伟[④]认为我国“十二五”期间重点要构建以“三层次模式”为主的国有资本监管运营体制。第一层次是国资委，是国有资本控股公司的行政性领导机关。第二层次是国有资本控股公司，是国资委实现监管和经营目标的中间层，具有完全的法人地位，其性质为国家（或地方）独资的有限责任公司，按照我国《公司法》的有关规定，可不设股东会，但应设有董事会。它拥有对“国有资本”的直接管理权，拥有对下属各子公司中“国有法人资本”的间接管理权，是承

---

① 罗华伟、干胜道：《顶层设计：“管资本”——国有资产管理体制构建之路》，《经济体制改革》2014 年第 6 期。

② 郭春丽：《组建投资运营公司完善国有资本管理体制》，《宏观经济管理》2014 年第 11 期。

③ 杨立春：《对我国国有资产管理体制改革的思考》，《江苏商论》2008 年第 9 期。

④ 张晓文、刘现伟：《“十二五”国有资本管理体制改革的总体思路、重点及建议》，《中国经贸导刊》2010 年第 1 期。

担国有产权管理职责的主体，是国有资产的产权经营机构。它是国资委与企业之间的隔离带，使国资委不能直接参与企业的经营管理，从而减少政府对企业的干预，真正实现出资人所有权与企业经营权（或法人财产权）的分离。第三层次是享有企业法人财产权的国有资本参与企业。企业与控股公司的关系由《公司法》规范，接受控股公司依据出资额行使股东权力，但不接受政府机构的行政权力。这一层次的企业将通过建立现代企业制度，自主经营、自负盈亏，在微观层次上承担国有资产的保值增值责任。张铭①对我国国有资本经营公司的总体目标和任务进行了概括：一是优化国有经济布局结构，将国有资本向国民经济重要行业和关键领域集中；二是通过优化国有资本结构，推动国有企业建立现代企业制度，提高治理水平；三是通过资本纽带，促进国有企业强强联合，培育具有国际竞争力的大公司、大集团；四是在最大范围内整合国有存量资本和处理国有不良资产，提高国有资本效率；五是加大对战略性新兴产业的参与力度，发挥国有资本的影响力和引领作用；六是通过多种资本运营方法，提高国有资本的流动性，最大限度地使国有资本保值增值。基于法经济学视角，曾蓉②提出新的国有资产管理体制的基本框架：国有资产管理体制由三个层次构成，第一层次的国有资产管理机构是一个行使所有者权利的政府机构，由人大授权政府设立；第二层次的国有资产经营机构由第一层次的国有资产管理机构授权，并作为其代表经营国有资产；第三层次是经营国有资产的企业，它与第二层次的国有资产经营机构之间是子母关系，由国有资产经营公司投资，作为独立的市场主体，行使企业法人财产权。黄群慧和余菁③认为在现行体制下，国资委是一个集政策制定和部分国资监管职能于一身的机构，既使得宏观上的改革政策制定职能被虚化，也导致各种国有资本运营管理难以进一步集中化。因此建议形成三层组织，一是政策制定部门，负责全部国有经济改革、管理与发展的政策设计与制定工作；二是国资经营与管理部门，包括国资运营管理机构、国有资产控股公司和

---

① 张铭：《新时期我国国有资本经营公司运营模式探讨》，《国有资产管理》2011 年第 4 期。

② 曾蓉：《国有资产管理体制改革的法经济学思考》，《中外企业家》2013 年第 30 期。

③ 黄群慧、余菁：《新时期的新思路：国有企业分类改革与治理》，《中国工业经济》2013 年第 11 期。

大型国有企业集团等；三是具体的国有企业。刘纪鹏和黄习文[①]认为，构建新型国资监管体制需要在对国有企业进行营利性和公益性科学分类的基础上，将集团公司改组为国有资本运营公司，在国资委系统内实现出资人职能与监管者职能的分离与整合，构建统一监管的三层次国资管理框架，充分发挥国有资本运营公司董事会作用，对实体企业的管理实现从管国企向管国资的跨越。

也有学者提出国有资产分类管理思路，荣兆梓[②]认为国有经济改革面临两类突出的矛盾：国资委资产管理规模过大与公有制经济规模过度收缩的矛盾、竞争性行业政企分开不到位与垄断领域政府规制不到位的矛盾，应该从两对基本矛盾入手讨论国有资产管理体制的进一步改革。他提出把竞争性行业国有资本与垄断性行业国有资本从管理体制上分开，建立社会信托投资基金、国家控股公司和承担基础性公益服务的公法人组织三种出资人体制的总体思路。他认为竞争性行业的国有资本管理应当完全“去政府化”，而在垄断性行业，政企分开的目标不可能完全实现，关键是在国有资本的公益性与营利性之间寻求平衡。张晓文、刘现伟[③]指出对不同类型的国有资产采取不同的管理原则，实施分类管理。处于非竞争性行业和领域的国有资产，社会价值、社会福利的最大化居于优先地位，企业利润处于次要地位；处于竞争性行业的国有资产，盈利目标则居首要地位，管理原则是资本增值，即以不断实施国有资本的增值和扩张为目标；属于提供准公共产品的行业，也不能笼统地要求保值增值，否则这类企业会利用已占有的优势资源，以垄断为手段来进行牟利。迟福林[④]也建议以公益性为目标，对公益性和非公益性国有资本进行分类管理，由国资委统一管理非公益性国有资产，由国家财政部统一管理公益性国有资产。高明华[⑤]认为“以管资本为主”的国有资产监管体制并不适合于所有类型的国有企业。如同国有企业必须分类改革一样，国有资产监管应该根据不同国有

① 刘纪鹏、黄习文：《组建国有资本运营公司——国资改革突破口》，《首都经济贸易大学学报》2014 年第 1 期。

② 荣兆梓：《国有企业改革：成就与问题》，《经济学家》2012 年第 4 期。

③ 张晓文、刘现伟：《“十二五”国有资本管理体制改革的总体思路、重点及建议》，《中国经贸导刊》2010 年第 1 期。

④ 迟福林：《国有资本调整的战略重点何在》，《中国经济时报》2012 年 3 月 13 日。

⑤ 高明华：《国企分类改革必须对应国资分类监管》，《前线》2014 年第 2 期。

企业的功能实行分类监管。

2. 国有资本经营预算制度改革

建立国有资本经营预算制度，是有效控制和引导国有资本存量变现、增量分配、推进国有经济布局和结构战略性调整的重要手段和根本保障。2007 年 9 月，国务院发布《关于试行国有资本经营预算的意见》，标志着我国国有资本经营预算制度的正式建立。2011 年 11 月，国家正式实施国有资本预算制度。近年来随着相关政策的相继出台和实践工作进展，理论界对国有资本经营预算的概念和必要性等取得了较一致的看法，但对国有资本经营预算的性质、目标、编制和收支等仍存在争议。

对于国有资本经营预算的性质，吴炳贵①、欧阳淞②和陈金祥③等认为国有资本经营预算与政府的公共预算应该是两种相互独立的系统，理由是二者的职能范围和编制目的不同，公共财政预算属于政府行使社会管理者职能范畴，而国有资本经营预算则属于政府行使国有资本出资人职能范畴。文宗瑜和刘微④、吴祥云⑤等则认为国有资本经营预算是政府公共财政预算的重要组成部分，建议在处理二者关系时，要以构建公共财政预算为主导的独立与统一相结合的政府预算体系为目标，把国有资产经营预算作为公共财政预算的附加预算。此外，徐曙娜⑥认为国有资本可看作反映需要特殊管理的政府基金的预算，所以建议改为国有资本经营基金预算，与其他政府特种基金预算统一归在政府公共预算中。张馨⑦认为国企利润包含政府性收益和市场性收益，这两种不同性质的收益应纳入不同的政府预算当中：政府性收益应纳入公共预算，市场性收益则应纳入国有资本经营预算。

对于国有资本经营预算的目标，李燕⑧认为国有资本经营预算的目标

① 吴炳贵：《关于独立编制国有资本经营预算之我见》，《国有资产管理》2005 年第 10 期。

② 欧阳淞：《国有资本经营预算制度的几个基本问题》，《法学家》2007 年第 4 期。

③ 陈金祥：《加快建立国有资本经营预算制度——当前国有经济布局和结构战略性调整的根本保障》，《经济管理》2007 年第 13 期。

④ 文宗瑜、刘微：《国有资本预算编制和审批》，《国有资产管理》2005 年第 8 期。

⑤ 吴祥云：《国有资本经营预算范围的界定》，《经济研究参考》2005 年第 55 期。

⑥ 徐曙娜：《我国预算体系创新研究》，《公共财政评论》2011 年第 2 期。

⑦ 张馨：《论第三财政》，《财政研究》2012 年第 8 期。

⑧ 李燕：《论建立我国国有资本经营预算制度》，《中央财经大学学报》2004 年第 2 期。

是实现国有资本保值增值，焦建国[①]认为国有资本经营预算的目标是服务于政府宏观调控的要求；赖永添和李炜[②]建议强化国有资本经营预算的宏观调控功能，统筹考虑国家经济战略、产业规划、调控政策、国有经济布局结构调整目标等。近年来，学术界倾向认为以上两种目标兼而有之。如文宗瑜[③]认为国有资本经营预算除了要实现国有资本的保值增值，还要充分强调其政府宏观调控衍生手段的职能履行。牛晓燕和刘玉平[④]认为国有资本经营预算不能仅仅局限在预算本身，还需要从更宏观的层面上进行分析，应当在公共财政的目标框架下，通过与其他各种制度的有效结合，达到促进我国经济结构合理调整和优化升级的目的。

对于国有资本经营预算的编制主体，有多种不同的观点。如财政部门主体论，认为应根据政府预算统一、完整的原则，国有资本经营预算的编制、审批与执行不应该脱离国家财政预算部门，作为政府复式预算的重要组成部分，其编制主体仍应为国家财政部门；[⑤] 再如国资部门主体论，认为应由国有资本的产权主体——国资委作为国有资本经营预算的编制主体；[⑥] 还有财政部门和国资部门共同主体论，认为国有资本经营预算编制是一项复杂的工作，财政部拥有技术上的优势，而国资委对企业信息了解得更为全面，所以应由两部门共同编制。[⑦] 此外，也有学者认为健全国有资本经营预算法律制度，应将发展改革部门吸纳为预算编制主体，增强宏

① 焦建国：《论国有资本经营预算制度》，《经济与管理研究》2008 年第 5 期。

② 赖永添、李炜：《国有资本经营预算制度实践中的问题与思考》，《中国财政》2011 年第 6 期。

③ 文宗瑜：《国有资本经营预算管理改革的继续深化》，《地方财政研究》2011 年第 4 期。

④ 牛晓燕、刘玉平：《公共财政框架下的国有资本经营预算制度研究》，《财会研究》2011 年第 20 期。

⑤ 邓子基：《建立国有资本经营预算的思考》，《中国财政》2005 年第 12 期；陈怀海：《国有资本经营预算：国有企业产权改革的财政制度约束》，《当代经济研究》2005 年第 5 期；隋军、卓祖航：《加快建立国有资本经营预算》，《发展研究》2005 年第 6 期；彭成洪：《如何破解国有资本经营预算的难题》，《经济体制改革》2011 年第 5 期。

⑥ 郭宝林：《构建公共财政模式下的国有资本经营预算制度》，《商场现代化》2007 年第 8 期；陈少晖、朱珍：《省域国有资本经营预算制度的建构》，《经济纵横》2012 年第 2 期。

⑦ 文宗瑜、刘微：《国有资本预算编制和审批》，《国有资产管理》2005 年第 8 期；赖永添、李炜：《国有资本经营预算制度实践中的问题与思考》，《中国财政》2011 年第 6 期；李永刚：《国有资本经营预算制度构建探析》，《当代经济科学》2011 年第 4 期。

观调控功能。[①]

对于国有资本经营预算收支方向也存在很大分歧。对国有资本经营预算收入是否应包括政府债务收入，多数学者持肯定观点，如邓子基[②]将国内外债务收入纳入国有资本经营预算收入范围。关于收益计征问题，文宗瑜和刘微[③]从完善法律制度角度，主张国家应尽快出台相应的法律法规，使国有资本收益上缴有法可依；田雪峰和宋佳[④]则对目前国有资本收益计征方法存有质疑，提出可以考虑按照 EVA 的一定比例上缴国有资本收益。对国有资本经营预算支出方向，邓子基[⑤]认为国有资本收益应该在国有企业内进行"体内循环"；高路易和高伟彦等[⑥]则主张将国有资本收益纳入公共预算统一安排；文宗瑜和刘微[⑦]认为可以向其他预算转移。

现有文献还对国有资本经营预算编制过程中的具体问题展开了研究。如国有资本经营预算是否应该年度收支平衡，闫海、蒋丽娜[⑧]认为应变历年制为跨年制，并制订国有资产经营的多年预算。文宗瑜[⑨]认为应该编制中长期国有资本经营预算，推动并实施国有资本变现预算，并适时将部分国有资本经营预算用于社会性支出。再如国有资本收益上缴比例应如何确定问题，蔡玉和郎福宽[⑩]指出国有资本经营收益收取比例缺乏科学统一的

① 闫海、蒋丽娜：《我国国有资本经营预算制度的问题及对策》，《地方财政研究》2010 年第 10 期。

② 邓子基：《略论国有资本经营预算》，《地方财政研究》2006 年第 1 期。

③ 文宗瑜、刘微：《国有资本经营预算如何与公共收支预算对接》，《财政研究》2008 年第 1 期。

④ 田雪峰、宋佳：《EVA 与国有资本经营预算》，《会计之友》2011 年第 27 期。

⑤ 邓子基：《建立国有资本经营预算的思考》，《中国财政》2005 年第 12 期。

⑥ 高路易、高伟彦、张春霖：《国企分红：分多少？分给谁?》，《中国投资》2006 年第 4 期。

⑦ 文宗瑜、刘微：《国有资本经营预算如何与公共收支预算对接》，《财政研究》2008 年第 1 期。

⑧ 闫海、蒋丽娜：《我国国有资本经营预算制度的问题及对策》，《地方财政研究》2010 年第 10 期。

⑨ 文宗瑜：《国有资本经营预算管理改革的继续深化》，《地方财政研究》2011 年第 4 期。

⑩ 蔡玉、郎福宽：《完善国有资本经营预算制度的几点思考》，《中国财政》2011 年第 2 期。

标准；闫海和蒋丽娜[①]认为应按照行业分类确定国有资本收益上缴比例。陈艳利[②]认为应强化国有资本收益的管理工作，确定国有资本经营预算的实施范围、收缴标准及收缴比例和预算支出方向。建立科学有效的国有资本经营预算编制基础和方法近年来也得到关注，杜炜[③]和彭成洪[④]认为应建立和国有资本经营预算目标相一致的国有资本经营预算编制的确认计量基础。赖永添和李炜[⑤]应认为提高预算编制的科学性和精细度，建立健全科学的资金分配制度，减少人为调节因素和预算单位讨价还价的空间。

三 混合所有制经济与国有企业产权多元化改革

2013 年党的十八届三中全会《决定》关于混合所有制经济是我国基本经济制度的重要实现形式这一论断，是我国在发展壮大社会主义市场经济过程中一个重大的理论突破，是一项科学的理论创新，赋予了混合所有制经济前所未有的重要地位。

对于什么是混合所有制经济，王珏[⑥]认为混合所有制是更符合马克思主义科学精神和社会主义市场经济要求的现代公有制。邓万民和杨尧忠[⑦]认为"混合所有制"是一种"制度创新"，是一种具有"杂交优势"的经济成分；作为一种资本组织形式，采用以价值形态表现的股份制形式的企业制度，资本聚合的方式具有"模块结构"特征。江振华[⑧]认为"混合经济"是所有制存在或组合方式具有"混合"特征的一种经济模式，有两种类型：第一种是多种不同所有制在同一社会，同一时期中并存的现象

① 闫海、蒋丽娜：《我国国有资本经营预算制度的问题及对策》，《地方财政研究》2010 年第 10 期。

② 陈艳利：《进一步深化国有资本经营预算制度的思考》，《国有资产管理》2012 年第 4 期。

③ 杜炜：《完善国有资本经营预算制度的几点建议》，《中国市场》2009 年第 5 期。

④ 彭成洪：《如何破解国有资本经营预算的难题》，《经济体制改革》2011 年第 5 期。

⑤ 赖永添、李炜：《国有资本经营预算制度实践中的问题与思考》，《中国财政》2011 年第 6 期。

⑥ 王珏：《股份制与中国经济体制改革》，《南方经济》2004 年第 3 期。

⑦ 邓万民、杨尧忠：《混合所有制是我国所有制改革的较优选择——30 年来所有制改革的回顾与展望》，《学习月刊》2008 年第 17 期。

⑧ 江振华：《我国"混合经济"的模式选择——兼论国有企业"混合所有制"改革的基本思路》，《特区理论与实践》1999 年第 2 期。

（所有制在企业外部的混合）；第二种是同一企业由多种所有制企业投资形成的现象（所有制在同一企业内部的混合）。晓亮[①]指出混合经济和混合所有制不同，前者是指社会所有制结构的多种所有制并存和共同发展，包括多种所有制实现形式和经营形式的相互补充和发展；后者是指微观层次，即企业层次的一种所有制。黄群慧[②]指出混合所有制经济从本质上说是一种股份制经济或以股份制为基础的经济，但一定是不同性质的资本间的参股或联合的股份制经济。

对于发展混合所有制经济的积极意义，陈新芳[③]认为发展国有资本控股或参股的股份制，能够放大国有资本的功能，增强国有经济的控制力、影响力和带动力，有利于国有资本流动重组，实现国有资产保值增值；有利于国有企业转换经营机制，成为独立的法人实体和市场主体；有利于从整体上提高公有经济的质量与活力。贺庆春和李文卿[④]认为构建混合所有股份制经济是我国市场经济发展的必然要求。李毅中[⑤]认为发展混合所有制经济，是从体制上推进国有经济战略性调整、深化国企改革、促进民间资本进入特许经营领域的有效途径。梁法院[⑥]指出积极发展混合所有制经济成为新一轮国企改革的重要着力点，将有利于国有资本放大功能、保值增值、提高竞争力，有利于多种所有制资本取长补短、相互促进、共同发展。谢鲁江[⑦]认为混合所有制为有效解决目前多种经济成分共同发展方面存在的各种疑虑和社会矛盾提供了体制性通道，同时也为市场经济体制真正发挥配置资源的决定性作用，为推进资本化经营、整合资本资源、释放资本能量提供了体制平台。常修泽[⑧]认为混合所有制不仅是公正的市场经

① 晓亮：《论混合所有制与股份制》，《现代经济探讨》2003 年第 10 期。

② 黄群慧：《国企发展进入“分类改革与监管”新时期》，《中国经济周刊》2013 年第 42 期。

③ 陈新芳：《混合所有的股份制应成为公有制的主要实现形式》，《中共郑州市委党校学报》2004 年第 6 期。

④ 贺庆春、李文卿：《双重视角下的混合所有股份制经济》，《学术论坛》2006 年第 3 期。

⑤ 李毅中：《发展混合所有制经济要落实到企业做好顶层设计》，《宏观经济管理》2014 年第 4 期。

⑥ 梁法院：《国有企业改革发展混合所有制经济研究》，《上海企业》2014 年第 3 期。

⑦ 谢鲁江：《混合所有制经济：三重意义上的体制平台》，《人民论坛・学术前沿》2014 年第 6 期。

⑧ 常修泽：《现代治理体系中的包容性改革——混合所有制价值再发现与实现途径》，《人民论坛・学术前沿》2014 年第 6 期。

济体制的产权基础，也是“社会共生”体制的经济支撑和现代国家治理体系的重要组成部分，可成为新阶段全面改革的突破点。王文成和才琳[1]以状态空间的可变参数模型的计量结果为依据，比较研究了宏观经济波动下不同类型经济形式对经济增长的动态作用机理。研究发现我国的国有经济对经济健康平稳发展发挥了保驾护航的作用，且混合所有制应该是我国国企改革的一个发展方向。刘奇洪[2]认为，发展混合所有制，不仅对于打破公有制与非公有制之间壁垒，而且对于加快国有企业改革都具有现实意义。一是发展混合所有制有利于推进国有资产监管体系由“管资产”向“管资本”转变，国家可以利用“杠杆”通过少量的国有资本操作大量社会资产，使整个国民经济发展不偏离于整体社会经济目标，同时实现国有资本保值增值；二是混合所有制改变了国有企业仅仅作为单一国有经济利益载体的格局，为实现政企分开创造了产权条件；三是发展混合所有制经济有利于国有企业竞争力提高，因为企业做强、做大一靠自身“滚雪球”发展，二靠联合兼并，混合所有制为国有企业走对外联合兼并道路提供了发展方向。石建国[3]认为，发展混合所有制，有利于解决国有资本流动性差的问题，有利于国有资本放大功能、保值增值、提高竞争力，有利于以管资本为主、加强国有资产监管，有利于解决国有企业内部治理问题。

对于发展混合所有制经济的基本思路，荣兆梓[4]认为，发展混合所有制经济，重点在企业层面多种所有制经济的交叉持股与相互融合。以管资本为主的国有资本管理体制是加快发展混合所有制经济的基础性制度安排，这个体制必须以国有资本投资（运营）公司为主体，应当是国有股权机构与资本市场运营主体的统一。界定不同企业功能，必须从划分国有资本功能、顶层设计和建立不同功能的国有资本管理机构开始。多种所有制资本公平竞争、和谐相处的现代市场秩序，是积极发展混合所有制经济

---

① 王文成、才琳：《经济周期波动下国有经济对经济增长的影响研究》，《经济体制改革》2013 年第 1 期。

② 刘奇洪：《对实行混合所有制的顾虑》，《中国经济报告》2014 年第 4 期。

③ 石建国：《混合所有制将为国企改革开启新局面》，《福建论坛》（人文社会科学版）2014 年第 1 期。

④ 荣兆梓：《发展混合所有制经济视角的国有经济改革新问题》，《经济纵横》2014 年第 9 期。

最重要的保障条件。高明华[1]认为混合所有制企业的目标是利润最大化，如果只追求公益而不盈利，那么国家以外的经济主体就不会参股进入。因此，只有在竞争性领域推行混合所有制，对于公益性国企、自然垄断性国企和稀缺资源类国企应实行国家垄断，不进行混合所有制改革。童有好[2]认为，发展混合所有制经济应着重解决形式过于单一、行政过度干预、改革急于求成、国有资产流失、民营经济失去活力、忽视文化融合六个重大问题，以使混合所有制经济能真正发挥其应有的作用。

对于混合所有制企业中国有资本要不要控股问题，田秋生[3]认为在国有资本、集体资本、非公有资本等交叉持股、相互融合所形成的混合所有制企业中，公有资本和非公有资本的权利和地位是平等的，对谁来控股不应该有任何限制，应该由市场竞争决定，公有资本可以控股，非公有资本也可以控股。此外，何玉梅[4]指出目前很多国有控股企业通过上市或股权多元化，引进外资、民资或其他国有股份，事实上已经形成了混合所有制结构，但她认为混合所有制不应只是形式上的混合，而是一种与公司治理和激励约束机制挂钩的混合，是一种由市场来决定的混合。只要让国资和民资在市场上自由进出、公平竞争，混合所有制就会是一种市场选择下的常态。陈锴[5]则强调我国发展混合所有制和股份制的根本出发点和最终目的不是为多元化而多元化，而是为了增强国有经济的活力、控制力和影响力。改制实践中暴露的问题表明，产权多元化必须紧紧围绕改制目的而展开，从产权体系外引入产权竞争的方法有积极意义，但无论企业产权结构单一还是多元都回避不了经营权层次的调整与改革问题，更离不开国有经济的主导作用。周新城[6]认为，应该大力发展公有经济控股的混合所有制经济，把发展混合所有制经济当作扩大国有资本支配范围、巩固公有制的主体地位、发挥国有经济主导作用、引导非公有制经

① 汤吉军、年海石：《国有企业公司治理结构变迁、路径依赖与制度创新》，《江汉论坛》2013 年第 2 期。

② 童有好：《发展混合所有制经济应着重解决六个问题》，《经济纵横》2014 年第 8 期。

③ 田秋生：《混合所有制企业中，国有资本要不要控股?》，《广东经济》2014 年第 4 期。

④ 何玉梅：《混合所有制：改革的切入口?》，《董事会》2014 年第 1 期。

⑤ 陈锴：《产权多元化语境下国有企业改制问题》，《天府新论》2011 年第 4 期。

⑥ 周新城：《关于巩固和完善基本经济制度的若干问题——兼论如何正确认识“发展混合所有制经济”》，《学习论坛》2014 年第 8 期。

济发展的一种形式和手段。这种混合所有制才是基本经济制度的实现形式。

对于发展混合所有制经济可能存在的障碍，黄群慧[①]指出进一步推进混合所有制经济发展还面临很多障碍：我国在大型企业集团公司层面的多元化改革停滞不前的一个重要原因是这些大企业集团被认为不适合民资介入的股权多元化；国有企业领导人的行政级别成为阻碍国企推进混合所有制改革的另一重要原因；民营企业自身发展总体上还存在许多问题制约了混合所有制企业的进一步发展；我国市场环境和法律体系不完善也制约了混合所有制经济的发展。所以，黄群慧[②]认为应在分类改革与治理的基础上，积极推进国有经济战略性重组，除极少数“公共政策性企业”外，都可以发展成为混合所有制经济；积极推进国有企业领导人管理体制由“集中统一管理”转为“分层分类管理”；积极引导民营经济发展，促进民营企业资本社会化、治理结构规范化和企业管理现代化，从而提升与国有经济交叉融合的能力；着力营造公平竞争市场环境，努力完善产权流动的市场机制和产权保护的法律体系，积极创造有利于混合所有制经济发展的外部条件。石建国[③]指出国有企业引入混合所有制可能存在以下问题：一是国企母公司层面如何推进混合所有制？在113家中央企业中，只有中国商飞、上海贝尔、中国联通等8家中央企业在母公司层面做到多元化投资主体，其他央企旗下虽然拥有数家上市公司，但母公司还是单一股权。二是如何调动民资和其他资本主体入股大型国企的积极性？三是如何监管混合产权中的国有资本？

产权多元化是发展混合所有制经济的重要途径。关于如何实现产权多元化，李保民[④]认为，产权多元化可从发展和吸引非国有产权主体，引进和利用外商外资，培育和发展机构投资者，支持和鼓励个人投资入股，激励和帮助经营管理者投资入股并持有大股，建立和完善职工持股会，改进

---

① 黄群慧：《论国有企业的战略性调整与分类改革》，《人民论坛·学术前沿》2013年第22期。

② 同上。

③ 石建国：《混合所有制将为国企改革开启新局面》，《福建论坛》（人文社会科学版）2014年第1期。

④ 李保民、刘勇：《十一届三中全会以来历届三中全会与国企国资改革（上）》，《产权导刊》2014年第9期。

和推动各类生产要素作价入股，鼓励和促进公有产权之间互相参股入股和交叉持股八个方面探索完善。彭建国[①]认为，要实现使混合所有制经济成为基本经济制度的重要目标，国有企业通过产权多元化发展混合所有制，具体体现在两个方面：一是存量的产权多元化。要大力鼓励非公有制经济参与国有企业改革。中央企业母公司层面股权结构，少数涉及国家安全的企业采取国有独资；关系国民经济命脉的重要行业和关键领域采取国有绝对控股；部分支柱产业和高新技术产业采取国有相对控股；国家不需要控股的企业采取国有参股或退出。二是增量的产权多元化。新的投资要允许非公有制经济参股：新设企业允许非公有制经济参股；新投资项目允许非公有制经济参股。同时要引入非公企业资本、自然人资本及员工持股三种资本，采取改制、上市、交易及引进投资四种方式；打破所有制、层级、系统、产业及国界五种界限。

关于民营企业参与国有企业产权多元化，胡立法[②]认为通过吸引国内民营资本实现国有企业的战略性重组，或使国有企业从一些非国计民生行业实现战略性撤退，是推进国有企业制度改革从而提升国有企业效率和竞争力的主要路径之一。王元京[③]认为民营资本参与国有经济战略性重组的投资方式大致可以分为两类：第一类是管理权参与，即通过签订各类经济合同，形成政府部门与社会资金共同担负某项社会事业服务的责任，如经营业绩协议、管理合同、服务承包合同和特许经营等方式；第二类是所有权参与，通过将现有企业实行股份化的形式，将大部分或全部资产的所有权转移给社会各部门，或者社会资金通过参股的方式参与新建项目的投资。孟华强[④]认为民间资本参与国有企业改制重组应坚持“政府松绑、国资配合、市场运作”的原则。所谓政府松绑，核心是要坚持公平原则，要为私营经济参与国企改制重组提供公平的环境；所谓国资配合，是指国有资产监督管理机构要在做优做强和国有资

---

① 彭建国：《关于积极发展混合所有制经济的基本构想》，《中国发展观察》2014 年第 3 期。

② 胡立法：《转轨时期的国有企业与外资需求偏好》，《江苏社会科学》2011 年第 4 期。

③ 王元京：《民营经济参与国有经济战略性重组的投资方式》，《西部论丛》2010 年第 11 期。

④ 孟华强：《民间资本参与国有企业改制重组途径初探》，《国有资产管理》2011 年第 4 期。

产保值增值的前提下，认真研究国有资本应该保持控股的领域和比例，通过引进民间投资完善公司治理结构，发挥各类产权内部监督功能，实现和谐共存、优势互补；所谓市场运作，就是要遵循市场规律，充分发挥资本市场推动企业重组的作用。李军国和蔡跃[①]认为虽然近年来国家陆续出台许多发展非公经济、鼓励民间投资的政策，但实施效果不尽如人意，许多竞争性行业和领域，包括基础产业和基础设施、市政公用事业、社会事业、金融服务等行业，民营资本进入门槛过高。应进一步拓宽民间投资领域和范围，切实放宽市场准入，放松政府管制，减少行政审批核准，破除各种有形和无形的壁垒，鼓励和引导民间投资无条件地进入在法律法规未明令禁止民间资本准入的所有行业和领域，将之作为实现国企股权多元化的重要途径。

战略投资者参与国有企业改制重组的研究也已引起学术界的重视。王涛和赵守国[②]分析了境外战略投资者参与国企改革重组的正负效应，认为外资战略投资者的资金优势能解决国有企业重组中资金缺乏的问题，以及国有企业普遍存在的内部治理结构和机制不完善问题，能够带来先进的技术和管理经验，能使企业迅速开拓国际新市场，提高我国企业的跨国经营能力，也能为我国企业近距离学习资本运营提供良好舞台。然而，战略投资者参与国企重组的出发点并不是帮助国企脱困和转制，他们本着自身利益最大化的目的，在加入国企重组的过程中势必会带来一些负面的效应，如可能导致垄断，使产业经济安全受到威胁；可能造成企业结构的不相容或不平衡，容易造成国有资产的损失等。国有企业必须按照市场化运行机制进行改革运作，才有可能得到国际战略投资者的关注。同时，构建一个完善的市场环境和服务体系也是吸引境外战略投资者的必要条件。

关于国有企业员工持股，黄茹原、谢涛[③]认为，国有控股企业职工持股，有利于调动职工积极性，有利于国有资产的售让，有利于改善国有企业产权结构，有利于形成利益共同体，有利于完善社会保障制度。对于推

---

① 李军国、蔡跃：《继续深化大型国企改革》，《中国发展观察》2011年第4期。

② 王涛、赵守国：《境外战略投资者参与国企改革重组分析》，《化工管理》2007年第10期。

③ 黄茹原、谢涛：《关于发展混合所有制企业中职工持股的若干思考》，《探索》2014年第8期。

进国有控股企业职工持股，建议应以抢抓机遇试点先行为宗旨，以机制完善形式合法为前提，以点面结合的激励导向为核心，以严防国有资产流失为根本底线。王蕾①指出员工持股计划已被证明是帮助员工获得资产性收入、缓解社会不公的有效工具，并成功地在多个国家得到广泛推行。但产生于我国20世纪80年代股份制改革中的“内部职工持股”却因没有正确认识到员工持股计划的顺利推行有其自身的规律与条件，并对其进行了错误的价值定位而陷入失败。鲍盛祥②采用灰靶模型进行研究，发现影响职工持股的主要因素按作用大小依次为：企业的盈利能力、股权集中度、职工的年龄和职工技能等。陈志群③对我国国有企业员工持股提出以下几点可行性建议及操作方式：国有企业在实践中实行员工持股计划时，过去常采用的方式是分配形式，现在可以更多地选择让员工直接用奖金、工资等现金来购买股票的交易方式，这样的直接交易可以减少一些因分配方式而产生的问题；国有企业在实践中实行员工持股计划时，还可以结合采用股票期权的交易方式，在具体实行国企员工持股计划时，要减少因为员工持股而导致价格操纵和内幕交易行为的发生。黄群慧和余菁等④认为，员工持股制度本质是一种兼具“经济激励与社会治理效应”的制度安排。中国引入员工持股制度，主要是将其作为转型经济阶段改革国有企业的一种手段。由于缺乏顶层设计和统一思路，中国的企业员工持股实践处于摸索阶段。他们认为在具体的实践过程中，应坚持激励相融、增量分享和长期导向的原则，根据国有企业功能定位、人力资本性质和企业规模等因素，区别对待、分类指导和有序推进，还应加快员工持股的立法工作，尽快形成关于员工持股的统一的、切实可行的法律制度。

产权多元化改革与产权保护制度密切相关。关丽洁⑤认为在国有企业

---

① 王蕾：《基于员工持股发展规律与价值定位的我国员工持股制度分析》，《井冈山大学学报》（社会科学版）2010年第3期。

② 鲍盛祥：《基于灰靶理论国企职工持股动机分析：以武汉为例》，《管理学家》（学术版）2011年第11期。

③ 陈志群：《关于我国国有企业员工持股计划的思考》，《现代经济信息》2013年第14期。

④ 黄群慧、余菁、王欣、邵婧婷：《新时期中国员工持股制度研究》，《中国工业经济》2014年第7期。

⑤ 关丽洁：《国有企业产权交易问题初探》，《长白学刊》2008年第4期。

产权交易中，为防止国有资产流失，应当推广先进的产权交易竞价方法，充分发现买主和有效挑起竞争。同时进行“产权”的置换和“身份”的置换，通过企业改制解除“国家对企业承担的无限责任”和“企业对职工的无限责任”。朱云莉和毛剑锋[①]从管理层收购与国有企业产权改革的关系出发，在论述基于管理层收购的国有企业产权改革的基础上，提出基于管理层收购的国有企业产权改革应明确的几个问题：明确管理层收购在国有企业产权改革中应用的范围、完善国有企业管理层收购法律法规体系、完善和建立合理的定价机制、引入战略投资者、优化管理层收购融资结构、维护职工合法权益。

四　国有企业现代企业体制改革

尽管我国国有企业已经初步建立现代企业制度，但在产权多元化改革尚未完成的情况下，国有企业的公司治理仍然存在形式大于内容的现象。吴凡和卢阳春[②]认为限于我国经济转轨时期的特定政治经济法律等内外部制度环境，国企改革虽已取得重大进展，但仍有不少企业仅仅从形式上做到了符合公司制的改革要求，而实际上并未建立起激励和监督相结合的现代公司治理结构，仍然存在着公司治理法规建设的滞后性，强试错性以及制度设计不足所导致的独立董事、监事会监督弱化；国企内部治理中的董事会行政色彩严重、监事会作用有限、经理层缺乏有效激励—约束机制；国有股权一股独大所导致的行政上的强控制与产权上的弱控制并存等问题。毛剑峰和胡林荣等[③]认为目前国有企业公司治理结构存在国有企业国有股一股独大；“新三会”和“老三会”关系矛盾；内部人控制现象严重；内部审计独立性、权威性不够等问题。徐大立和赵国杰等[④]指出我国国有企业公司治理存在股权结构不合理、国家股的持股主体不到位、董事

---

① 朱云莉、毛剑峰：《基于管理层收购的国有企业产权改革研究》，《现代商贸工业》2010年第7期。

② 吴凡、卢阳春：《我国国有企业公司治理存在的主要问题与对策》，《经济体制改革》2010年第5期。

③ 毛剑峰、胡林荣、金海国：《国有企业公司治理结构问题及其对策》，《财政监督》2010年第8期。

④ 徐大立、赵国杰、李广海：《国有企业公司治理模式研究》，《上海经济研究》2007年第4期。

会的独立性不够、经理层缺乏独立性、董事会成员与经理人员高度重合等缺陷。梁勃[①]认为资本结构对企业治理结构与治理效率产生重要影响。正是国有企业资本结构的畸形发展导致了我国国有企业治理的失效。黄速建和余菁[②]将国有企业区分为国有公共企业和国有非公共企业，认为改革开放以来国有非公共企业的治理体制转型方向与发达市场经济国家的国有公司治理体制趋同，而国有公共企业在汲取现代公司治理的有益成分的同时，仍然保留了相当数量的特殊性制度安排。

在理论层面，汤吉军和年海石[③]认为国有企业公司治理结构变迁过程中存在着严重的路径依赖问题，初始的路径在制度变迁过程中得到自我强化，使得国有企业公司治理结构暂时锁定在无效率状态。他们认为改革开放至今，国有企业中依然存在着较为严重的内部人控制和行政干预等问题。张佳康[④]认为一国公司治理体制的建立与经济发展的初始条件高度相关，中国国有企业公司治理体制的演变主要受政府管理企业体制模式的演变和西方股东价值最大化治理体系的渗透两大因素的影响，二者共同塑造中国国有企业公司治理制度的成长路径。严若森[⑤]认为政府的职能与角色错位、公司治理结构仅具形式、市场治理体系的不完善以及企业非正式制度的惯性是中国国有企业治理改革深化的主要现实障碍。所以正确定位国有企业治理中的政府角色与功能、切实加强国有企业治理结构与机制的建设与完善以及重视并加强公司治理文化的适应性建设是中国国有企业治理改革进一步深化中的重点。张思强和宋冬梅[⑥]认为从西方国有企业治理主体安排实践看，国企治理主体的安排并没有趋向于同一种模式，这是因为企业制度“嵌入”在制度环境当中。中国国有企业治理主体的安排必须符合中国国有企业的功能和使命，包括国家、经营者、员工和全体公民在

---

① 梁勃：《资本结构的优化与国企公司治理机制的完善》，《中国青年政治学院学报》2007年第4期。

② 黄速建、余菁：《中国国有企业治理转型》，《经济管理》2008年第Z（1）期。

③ 汤吉军、年海石：《国有企业公司治理结构变迁、路径依赖与制度创新》，《江汉论坛》2013年第2期。

④ 张佳康：《中国国有企业公司治理制度变迁》，《学习与探索》2013年第4期。

⑤ 严若森：《中国国有企业治理改革深化的主要现实障碍分析》，《江苏社会科学》2005年第2期。

⑥ 张思强、宋冬梅：《国有企业治理主体的界定：从理论到实践》，《财经科学》2008年第5期。

内的所有者共同治理是其现实选择。

韩贵义[①]借鉴国内外研究机构和咨询公司有关公司治理评价研究与方法，从股权结构、组织结构、约束激励机制、市场体系建设、公司法律法规和外部监督机制等方面提出我国国有企业公司治理评价的指标体系，针对目前国有企业公司治理存在的问题，构建了一个基于 AHP 的企业诊断模型，为我国国有企业公司治理的诊断和评价提供了量化的方法和改进的策略。该模型认为现阶段要进一步完善国有企业的治理结构应建立有效的激励机制，完善外部监督机制，完善董事、监事和经理人的问责机制。梁丹[②]认为由于国有企业公司治理机制设置的特殊性，股东会、董事会、监事会三机构失去了相互制衡的制度建构，在实践中使得董事会权力更为集中，而监事会又无法与之抗衡，董事会因职能缺失造成一系列问题。因此，国有企业公司治理结构的核心是进一步规范和完善董事会结构、提高董事会的效率、建立对董事有效的激励机制并加强对国有董事会的监管。陈红和杨凌霄[③]认为我国国有控股上市公司脱胎于国有企业市场化转型的自我探索，由此形成了高度集中的股权结构及不平衡的权力配置特征。国有控股上市公司各经营主体的利益冲突更为复杂，公司大股东与经营者之间，以及大股东与中小股东之间均存在委托代理问题。为缓解国有控股上市公司中的双重委托代理问题，需优化国有控股上市公司治理结构和机制，厘清各方相关行为收益和成本的关系，保证大股东监督经理层的效率和作用，促进公司价值提升，在此基础上进行股东间利益成本的合理分配。

也有学者提出构建中国特色公司治理结构的观点。李维安和邱艾超[④]提炼出从行政型到经济型的公司治理转型这一“中国式公司治理”的典型特征，并分析国有企业治理转型的渐进性、双重性、路径依赖、间断均衡等基本特征，进而以双重治理模式的演化为分析框架全面梳理其转型路

---

① 韩贵义：《我国国有企业公司治理诊断模型与评价研究》，《中国科技论坛》2010 年第 10 期。

② 梁丹：《关于完善国有公司企业董事会制度的思考》，《经济体制改革》2008 年第 1 期。

③ 陈红、杨凌霄：《我国国有控股上市公司治理：现实困境及制度求解——基于双重委托代理理论的分析框架》，《当代经济研究》2012 年第 3 期。

④ 李维安、邱艾超：《国有企业公司治理的转型路径及量化体系研究》，《科学学与科学技术管理》2010 年第 9 期。

径，并在此基础上初步构建了公司治理转型的双重量化体系。毛立言①提出市场型国有企业治理结构模式，他认为现实公有制的客观状态和本质内涵是在对生产资料共同占有的基础上，劳动者之间在支配管理权上还存在差别。这种本质内涵就决定公有制基础上的委托—代理关系形成新型的企业治理结构，简称为“有层次有差别的联合劳动者共同治理”或劳动主导型治理结构。国有股份制企业（混合所有制企业）是不同状态的“复合式治理结构”，高度重视并充分利用这样的治理结构，有利于促进建设性的理论构建。

对于国有企业董事会建设，张杰②指出当前我国国有企业董事会建设存在的主要问题是董事会成员产生行政化、董事会制度流于形式、独立董事无法有效履行职责，为此应转变政府角色，改变企业治理模式，加强企业治理文化建设，改善独立董事制度，提高董事会运作效率。邓瑶③也认为董事会制度在央企推行十年来依然处于试点阶段，目前推进落实这项改革依然存在较大难度，如企业改制过程中没有真正达到所有权、决策权和经营权的分离，一个董事身兼数职、没有制衡等。滕怀鹏④认为目前我国国有企业在董事会治理中存在的主要问题，一是行政干预和公司化管理并存；二是董事会内部治理的独立性和有效性；三是国有企业经理人（董事）市场、产品市场和控制权市场不成熟，使得国有企业董事会制度缺乏良好的运转环境。戚聿东和徐炜⑤以董事会试点中的国有独资公司为研究对象，分析发现国有独资公司董事会与监事会存在以下问题：董事会与经理层对各自职权认识不清，董事会职权没有到位，董事会中外部董事来源单一，对董事会的评价、考核、奖惩等工作没有展开，对外派监事会工作的长期性、重要性认识不清，在新的历史时期对外派监事会工作内容的规定没有与时俱进，外派监事会的工

① 毛立言：《关于中国特色现代国有企业治理结构问题的新思考——市场型国有企业治理结构的本质内涵与基本特征》，《毛泽东邓小平理论研究》2012 年第 7 期。

② 张杰：《国有企业董事会运作中存在问题及完善措施》，《商业经济》2013 年第 7 期。

③ 邓瑶：《聚焦国有企业规范的董事会制度》，《先锋队》2013 年第 11 期。

④ 滕怀鹏：《论逻辑到国际比较下的国有企业董事会治理》，《企业导报》2012 年第 2 期。

⑤ 戚聿东、徐炜：《国有独资公司董事会与监事会制度研究》，《首都经贸大学学报》2008 年第 1 期。

作业绩与奖惩关联性不高，激励机制没有建立起来，外派监事会人员队伍没有建立起“能上能下，能进能出”的用人机制。他们认为解决这些问题应深化产权制度改革；构建母公司股权多元化的国有控股公司制度；深化干部人事制度改革，形成董监管队伍的职业化和多元化；完善国有企业董事会、监事会的定位及其相互关系；建立有中国特色的国有公司治理结构。

谢永珍和李维安[①]认为董事会在维护国有资产的安全以及规避国有企业风险中扮演着重要角色。他们在对山东省管国有企业董事会治理调查分析的基础上，参考各国董事会治理实践，从规范国资委与国有企业董事会职责、构建优秀董事会治理文化以及完善董事会制度建设等方面，提出了提升国有企业董事会治理效率的建议与措施。徐炜[②]提出了进一步推动中央企业董事会建设的政策建议，要明确建立规范的董事会是国有企业法人治理机制改革的方向；国家国资委应向中央企业董事会落实《公司法》所赋予的权力；扩大外部董事来源，建立中央企业的外部董事人才库；推动中央企业董事会制度、董事会运行的信息披露工作；完善董事的任期制并推动对董事、高管的评价、考核工作；减少中央企业的数量以降低国家国资委的监管成本，提升监管效率。杨丽伟[③]建议从依法落实董事会职权、市场化选聘经理层以及建设高素质外部董事队伍等方面来深入研究如何进一步规范国企董事会建设。

关于国有企业领导体制改革，王智丰和袁政[④]指出委托人和代理人的行政化倾向是我国国有企业委托代理关系的典型表现，其主要特征是委托人和代理人都是由政府任命。在市场经济体制越来越趋于成熟的情况下，这种委托人和代理人对企业治理结构产生了许多不利的影响，包括造成能上能下、能进能出的国有企业领导选拔任用机制的缺乏，激励与约束机制失灵，监督动机的缺乏、监督者的机会主义行为等，这就必然导致“内部人控制”现象的产生。为此，理顺产权关系、改进选拔

① 谢永珍、李维安：《中国国有企业董事会治理：现状、问题与对策——基于对山东省管国有企业的调查》，《山东社会科学》2008 年第 11 期。

② 徐炜：《中央企业董事会建设研究》，《经济管理》2011 年第 11 期。

③ 杨丽伟：《国有企业规范董事会建设的深化研究》，《中国市场》2012 年第 13 期。

④ 王智丰、袁政：《委托人与代理人“行政化”对国企领导管理体制的影响研究》，《学术研究》2011 年第 2 期。

任用方式、完善考核评价和激励机制、建立健全监督约束机制和引入引咎惩罚制度，无疑是深化我国国有企业领导管理体制改革的具体措施。朱恩涛和华桂宏[①]指出我国现行国有企业领导制度离现代企业制度的安排有很大差距：一是企业领导的产生仍以委任制为主；二是对企业领导的管理呈现出上级党委、政府和相关部门的多头管理，企业领导责权利不清；三是仍套用行政级别管理企业干部；四是对企业领导的激励不足；五是对企业领导的监督约束乏力。对此，应进行企业领导制度创新；以产权制度改革为切入点，改革现行企业领导制度；建立以经济利益为基础的物质奖励和精神奖励相结合的企业领导激励机制；建立健全企业内部监督机制，进一步强化外部监督。黄群慧[②]认为国资委应根据国有企业集团不同的使命、战略选择不同的公司治理和管理方式，在国企领导人的薪酬制度设计方面必须根据国有企业使命的具体差异，“分类监管国有企业、分类设计薪酬制度”，具体形式可有“准公务员型”“市场化型”和“准市场化型”三种模式选择。黄群慧[③]进一步指出，改革国企领导人管理制度应从“集中统一管理”向“分层分类管理”转变，所谓分层，就是上级组织和国资监管部门对“党政官员”角色的国有企业领导人具有选拔任命和管理权力，而对于“企业家”角色的国有企业领导人的选拔任命和管理权力则授权给中央企业董事会；所谓分类管理，即对“党政官员”角色的国有企业领导人的管理由上级组织和国资监管部门参照党政系统的激励约束机制，结合企业经营实践进行制度设计，而对“企业家”角色的国有企业领导人的管理则由董事会按照职业经理人市场要求，建立市场化的激励约束机制。刘戒骄[④]认为，国有企业高管薪酬改革应明确区分具有国家公职人员身份和不具有国家公职人员身份的两类职业经理人，实行差异化的薪酬制度。前者采用国际上国有企业管理层与公务员工资相当，与本企业职工平均收入

---

① 朱恩涛、华桂宏：《国有企业领导制度改革的思考》，《经济体制改革》2004 年第 1 期。

② 黄群慧：《新时期国有企业的使命与国企领导人的薪酬制度》，《经济与管理研究》2008 年第 1 期。

③ 黄群慧：《国企发展进入“分类改革与监管”新时期》，《中国经济周刊》2013 年第 42 期。

④ 刘戒骄：《国有企业高管薪酬制度改革分析》，《中共中央党校学报》2014 年第 1 期。

保持合理比例的做法；后者在公开招聘的基础上实行市场化薪酬管理制度，按照其能力、贡献和市场水平确定其薪酬。郭术兵和荣梅[①]认为当前国有企业正副职领导体制存在决策慢、矛盾多、执行差、内耗大、成本高等弊端，需优化国有企业正副职管理架构，明确界定正副职的角色定位和职权配置，赋予正职对副职的提名权或聘任权，缩小正职的管理幅度，按照最少化原则设置副职，健全正副职领导人才自由选择机制，对国有企业正副职领导体制和运行机制进行全方位革新。邓振平[②]认为下一阶段的国企改革应以领导干部人事制度的深化改革为重心，在国有企业领导人员的选拔任用机制、人才培养机制、考评激励机制、监督约束机制等方面进行深度创新，改变政府直接选聘国有企业领导人员的做法，采取市场化的聘任方式。邵挺[③]认为目前绝大多数国有企业已经转变为股权多元化的混合所有制企业。未来需要建立与现代企业制度相适应的出资人制度和职业经理人制度，经营管理者要更多地按照职业经理人的要求进行市场化选拔，通过公开招聘、竞争上岗等市场化方式，打破单一的行政配置方式，建立起企业经营层的合理流动机制。

第四节　关于国有经济战略性调整的国际经验

改革开放以来，与我国国企改革重心变化相对应，理论界对国有经济战略性调整和国企改革的国际经验研究有两个高峰期：一次是1995—2004年，研究重点是国有经济民营化问题；另一次是从2008年至今，研究重点是国外国有企业股份制公司制改革和国有经济战略性调整等问题。

一　国外国有经济民营化及其发展趋势

国内学者对20世纪70年代末80年代初兴起于英国的“民营化”或

① 郭术兵、荣梅：《国有企业正副职领导体制及运行机制改革探讨》，《经济体制改革》2013年第6期。

② 邓振平：《国有企业领导人员管理体制创新途径探析》，《广西社会科学》2013年第2期。

③ 邵挺：《国有资本管理体制和国有企业改革的方向和主线》，《中国发展观察》2013年第11期。

"私有化"浪潮的成因及效果进行了研究。王忠明[①]认为这次世界范围内的"民营化"或"私有化"浪潮，自然有政治倾向和意识形态方面的原因，但它的形成和发展在很大程度上由各国经济发展条件变化而引起，具体表现为国家不堪重负、科技进步和产业结构调整的需要、完善经营机制和增强企业活力等。陈凌和熊艳艳[②]研究发现，国外国有企业民营化的基本原因是发挥市场"看不见的手"的作用，目的是通过改善公司治理结构，提高企业效率，增强企业竞争能力；此外，减少政府补贴和增加财政收入也是民营化的主要原因。申建国[③]则指出市场经济国家与苏联东欧国家在私有化动机、方法和后果等方面有很大差异。对于私有化的效果，国外相关研究主要集中在私有化对就业水平的影响方面，但这些研究所得出的结论并不一致，有些甚至相反。

关于国有企业民营化的政策措施，柏宝春[④]通过对国外国有企业民营化的研究发现：第一，多数国家都专门为国有企业民营化进行了立法。西方发达国家在大规模民营化之前一般都先行立法，不同之处在于有的国家对涉及民营化的单个企业或行业单独立法，有的则进行了更为广泛的立法。转型经济国家也是先有立法然后再大规模推动民营化改造，如乌克兰为加速推进民营化进程颁布了《关于加速乌克兰财产民营化紧急措施》的总统令；匈牙利的《民营化法》是转型经济民营化法的典型代表。第二，多数国家都设立专门政府机构来统一协调民营化工作。西方发达国家多设有国有企业民营化协调机构；转型经济国家大多设立专门的民营化管理机构具体负责政府政策落实；发展中国家一个普遍的共性就是政府对经济运行更为广泛的深度介入，在推行国有企业民营化政策时也是如此。黄勤国[⑤]认为英国国企改革主要是政府通过制定私有化政策加以推行，其发展大体经历了两个阶段：第一阶段（1979—1986 年）主要对包括石油公

① 王忠明：《"非国有化"或"私有化"浪潮——国外国有企业研究（中）》，《煤炭企业管理》1999 年第 8 期。

② 陈凌、熊艳艳：《从政府到市场：国外国有企业民营化文献综述》，《经济社会体制比较》2004 年第 3 期。

③ 申建国：《国外国有企业改革经验借鉴——世界国有企业发展趋势的启示》，《经济与管理》2001 年第 3 期。

④ 柏宝春：《国外国有企业民营化的比较与借鉴》，《山东经济战略研究》2004 年第 5 期。

⑤ 黄勤国：《国外国有企业的改革经验及其对我国的启示》，《中国民营科技与经济》2012 年第 5 期。

司、天然气海岸设施、宇航公司等在内的亏损不太严重，仍可获利，且大多属竞争行业的企业实行私有化。具体做法是企业公开上市，整体出售给私人企业和职工内部持股。第二阶段（1987—1991 年）主要涉及亏损较为严重的国有企业，以及公用事业和自然垄断性行业。主要是将国有企业出售给私人企业，其他则采用股份公开上市及职工持股的办法。美国国企改革的措施一是出售国有资产，战后曾把大部分军工企业出售给私人垄断企业；二是放松市场管制，政府重点取消对国有通信业及公共汽车业的管制，取消对绝大部分有线电视和无线电广播以及电子计算机的电信服务方面的限制。

张克利和唐祖君等[①]对德国和法国国有企业改组、企业破产重组等问题进行研究，发现德国成立专门机构负责原民主德国国有企业改组、资产处置；对国有企业进行分拆、分类处理；建立统一的社会保障体系；发挥中介机构在国有企业改组、资产处置中的作用；政府筹集支付国企改革成本。法国根据经济发展状况和实际情况，逐步完善企业破产重组法律法规；检察院、企业法庭等机构共同调查处理企业破产重组，加强对企业破产重组审查监督；通过破产重组、企业振兴，解决大型企业的问题，避免企业破产清算引起大的社会震荡；通过破产预警制度，避免企业破产清算、重组；解决国企改革成本来源和渠道；发挥中介机构在国有企业改组、破产重组中的作用。

关于国外国有经济结构调整的趋势，孔玉生和张帆[②]对国外不同类型国家的国有经济布局和结构进行归纳：①发达国家国有经济布局。美国保持了尽可能小的国有经济规模，但对国有经济的私有化并没有停止。这种私有化正在向与理论上属于国有经济领地的自然垄断、公共服务或基础产业等行业进入。日本在经济发展过程中，比较灵活地采取由国营转民营或由民营转国营这种互置转型方式，较好地适应了经济发展形势，取得了良好的经济效果。②中、东欧转轨国家国有经济布局分析。俄罗斯经过 10 年的私有化改革，经济结构已经实现了从以国有制占垄断地位向以私有制

---

① 张克利、唐祖君、邬彦如、郭小伟：《德国、法国国有企业改组、企业破产重组考察报告》，《中国经贸导刊》2004 年第 8 期。

② 孔玉生、张帆：《国外国有经济布局经验及对我国的启示》，《商业时代》2011 年第 27 期。

为主导、多种所有制并存的经济结构的转变。但俄罗斯国有经济所占比重并非一直在降低，2004 年以来俄罗斯国民经济的主要行业陆续出现了重新国有化的迹象。③在发展中国家，印度早在独立之初，国家计划委员会就认为应当拥有和控制所有关键工业、基础设施和其他公用事业。20 世纪 90 年代后半期，政府开始扩大国有股撤资范围，目前改革仍在进行之中。但与其他国家国有经济调整目标不同，印度政府仍把国有企业作为保持职工就业的一个途径。韩国公有企业在 1960 年以前，主要局限于公用事业方面，之后随着经济的高速增长，政府开始在钢铁、石油、煤气、电力、化工、邮电、汽车、造船、航运等领域建立公有企业。至今，韩国的公有企业在韩国经济活动和公共部门中仍占有相当重要的比重。

二　国外国有企业改革的经验及其比较研究

国内学者对法国国企改革的经验关注较多，这可能是因为法国是发达国家中拥有国有企业较多、中央集权程度较高的国家。刘常勇[①]认为法国对于国有企业的管理方式主要有以下几种：政府对不同性质的国有企业进行分类管理；以股份制作为国有企业管理的规范；以契约制明确国家与企业的权责关系；以黄金股保障政府对于国有企业的控制。关琦[②]对法国开始于 1986 年的国有企业市场公众化改革进行了研究，指出法国国企改革的主要做法有以下几种：一是推动国企上市，实施资金开放，减少部分企业国有资本持股比例；二是国有企业的分类监管改革；三是建立规范的公司制度，对企业进行股份化改造；四是政府以计划合同等方式进行绩效监管。他指出法国政府在 2004 年颁布法案成立法国政府股权管理机构，2011 年的新法案又拓展了政府股权管理机构的目标，政府积极参与各国有企业的战略制定等重大决策工作中。此外，政府通过议会、国家监督署、部门代表、审计法院等多种途径，多管齐下对国有企业进行监督。法国国资局职责是代表法国政府作为国有企业的股东。现在法国国有企业的重要决策都要通过董事会，对国企高管薪酬与激励实行分类管理，市场化是改革的方向。贝法[③]指出，法国的国有独资企业主要集中在垄断行业，

---

① 刘常勇：《法国国有企业的管理与改革经验》，《科技智囊》1996 年第 2 期。

② 关琦：《法国国有企业的现状与走向》，《中国中小企业》2013 年第 9 期。

③ 转引自吴杰《提问贝法：走近法国国企》，《国企》2012 年第 12 期。

在一些需要体现国家战略要求的行业，法国政府参股了一些企业；在每个法国国有企业中都有法国经济部或财政部的身影；国有企业的战略发展、经济运营都需要体现法国政府股权管理机构（APE）的作用。贝法还指出在法国国有企业董事会中，有三种类型的政府代表：主要政府代表 APE，来自财政部、能源交通等部委的代表，以及其他国有企业的高层领导。欧盟禁止国有资本经营预算，法国国有企业不存在上缴红利的现象。关于高管薪酬，政府仅仅干预 CEO 和 COO，其他不受政府限制。在法国，金融企业不需要特别的监管。姜影[①]指出，20 世纪 60 年代以来法国国有企业管理体制实现了从以"行政管理"为主到以"合同化管理"为主，再到以"国家股东管理"为主的转变。实行国家股东管理不仅实现了国家作为资本所有者的职能与其作为行政监管者和公共服务提供者等职能的分离，也提高了国家对国有资本管理的专业化程度。再加上国有企业内部董事会运作机制的完善，新型管理体制不仅在实现国有资本保值增值、维护社会公共利益方面成效显著，更在优化国有资本投资、实现国家经济结构战略性调整中作用积极。

周晓燕和陆运辉[②]比较了法国与德国国有企业改革，发现两国都是渐进性行政改革的代表，都受到经济危机、财政危机和信任危机的影响，并且都以新公共管理理论为改革的理论基础，强调用企业家精神改造公共组织，而且两国的改革都取得一定成效。邱伟年和林家荣等[③]总结和比较了美国和法国国企改革的经验，美国的经验有加强国家与民营企业和私人集团的合作、在国有企业当中建立现代公司制度、以法律形式规定国有企业的运作和监控等活动。法国的经验包括对国有企业区别对待，避免"一刀切"做法；量化指标，制订严格的发展计划；体系化监督管理。黄勤国[④]认为法国政府对不同性质的国有企业分类管理（法国政府将国有企业分为非竞争性企业与竞争性企业两类），以股份制作为国有企业管理的规

---

① 姜影：《法国国有企业管理体制改革的历程及成效》，《法学》2014 年第 6 期。

② 周晓燕、陆运辉：《法国与德国国有企业改革比较研究》，《沈阳师范大学学报》（自然科学版）2010 年第 2 期。

③ 邱伟年、林家荣、林铭：《美、法国有企业改革对我国国有企业发展转型的启示》，《特区经济》2011 年第 8 期。

④ 黄勤国：《国外国有企业的改革经验及其对我国的启示》，《中国民营科技与经济》2012 年第 5 期。

范，以契约制明确国家与企业的权责关系，以黄金股保障政府对于国有企业的控制。日本国有企业改革的核心内容是所有制改革即产权关系明晰化；管理体制改革的特点是政府不再参与企业经营决策，只通过特殊法规给企业以一定约束；经营机制的改革主要表现在两个方面：一是确定以市场为导向的竞争机制；二是进一步实行合理化、效率化经营。

国内学者还特别关注新加坡国企改革的经验。关于新加坡淡马锡公司的管理模式的特征，宋春风①概括为政府机构与国有企业严格分离、以独立的监督机构对国有企业进行约束和让国有企业在国内外的竞争中成长。高山②指出其主要特点是健全的董事会制度、分层递进的控制方式、完善的人员选聘机制，以及高超的国有资本发展战略。邹允祥③概括为通过国有控股公司行使出资人权利、政企分离建立科学有效的法人治理结构、实行一视同仁策略完全市场化运作、坚持以人为本重视经营管理团队建设和重视内部控制及风险防范。王灏④归纳了新加坡淡马锡控股公司国企管控模式的独特之处：在理念方面，诸如“善意的无为而治”的政府管理理念、“积极活跃的股东”的企业定位理念、“积极谨慎的投资者”的企业发展理念、“能者居其位”的人才理念、“一切以商业价值最大化为原则”的商业决策理念；在体制方面，诸如以宪法的高度来界定政府与淡马锡公司之间的职能定位、在淡马锡内部建立以强大董事会为核心的企业治理结构、对旗下企业保持“一臂之距”的管控制度等；在机制方面，诸如高度国际化和市场化的人才选聘机制、与长远绩效挂钩的高管薪酬制度和定期信息公开制度等。关于新加坡淡马锡公司的改革取向，袁境⑤提到新加坡淡马锡控股公司在 2009 年公布的修改后的《淡马锡宪章》，将目标设定为利益相关者创造可持续的长期回报，将公司描述为一家按照商业原则管理的投资公司，并放弃了公司肩负的改善新加坡经济状况职责的说法，

---

① 宋春风：《法国、新加坡国有企业的比较研究》，《国有资产研究》1999 年第 2 期。

② 高山：《新加坡淡马锡模式的经验及对我国国有企业改革的启示》，《现代经济探讨》2007 年第 5 期。

③ 邹允祥：《新加坡淡马锡管理经验及对改进国有企业管理的启示》，《江苏建材》2013 年第 1 期。

④ 王灏：《淡马锡模式主要特征及其对我国国企改革的启示》，《中共中央党校学报》2011 年第 5 期。

⑤ 袁境：《国有资产管理中的政府目标与市场目标二重性探讨——“淡马锡”修宪的启示》，《经济体制改革》2010 年第 5 期。

淡化其与政府的关系，为淡马锡投资全球提供一个目标框架——把投资重点放在具有国际发展潜能的企业，并从不符合其建立长远商业利益目的的非核心业务中逐步淡出，完全实现淡马锡的商业运作行为。

三　国外国有企业改革经验对中国的启示

国内学者对国外国有企业改革经验的研究多围绕不同时期我国国企改革的难点展开，如完善市场体系、加强法制化管理、促进政府职能转变、实施分类改革、进行公司制股份制改革、发展混合所有制和完善国有资产管理体制等方面。国家经贸委赴德、法考察团①对德国和法国国有企业考察后认为，应对我国国有企业实行分类管理；坚持国家管理与企业自治相结合；加快政府职能的转变，完善政府管理者职能；拓宽融资渠道，发展金融市场；国有企业的监督管理必须以法律为依据；加强国有企业的事前约束和事后监督。石建民和李运②通过对东欧国家的国有企业改革与重组研究发现，我国国企改革过程中切不可忽视对竞争性市场环境的培育；在硬化企业预算约束的同时，要防止企业拖欠行为和出现“金融黑洞”现象；公司治理结构改革既要求实现投资主体多元化，以解决国家授权机构和国有资产管理机构的所有权虚设和寻租问题，又要求防止所有权过度分散，造成内部人控制和国有资产流失。李俊江和刘洋③总结了新加坡和韩国国有企业民营化的实施方式。他们认为，针对不同类型的国有企业进行分类管理；加强法制化管理；对国有企业真正实行公司制改造，强化管理；仿效韩国的绩效评估制度，在我国国有企业内部推行绩效评估；选择适当的时机加快实行国有股减持，使官民资本融合。鲁天鑫④通过对西欧、美国和日本等发达国家以及俄罗斯和东欧等国家国企改革路径的分析，认为我国应该调整国有企业的产业分布结构，推动国有企业逐渐退

① 国家经贸委赴德、法考察团：《德国、法国国有企业的监督与管理》，《经济研究参考》1997 年第 59 期。

② 石建民、李运：《国有企业改革与重组：东欧国家的经验和启示》，《人文杂志》1998 年第 3 期。

③ 李俊江、刘洋：《新加坡与韩国国有企业改革及管理体制的比较》，《东北亚论坛》2003 年第 3 期。

④ 鲁天鑫：《国外国有企业改革路径的考察及启示》，《技术经济与管理研究》2006 年第 3 期。

出竞争性特别是一般竞争性行业；大力发展混合所有制经济，进一步增强经济活力，不断提高国有经济的控制力；正确处理政企关系，把国有企业培育成有竞争力的市场竞争主体。黄勤国①总结了英国、法国、日本和美国国企改革的经验后指出，国有企业在维护市场有序进行、保持宏观经济稳定、促进经济可持续发展、增进广大人民群众整体和长远的根本利益等方面发挥特殊的职能作用；应提高市场竞争力；对国有企业实行分类管理；实行法律化、规范化管理；改革企业领导制度；大力推行股份制，使产权关系明晰化；建立一套国有资产运营的监督系统；建立社会保障制度，吸纳企业富余人员。胡鞍钢和徐枫②比较了中俄国企改革路径及成效后指出，不同于俄罗斯全盘私有化，中国国企改革选择一条“抓大放小”的中间道路，不是改变所有权而是改革机制，使国有企业实现重生。他们认为中国国有企业集体崛起至少有国有资本优势、国家支持优势、政治优势和组织优势，未来国企改革方向是将四大优势转化为企业竞争力。

对于新加坡淡马锡公司的改革经验，多数学者认为我国应大力推进股份制改革，实现产权多元化；应该加快现代企业制度建设，建立规范的公司制度和法人治理结构；加强对国有企业的监督约束，建立和完善国有资产管理体制；明确政府与企业的角色定位，让国有企业积极参加到国内和国际市场的竞争中。杜晓君和李曼丽③通过对新加坡国有企业改革经验的研究还发现，国有企业并非天然低效率的制度安排，在体制和机制完善的前提下，也能获得经营成功。高山④则指出须认清我国与新加坡在制度、经济结构、地域等方面的差异，指出应循序渐进、因地制宜地借鉴淡马锡公司的成功经验。邹允祥⑤也认为我国国有企业与新加坡国有企业有不同

---

① 黄勤国：《国外国有企业的改革经验及其对我国的启示》，《中国民营科技与经济》2012年第5期。

② 胡鞍钢、徐枫：《国有企业改革路径及成效：中俄比较》，《青海社会科学》2012年第6期。

③ 杜晓君、李曼丽：《新加坡国有企业改革启示》，《东北大学学报》（社会科学版）2006年第5期。

④ 高山：《新加坡淡马锡模式的经验及对我国国有企业改革的启示》，《现代经济探讨》2007年第5期。

⑤ 邹允祥：《新加坡淡马锡管理经验及对改进国有企业管理的启示》，《江苏建材》2013年第1期。

的初始状态和约束条件，我国国企改革面临着更为复杂的一系列本土化的问题，改革任务极为艰巨。

第五节 共识与有待解决的问题

一 基于国家使命的分类改革是国有经济战略性调整的基本思路

对国有经济进行分类改革已成为社会各界的共识。王珏[①]将国有企业分为生产公共物品的企业、掌握国民经济命脉的企业和一般的竞争性、营利性企业三类；邵宁[②]将国有大型企业划分为功能性企业和竞争性企业两类；高明华[③]将国有企业分为公益性国有企业、合理垄断性国有企业和竞争性国有企业三类；杨瑞龙[④]将国有企业分为竞争性企业和非竞争性企业（非竞争性国有企业又分为提供公共产品的企业和从事基础工业、基础设施的垄断性企业）两大类。

黄群慧[⑤]从国有企业的使命和定位出发，指出理论界目前对我国国有企业是弥补市场缺陷、巩固社会主义制度的经济基础的使命表述，以及国有经济应该控制涉及国家安全等领域的整体定位是科学的。但对于具体国有企业而言，既作为国家政策工具、为国家的职能服务，又追求利润最大化、壮大国有经济，这两种“使命冲突”使得国有企业进一步改革难以落实到操作层次。所以，要区分两类使命的国有企业：一类承担的主要是政府职能和产业政策手段等方面的使命；另一类承担的仅仅是国有资产保值增值、国有企业自我发展壮大、增强国有经济控制力的使命。这意味着并不是每个国有企业都是以盈利为使命，很多国有企业的使命是政策性要求。后来，黄群慧[⑥]进一步发展了这一观点，认为中国是一个发展中的渐进式的经济转轨国家，这就决定了中国的国有经济在相当长的历史时期既

① 王珏：《国有经济结构战略性调整探讨》，《党政干部学刊》1997 年第 10 期。

② 邵宁：《关于国企改革发展方向的思考》，《上海国资》2011 年第 18 期。

③ 高明华：《国有经济战略性调整应坚持的基本思路》，《前线》2013 年第 5 期。

④ 杨瑞龙：《国有企业的重新定位及分类改革战略的实施》，《国企》2013 年第 7 期。

⑤ 黄群慧：《关于进一步明确国有企业具体使命与定位的建议》，《中国经贸导刊》2007 年第 18 期。

⑥ 黄群慧：《论国有企业的战略性调整与分类改革》，《人民论坛·学术前沿》2013 年第 22 期。

要有一般的市场体制国家在市场经济运行中国有经济应承担的使命，又要有发展中国家在经济赶超中的国有经济应承担的使命，还要有转轨经济国家在渐进式转轨过程中的国有经济应承担的使命。相应地，中国的国有经济应该承担弥补市场失灵、实现经济赶超和培育市场主体三个方面的功能。

基于"国家使命"和功能的国有经济战略性调整在实践中仍然面临许多难题，如在中国渐进式改革过程中，不同的国家使命在具体的国有企业中没有区分，进而国有经济的公共政策性功能和市场营利性功能始终未能得到明确区分，致使许多国有企业面临着同时承担公益性使命（功能）和营利性使命（功能）的冲突，处于赚钱和不赚钱两难的尴尬境地。所以尽管这种基于使命的功能定位为国有经济的战略性调整指明了方向，但在实践中如何对每一家国有企业的功能进行界定，目前仍然缺乏可操作性流程。再如，改革开放以来的大部分时间里，国有经济的保值增值功能始终被放到更加重要的位置，但新时期国有资本将加大对公益性的投入，在提供公共服务方面做出更大贡献。从营利性功能为重心到公益性功能为重心，这是国有经济改革与发展中一次重要的功能转换，指明了新时期国有经济进行战略性重组的方向。然而，在实践中如何在对三种类型国有企业功能进行定位的基础上，进一步通过战略性调整实现功能转换，是新时期深化国有企业改革的难题。

二 混合所有制经济是解决国有经济与市场经济相融性问题的有效形式

国有经济与市场经济相融性问题始终是理论界争论的焦点。传统观点认为国有经济的效率是垄断效率，国有经济与民营经济间存在"非此即彼"的替代关系。但来自中国改革实践的证据，特别是国有企业产权多元化改革所取得的成绩，显示二者的关系并非替代，而是相互促进。在广泛共识的基础上，党的十八届三中全会明确提出，积极发展混合所有制经济将成为新一轮国企改革的重要着力点，将有利于国有资本放大功能、保值增值、提高竞争力，有利于多种所有制资本取长补短、相互促进、共同发展。① 黄

① 梁法院：《国有企业改革发展混合所有制经济研究》，《上海企业》2014 年第 3 期。

群慧[①]认为，从十四届三中全会《中共中央关于建立社会主义市场经济体制若干问题的决定》中首次提出混合所有制经济概念，到十八届三中全会《决定》中关于混合所有制经济是我国基本经济制度的重要实现形式这一论断，是一项科学的理论创新。混合所有制经济突破了传统理论研究的“二分法”，为解释国有经济与市场经济相融性问题提供了理论依据；混合所有制经济也为国有企业最终发展成为公众公司（通过整体上市）和国家通过国有资本（而不是国有资产）调控经济提供了理论依据。

混合所有制经济的理论研究已经破题，但在策略层面如何发展混合所有制经济，如国有企业整体上市、产权多元化、国有资本运营机制构建以及混合所有制经济实现形式等问题，仍然是有待解决的问题。黄群慧[②]指出，进一步推进混合所有制经济发展还面临很多障碍：我国在大型企业集团公司层面的多元化改革停滞不前的一个重要原因是这些大企业集团被认为不适合民资介入的股权多元化；国有企业领导人的行政级别成为阻碍国企推进混合所有制改革的另一重要原因；民营企业自身发展总体上还存在许多问题制约了混合所有制企业的进一步发展；我国市场环境和法律体系不完善也制约了混合所有制经济的发展。所以，他认为应在分类改革与治理的基础上，积极推进国有经济战略性重组，除极少数“公共政策性企业”外，都可以发展成为混合所有制经济；积极推进国有企业领导人管理体制由“集中统一管理”转向“分层分类管理”；积极引导民营经济发展，促进民营企业资本社会化、治理结构规范化和企业管理现代化，从而提升与国有经济交叉融合的能力；着力营造公平竞争的市场环境，努力完善产权流动的市场机制和产权保护的法律体系，积极创造有利于混合所有制经济发展的外部条件。

三　建立以管资本为主的新体制是国有经济管理体制改革的基本取向

2002 年党的十六大后确立了管人、管事和管资产相结合的国有资产管理体制。这种管理体制在实践中已经取得巨大成绩，但也存在不足之

---

① 黄群慧：《论国有企业的战略性调整与分类改革》，《人民论坛·学术前沿》2013 年第 22 期。

② 黄群慧：《国企发展进入“分类改革与监管”新时期》，《中国经济周刊》2013 年第 42 期。

处。一是国有资本流动性差，不能满足有进有退、合理流动和实现国有资本动态优化配置的要求。二是国资委的职责和权限不清，目前各级国有资产监管机构的权限、国资委的监督职能、出资人职责等尚不明确；各级国资部门与本级政府的权限关系不清，如地方政府层面的国有资产管理体制和中央政府层面有很大不同（中央政府与国有资产运营主体的关系相对超脱，而地方政府与国有资产运营主体的关系更加紧密），这意味着越在地方层面，改革国有资产管理体制，实现政企分开、政资分开和对国有企业进行充分授权的难度越大。三是国资委的监管未能实现“全覆盖”，目前国资委监管范围主要是经营性国有资产，而国有金融资产、自然资源资产、非经营性资产等，尚未纳入国资委的监管之下，也没有明确和建立代表国家履行出资人职责的机构。

2013 年党的十八届三中全会指出，要“完善国有资产管理体制，以管资本为主加强国有资产监管”，改革国有资本授权经营体制，组建若干国有资本运营公司，支持有条件的国有企业改组为国有资本投资公司，将促使国有资产管理体制由原来的国资委管人、管事、管资产相结合，转为以管资本为主。据此，由“国资委—国有企业”的两层结构构成的国有资产管理体制将转为由“国资委—国有资本运营和投资公司—混合所有制企业”三层结构构成的新体制。

建立国有经济管理新体制目前仍然面临诸多挑战。一方面，需要政府及国资监管部门要按照国家治理体系和治理能力现代化的要求，转变治理理念和转换职能，对国有企业进行减政放权，新时期的改革，需要借鉴“负面清单”的思想，确保权力和责任相统一，管关键事项，落实问责机制。另一方面，逐步试点组建国有资本运营公司和国有资本投资公司，原则上应在现有的大型或特大型国有企业集团公司的基础上组建或改组，这个组建过程也正是集团公司股权多元化的过程。

四　完善的现代企业制度是国有经济高效运行的微观制度基础

1993 年党的十四届三中全会明确提出国有企业改革的方向是建立现代企业制度，并指出现代企业制度的特征是产权清晰、权责明确、政企分开和管理科学。到 2011 年底，全国 90% 以上的国有企业完成了公司制股份制改革，其中在中央企业登记总户数 20624 户中，公司制企业已达到 14912 户，改制面为 72.3%；多数企业建立了股东会、董事会、经理层和监事会等机构，公司治理结构逐步规范。[①] 经过20多年的国有企业现代企业制度建设，国有经济高效运行的微观制度基础已经建立，这为深化国有经济改革与发展创造了条件。

国有企业体制和治理结构仍然存在诸多问题。一是“新三会”（股东会、董事会、监事会）和“老三会”（党委会、工会、职工代表大会）的权责冲突。1999年党的十五届四中全会提出要明确股东会、董事会、监事会和经营管理层的职责，形成各负其责、协调运转、有效制衡的公司法人治理结构。对于如何处理好与“老三会”的关系，特别是董事会和党委会的关系，党的十五届四中全会提出“双向进入”原则。但在实际上对公司重大经营战略，董事会和党委会都要决策，需要很好协调；此外，公司党委书记、董事会和总经理一人兼任，与公司治理要求有效制衡原则不符。二是国资监管机构、董事会和经营管理层之间的关系，在实践中存在权责不清的问题，需要从制度层面进一步理顺。三是中央企业领导人的选用问题，行政任命管理人员过多，企业管理行政色彩较浓，国有企业经理人市场选聘、监督约束机制还有待改革和完善；存在国有企业经营管理者“党政干部”和“企业家”双重角色的冲突、国有企业经营管理者享受“党政官员”和“企业家”双重激励机制的现象，而相应的约束机制缺乏，亟须构建针对国有企业领导人的分层分类管理体制。[②]

---

① 石建国：《混合所有制将为国企改革开启新局面》，《福建论坛》（人文社会科学版）2014年第1期。

② 黄群慧：《国企发展进入“分类改革与监管”新时期》，《中国经济周刊》2013年第42期。

第三章　中国国有经济发展的历史沿革

在不同历史情景下，国有经济扮演着不同的角色。我国的国有经济发展，可以划分为五个阶段，即改革开放之前、20 世纪 90 年代中期之前、20 世纪 90 年代中期—2003 年、2003—2012 年和党的十八大以来。

第一节　改革开放之前的国有经济

一　国有经济体系的建立

国有企业作为国有经济的主体，国企建立的起点要追溯到新中国成立初期。当时我国的生产力水平十分低下，面临着险恶的国际政治、经济环境，党和政府选择了重工业优先发展作为经济发展战略。重工业是资本密集型产业，在经济基础十分薄弱、资本稀缺的条件下，使用资本的成本极其昂贵，这就从经济逻辑上要求政府出面，人为地压低工业发展的成本。在这种情况之下，依靠高度集中的计划手段来配置资源也成为必要的内生性的制度安排，传统国有企业的形成也是适应优先发展重工业这样一个发展战略要求所诱致出的一种制度安排。建立国有企业，既符合经济逻辑，使剩余动员和配置问题以内部化的形式得以解决，又有根据地时期积累的经验或战时经济条件下现成的组织资源可供利用，还符合共产主义的意识形态。也就是说，企业的国有制从需求和供给两方面，融以上三种优势于一体，把经济逻辑的内在要求和意识形态提供的合理性完美地结合起来，因而在当时可能的选择中是成本最低的。国有企业建立的前提是不存在竞争的市场，国有企业建立的目的又是控制企业的生产剩余，所以，为了最大限度地减少国有资产被侵蚀和剩余流失的机会，唯一可行的治理办法就是最大限度地剥夺国有企业的经营自主权，国有企业所需的投资和其他生产要素由政府无偿拨付，所生产的产品及其规格、数量和产品的调拨或销售由政府计划决定，在财务上实行统收统支、利润全部上缴、亏损全部核销。

政府通过以下五种途径建立了我国的国有经济体系：①国家接管帝国主义的在华资本；②来自解放区的公营资本；③官僚资本直接转为国有资本；④民族资本通过社会主义改造成为国有资本；⑤由国家通过财政直接投资。这种国有经济体系具有如下特点：①国有企业的涉及领域十分广泛，不仅对自然垄断行业、公益性行业、外部性行业和特殊行业进行了完全的控制，而且还控制了一般性行业；②国有企业是党和政府的附属物，是国家的经济来源，承担着创收和干预经济的双重功能；③国有企业在国民经济中不是一种独立的经济主体，而是国民经济的一个零件和加工车间；④国有企业拥有多重角色，既承担了私人经济的经济任务，也承担着增加社会就业的福利部门的角色，还承担着自身应具有的特殊角色；⑤国有企业是一种理论化的产物，是中央对社会主义经济形态的理解的结果，它的建立是一种主观推动型的构建模式。①

二 改革开放前国有企业的治理体系

1. 行政命令式的控制机制

在行政型国有企业外部治理中，作为国有股东的政府与传统国有企业之间是一种行政命令的控制关系。政府作为国有企业的主要治理主体，通过“统一领导、分级管理”的原则，对国有企业的生产经营活动进行直接管理，从而引起了企业治理行为的行政化，使得国有企业沦为政府行政机构的附属物。

（1）统一领导、分级管理的管理原则。新中国成立初期，我国实行的是行政大区管理办法，将全国划分为华北、华东、中南、西南、西北、东北六个行政大区，每个行政大区管若干个省。除了在华北地区中央政府直接管理了一部分国有企业以外，其他地区的国有企业基本上都是由各大行政区直接管理。随后国家取消了大区建制，也使得大型国有企业陆续划分归中央各工业部直接管理。到 1956 年，基本上形成了中央（各主管部）和地方（各省、自治区、直辖市）分级管理的体制。

---

① 辛迪诚：《中国国有企业改革编年史（1978—2005）》，中国工人出版社 2006 年版。

在这种分级管理的原则下，政府对国有企业的管理分为中央管、中央和地方共管以中央管为主、中央和地方共管以地方管为主、地方管四种形式。其中大型国有企业以及关系国际经济发展命脉的国有企业基本都由中央政府各部门直接管理。例如，截至 1957 年，中央政府各部门直接管理的工业企业数量达到 9300 多个，大约占当年国营工业企业总数的 16%，工业总产值接近全部国营工业企业总产值的一半。[①]

（2）政府是行政职能和经济职能的结合体。在行政型国有企业的治理模式中，政府是行政职能和经济职能的结合体。一方面，政府作为治理主体代表全体人民行使所有者的职责，拥有对国有资产的所有权；另一方面，政府委派官员担任企业的经营者，掌握着国有资产的经营权。由于政府同时具备行政职能和经济职能，这就使得传统国有企业在产权制度安排方面出现了行政化趋势。这种产权制度安排的行政化主要表现在所有权和控制权高度统一于国家。一方面传统国有企业剩余控制权由政府所掌握，即国有企业的一切经营活动必须按照政府下达的任务执行，然后按照政府命令组织生产经营；另一方面，企业的生产经营、人事任命等活动被置于政府行政管理之下。这种产权制度安排使得企业既无特定的控制权，也无剩余控制权，更没有独立的、可自由支配的财产权，企业运营所需要的资金、物质和人员等都由政府部门统一安排。

（3）政府与企业的“父子”关系。在传统的计划经济体制下，作为国有资产实际所有者的政府和国有企业之间的关系是一种行政隶属关系，而非“委托—代理”关系。即作为国有股东代表的政府，本应该将国有企业委托给企业经理人来代理经营，但实际却行使了本来应该由企业经理人行使的决策权、经营权和收益权，从而使得国有企业的剩余控制权和剩余索取权被政府行使，作为国有企业“负责人”的厂长（经理人）只是按照政府部门的意图来行事。

政府与国有企业之间的这种行政隶属和控制关系被形象地称为“父子”关系，在这种关系下，国有企业成了政府机构的延伸机构或基层政府机构，承担了政府行政职能。国有企业与政府之间是一种“等、靠、要”的关系，企业的发展速度和规模取决于政府官员的主观偏好。这种“父子”关系最直接的后果就是导致了国有企业职能的行政化或政府化。

---

① 数据参考章诚《中国国有企业改革编年史》，中国工人出版社 2006 年版。

（4）企业是单纯的生产车间。改革开放前，我国实行的是中央高度集权的计划经济体制。在这种经济体制下，作为微观生产单位的国有企业并不是独立核算的经济组织，而只是一个生产单位性质的工厂，只不过是国家的一个按政府指令性计划生产的车间而已。虽然我国宪法明确规定国有企业的生产资料归全体人民所有，国家只是所有者的代表，但实际上国家却是唯一的所有权主体。在经营上，企业缺乏生产经营决策权，企业的一切生产经营活动几乎都是围绕着国家下达的计划展开的。国有企业的行为以国家计划为导向，在政府的控制下追求政府利益的最大化；而且，除了政府外，其他利益相关者并不参与企业的治理。

2. 内部治理关系虚化

在行政型国有企业的治理模式中，企业内部的领导体制自中华人民共和国成立后曾进行过多次调整。新中国成立初期，国营企业开始实行的是军代表制，由军代表全面领导企业的各项工作。1950 年，开始在国营企业普遍实行工厂管理委员会制度；1951 年开始，逐步在东北等地区推行“生产行政工作的厂长负责制”，即“一长制”。从 1956 年中共八大开始，名义上我国国营企业一直实行的是党委领导下的厂长（经理人）负责制和党委领导下的职工代表大会制。在这种传统的内部治理机制中，体现的是党委会、厂长和职工代表大会之间的制衡机制，但这种制衡机制在党委一元化的领导下有名无实，使得内部治理关系成为一种一元化的行政治理关系，而非契约关系。在这种制衡机制虚化的治理结构中，先由党委会确定厂长和工会主席候选人，再由职工代表大会完成相应的程序，厂长和工会主席只对党委会负责。

（1）企业资源来源行政化。这种企业资源来源的行政化主要表现在两个方面：一是企业生产所需的物资等生产要素由国家根据计划安排统一调拨；二是企业所需的资金基本上由国家无偿拨款。根据制度安排，国有企业的固定资产投资全部由国家无偿提供，而流动资金则由财政和银行分别提供。直到改革开放前，国有企业流动资金供应实行的是定额流动资金由财政供应、银行负责超定额流动资金供应的办法。

（2）企业经营目的行政化。国有企业在计划经济体制下虽然也是独立的单位，但却不是独立的商品生产者。国有企业只是按照国家通过企业各级主管部门下达的行政计划组织生产，其经营目的只有一个，那就是根据国家调拨的物资和拨款，完成国家下达的计划指标。

（3）企业劳动人事行政化。由于国有企业的建立是由行政机构决定的，因此，企业领导人也是由政府行政机构即由企业主管部门任命并管理的。所谓的“企业经理”不过是一个车间主任；而且严格地讲，这个车间主任（通常是由党委书记担任）只是一个特殊的工人，他的主要任务是协调和监督普通员工以完成政府下达的生产计划。企业所需要的员工也是由政府劳动部门下达的招工计划来安排的，而且员工进入企业后便成为企业的终身员工，因某种原因需开除的员工也由劳动部门说了算。包括企业领导者和员工在内的所有的企业内部成员的报酬由中央制定的等级工资确定，与企业的经营业绩没有关系。

（4）企业产品销售行政化。国有企业按照国家计划生产出来的产品无须企业销售，而由国家统一定价，实行统购包销。至于企业的生产成果，企业既不负盈也不负亏。盈利则全部上缴国家，亏损则由国家财政给予补贴，企业不承担任何责任。

第二节　20 世纪 90 年代中期之前的国有经济改革

一　过渡期中央对经济体制和国有企业性质的界定

1982 年党的十二大报告在经济体制问题上指出，要正确贯彻以计划经济为主、市场调节为辅的原则。要正确划分指令性计划、指导性计划和市场调节各自的范围和界限，给企业以不同程度的机动权。其中，对于国营经济中关系国计民生的生产资料和消费资料的生产和分配，尤其是对于关系经济全局的骨干企业，必须实行指令性计划。党的十二大报告在国有企业性质和地位问题上指出，社会主义国营经济在整个国民经济中居于主导地位。巩固和发展国营经济，是保障劳动群众集体所有制经济沿着社会主义方向前进，并且保障个体经济为社会主义服务的决定性条件。

1984 年党的十二届三中全会通过的《中共中央关于经济体制改革的决定》第一次明确指出：“社会主义经济是公有制基础上的有计划的商品经济。”

1987 年党的十三大报告进一步指出，社会主义有计划商品经济的体制，应该是计划与市场内在统　的体制。在国有企业改革方面，要求按照所有权经营权分离的原则，搞活全民所有制企业。报告指出全民所有制企业不可能由全体人民经营，一般也不适宜由国家直接经营，硬要这样做，只能窒息企业的生机和活力。实行所有权与经营权分离，把经营权真正交给企业，理顺企业所有者、经营者和生产者的关系，切实保护企业的合法权益，使企业真正做到自主经营、自负盈亏，是建立有计划商品经济体制的内在要求。这绝不会改变企业的全民所有制性质，只会使企业更加生气蓬勃，使公有制经济的优越性得到充分发挥。股份制形式是社会主义企业财产的一种组织方式，可以继续试行。一些小型全民所有制企业的产权，可以有偿转让给集体或个人。

二　改革的政策要点

1978 年 12 月，党的十一届三中全会提出改革我国经济体制的任务，指出我国的经济体制管理权力过于集中，应该有计划地大胆下放，扩大厂矿企业的自主权。1984 年 10 月，党的十二届三中全会通过了《中共中央关于经济体制改革的决定》，提出增强企业活力是整个经济体制改革的中心环节；要确立国家和全民所有制企业的正确关系，使企业成为相对独立的经济实体，成为自主经营、自负盈亏的社会主义的商品生产者和经营者，成为具有一定权利和义务的法人。①

1. 扩权让利

1979 年 7 月，国务院发布了扩大企业自主权、实行利润留成等文件，并选择了首都钢铁公司等 8 家企业进行试点，拉开了企业改革的序幕。1981 年 5 月，国家经委、体改办等部门联合印发贯彻落实国务院扩权文件、巩固提高扩权工作的具体实施办法 12 条。1982 年 1 月，中共中央、国务院颁发《国营工厂厂长工作暂行条例》，明确工厂实行党委领导下的厂长负责制和职工代表大会制。1983 年 4 月，国分院颁布《国营工业企业暂行条例》，对国营工业企业一系列重要问题作出全面规定，首次明确企业是法人且拥有 15 项经营自主权。1984 年 5 月，国务院颁发《关于进一步扩大国营企业自主权的暂行规定》，明确企业在生产经营等 10 个方面扩大自主权。1985 年 9 月，国务院批转增强大中型企业活力的规定，再次对企业经营自主权作了 14 条规定。

① 吕政、黄速建：《中国国有企业改革 30 年研究》，经济管理出版社 2008 年版。

2. 经济责任制

扩权同时意味着增加企业自身的责任，即逐步实行经济责任制。1981年8月，国务院召开的工交工作座谈会讨论了实行工业生产经济责任制问题。1981年11月，国务院批准实行工业生产经济责任制的暂行规定，要求把企业、职工的经济责任、经济效果同经济利益联系起来，提出了国家、企业、职工的利润分配比例，初步打破了两个“大锅饭”。

3. 利改税

1983年4月，国务院批转财政部的利改税办法，规定企业按实现利润的55%的税率交纳所得税，税后利润一部分留给企业。1984年9月，国务院批转财政部第二步利改税试行办法，对原来的税种、税率进行了调整，国营企业从“税利并存”过渡到完全的“以税代利”，税后利润归企业安排。

4. 横向经济联合

1980年7月，国务院颁发《推动经济联合的暂行规定》，肯定了组织经济联合体的做法，并对推动联合提出了若干政策。1986年3月，国务院颁发《进一步推动横向经济联合的规定》，对联合的原则、目标和联合体的自主权、计划统计、物资流通、发展资金、征税等作了明确规定。企业之间很快出现了不同内容、不同形式的横向经济联合。

5. 拨改贷

1979年7月，国务院发布关于国营工业企业实行流动资金全额信贷的暂行规定。同年8月，国务院批转国家计委、国家建委、财政部关于基本建设投资试行贷款办法的报告。两个文件要求国营工业企业的流动资金和基本建设资金由国家财政拨款改为向银行贷款，开始了拨改贷试点。1984年12月，国家计委、财政部、建设银行作出国家预算内基本建设投资由拨款改为贷款的规定，即正式实行拨改贷政策。自此，企业发展的所有建设资金和流动资金都需要自行借贷。

6. 推行承包经营责任制

1980年以来，一些国有企业开始了企业承包经营责任制的试点工作。1981年4月，全国工交会议把利润留成和盈亏包干的办法作为国有企业承包经营责任制的内容给予了肯定。1982年，经国务院批准，在首都钢铁公司、第二汽车制造厂等8家国有大中型企业进行了承包责任制的试点工作。在1983年初举行的全国经济工作会议上，在首钢经验的基础上，国家经委对试行企业承包制作出了部署，并在全国各地选择了90多家工业企业进行承包经营责任制的改革试点工作。在这一时期，虽然实行承包经营责任制取得了一定的成效，但由于各方面的认识不一致以及“利改税”的主张占据了主导地位，对承包责任制造成了严重冲击，使得国有企业承包经营责任制的改革在1983年春公开实行不久就宣告夭折，没有得到广泛推广。

7. 进一步扩大企业自主权

1987年4月，国务院批转《大型工业联营企业在国家计划中实行单列的暂行规定》，这是对计划经济体制的重大改革，给予大型联营企业更大的自主权。1991年5月，国务院发出《进一步增强国营大中型企业活力的通知》，决定采取增加企业技改投入、减少部分企业的指令性计划、提高折旧率、增加新产品开发基金、补充流动资金、降低贷款利率、给予外贸权、实行“双保”、清理三角债、企业集团试点和企业减负11项政策措施。1991年12月，经国务院同意，采取了推进企业技术进步的政策措施，包括免掉折旧基金中的“两金”（能源交通基金、预算外调节基金）、降低国营大中型工业企业所得税率、增加企业新产品开发资金等12条。

8. 转换企业经营机制

1986年9月，国务院颁布《全民所有制工业企业厂长工作条例》《党的基层组织工作条例》《职工代表大会条例》三个条例，对企业行政、党委、职代会的权责及相互关系作了规定。1988年4月，七届人大一次会议通过《企业法》，以法律形式明确国家将全民所有制企业的财产授予企业经营管理，企业对财产享有占有、使用和依法处分的权利。1992年7月，国务院发布《全民所有制工业企业转换经营机制条例》，明确企业转换经营机制的目标是使企业适应市场的要求，成为依法自主经营、自负盈亏、自我发展、自我约束的商品生产和经营单位，成为独立享有民事权利和承担民事义务的企业法人，规定企业的经营自主权有14条。

9. 企业集团试点

生产经营的发展和国家的鼓励政策，加快了企业横向经济联合的步伐。1987年12月，国家体改委、国家经委印发组建和发展企业集团的几点意见，阐明了企业集团的含义、性质、组建原则和内部管理。1989年2

月，国家体改委等部委印发企业兼并的暂行办法。企业兼并向跨地区、跨行业发展，并逐步走向经常化、程序化。1991 年 12 月，国务院批转国家计委、国家体改委、国务院生产办关于选择一批大型企业集团进行试点的请示，55 家大型企业集团列入试点集团名单（后增至 57 家）。试点目的是促进企业组织结构的调整，推动生产要素的合理流动，充分发挥国营大中型企业的主导作用，形成群体优势和综合功能，提高国际竞争能力。随后，有关部委陆续颁发了企业集团试点的配套政策。1993 年 7 月，国家计委批准 10 家企业集团实行计划单列，使纳入国家计划单列的企业集团扩大至 25 家。

10. 股份制试点

股份制早在 1984 年就开始萌芽，但在管理部门和理论界引起了激烈争论。1989 年 2 月，国家体改委负责人对股份制企业试点的方针、政策作了阐述，强调企业改革的重点仍是承包制，股份制企业试点不宜铺开，不要“一哄而起”。直到 1990 年底，股份制试点才出现新的转机。1990 年 12 月和 1991 年 4 月，上海证券交易所和深圳证券交易所相继成立，为股票发行和交易提供了必要的市场环境，推动了股份制试点的进展。1992 年春季，邓小平同志在南方谈话时明确提出“不搞争论”，对股份制“允许看，但要坚决地试”。1992 年 5 月，国家体改委等五部委印发《股份制企业试点办法》，促使股份制向规范化方向发展。1993 年 4 月，国务院发布了《股票发行与交易管理暂行条例》。

第三节　20 世纪 90 年代中期至 2003 年的国有经济改革

一　以建立现代企业制度为目标的改革

随着 20 世纪 90 年代我国经济体制改革的发展，特别是党的十四大确定了我国实行社会主义市场经济体制的战略指导方针，我国国有企业的改革进入了一个新的阶段。然而随着改革进程的深化，围绕着国有企业改革深层次上的矛盾日益显现出来。国有企业在以往所进行的改革，基本上是沿着“放权让利”的思路进行，这只是对企业经营管理方式所进行的改革，并没有触及整个传统企业制度本身，没有从根本上解决国有企业走向市场的基本问题。由此造成了长期围绕着国有企业政企职责不分，企业自主权难以落实，约束机制不健全，经营观念落后，历史包袱沉重，国有企业的财产所有权虚置，有人占用、无人负责、任人侵吞以及经济效益低下等多方面的问题。这些问题主要是由于国有企业产权关系不明晰、组织制度不合理以及管理制度不科学等原因造成的，由此导致当我国经济发展处于低潮时，仅有1/3的国有企业在盈利；而当我国经济发展处于高潮时，仍有1/3的国有企业在亏损，而且大多数国有企业还很难适应市场经济的局面。事实证明，不解决产权问题并建立现代企业制度，以重塑市场主体，使企业成为独立的法人实体，企业经营机制就不可能发生根本性转变。

与此同时，我国城乡的集体经济、合作经济、个体经济获得迅猛发展，并呈现出良好的发展态势。这使国有企业面临着严峻而紧迫的挑战，国有企业的发展之路成为全社会普遍关注的焦点问题，也成为我国社会主义经济体制改革需要重点解决的问题。

为了使国有企业的改革进一步深入进行下去，必须要解决好存在于国有企业改革之中的深层次矛盾，由放权让利为主的政策调整为企业制度的创新即建立现代企业制度，探索出一条将社会主义公有制与社会主义市场经济相结合的有效途径，使生产力得到进一步的解放和发展，并使社会主义制度的优越性得到尽可能充分的发挥。因此，从1994年开始，国有企业改革就从以利益刺激为主转到以建立现代企业制度为目标的轨道上来。

二　改革的政策要点

1. 调整国有经济布局和国有企业战略性改组

1995年9月，党的十四届五中全会决定调整国有经济布局。1997年9月，党的十五大指出公有制为主体、多种所有制经济共同发展是我国社会主义初级阶段的一项基本经济制度。国有经济起主导作用，主要体现在控制力上，要着眼于搞好整个国有经济，抓好大的，放活小的，对国有企业实施战略性改组。这在后来被概括为“抓大放小”。1999年9月，党的十五届四中全会《关于国有企业改革和发展若干重大问题的决定》要求从战略上调整整个国有经济布局，并同产业结构的优化升级和所有制结构的调整完善结合起来。国有经济需要控制的行业和领域主要包括：涉及国家安全的行业，自然垄断的行业，提供重要公共产品和服务的行业，以及支柱产业和高新技术产业中的重要骨干企业。2002年，党的十六大在坚持继续调整国有经济的布局和结构的改革方向的基础上，进一步明确了中央企业的定位，即关系国民经济命脉和国家安全的大型国有企业、基础设施和重要自然资源等，由中央政府代表国家履行出资人职责。2003 年，国资委成立，196 户中央企业由原中央企业工委移交国资委管理。同年，党的十六届三中全会提出要适应经济市场化不断发展的趋势，进一步增强公有制经济的活力；进一步推动国有资本更多地投向关系国家安全和国民经济命脉的重要行业和关键领域，增强国有经济的控制力。其他行业和领域的国有企业，通过资产重组和结构调整，在市场公平竞争中优胜劣汰。2006 年底，国资委发布《关于推进国有资本调整和国有企业重组的指导意见》，明确了中央企业的重组目标和国有资本所应集中化的重要行业和关键领域。2007 年，党的十七大就国有企业改革问题提出的最新要求是，优化国有经济布局和结构，增强国有经济的活力、控制力和影响力。

2. 改革政府机构，转变政府职能

1998 年 3 月，九届人大一次会议通过国务院机构改革方案，强化了宏观管理和综合协调职能。同时按照市场经济体制的要求转变职能，减少了行政审批事项。2001 年 11 月，国务院作出废止 2000 年以前发布的部分行政法规的决定，就现行的 756 件行政法规进行清理。从 2001 年下半年开始到 2002 年 10 月，以减少行政审批项目为重点的改革有效地促进了转变政府职能，实现政企分开，推动了国有企业成为法人实体和市场竞争主体。2003 年国务院国有资产监督管理委员会的成立是我国第一次在国务院机构设置上实现政府公共管理职能和国有资产出资人职能的分开。

3. 建立和完善现代企业制度

1993 年 11 月，党的十四届三中全会提出了国企改革的全新思路，即通过改革国有资产管理体制和企业制度创新来寻求国有经济与市场经济体制融合的有效途径，指出国企改革的方向是建立现代企业制度。

（1）在探索国有资产管理的有效形式方面。1994 年 7 月，国务院发布《国有企业财产监督管理条例》，规定由国务院代表国家统一行使对企业财产的所有权，实行分级管理和分级监督；1997 年 7 月，国家体改委印发《关于城市国有资本营运体制改革试点的指导意见》，选择了 10 个城市进行改革试点；1998 年 7 月，中共中央大型企业工委成立，负责对企业领导班子的监督，促进党的路线方针和党中央、国务院的有关精神在企业的落实，研究探索国有企业中党的领导班子的建设。2007 年 12 月

《国有资产法》列入全国人大常委会议程。2007 年年底，财政部会同国资委发布了《中央企业国有资本收益收取管理办法》。

（2）在公司制改革和转换经营机制方面。1994 年元旦，新中国成立后的第一部《公司法》实施，使我国的公司制企业纳入了法律轨道；1994 年 11 月，国务院确定在百家企业进行现代企业制度的试点；1995 年 7 月，国务院批转国家计委、财政部、国家经贸委《关于将部分企业“拨改贷”资金本息余额转为国家资本金的意见》，这是为国企注入资本金、减轻企业债务负担的有力措施；1996 年 7 月，国家经贸委和国有资产管理局宣布将向 144 个中央企业派出监事会；1997 年 9 月，党的十五大提出力争到 20 世纪末大多数国有大中型骨干企业初步建立现代企业制度；1998 年 4 月，第一批稽察特派员及其助理培训班举办，向国有重点大型企业派出稽察特派员是国家行使监督权力、实现政企分开的重大举措；1999 年 9 月，党的十五届四中全会要求对国有大中型企业实行规范的公司制改革，指出公司制是现代企业制度的一种有效组织形式，而公司法人治理结构是公司制的核心；1999 年 12 月，修改后的《公司法》施行，增加了“国有独资公司监事会主要由国务院或者国务院授权的机构、部门委派的人员组成，并有公司的职工代表参加”等条款；2000 年 3 月，国务院发布《国有企业监事会暂行条例》；2000 年 8 月，国务院向国有重点大型企业派出监事会。2000 年 9 月，国务院办公厅转发国家经贸委《关于国有大中型企业建立现代企业制度和加强管理的基本规范》；2003 年，国资委发布了多个规范国有企业改制、清产核资、产权转让的法规。其后，国有企业股份制改造和公司制改革力度加大，企业法人治理结构不断完善。

4. 发展上市公司和规范证券市场

1993 年 7 月，上海石油化工股份有限公司的股票在美国纽约证交所和香港联交所挂牌交易。这是中国首家境外上市的公司，标志着国有企业融资从国内资本市场拓展到国际资本市场。为规范证券市场，1998 年 12 月，全国人大通过《证券法》，证券发行和交易行为有了法律规范；2000 年 4 月，证监会发布《上市公司向社会公开募集股份暂行办法》；2001 年 2 月，证监会发布《在上市公司建立独立董事制度的指导意见》；2002 年 1 月，证监会、国家经贸委发布《上市公司治理准则》，对规范上市公司运作提出了明确的要求。

5. 综合配套改革

在外贸管理体制方面，1999 年外经贸部发出《关于对全国大型工业企业实行进出口权登记备案制的通知》；在外汇管理体制方面，1993 年中国人民银行发布《关于进一步改革外汇管理体制的公告》；在金融服务方面，1996 年中国人民银行推出 10 条措施，改进对国有大中型企业的金融服务；在职工养老、失业、医疗保险方面，1995 年劳动部、国家经贸委发出《关于配合企业深化改革试点做好失业保险工作的通知》，1997 年国务院作出《关于建立统一的企业职工基本养老保险制度的决定》，1998 年国务院发布《关于建立城镇职工基本医疗保险制度的决定》；在住房制度方面，1994 年国务院发布《关于深化城镇住房制度改革的决定》，2000 年建设部、财政部、国家经贸委、全国总工会发出《进一步深化国有企业住房制度改革加快解决职工住房问题的通知》。

6. 深化企业集团试点，培育有国际竞争力的大型企业集团

1995 年 4 月，国家经贸委、国家计委、国家体改委在京召开全国试点企业集团工作会议，会议对试点工作作出新部署，要求将维系企业集团的产供销、人财物“六统一”关系，发展到母子公司的产权联结纽带上来。1996 年 9 月，中国人民银行印发《企业集团财务公司管理暂行办法》，使财务公司经营管理有法可依。1997 年 4 月，国务院批转国家计委、国家经贸委、国家体改委《关于深化大型企业集团试点工作的意见》，对试点工作提出新的要求，试点企业集团由 57 家扩大到 120 家。1997 年 9 月，中国人民银行发出关于加强企业集团财务公司资金管理等问题的通知，要求财务公司规范经营。1998 年 3 月，国家体改委印发《关于企业集团建立母子公司体制的指导意见》。1998 年 8 月，国家经贸委发出《关于国家大型企业集团制订试点方案有关问题的通知》，要求试点企业集团从制定发展战略、建立现代企业制度、技术进步等方面制订试点方案。2001 年 3 月，九届人大四次会议公布的《关于国民经济和社会发展第十个五年计划纲要》，要求通过兼并、联合、重组等形式，形成一批拥有自主知识产权、主业突出、核心能力强的大公司和企业集团，提高产业集中度和产品开发能力。2001 年 11 月，国务院办公厅转发国家经贸委等部门《关于发展具有国际竞争力的大型企业集团的指导意见》，对这项具有战略意义的工作提出了具体的工作原则、目标、内容和要求。

第四节　2003—2012 年的国有经济改革

一　完善国有资产管理体制

2003 年 3 月，国务院国有资产监督管理委员会正式挂牌，从 4 月初开始，各级国有资产监督管理机构陆续完成了组建工作，基本确立了国有资产管理的新体制，也使得我国国有企业的治理模式得到了进一步的完善。

与传统体制下的权力安排框架相比，2003 年后的新制度体制下的权力安排发生了重大变化。国家创建了国资委，由其统一行使国企出资人的职责，使得政治性政府与经济性政府实现了分离，“资”“政”实现了初步分离。政治意义上的政府不再直接干预企业的微观运作，而是通过市场进行宏观调控，间接引导企业行为。在新的框架下，国资委以企业法人/出资人/股东的身份出现，依法行使出资人和股东的权力，通过委派董事、监事对企业进行管理和监督。此外，政府还承担了本应由政府承担的社会保障职能，通过建立社会保障体系，直接向国有企业提供必要的社会保障，将国有企业从社会单位的角色中解放出来。国有企业摆脱了提供社会保障职能后，开始将企业的辅业分理出来，企业开始集中力量抓产品生产，国有企业不再承担旧体制下的战略负担和社会负担。[①]

另外，政府放松了对国有企业外部市场的控制，一个竞争性市场开始形成，政府不再干预银行贷款，银行开始以商业化的运作方式进行运营。对国有企业的贷款采取商业化标准，加大了国企的运行资本成本，为企业改善运营制造了压力。

二　改革的政策要点

经过多年的国有企业改革，我国初步建立了国家统一所有、中央和地方分别履行职责的国有资产管理体制以及对国有企业进行分层分类管理的机制的。

---

①　周叔莲：《国有企业改革 30 年的模式、道路与成绩》，《经济研究导刊》2009 年第 8 期。

1. 政企分开的国有资产管理体制

2003年，国务院将国家经贸委指导国有企业改革和管理的职能、中央企业工委的职能，以及财政部有关国有资产管理的部分职能等整合起来，设立国务院国有资产监督管理委员会（简称国资委）。国资委按照政企分开以及所有权和经营权分离的原则，代表国家履行出资人职能，依法对企业的国有资产进行监管，指导推进国有企业改革和重组，对中央企业负责人进行任免、考核和奖惩，并对地方国有资产管理进行指导和监督。

政企分开要解决的是政府行政部门直接干预企业生产经营活动的问题。由于国资委是代表国家履行出资人职责的机构，专门承担监管国有资产的职责；而国资委不同于政府的行政部门，不承担政府的社会公共管理职能。从这个意义上讲，国资委的监督管理职责是按照政企分开的原则来实现的。

2. 国家所有，分级行使产权

1993年，中共十四届三中全会作出《中共中央关于建立社会主义市场经济体制若干问题的决定》，明确对国有资产实行“国家统一所有、政府分级监督、企业自主经营”的体制，要建立中央、省级政府国有资产管理专门机构。这也意味着在“政企分开”之外，首次提出了“政资分开”的概念。经过十余年的努力，我国初步建立了中央、省、市、县四级国有资产管理机构，拥有一支3万人的干部队伍。

中央政府和地方政府在国有资产所有权划分上的分歧直接关系着国有资产的归属问题。关于这一问题，学术界提出了两种解决模式：一是“国家统一所有，地方分级管理”，这也是中共十五届四中全会提出的国有资产管理模式；二是“地方分级所有”，即地方的国有企业完全属于当地政府所有，地方政府拥有对该企业的全部所有者权益。虽然“分级管理”作为主流观点一直在现实中居于主导地位，但“分级所有”的观点在某些年份也时有主张。而中共十六大则采取了有别于分级管理和分级所有的做法，实行的是“分级行使产权”，即“国家所有，中央政府和地方分别代表国家履行出资人职责，享有所有者权益”。同时，中共十六大报告提出的“中央政府和省、市（地）两级政府设立国有资产管理机构”，实际上规定了在政府管理机构中明确设立国有资产管理机构，第一次在政府管理体制上实现了所有者管理职能与社会经济管理职能的分开，从而使党的十四届三中全会提出的“政资分开”目标得以实现。

国家所有，分级行使产权，在理论上实现了终极所有权与出资人所有权的分离，既强调了国家对所有中央和地方资产拥有终极所有权，又明确了出资人行使的产权职能，解决了出资人到位问题，比分级管理的提法更科学、明确，同时避免了政治体制的风险，比分级所有现实。这种产权理论模式是国际产权理论的新发展，是中国特色的产权理论，也是符合中国实际国情的国家产权归属模式。

“国家所有，分级行使产权”，首次以立法的形式明确了国有资产的终极所有者是国家，中央政府和地方政府行使的是出资人所有权，中央政府也不是地方政府的所有者。这也意味着地方政府将有更大的自主权，有利于形成国有经济内部的产权多元化，有利于运用市场化方式配置资源。

3. 股权分置改革

股权分置是指中国股市因为特殊历史原因、在特殊的发展演变中，中国A股市场的上市公司内部普遍形成了“两种不同性质的股票”（非流通股和社会流通股），这两类股票形成了“不同股不同价不同权”的市场制度与结构。股权分置问题被认为是中国股市上的“头号难题”。我国股市上2/3的股权不能流通，导致股市先天不足，制度存在缺陷，不仅影响了证券市场预期的稳定，使公司治理缺乏共同的利益基础，同时也不利于国有资产管理体制改革的深化，成为完善证券资本市场基础制度的重大障碍。

4. 规范薪酬管理

首先，由于国有企业出资人不到位，我国国有企业普遍存在负责人薪酬自定的现象，缺乏必要的规范。不同国有企业的负责人之间薪酬差距不合理，与其所承担的企业责任不相符，与经营业绩脱钩，缺乏较强的激励动力；其次，“内部人控制”问题的存在使得职位消费现象仍然严重，而且缺乏严格有效的监督管理。

国资委2003年和2004年相继出台了《中央企业负责人经营业绩考核暂行办法》和《中央企业负责人薪酬管理暂行办法》，对中央企业负责人的薪酬等问题进行了相关规定。办法规定：中央企业负责人的薪酬由基薪、绩效薪金和中长期激励单元构成。基薪是企业负责年度的基本收入，主要根据企业经营规模、经营管理难度、所承担的战略责任和所在地区企业平均工资、所在行业平均工资、本企业平均工资等因素综合确定；基薪按月发放。绩效薪金与经营业绩考核结果挂钩，以基薪为基础，根据企业负责人的年度经营业绩考核级别及考核分数确定，考核结果出来后，兑现绩效薪金的60%，其余40%的绩效薪金延期到离任或连任的第二年兑现。

《中央企业负责人薪酬管理暂行办法》明确了负责人的薪酬必须与业绩考核结果挂钩，提出了对企业负责人薪酬规范管理和挂钩的具体措施，使我国国有企业的薪酬制度改革取得了实质性的突破。该规定清晰地勾勒出国有企业分配制度改革的思路，具有几个鲜明的特征：①坚持激励与约束相统一，薪酬与风险、责任相一致，与经营业绩挂钩，初步解决了一些关系国家经济命脉和国家安全的重要骨干企业负责人的薪酬激励不足的问题；②企业负责人薪酬的构成要素体现了短期激励与长期激励相结合、促进企业可持续发展的原则；③业绩考核与薪酬收入紧密结合，同时兼顾不同行业的特点；④坚持物质激励与精神激励相结合，提倡奉献精神；⑤通过逐步将职位消费货币化，规范企业负责人的职位消费，增加职位消费透明度。① 这些改革措施为下一步逐步建立符合现代企业制度要求、适合企业特点并在管理体制、激励方式和激励水平上与市场机制全面接轨的企业负责人薪酬制度打下了比较好的基础。

5. 加强绩效考核

2003年，国资委出台了《中央企业负责人经营业绩考核暂行办法》，加大了对中央企业负责人业绩的考核力度；2005年，在继续实施“年度经营业绩考核”的同时，国资委正式启动“任期经营业绩考核”，将年度考核与任期考核相结合、结果考核与过程评价相统一、考核结果与奖惩相挂钩。

从基本指标内容看，《中央企业负责人经营业绩考核暂行办法》设计的年度考核包括年度利润总额和净资产收益率，任期考核的基本指标包括国有资产保值增值率和三年主营业务收入平均增长率，虽然综合考虑了企业的可持续发展能力和核心竞争力等因素，但没有充分考虑中央企业的行业特点。为了解决这个问题，推动中央企业年度考核工作上水

① 2006年6月，国务院国资委发布了《关于规范中央企业负责人职务消费的指导意见》，进一步健全了中央企业的激励约束机制，规范了中央企业负责人的职位消费。

平更规范、更精准，从 2008 年起，国资委出台了《中央企业负责人年度经营业绩考核补充规定》，首次引入了“行业对标”原则，引导企业以同行业先进企业的指标为标杆，通过持续改进，逐步达到标杆企业的先进水平。这些分类指标既体现了行业特点，又突出了企业管理的“短板”，是业绩考核工作“上水平”、促进企业向国内外优秀企业看齐的重要措施。

中央企业经营业绩考核制度的建立，大大增强了中央企业负责人经营的责任和压力，层层落实了国有资产的保值增值责任，提高了中央企业的经营管理水平，使中央企业的经营机制发生了深刻的变化，使得中央企业能够持续保持销售收入，实现了利润大幅度提高，出现了资产质量进一步改善的良好局面。从中央企业第一任期（2004—2006 年）的考核结果来看，国有企业改革取得了显著的成效。纳入第一任期考核的 147 家企业，97.96% 的企业完成了考核目标，其中 32 家企业考核结果达到 A 级，只有 3 家企业没有完成考核目标。

随着《中央企业负责人年度经营业绩考核补充规定》的实施，我国中央企业在第二任期（2007—2009 年）中将进一步完善业绩考核指标体系和考核方法体系，积极探索业绩考核和公司治理结构相适应的有效途径，从而不断提升企业业绩考核工作水平。①

6. 人事制度改革

在计划经济体制下，我国国有企业的人事制度分为针对干部的人事管理制度和针对员工的劳动管理制度。② 这也使得我国国有企业的人事制度改革分为两种，一种是职工身份的置换，另一种则是国有企业高层管理人员的招聘制度。

职工身份的置换，也称为职工身份的转换，指的是职工通过变更、解除劳动合同，接受一定的经济补偿，由全民所有制职工置换为社会的从业人员，消除对国有企业以及国家的依赖关系，使国家不再承担无限责任。身份置换会涉及职工的养老、医疗等方面的制度安排，总的方向是，将原

① 具体内容见国务院国资委 2008 年 2 月出台的《关于印发〈中央企业负责人年度经营业绩考核补充规定〉的通知》。

② 虽然从内容上讲，人事管理制度和劳动管理制度没有多少区别，但由于实行的是干部与工人身份的终身制，企业要对干部和工人分别管理，所以企业也分别设置人事和劳动两个机构。

来由本企业承担的职工养老、医疗等方面的责任，改变为由企业和职工缴费、由政府以及商业机构来承担。职工身份置换解决了劳动力走向市场的问题，为我国劳动力市场的建立奠定了基础；同时也推进了国有企业主辅分离的进程。

国有企业尤其是国有大中型企业，在做大做强主业的同时，要放开搞活辅业，将企业改制与促进再就业结合起来。通过职工身份置换，可以改变企业与职工的劳动关系和隶属关系，使企业成为自主经营、自负盈亏的经济实体，减轻社会的就业压力。

长期以来，中国国有企业中的人事管理套用行政机关的人事管理模式，是行政机关人事管理制度的延续，是国家行政人员的管理方式在企业领导层的再现，是按行政级别管理权限实施的。企业的厂长（经理）等经营管理人员都是由国家行政任命，享受相应的行政级别，经营管理人员对任免的机关和部门负责。这种管理模式在特定的经济历史条件下产生过特定的作用，但随着国有企业改革的逐步深入，尤其是国资委的成立，旧的管理模式显露出许多弊端，无法与企业法人治理结构相适应。

从2003年开始，国资委开始向社会公开招聘中央企业的高层领导。2005年面向全球招聘一些中央企业的正职，更使得中央企业的“一把手”打破了“行政任命”，而实现了“公开选拔”，标志着中央企业人事制度改革实现了“历史性突破”。随着经济全球化进程的加快，尤其是随着中央企业“走出去”步伐的加快，单靠传统行政任命方式选拔出来的干部已经不能满足现代企业参与国际竞争的需求，面向市场公开招聘中央企业高管是一个必然趋势。

我国仍有多数国有企业并不是依据《公司法》建立起来的，内部只设有负责企业经营管理的总经理，而没有设立董事会，存在出资人不到位的情况，目前国有企业的很多做法还是沿用传统老国企的做法，因此，建立规范的现代企业制度十分紧迫。国有企业只有形成完整的监控体系，建立规范的现代企业制度，国资委才能把选人用人的权利交给企业。随着国资委限定时间的紧迫，中央企业人事制度改革将加速推进。

7. 董事会制度建设

董事会在公司法人治理结构中处于十分重要的地位，发挥着重要作用。一方面，董事会代表了股东利益，是保护股东合法权益、体现股东意志的制度依托，是实现出资人职责到位的最终体现；另一方面，董事会负责企业的重大决策，对企业进行战略性监控，并负责选聘、评价、考核、激励经理人员，是企业内部深化改革、加强管理、提高效率的重要保证。董事会能否充分发挥作用，在很大程度上决定着公司治理结构的有效性，决定着现代企业制度建设的成败。一个强有力而规范的董事会可以促进国有企业的改革，而软弱的董事会将使国有企业笼罩于各种有害的政治干预中。

我国国有企业在公司法人治理结构方面已经取得了一些进展，但还存在着一些亟待解决的问题，其中最重要的是董事会建设相对滞后，不能很好地发挥作用，这在大型国有独资企业中尤为突出。企业尚未建立规范的公司治理结构，保证权力规范运作的体制机制还不完善，由于缺乏董事会真正有效的制约，一些企业主要负责人权力过于集中，容易导致滥用权力。

为了充分发挥董事会在国有企业尤其是大型国有独资企业中的作用，有必要引入外部董事，建立外部董事制度，避免公司管理层自己考核自己、自己决定自己薪酬，使企业重大决策更加理性，更符合股东利益和企业长远发展需要。外部董事是指非公司员工的外部人员担任的董事，外部董事不在公司担任除董事和董事会专门委员会有关职务以外的其他职务，与其担任董事的公司不存在任何可能影响其公正履行外部董事职务的关系。外部董事的范畴包括独立董事，两者的区别在于独立董事还独立于股东。通过建立健全外部董事制度，可以避免董事会成员与经理人员高度重合，实现决策权与执行权分开，从而保障董事会集体决策。

在引入外部董事制度的同时，也要关注非外部董事的作用。非外部董事长期在企业上班，一般都受到职工的拥护，比较熟悉本企业的情况和本行业的专业技术知识，具有较丰富的本企业生产经营管理经验，是董事会综合素质中不可缺少的。外部董事与非外部董事通过相互配合，忠于职守，可以充分发挥董事会的作用。

同时，为了提高董事和董事长的任职素质，避免“董事不懂事”情况的出现，可以积极探索职业董事制度，使得所聘请的董事是专职从事董事职业的人士。这种制度安排，不但会增加董事会的团队力量、增强董事会的独立程度，而且还会提高董事会的决策质量、提升董事会的监督水平。

第五节　十八大以来国有经济与国有企业改革

一　改革基础与背景

1. 国有经济规模不断扩大

近年来，我国国有经济规模不断扩大，在国民经济中的地位日益增强。截至2013年末，我国独立核算的国有法人企业达15.5万户，同比增长5.8%，其中中央国有企业5.2万户，同比增长7.2%，地方国有企业10.4万户，同比增长5.1%；全国国有企业资产总额104.1万亿元，同比增长16.3%，其中中央国有企业48.6万亿元，同比增长11.9%，地方国有企业55.5万亿元，同比增长20.4%。2013年，全国国有企业营业总收入47.1万亿元，同比增长10.8%，其中中央国有企业27.6万亿元，同比增长8.7%，地方国有企业19.5万亿元，同比增长13.8%；全国国有企业净利润1.9万亿元，同比增长4.4%，其中，中央国有企业1.2万亿元，同比增长3.4%，地方国有企业6737.2亿元，同比增长6.2%（见表3－1）。①

表3－1　2013年国有经济发展基本状况

指标	国有企业		中央企业		地方企业	
	规模	增长率（%）	规模	增长率（%）	规模	增长率（%）
户数（万户）	15.5	5.8	5.2	7.2	10.4	5.1
职工人数（万人）	3698.4	0.7	1762.9	1.3	1935.5	0.2
总资产（万亿元）	104.1	16.3	48.6	11.9	55.5	20.4
净资产（万亿元）	37	15.7	16.6	9.8	20.4	21
营业收入（万亿元）	47.1	10.8	27.6	8.7	19.5	13.8
上缴税费（万亿元）	3.8	5.4	2.8	6	1.1	3.7
净利润（万亿元）	1.9	4.4	1.2	3.4	0.67	6.2

数据来源：财政部《2013年全国国有企业财务决算情况》。

① 黄速建：《工业发展报告2014》，经济管理出版社2014年版。

2. 国有经济布局不合理

一是国有中小型企业比重较高，截至2011年底，全国135682家国有及国有控股企业中，大型企业只有9776户，仅占7.2%；[①] 二是在一些竞争充分的领域，国有资产仍然还有较大分布，如在工业领域，截至2013年，仍有18197家国有企业，总资产达到342689.19亿元，主营业务收入258242.59亿元。从发展趋势来看，尽管企业数量在下降，但是资产规模和主营业务收入仍然在攀升（见图3－1）。

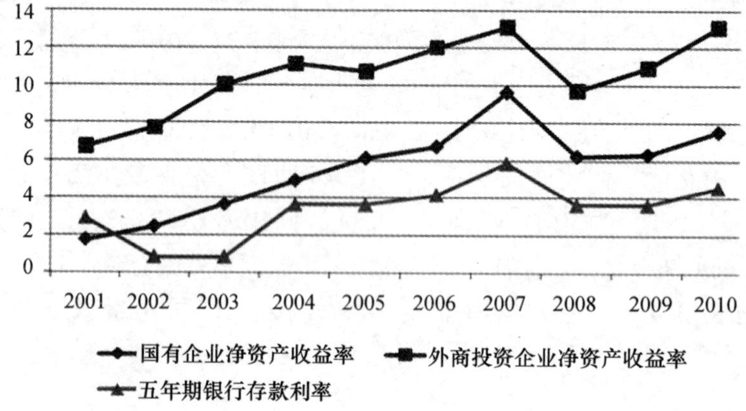

图3－1　国有工业企业状况（1998—2013）

数据来源：《中国统计年鉴》（2014）。

3. 国有经济投入产出效率较低

2013年国有企业净利润1.9万亿元，而净资产达到37万亿元，净资产收益率仅为5.1%。另外，2001—2010年全国国有企业净资产收益率平均为5.4%，仅比五年期银行存款平均利率（3.3%）高2.1个百分点，比外商投资企业平均净资产收益率（10.5%）低5.1个百分点（见图3－2）。同时，从营业总成本来看，2013年国有企业销售费用、管理费用和财务费用分别同比增长12.2%、6.9%和8.6%，明显快于净利润的增长率。

① 财政部企业司：《以党的十八大为指引，坚定不移地支持国有企业改革》，《中国会计报》2012年12月14日。

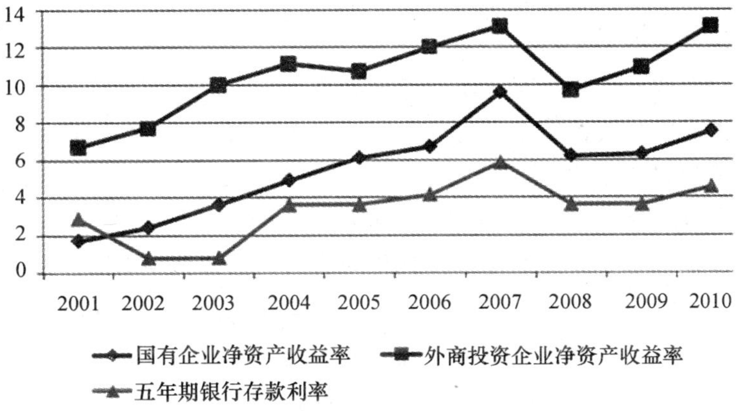

图3－2　国有企业、外商投资企业净资产收益率、五年期存款利率比较

数据来源：《中国财政统计年鉴》（2008—2014）。

二　改革方向和蓝图

党的十八大报告指出，“要毫不动摇巩固和发展公有制经济，推行公有制多种实现形式，深化国有企业改革，完善各类国有资产管理体制，推动国有资本更多投向关系国家安全和国民经济命脉的重要行业和关键领域，不断增强国有经济活力、控制力、影响力”，党的十八大明确了新时期深化国有企业改革的方向。《中共中央关于全面深化改革若干重大问题的决定》指出，“公有制为主体、多种所有制经济共同发展的基本经济制度，是中国特色社会主义制度的重要支柱，也是社会主义市场经济体制的根基。公有制经济和非公有制经济都是社会主义市场经济的重要组成部分，都是我国经济社会发展的重要基础。必须毫不动摇巩固和发展公有制经济，坚持公有制主体地位，发挥国有经济主导作用，不断增强国有经济活力、控制力、影响力。必须毫不动摇鼓励、支持、引导非公有制经济发展，激发非公有制经济活力和创造力”，这一决定明确了国有企业改革的路径和蓝图，主要包括以下几方面。

1. 完善国有资产管理体制

以管资本为主，加强国有资产监管，改革国有资本授权经营体制，组建若干国有资本运营公司，支持有条件的国有企业改组为国有资本投资公司。国有资本投资运营要服务于国家战略目标，更多投向关系国家安全、国民经济命脉的重要行业和关键领域，重点提供公共服务、发展重要前瞻性战略性产业、保护生态环境、支持科技进步、保障国家安全，划转部分国有资本充实社会保障基金；完善国有资本经营预算制度，提高国有资本收益上缴公共财政比例，2020 年提高到 30%，更多用于保障和改善民生。

2. 推动国有企业完善现代企业制度

国有企业要适应市场化、国际化新形势，以规范经营决策、资产保值增值、公平参与竞争、提高企业效率、增强企业活力、承担社会责任为重点，进一步深化国有企业改革；健全协调运转、有效制衡的公司法人治理结构。建立职业经理人制度，更好发挥企业家作用；深化企业内部管理人员能上能下、员工能进能出、收入能增能减的制度改革；建立长效激励约束机制，强化国有企业经营投资责任追究；探索推进国有企业财务预算等重大信息公开。国有企业要合理增加市场化选聘比例，合理确定并严格规范国有企业管理人员薪酬水平、职务待遇、职务消费、业务消费。

3. 准确界定不同国有企业功能

国有资本加大对公益性企业的投入，在提供公共服务方面做出更大贡献。国有资本继续控股经营的自然垄断行业，实行以政企分开、政资分开、特许经营、政府监管为主要内容的改革，根据不同行业特点实行网运分开、放开竞争性业务，推进公共资源配置市场化，进一步破除各种形式的行政垄断。

4. 积极发展混合所有制经济

国有资本、集体资本、非公有资本等交叉持股、相互融合的混合所有制经济，是基本经济制度的重要实现形式，有利于国有资本放大功能、保值增值、提高竞争力，有利于各种所有制资本取长补短、相互促进、共同发展。允许更多国有经济和其他所有制经济发展成为混合所有制经济。国有资本投资项目允许非国有资本参股。允许混合所有制经济实行企业员工持股制度，形成资本所有者和劳动者利益共同体。

5. 支持非公有制经济健康发展

坚持权利平等、机会平等、规则平等，废除对非公有制经济各种形式的不合理规定，消除各种隐性壁垒，制定非公有制企业进入特许经营领域具体办法。鼓励非公有制企业参与国有企业改革，鼓励发展非公有资本控股的混合所有制企业，鼓励有条件的私营企业建立现代企业制度。

三　国家层面的改革举措

党的十八大和十八届三中全会明确了国有企业和国有经济改革的方向和蓝图，但是鉴于国有经济在国民经济中的重要地位和国有企业改革的复杂性，国有企业改革的顶层设计方案仍然在酝酿中。但是，国资委等中央部门在积极探索国有经济改革的有效路径和模式，2013 年国资委启动了国有经济改革的四项试点内容。

1. 以“管资本”加强国有资产监管

探寻通过资本管理加强国有资产监管的体制模式，其要点是：在国资监管层面，探索国资委和国有资本投资公司之间的关系，厘清二者的职责界限，通过管资本实现对国有资产的有效监管；在国资运营层面，探索国有资本投资公司有效服务国家战略目标的有效机制，调整优化国有资本投资方向和重点，提高国有资本的运营效率和效益。

2. 发展混合所有制经济

探寻发展混合所有制经济的有效模式，其核心要点是：一是探索建立混合所有制企业有效制衡、平等保护的治理结构；二是探索职业经理人制度和市场化劳动用工制度；三是探索市场化激励和约束机制；四是探索混合所有制企业员工持股制度；五是探索对混合所有制企业的有效监管机制及防止国有资产流失的方法和途径；六是探索在混合所有制企业开展党建工作的有效机制。①

3. 完善国有企业公司法人治理结构

探索完善国有企业公司法人治理结构的工作机制，其核心要点是明确国资委与董事会的职责权限，将国资委依法履行出资人职责和董事会自主决策有机结合起来，开展董事会行使高级管理人员选聘、业绩考核和薪酬管理职权等工作。

4. 探索对国企负责人重点监督的纪检监察方式

主要是加强对企业领导班子和主要负责人的重点监督，增强监督的相对独立性、权威性和有效性。

在确定改革内容后，选取了 6 家中央企业作为改革试点。在国家开发投资公司、中粮集团有限公司开展改组国有资本投资公司试点；在中国医

① 黄群慧：《新时期如何积极发展混合所有制经济》，《行政管理改革》2013 年第 12 期。

药集团总公司、中国建筑材料集团公司开展发展混合所有制经济试点；在新兴际华集团有限公司、中国节能环保公司、中国医药集团总公司、中国建筑材料集团公司开展董事会行使高级管理人员选聘、业绩考核和薪酬管理职权试点等。

四 地方改革方案的要点

尽管国家层面的顶层设计方案还没有出台，但是上海、甘肃、山东、江苏、云南、湖南、贵州、重庆、天津、四川、湖北、江西、山西、北京、青海、广东、安徽17个省市出台了国资国企改革意见（见表3—4）。从各省市的改革意见来看，重点涉及以下几个方面。

1. 大力推进混合所有制改革

17个省市都将混合所有制改革作为国资改革的路径，其中有7个省市明确了混合所有制改革的具体时间和目标，如重庆提出3—5年将2/3的国企发展成混合所有制企业；广东则提出到2017年，混合所有制户数比重超过70%；上海提出经过3—5年的推进基本完成国企公司制改革，除国家政策明确必须保持国有独资的，其余企业实行股权多元化。但是各省市推动混合所有制的方式有所侧重，主要包括以下几种方式（见表3—2）：

（1）国有企业的开放式改制重组。天津、四川提出要按照产业相近、行业相关、主业相同的原则，通过合并、划转、并购等多种方式，推进国有企业重组；广东提出要按照资产同质、经营同类、产业关联的原则，推动国有企业资产重组。

（2）以资本证券化实现整体上市。江西提出支持创新型、成长型国企在全国中小型企业股份转让系统挂牌；广东提出要依托多层次资本市场，推动国有资产资本化、国有资本证券化等。

（3）以员工持股推动形成出资者、管理者和劳动者利益共同体。湖北提出鼓励员工个人出资入股，或以投资公司、股权信托、有限合伙企业等方式持股；江苏提出职工持股应该按照自愿持股原则，并根据持股人对企业的影响和贡献确定，而不是平均分配。

（4）共同设立基金。山东提出鼓励国有资本和非国有资本共同发起设立基金，投资前瞻性战略产业；北京、湖南提出鼓励国有资本与创业投资基金、产业投资基金、政府引导基金等各类资本共同设立股权投资基金；广东提出探索以“母基金+子基金”等模式设立国有资本投资基金，多渠道、多形式吸纳非国有资本。

（5）引入战略投资者。一是通过引入战略投资者，支撑地方国有企业的改制重组，如湖北提出的通过引进战略投资者、股权置换、项目合作、改制上市等多种形式，实现国有企业投资主体多元化；二是通过引入战略投资者，提升地方国资国企的整体实力，如江西提出要引进战略投资者，实现做大做强，促进先进制造业、高端服务业发展。

表3－2　　国有企业改革路径和模式

改革模式	案例	内容
相似、相关业务集团整合	百事通	该模式将集团下属上市公司打造为集团整合资产新平台，从而整合成新的更大的集团。百视通的股东上海东方传媒集团的股权被划拨给上海文化广播影视集团有限公司，同时上海文化广播影视集团吸收合并东方传媒成为百视通的新控股股东
集团资产证券化	卫士通	该模式将资产以产权的形式注入上市公司。卫士通的股东西南通信研究所改制后将资产注入卫士通，进而实现上市
国资布局调整	南京中北	该模式将原有业务出售注入符合国资定位的资产。南京中北出售房地产资产并收购股东资产，转型为燃气公司
国资退出	国投中鲁	该模式将国资直接出售给民营资本。国投中鲁被江苏借壳
引入PE作为战略投资者	城投控股	该模式引入战略投资者，对原有业务进行拓展。城投控股引入弘毅资本战略投资者，拟借助弘毅基本将城投控股打造为国内领先、具有国际影响力的综合性环保企业
股权激励	新五丰	该模式管理层通过认购非公开发行的股份，从而实现管理层持股等，公司董事、监事、中高层管理人员和技术人员共同设立有限合伙企业，参与公司非公开发行等

资料来源：作者整理。

2. 推动分类监管

从地方实践来看，对国有企业的分类主要有三分法和两分法。[①] 上海

① 黄群慧、余菁：《新时期的新思路：国有企业分类改革与治理》，《中国工业经济》2013年第11期。

国企改革意见提出将国企分为三类监管，即竞争类企业（市场为导向，以企业经济效益最大化为主要目标，兼顾社会效益，努力成为国际国内行业中最具活力和影响力的企业）、功能类企业（以完成战略任务或政府重大专项任务为主要目标，兼顾经济效益）和公共服务类企业（以确保城市正常运行和稳定、实现社会效益为主要目标，引入社会评价）；而四川国资改革意见将企业分为竞争性（主要承担政府战略任务、重大专项任务或提供公共产品和服务的企业，以实现社会效益为主要目标，兼顾经济效益）和功能性（以市场化为导向，主要提供竞争性产品或服务的企业，以经济效益最大化为主要目标，兼顾社会效益）两类（见表3—3）。

表3-3　2013年国有经济发展基本状况

	具体分类			省份
三分法	竞争类	功能类	公共服务类	上海、江苏、江西、天津、云南、贵州、甘肃、青海
	竞争性	功能性	公益性	湖南
	竞争类	功能要素类	公共服务类	重庆
	竞争类	特殊功能类	城市公共服务类	北京
两分法	竞争性	功能性		四川
	竞争性	准公共性		广东

资料来源：作者整理。

3. 完善法人治理结构

从各省市的改革方案来看，完善法人治理结构的方向是“权责统一、有效制衡”。如上海提出对于竞争类企业积极推进以外部董事占多数的董事会建设，强化董事会专门委员会功能，对功能类和公共服务类企业外派财务总监。同时，推进市场化选人用人制度，推行企业领导人员“任期制契约化”管理、提高市场化选聘比例、试行职业经理人制度等；广东提出了新设企业的高级管理人员和新增高级管理人员原则上将实行市场化选聘；重庆提出了要探索混合所有制中国有股东代表的选任新机制，建立以岗位为基础的市场化选人用人机制。

4. 优化国资布局结构

从各省市的改革意见来看，大都要求国有经济布局到公共服务、战略性产业领域，如北京提出，到2020年80%以上的国有资本集中到提供公共服务、加强基础设施建设、发展前瞻性战略性产业、保护生态环境、保障民生等领域；上海提出将国资委系统80%以上的国有资本集中在战略性新兴产业、先进制造业与现代服务业、基础设施与民生保障等关键领域和优势产业；天津则更进一步，提出到2017年底，天津90%的国有资本聚集到重要行业和关键领域，国有资本布局聚集在40个行业左右。①

5. 完善国资监管体制

按照政企分开、所有权与运营权分开，理顺国资监管体制。上海提出要以管资本为主加强国资监管，完善经营性国资集中统一监管的国资管理体制，以产权为纽带，积极推进产业与金融结合，加快产业与金融等各类资本优化配置，切实履行资产收益、选择管理者和参与重大决策等出资人职责；北京提出要围绕出资人权益的重大事项、履行出资人职责重点环节来优化监管职能；广东提出要从管企业为主向管董事会为主转变；山东提出要实现国资监管机构对各行业部门目前的经营性国资、事业单位形成的经营性国资及非经营性转经营性国资的集中统一监管。为了配套推进混合所有制改革，各省市对混合所有制企业的监管进行了明确规定，如重庆、北京、江苏提出，对国资股权和债权权益合并低于50%的企业不再直接套用国有资本控股企业的监管制度，而是按照市场化方式管理；山东、湖北、四川则提出要探索建立出资人监管事项的清单管理模式。

6. 完善国有资本收益机制

大部分省市明确了国有资本的收益及使用领域，上海、山东、北京、广东等省市提出要逐步提高国有资本收益上缴公共财政的比例，一般是提高到30%。但是对国资收益的用途各省市有所不同，北京、重庆、广东、山西、湖南等省市提出国资收益原则上用于保障和改善民生；上海提出国资收益用于产业调整发展、基础设施建设和民生保障各占1/3；湖北提出国资收益适当向国有资本运营平台倾斜；天津、山东提出国资收益用于充实社保基金。

① 上海国有资本运营研究院课题组：《十六省市地方国资改革方案比较》，东方早报网，www.dfdaily.com，2014年9月30日。

表3－4　17省市国资改革意见及主要内容

省份（市）	文件名称	发布时间	主要内容
上海	《关于进一步深化上海国资改革促进企业发展的意见》	2013年12月17日	1. 实施竞争类、功能类、社会服务类分类监管 2. 推进国有企业公司制股份制改革，推动国企资产证券化、发展混合所有制经济 3. 优化国有企业股权比例结构 4. 实施股权激励和员工持股
北京	《关于全面深化市属国资国企改革的意见》	2014年8月5日	1. 实现股权多元化 2. 根据不同企业的功能定位，逐步调整国有股权比例、80%以上国有资本集中到公共服务等领域 3. 分成城市公共服务类、特殊功能类和竞争类监管
天津	《关于进一步深化国资国企改革的实施意见》	2014年3月24日	1. 加快推进国有资产证券化 2. 打造运作高效、作用突出的国有资本运营公司或国有资本投资公司 3. 积极发展混合所有制经济 4. 分类监管
广东	《关于进一步深化全省国有企业改革的意见》	2014年8月17日	1. 促进混合所有制发展 2. 建设现代企业制度 3. 国有企业应参照上市公司的要求，探索开展除涉及商业秘密外的财务预算等重大信息的公开
山东	《关于深化省属国有企业改革完善国有资产管理体制的相关意见》	2014年7月7日	1. 推动国有企业公司制股份制改革，推动省属国有企业改制上市 2. 鼓励员工持股、股权激励 3. 将具备条件的省属国有企业改建为国有资本投资运营公司
山西	《关于深化国资国企改革的实施意见》	2014年6月26日	1. 深化产权改革，发展混合所有制经济 2. 进行企业内部改革，完善激励约束机制 3. 成立资本运营公司 4. 推行国企信息公开

续表

省份（市）	文件名称	发布时间	主要内容
湖南	《关于进一步深化国有企业改革的意见》	2014年3月2日	1. 发展混合所有制经济，允许员工持股，提高国有企业资产证券化率 2. 分类监管 3. 组建国有资本投资公司和国有资本运营公司 4. 深化国有企业内部管理人员能上能下、员工能进能出、收入能增能减的制度改革
湖北	《关于深化国有企业改革的意见》	2014年5月27日	1. 分类监管，一企一策 2. 发展混合所有制经济 3. 推进国有经济战略性调整 4. 完善现代企业制度 5. 创新选人用人和激励约束机制 6. 以管资本为主完善国有资产监管体制
江苏	《关于全面深化国有企业和国有资产管理体制改革的意见》	2014年7月9日	1. 混合所有制企业 2. 允许混合所有制员工持股 3. 新建或改建1—2家国有资本运营公司 4. 分类监管
江西	《中共江西省委江西省人民政府关于进一步深化国资国企改革的意见》	2014年6月18日	1. 大力发展混合所有制经济。深化公司制股份制改革，允许混合所有制企业员工持股 2. 改组或新设国有资本投资运营公司 3. 建立长效激励约束机制 4. 分类监管
重庆	《中共重庆市委重庆市人民政府关于进一步深化国资国企改革的意见》	2014年5月8日	1. 对国资可按公共服务类、功能要素类、竞争类划分 2. 发展混合所有制企业，推进国有资产证券化，实行员工持股 3. 培育有全国竞争力和影响力的国有资本投资公司、运营公司 4. 逐步提高国有资本收益上缴公共财政比例
云南	《关于全面深化国有企业改革的意见》	2014年7月9日	1. 发展混合所有制经济 2. 建设现代企业制度 3. 增强国有市场竞争力、国际化经营步伐一体化加快

续表

省份（市）	文件名称	发布时间	主要内容
贵州	《贵州省国资委监管企业产权制度改革三年行动计划》	2014 年 3 月 17 日	1. 发展混合所有制、支持各类资本参股，推动符合条件的企业改制上市 2. 探索建立员工持股和期权激励合理进退 3. 逐步提高国有资本收益上缴公共财政比例 4. 分类监管
四川	《关于深化国资国企改革促进发展的意见》	2014 年 5 月 13 日	1. 积极发展混合所有制经济，加快国有资产证券化 2. 允许在混合所有制企业实行员工持股 3. 组建若干国有资本运营公司，改组若干国有资本投资公司
甘肃	《关于进一步深化国资国企改革促进企业发展的意见》	2014 年 7 月 30 日	1. 发展混合所有制经济，混合所有制企业允许实行员工持股 2. 分类监管 3. 建立现代企业制度，提高省级国有资本收益上缴财政 4. 完善激励约束机制、加强收入分配调控
青海	《关于深化国资国企改革的指导意见》	2014 年 8 月 11 日	1. 发展混合所有制经济方面 2. 推进国有经济战略性调整 3. 创新国有资本运营方式 4. 完善现代企业制度 5. 完善国资监管体制 6. 分类监管

资料来源：作者整理。

第四章　国有经济现状

2003年国务院国资委成立以来，我国国有企业数量呈现出先降后升的发展态势，国有经济部门资产规模稳步提高，国有资本①总量增长态势明显。本章着力立足国有资本的有关数据，考察国有经济部门的总量与布局结构现状。从国有资本企业规模和隶属关系的分布结构变化情况看，国有资本布局结构仍有较大的调整与优化空间。

第一节　总量分析

自2003年以来，我国独立核算的国有法人企业数量呈“U”形曲线特征。如表4－1所示，2003年全国国有法人企业数量达到146446户，之后逐年走低，至2008年减少至109664户，随后不断走高，至2014年，全国独立核算的国有法人企业达到160515户。同期，我国国有资本总量呈现不断增长的态势，2014年，国有资本达到了33.69万亿元，是2003年的4.8倍。

表4－1　　2003年以来国有企业数量及国有资本总量变化情况　　单位：个，亿元

年份	企业数量	国有资本
2003	146446	70405.60
2004	136270	77345.60
2005	125638	87831.60
2006	116090	96170.60

① 本章中的国有资本是指国有实收资本及其享有的权益额。

续表

年份	企业数量	国有资本
2007	111937	112205.80
2008	109664	134365.50
2009	110799	157398.27
2010	113712	185364.61
2011	135682	217307.70
2012	146771	252540.32
2013	155319	293339.05
2014	160515	336947.80

资料来源：《中国财政统计年鉴》（2008—2014）。

从企业规模情况来看，国有资本仍然呈现出较多地分散在中小型企业的特征。如表4－2所示，一方面，我国大型企业的国有资本总体呈现不断增长的态势。2003年，大型企业国有资本为5.3万亿元，至2014年增加至15万亿元，增长了近10万亿元。另一方面，大型企业国有资本占比总体上又呈现出不断减少的态势。2003年，大型企业国有资本占比为75.7%，2014年则减至44.5%，减少了近21个百分点。与之呈鲜明对照的是，自2003年以来，小型企业国有资本总量和占比均呈现增加的态势——2003年小型企业国有资本约0.6万亿元，占比不足1/10，为8.8%，至2014年小型企业国有资本达到了11.1万亿元，占比增至1/3。特别是小型企业户数占比一直处在73%—79%的高位水平。上述数据变化情况表明，我国国有资本向更具有竞争优势的大型企业集中的任务仍然非常艰巨。

表4－2　2003年以来分规模的国有企业数量及国有资本总量变化情况

单位：个，亿元

年份	大型企业		中型企业		小型企业	
	企业数量	国有资本	企业数量	国有资本	企业数量	国有资本
2003	8889	53265.50	27468	10951.80	110109	6188.30
2004	7068	55177.00	21867	11435.60	107335	10733.00
2005	6973	68770.80	20807	8612.50	97858	10448.40
2006	6976	66942.90	20241	12986.50	88873	16241.20
2007	6921	84174.00	19749	13449.20	85267	14582.50

续表

年份	大型企业		中型企业		小型企业	
	企业数量	国有资本	企业数量	国有资本	企业数量	国有资本
2008	7113	94752. 10	19923	18156. 10	82628	21457. 30
2009	7641	108765. 28	20120	19495. 58	83038	29137. 41
2010	8062	114556. 18	20917	31175. 37	84733	39633. 06
2011	9776	120288. 22	26659	42185. 43	99247	54834. 05
2012	10124	126663. 51	28412	54708. 72	108235	71168. 09

资料来源：《中国财政统计年鉴》（2008—2014）。

从隶属关系来看，如表 4 – 3 所示，在企业数量上，地方国有企业数量明显多于中央国有企业数量。过去十余年间，地方国有企业数量呈现出了先降后升的态势，其绝对数量基本与 2003 年保持一致。相比之下，中央国有企业的数量增长势头较快，从 2003 年的 19838 户增加到 2014 年的 54142 户。从国有资本的分布情况看，无论是隶属中央国有企业的，还是隶属地方国有企业的国有资本总量都保持增长态势。其中，隶属中央国有企业的国有资本总量从 2003 年的 3. 9 万亿元增加到 2014 年的 13. 8 万亿元，增加了近 10 万亿元。从结构变化情况看，自 2003 年以来，中央国有企业国有资本占全国国有资本总量的比重呈现出显著的下降态势，在 2010 年之前，中央国有企业国有资本占比一直高于 50%；此后，中央国有企业国有资本占比持续低于 50%，2014 年，中央国有企业国有资本的占比为 45. 17%。由于考虑到中央企业国有资本运营效率一般高于地方国有企业国有资本运营效率，因此，未来国有资本进一步向中央国有企业集中，应该有可能成为国有资本布局结构调整的重要方向。

表 4 – 3　　2003 年以来分隶属关系的国有企业数量及国有资本总量变化情况　　单位：个，亿元

年份	中央企业		地方企业	
	企业数量	国有资本	企业数量	国有资本
2003	19838	39010. 60	103626	31395. 00
2004	19364	44811. 20	126628	32534. 40

续表

年份	中央企业		地方企业	
	企业数量	国有资本	企业数量	国有资本
2005	19971	53964.30	116906	33867.40
2006	20551	55702.70	105667	40468.00
2007	21562	65872.40	95539	46333.30
2008	21918	73606.60	90375	60758.90
2009	24795	83200.80	87746	74197.47
2010	26319	93405.09	86004	91959.52
2011	41257	104067.11	87393	113240.59
2012	48217	114078.88	94425	138461.44
2013	51693	124011.75	98554	169327.30
2014	54142	138，036.00	106373	198911.80

资料来源：《中国财政统计年鉴》（2008—2014）。

从经济类型来看，自2003年以来，我国公司制国有企业户数和国有资本数量均呈现不断增长的态势。2003年，公司制国有企业户数为71195户，占比不足1/2，为48.6%，至2014年增加到138230户，占比达到了86.1%；公司制国有资本从2003年的5.3万亿元增加到2014年的31.1万亿元，占比从75%提升至92.3%。据此而言，过去十余年，我国国有资本的绝大部分已经集中到公司制股份制企业中，这是符合市场化改革方向的要求的（见表4－4）。

表4－4　　2003年以来分经济类型的国有企业数量与国有资本总量变化情况　　单位：个，亿元

年份	公司制		非公司制	
	企业数量	国有资本	企业数量	国有资本
2003	71195	52813.40	75270	17580.40
2004	69648	57463.70	66622	19881.90
2005	69413	70169.50	56225	17662.20
2006	68089	77697.80	48001	18472.80
2007	69762	92613.60	42175	19592.20

续表

年份	公司制		非公司制	
	企业数量	国有资本	企业数量	国有资本
2008	72382	110306.10	37282	24059.40
2009	76267	130986.68	34532	26411.59
2010	82102	161856.21	31610	23508.39
2011	108239	192571.82	27443	24735.88
2012	120763	229872.01	26008	22668.32
2013	131752	272283.86	23567	21055.19
2014	138230	311085.70	22285	25862.00

资料来源：《中国财政统计年鉴》（2008—2014）。

第二节　布局结构分析

本节揭示了国有经济的行业结构与区域布局的有关情况。值得关注的趋势包括：国有资本在工业、批发零售业、交通运输业等行业的占比呈现出逐步降低的发展态势，而在社会服务业呈现出明显的稳步提高的态势；在工业经济领域，除国民经济基础性产业和关键性领域外，为数众多的工业行业的国有资本占比已经降到了20%以下。

一　国有工业经济的行业结构

根据财政部的有关统计数据，过去十年间，国有资本在工业、批发零售业、交通运输业等行业的占比呈现出逐步降低的发展态势，而在社会服务业呈现出明显的稳步提高的态势。2014年，国有资本在工业、社会服务业和交通运输业分别为11.23万亿元、8.11万亿元和4.43万亿元；在这三个行业的比重分别是33.3%、24.1%和13.2%，合计高达70.6%——而2003年，国有资本在工业行业的占比高达47.4%，在社会服务业的占比却仅为11.4%。另从企业数量看，2014年，国有企业在工业、批发零售业、社会服务业和交通运输业分别为42698户、24448户、24165户和16992户；在这四个行业占比分别是26.6%、15.2%、15.1%和10.6%，合计达到67.4%。相比之下，2003年，批发零售业和交通运输业国有企业数量占比分别为22.2%和16.4%，至2014年减至15.2%和10.6%；国有企业数量在社会服务业的比重由2003年的11.08%提升至2014年的15.1%；在工业行业的企业数量占比相对平稳，维持在25%—27%。从变化趋势来看，批发零售业和交通运输业国有企业数量占比呈现不断减少而在社会服务业的比重不断增加。

从产业性质来看，国有资本大部分集中在竞争性行业，并且呈现不断强化的态势。2005年以来，国有资本在竞争性行业的数量和比重均呈现不断走高的态势。2005年，在竞争性行业中的国有资本为3.3万亿元，至2014年增加到了18.8万亿元，而占比则从2005年的37.9%提升至2014年的55.8%。2005年，在竞争性行业中的国有企业的数量及占比均呈现出先降后升的“U”形曲线。2005年，竞争性行业中的国有企业为91273户，随后逐年减少，至2009年减少至74450户，之后又逐年增加，至2014年达到111068户；而国有企业占比由2005年的72.7%减至2010年的67%，2014年又升至69.2%。2005年以来，垄断性行业中的国有企业数量占比与国有资本占比呈相反走势。2005年，垄断性行业中国有企业为6356户，以后逐年上升至2014年的13676户；占比则由2005年的5.1%增加至2014年的8.5%，增加了3.4个百分点；而国有资本在垄断性行业中的比重由2005年的51.8%减少至2014年的29.7%，减少了22.1个百分点。相比而言，过去十年间，公益性行业中国有资本占比和企业数量占比变动幅度相对较小（见表4－5）。

表4－5　　按产业性质划分的国有资本分布变化情况　　单位:%

年份	垄断		竞争		公益	
	企业数量	国有资本	企业数量	国有资本	企业数量	国有资本
2005	5.06	51.82	72.65	37.93	22.29	10.25
2006	5.50	47.92	71.01	38.25	23.49	13.83
2007	5.95	47.68	69.47	40.82	24.58	11.50
2008	6.48	44.49	68.51	41.52	25.01	13.99
2009	6.82	40.70	67.19	42.79	25.98	16.51
2010	6.98	37.27	67.01	45.31	26.00	17.42
2011	8.41	35.08	67.13	51.34	24.46	13.58
2012	8.58	32.83	67.43	52.48	23.99	14.69

续表

年份	垄断		竞争		公益	
	企业数量	国有资本	企业数量	国有资本	企业数量	国有资本
2013	8.29	30.48	69.21	55.54	22.50	13.98
2014	8.52	29.65	69.19	55.77	22.29	14.57

资料来源：《中国财政统计年鉴》（2008—2014）。

从产业作用来看，国有资本主要集中在基础性产业和商贸服务及其他行业。2014年，国有资本在基础性产业和商贸服务及其他行业中的比重分别为45.4%和42%。从趋势来看，2005年以来，国有资本在基础性产业呈减弱的态势而在商贸服务及其他行业呈先弱后强的态势。2005年国有资本在基础性产业中的比重为64%，2014年减少至45.35%；在商贸服务及其他行业中的比重由2005年的24.6%减至2007年的21.6%后，逐年提高，至2014年达到42%。相比国有资本比重的大幅波动，国有企业在这三类产业中的比重相对稳定，在基础性产业中的比重变化在过去的十年中不足1个百分点；其他两类产业中国有企业的比重变化则在5个百分点之内（见表4-6）。

表4-6　按产业作用划分的国有资本分布变化情况　单位：%

年份	基础性产业		一般生产加工产业		商贸服务及其他行业	
	企业数量	国有资本	企业数量	国有资本	企业数量	国有资本
2005	28.96	64.01	23.19	11.39	47.85	24.60
2006	28.69	64.24	22.85	12.58	48.46	23.18
2007	28.50	64.71	22.58	13.73	48.92	21.57
2008	28.34	59.52	21.51	13.47	50.15	27.01
2009	28.17	55.08	21.12	14.74	50.71	30.18
2010	28.00	54.51	20.36	12.14	51.64	33.35
2011	28.65	53.11	20.20	13.12	51.15	33.78
2012	28.91	49.84	19.68	12.83	51.41	37.33
2013	28.56	47.46	19.14	13.02	52.30	39.52
2014	28.47	45.35	18.59	12.62	52.94	42.03

资料来源：《中国财政统计年鉴》（2008—2014）。

在工业经济领域，截至2013年底，国有资本占比超过20%的行业有以下11个：石油和天然气开采业，水的生产和供应业，电力、热力的生产和供应业，金属制品、机械和设备修理业，烟草制品业，黑色金属矿采选业，石油加工、炼焦及核燃料加工业，煤炭开采和洗选业，交通运输设备制造业，燃气生产和供应业，黑色金属冶炼及压延加工业。这11个行业，水的生产和供应业，电力、热力的生产和供应业，燃气生产和供应业及烟草制品业属于垄断产业；其他几个行业则属于国民经济的基础产业，提供石油、煤、钢铁等基础原料。总体来看，国有经济行业布局变化体现了20世纪90年代末实施国有经济战略性调整的政策意志，国有资本正向关系国民经济命脉的基础性行业和关键性领域集中。

从变化趋势来看，国有资本比重下降达到20个百分点的行业主要有：其他采矿业、烟草制品业、煤炭开采和洗选业、非金属矿采选业、有色金属冶炼及压延加工业、燃气生产和供应业、有色金属矿采选业、黑色金属冶炼及压延加工业、黑色金属矿采选业、水的生产和供应业。其中，烟草制品业国有资本比重由2003年的92.79%下降至2013年的38.39%；特别是2011年国有资本比重一度降到18.44%。煤炭开采和洗选业国有资本比重由2003年的74.43%逐步减少至2013年的37.71%。而黑色金属矿采选业和黑色金属冶炼及压延加工业呈现波动中走低的态势，由2003年的绝对控股转变为相对控股。

2003年以来，石油和天然气开采业和石油加工、炼焦及核燃料加工业国有资本比重出现波动中走高的态势。2003年石油和天然气开采业和石油加工、炼焦及核燃料加工业国有资本比重分别为40.87%和30.28%，2013年国有资本比重分别达到63.18%和37.99%。这反映出，在石油绝对储量减少而世界各国的消费有增无减、新的替代能源还没有出现之前，石油仍是一种稀缺资源。石油行业作为关系国民经济安全和命脉的产业，国有资本仍处于相对控股的状态。

在三个自然垄断产业中，燃气生产和供应业国有资本比重最低。水的生产和供应业国有资本比重由2003年的81.64%降至2013年的59.44%，国有资本处于绝对控股状态。2003—2009年电力、热力的生产和供应业国有资本的比重为50%—58%，处于绝对控股的地位，但随后的两年里国有资本比重迅速降至40.03%，2013年再度回升至58.02%。2003年以来，燃气生产和供应业国有资本的比重呈现下降态势，2003年国有资本的比重高达60.6%，2010年已经降至23.05%，随后开始回升至2013年的30.28%（见表4－7）。

表4－7 各行业国有资本出资比例变化情况 单位:%

行业＼年份	2003	2005	2007	2009	2011	2013
总计	31.19	25.10	21.26	19.18	15.62	19.98
煤炭开采和洗选业	74.43	61.14	48.05	36.80	31.62	37.71
石油和天然气开采业	40.87	50.01	42.63	54.73	54.88	63.18
黑色金属矿采选业	64.79	34.54	25.57	31.53	39.60	38.31
有色金属矿采选业	47.81	25.67	15.43	15.05	19.92	17.84
非金属矿采选业	51.93	26.17	15.17	15.60	16.62	17.61
开采辅助活动	—	—	—	—	—	42.67
其他采矿业	96.21	31.06	0.76	0.60	0.00	2.18
农副食品加工业	17.27	8.10	4.73	3.84	3.00	2.70
食品制造业	10.63	6.18	3.79	3.69	2.79	3.56
饮料制造业	21.64	12.56	8.77	7.01	6.95	6.35
烟草制品业	92.79	85.66	28.39	23.37	18.44	38.39
纺织业	14.28	7.06	4.39	2.92	2.02	2.13
纺织服装、鞋、帽制造业	3.33	2.04	1.16	0.78	0.89	0.94
皮革、毛皮、羽毛（绒）及其制品业	2.72	1.25	0.51	0.33	0.24	0.25
木材加工及木、竹、藤、棕、草制品业	13.73	10.21	6.45	2.60	1.73	1.39
家具制造业	6.70	3.13	1.88	0.16	0.37	0.75
造纸及纸制品业	18.19	11.33	6.21	5.65	8.82	7.05
印刷业和记录媒介的复制行业	27.47	21.19	13.90	10.56	9.17	9.39
文教体育用品制造业	5.60	2.61	1.50	1.00	1.67	3.29
石油加工、炼焦及核燃料加工业	30.28	30.70	42.33	37.08	40.42	37.99
化学原料及化学制品制造业	26.54	19.64	15.24	11.66	10.75	13.22
医药制造业	19.26	14.01	9.92	7.52	8.53	7.34
化学纤维制造业	22.95	15.07	11.59	9.81	9.46	5.62
橡胶制品业	15.17	6.50	4.56	3.33	3.83	2.57
塑料制品业	7.04	4.86	3.57	1.95	1.73	8.52
非金属矿物制品业	20.20	11.53	7.20	6.80	6.14	18.32

续表

行业 \ 年份	2003	2005	2007	2009	2011	2013
黑色金属冶炼及压延加工业	53.25	38.07	32.34	27.71	16.68	23.57
有色金属冶炼及压延加工业	40.25	30.08	24.97	19.91	5.80	7.79
金属制品业	9.54	5.32	4.56	4.75	4.75	7.51
通用设备制造业	20.64	11.43	10.84	7.19	6.48	12.04
专用设备制造业	29.01	18.35	13.99	10.32	8.81	13.95
交通运输设备制造业	30.60	14.60	14.81	11.86	12.65	31.43
电气机械及器材制造业	10.78	6.98	5.04	3.84	3.15	5.25
通信设备、计算机及其他电子设备制造业	11.86	5.67	5.16	4.58	4.88	5.99
仪器仪表及文化、办公用机械制造业	15.85	8.65	5.83	5.12	8.73	7.18
其他制造业	4.45	7.82	5.12	2.89	3.07	10.21
废弃资源和废旧材料回收加工业	2.52	7.25	12.40	8.41	4.29	6.66
金属制品、机械和设备修理业	—	—	—	—	—	42.47
电力、热力的生产和供应业	52.57	52.45	50.54	50.07	40.03	58.02
燃气生产和供应业	60.60	42.57	42.73	26.12	25.40	30.28
水的生产和供应业	81.64	73.57	63.12	60.71	55.34	59.44

资料来源：依据中国工业经济年鉴计算。

二　国有工业经济的区域结构

从全国情况来看，我国有一半以上的国有资本聚集在东部地区。自2003年以来，东部地区国有资本总量变化经历了两个阶段，先是在2008年之前呈现出了小幅下降的趋势，而后又稳步上升，其在全国国有资本中的占比基本保持了稳步且小幅上升的发展态势。2003年，东部地区国有资本总量为5.63万亿元，2014年，已经达到了18.95万亿元；同期，东部国有资本占比呈现出了持续走低的趋势，2004年东部地区国有资本占比高达77%，2014年降至56.3%，但仍然占据半壁江山。从国有企业数量占比变化看，东部地区占比呈现出了波动中走高的态势。2003年东部地区国有法人企业为71586户，之后逐年减少，至2007年减少至61859户，随后逐年增加，至2013年达到了90688户；东部地区国有法人企业数量占比则相对比较均衡在52%—57%。中部地区和西部地区相比较，无论是国有资本总量，还是国有法人企业数量，西部地区均超过了中部地区。2014 年，西部地区国有资本总量为 8.67 万亿元，高出中部地区国有资本总量 2.6 万亿元；西部地区国有法人企业的数量为 37579 户，高出中部地区国有法人企业数量 5331 户（见表 4-8）。

表 4-8　　2004 年以来国有资本区域分布变化情况　　单位:%

年份	东部地区		中部地区		西部地区	
	企业数量	国有资本	企业数量	国有资本	企业数量	国有资本
2004	52.53	72.79	25.53	14.11	21.94	13.10
2005	54.33	76.94	23.79	11.64	21.88	11.42
2006	54.67	70.23	23.03	14.27	22.30	15.50
2007	55.34	68.88	22.42	13.95	22.24	17.17
2008	56.41	70.27	21.44	15.17	22.16	14.56
2009	56.60	70.61	21.00	12.76	22.40	16.64
2010	56.86	63.64	20.42	15.24	22.72	21.12
2011	56.79	59.72	20.45	16.81	22.76	23.48
2012	56.67	57.60	20.47	16.96	22.87	25.44
2013	56.62	56.76	20.18	17.75	23.20	25.49
2014	56.50	56.25	20.09	18.02	23.41	25.73

资料来源：《中国财政统计年鉴》（2008—2014）。

从具体省份来看，国有资本地区分布呈现出不平衡态势（见表 4-9）。其中，北京市国有资本的比重处于 1/10 左右的水平，名列全国第一位；而国有资本数量排名靠后的是西藏、海南、宁夏、青海和吉林，其国有资本占全国比重不足 1%。

表 4-9　　国有资本地区分布　　单位:%

省(区、市) \ 年份	2003	2005	2007	2009	2011	2013
全国	100.00	100.00	100.00	100.00	100.00	100.00
北京	4.17	16.22	15.50	11.49	11.84	9.35
天津	2.16	2.43	2.54	2.00	1.75	2.19
河北	5.34	4.76	5.04	3.81	4.42	4.85
山西	3.85	3.61	3.56	4.02	3.87	3.46

续表

年份 省(区、市)	2003	2005	2007	2009	2011	2013
内蒙古	2. 34	2. 06	3. 06	2. 98	4. 06	3. 72
辽宁	6. 20	6. 62	6. 17	7. 38	6. 73	5. 50
吉林	2. 55	2. 53	2. 41	2. 54	2. 44	1. 98
黑龙江	3. 12	2. 69	3. 26	2. 13	2. 26	1. 65
上海	3. 22	3. 42	2. 91	2. 18	4. 68	3. 65
江苏	5. 15	2. 77	2. 48	2. 96	2. 64	4. 49
浙江	3. 05	2. 90	1. 58	2. 37	2. 53	2. 59
安徽	3. 43	2. 85	2. 39	2. 64	3. 52	3. 30
福建	1. 97	1. 77	1. 49	1. 54	1. 53	1. 50
江西	1. 53	1. 08	1. 42	1. 28	1. 38	0. 90
山东	9. 96	8. 28	6. 61	10. 24	11. 07	8. 40
河南	4. 36	4. 18	3. 72	4. 12	2. 93	3. 07
湖北	7. 11	6. 50	7. 69	10. 38	5. 44	4. 96
湖南	2. 27	2. 23	2. 47	1. 94	1. 95	2. 09
广东	5. 57	2. 83	6. 61	4. 75	4. 50	5. 74
广西	2. 00	1. 59	1. 72	1. 34	1. 25	1. 77
海南	0. 36	0. 43	0. 32	0. 09	0. 18	0. 47
重庆	1. 11	1. 18	0. 91	1. 04	0. 96	1. 26
四川	3. 64	3. 59	2. 71	3. 25	3. 63	2. 76
贵州	1. 90	1. 45	1. 46	1. 72	1. 38	1. 55
云南	3. 18	2. 63	2. 43	1. 88	1. 98	2. 79
西藏	0. 26	0. 26	0. 05	0. 15	0. 20	0. 19
陕西	3. 83	3. 17	2. 76	5. 19	8. 65	7. 35
甘肃	1. 88	1. 83	2. 14	2. 38	2. 97	2. 33
青海	0. 46	0. 44	0. 64	0. 56	0. 84	0. 84
宁夏	0. 61	0. 78	0. 80	0. 62	0. 77	0. 83
新疆	2. 47	2. 90	3. 40	2. 33	3. 27	3. 06

资料来源：依据中国工业经济年鉴计算。

截至2013年底，我国有11个省（市、自治区）国有资本出资比例高于30%，分别是陕西、北京、甘肃、新疆、青海、西藏、云南、宁夏、海南、山西和贵州。这些省（区、市）主要集中在西部地区。沿海地区的福建、浙江、江苏的国有资本比重已经低于10%。从变化趋势看，降幅达到20个百分点的省省（区、市）有西藏、江西、广西、河南、安徽、湖北、贵州、内蒙古、湖南、河北、山西、宁夏和吉林，主要集中在中西部地区和老工业基地。其中，西藏国有资本的比重由2003年的84.91%降至2013年的38.70%，减少了46个百分点，降幅最大；江西居第二位，减少了34个百分点。值得注意的是，北京市国有资本的比重整体处于波动上升的趋势。2003年北京市国有资本的比重为37.12%，2004年上升至55.08%，随后开始下降，到2008年国有资本的比重降至45.76%，随后再次回升，2010年国有资本的比重为47.1%，之后再次调整，至2013年达到46.23%（见表4-10）。

表4-10　全国各省（市、自治区）国有资本出资比例　单位:%

省(区、市)＼年份	2003	2005	2007	2009	2011	2013
全国	31.19	25.10	21.26	19.18	15.62	19.98
北京	37.12	51.56	50.88	47.14	41.17	46.23
天津	24.46	23.81	24.37	17.37	11.87	19.43
河北	43.05	33.37	28.71	18.83	16.62	22.74
山西	51.51	42.80	31.86	31.02	23.70	31.54
内蒙古	50.75	31.29	32.51	25.75	24.82	29.19
辽宁	35.38	35.22	28.08	27.93	22.29	24.71
吉林	40.02	35.91	29.19	26.80	19.96	20.44
黑龙江	34.53	30.56	36.02	22.17	19.12	19.89
上海	11.88	11.23	9.42	7.43	14.68	16.04
江苏	17.88	7.32	5.29	5.23	3.65	7.96
浙江	12.29	9.02	4.27	6.09	5.61	7.77
安徽	51.25	38.05	26.02	22.39	20.13	22.81
福建	19.00	14.09	10.51	9.92	7.66	9.67
江西	44.40	25.41	23.65	17.06	13.65	10.38
山东	36.56	23.29	15.00	19.16	18.23	17.60

续表

年份 省(区、市)	2003	2005	2007	2009	2011	2013
河南	40.01	30.70	20.42	19.21	9.73	10.05
湖北	54.86	44.03	45.63	47.43	25.69	27.74
湖南	37.28	32.77	27.05	19.27	12.81	16.92
广东	14.43	6.41	12.23	8.95	7.18	12.51
广西	56.94	35.48	30.39	22.09	14.36	26.14
海南	36.42	31.18	20.05	6.50	9.52	31.84
重庆	26.09	24.48	16.29	16.16	11.71	18.88
四川	33.71	31.25	18.25	18.08	15.90	14.78
贵州	56.79	39.39	36.98	40.99	24.89	31.05
云南	50.10	35.86	29.09	22.04	20.30	35.83
西藏	84.91	79.63	10.84	30.31	35.06	38.70
陕西	63.14	42.87	27.48	39.83	51.06	54.38
甘肃	52.54	46.12	43.56	42.77	47.60	44.15
青海	35.58	30.89	33.16	24.07	29.72	38.87
宁夏	51.98	49.41	45.19	27.49	24.63	32.11
新疆	54.78	55.59	50.53	31.31	33.65	39.87

资料来源：依据中国工业经济年鉴计算。

第三节　效益分析

王罗汉和李钢[①]从文献计量的统计视角对研究不同所有制企业效率的文献进行了指标分类统计，并加以对比分析。他们认为，企业效率的这种复杂性，使任何关于国有企业的效率一定低或一定高的论断都必然会显得简单而武断，考虑到研究角度的不同，不能笼统地说国有企业的经济效益是由于垄断造成的，也不能得出国企的效率低下的结论。

也有观点认为，国有经济规模扩张明显但经济效率仍然相对低下。据有关数据表明，此观点有一定的现实意义。如图 4－1 所示，自 2003 年以来，我国国有及国有控股企业的净资产收益率一直低于工业企业平均的净

① 王罗汉、李钢：《国有企业效率研究》，《经济与管理研究》2014 年第 6 期。

资产收益率，这反映了国有经济部门的低效性，而且，自2008年以来，国有企业效益水平与工业企业平均效益水平之间的差距呈现出放大的态势。2003—2006年，国有及国有控股企业的净资产收益率与工业企业平均的净资产收益率差距不足两个百分点；2007年，二者仅差2.18个百分点，到2011年二者的差距扩大至5.37个百分点。

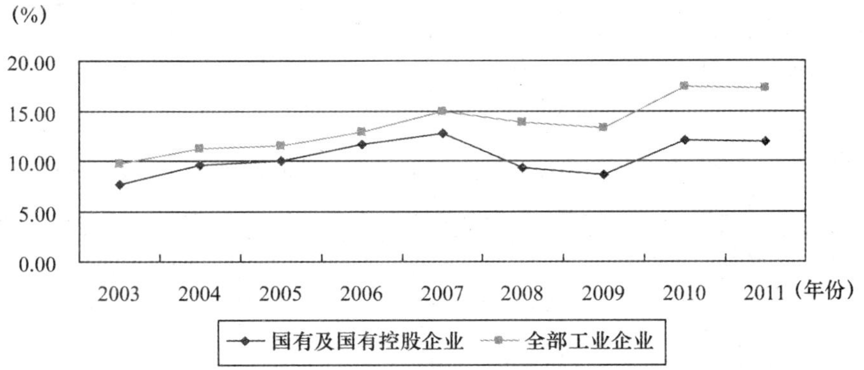

图4-1 2003年以来国有及国有控股企业与工业企业净资产收益率

资料来源：依据中国工业经济年鉴计算而得。

如果进一步考察国有资本占比高（超过20%）的若干行业，如表4-11所示，自2003年以来，这些行业国有及国有控股企业的净资产收益率都低于同行业企业的平均效益水平，并且远远低于同行业中国港澳台、外商投资企业的效益水平。例如，国有资本占比最高的是水的生产和供应业，其国有及国有控股企业盈利能力最低。从2003年至2009年，该行业国有及国有控股企业均处于亏损状态，2010年和2011年情况好转，但也处于微利状态。相比于中国港澳台和外商投资企业，该行业中的国有及国有控股企业盈利能力是很低的，2010年和2011年，中国港澳台和外商投资企业的相应的净资产收益率分别是国有及国有控股企业的13.6倍和11.2倍。再如，石油和天然气开采业中国港澳台及外商投资企业从2003年至2011年的平均净资产收益率是国有及国有控股企业相应指标值的3.1倍。又如，石油加工、炼焦及核燃料加工业国有及国有控股企业的从2003年至2011年的平均净资产收益率只有-1.7%，而同行业中国港澳台及外商投资企业的平均净资产收益率高达10.83%。

表4－11　2003—2011年国有资本占比较高的8个行业不同所有制企业盈利能力对比表

单位：%

行业＼年份	2003	2004	2005	2006	2007	2008	2009	2010	2011	均值
1. 电力、热力的生产和供应业	5.83	4.13	5.20	6.87	7.07	1.71	4.16	5.87	5.31	5.13
（1）电力、热力的生产和供应业国有及国有控股企业	5.10	4.76	4.93	6.63	6.84	1.57	3.64	5.73	5.34	4.95
（2）电力、热力的生产和供应业三资企业	14.37	11.93	11.66	10.68	11.41	4.01	10.53	8.03	6.22	9.87
2. 黑色金属矿采选业	9.11	19.64	19.83	19.28	29.68	39.21	20.27	29.43	28.60	23.89
（1）黑色金属矿采选业国有及国有控股企业	1.29	10.03	10.11	9.03	12.67	21.14	6.50	9.96	9.23	10.00
（2）黑色金属矿采选业三资企业	1.54	23.60	32.73	42.48	44.95	48.92	12.54	32.46	36.06	30.59
3. 黑色金属冶炼及压延加工业	9.84	13.99	11.90	12.71	15.55	9.73	7.43	10.54	10.32	11.34
（1）黑色金属冶炼及压延加工业国有及国有控股企业	8.41	1.03	11.17	10.86	11.30	3.26	2.30	4.10	2.64	6.12
（2）黑色金属冶炼及压延加工业三资企业	15.80	14.99	10.67	16.72	19.07	16.41	10.03	15.18	13.07	14.66
4. 煤炭开采和洗选业	4.81	9.07	13.85	13.62	15.86	26.36	18.69	23.30	24.66	16.69
（1）煤炭开采和洗选业国有及国有控股企业	3.30	6.58	9.90	9.76	12.37	20.66	14.47	18.68	18.84	12.73
（2）煤炭开采和洗选业三资企业	0.19	4.04	26.83	24.61	26.81	40.73	33.85	39.18	42.08	26.48
5. 燃气生产和供应业	1.22	1.30	2.18	3.62	8.24	11.14	12.33	15.21	16.39	7.96
（1）燃气生产和供应业国有及国有控股企业	0.79	0.83	0.96	1.00	4.21	5.35	6.67	9.03	11.46	4.48
（2）燃气生产和供应业三资企业	2.87	0.36	6.37	8.18	13.33	14.45	15.74	19.15	17.02	10.83

续表

年份 行业	2003	2004	2005	2006	2007	2008	2009	2010	2011	均值
6. 石油和天然气开采业	30.48	38.46	54.17	57.45	47.38	49.69	18.00	26.01	33.91	39.51
(1) 石油和天然气开采业国有及国有控股企业	29.85	37.01	52.62	59.03	47.68	50.15	17.57	25.51	31.57	39.00
(2) 石油和天然气开采业三资企业	53.19	88.48	99.64	86.64	70.51	124.46	90.11	267.73	196.84	119.73
7. 石油加工、炼焦及核燃料加工业	5.12	9.37	-3.46	-7.72	4.43	-17.65	15.00	16.77	4.88	2.97
(1) 石油加工、炼焦及核燃料加工业国有及国有控股企业	3.76	8.93	-7.53	-13.81	-1.47	-32.81	14.50	15.42	-2.27	-1.70
(2) 石油加工、炼焦及核燃料加工业三资企业	10.76	18.56	10.53	5.39	9.92	-12.50	23.55	23.22	8.01	10.83
8. 水的生产和供应业	0.10	0.28	-0.07	1.10	1.27	1.02	0.86	1.86	2.10	0.95
(1) 水的生产和供应业国有及国有控股企业	-0.56	-0.38	-0.83	-0.22	-0.14	-0.04	-0.56	0.44	0.61	-0.19
(2) 水的生产和供应业三资企业	6.31	3.54	3.00	7.78	7.09	7.43	5.20	5.97	6.86	5.91

数据来源：依据《中国工业经济统计年鉴》（2004—2012）及《中国工业统计年鉴》（2014）计算。

表4-12综合考虑了过去七年间4项经济效益指标的变化情况，它们分别是："人均销售收入"、"净资产收益率"（也叫净值报酬率或权益报酬率）、"已获利息倍数"（又称利息保障倍数）和"流动资产周转率"。如表4-12中数值所示，除"人均销售收入"这一指标值呈现出了不断增加的态势外，其他三个指标均表现出波动中走低的发展态势。2007年，国有经济人均销售收入为55.23万元/人，随后逐年增长，至2013年达到119.41万元/人，人均生产效率提升了一倍多。由于受金融危机的影响，在2008年或者2009年降至低点后，在2010年快速回升但仍未达到金融危机前的水平。自2011年以来，三个指标向下探底，甚至不及金融危机时的表现。净资产收益率则从2007年的10.46%下降至2013年的5.46%，减少了近5个百分点；利息保障倍数从2007年

的5.84%降至2013年的3.28%；流动资产周转率从2007年的1.51次减少到2013年的1.14次。2010年的回升主要是为应对全球金融危机，政府出台了包括4万亿元投资、十大产业振兴调整规划在内的一揽子经济刺激计划，相对有效地遏制了经济增长速度快速下滑的局面。2011年，又开始经济效益下滑主要是受欧债危机以及反危机刺激政策的退出等原因的综合影响。

表4－12　2007—2013年国有企业主要经济效益指标变化情况

年份	2007	2008	2009	2010	2011	2012	2013
人均销售收入（万元/人）	55.23	62.88	65.85	83.70	99.45	108.82	119.41
净资产收益率（%）	10.46	6.31	6.38	7.52	7.31	6.05	5.43
已获利息倍数	5.84	3.71	4.29	4.85	4.27	3.42	3.28
流动资产周转率（次）	1.51	1.43	1.25	1.31	1.31	1.22	1.14

说明：因2006年颁布新的会计准则，故此表选择初始时间为2007年。

数据来源：《中国财政年鉴》计算。

综合考虑以下统计数据，我们认为，国有企业的效率仍有相当的改善与提升的空间。王罗汉和李钢①考察了国有企业的财务效率与技术效率相关指标，他们的主要结论是：第一，有关研究结论高度一致的是认为国有企业的资产周转率低，且造成国有企业总资产周转率低的主要原因是其固定资产周转率低。李培林、张翼②认为，国有企业的“社会性”固定资产占企业固定资产的总额的比重远高于其他类的企业。这说明，国有企业改革虽然在一定程度上减轻了企业的社会负担，但并没有完全消除这种影响。第二，较一致的研究结论是，国有企业在成本费用利润率上与全行业存在差距。特别是2004年以后，持这类观点的文献数量有增多的趋势。第三，国有企业呈现出上缴税费水平高和亏损额大的特点。尤其是在竞争性领域，与三资企业和民营企业相比，国有企业在亏损额方面有较大差距。第四，获取的文献一致认为国企在技术效率

① 王罗汉、李钢：《国有企业效率研究》，《经济与管理研究》2014年第6期。

② 李培林、张翼：《国有企业社会成本分析——对中国10个大城市508家企业的调查》，《中国社会科学》1999年第9期。

方面是最差的，并且与外资的差距明显。特别是 2003 年以后，国有企业技术效率没有太大的变化，也在一定程度上说明了技术效率没有作为国企改革的重点。

第五章　国有经济区域分布及对区域协调的影响

本章通过实证分析，证明了不同所有制经济对省际经济差距缩小的影响。利用加权变异系数法，研究得出第二产业在省际经济差距上影响最大的结论，如 2010 年其影响占到 80% 左右，影响力远高于不足 20% 的第三产业。在此研究的基础上，利用经济重心方法，定性地对国有经济与非国有经济对中国经济区域差距所起的作用进行了分析，研究表明国有经济正在推动中国工业经济重心向西部移动，为解决中国东西部经济差距缩小发挥了作用。所有制结构分解表明，尽管国有经济在不同地区间也存有差距，但没有非国有经济明显，非国有经济是造成地区经济差距的主要因素。2011 年不同省（区、市）工业经济差距的 85% 可以用非国有经济的差异进行解释。本章还对人均分省的不同所有制工业增加值数据进行了变异系数的统计分析，发现与上述研究结论也是基本吻合的。本书使用多种研究方法均得出：国有经济对于促进省际经济发展差距缩小起到了积极作用。

第一节　三大产业分别对区域经济差异的影响

在国际上，一般采用人均 GDP 或人均收入指标，来研究不同地区间收入的差异情况。本书从三大产业的角度，结合各产业人均 GDP 数据，通过加权变异系数，来分析各产业对地区间收入差距影响的大小。事实上，地区差异的变动与产业结构的演进有着更密切的关系。马瑟[①]、艾基

---

① A. Mathur, 1983: "Regional Development and Income Disparities in India: A Sectoral Analysis", *Economic Development and Cultural Change*, Vol. 31, No, 3, pp. 475 - 505.

塔和卢克曼[①]就曾经利用加权变异系数（威廉逊系数）对产业部门进行分解，其公式分解方法如下：

$$CV_{\omega}{}^{2}=\sum_{j=1}^{m}Z_j^2CV_{\omega j}^2+\sum_{j\neq k}^{m}Z_jZ_kCOV_{\omega}(j,k) \tag{1}$$

$$CV_{\omega j}=\frac{\sqrt{\sum_{i=1}^{n}(Y_{ji}-\overline{Y}_j)\frac{P_i}{P}}}{\overline{Y}_j} \tag{2}$$

$$COV_{\omega(j,k)}=\frac{1}{\overline{Y}_j}\frac{1}{\overline{Y}_k}\sum_{i=1}^{n}\left[Y_{ji}-\overline{Y}_j(Y_{ki}-\overline{Y}_k)\frac{P_i}{P}\right] \tag{3}$$

其中，Z_j为部门 j 的收入在全国的总收入中所占的比重；$CV_{\omega j}$为部门 j 的加权变异系数；$COV_{\omega(j,k)}$为部门 j 和部门 k 之间的加权协方差变异系数；$\overline{Y}_k$，$\overline{Y}_j$分别为全国部门 j 和部门 k 各自的人均收入；Y_{ji}、Y_{ki}分别为第 i 个地区部门 j 和部门 k 各自的人均收入；m 为产业部门的数量。P_i为 i 地区的人口，P 为全国人口。

如果将产业细分为第一产业（主要是农林牧副渔，本书统称为农业），第二产业（主要是建筑业和制造业）和第三产业（除去第一、第二产业的其他产业），那么公式（1）变为：

$$CV_{\omega}{}^{2}=Z_1^2CV_{\omega1}^2+Z_2^2CV_{\omega2}^2+Z_3^2CV_{\omega3}^2+2Z_1Z_2COV_{\omega}(1,2)+2Z_1Z_3COV_{\omega}(1,2)+2Z_2Z_3COV_{\omega}(1,2) \tag{4}$$

由公式（4），就可以进一步估计出各产业发展对地区总体差异的影响，以及各产业部门的交互影响对地区差异的影响。那么，第一、二、三产业对 $CV_{\omega2}$ 的影响值依次为 $Z_{12}CV_{\omega12}/CV_{\omega2}$、$Z_{22}CV_{\omega22}/CV_{\omega2}$ 和 $Z_{32}CV_{\omega32}/CV_{\omega2}$，各产业的交互影响依此类推。显然，各产业对总体差异的影响由两方面来决定：一是 $CV_{\omega j}$值的大小，二是 Z_j值的大小。中国目前数据的情况是，1978 年以前只有国民收入的总数据而没有 GDP 数据；1992 年以后才有 GDP 数据，又没有了国民收入总数据。因此，本书选取了 1982 年、1992 年、1998 年、2004 年、2008 年和 2011 年 6 个年份的人均 GDP 数据来大致反映中国在改革开放以来国内地区收入差异的变动趋势，利用公式（1）分别计算了这 6 个年份的各地区人均国民收入差异变化、三大

① T. Akita & R. A. Lukman, 1995: "Interregional Inequalities in Indonesia: A Sectoral Decomposition Analysis for 1975 – 1992", *Bulletin of Indonesia Economic Studies*, Vol. 31, No. 2: 61 – 81.

产业人均收入的差异变化以及三大产业差异对总体差异的影响。从图 5－1 中看，农业对于地区间人均国民收入的影响很小，CV_{ω}值远高于农业的人均收入的加权系数，中国地区间的人均农业收入（$CV_{\omega1}$）的差距变化除了 1982—1992 年有较大提高外，整体上看浮动是比较小的。而农业对 CV_{ω}的影响（$PCV_{\omega1}$）就更是微乎其微了，这说明第一产业（农业）的发展差异对造成地区人均收入差异并不明显，并且，第一产业在其中所起的作用还在进一步的减弱。从表 5－1 中看，各地区农业收入的加权变异系数（$CV_{\omega1}$）都在 1% 以下，农业占 GDP 的比重也是从 1982 年的大约 33% 下降到了 10% 左右。因此，本书得出结论：地区间第一产业在地区间的收入差异对全国总体经济差距并不起主要作用。

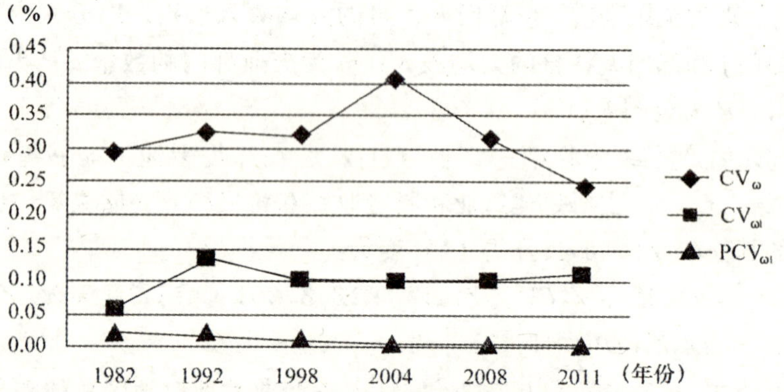

图 5－1　第一产业三大指标变化趋势

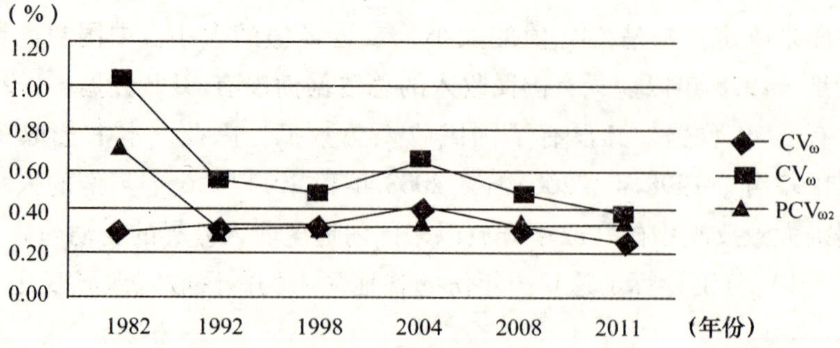

图 5－2　第二产业三大指标变化趋势

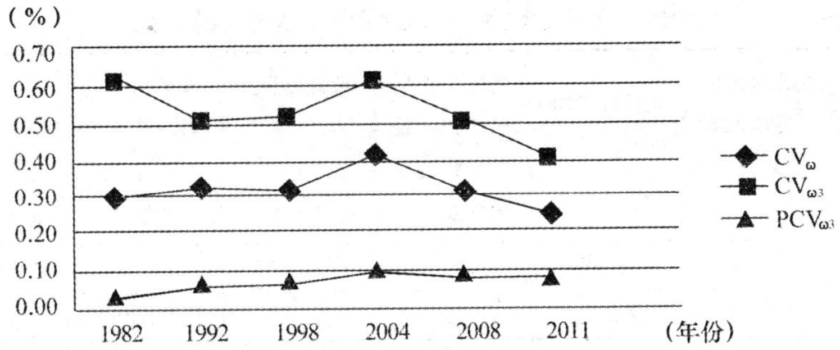

图5-3　第三产业三大指标变化趋势

从图5-2看，中国地区间第二产业人均收入加权变异系数（$CV_{\omega 2}$）的变动有如下特点：第一，全国的总体差异（CV_{ω}）在上升的1982—1992年，除$CV_{\omega 2}$呈下降的趋势外，其他年份的CV_2与全国的总体差异基本呈同步变化趋势。第二，地区间人均第二产业收入加权变异系数（$CV_{\omega 2}$）和它对总体的收入差距影响系数（$PCV_{\omega 2}$），除了在1998—2008年（$PCV_{\omega 2}$）有小幅偏低外，基本都在全国人均国民收入的加权变异系数之上。另外，从第二产业所占GDP的比重看，尽管其数值在逐年下降，但是直到2011年仍高于第三产业的3.26个百分点（见表5-1）。地区间人均第二产业收入的加权变异系数，归一之后第二产业占总影响的比重，直到2011年仍基本维持在80%（见表5-2）。在图5-3中，各地区第三产业人均收入的加权变异系数（$CV_{\omega 3}$）总体上呈明显的下降趋势。然而，它是发展中的下降，即目前它在GDP中的比重逐年上涨，但还略低于第二产业（见表5-1）。而中国地区间第三产业的发展差异对全国总体的差异的影响（$PCV_{\omega 3}$）仍远低于工业，总体影响度不到20%，最高年份2004年也不过为22%左右的水平（见表5-2）。从图5-3也可以看出，第三产业在地区间的发展差异（$CV_{\omega 3}$）也与$CV_{\omega 2}$一致，高于全国收入总差距（CV_{ω}），说明它也对地区间收入差距产生有一定的影响。但是，直到2011年，它对全国收入差距的影响度（$PCV_{\omega 3}$）依然不高。可见，从全国范围来看，第二产业仍是影响中国地区间收入总体差异的主要因素。

表5－1　　中国三大产业地区间人均GDP收入差异的对比

年份	地区间人均农业收入的加权变异系数	农业在GDP中所占的比重（%）	地区间人均第二产业收入的加权变异系数	第二产业在GDP中所占的比重（%）	地区间人均第三产业收入的加权变异系数	第三产业在GDP中所占的比重（%）
1982	0.0064	33.38	0.2074	44.77	0.0296	21.85
1992	0.0063	21.78	0.1027	43.45	0.0616	34.76
1998	0.0032	17.56	0.1032	46.21	0.0685	36.23
2004	0.0018	13.39	0.1352	46.23	0.0999	40.38
2008	0.0012	10.73	0.1069	47.45	0.0884	41.82
2011	0.0011	10.04	0.0829	46.61	0.0767	43.35

表5－2　　中国各省、市、区人均GDP差异变化及三大产业差异对总体差异的影响

	1982年	1992年	1998年	2004年	2008年	2011年
全国人均GDP加权变异系数	0.2982	0.3273	0.3239	0.4075	0.3149	0.2493
第一产业变异系数	0.0571	0.1318	0.1041	0.1029	0.1014	0.1115
第二产业变异系数	1.0349	0.5440	0.4831	0.6328	0.4747	0.3817
第三产业变异系数	0.6200	0.5100	0.5220	0.6128	0.5051	0.4083
第一产业系数占影响比重	0.0213	0.0191	0.0099	0.0045	0.0037	0.0045
第二产业系数占影响比重	0.6954	0.3139	0.3185	0.3318	0.3394	0.3326
第三产业系数占影响比重	0.0296	0.0616	0.0685	0.0999	0.0884	0.0767
归一后一产占总影响比重（%）	2.86	4.85	2.50	1.04	0.86	1.09
归一后二产占总影响比重（%）	93.18	79.54	80.24	76.06	78.66	80.36
归一后三产占总影响比重（%）	3.96	15.61	17.26	22.90	20.48	18.55

注：1. 全国各省、市、区人均国民收入的加权变异系数为公式（1）中的$CV_{\omega 2}$。

2. 各省、市、区第一，第二，第三产业的人均收入的加权变异系数分别是公式（2）中的$CV_{\omega 1}$，$CV_{\omega 2}$，$CV_{\omega 3}$。

3. 各产业占影响比重分别设为：$PCV_1 = Z_1^2 CV_{\omega 1}^2 / CV_{\omega}^2$，$PCV_2 = Z_2^2 CV_{\omega 2}^2 / CV_{\omega}^2$，$PCV_3 = Z_3^2 CV_{\omega 3}^2 / CV_{\omega}^2$。由于在$CV_{\omega}$中还有各产业间的相互作用形成的差异部分，所以三者相加不为1。

4. 将各产业所占影响之和设为1，再测算各产业在影响中占的百分比。

资料来源：本章一共考察了31个省（区、市）不包括港澳台地区。数据来源于相关年份的《中国统计年鉴》和各省市区对应年份的统计年鉴。

第二节　不同所有制发展对经济重心移动的影响

一　重心的概念

“重心”的概念来源于牛顿力学，是指在区域空间上存在一个前后左右各个方向上的力量对比保持相对均衡的点。“经济重心”类比物理学中的概念，就是指在区域经济空间里的某一点，在该点各个方向上的经济力量能够维持均衡。然而，计算经济重心在一般意义上更多的是借助地理坐标来表达空间上的距离。周民良①曾对我国经济重心做了具体计算，他认为：经济重心的变化与各地区的地理位置和经济发展状况密切相关。而樊杰和 W. 陶普曼②也较早研究了 1978 年以来我国农村中工业重心的变动情况。由于直接影响经济重心变动的因素是各地的经济发展速度与水平，所以假若经济重心向某一个方向移动，则表明在这个方向上经济发展速度更快、经济实力增强更多。本章结合图 4－4、图4－5认为，我国经济的重心变化大约在 2000 年前主要是南北方向上变动，其中人口流动因素影响作用较大。但是，2000 年以后，经济重心呈现东西方向变动，这恰与工业重心变化相吻合。可以推断，大约在 2000 年以后，工业对经济中心的影响成为主要因素。

二　数据来源及说明

数据全部来源于《中国工业经济年鉴》和《各省统计年鉴》，以及第一次经济普查年鉴和第二次经济普查年鉴。本章还是选取 1982 年、1992 年、1998 年、2004 年、2008 年和 2011 年总共 6 个具体年份的各省（区、市）工业总产值数据。国有及国有控股企业的数据在 20 世纪 90 年代及以前叫全民所有制企业，在此予以说明。

本章在 2004 年和 2008 年所用数据分别为第一次和第二次经济普查数据，其他年份的数据来自各省（区、市）统计年鉴。在 6 个时间点所得数据统计口径基本一致，进而可以进行比较和分析。值得提出的是，本章

① 周民良：《经济重心、区域差距与协调发展》，《中国社会科学》2000 年第 2 期。

② 樊杰、W. 陶普曼：《中国农村工业化的经济分析及省际发展水平差异》，《地理学报》1996 年第 5 期。

只对第二产业中的工业部分做了较为系统的统计和计算，没有涉及建筑业。另外，企业的经济效益指标和财务指标本，本也应该作为考核的对象，但由于各省（区、市）统计年鉴差别较大，许多指标没有统一的标准，比如有的省份在上一年度统计了某项指标，但下一年又不再统计或者换用其他指标代替，因此，本章暂时采用工业总产值这个较为常用且重要的指标。虽然这样做存在一定程度的缺陷，但依然可以在一定程度上反映我国在改革开放的几十年中工业重心的变化情况。

来自2000年以后的数据统计口径基本没有太大变化，但是，20世纪80年代和90年代的数据统计名称和项目却不甚规范。为了研究的方便，本章做了一些适当处理，在此先将数据中的问题及本章的处理方法加以说明：

（1）海南省于1988年建省，之前隶属广东省，因而，1982年数据中无海南省数据，其数据包括在广东省内。由于海南与广东经济规模相差很大，难以合并处理，有关海南省的数据是参照各种学术文章和海南的年鉴等资料推算得到的。

（2）重庆市虽于1997年才被设立为直辖市，但重庆的相关年鉴较为完整。因而，数据使用也较为翔实。

（3）有的省（区、市）的统计年鉴缺少国有及国有控股企业的各类数据，而是分成规模以上非国有企业和国有企业两类指标，为保证国有属性，本章一律采用国有企业形式加以处理。

（4）90年代国有及国有控股企业的第二产业总产值数据来源于独立核算的国有企业，80年代的有关数据来源于当时独立核算的全民所有制企业。

（5）在查找各省（区、市）统计年鉴中发现，一些省（区、市）在统计中只笼统地统计了国有及规模以上非国有企业的数据，考虑到一般意义上的国有控股企业也多为规模以上的企业，但是，规模以上的大型企业中也有民营企业或者外资企业成分，这就使数据的真实性存在一定疑问。由于种种条件限制，本章暂且以国有及规模以上非国有企业的数据作为该省在这一年的指标。

三　工业经济重心及不同所有制工业经济重心的变化

本章分别对部分省（区、市）的全部工业、规模以上国有及国有控股企业，以及其他所有制企业的重心（工业总产值指标）的变化过程进行了研究，大致判断出1982—2011年三类经济重心变化的移动方位。各省（区、市）工业重心计算公式如下：

$$\overline{X}_t = \sum_{i=1}^{n} P_{it} \cdot X_{it};\ \overline{Y}_t = \sum_{i=1}^{n} P_{it} \qquad (5)$$

其中，t 表示时间，t = 1982、1992、1998、2004、2008、2011；i 表示地区，即全国各省、直辖市、自治区（不包括香港、澳门和台湾）；$\overline{X}_t$ 为 t 时的工业重心点的经度；$\overline{Y}_t$ 为 t 时的工业重心点的纬度；P_{it} 为 i 地区 t 时的工业总产值占全国工业总产值的比重；X_{it} 和 Y_{it} 分别为地区 t 时的省会的经度和纬度。根据公式进行计算，最后得到的重心变化如表 5－3、表5－4、表 5－5 所示。

表 5－3　　全部工业企业重心经纬度变化

年份	全部工业企业重心经纬度	
	X	Y
1982	118.0718	34.8689
1992	117.3649	33.70192
1998	115.9917	32.57739
2004	116.2699	32.51494
2008	116.0302	32.76582
2011	115.7551	32.88725

表 5－4　　规模以上国有及国有控股企业重心经纬度变化

年份	规模以上国有及国有控股企业重心经纬度	
	X	Y
1982	116.4447	34.60343
1992	117.3298	34.61029
1998	115.3372	33.82861
2004	115.441	34.15648
2008	116.03022	34.29116
2011	114.5824	34.33339

表 5 -5　　其他所有制企业的经济重心经纬度变化

年份	其他所有制企业的经济重心经纬度	
	X	Y
1982	116. 6497	33. 46068
1992	116. 485	32. 60258
1998	116. 6365	31. 34425
2004	116. 6527	31. 75696
2008	116. 4575	32. 21783
2011	116. 1709	32. 37

从 1982 年到 2011 年，全部工业企业的重心在 X 轴即经度上数字呈现缩小的变化趋势，在 Y 轴即纬度上，数字变化有反复。国有及国有控股企业的重心点在 X 轴即经度上，基本呈现的也是缩小的趋势，而在 Y 轴即纬度上变化不大。其他所有制企业的重心在 X 轴上基本无变化，而在 Y 轴上呈现变小的趋势。

图 5 -5 中，全部工业企业的重心点均由其时间和后缀 A 标识；国有及国有控股的重心点均由其时间和后缀 B 标识；其他所有制企业重心点均由时间和后缀 C 标识，进而发现以下变化趋势。

第一，国有工业经济对全国工业经济重心的走势起着主导性和方向性作用。从图 5 -5 可以看到，国有及国有控股企业大多数在北方或偏东北方向，这与东北地区作为我国老工业基地的因素是分不开的。特别是在 1982—1992 年这 10 年，国有工业经济的重心在向东转移，进而造成中国整体工业重心往东变化的走势。由于其他所有制企业的重心往南移动，形成了十分鲜明的国有工业经济重心向东、其他所有制工业经济重心向西南倾斜的局面。笔者认为，这应该与当时中国刚刚开始改革开放有关，民营经济很活跃，私营和外资的大力发展特别是广东珠三角地区的“腾飞”对当时全国经济重心的趋向产生了很大影响。另外，在地理上由于广东处在东北地区的西南方向，所以，非国有经济在图中的走势为西南走向。但全国的工业经济重心总体上看是与国有经济重心相符合地向东移，可见，尽管当时其他所有制经济对全国的经济影响很大，但不容置疑的是，国有经济对全国经济走势还是起着主导作用的。

第二，1992—1998 年出现国有经济向西发展、非国有经济重心一直向东南方向移动的“各自为政”局面。笔者认为，这与1992年我国正式提出确立发展市场经济不无关系。改革开放以来，我国区域政策对区域差距的影响逐步显现出来，非国有经济发展十分迅猛。1990年中央提出通过上海带动整个东部沿海地区经济发展的战略，上海相对于东北在地理上处西南，全国经济重心往西南移动是必然的趋势。但在图5-5中，可注意到这个时候的国有工业经济重心远比其他经济要偏西，这说明早在1992年前后，国有工业企业就已经开始大力向中西部地区倾斜了。同时，这也说明从1992年开始，东北老工业基地在全国工业中的影响力和比重就已开始下降，而广大中西部地区在90年代初国有经济成分的比重已开始提升。1992年国有企业重心点大约在江苏徐州附近，而到1998年就移到了河南周口，西进的力度很大。此时，全国的工业经济重心也开始往西南移动。

第三，在1998年以后的国有工业经济重心再次向北发展，而非国有工业经济重心也不再一路南下而是开始往北移动。到2004年以后，国有工业经济重心再次大力向西的时候，非国有工业经济重心没有再出现与国有工业经济重心相背离的趋势，而是也逐步开始向西北方向发展。国有工业经济重心在前进的方向上对非国有工业经济重心的发展方向产生了影响。这也可以说，此时的珠三角地区不论是在非国有工业经济还是在全部工业经济当中所占的比重都出现了变化。因此笔者推断，大约在2000年前后，中西部地区在国有经济的带动下使得当地非国有经济也得到了较大的发展，而不是在非国有经济带动下使得国有经济在中西部得到了发展。

笔者注意到，改革开放以来，人口重心一直向南移动，这与经济特区的建设有关。人口大量南迁，给南部特别是珠三角地区的人口和经济发展都带来了很大的变化。但同时笔者也注意到，我国经济重心向南移动的趋势到2000年左右得到减弱，其后开始出现向西移动的变化。笔者认为，这应该与工业的发展趋势及其对整体经济的影响力增强有关。因为，改革开放以来，珠三角地区是经济的引领坐标，其主要发展的多为劳动密集型企业，需要较多的劳动力和为其服务的相关产业，第三产业在珠三角、长三角地区渐次兴起，经济重心自然往南移动。而工业有一个向东再向西的发展变化过程，说明工业在2000年之前曾出现过较大变革，这应该是企业市场化改革不断深化的结果。特别是到了2000年之后，工业经济重心从1998年前后一直到2011年左右继续往西北方向移动的同时，全国经济重心也从大约2000年一直到2010年开始向西北移动，这十年来没有再出现由于人口重心的继续南移而经济重心也向南移动的趋势，说明从2000年前后开始，工业对全国经济的影响力不是减弱了而是增强了。

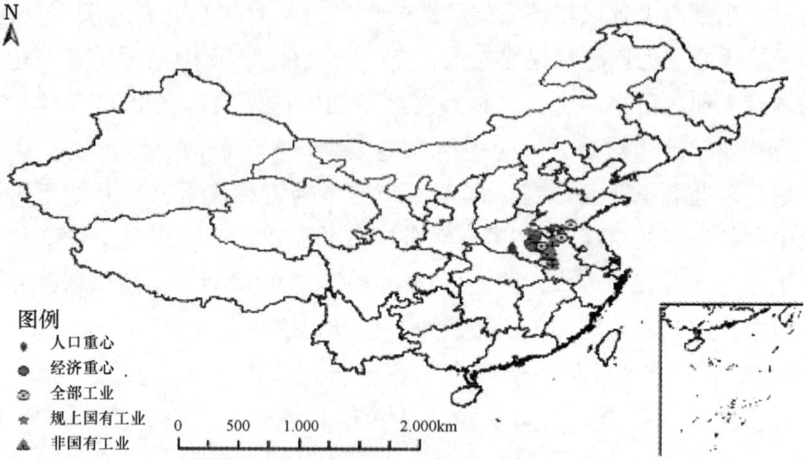

图5-4 工业重心，人口重心和经济重心远视

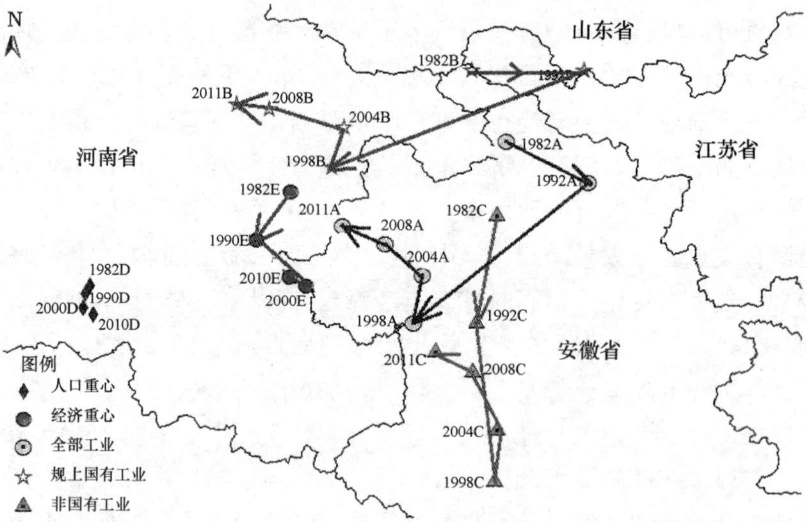

图5-5 工业经济重心，经济重心和人口重心近视

注：图5-4、图5-5由廖建辉博士帮助完成，特此感谢。

第三节　不同所有制企业对省际工业经济发展的影响

一　工业总产值及所占份额比较

本章主要选取了2004年、2008年和2011年的数据进行分析比较。原因是，2004年和2008年我国分别进行了第一次、第二次经济普查，数据比较翔实。结合较近的2011年工业经济统计数据，大体上能反映出党的十六大以来我国工业企业的发展变化情况。数据表明，我国国有及国有控股企业在全部工业总产值的比重呈现持续下降态势，而非国有企业发展迅猛（见表5－6）。2008年与2004年相比，国有企业增长了104.73%，而非国有企业增长了163.11%。2011年，国有企业实现工业总产值为221036.25亿元，而非国有企业工业总产值为777596.23亿元，与2007年相比，国有企业只增长了53.7%，而非国有企业增长了94.32%。国有企业在全部工业总产值中所占比重也由2003年的31.59%下降为2011年的22.13%。国有经济在经济总量上由2004年的30%左右下降到了2011年的20%左右。

表5－6　　按所有制分工业总产值级所占份额比较

	2004年		2008年		2011年	
	国有	非国有	国有	非国有	国有	非国有
各部分工业总产值（亿元）	70228.99	152086.94	143786.66	400158	221036.25	777596.23
全国工业总产值（亿元）	222315.93		543944.66		998632.48	
所占份额（%）	31.59	68.41	26.43	73.57	22.13	77.87

资料来源：根据《中国工业经济统计年鉴》（相应年度）和相应年份的《经济普查年鉴》中的有关资料搜集整理计算。

二　两类企业对总体工业在地区间经济差距收敛中所起的作用

经济重心的向西移动，说明中西部地区的经济在崛起，而工业企业按所有制关系细化为国有与非国有两类企业之后，从统计数据上看，似乎地区间工业经济差距的缩小是由于非国有经济规模的扩大和国有经济规模的减少带来的。本章对工业按加权变异系数的方法重新进行分解，那么公式（1）就变为：

$$CV_{\omega}^{2} = Z_{1}^{2}CV_{\omega 1}^{2} + Z_{2}^{2}CV_{\omega 2}^{2} + 2Z_{1}Z_{2}COV_{\omega} \tag{6}$$

根据公式（6）分解公式方程，可以反映出国有和非国有两类企业的发展对地区经济总体差异的影响，以及两者的相互作用所产生的变化对地区收入的影响。国有企业、非国有企业和两者相互作用对总体的影响依次为：$Z_1^2CV_{\omega 1}^2/CV_{\omega}^2$，$Z_2^2CV_{\omega 2}^2/CV_{\omega}^2$，$2Z_1Z_2COV_{\omega}$（1，2）$/CV_{\omega}^2$（见表5－7）。

表5－7　中国各省、市、区人均工业总产值差异变化及国有、非国有企业对总体差异的比重及影响强度

	2004年	2008年	2011年
全国人均工业总产值的加权变异系数	0.30	0.19	0.18
国有及国有控股企业的人均工业总产值的加权变异系数	0.48	0.38	0.52
非国有企业的人均工业总产值的加权变异系数	0.27	0.22	0.35
国有经济部分占加权变异系数的比重（PCV1）	0.26	0.26	0.39
非国有经济部分占加权变异系数的比重（PCV2）	0.37	0.67	2.15
两类企业相互作用部分占加权变异系数比重［PCV（1，2）］	0.36	0.06	－1.53
归一后国有经济占比（%）	41	28	15
归一后非国有经济占比（%）	59	72	85
国有经济对区域差异扩大的影响强度	1.30	1.06	0.69
非国有经济对区域差异扩大的影响强度	0.86	0.98	1.09

注：1. 全国各省、市、区人均工业总产值的加权变异系数为公式（6）中的 CV_{ω}^2。

2. 各省、市、区国有及国有控股和非国有企业的人均工业总产值的加权变异系数分别是公式（6）中的 $CV_{\omega 1}^2$ 和 $CV_{\omega 2}^2$

3. 两类企业及其相互作用部分对整体工业经济差异部分占 CV_{ω}^2 比重分别是 $PCV_1 = Z_1^2 CV_{\omega 1}^2/CV_{\omega}^2$，$PCV_2 = Z_2^2 CV_{\omega 2}^2/CV_{\omega 2}$ 和 PCV（1，2）$=2Z_1Z_2$COV（1，2）$/CV_{\omega}^2$。

4. 将国有经济部分与非国有经济部分的加权比重之和设为1，再测算它们各自在其中所占的百分比。

5. 国有经济对区域差异的影响强度：国有及国有企业归一后对总体工业经济差异的影响/国有企业的工业总产值在全部工业总产值中所占的的份额；非国有经济对区域差异的影响强度：非

国有企业归一后对总体工业差异的影响/非国有部分的工业总产值在全部工业总产值中的份额。

6. 数值小数点后采用四舍五入保留两位。

资料来源：本文一共考察了29个省市区，不包括港澳台、西藏、海南（数据缺失）、相关年份的《中国工业经济统计年鉴》。

全国地区间人均工业总产值的加权变异系数（CV_{ω}）由2004年的0.3左右下降到了2008年的0.19左右，而后2011年也基本维持在了0.18左右的水平，这说明我国地区间人均工业产值的差距已呈现明显缩小趋势。结合本章第二部分已经得出的我国省际人均国民收入差异基本是由第二产业（工业和建筑业）的发展差异而引起的结论，笔者进一步认识到：地区间的经济差距已开始呈现收敛趋势。特别是，2004—2008年收敛的幅度较为明显，而在2008年以后相对趋缓。

三　不同所有制对地区间经济差距的作用

（一）国有经济

从表5－6可知，国有经济在整体规模中所占的比重由大约30%下降到22%，而同时，国有与非国有的相互影响造成的差异［PCV（1，2）］对总体差异的比重也由0.36下降到－1.5左右（负值意味着差距在缩小）。这说明两类企业彼此间的相互作用对地区产值上的差异正起到收敛作用，即同一地区两类企业在人均工业产值上的差距正在缩小。如果进一步将国有与非国有企业对总体差异加权比重归一，则国有经济由2004年的占比大约为41%下降到了2011年的15%，其影响强度则由1.3减少到0.69（见表5－7）。

（二）非国有经济

根据公式：工业增加值率＝工业增加值/工业总产值，假定相同年份各省（区、市）的工业增加值率相同，那么，工业总产值的差异扩大，必然造成在地区间工业增加值上的差异扩大，即工业GDP上的扩大，也就造成在工业经济收入上的差距扩大。由于第二产业是造成全国总体经济收入差异的决定因素，而工业又是第二产业的主要部分，那么，区域间工业产值上的差异扩大，也必然造成区域间总体经济收入上的差异扩大。另外，从数据上看，非国有经济在规模上占比逐年提升，而同时它在人均工业总产值上对总体工业差距的影响也在不断上升，2011年对区域差异的影响比重达到了2.15，其影响强度达到1.09。这表明非国有经济在地区间收入差距的扩大成为造成全国地区间收入差距扩大的主要原因。

从以上结论推断，只有同一地区的国有与非国有经济在工业收入上的差距实现缩小，才能实现区域间工业经济收入差距上的缩小。只有区域间工业经济差距的趋势收敛了，区域间总体经济差距才能最终真正实现有效的收敛。

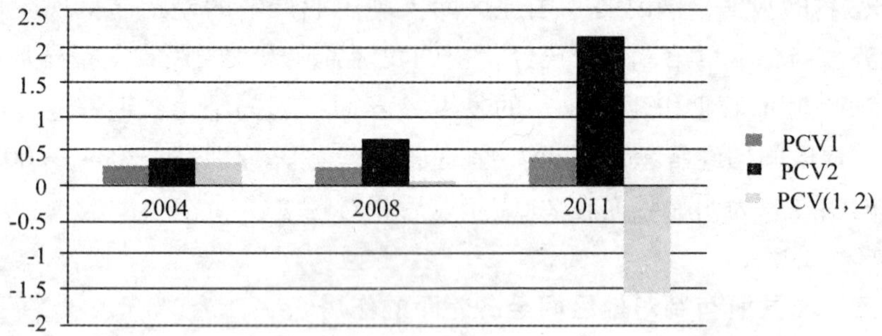

图5-6　两类企业对地区总体工业产值差异的影响

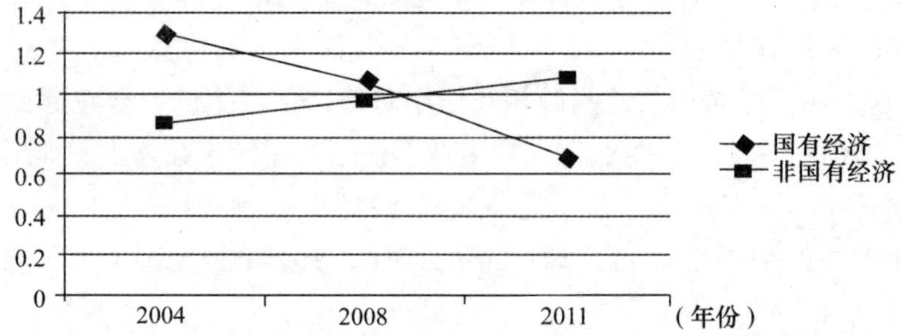

图5-7　两类所有制经济对区域人均工业产值差异的影响趋势

第四节　三大产业人均GDP的离散度检验

为了对各省市区资料中样本变异程度的离散趋势有一个更好的把握，从而进一步检验之前数据的正确性，本章再利用变异系数这一统计指标来做进一步的检验。这里的变异系数仅仅是统计量，一个相对值，它没有单位，仅类似于级差、标准差、方差的统计指标。一般来说，变异系数的变量值平均水平越高，其离散程度的测度值也就越大，反之亦然。当进行两个或多个资料变异程度的比较时，如果度量单位与平均数相同，就可以直接利用标准差来比较。但是，如果单位和平均数不同时，比较其变异程度就不能采用标准差，而需采用标准差与平均数的比值（相对值）来比较。标准差与平均数的比值就称为变异系数。因此，变异系数可以消除单位和平均数不同对两个或多个资料变异程度比较的影响。

变异系数的计算公式为：变异系数 =（标准偏差 ÷ 平均值）× 100%。变异系数可以大于100%，变异系数大于100%属于强变异，介于10%—100%属于中等变异，小于10%的属于弱变异。

本章主要考察了三大产业的人均GDP变异系数。在第二产业中，单列出工业，进而再单列出国有和非国有两大部分。需要特别加以说明的是：一是由于受数据限制，国有与非国有企业的人均GDP用其各自的工业增加值进行了代替；二是考虑到部分省、市、区由于各自统计的工业增加值数据缺失，本章采取假设当年的各省（区、市）国有和非国有工业企业的增加值率（工业增加值率 = 工业增加值/工业总产值）与当年全国的工业增加值率相同进行了估算。

第一产业的人均GDP变异系数总的来看变化不大，这意味着第一产业在地区间人均收入差距中的作用不明显。经济差距的产生主要由二三产业所引起，这与之前的分析结论也相吻合，即地区经济差异的变化主要是由于二三产业的差异带来的，特别是第二产业（见图5－8、表5－8）。

在第二产业中，非国有企业在2004年的变异系数值最大，高于100%，属于强变异，说明离散程度很大，即标准偏差大于均值，这也进一步说明地区间人均GDP差别较大，是造成地区间人均GDP差异的主要因素。笔者也注意到，非国有企业对地区间人均GDP上的差距变化过程也呈现逐步收敛的趋势。但是，要实现非国有企业在地区间经济差距上的收敛，任务还十分艰巨。国有企业下降幅度虽低于非国有企业大约28%，但是，变异系数值小于非国有企业。这说明，首先在同一年份，国有企业的人均GDP在地区间的差距没有非国有企业大。其次，从年份的变化趋势看，国有企业在2004—2008年下降了大约18%，而后又下降了10%左右。而非国有企业也从开始的大约24%缩小为之后的17%，这说明，两类企业在地区间的差距发展都有趋缓的趋势，国有企业率先下降到70%以下（见图5－8）。最后，国有企业的变异系数与工业整体的变异系数值的变动趋势十分接近，这说明，工业在推动地区经济差距收敛中的步调基本与国有经济的收敛节奏步调一致，是地区间经济差距收敛上的主要因素。

特别是，2011 年的工业变异系数比同期国有和非国有企业的值都小，这说明省际企业整体经济差异比单从所有制角度比较的经济差距要小。笔者以为，国有与非国有企业在整体空间上的布局比过去更趋均衡，过去国有企业集中的地区，非国有企业目前也有了相当大的市场；过去非国有企业较多的地区，国有企业现在也有一定规模。

因此，从发展趋势本章可以推断出，省域间经济差距还会随着二三产业的发展而进一步缩小。但从二三产业的带动力度上看，第三产业对带动地区经济差距缩小的力度明显不如第二产业。而具体到第二产业的工业部分，国有企业在不同地区的人均 GDP 的差距依然会小于非国有企业，落后地区与发达地区的非国有企业，收入差距的趋势虽有缩小，但依然存在较大的实际差距。

表 5－8　　按两类所有制划分，三大产业人均 GDP 变异系数

产业＼年份	2004	2008	2011
第一产业	31.88%	36.10%	36.91%
第二产业	70.72%	57.24%	42.98%
工业	98.86%	75.33%	58.24%
国有工业企业	92.63%	74.18%	64.07%
非国有工业企业	118.38%	93.77%	76.50%
第三产业	95.80%	89.25%	75.06%

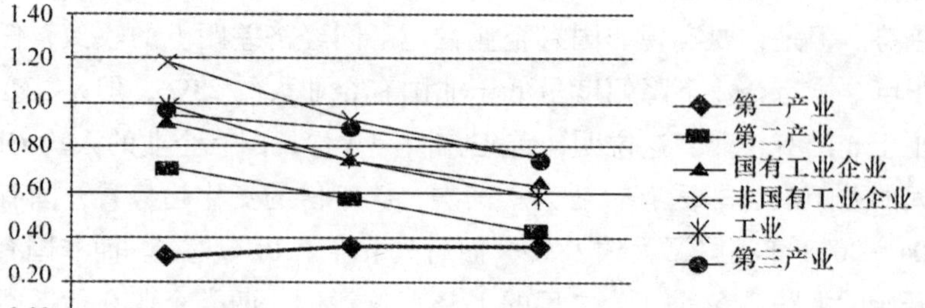

图 5－8　按两类所有制划分，三大产业人均 GDP 变异系数

第五节　结论与评述

魏后凯等专家①曾计算了1952—1990年主要年份的全国人均国民收入加权变异系数，得出自新中国成立以来，我国在各省区市之间的收入差异大体上呈现倒“U”形，即从1978年之前人均国民收入是不断扩大的，而后逐渐趋于缩小。本章在前人的基础上，利用加权变异系数的方法，首先从三大产业的角度进行分解，结合较新的数据，对地区间总体收入差距进行了定量分析和计算，发现直到2011年，第二产业仍在地区间总体收入差距上起主要作用。进而，本章对工业按所有制进行了分析，研究探索国有企业和非国有企业在地区间经济收入差距方面各自起到什么作用。再从定性角度，结合人口重心、经济重心及按国有和非国有划分的两类工业经济重心，对两类企业的发展轨迹进行了比较，发现国有企业在区域收入差异扩大上起收敛作用，而非国有企业起反作用。最后对三大产业的人均GDP数据进行了变异系数的统计分析，发现与之前的推断也是基本吻合的。综合上述分析，本章可以得到如下结论。

第一，我国目前从三大产业的发展来看，造成地区间经济差距扩大的主要原因是在第二产业。尽管第三产业在近些年来发展迅猛，对地区收入差距的总影响比重从1982年的3.96%上升到2011年的18.55%，但第二产业依然是造成地区间经济差距的主要方面，在2011年依然占到总影响比重的80.36%。因此，做大做强第二产业特别是工业，依然是今后一个时期我国减小地区间经济差距的首要任务。

第二，从经济重心图的走势上可以清楚地看到，我国经济重心变化在2000年前主要是南北方向上变化，与人口重心的变化走势相近，说明人口因素对其影响作用较大，从2000年左右，经济重心开始向东西方向上变化，与工业重心的变化趋势相似。工业对地区间经济收入的影响力已经高于人口因素，而在影响工业重心的走向方面，国有经济在其中起到主导作用。因此，要大力发展中西部地区的国有及国有控股企业，是实现工业对地区经济收入差距缩小的关键。只有首先实现工业在省域间经济收入差

① 魏后凯、刘楷、周民良等：《中国地区发展——经济增长、制度变迁与地区差异》，经济管理出版社1997年版。

距上的缩小，才能进一步真正实现全国经济收入在地区间的缩小。

第三，通过对两类所有制企业的对比分析，本章发现，总体上省域间经济差距呈现收敛趋势。2004—2008 年收敛得较为明显，2008 年之后趋于缓和。两类企业在不同地区间均存在收入差距问题，但是，国有经济对地区差异扩大的影响强度从 2004 年的 1.3% 下降到 2011 年的 0.69%，而非国有经济从 2004 年的 0.86% 上升到了 2011 年的 1.09%，这一结果说明，非国有经济对地区间经济收入差距收敛产生了负面作用。而两类企业相互影响对全部收入差距的最后结果显示，从 2004 年的 0.36% 下降为 2011 年的 -1.53%，这就表明，正是由于国有经济的收敛作用强于非国有经济的扩大作用，使得整个工业对地区经济收入差异上显示的是收敛的作用。所以本章认为：在工业领域内部，要首先实现在同一地区，国有企业与非国有企业在工业经济差异上的收敛，才能实现地区间工业经济差异的收敛，进而由工业的收敛带动作用实现地区间经济差距的收敛。

第四，通过对离散度的分析，随着市场经济的进一步发展，省域间经济差距还会随着第二、三产业的发展而进一步收敛，但从带动力上看，第三产业的作用力明显不如第二产业。具体到工业内部，国有企业与非国有企业在空间上的布局将更加趋于合理均衡，两类企业在人均收入上的差距也会进一步收窄。因此，发展混合所有制经济，将是我国下一步市场经济发展的必然趋势。

由于在制造业方面各地区的数据不够翔实，因而无法进一步判断在制造业领域国有企业与非国有企业究竟谁在起主导作用。另外，第二产业中的建筑业本章也没有涉猎，造成地区间收入差距的形成因素也远不止三大产业因素，因此，还有其他社会因素同样值得进一步研究。

第六章　国有经济的行业分布与控制力

本章利用宏观与微观数据衡量国有经济占比及国有经济控制力，研究结果显示：1996—2011 年，我国国有经济的总量占比下降。但以近几年来行业领头企业的数量衡量，工业企业有 9 个行业的国有经济控制力在增加，14 个行业国有经济的控制力处于调整之中，有 16 个行业国有经济控制力在减弱。由于产业结构调整，尤其是 2003 年之后国有经济产业分布的优化调整，我国国有经济对国民经济的整体影响能力和控制能力并未显著下降，甚至在一些行业内，通过产业组织结构调整，并利用资本优势，国有企业的控制力反而有所提升。总之，在某些行业国有经济占比下降的同时，国有经济的控制力却有可能得到提升；因而在关注国有经济占比的同时，更应关注国有经济的控制力。

第一节　引言

改革开放以来，学界及政府部门对国有经济与非国有经济关系的探讨从未间断过，随着市场经济改革逐步深化，这一讨论越来越为大众所熟知。20 世纪 90 年代中后期的国有企业改制，大量国有工业企业倒闭重组，数百万国企职工下岗，引发了一些对国有企业是否应该迅速撤退的质疑，并进一步唤起人们对国有企业效率问题的关注。1997 年，党的十五大做出增强国有经济控制力的决策，对国有经济进行战略性调整，有进有退，有所为有所不为。进入 21 世纪，许多学者围绕“国进民退”和“民进国退”的现象展开争论。2004 年之前，人们普遍认为，国有经济从市场中退出是大势所趋，相对于国有经济，非国有经济从财务状况、市场竞争力以及市场占有率方面已经不再处于劣势。但是 2004 年后，一些国有企业的迅速发展壮大引起人们的关注。国有企业通过兼并、收购和重组成为规模庞大的国有企业集团，一些人又因此产生“国进民退”的疑惑。

截至 2010 年，我国除国有企业和集体企业以外的其他类型企业的营业收入比重已达 79.27%，资本总额比重已达 36.88%，从业人数比重已达 84.15%（见表 6－1）。

表 6－1　　2010 年私营企业及公有制企业三项指标

企业类型	资本总额		营业收入		从业人数	
	总量（亿元）	比重（%）	总量（亿元）	比重（%）	总量（人）	比重（%）
私营独资	28571.96	1.54	47808.73	4.26	8610082	5.60
私营合伙	3570.40	0.19	8103.23	0.72	1637441	1.07
私营有限责任公司	158674.07	8.54	250116.94	22.31	42265255	27.50
私营股份有限公司	13774.31	0.74	17547.88	1.57	3085499	2.01
港澳台商投资企业	70365.13	3.79	78617.13	7.01	13775280	8.96
外商投资企业	109300.72	5.88	150229.02	13.40	15492019	10.08
其他有限责任公司	193311.59	10.40	230677.98	20.58	34590854	22.51
其他股份有限公司	89183.73	4.80	105619.08	9.42	9865925	6.42
私营企业总比重		35.88		79.27		84.15
国有企业	121987.3	6.56	119290.2	10.64	12946884	8.42
集体企业	10383.28	0.56	59631.93	5.32	4970952	3.23
股份合作企业	1004129	54.03	6350.787	0.57	1098976	0.72
国有联营企业	1265.752	0.07	1478.685	0.13	102672	0.07
集体联营企业	218.6758	0.01	420.36	0.04	98863	0.06
国有与集体联营	339.2419	0.02	604.4674	0.05	73756	0.05
其他联营	305.3586	0.02	453.2743	0.04	104699	0.07
国有独资公司	49290.76	2.65	37841.86	3.38	3969740	2.58

资料来源：国家统计局普查中心编《2011 年中国基本单位统计年鉴》（光盘版），国家统计出版社 2011 年版，表格 3－05、3－06、3－08。

然而，在国有经济各项指标总体比重降低的情况下，从表 6－1 也可以看出，虽然私营经济提供了 84.15% 的就业岗位以及 79.27% 的营业收入，但其资本存量比重仅占 35.88%。同时我们发现，在许多行业，如石油、煤炭等基础能源行业，以及重型装备制造和水电供应等关乎公共安全的行业，国有企业仍然占据着不可动摇的地位。那么，我国的国有经济控制力在21世纪的第一个十年发生了怎样的变化，究竟如何科学衡量国有经济控制力，其在不同行业的分布又是怎样的呢？本章主要对此做实证研究。

为了实现本章的分析目标，首先要明确国有经济控制力的定义和界定方式，进而构建一组能够反映国有经济控制力的指标体系。

有关文献一般将国有经济实现其功能的能力，作为国有经济控制力的定义。党的十五大报告中最早提出，“国有经济起主导作用，主要体现在控制力上”。国家统计局课题组[①]认为，国有经济控制力包括两方面的能力，即国有经济对国民经济的调节能力和保障能力。调节能力系指国有经济通过对支柱产业的支持，促进国民经济整体平稳较快增长的能力；保障能力系指国有经济保障国家经济安全和社会稳定的能力。这一解读为后来的许多文献所采用。还有一些学者提出，国有经济控制力应界定为：国有经济能动员多少大于其本身的非公有制经济力，以参与社会主义市场经济建设的能力。袁恩桢[②]将国有经济的控制力分解为核心作用、放大作用、辐射作用、导向作用这四大作用。

我们发现，虽然国有经济的调控有多重目标，但大多数学者都指出，国有经济控制力包含数量和质量两层意思。从“量”来看，国有经济的控制力一定体现在规模上，要在国民经济中占一定比例。从“质”的方面看，国有经济要有合理的产业分布，通过在关系国民经济命脉的部门、关键领域和战略产业实行国家所有制，支配国民经济发展的方向，将有限的国有资源投入关乎国民经济命脉的重要领域，提高资源配置效率。

一些学者定性地提出了对国有经济控制力进行测算的原则和方法。如李崇新提出，利用每单位国有资本所能支配的非国有资本（或非公有资

① 国家统计局课题组：《对国有经济控制力的量化分析》，《统计研究》2001年第1期，第3—10页。

② 袁恩桢：《论国有经济的控制力》，《上海社会科学院学术季刊》2000年第2期，第5—12页。

本），衡量国有经济的控制力。周学文①提出，用国有经济所控制的总量指标与相应的国民经济的总量指标的比例，表示国有经济控制力的“量”的指标，然后通过对一些关键行业的横向对比，衡量国有经济控制力“质”的方面。受到数据可得性的限制，我们发现，现有研究在实际测算时所用方法，集中于国有经济的总量指标、总体占比。如杨宽宽、周学文②等在对国有经济控制力进行分析时，所用指标是国有国控企业、事业单位数、从业人员数、营业收入所占比重；李士梅③选用国有经济的生产总值占 GDP 的比重，表示国有经济控制力；还有学者使用固定资本投资占比这一指标。在文章中做出实际测算的如徐国祥等④，将国有经济单位的从业人员数、资本、销售收入等所占比重合成为一个综合指标，测度国有经济的整体控制力；王江等⑤将工业增加值、资产总计、所有者权益、主营业务收入、利润总额的国有经济比重这五项指标合成综合指标。胡鞍钢⑥利用工业国有企业数量、产值与利润的占比的变化，驳斥“国进民退”的说法，但是时间跨度比较长，没有集中观察 2003 年之后的变化，而且没有观察行业分布的变化。被学界引用最多的是上述国家统计局课题组在 2001 年所作的测算，该文设计了各行业的调节与保障系数和活力系数［前者基于国有经济比重指标，后者基于国有经济发展速度（1 + 增长速度）与全行业发展速度之比］，并将两者的乘积定义为控制力系数，再用各行业的国有经济控制力系数的加权平均，表示国有经济的整体控制力。在确定国有经济的数量界限时，盛毅⑦采用前 N 家国有企业的总产出占比和该行业的产业集中度的相对比较，观察国有经济控制力的强弱；赵

① 周学文：《如何认识并测算国有经济和国有经济控制力》，《中国统计》1999 年第 8 期，第 19—21 页。

② 杨宽宽、许剑毅、周学文、朱金渭：《国有经济控制力的现状及趋势》，《中国经贸导刊》2003 年第 18 期，第 21—23 页。

③ 李士梅：《我国国有经济控制力的界定》，《工业技术经济》2002 年第 1 期，第 1—3 页。

④ 徐国祥、苏月中：《上海国有经济控制力定量评估与发展对策研究》，《财经研究》2003 年第 8 期，第 28—33 页。

⑤ 王江、周雅、郑广超：《工业企业国有经济控制力研究》，《北方经济》2009 年第 5 期，第 14—15 页。

⑥ 胡鞍钢：《“国进民退”现象的证伪》，《国家行政学院学报》2012 年第 1 期，第 9—14 页。

⑦ 盛毅：《用行业集中度确定国有经济控制力的数量界限》，《经济体制改革》2010 年第 6 期，第 15—20 页。

华荃[①]将国有经济的经营性资产在16个关键行业的占比作为判断公有制主体地位的数量依据，认为从2006年到2010年，国有经济控制力急剧下降，至2010年已经影响到公有制的主体地位；而郑志国[②]认为，如果考虑“资源性资产”，则公有资产的主体地位仍然占绝对优势。金碚、黄群慧[③]也利用国有资本占比和产业集中度，对工业行业进行了划分，以确定国有经济在不同行业的相对强弱。

我们发现，目前针对国有经济控制力的研究尚存在以下几方面不足。首先，对国有经济控制力的研究主要集中于定性分析，仅有国家统计局课题组、赵华荃等对全国的国有经济控制力进行了综合测算，刘福林和徐国祥分别对北京市和上海市的地区国有经济控制力进行过测算。其次，通过中长期时间跨度的时间序列数据，对我国国有经济控制力的变化情况进行的研究较少；大部分文章都利用横截面数据，对国有经济控制力进行静态分析。而控制力是一个动态概念，各地区、各产业部门国有经济所占份额大小因时、因地不断变化，仅仅以横截面数据对国有经济进行横向分析，不足以得出国有经济是“进”还是“退”的结论。再次，不同产品、不同行业对于我国现阶段国民经济发展的重要程度是不同的，国有经济进入不同行业所能发挥的引导作用也是不同的，简单计算国民经济总量指标中的国有经济比重过于笼统，无法看出不同行业的相对重要程度。最后，目前尚无利用微观数据测算各行业国有经济控制力系数及其跨期变化的尝试。本章试图利用工业企业数据库的企业数据进行测度，以弥补这一不足。

第二节　对国有经济整体控制力进行测度的宏观指标

本章首先将利用工业全行业的数据，对于国有经济的控制力进行总体

① 赵华荃：《关于公有制主体地位的量化分析和评价》，《当代经济研究》2012年第3期，第41—48页。

② 郑志国：《怎样量化分析公有制的主体地位》，《当代经济研究》2012年第10期，第49—53页。

③ 金碚、黄群慧：《“新型国有企业”现象初步研究》，《中国工业经济》2005年第6期，第5—14页。

测算。本章使用就业人口、资产总额、总产值、主营业务收入四个指标来测算国有企业的控制力；指标之间的权重利用上市公司的数据进行计算。

一　指标选择及原因

工业各行业的数据口径比较统一、规范，而其余行业的国有及国有控股企业的资本、所有者权益以及总产值和增加值的信息的统计口径不甚清晰。我们的测算针对的是工业行业。我国目前采用的《国民经济行业分类》（GB/T4754－2002），共有20个门类，其中工业包括3个门类（采矿业、制造业、电力和燃气及水的生产供应业）和39个大类。我国投入产出表的核算中，工业行业分为24个大类，这24个工业行业可以由39个行业大类经过口径调整合并而来。因此我们主要利用24种工业大类的划分方法，对数据进行处理，并展开对国有经济控制力的计算。

考虑到数据的统一性和可得性，我们所选取的国有经济以国有及国有控股企业为代表。在国家统计局的数据核算规则中，国有企业指企业全部资产归国家所有的非公司制的经济组织，包括国有企业、国有独资公司和国有联营企业。国有控股企业是指全部资产中国有资产（股份）相对其他所有者中的任何一个所有者占资（股）最多的混合所有制企业。结合我们的研究目的，我们选取了一些可获得的指标，按以下步骤构建指标体系。

（1）基本指标分成两大类。从投入要素的控制来看，国有经济所控制的生产要素为劳动力和资本；从实际产出的结果来看，国有经济所控制的生产能力和盈利能力为总产值和主营业务收入。在实际数据中，国有企业的利润总额在很多行业有数个年份为负，而行业总利润额是正的，不便于进行比重计算。若解释变量中既包含主营业务收入，又包含利润总额，则由于两个变量存在多重共线性，参数估计值的经济意义明显不合理。因此在衡量盈利能力时，我们没有选用利润总额，而是将主营业务收入（产品销售收入）纳入指标体系。

（2）计算出第j行业的就业人口、资产总额、总产值、主营业务收入总额中，国有经济所占比重分别为：Lj，K_jQ_j，R_j，则国有经济控制力系数为

$$\alpha_1 K_j + \alpha_2 R_j + \alpha_3 Q_j + \alpha_4 L_j \tag{1}$$

该系数计算时所需的各指标权重为α_1、α_2、α_3、α_4，我们将通过针对我国工业上市企业的一个线性回归方程的估计得到。

（3）一家企业的总市值是一家企业所能影响到的资本总量，由于国

有经济的控制力在宏观指标上应当有一个载体，而根据现有文献对国有经济控制力的解读以及作者的理解，各个宏观指标与总市值的关系大致包含了这些宏观指标与国有经济控制力的关系。上市企业的年度报表中有较详细的年度资产总额和主营业务收入的数据，我们将选取 1287 家工业上市国有企业 2010 年的相关财务数据，对以下线性回归方程进行估计：

$$M = \beta_0 + \beta_1 + \beta_1 K_j + \beta_2 R_j \qquad (2)$$

M 为该企业的总市值，我们的计算方法是：M = 过去一年的平均开盘价 × 总股本。工业企业的劳动力数量是否会影响股价或总市值，这是一个比较难决断的问题。从某种程度来说，总市值是资本的规模，而就业人口是劳动力的规模，两者没有太大的关系。进一步，考虑到难以区分长期员工和短期员工，以及劳动力的素质高低，而且国有企业的就业人口中有很大比例是福利性就业以及不充分就业，因此就业人口与总市值的线性关系并不显著，甚至有呈负相关的倾向，所以我们没有将平均就业人数纳入回归。

总产值数据在企业年报中并没有直接体现，而且总产值与主营业务收入实际上有很强的线性相关性，所以我们将主营业务收入纳入回归，而将总产值剔除出回归方程。

得到回归结果后，构造以下限制条件：

$$\alpha_1 / (\alpha_2 + \alpha_3) = \beta_1 / \beta_2$$

$$\alpha_4 = \alpha_1,\ \alpha_3 = \alpha_2$$

$$\alpha_1 + \alpha_2 + \alpha_3 + \alpha_4 = 1 \qquad (3)$$

求得 α_1、α_2、α_3、α_4，并据式（2）得到 C_j。

在回归方程中令企业总市值作为因变量，令 $\alpha_4 = \alpha_1$ 的原因是，所控制的劳动力比重对于控制力的影响应当至少与所控制的资本比重相当，至少在我国仍有大量行业采用劳动力密集型生产的阶段是这样的。而 $\alpha_3 = \alpha_2$ 的原因是，希望充分利用各行业国有经济总产量比重与主营业务收入比重的信息，并且由于两者的线性关系较强，指标性质相似，因此对控制力具有相近的体现。

二　上市公司数据回归结果

我们收集了 1287 家工业企业的财务数据和股票数据，其中剔除了面临严重亏损的 ST 股、SST 股，以及数据不全的企业。总市值指标用 2011

年总市值代表，总资产指标选用 2011 年年报中的资产总额数据，主营业务收入选用 2011 年年报中的营业收入数据。

按照 $M = \beta_0 + \beta_1 + \beta_1 K_j + \beta_2 R_j$ 进行回归，利用 Eviews 6.0 处理软件，得到基本的回归结果如表 6－2、图 6－1 所示。

表 6－2　1287 家工业企业总市值关于总资产和营业收入的回归结果

样本数：1287			
解释变量	参数估计值	t－统计量	Prob.
截距项 C	30.68	20.49	0.0000
总资产 TA	0.18	12.48	0.0000
营业收入 R	0.21	11.20	0.0000
R－squared	0.56	F－统计量	832.4822
Adjusted R－squared	0.56	Prob（F－统计量）	0.0000

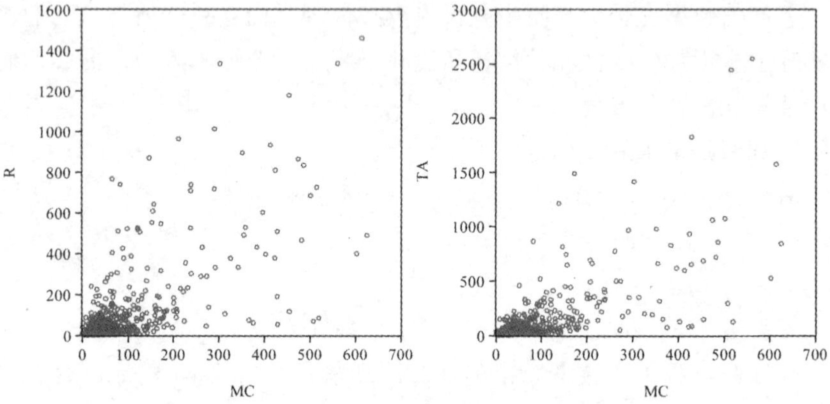

图 6－1　总市值与总资产及营业收入关系

资料来源：国泰安金融数据库。

该回归的样本已经根据散点图去掉了比较极端的样本点。随机去掉另一些样本点后，我们发现，模型参数估计值变动不大。这说明，总资产和营业收入之间存在较强的共线性，但参数估计量的方差并没有大到不可接受的地步（由于随机干扰项方差不大，而且变量的变异性较大，样本量较大）。

由回归分析可知，资产总额与营业收入对总市值均有显著的影响。其中，年营业收入每增加 1 亿元，总市值增加约 0.176 亿元；资产总额每增加 1 亿元，总市值增加约 0.206 亿元。

于是我们得到 $\beta_1\beta_2 = 10.176272/0.206381$，又由 $\alpha/(\alpha_1+\alpha_3) = \beta_1/\beta_2$ 及 $\alpha_1+\alpha_2+\alpha_3+\alpha_4 = 1$ 得到：

$\alpha_1 = 0.3154$，$\alpha_2 = 0.1846$，$\alpha_3 = 0.1846$，$\alpha_4 = 0.3154$

$$C_j = 0.31540K_j + 0.1846R_j + 0.1846Q_j + 0.3154Lj \quad (4)$$

第三节 国有经济控制力系数的行业分布

在计算了工业领域国有经济的控制力后，本章下面将计算工业细分行业的国有经济控制力及其变化情况，并分析影响国有经济在不同行业控制力系数变化的原因。

一 各行业国有经济控制力系数

确定了国有经济控制力系数的计算参数后，我们利用 1997—2012 年统计年鉴上工业企业和工业行业国有企业数据，计算了工业 24 个行业从 1996 年到 2011 年共 16 年的国有经济控制力系数。统计结果如表 6－3 所示。

表 6－3 1996—2011 年 24 个工业行业国有经济控制力系数

行业＼年份	1996	1997	1998	1999	2000	2001	2002	2003
煤炭开采和洗选业	0.798	0.774	0.844	0.844	0.850	0.844	0.828	0.808
石油和天然气开采业	0.963	0.955	0.998	0.998	0.971	0.957	0.955	0.955
金属矿采选业	0.599	0.522	0.555	0.555	0.538	0.510	0.487	0.456
非金属矿采选业	0.417	0.327	0.472	0.472	0.479	0.481	0.470	0.407
食品制造及烟草加工业	0.583	0.516	0.568	0.568	0.518	0.465	0.416	0.374
纺织业	0.442	0.376	0.412	0.412	0.380	0.316	0.265	0.198
服装皮革羽绒及其制品业	0.101	0.075	0.088	0.088	0.072	0.069	0.048	0.035
木材加工及家具制造业	0.426	0.306	0.380	0.380	0.335	0.301	0.264	0.117
造纸印刷及文教用品制造业	0.368	0.286	0.334	0.334	0.301	0.279	0.250	0.213
石油加工、炼焦及核燃料加工业	0.814	0.813	0.874	0.874	0.880	0.851	0.806	0.801

续表

年份 行业	1996	1997	1998	1999	2000	2001	2002	2003
化学工业	0. 479	0. 412	0. 516	0. 516	0. 485	0. 452	0. 409	0. 350
非金属矿物制品业	0. 358	0. 298	0. 399	0. 399	0. 359	0. 311	0. 279	0. 231
金属冶炼及压延加工业	0. 718	0. 701	0. 727	0. 727	0. 720	0. 692	0. 643	0. 591
金属制品业	0. 188	0. 144	0. 187	0. 187	0. 160	0. 150	0. 123	0. 114
通用、专用设备制造业	0. 495	0. 421	0. 520	0. 520	0. 473	0. 439	0. 416	0. 388
交通运输设备制造业	0. 575	0. 533	0. 715	0. 715	0. 699	0. 693	0. 667	0. 626
电气、机械及器材制造业	0. 278	0. 214	0. 293	0. 293	0. 254	0. 227	0. 199	0. 159
通信设备、计算机及其他电子设备制造业	0. 336	0. 285	0. 453	0. 453	0. 402	0. 374	0. 303	0. 234
仪器仪表及文化办公用机械制造业	0. 421	0. 318	0. 358	0. 358	0. 327	0. 294	0. 256	0. 171
其他制造业	—	—	—	—	—	—	—	0. 057
废品废料	—	—	—	—	—	—	—	0. 024
电力、热力的生产和供应业	0. 799	0. 776	0. 890	0. 890	0. 892	0. 893	0. 871	0. 879
燃气生产和供应业	0. 934	0. 910	0. 873	0. 873	0. 827	0. 800	0. 783	0. 771
水的生产和供应业	0. 860	0. 829	0. 911	0. 911	0. 897	0. 855	0. 832	0. 862
煤炭开采和洗选业	0. 640	0. 723	0. 707	0. 679	0. 640	0. 646	0. 621	0. 607
石油和天然气开采业	0. 872	0. 935	0. 986	0. 973	0. 967	0. 955	0. 956	0. 931
金属矿采选业	0. 289	0. 360	0. 341	0. 300	0. 266	0. 236	0. 266	0. 286
非金属矿采选业	0. 213	0. 262	0. 259	0. 202	0. 184	0. 164	0. 159	0. 173
食品制造及烟草加工业	0. 273	0. 273	0. 244	0. 217	0. 190	0. 181	0. 174	0. 167
纺织业	0. 116	0. 093	0. 077	0. 061	0. 043	0. 036	0. 033	0. 033
服装皮革羽绒及其制品业	0. 024	0. 021	0. 016	0. 016	0. 014	0. 013	0. 012	0. 012
木材加工及家具制造业	0. 059	0. 087	0. 070	0. 042	0. 031	0. 029	0. 028	0. 026
造纸印刷及文教用品制造业	0. 132	0. 140	0. 119	0. 095	0. 097	0. 091	0. 089	0. 078
石油加工、炼焦及核燃料加工业	0. 705	0. 727	0. 688	0. 691	0. 670	0. 648	0. 646	0. 632
化学工业	0. 261	0. 262	0. 241	0. 217	0. 194	0. 174	0. 167	0. 162
非金属矿物制品业	0. 141	0. 159	0. 142	0. 127	0. 127	0. 112	0. 116	0. 121
金属冶炼及压延加工业	0. 485	0. 476	0. 441	0. 431	0. 419	0. 407	0. 400	0. 386

续表

年份 行业	1996	1997	1998	1999	2000	2001	2002	2003
金属制品业	0.074	0.083	0.077	0.075	0.068	0.064	0.062	0.065
通用、专用设备制造业	0.258	0.283	0.253	0.233	0.212	0.206	0.184	0.178
交通运输设备制造业	0.521	0.519	0.501	0.490	0.443	0.459	0.454	0.439
电气、机械及器材制造业	0.113	0.121	0.112	0.098	0.092	0.094	0.094	0.096
通信设备、计算机及其他电子设备制造业	0.168	0.148	0.093	0.083	0.103	0.104	0.096	0.103
仪器仪表及文化办公用机械制造业	0.132	0.138	0.121	0.114	0.120	0.121	0.119	0.121
其他制造业	0.046	0.071	0.071	0.076	0.066	0.071	0.079	0.102
废品废料	0.013	0.046	0.072	0.077	0.163	0.187	0.050	0.049
电力、热力的生产和供应业	0.782	0.887	0.895	0.901	0.906	0.906	0.908	0.920
燃气生产和供应业	0.635	0.651	0.624	0.558	0.525	0.508	0.477	0.477
水的生产和供应业	7.859	0.807	0.748	0.727	0.734	0.703	0.727	0.735

注：废品废料行业和其他制造业在2003年以前没有统计数据。

资料来源：1998年企业营业收入及资产数据来源于国家统计局公交司编《1998年中国工业经济统计年报》，内部资料。

其他数据均来源于国家统计局编《中国统计年鉴（1997—2012）》，中国统计出版社，1997—2012；

其中1996—2002年从业人员数据分别来源于1997年年鉴表12-2、1998年年鉴表13-2、1999年年鉴表13-2、2000年年鉴表13-2、2001年年鉴表13-2、2002年年鉴表13-2、2003年年鉴表13-2；

1996—2002年全行业营业收入及资产数据分别来源于1997年年鉴表12-11、1998年年鉴表13-11、1999年年鉴表13-8、2000年年鉴表13-6、2001年年鉴表13-5、2002年年鉴表13-6、2003年年鉴表13-5；

1996年国有企业营业收入及资产数据来源于1997年年鉴表12-12，1997年国有企业营业收入及资产数据来源于1998年年鉴表13-12，1999—2002年国有企业营业收入及资产数据分别来源于2000年年鉴表13-10、2001年年鉴表13-9、2002年年鉴表13-9、2003年年鉴表13-9；

2003—2011年全行业数据分别来源于2004年年鉴表14-3、2005年年鉴表14-3、2006年年鉴表14-6、2007年年鉴表14-3、2008年年鉴表13-2、2009年年鉴表14-2、2010年年鉴表14-2、2011年年鉴表14-2、2012年年鉴表14-2；

2003—2011年国有企业数据分别来源于2004年年鉴表14-7、2005年年鉴表14-7、2006年年鉴表14-8、2007年年鉴表14-6、2008年年鉴表13-6、2009年年鉴表14-6、2010年年鉴表14-6、2011年年鉴表14-6、2012年年鉴表14-6。

可以看到，我国国有经济控制力在不同行业的变动趋势是不同的。按照变化趋势可以分为两个阶段。第一个阶段，1996 年到 2001 年，我国国有经济控制力系数在许多行业是平稳的甚至是上升的，例如煤炭开采和洗选业、非金属矿采选业、交通运输设备制造业以及通信设备、计算机及其他电子设备制造业，这些行业国有经济综合比重有明显的提高，在其他行业则呈基本平稳或轻微下降的趋势。第二个阶段，2003 年到 2011 年，我国国有经济控制力系数在绝大多数行业都是剧烈下降的，但是在石油和天然气开采业、其他制造业、废品废料以及电力、热力的生产和供应业是上升的。

从 1996—2011 年 16 年的跨度来看，国有经济控制力系数在各行业基本上呈下降趋势，而且控制力系数的下降大都在 0.1 以上，如表 6－4 所示。我们将 24 个行业按照 2007 年产业关联度系数排序后，将该系数值大于 2.5 的行业划分为对国民经济的联动性较强的行业。在这类行业中，排名前两位的化学工业、金属冶炼及压延加工业的国有经济控制力系数从 1996 年到 2011 年下降了 0.31 以上；通用、专用设备制造业和通信设备、计算机及其他电子设备制造业的国有经济控制力系数也下降了 0.2（平均变化为 0.24）以上；其余行业的国有经济控制力系数的下降都在 0.2 以下，电力、热力的生产和供应业的国有经济控制力系数不降反升。对国民经济的联动性较强的行业中，控制力系数下降在 0.2 以上的行业个数占比为 44%。而在产业关联度系数小于 2.5 的 15 个行业中，除去其他制造业和废品废料行业的控制力系数在 2002 年之前无法得到以外，13 个行业中控制力系数下降在 0.2 以上的行业个数为 9 个，占 69%。

表 6－4　　1996—2011 年各行业国有经济控制力系数变化及产业关联度系数

行业	产业关联度系数*	1996—2011 年控制力系数变化
化学工业	6.0875081	－0.31748
金属冶炼及压延加工业	5.1041032	－0.33231
电力、热力的生产和供应业	4.1492916	0.121257
通信设备、计算机及其他电子设备制造业	3.7414155	－0.23263
通用、专用设备制造业	3.1360556	－0.31762

续表

行业	产业关联度系数*	1996—2011年控制力系数变化
石油加工、炼焦及核燃料加工业	2.8172727	-0.18187
交通运输设备制造业	2.6904211	-0.13597
电气、机械及器材制造业	2.6849835	-0.18181
石油和天然气开采业	2.5011557	-0.03252
纺织业	2.458913	-0.40866
造纸印刷及文教用品制造业	2.3389909	-0.28958
金属制品业	2.3260333	-0.12319
食品制造及烟草加工业	2.2770663	-0.41583
仪器仪表及文化办公用机械制造业	1.9170895	-0.30025
非金属矿物制品业	1.8757943	-0.23647
金属矿采选业	1.8310834	-0.3136
煤炭开采和洗选业	1.8043653	-0.19134
木材加工及家具制造业	1.7434561	-0.39999
服装皮革羽绒及其制品业	1.7200254	-0.0892
其他制造业**	1.3923927	—
非金属矿采选业	1.2055242	-0.24347
燃气生产和供应业	1.1018873	-0.45664
水的生产和供应业	0.8998124	-0.12473
废品废料***	0.7012017	—

注：*根据2007年投产表计算；**其他制造业1996年《工业经济统计年鉴》部分指标数据缺失；***废品废料1996年《工业经济统计年鉴》部分指标数据缺失；资料来源：1998年企业营业收入及资产数据来源于国家统计局公交司编《1998年中国工业经济统计年报》，内部资料。

这16年后半阶段的2003—2011年，各行业国有经济控制力的变化如表6-5所示，可以看到，控制力系数下降程度与产业关联度系数并无明显关系。在国有控制力系数有所上升的几个行业中，电力、热力的生产和供应业以及石油和天然气开采业，均为产业关联度系数较高的行业，而其他制造业与废品废料属于产业关联度系数较低的行业。在这8年里，控制力系数下降得最快的行业是燃气生产和供应业以及非金属矿采选业，均为产业关联度系数较低的行业。但是在化学工业、金属冶炼及压延加工业以及通用、专用设备制造业这些关键领域，国有经济控制力却出人意料地迅速下降。总的来说，2003 年之后，国有经济在大多数行业中的控制力系数在减弱，并且在一些比较“关键”的行业也下降得很厉害。同时，在一些产业关联度不高的行业，国有经济控制力系数反倒有所回升。这些行业的情况说明：产业关联度系数并不是国有企业选择进入的唯一条件。国有经济在不同行业的分布还受到许多潜在因素的影响，如行业的资本密集程度、行业的外部效应强弱以及行业的组织结构等，都会影响国有经济控制力系数在该行业的变化趋势。但是无论控制力下降得多与少，从 2003 年开始，绝大多数工业行业内的国有经济控制力系数都在下降，这是一个无法否认的现象。

表 6-5　2003—2011 年各行业国有经济控制力系数变化及产业关联度系数

行业	产业关联度系数 *	控制力系数变化
化学工业	6.0875081	-0.18842
金属冶炼及压延加工业	5.1041032	-0.20467
电力、热力的生产和供应业	4.1492916	0.040653
通信设备、计算机及其他电子设备制造业	3.7414155	-0.13137
通用、专用设备制造业	3.1360556	-0.21027
石油加工、炼焦及核燃料加工业	2.8172727	-0.16928
交通运输设备制造业	2.6904211	-0.18685
电气、机械及器材制造业	2.6849835	-0.06335
石油和天然气开采业	2.5011557	-0.02384
纺织业	2.458913	-0.16511
造纸印刷及文教用品制造业	2.3389909	-0.13447
金属制品业	2.3260333	-0.04854
食品制造及烟草加工业	2.2770663	-0.20675
仪器仪表及文化办公用机械制造业	1.9170895	-0.05066
非金属矿物制品业	1.8757943	-0.11004
金属矿采选业	1.8310834	-0.1703

续表

行业	产业关联度系数 *	控制力系数变化
煤炭开采和洗选业	1.8043653	-0.20044
木材加工及家具制造业	1.7434561	-0.09144
服装皮革羽绒及其制品业	1.7200254	-0.02339
其他制造业	1.3923927	0.045006
非金属矿采选业	1.2055242	-0.23429
燃气生产和供应业	1.1018873	-0.2941
水的生产和供应业	0.8998124	-0.12691
废品废料	0.7012017	0.025102

资料来源：作者根据2007年投入产出表计算。

二　影响国有经济控制力系数在不同行业上升与下降的因素

上文提到，国有经济控制力系数在绝大多数行业下降，在少数几个行业上升。而产业关联系数的高低与国有经济控制力系数的关系并不明显。为此笔者又仔细观察了国有经济控制力系数变化趋势不同的行业的特点，希望能够得出一个大致的规律。

对于国有企业的优势所在，有许多学者给出了自己的论证。李钢利用经济普查数据验证了国有企业的优势在于资金优势，因此在资本密集型产业中应当具有比较优势，而非国有企业在劳动力密集型产业中应具有比较优势。① 郝书辰等也认为，我国国有经济占优势的行业大致分为垄断竞争产业和过度竞争性产业。前者主要特点是具有显著的规模经济；后一类产业进入壁垒较低，但是国有企业受到政策性资本优惠政策的支持，具有资金成本优势。② 这意味着，国有经济理论上应该在资本密集程度较高的行业较容易发展壮大。另外，国有经济的功能包括引领主导产业发展，即在行业规模增长较快的行业应当具有较强的控制力。

按照2003—2008年各行业的人均资本变化和行业总产值占工业比重

① 李钢：《新二元经济结构下中国工业升级路线》，《经济体制改革》2009年第5期，第22—27页。

② 郝书辰、蒋震：《我国国有经济的市场结构分析和退出路径选择》，《管理世界》2007年第8期，第157—158页。

的变化，我们将39个工业行业划分为3类行业。行业i的总产值占工业总产值的比重的变化计算方法为：$\pi_i = \frac{P_1^{2008}}{\sum_i P_1^{2008}} / \frac{P_1^{2003}}{\sum_i P_1^{2003}}$，其中 P_1^{2008} 和 P_1^{2003} 分别表示行业i在2008年和2003年的总产值。人均资本变化的计算方法为：$\omega_i = \frac{K_i^{2008}}{L_i^{2008}} / \frac{K_i^{2003}}{L_i^{2003}}$，其中 K_i^{2008} 和 L_i^{2008} 分别表示行业i在2008年末资本存量和年均从业人数。划分标准是 $\pi_i > 1$，$\omega_i \geq \omega_{median}^i$ 的行业为第一类行业，表示总产值占比提高和人均资本增加较快的行业，其中 ω_{median}^i 为 ω_i 的中位数；第二类行业中 $\pi_i < 1$，$\omega_i > \omega_{median}^i$，表示总产值占比降低而人均资本增加较快的行业；第三类行业中 $\pi_i < 1$，$\omega_i < \omega_{median}^i$，表示总产值占比下降和人均资本增加较慢的行业。与国有经济控制力相关的分类结果如表6－6所示。

表6－6　2003—2008年各行业国有经济控制力系数在不同类型行业内的变化趋势

第一类行业	第二类行业	第三类行业
$\pi_i > 1$，$\omega^i \geqslant \omega_{median}^i$	$\pi_i < 1$，$\omega^i > \omega_{median}^i$	$\pi_i < 1$，$\omega_i < \omega_{median}^i$
废弃资源和废旧材料回收加工业	工艺品及其他制造业	仪器仪表及文化、办公用机械制造业
电力、热力的生产和供应业	非金属矿采选业	金属制品业
烟草制品业	水的生产和供应业	电气机械及器材制造业
石油和天然气开采业	石油加工、炼焦及核燃料加工业	饮料制造业
	煤炭开采和洗选业	印刷业和记录媒介的复制
	黑色金属冶炼及压延加工业	橡胶制品业
	有色金属冶炼及压延加工业	塑料制品业
	燃气生产和供应业	食品制造业
	交通运输设备制造业	非金属矿物制品业
	有色金属矿采选业	文教体育用品制造业
	黑色金属矿采选业	医药制造业
	化学原料及化学制品制造业	纺织服装、鞋、帽制造业

续表

第一类行业	第二类行业	第三类行业
	专用设备制造业	通信设备、计算机及其他电子设备制造业
	化学纤维制造业	皮革、毛皮、羽毛（绒）及其制品业
	通用设备制造业	家具制造业
	造纸及纸制品业	农副食品加工业
		木材加工及木、竹、藤、棕、草制品业
		纺织业
		其他采矿业
国有经济控制力系数都在上升	国有经济控制力系数下降程度小于下降程度中位数的行业数占比为81.25%	国有经济控制力系数下降程度大于下降程度中位数的行业数占比为15.8%

资料来源：作者根据2004年、2009年《中国工业经济统计年鉴》数据计算得到。

可以看到，国有经济控制力系数提升的行业，集中在生产总值占工业总产值比重提升较快的行业中；而国有经济控制力系数下降较缓慢的行业，主要是生产总值占工业总产值比重下降的同时，资本密集程度提高最快的行业；在资本密集程度提高相对较慢的工业行业，国有经济控制力系数下降迅速。这说明，我国国有经济的进入主要集中在两种类型的产业：一是规模增长迅速的产业如石油和天然气开采业以及电力、热力的生产和供应业；二是采用资本密集型技术的行业如石油加工、炼焦及核燃料加工业、专用设备制造业以及化学原料及化学制品制造业等。

第四节　国有经济整体控制力

本节通过引入各行业的影响力系数和感应度系数，将行业间技术联系和相对重要性的变化纳入对国有经济总体控制力的测算当中。我们计算出经过关联度系数调整（加权）的工业行业国有经济整体控制力系数，并将之与直接通过总量数据计算出的国有经济整体控制力系数进行比较

(见表6－7)，可以看到，1996年，无论是否经过关联度系数调整，国有经济控制力系数都在0.5左右，也就是说，总体来看仍然是国有经济占优势。但是到2010年，两种国有经济整体控制力系数已经降低为0.3左右，不到整体的1/3。

表6－7　1996—2011年工业行业国有经济整体控制力系数变化

年份	工业行业国有经济整体控制力系数			
	未经关联度系数调整	下降百分比	经过关联度系数调整	下降百分比
1996	0.493	—	0.529	—
1997	0.464	5.88%	0.470	11.15%
1998	0.521	－12.28%	0.417	11.28%
1999	0.520	0.19%	0.547	－31.18%
2000	0.565	－8.65%	0.521	4.75%
2001	0.538	4.78%	0.502	3.65%
2002	0.499	7.25%	0.467	6.97%
2003	0.419	16.03%	0.414	11.35%
2004	0.340	18.85%	0.446	－7.73%
2005	0.352	－3.53%	0.363	18.61%
2006	0.331	5.97%	0.345	4.96%
2007	0.313	5.44%	0.330	4.35%
2008	0.301	3.83%	0.319	3.33%
2009	0.291	3.32%	0.312	2.19%
2010	0.284	2.41%	0.306	1.92%
2011	0.282	0.70%	0.304	0.65%

资料来源：1998年企业营业收入及资产数据来源于国家统计局公交司编《1998年中国工业经济统计年报》，内部资料。

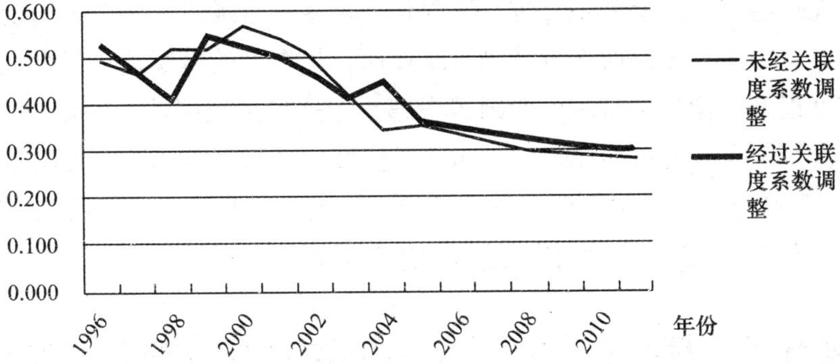

图6－2　产业关联度系数加权前后的国有经济整体控制力系数变动趋势比较

注：根据表6－7绘制。

通过图6－2可以更直观地看到，国有经济控制力系数在最近10年有了明显的降低，这一点与直觉相符，我们身边涌现了大量私营企业和公司，大量从前的国营企业比如同仁堂、稻香村等成为上市公司，掺入了大量私有资本。另外，可以看出，在2000年前后出现了一个转折点，之前国有经济控制力不断提升或稳定在较高的水平；而在这一段时间之后，未经调整的国有经济控制力系数有了明显的加速下降。可以说，从2002年开始，我国国有经济占比进入了一个高速下降的时期。虽然从2005年开始国有经济下降速度逐渐减慢，但是其整体比重的下降是一个不争的事实。

但从2003年开始，经过产业关联度系数调整的国有经济整体控制力系数比未经关联度系数调整的国有经济整体控制力系数高。这说明，国有经济在2003年之后，开始寻找那些具有相对较强的需求拉动力的行业和基础行业进入。抑或说，国有经济控制力较强的行业与国民经济的整体联系日益紧密，而国有经济较少的行业则属于相对边缘化的行业。

从总体指标来看，长期以来大多数行业的国有经济控制力系数占比都在下降，而且下降趋势放缓，但是围绕“国进民退”的争论从2004年开始却愈演愈烈。一些学者认为，2004年后，国有经济出现了“回潮”，如有些领域在已对民营企业进入发放“许可证”的情况下，又不让民营企业继续经营；一些国有国控企业对民营中小型企业展开收购兼并，使国有经济在这些行业的垄断地位进一步强化。一些学者提出，当今中国全社会的资产总额中，政府所有以及国有企业所支配资产的份额越来越大，而个人家庭以及民营经济所占份额则越来越小，这也是我国社会“国进民退”的证据。不少企业家也认为，近年来我国经济“国退民进”现象非常明显。[①] 国有经济的控制力到底发生了什么样的变化呢？为此，我们需要从另一个角度对国有经济控制力进行描述和分析。

第五节 基于企业层面数据的国有经济控制力分析

以上所使用的指标体系由总量比重指标构成，忽略了产业组织结构的变化。如果一个产业的国有经济的总比重在下降，但是在行业内规模比较大的几个“领头羊”中国有或国控企业占比较高，那么根据控制力的含义中“导向作用”这一层含义，国有经济在这一行业的控制力仍然是很强的。换句话说，一个行业如果由众多很小的企业构成，那么即使国有企业的绝对比重并不是很高，但由于其相对规模很大，也仍然可以代表国家在该行业发挥引导作用。

我们考察了 2003 年和 2008 年两年各行业前十家企业中的国有企业比例的变化。在企业层面，若国有企业在排名前十企业中的数量增加，则国有经济在该行业控制力亦增强，反之亦然。国务院国有资产监督管理委员会成立于 2003 年 4 月，它的职责包括指导推进国有企业改革和重组以及推动国有经济结构和布局的战略性调整，其设立是落实党的十五大关于提高国有经济控制力和控制方式转变战略、深化社会主义市场化改革的一个里程碑。因此我们将 2003 年选为起始年份，以观察我国国有经济在最近五年间的控制力变动。我们按照资产总计、工业总产值、行业人数这三个指标，对各行业的企业从高到低进行排序，并计算了前十家企业中的国有企业家数（统计结果见表 6－8）。

---

① 2009 年 4 月，《中国企业家》杂志进行了一项针对企业中高层的问卷调查。调查结果显示：认为近年来存在“国进民退”现象的比例高达 72. 73%，认为“四万亿经济刺激计划”将会造成新一轮“国进民退”的比例为 50%，认为“十大产业振兴计划”更有利于国企的比例高达 86. 36%，认为中国大陆的金融体制环境对国企更为有利的也有 76. 19% 的比例。http://www. time－weekly. com/story/206－03－03/106004. html.

表6－8　　2003年和2008年39个行业的国有企业在前十家企业中的占比　　（单位：家）

	行业	工业总产值		资产总计		从业人数	
		2003年	2008年	2003年	2008年	2003年	2008年
国有经济控制力增强	电力、热力的生产和供应业	9	10	10	10	10	10
	专用设备制造业	6	8	10	8	10	8
	有色金属矿采选业*	5	7	7	5	7	6
	黑色金属矿采选业	6	7	8	8	8	8
	印刷业和记录媒介的复制	4	5	3	4	3	2
	废弃资源和废旧材料回收加工业	0	2	0	2	0	1
	电气机械及器材制造业	1	2	2	4	2	2
	皮革、毛皮、羽毛（绒）及其制品业	0	1	0	1	0	0
	家具制造业	0	1	0	2	0	0
国有经济控制力调整中	煤炭开采和洗选业	10	10	10	10	10	10
	石油加工、炼焦及核燃料加工业	10	10	10	10	10	10
	烟草制品业	10	10	10	10	10	10
	石油和天然气开采业	10	10	5	10	10	10
	黑色金属冶炼及压延加工业	9	9	10	9	10	10
	交通运输设备制造业	7	7	8	8	8	7
	非金属矿物制品业	3	3	4	7	4	4
	造纸及纸制品业	3	3	6	2	6	4
	工艺品及其他制造业	2	2	0	2	0	0
	金属制品业	2	2	3	1	3	2
	通信设备、计算机及其他电子设备制造业	2	2	4	3	4	2
	木材加工及木、竹、藤、棕、草制品业	1	1	6	1	6	2
	纺织业	1	1	5	0	5	1
	仪器仪表及文化、办公用机械制造业	0	0	3	5	3	1

续表

行业		工业总产值		资产总计		从业人数	
		2003 年	2008 年	2003 年	2008 年	2003 年	2008 年
国有经济控制力减弱	通用设备制造业	10	8	8	9	8	6
	水的生产和供应业	9	8	10	10	10	10
	有色金属冶炼及压延加工业**	10	7	10	8	10	8
	化学原料及化学制品制造业	8	7	10	7	10	10
	非金属矿采选业	6	5	10	6	10	7
	饮料制造业	8	5	8	7	8	6
	橡胶制品业	6	4	6	3	6	3
	燃气生产和供应业	6	4	10	8	10	8
	塑料制品业	4	3	3	3	3	1
	食品制造业	4	3	2	4	2	4
	医药制造业	6	2	8	4	8	4
	农副食品加工业	2	1	4	1	4	0
	纺织服装、鞋、帽制造业	1	0	1	0	1	0
	其他采矿业	4	0	4	0	4	0
	文教体育用品制造业	1	0	0	1	0	0
	化学纤维制造业	2	0	8	3	8	7

注：楷体字所写的行业是《国民经济行业分类标准》中确定属于国民经济命脉的行业。

*有色金属矿采选业 2008 年的数据缺失，用 2007 年数据代替；**有色金属冶炼及压延加工业 2008 年的数据缺失，用 2007 年数据代替。

资料来源：根据 2003 年和 2008 年中国工业企业数据库数据整理。

我们将 39 个行业划分为三类。第一类为国有经济控制力减弱的行业，即 2003—2008 年，工业总产值排名前十的企业中，国有国控企业比例下降的行业。第二类为国有经济控制力增强的行业，即 2003—2008 年，工业总产值排名前十的企业中，国有国控企业比例上升的行业。第三类为国有经济控制力调整中的行业，即从 2003 年到 2008 年，上述比例没有变动，但是按照资产总计或从业人数的排名产生了变动的行业。在市场经济体制下，工业行业企业的实际生产能力取决于市场需求和生产要素的利用能力，因此我们将工业总产值作为排名的主要指标。

我们看到，国有经济控制力增强的行业包括电力、热力的生产和供应业以及废弃资源和废旧材料回收加工业，这与我们之前所用测度方法得到的结论是相同的。但在国有经济控制力增强的行业中，还出现了之前测度为国有经济控制力减弱的行业，包括专用设备制造业、黑色金属矿采选业、有色金属矿采选业，这些行业内起领导作用的国有企业数量不降反升。

国有经济控制力处于调整中的行业包括三类。第一类是国有经济在行业龙头中一直占据着很高的比例，2003—2008 年未曾下降的行业，包括煤炭开采和洗选业，石油加工、炼焦及核燃料加工业，烟草制品业，交通运输设备制造业。这些行业都属于关联系数很强的行业。在之前的测度中，这些行业的国有经济控制力系数都有不同程度的下降。这些行业的所有制特点是，非国有企业分散为数量众多但规模相对较小的企业。因此，国有经济在这些行业的总体占比虽然在下降，但是其控制力或行业引导力并没有减弱。第二类行业是国有经济的工业总产值排名未下降，但是按照资产总计排名，领头的国有企业的排名相对提高了的行业。这类行业包括石油和天然气开采业、工艺品及其他制造业、非金属矿物制品业、仪器仪表及文化、办公用机械制造业。这表明，这几个行业是国有经济重点投资的行业，并且国有经济在这些行业中的生产技术也逐渐向资本密集的技术方向演变。我们注意到，这几个行业本来就属于资本密集度很高的行业，尤其是石油和天然气开采业以及仪器仪表文化、办公用机械制造业，它们都是重工业的代表。第三类行业是国有经济按资产总计和从业人数排名，前十位企业中的国有经济比例下降，但工业总产值却并未丧失领头地位的行业。在这些行业中，国有经济的生产效率在上升，或者说技术含量应当是在提高的。

赵华荃①曾指出，2003—2010 年，非公有制经济增速大大超过公有制经济，使得公有制经济的主体地位受到严重影响，并指出公有制经济在 16 个关键行业中的 7 个都丧失了绝对或相对的控制地位。我们通过产业的微观数据发现，在这 7 个行业中，化学原料及化学制品制造业、医药制造业、化学纤维制造业的国有经济控制力确实是在减弱；但通信设备、计

① 赵华荃：《关于公有制主体地位的量化分析和评价》，《当代经济研究》2012 年第 3 期，第 41—48 页。

算机及其他电子设备制造业的国有大型企业的控制地位并未减弱；在专用设备制造业和电气机械及器材制造业中，国有大型企业的集中程度反而有所增强。这进一步说明，单纯依靠国有经济总量指标来评价国有经济的控制力是不全面的，不仅要关注关键行业中的国有经济“量”的变动，还要重视“结构”的变化，其中包括市场结构、企业的治理结构以及股份制企业中股东性质的结构。要关注国有经济控制力从“量”的优势向提高控制“质量”的转变，这也符合现阶段改革的基本特点。

最后，我们来看国有经济控制力下降的行业，这些行业中包括了大量的资本进入门槛较低的行业，如橡胶制品业、塑料制品业、纺织服装鞋帽制造业、文教体育用品制造业、化学原料及化学制品制造业、医药制造业以及化学纤维制造业。其中大部分行业的技术含量并不高，技术扩散相对容易。尤其是橡胶制品业、塑料制品业、化学原料及化学制品制造业，其产品几乎会用到工业的各行各业，但是它们的生产技术要求和规模效应都不是很高。这也解释了我们之前的疑惑：为什么化学工业作为产业关联度系数最高的行业，国有经济在其中的控制力于最近 10 年下降得却异常迅速。有一些行业，如化学原料及化学制品制造业和医药制造业，也在赵华荃所述的 7 个公有制经济控制力减弱的关键行业之中，与其结论相符，同时也与本章第三、四节中提及的国有经济控制力系数的变化趋势相符。考查 1999—2008 年我国的国有经济控制力，在电力、热力的生产和供应业、废弃资源和废旧材料回收加工业、专用设备制造业、黑色金属矿采选业、有色金属矿采选业中，国有经济控制力的变化趋势实际上是呈“U”形的，即先下降再上升。

郑志国[①]认为，单纯考察经营性资产，难以全面说明公有制的总资产。我们认为，如果综合考虑资产总量、生产能力、劳动力岗位以及产业结构的情况，可以得到更全面的关于国有经济的评价，也可以发现一些仅仅利用单一指标的总量数据难以发现的问题。因此，本章对工业行业中国有经济控制力进行分层次测度的尝试，是有启示意义的。

---

① 郑志国：《怎样量化分析公有制的主体地位》，《当代经济研究》2012 年第 10 期，第 49—53 页。

第六节　结论与反思

综合本章的讨论，我们进一步加强了初始的判断，即我国国有经济的总量占比在1996—2011年确实在下降，但是由于产业结构调整，尤其是2003年之后国有经济产业分布的优化调整，我国国有经济对国民经济的整体影响能力和控制能力并未显著下降，甚至在一些行业内，通过产业组织结构调整，并利用资本优势，国有企业的控制力反而有所提升。结合我们的观察与分析，可以得出以下基本结论。

总体上看，不可否认国有经济比例的下降。从我们设定的宏观指标来看，1996—2011年，我国国有经济的总产值、销售收入、资本总计和就业量的占比，都有不同程度的下降。其中，资本总计下降最为缓慢，从业人数占比下降最为迅速，这一下降趋势在2008年之后仍然很明显。通过国有经济整体的控制力系数计算，我们发现，国有经济的加权占比到2011年已经低于0.31。所以说“国进民退”之说在宏观指标上是不成立的。

国有经济的行业分布向基础性、资本密集、发展迅速的行业倾斜。我国从2003年开始，总产值、销售收入、资本总计等指标的国有经济占比有了迅速下降，但是分行业来看，国有经济在规模扩张比较明显的行业，或者说前几年投资比较火热、发展比较迅猛的行业，如石油开采、水电供应等行业内的比重不降反升，这与整个大趋势相反。其中，废品废料和水电供应等行业由于外部性很强，私营经济进入的积极性不高，光靠私营经济的供给很难满足社会的需要，所以各地政府担起了这部分责任。从这一点来看，国有经济是该“进”还是该“退”，的确不能一概而论。另外，国有企业在人均资本提高比较快的行业退出得很慢，体现了国有经济在资金上的优势，也说明大型国有企业在具有明显规模报酬递增的行业具有规模优势，使得即使在那些进入壁垒不高的行业，国有企业的占比下降也不是非常明显。在专用设备制造业等高、精、尖产业，国有经济的宏观指标占比下降比较缓慢，除了天然的规模、成本优势以外，也有政策倾斜的原因。而且，经过产业关联度调整过的国有经济整体控制力系数也一直低于直接算出的占比，说明总体来看，国有经济在关键行业下降得更慢。

大型国有企业取得了很多行业的领导地位，并且这种领导地位有所增强。从2003—2008年的工业行业来看，国有大型企业在9个行业内的领导地位有所增强，在14个行业内的领导地位没有变化，其中4个行业如果按照资本总计来排名，国有大型企业的领导地位也在增强。只有16个行业的国有经济的“领头羊”地位有所下降，而且这些下降的行业主要集中在轻工业和产业链下游的一些行业，如食品、文具、服装等行业。这说明，在总量占比下降的情况下，国有经济在行业内的地位从“大包大揽”向“领头羊”转型，如果从“控制力”所包含的国有资本对非国有资本的控制程度这一意义上讲，我国国有经济控制力总体上有所上升，或者说至少没有下降。

国有经济总体占比并不能很好地测量国有经济控制力。1996—2003年，我国国有经济在国民经济整体中的比重并未显著下降，宏观指标比重的下降主要出现在2003年之后。这与许多学者所谓的20世纪末我国“国退民进”的趋势并不相符。从行业层面来看，我们的研究发现，国有经济占比下降的同时，由于行业龙头企业中的国有企业数量的提高，国有经济的控制力有可能会明显提升，因而国有经济占比并不能很好地测量国有经济控制力。

为进一步推动中国经济健康发展，在充分发挥市场机制作用的同时，有必要在以下几个方面进一步做好工作。

第一，继续积极推动国有经济战略布局的调整，从而在充分发挥市场机制的同时，不断增加国家对经济的控制力。研究表明，在国有经济比重持续下降的同时，国有经济控制力不断增加，这是国有经济战略布局优化调整的结果，特别是国有经济向行业领头企业集中的结果。国有经济的控制力不完全取决于国有经济的比重，在国有经济比重下降的同时，国有经济的控制力也可以实现提升，但国有经济比重仍旧需要保持一定的比例。

第二，充分利用经济规律，发挥国有经济的比较优势，带动中国产业结构不断升级。有研究表明，国有经济在资本密集型行业具有比较优势，而民营企业在劳动密集型行业具有比较优势。由此，我国产业升级的方向将至少沿两条路径展开。一条是可以充分发挥社会主义的优势，在一些关键重大领域提升中国的技术水平，从而可以跳出简单地遵循国际分工的比较优势，避免落入不利的全球分工格局，有效地保证我国作为一个大国产业安全的升级路径，此路径可称为中国特色的国有企业升级路线；另一条是充分发挥市场配置资源机制，在目前的条件下，充分利用劳动力比较优势的产业升级路径。这两条升级路径合并在一起，可以称为中国特色社会主义市场经济条件下多种所有制并存的产业升级路线图，既可充分发挥中国在国际分工中的比较优势，又可引导中国有效打破发达国家的资金与技术壁垒，不断推动产业升级，打造中国经济的升级版。

第三，全面评估国有经济对中国经济社会发展的意义，结合中国经济社会发展长期趋势，制定国有经济改革路线图。在战争仍旧是世界争端最终解决手段的条件下，作为社会主义大国，我国必须集中力量建立一批关系中国产业安全的企业（产业）；这些企业目前虽然不符合中国的比较优势，但能保证整个民族的长远利益。在某种意义上讲，这些企业的存在可能以当时社会经济效率的损失为代价，但如同军队虽然是国民财富的净消耗部门，但没有哪一个大国会因其影响经济效率而自动放弃拥有军队。大型企业是一个国家在可能发生的经济战争中的“军队”，特别是对于我们这样一个发展中并且与西方发达国家意识形态不同的社会主义国家，拥有一定数量的巨型国有企业是合理且必需的选择。

第四，充分发挥国有经济熨平经济周期的作用。国际金融危机爆发后，国有经济熨平经济波动的内在稳定器功能得以发挥，如国有企业减员较少、投资收缩较少等。稳定器功能的发挥也必然要以牺牲一定的经济效率为代价，因而对于国有经济的发展不能求全责备，必须根据中国实际，稳步推进国有企业改革，敢于充分利用国有经济的特性，谋求民族利益最大化。在经济形势下行时，要善于利用国有企业全民所有从而实现国家意志的决策与沟通成本较低的性质，发挥经济稳定器的功效；在经济过热时，继续优化调整国有经济战略布局，实现国有资产的保值增值。

第七章　中国发展国有经济的理论依据

经过新中国成立以来几十年的探索，中国对公有制及其实现方式的认识不断深化，确立了以公有制为主体、多种所有制经济共同发展的基本经济制度，明确提出两个“毫不动摇”，即“毫不动摇地巩固和发展公有制经济，毫不动摇地鼓励、支持、引导非公有制经济发展”。党的十八届三中全会通过的《中共中央关于全面深化改革若干重大问题的决定》进一步明确，公有制为主体、多种所有制经济共同发展的基本经济制度，是中国特色社会主义制度的重要支柱，也是社会主义市场经济体制的根基。由于在国有企业改革和发展中出现的一些问题没有得到很好的解决，国有经济与市场经济融合以及国有企业在市场经济中存在依据等本源性问题尚需进一步研究。在市场经济与所有制问题上，西方国家的主流思想长期把市场经济与私有制相联系，甚至与资本主义相联系，他们认为市场经济只能与私有制兼容，社会主义要搞市场经济就要把公有制改造成私有制，这就是私有化的理论逻辑。其基本结论是要么是社会主义公有制，要么是市场经济，二者只能居其一。就是说，社会主义公有制与市场经济只能二选一，要市场经济就得放弃社会主义公有制。这种逻辑企图从经济学层面否定市场经济条件下国有经济和国有企业存在的合理性。本章从国际比较、市场竞争和现实发展阶段三个层面分析了国有经济和国有企业存在的依据。从国际比较层面看，国有经济和国有企业是市场经济普遍存在的一个现象，西方各国普遍存在国有经济和国有企业；从市场竞争层面看，国有企业可以成为市场竞争主体，实现与市场经济兼容；从现实发展阶段层面看，中国私有经济发展不充分，更需要发挥国有企业作用。

第一节　公部门和私部门并存是市场经济的一个共性

经济系统根据其目的及功能可以划分为公部门和私部门。公部门涵盖追求社会公共利益最大化和行使公共管理权的各类组织，包括立法、司法、政府机构以及有权行使公共权力的机构。政府是最主要的公部门，负责制定公共政策，管理公共事务，掌握国土、矿产和财税等公共资源，使用公共资金进行采购。私部门是产权清晰、追求自身利益的组织，包括私有且不构成政府组成部分的组织、营利性和非营利性公司、合伙制企业和慈善机构。企业是最典型的私部门，以谋取自身经济利益为目标，以自身能力为依托从事生产经营活动。在市场经济条件下，市场参与者和管理者具有经济人、理性人的性质，即决策时以私人成本和私人收益为依据，不考虑社会成本和社会收益，总是力图以最小私人成本实现最大私人收益。

关于国有企业属于公部门还是私部门，人们存在不同认识。理论上，国有企业是指资本全部或主要由政府投入，全部资本或主要股份属于全民共有，由中央政府或地方政府代表全体人民行使管理权的企业，包括由中央和地方国资委行使出资人职责的国有企业。国有企业不拥有和行使公共权力，但往往掌握战略性资源，占用公共资金和资产从事经营活动。国有企业管理和经营需要遵守商业原则，但其产权性质属于全民所有，企业资产直接来源于公部门，又受到政府授权主管部门的管理和监督。从上述属性看，公部门包括所有的政府部门、机构和所有的国有企业，在这个意义上应该将国有企业归属公部门。国有企业同时也是企业，如果从其经营者动机和行为来看，又可以将国有企业视为一种特殊的私部门，而不属于公部门。与直接行使管理权的政府部门不同，国有企业实行“独立核算、自负盈亏”，具有追求自身商业利益的主观动机，即使其经营目标为政府所设定，也必须按照商业原则管理和经营。这些行业的国有企业具有寻求政府保护形成和维持垄断地位，从而获得有利交易机会的特点。可见，理论上，国有企业既可以被视为公部门，也可以被视为私部门。

1968 年哈丁教授（Garrett Hardin）① 在《公地悲剧》一文中提出了公

---

① Garrett Hardin, 1968: “The Tragedy of the Commons”, 162 science 1243.

地悲剧问题，认为在公有产权制度下，多个权利持有者会依据自身利益最大化原则进行决策，导致公有资源被过度使用。他设置了这样一个场景：一群牧民一同在公共草场放牧，每个牧羊者都希望自己的收益最大化。在公共草地上，每增加一只羊便会在获得额外收入的同时，加重草地的负担，并有可能使草地被过度放牧。经过思考，牧羊者决定不顾草地的承受能力而增加羊的数量并因此增加收益，其他牧羊人也纷纷效仿。由于羊群的进入不受限制，牧场被过度使用，草地状况迅速恶化，悲剧发生。之所以叫悲剧，是因为每个当事人都知道资源将由于过度使用而枯竭，但每个人对阻止事态的继续恶化都感到无能为力，而且都抱着及时捞一把的心态加剧事态的恶化。从成本收益角度分析，当涉及公共资源使用时，由于产权的无排他性特征，个人在决策时只考虑个人的边际收益大于等于个人的边际成本，而不考虑其行动给别人造成的损失和带来的社会成本，最终造成给予他们无限制放牧权的经济系统的崩溃。因此，哈丁认为公地作为一项资源或财产有许多拥有者，他们中的每一个都有使用权，但没有权利阻止其他人使用，从而造成资源过度使用和枯竭。

1998 年，美国黑勒教授（Michael A Heller）① 在 *The Tragedy of Anti - Commons* 一文中提出“反公地悲剧”（tragedy of the anticommons）理论模型。认为尽管哈丁教授的“公地悲剧”说明了人们过度利用（overuse）公共资源的恶果，但他却忽视了资源未被充分利用（underuse）的可能性。在公地内，存在着很多权利所有者，为了达到某种目的，每个当事人都有权阻止其他人使用该资源或相互设置使用障碍，而没有人拥有有效的使用权，结果导致资源的闲置和使用不足，造成浪费，于是就发生了“反公地悲剧”。反公地悲剧源于本应公有的产权由于细分化、私有化，导致社会未能充分利用资源的情形，是由公地悲剧产生的衍生词汇。与公地悲剧中由于资源过度利用所产生的问题相反，反公地悲剧是由于权利者较多，而权利者之间互相妨碍彼此对资源的利用，导致资源无法被充分利用甚至闲置而对社会利益造成损失。反公地悲剧与公地悲剧都是产权理论中的重要组成部分，两者都是由未能处理好私有产权和公有产权间的关系所产生的问题。反公地悲剧指出了多个拥有者有权排

① Heller，1998：M. A.，*The Tragedy of the Anti - commons*，Harverd Law Review.，111：621 -688.

斥其他人使用稀缺资源，但却无人能够独自使用的情况。与公地悲剧着眼于公共资源的滥用不同，反公地悲剧更多关注公共资源上的权力制约而导致的资源使用不足。

19 世纪末期以后，大多数资本主义国家已告别单一的、纯粹的私人资本主义经济，而是同时存在着“社会化”的公共经济，因而成为公私并存的双重经济（DualEconomy）。所谓社会化的公共经济在生产上是指国有企业，在收入和消费上是指公共卫生、房租低廉的住宅和社会安全与福利开支等。阿瑟·塞西尔·庇古[①]认为，在资本主义发展时期，国家对工业的干预不仅是必要的，而且是可能的。随着社会的发展，政府机构已经得到了极大的改进，而且担负起为社会谋利益的责任。由于国家可以摆脱信息不足、部门私利等局限性，现代的政府干预已具备了比以往时代对社会提供更大益处的可能性，因此任何企业只要是在私利引导下，就存在着政府干预的正当理由。美国经济学家萨缪尔逊在其编撰的《经济学》教科书中也一再论述公私并存的经济，并认为这是资本主义国家发展的必然趋势。美国、欧盟成员国和几乎所有国家经济中一直存在着各种类型的公共企业，有些为中央或联邦政府所拥有，有些则为地方或州政府拥有，还有一些采取集体所有的形式，这又包括两种主要的类型，一种是工人拥有企业所有权，另一种是那些购买或使用其产品的人拥有企业所有权。金培[②]明确指出，私经济行为高度活跃和功能增强，使公、私经济之间隔离式并存关系不能继续维持下去，在许多场合，公、私经济行为界限已不再那么截然分明了，而且，存在着公经济收入（财产）与私经济收入（财产）之间相互沟通和转移的各种渠道。进一步说，在社会主义市场经济中，不仅公有制经济体系内的公、私经济之间没有绝对不可逾越的鸿沟，而且公有制经济与其他经济成分（私有制经济）之间也没有不可逾越的鸿沟。

世界上几乎所有经济体制都包括私有部门和公共部门，并由这两个部门共同进行资源配置，没有哪一种成熟经济体制只依靠私有部门或者只依靠公共部门来配置资源。公、私部门并存的重要原因在于，其原因不仅是因为公共部门和私有部门决策各有优、劣势，而且在于市场体制内在的两

① 阿瑟·塞西尔·庇古：《社会主义和资本主义的比较》，商务印书馆 1963 年版，第 8 页。
② 金培：《论社会主义经济中的私经济行为》，《江苏社会科学》1993 年第 3 期。

重性。在市场经济中，各个市场主体可以充分利用分散的信息，灵活把握环境变化，自行行使经济决策权。有多少个微观经济主体，就有多少个资源配置的“决策中心”。经济主体对自身利益的追求，使市场经济能够有效地调节社会资源在不同社会生产部门中的配置，增强市场主体的活力，调动各种市场主体的积极性、主动性和创造性，从而促进社会生产力的发展。任何市场体制都存在无法由私部门克服的缺陷，表现为大量的市场失灵、负的外部性以及由此产生的财富分配差距过大问题。经济主体在实现自身经济利益过程中，极易形成追求物质化、金钱化的倾向。以公有制为主体、多种所有制经济共同发展的基本经济制度有其科学性，国有企业的存在有其必然性和合理性。只有与公有制相结合，市场经济才能纠正、抑制私有制的弊端，把市场经济的局限性降到最低限度，实现资源的有效配置。

国内外发展经验说明，没有任何经济系统可以完全依靠公共部门或完全依靠私有部门配置资源，世界各国包括发达国家都或多或少拥有一些国有企业，就是因为国有经济与私有经济各有特点，各有优势与不足。国有企业能够承担私人企业无法完成的一些有利于社会的非经济目标。一个时期以来，国内外有一种主张取消国有企业、推行彻底私有化的思潮。他们认为，实行生产资料私人所有制，可以使个人的潜能得到充分发挥，极大地提高经济效益，自动实现经济的均衡增长，促进社会发展，并有助于消除贫穷和落后。从国内外经验看，私有化在经济和社会领域也具有明显的负面作用。

一些国外经济学家①已经开始质疑对私有权必然的优越性的论证是否正确。提出这些问题的人现在指出，对私有权优越性的诉求一直建立在一个过于简单的理论基础上，这造成了不现实的预想，并且忽略了各个相关国家的很多具体的历史和体制特征。从经济角度看，在资产所有权和经营权统一时，私有制具有产权明晰的特点，所有者拥有资产和使用资产同自身利益直接联系，激励作用较强。在一定范围内利用私有制的这些长处，可以促进生产力发展，但是它同生产社会化之间存在矛盾，对非所有者不能产生所有权激励，还可能成为剥削他人的工具。私

---

① 大卫·科茨：《所有权、财产权与经济绩效：美国及其他国家的理论和实践》，《经济社会体制比较》2008 年第 3 期。

有化可以提高一些领域的经济效率，但经济人的唯利是图容易导致就业歧视和失业率提高、资源和环境的过度掠夺、公共产品和公共服务供给不足等问题，增加经济发展的社会成本，产生负的外部性。从社会角度看，私有化必然加剧贫富分化、劳资矛盾，甚至导致社会不安与动荡。苏联解体后俄罗斯实行私有化引起的灾难、拉美国家受新自由主义影响而进行国有企业私有化导致的腐败和国有资产流失的教训值得中国汲取。公有制为主体、多种所有制经济共同发展，有利于解放和发展生产力，兼顾公平与效率。

经过多年改革，中国国有企业实现了从政府机构附属物向市场竞争为主体的转变，但国有企业改革仍处于攻坚克难阶段，由于改革涉及的利益关系越来越复杂，先前改革带来的净收益呈现边际递减趋势，进一步推进改革的难度更大了。以往国有企业改革在一定程度上存在忽略公有制的功能作用、片面追求效率、追求集团利益的倾向，国有经济在促进公平分配和共同富裕方面的作用没有得到很好体现。

解决上述问题客观上要求深化改革，建立符合社会主义市场经济规律和体现全民意志的新型国有企业。新型国有企业是现代企业制度基本定型，能够更好地与社会主义市场经济体制兼容，并在全民所有的实现方式、产权多元化、治理结构、收入分配等方面更加完善的国有企业。在全民所有的实现方式上，新型国有企业很好地体现了民有民享的性质，使国有企业全体职工和全体人民能更切实、直接地分享国有企业发展成果。在产权方面，多元化股权的公司制成为国有企业的普遍形式，不同层级国有资本以及国有资本与非国有资本紧密融合，使混合所有制经济的发展途径更加畅通。

第二节　西方国家的国有化和非国有化往往交替出现

西方资本主义国家在发展过程中实行自由竞争市场经济，私有制一直是所有制的基础和主体，但经济体系中也一直存在一定数量的国有企业。在其发展初期，国有经济规模通常相当小，两次世界大战及金融危机、经济危机迫使西方国家多次采取大规模国有化措施。尽管生产资料的国有制古已有之，但作为与生产社会化相关的国有化出现于19世纪中叶至20世纪初的第二次技术革命期间。这次技术革命的重心从前一次技术革命的纺织业和采掘业转移到了重化工业，企业规模迅速壮大，极大地提高了生产的社会化程度，导致国有化的快速发展。在这次技术革命中，国有化趋势表现得最明显的不是当时经济最发达和生产社会化程度最高的英国和美国，而是相对落后的法国，尤其是后来者德国。后者由于市场力量和私人资本的力量不足，更需要借助国家的力量发展产业。

20 世纪以来，世界各国普遍出现过几轮国有化和私有化浪潮，世界性的浪潮至少有三次。第一次是大萧条及第二次世界大战后的国有化浪潮。这个浪潮从 1929 年延续到 20 世纪 80 年代，其间虽然也有私有化，但国有化是主导，欧洲各国尤其如此。第二次世界大战后，资本主义国家的国有化发展步伐加快，国家将大量私有企业或私人部门收归国家所有。第二次是以“撒切尔革命”为起点的私有化浪潮，这个浪潮从 1979 年延续到 2008 年。第三次是 2008 年的世界金融危机又给国有化带来一个小阳春。19 世纪末到 20 世纪以来，美国、英国、德国国有化的典型事例如表 7－1所示。

表 7－1　　美国、德国、英国等国家国有化的若干典型事例

国别	年份	国有化事例	国有化动机
美国	1917—1920	联邦政府对所有铁路运输实施国有化，组建美国铁路管理局（United States Railroad Administration）	满足第一次世界大战需要
	1933	联邦政府成立田纳西河流域管理局（Tennessee Valley Authority）	应对 1929—1933 年的经济危机，促进田纳西河流域经济发展
	1971	联邦政府成立全国铁路客运公司（National Railroad Passenger Corporation）	由于铁路客运亏损，私人企业无力经营，联邦政府接管
	1976	联邦政府成立联合铁路公司（Consolidated Rail Corporation，通常称为 Conrail）	接管濒于破产的私有铁路运输公司，重新盈利后于 1987 年转让给私人经营
	1989	联邦政府成立清算信托公司（Resolution Trust Corporation）	接管破产清算资产，主要是不动产和抵押贷款资产

续表

国别	年份	国有化事例	国有化动机
美国	2001	将与机场安全业务国有化，由国土安全部运输安全管理局（Transportation Security Administration）负责	应对“9·11”恐怖袭击事件，更好保障国家安全
	2008	接管房利美（FannieMae）、房地美（Freddie Mac）和美国国际集团（American International Group，AIG）	应对2007年爆发的美国次贷危机
	2009	部分国有化花旗集团（CitigroupInc.）	控制2008年国际金融危机危机
英国	1868	国内电报业务国有化，纳入1660年由查尔斯二世创办的邮局（General Post Office）	解决私人电报公司过度竞争弊端，由国家垄断经营电报业务
	1912	国内电话业务国有化，纳入1660年由查尔斯二世创办的邮局（General Post Office）	解决私人电话公司过度竞争弊端，由国家垄断经营国内电话业务
	1926	成立中央电力委员会（Central Electricity Board），将其纳入全国高压输电网（National Grid）	统一供电和输电标准，垄断电力经营
	1927	将私有的英国广播有限公司（British Broadcasting Company Ltd）转变为国有化的英国广播公司（British Broadcasting Corporation）	建立代表国家的广播电台，进行全国性广播
	1933	成立伦敦客运委员会（London Passenger Transport Board）	垄断经营伦敦市区和郊区特定区域的客运服务
	1938	成立煤炭委员会（Coal Commission）	统一拥有和管理煤炭资源，促进煤炭企业合并
	1939	将私有的英国航空有限公司（British Airways Ltd）国有化，与其他几家国有航空企业合并组建英国航空集团（British Airways）	为应对第二次世界大战需要，许多产业受到政府管制或被国有化
	1948	将铁路、运河和公路客货运国有化，成立英国运输委员会（British Transport Commission）	为促进国内运输服务和运输设施一体化，迅速恢复经济

续表

国别	年份	国有化事例	国有化动机
英国	1967	成立英国钢铁公司（British Steel Corporation）	促进钢铁公司投资和生产的集中化
	1971	将濒于破产的劳斯莱斯公司（Rolls－Royce）国有化	该公司当时是世界第二大航空发动机制造商，对英国国防安全和航空航天、造船等行业发展有重要影响
	1984	英格兰银行收购濒于破产的约翰逊马特银行（Johnson Matthey）	为避免该银行危机蔓延
	1997	将东伦敦港口区域轻轨（Docklands Light Railway）国有化	由于伦敦港口萧条和地铁替代，轻轨经营不景气
	2008	将诺森罗克银行（Northern Rock）、莱斯TSB银行（Lloyds TSB）、苏格兰皇家银行集团有限公司（Royal Bank of Scotland Group PLC）等国有化	控制国际金融危机蔓延
德国	1924	成立德意志帝国铁路（Deutsche Reichsbahn－Gesellschaft），1949年更名为联邦德国铁路（Deutsche Bundesbahn），1994年转变为部分国有的德国全国铁路公司（Deutsche Bahn AG）	最初为筹集第一次世界大战战争赔款设立
	2008	将联邦印刷公司（Bundesdruckerei）国有化	该公司曾于2001年被私有化，再国有化是为了保证联邦印刷厂造币业务及其他一些关系国家安全的业务正常运行
	2009	德国金融监管局（BaFin）正式批准对濒临破产的德国住房抵押贷款银行实施国有化计划	控制国际金融危机蔓延

资料来源：作者根据有关公司网站、媒体报道和以往研究成果等资料归纳整理。

随着西方国家国有经济规模的扩大，国有企业的弊端逐步显现，亏损严重、效率低下的问题越来越突出，导致国家财政负担越来越大。一些经济学家断言，只有实现企业的私有权才能促进更有绩效的经济发展。这种观点为很多先前的公共企业的私有化提供了理论正当性，包括西方、东欧和中欧的社会主义国家，以及亚洲、非洲和拉丁美洲的发展中国家。国际货币基金组织和世界银行对依赖这些组织的国家强制实施了私有化。一些国家受到经济学家私有权优越性论点的影响，政府也自愿地实行了私有化。20 世纪 70 年代末 80 年代初，西方国家改革国有企业的呼声不断高涨，在英、美、日等主要资本主义国家都掀起了大规模私有化浪潮。大型国有企业公司进行公司化改造并出售国有股权，中小型国有企业直接出售给私人经营或实行公私混合经营。20 世纪八九十年代，一些西方国家纷纷对基础设施领域的国有企业进行私有化改造。值得注意的是，即使在这次大规模私有化时期，也有一些国有化事件，并没有实现完全的私有化。

近年来，经济学对私有化的效果进行了深入研究，对私有化和国有化的利弊进行了反思。20 世纪七八十年代的主流观点认为，私有化不仅可以减少政府对企业的干预，而且竞争可以迫使私有企业改善绩效，因为只有具有效率，私有企业才能继续生存下去。英国经济学家克里斯·哈曼[①]认为，20 世纪 80 年代国有工业私有化的最初提议通常是一种对“国家财政危机”的实用主义反应——萧条使税收减少，从而给政府带来财政压力，失业迫使救济金和社会保障支出上升。出售盈利企业中的国有股份，然后再出售整个国有企业，可获得大量资金，从而解决政府的燃眉之急。正是这个原因使 1974—1979 年的工党政府售出了它在缅甸石油公司和 BP 石油的股份。

国有企业由于可以借助政府得到金融或财政上的支援，无须担心倒闭或破产，故而市场竞争对其作用不大。然而，很多已经实行了私有化的国家并没有收到预期的效果。特别是在俄罗斯和拉丁美洲国家，大规模的私有化带来了严重的经济和社会问题。私有化过程中国有资产大量流失、经济犯罪和投机不仅引发了社会严重的两极分化乃至对立，还产生了腐败、犯罪等大量消极现象，最为严重的后果是寡头政治的出现，延缓了俄罗斯的民主化进程。一些国家的实践促使人们进行更深入的反思。私有化后企业更多地考虑经营者和股东的利益，尤其注重企业的利润，这强化了企业

① 克里斯·哈曼：《对新自由主义理论研究的反思》（下），《国外理论动态》2008 年第 10 期。

追求短期利益的动机，忽视了企业的长期发展和技术进步。在私有化后的垄断性行业中，企业长期投资意愿显著降低，反而掠夺性利用现有设备和裁减雇员，甚至用于技术改造和职工培训的资金也大幅度削减，影响了企业长期发展。对国有企业的资助与否及企业是否应该破产，主要取决于政府的态度。有些企业并不是由于国有而导致绩效不好，反而是由于绩效不好而被国有化。私有化带来的潜在经济效益主要来自于经济自由化和竞争，而不是所有制的转变。当经济自由化与所有制的转变发生冲突时，优先的选择是促进竞争而不是所有制的转变。因此，所有制类型与企业绩效并没有必然的联系，更不能说市场竞争对私有企业更有效。

国有经济的真正意义在于公平而不是利润最大化。私有化对盈利的国有企业没有影响，而私人资本对公益性和不盈利的国有企业缺乏兴趣。由于私人资本的逐利性质，许多国家的水、电、燃气、交通等公用事业私有化后出现了基础设施投入不足，以及高价格、低质量、低效率等损害公共利益的问题。私有化后建立的管制机构与被管制企业之间的关系，存在类似委托人和代理人之间的问题。由于管制机构缺乏被管制企业的信息，因而很难充分有效地对被管制企业进行管制，管制并不能从根本上制止私有化后的垄断企业获取高额垄断利润。

西方国家的国有化和非国有化往往交替出现。国有经济大多在战争和经济危机时期发展较快；一旦战争或危机结束，为改善企业绩效、提高效率和减轻财政负担而进行的改革，国有经济就会大大收缩，甚至发起大规模私有化运动。但是，每一次私有化都不是也不可能完全消灭国有企业，即使是英国撒切尔夫人政府在20世纪70年代末掀起的大规模私有化浪潮，也没能将全部国有企业实现私有化。那时，国有企业虽然分布领域和数量减少了，但是仍然在许多战略领域，特别是基础设施和公用事业领域发挥着重要作用。这说明国有企业有其存在、发展的必然性与合理性。综合来看，国有化到私有化的交替与变更有其内在必然性，科学技术进步、生产力发展水平、经济政治体制及历史文化传统等因素决定着各个国家是否实行国有化和私有化以及实施国有化与私有化的程度、比例。

科学技术进步和生产力发展水平从根本上决定和改变着国有企业存在的技术基础、资本及市场条件，从而推动着国有企业的产生、发展、调整以及私有化改革。资本主义社会的现实历史表明，资本主义的自由竞争必然引起生产集中，生产集中发展到一定程度又必然产生垄断。在垄断资本主义条件下，社会生产力继续向前发展，而社会财富越来越集中到少数垄断组织手里，这样，资本主义的基本矛盾进一步激化，使垄断资本主义转变为国家垄断资本主义。随着国家垄断资本主义在西方各国经济生活中主导地位的取得，西方经济的主要调节机制自然由市场调节转向国家干预，即国家利用财政、金融及其他措施来调节经济，甚至通过发展国有企业来控制和左右整个国民经济的运转。国家垄断资本主义比起私人垄断资本主义，能够突破私人垄断资本的局限，通过国家对整个经济的干预，集中更多的社会资本开发新的科学技术，兴办更大的企事业，是在一定程度上适应社会化大生产的资本主义生产关系的新形式。①

国有化之所以能够成为不少西方国家解决金融危机、经济危机的最后手段，是因为国有企业是一种特殊企业，具有特殊的性质。私有企业尽管是市场经济制度下普遍存在的企业制度形式，但也有其难以克服的缺点。世界上没有十全十美的企业形式，任何一种企业形式都有自身的优点，也必然有某些缺点或弱点，国有企业也不例外。国有企业具有特殊性质和特点，能够发挥私营企业难以发挥的功能，② 西方国家把国有化作为应对金融危机重要措施的原因可以从国有企业的这些特殊性质中得到解释。

第一，国有企业能够克服私有产权的局限性，具有更大的风险承受能力。国有化之所以能增加企业抵御风险的能力，是因为在市场经济体制下，一般企业实行以自由契约为基础的法人制度，即自然人和法人可以按《民法》《商法》《公司法》等所规定的一般规则自由地建立企业，并按自己的意愿自己经营或委托他人经营企业。而国有企业并不是一般民事主体自由契约的产物，其资本金主要来自政府财政投资、借款和发行债券或者在特殊时期没收私人或敌国的财产，在应对危机时更容易取得政府的支持。国有企业产权制度的这个优点，可以使其克服私有产权的局限性，具有更大的风险承担能力，并成为政府最得心应手的调控工具，灵活机动地发挥政策难以实现的作用。

第二，国有企业具有“公共性”和“企业性”双重性质，可以超越单纯的商业利益目标。“公共性”是指国有企业所有权全部或部分归国家

---

① 钱丹：《从西方国家战后的国有化运动到80年代的私营化浪潮——兼论国家垄断资本主义宏观经济调节机制的演变》，《长白学刊》1988年第4期。

② 金碚：《再论国有企业是特殊企业》，《中国工业经济》1999年第3期。

（政府）所有，承担一定的社会经济责任并体现国家意志。“企业性”是指国有企业也是独立的企业法人，具有自己的商业利益目标。西方国家设立国有企业的主要目的并不是经营获利，而是希望其能够以企业行为实现政府的公共政策目标，达到政府以其他经济和行政手段干预经济所不能达到的效果。为了保证国有企业实现这部分公共职能，如有必要，西方国家能够长期容忍国有企业的低效率和亏损，并支付大量补贴。实践证明，国有企业在增加就业、引导投资、平衡各种社会经济关系以及促进国家宏观经济目标的实现方面，确实能够发挥独特作用。在某些经济效益较差而社会效益较好的特殊行业或特殊领域，需要国有企业的进入。有学者[①]认为，美国加利福尼亚州的 2001 年电力危机源于私有企业在免除约束之后停止了对新的生产能力的有效投入，它们一味地追求利润最大化。维持额外的生产能力降低了它们的利润率，而从它们生产投资不足导致的电力短缺结果来看，它们更是明白了价钱会因此而暴涨，而自己也可以获取高得多的利润，于是它们并没有维持社会需要的额外生产能力的动机。同时也有调查显示，一些私有企业故意关闭自己的生产工厂来恶化电力短缺危机从而进一步提高价钱。可见，国家可以通过建立国有企业更好实现一定的社会政策目标。国有企业的这一独特优点决定了大多数市场经济国家，包括像美国这样的对国家干预经济抱有强烈反感的国家，都离不开国有企业和国有化方式。同这一优点相联系的是，由于国有企业被赋予超越商业利益之外的其他目标，虽然可能削弱其市场竞争力，但在应对危机中可能发挥私有企业不能发挥的作用。例如，在金融危机前景不明朗的情形下，私有银行一般会收紧贷款投放，国有化后，政府可能要求银行管理层服从政府宏观经济调控的意志，迅速处置不良资产，让信贷重新开启，稳定金融形势。当然，实现公有化的银行业也可以有较高的能力和信誉来执行这样的职能。

第三，国有企业拥有比私有企业更多的融资渠道，更容易取得财政补贴。西方国家国有企业除了可以和私有企业一样通过商业银行融资外，还可以获得财政拨款、财政补贴、财政担保、国际金融市场发行主权债券、接受外国政府贷款等，这使其拥有更强的融资能力。由于更容易得到财政

① 大卫·科茨：《所有权、财产权与经济绩效：美国及其他国家的理论和实践》，《经济社会体制比较》2008 年第 3 期。

支持，国有企业抗风险力更强，信誉更高。尤其在金融危机恐慌期，国有化可以产生稳定人心的效果。例如，田纳西河流域管理局（TVA）、美国邮政服务（USPS）和美国全国铁路客运公司（Amtrak）是美国联邦政府拥有的像企业一样运营的机构。TVA 负责整个田纳西河流域灌溉、洪水控制、农业和工业发展，牵涉 7 个州，其收支一直纳入联邦预算，还可以向财政部借款。USPS 是根据 1971 年邮政重组法，对联邦政府邮政部(Post Office Department）进行改组设立的一个联邦机构。USPS 像企业一样经营，但其收入无法弥补支出，一直依靠联邦政府公共服务拨款、低价邮件补贴拨款和收入放弃拨款来维持运转。Amtrak 通常通过美国联邦政府年度拨款（赠款）的方式获得补贴。国有企业强大的融资功能成为金融危机、经济危机中提振投资者信心和促进经济稳定的有力保障。

第四，国有企业具有较高的信誉，不容易破产。这是因为国有企业以国家为背景，出现经营、财务等困难时容易取得政府支持，通常具有比非国有企业更强的稳固性。在所有的国家，国有企业都不像一般民营企业那样容易破产倒闭。有的国家甚至通过法律明确规定，非经国家权力机关议会批准，国有企业不得关闭或改变经营方向。如此的较高信誉和稳固性，使国有企业能够保持更强的应对危机能力。商业银行和保险公司是经营货币信用的特殊企业，一旦丧失信用，其经营难以为继，从这个意义来说，金融危机极易导致信用链条断裂。西方主要发达国家对大型商业银行和保险公司国有化，实际是以国家信用提升商业信用，恢复公众信心，因为社会公众对商业银行的信心背后实际隐含的是对政府的信心。

第五，国有企业经营领域特殊，与政府关系密切的国有企业在资本金、信贷、决策、经营、审计等方面与政府的联系较多，很多问题要靠与政府部门的沟通来解决。国有企业往往由政府特许经营一定的业务领域，可以获得垄断经营的优势。国有企业在组织形式和治理结构上无论怎样相似于非国有企业，都不可避免地会受到政府的更多影响，更易于与政府建立密切的关系。当国有企业遇到重大的不利影响时，有可能受到政府的特别关照，至少，国有企业在向政府反映困难、要求关照方面，有较便利的条件和谈判地位。

当然，我们也必须承认，国有企业的上述优点，其实也是其弱点的根源。有一利则有一弊，否则岂不是所有的企业都可以成为国有企业了？而且，由于国有企业具有这样的性质，有其独特的优点，所以，其弱点和缺点也是不可能完全消除的。正因为如此，在市场经济制度下大多数的企业是非国有企业。

第三节 国有企业可以成为市场竞争主体

市场经济是一种主要由市场竞争主体——个人和企业决定生产和消费的经济制度，本质上是交换经济。市场经济是以社会分工和存在不同市场主体为基础性条件，不同独立的市场主体之间的竞争形成了市场经济。否定国有企业的出发点是认为公有制经济包括国有经济同市场经济不相容，国有企业是市场经济不合格的主体，非公有制经济才能成为市场经济合格的主体。国有企业能否与市场经济融合，关键是能否成为参与市场竞争的主体。只有国有企业成为参与市场竞争的主体，政府忠实履行竞争规则制定者和裁判员的职能，经济系统才能够通过竞争机制实现资源的有效配置。虽然在历史、体制、经济发展阶段和文化理念上，中国与西方发达国家的基本经济制度和市场经济体制存在社会性质的区别，但是，中国与西方发达国家都离不开国有企业，都面临着如何更好地经营和管理国有企业的课题。

2008 年国际金融危机以来，部分西方国家采取的国有化措施再次说明，西方市场经济尽管以私有制为基础，但私有制有其内在缺陷，国有经济仍然是不可或缺的组成部分，国有企业可以在克服市场体制缺陷、保障市场经济有效运行以及应对金融危机和经济危机方面发挥重要作用，甚至是私有企业不可替代的作用。西方发达国家的国有企业可以与市场经济兼容，成为参与市场竞争的主体，中国的国有企业当然也可以成为市场竞争的主体。现实本身已经否定了发展市场经济必须实行彻底的私有化的结论，并从反面论证了中国实行社会主义市场经济体制，坚持和完善公有制为主体、多种所有制经济共同发展的基本经济制度的可行性。从这个角度看，公有制与私有制没有绝对的优劣之分。在竞争性领域和政府容易失灵的领域，私有制更能够发挥自身优势。在市场容易失灵的领域和监管能力弱的条件下，以政府为主体的公有制往往比私有制更有优势。

中国改革开放以前国有企业不适应市场经济的根本原因在于，当时实行计划经济制度，国有国营这种政企合一的国有企业是政府的附属物，根本不是市场竞争主体。经过多年改革，中国走上市场经济的道路，国有企业实现了从政府“附属物”向“政企分开、政资分开、资企分开”的市场主体与法人实体的转变，探索出与市场经济兼容的国有企业形式——以社会主义市场经济体制和现代企业制度为基础的公司制、股份制企业。国有企业作为商品生产者，是能动的市场主体，不再是无权、无利、无责的政府“附属物”，其利益具有相对独立性，企业和员工的物质利益来源于企业经营成果。在具有一定自主权的基础上，国有企业可以自发地萌发出实现利润最大化的内在动力。

社会主义市场经济体制是一种前无古人的崭新体制，既不同于传统的计划经济体制，也不同于西方以私有制为基础的市场经济体制。中国处于社会主义初级阶段，市场经济体制不成熟、不完善，政府与国有企业的关系不规范，国有企业在一些领域垄断程度过高、竞争活力不足的问题比较突出，国家管理国有企业和国有产权的方式存在不少弊端，国有企业与市场经济的有效兼容还面临不少理论和实际困难。完善社会主义市场经济体制，应该继续推进国有企业改革，通过改革使国有企业适应社会主义市场经济体制要求，实现国有企业与市场经济更好的兼容。

理顺政府与国有企业的关系是国有企业成为市场竞争主体的前提。政企关系是任何经济体制都必须正确处理的一个基本关系，社会主义市场经济体制也不例外，政企不分是中国计划经济体制的一个根本性弊端。过去由于长期政企不分，企业实际上成了行政机构的附属物，中央和地方政府包揽了许多本来不应由它们管的事，而许多必须由它们管的事它们又未能管好。只有实现政企分离，才能形成社会主义市场经济体制的基本框架。在上述思想的指导下，中国政府机构围绕政企关系进行了几次重大改革，主要是进一步把综合经济部门改组为宏观调控部门，调整和减少专业经济部门，加强执法监管部门，绝大多数行业逐步实现了政企分离。今后改革应该继续坚持政企分离的方向，进一步区分和规范政府作为市场监管者和调控者以及作为国有企业出资人的职能。作为市场监管者或调控者，政府应该履行经济调节、市场监管、社会管理和公共服务职能，平等对待各类企业。作为出资人，政府可以行使相应的权能，但应该规范干预国有企业的领域和手段，超越私人投资的局限，兼顾国有企业的经济目标和社会目标，避免过度追求自身经济利益而损害社会利益。

营造各种所有制经济依法平等使用生产要素、公平参与市场竞争、同等受到法律保护的体制环境，是国有企业成为市场竞争主体的保障。市场经济本质是以市场作为资源配置的基础手段，在市场规律这只看不见的手的指挥下，社会资源获得最优配置。在资源配置的过程中，公平竞争是核心要件，只有公平的市场竞争，才能有效地发现价格，优胜劣汰。不公平的竞争，尽管也是竞争，却难以达到资源最优配置的目标。从这个意义上说，公平竞争是市场经济的命脉和本质性特征，也是社会主义市场经济体制的根本要求。无论国有企业还是民营企业都需要在竞争中锻炼自己、发展自己。如果存在公平竞争的环境，国有企业和民营企业的效率都会增加。在竞争充分的环境中，如果国有企业的效率没有增加，不能和同行业的其他企业进行竞争，就会被市场竞争所淘汰。对于竞争性行业，应该允许国有企业与民营企业公平竞争，鼓励企业通过提高创新能力和生产效率来获得经济资源和竞争优势。实践证明，国有企业并不必然是低效率，私有企业也不必然是高效率，效率高的国有企业和效率低的私有企业均不乏其例。其实也只有这样，各类企业公平竞争、适者生存、优胜劣汰，整个经济体才能充满活力并不断提高效率。

第一，促进民营企业与国有企业共同参与市场竞争，发挥各种所有制经济的积极作用。市场配置资源的基础和依据是企业对由市场供求水平决定的需求量和价格做出反应，并从事自利的经济活动。市场资源配置效率高低受竞争与产权匹配状态的影响。在国有企业和私有企业并存的经济体系中，市场竞争主要包括国有企业与国有企业的竞争、国有企业与私有企业之间的竞争、私有企业与私有企业之间的竞争等形式。国有企业与国有企业之间的竞争虽然可以改进企业绩效，但如果没有私有企业与之竞争，仍无法解决产权边界不清本身的弊端，生产效率与配置效率将低于多种所有制经济并存的状态。原因在于，竞争对企业效率的影响受政府对企业的干预程度和企业内部治理制度两方面的牵制。国有企业不可避免地要受到政府意志的左右。即使在充分竞争的环境下，政府官员也可以通过选择和决定国有企业领导人，按照自己的偏好影响甚至干预国有企业经营活动。国有股东对经理人的监督难以达到民营企业的水平，所有权的特性必然会成为影响市场效率的因素。中国处于社会主义初级阶段，市场经济体制不成熟，民营经济发展相对滞后，不少领域对国有经济依赖程度较高。为了建立更加完善的社会主义市场经济体制，提高市场竞争效率，中国应鼓励民营企业尽快摆脱家族管理阶段，完成从创业者的一股独大向股权分散的社会化企业的转变，提高民营企业吸纳社会资本的能力，大力发展资本有机构成高、固定资本投入规模大的产业。民营企业的进一步发展离不开与国有企业的分工协作，离不开国有企业在资金上、技术上、原材料上、设备上、人才上和市场上提供支持。实际上，中国许多民营企业的发展尤其是大型民营企业的成功都从国有企业那里获得了技术和人力资源的外溢。而民营企业的发展，可以使国有经济集中力量进入关系国计民生的重要领域，提高整个社会的生产力水平，促进国民经济更好地向前发展。

第二，调整竞争性领域国有经济布局，加强战略性竞争产业的核心环节，退出不具备竞争优势的一般竞争性领域。竞争性行业又可以划分为一般性竞争行业和战略性竞争行业。一般性竞争行业提供的是一般性生活用品和生活服务，例如家电产品、纺织服装、普通商业服务等。一般性竞争产业的波动和市场震荡一般不会对经济和社会产生很大的冲击。这类领域私有部门有能力经营且能够实现盈利，由私有企业投资和经营，通过市场竞争可以实现资源有效配置。国有经济委托代理层次较多，多一层委托代理就多一层成本，效率也会降低。在一般性竞争产业的发展中，非国有企业比国有企业更具有市场竞争的优势。国有企业可以通过兼并重组、产权转让、增资扩股等多种形式，逐步从不具竞争优势或不需要保持国有资本发挥控制力的一般竞争领域退出，推动国有资本进一步向支柱产业、优势产业和前瞻性战略性产业及龙头企业集中，通过资本有序流动优化国有经济布局。一般性竞争行业中的国有企业也可以通过混合所有制的方式，更多地让非国有资本和企业来经营，甚至完全退出这些领域。战略性竞争产业体现着国家的工业技术水平，进入门槛高，规模经济明显，如钢铁、汽车、化工、电子、造船等。这类产业中的企业虽然以盈利为主要目标，但也负有发展民族经济和保障国家经济安全的重要任务。对于这类产业必须维持国有资本和企业的支配性地位，同时要大力引导和鼓励非公有经济成分的参与，提高这类产业中的企业参与数量，加强市场竞争，通过产业结构的调整和升级淘汰落后产能，提高行业整体技术水平和创新能力。分布在战略性竞争行业中的国有企业发展混合所有制的空间巨大，因为这类战略性行业生产、研发、营销等业务内容繁多，所以完全可以将核心业务与非核心业务进行分类，以确定哪些必须坚持国有企业控制，而哪些可以通过混合所有制的方式与非公有制企业共营和共享。

第四节 中国私有经济发展不充分，更需要发挥国有企业作用

我国国有经济存在依据，既要考虑市场经济对国有经济的普遍要求，又要考虑社会主义市场经济体制的特殊要求，还要考虑发展阶段的任务和特点。对于经济发展处于不同阶段、私有经济发展水平不同的国家，国有企业分布和作用有很大的差异。由于历史和发展阶段原因，中国社会主义制度是在生产力社会化程度不高的基础上建立起来的。中国初期的国有企业不是社会化大生产的产物。在马克思的经济学说中，国家所有制建立在“资本主义时代成就的基础上”，是资本社会化和社会化大生产的产物。作为一个在半殖民地半封建社会基础上建立起来的国家，新中国国家所有制的出现，与马克思的设想有很大的不同，有着相反的原因和理由。新中国成立初期，生产力水平相当低下，资本和生产的社会化程度都比较低，离马克思所设想的前提条件十分遥远。在这样的生产力水平条件下，国家所有制的产生主要服从于当时巩固新生政权的需要，服从于应对当时紧张的国际环境，服从于随时准备的战争，这需要国家集中一切可以集中的资源和资产进行大规模的经济建设，因而私有资本受到挤压。

但是客观地看，私有经济基础仍然薄弱，私有企业整体上处于单个资本的形式，单个资本的联合还没有发展到能够适应资本密集型产业生产力发展要求的水平，资本形态从家族私人资本向资本多元化和社会化的转变刚刚开始，单个私人资本规模小与资本有机构成提高之间的矛盾客观存在，国家不得不出面承担投资大、风险高、周期长的项目。已经实现资本多元化、社会化的民营企业，大多没有建立起资本所有权与经营权相分离的现代企业制度，通过委托—代理制克服家族治理与资本社会化的矛盾。

吕政①深刻分析了当前中国私有企业的局限性。他认为，随着生产力发展和科学技术进步，由生产力技术构成所决定的资本有机构成不断提高是经济发展的普遍规律。这一规律必然导致资本的集中化和社会化，特别是在资本和资源密集型行业，要求实现规模经济，并以资本集中为特征的

① 吕政：《适应生产力发展要求是所有制调整的出发点》，《人民日报》（理论版）2012 年 5 月 23 日。

大型企业为主导。单个私人资本已难以容纳和适应生产力发展的这种客观要求，因而需要对传统家族私人资本形态进行变革，即通过资本社会化来实现资本集中。我国的工业化是在“一穷二白”的基础上起步的，通过私人资本自我积聚逐步转向资本集中，也可以渐进地从以劳动密集型产业为主导转变为以资本密集型产业为主导，但这是一个长期与缓慢的过程。在当时的冷战国际背景下，我国为了加快工业化进程，通过发展国有企业的途径实现资本集中，迅速奠定了资本密集型重化工业的基础，并建立起技术密集型、独立自主的国防科技工业体系。在经济全球化的今天，我国经济又面临着激烈的国际竞争，大型跨国公司以其资本和技术优势，对发展中国家形成新的竞争压力。为了改变我国工业在国际产业分工体系中主要依靠劳动密集型产业的格局，仍然需要发挥国有大型企业的主导作用，提高我国产业的国际竞争力。

邵宁[①]也指出，中国是大国，供油、供气、供电、通信服务都需要由特大型企业来承担。这又受制于中国民营企业的发展阶段。民营企业也有一个发展阶段问题，也有一个现代企业制度建设的问题。中国的民营经济总体上还处于一个创业者个人的、家族企业阶段。这不是说家族企业不好，只是说明一种状态。家族企业有长处，内部是血缘纽带，企业内部的忠诚度很高，内部的管理成本非常低，企业的决策效率高。但是它也有缺陷，如内部的制度化建设比较差、随意性比较大；内部形不成制衡机制，决策风险大；其企业文化是以家族关系为中心的，家族以外的人很难受到信任，尤其难于进入核心决策层，等等。家族企业的形态经营中小企业的效率非常高，但其企业治理、管理和文化不太适合大企业要求。因此把国有大企业退给处于家族企业阶段的民营企业，不但有一个职工能不能接受的问题，而且企业的治理、管理、文化很可能都出现倒退，对大企业的健康发展不利。所以，在中国现实的国情条件下，在国有大企业改革的现阶段上，已经不能够再简单地沿用前些年国有中小企业改革的办法，把这些大企业简单地退给别人。

公有制经济为主体，国有经济为主导，非公有制经济不断发展壮大的所有制结构，适应我国社会主义市场经济和现阶段生产力发展的客观要

① 邵宁：《十八届三中全会〈决定〉与国有企业改革》，《现代国企研究》2014 年第 1—2 期。

求，是中国特色社会主义的经济基础。坚持和完善公有制为主体，首先是坚持和完善国有经济的主导作用，保持国有经济在国民经济中占有适当比重，确保国有经济在关系国民经济命脉的重要产业和关键领域占支配地位，增强国有经济的控制力和影响力。国有经济战略性调整的主要任务是，继续促进国有资本向关系国家安全和国民经济命脉的重要行业和关键领域集中，向不能或不具备引入竞争机制的垄断行业集中，向私人资本无力或不愿意进入的行业集中，更好地发挥国有经济的作用，防止商业寡头和外国资本威胁国家经济安全。

一是基础设施和公用事业。公共部门经济学认为，私人企业以利润最大化为目标，公共部门活动不能忽视收益和成本，但必须以社会公平公正为目标。公共部门经营者既要考虑经济效益，又要考虑社会效益、政治效益和生态效益等。邮政、铁路、公路、重要桥梁、大型水利工程和电力生产供应等基础设施和公用事业领域，生产的社会化程度很高，服务领域极广，在经济学上被认为属于垄断产业或市场失灵的领域，其产品或服务属于公共物品或准公共物品，即使私有化也不能改变其垄断性质。在基础设施和公用事业领域举办国有企业，以价格低廉和数量充足的产品与服务提供给私人部门和居民个人，有利于降低私人部门成本和提高居民福利水平，保证生产与生活正常运行。上述领域由于投资规模大、回收期长，社会效益远大于经济效益，非国有制企业往往无力承担，或者因为经济效益和时间效益的关系不愿意在上述领域投资，或者由于监管体制不完善难以抑制私有企业的垄断弊病。这些产业存在外部性，社会收益大于社会成本、私人收益小于私人成本，从社会角度看可以实现盈利、从私人角度看无法实现盈利，这类领域可以由政府投资和经营，这样就可以克服私人企业低产出、高价格导致的社会福利损失，增加公共产品和服务供给，实现社会利益最大化。

由于私人资本的逐利性质，如果由私有企业主导经营还容易导致投入不足和供不应求等问题。在这些部门发展国有独资公司和国有控股公司等，可以为整个国民经济的初始启动和良性发展奠定产业关联的基础，其经济效益体现在其他产业发展中。为维护经济运行秩序，国家一般对其进行垄断，以公共垄断克服私人垄断的弊端。垄断程度较高的企业获得的垄断利润，国家作为股东能够获得分红和股价增值，使垄断利润重新回到国家手中，并可以用作社会的二次分配，确保正常生产活动给企业带来的实际私人收益不大于社会收益。在西方发达国家和许多发展中国家这一领域也主要由国有企业承担。即使在市场经济较为成熟、国有经济比重很低的美国，邮政、铁路客运、水利工程等领域仍然由联邦政府设立国有企业或类似国有企业的机构进行经营和管理。自然垄断产业或需要保持独家垄断的某些环节在特定条件下只能允许一家企业经营。当随着科学技术进步、产业规模扩大和社会分工深化，一些自然垄断产业转变为竞争性产业，为多家企业并存和相互竞争提供了条件时，则必须及时收缩国有企业独家垄断的环节。

二是重要矿产资源勘探开发。在我国，大量的个体私营企业在矿产资源的开采方面存在着严重的乱开滥采的现象。一些地区大量的高品位钨砂矿被非法开采，已经造成矿石废弃、环境污染严重、河道淤积堵塞现象。矿产的乱开滥采对于国土资源的整治，对于战略性资源的综合开发利用，对于国民经济的可持续性发展，都存在极大的潜在威胁。石油、天然气、有色金属、煤炭、稀土等具有战略作用的矿产资源勘探开发，投资规模大、投资风险高，关系国民经济命脉，对其开发利用的核心领域必须坚持和加强国有经济的控制力，由国家通过国有企业来主导，国有大型企业进行管理和控制，私有企业可以通过与国有公司合作参与其中。石油等重要矿产资源开发曾经广泛采用合营开采、利润分成等方式，资源国政府取得的超额利润份额普遍少于开发企业。为获得超额利润的更多份额，资源国政府纷纷采取国有化措施，使政府在资源的开发、经营和销售领域起主导作用。对于国有产权过低的核心领域，可以通过增加资本金等途径提高国有经济控制力。对于国有产权过高、过于集中的领域，可以逐步降低国有控股比例，鼓励非公有制经济通过参股等形式进入这类行业。在国家产业政策的规范下，利用和引导非公有经济成分参与非核心业务的股份合作，发展混合所有制，可以使非国有企业甚至外资企业在这类产业中获得一定的发展空间。

三是基础重化工业和尖端产业。钢铁、化学、重型装备制造等基础重化工业和航空航天、原子能、军工等尖端产业在特定时期国际竞争激烈，需要不断向高端产业价值链的高端攀升，外资凭借资本和技术优势往往在市场竞争中占据优势地位，国内企业参与市场竞争需要巨额的研发和生产投资。同时其技术与产品往往与国家的经济和军事安全具有密切的联系，其产品供给能力和质量对整个国民经济发展具有决定性影响。这些行业不仅为国民经济其他部门所必需，而且其能否以合理价格供给市场，这将直接影响中下游产业发展。由于民营企业资本积累的有限性和局限性，其发展和壮大需要一个较长过程，国有企业必须发挥主体和主导作用。在私有部门经济规模达不到要求、技术能力和投资能力无力建设大规模现代化企业的情况下，更需要国有企业担负起发展这些产业的责任。随着民营经济的壮大，国有资本可以按照有进有退、合理流动原则，采取改组、联合、兼并、股份合作、出售等多种方式，通过改革转变成国有参股企业或民营企业，其中的国有资本可以根据需要进行调整。

四是战略性新兴产业。战略性新兴产业是战略产业和新兴产业两个概念的融合。战略产业是对国家经济社会发展、产业转型升级和参与国际分工起促进、引领作用，并具有广阔市场前景的产业。新兴产业是处于起步或成长期的产业，其当前规模不大但增长率一般高于整个经济平均增长率。并非所有的新兴产业都具有战略性，某些新兴产业发展到一定阶段才可能成为战略产业。战略性新兴产业就是目前具备战略产业部分条件且将来可能成长为战略产业的新兴产业。与其他产业相比，战略性新兴产业具有超强的渗透、扩散作用，既能提升其他产业的技术水平和市场竞争力，也能支撑和拉动国民财富的长期增长，其发展主要由重大科技创新推动。战略性新兴产业需要集中巨额资本进行新技术的研究和产业投资。科技进步带动设备的大型化、高效化、精密化和自动化，购买这些设备需要大规模资金投入。特别是在原子能、航空航天、石油化学和海洋开发等产业都要求建立超大企业，这些产业和部门的发展仅靠私人资本已经无法实现。世界上没有一个国家，在战略性新兴产业的谋划和发展上政府不扮演重要角色，即使是信奉和推崇自由竞争的美国也不例外。多年来，在科学和技术领域，美国一直是最主要的领导者。美国研发费用约占世界研发费用的40%，雇用70%的诺贝尔奖获得者，拥有世界排名前40所大学的3/4，但是，美国仍然提出增加科学家的数目并增加重要科研机构的研究基金。

新中国成立以来，中国许多战略性新兴产业都是由国有企业发展起来的。改革开放后中国发展的一些新兴行业，如移动通信业、新能源新材料业、高端装备制造业、卫星及其应用业、轨道交通制造业等，也都是以国有企业为支柱发展起来的。这些产业技术和风险级别比较高，其技术创新和产业升级需要整个国家力量的支持和推动。没有国有企业领军投资建设，超前一步开展研究，恐怕许多行业至今还是空白，已建立起来的也难以扩大。发展战略性新兴产业，如果不能发挥国有企业的先导作用，而由市场自发地成长，就可能延误时机。战略性新兴产业的竞争日益体现在产品与技术创新能力的较量上，这就更需要国有经济依靠其雄厚的经济实力，不断提高技术研发与自主创新的能力，成为引领技术创新、提升国际竞争力的中坚力量。

第八章　国外国有经济结构战略性调整的理论与实践

国有经济体现了一种国家行为，是国家运用经济手段维持社会良好运转、实现特定政治功能，以及达成一定经济目标的载体，具有其他经济形式无法替代的功能。世界上绝大多数国家，无论是发达国家还是发展中国家；无论是信奉新自由主义，强调“大市场、小政府”的老牌资本主义国家，还是经历了从以计划为主导的公有制向以市场为主导的私有制转变的转轨国家，都不同程度地存在着国有经济这一国家现象，这是从横向的角度看待国有经济。从纵向的视角出发，国有经济在世界范围内也经历过多次的起起落落，既有20世纪30年代罗斯福新政高举凯恩斯主义旗帜，强调政府对经济的干预，将国有经济推向圣坛；也有80年代初铁娘子撒切尔挥刀斩向国有企业，重拾古典主义经济学论调，大举私有化国有经济的断臂之呼。

国有经济早已成为一个敏感而历久弥新的话题，时时牵动各方国民、政客、学者的神经，为国有经济究竟该何去何从而争执不休、莫衷一是。本章主要探讨国外国有经济战略性调整（主要包括发达市场经济国家、转型经济国家和后发展国家）的实践及其所依据的理论，希望从中总结和归纳出有益于我国国有经济调整的经验和值得深思的问题，为我国国有经济的良性发展提供一点思路和借鉴。

第一节　发达市场经济国家

梳理西方经济发展史会发现发达市场经济国家一直经历着经济的国有

化与私有化的并行发展以及一定程度的循环交替。[①] 在这些交替的背后往往是占据主导位置的经济理论的不断演进。从古典经济学派倡导的市场主体论，到市场失灵时凯恩斯主义高举国家资本主义的旗帜，再到国有经济成为国民经济的“增长拖累”时新自由主义高呼私有化，西方国家国有经济的发展遵循着一条波动的轨迹。本节首先要理解其发展轨迹，搞清楚国有化和私有化背后的逻辑，然后重点阐述兴起于20世纪80年代，至今仍在延续的这一轮私有化浪潮。

一 国有经济发展脉络

发达市场经济国家的经济制度和经济行为深受经济学理论的影响，每一轮大规模经济行为的背后都能找到支持其形成的理论依据。以亚当·斯密的《国富论》（1776）为奠基的古典经济学派分析了自由竞争的市场机制，将市场比作一只“看不见的手”支配着社会经济活动，主张顺从市场对资源的配置，反对国家干预经济生活。亚当·斯密的经济学思想对于西方市场经济制度的建立就如同牛顿的力学三大定律对于现代物理学体系的构建一样重要。在古典经济学思想的指导下，发达国家的市场经济体制形成了“大市场、小政府”的一般形态，即市场在资源配置中发挥主导作用，而政府职能仅限于提供公共服务，包括建立福利制度、维护市场秩序、进行有限的宏观经济干预等，并不直接参与社会经济活动[②]。但这并不意味着国有经济在市场经济国家的经济体系中没有立足之地。事实上，国有经济的存在历史悠久。比如军工、钢铁、能源、矿山、港口、邮电通信、供水供热等一直都是存在于资本主义结构内部的公共企业。只是由于市场观念的强大，这些国有性质的工厂或产业在国民经济中的地位显得相对弱小和微不足道。

然而20世纪上半叶，正是在这些微弱的公共企业基础上，西方国家爆发了两次巨大的国有经济扩张浪潮：一是在两次世界大战之间出现在众多国家（如意大利、法国等）的政府大举接管私有企业之举；二是在第

---

① 高德步：《世界经济通史》（上卷），高等教育出版社2009年版。

② 何自力：《对“大市场，小政府”市场经济模式的反思——基于西方和拉美国家教训的研究》，《政治经济学评论》2014年第5卷第1期。

二次世界大战结束后不久席卷西欧的国有化浪潮①。这两次国有经济的扩张并非来源于国有经济本身发展的积累，而是归因于外部政治、社会、思想和经济的剧变，比如战争。两次世界大战期间因为战时生产的需要，国家将与战争物资供应相关的产业纳入国有经济的范畴内，以便加强控制，保证战争的需要。在战争结束后，社会生产力遭到极大的破坏，私有经济受创严重，为了尽快地从经济困境中走出来，国家必须介入经济过程，引导经济的复苏。除了战争因素外，爆发于1929—1933年的资本主义经济危机又给发达国家的市场经济一记重拳，使之雪上加霜。传统的市场经济政策在应对经济大萧条时显得捉襟见肘、首尾难顾。此时凯恩斯主义应运而生。凯恩斯主义主张国家采用扩张性的经济政策，通过增加需求促进经济增长，即扩大政府开支，实行财政赤字，刺激经济，维持繁荣。凯恩斯主义为大力发展以政府为主导的国有经济提供了理论依据。在凯恩斯主义的指导下，美国实行了颇具国家介入色彩的“罗斯福新政”，开始对经济实行全面的干预和调节，并取得了显著的效果。其他西方国家政府纷纷仿效，国有化在市场经济国家达到了一个前所未有的高度。

经济国有化的大规模发展与近现代两次工业革命紧密相关。从18世纪60年代以蒸汽机的发明为标志的第一次工业革命和19世纪70年代以电力的广泛应用为标志的第二次工业革命之后，重工业逐渐确立了在国民经济中的主导地位。重工业行业如电力、石油、汽车、化工、矿业、钢铁、运输等逐渐成熟于20世纪上半叶，而这期间也是国有化大规模发展的时期。主要原因是重工业行业的投资规模大、投资回报周期长、风险高，这使得重工业具有进入壁垒高、沉淀成本大的自然垄断特征。此外重工业又往往集中于基础产业、基础设施和资本技术密集的产业领域，关系着国民经济的命脉。因此国家介入这些行业领域不仅有利于迅速修复战争和经济危机带来的创伤、缓解社会矛盾，还有利于国家对关键领域的控制，② 因此早期合理的经济国有化是有着不错的效果的。

随着政府在经济事务中施加的影响越来越大，政府作为“经济人”由于利益的惯性驱动有不断扩大政府职能和权力范围的倾向。政府这只

---

① 黄涛：《国有经济布局和调整的原因研究——国有经济史的角度》，《北方经济》2012年第1期。

② 同上。

"看得见的手"越来越多地干预到市场这只"看不见的手"的作用范围，从而造成经济结构的扭曲，国有经济逐渐成为国民经济的拖累而非引擎。此时国有经济表现出来的问题主要有：①国有经济发展过量、结构失调、布局太广。[①] 这主要源于早期国有化的良好绩效掩盖了国有经济发展过量的问题。当民营经济逐渐复苏并迅速发展壮大的时候，国有经济已经挤占了国民经济较大的比例和较广的分布空间，甚至在一般竞争性领域也能找到国有经济的影子，国有经济与民争利使得民众对于国有经济的怨愤越来越大，纷纷要求政府收缩职能范围，国有经济的调整也在所难免了。②国有经济的内部治理问题。与民营经济相比，国有经济承载了多重目标，而且这些目标之间又往往是相互冲突的，比如社会目标（有时也称为福利目标）与经济目标之间的冲突，比如来自不同利益集团的诉求等。[②] 多重目标的差异性带来的直接问题就是绩效考核标准的模糊。国有经济的管理者总可以借此为亏损、低效或成本居高不下寻找托词。另外一个存在于国有经济内部的治理问题就是国家作为国有经济的主体难以人格化，[③] 这便为国有经济的实际管理者在委托—代理关系中进行逆向选择提供了机会。③国有经济的外部约束问题。预算软约束是造成国有企业效率低下的主要根源之一，[④] 囿于政治条件，国有经济常常以牺牲经济原则为代价，进而造成效率损失，甚至对整个经济体构成增长拖累。此外，当国有经济规模较大时，它们常常对外部监督置若罔闻。[⑤]

对于上述国有经济出现的问题，西方发达市场经济国家开出的药方就是对国有经济进行私有化改革。然而问题的关键是这种低效是国有产权与

---

① 黄涛：《国有经济布局和调整的原因研究——国有经济史的角度》，《北方经济》2012 年第 1 期。

② 热拉尔·罗兰主编：《私有化——成功与失败》，张宏胜、于淼、孙琪等译，中国人民大学出版社 2013 年版。

③ 蒋一苇：《职工主体论》，《中国劳动科学》1991 年第 9 期；寇垠：《国有经济改革的文献综述》，《经济研究导刊》2013 年第 10 卷第 192 期。

④ Lau, L., Qian Y. & Roland, G. Reform without Losers: An Interpretation of China's Dual - Track Approach to Transition, Journal of Political Economy, 2000, 108 (1); Fluck, Z., Kose, J. & Ravid, S. A. Privatization in stages and the dynamics of ownership structure, New York University press, 1996；刘瑞明、石磊：《国有企业的双重效率损失与经济增长》，《经济研究》2010 年第 1 期。

⑤ 热拉尔·罗兰主编：《私有化——成功与失败》，张宏胜、于淼、孙琪等译，中国人民大学出版社 2013 年版。

生俱来的本质特征还是由于管理者自身的素质、能力和利益诉求造成的，如果是后者，那么私有化改革也无法从根本上解决这些问题。[①] 通过对发达国家经济演进的规律和与发展中国家的对比，黄涛[②]认为，在发达国家，国有企业的治理问题并不十分突出。也就是说国有经济出现的种种问题主要不是来自经营不善，更大程度上还是源于国有经济本身。也有实证研究表明大多数国家的私有化改革都取得了积极的效果，[③] 且竞争性领域的国有企业在私有化改革后效率提升更加明显，垄断性领域私有化改革的效果则并不十分显著。[④] 下文将对私有化进行详细阐述。

二　私有化

世界范围的大规模的私有化浪潮起源于20世纪70年代末的英国。当时的英国进入了战后以来最严重的经济危机。凯恩斯主义带来的国有经济的强势介入已经开始越来越拖累经济的发展，在此背景下，新自由主义的论调在西方各国开始占上风。英国保守党人特别是撒切尔夫人在1979年5月的大选中就明确提出要改变英国的经济政策方向。她认为，英国经济之所以停滞不前，主要应该归咎于国家干预和国有化。通过发展国有企业和增加国家补贴来推动社会就业是治标不治本的措施。要想真正解决英国的问题，就要发展自由经济，减少国家行政干预，给企业以更多的自主权，才能切实提高其经济效益。因此私有化事实上成为撒切尔夫人改革的基本要素之一，这一改革使英国国有企业部门GDP比重从10%缩减到几乎为零，其中英国石油公司1977年的公开上市被普遍认为是迄今最大规

---

① Chang, H. -J. & Singh, A. Can large firms be run efficiently without being bureaucratic? Journal of International Development, 1997, 9 (6): 865 - 879.

② 黄涛：《国有经济布局和调整的原因研究——国有经济史的角度》，《北方经济》2012年第1期。

③ Megginson, W. L., Nash, R. & Van Randenborgh, M. The Financial and Operating Performance of Newly Privatized Firms: an International Empirical Analysis, Journal of Finance, 1994, 49 (2): 403 - 452; Djankov, S. & Murrell, P. Enterprise Restructuring in Transition: A Quantitative Survey, Journal of Economic Literature, 2002 (40): 793 - 837.

④ Martin S. & Parker D., The Impact of Privatisation: Ownership and Corporate Performance in the UK Industrial Economic Strategies for Europe State of Welfare, Routledge, 1997.

模的私有化案例。① 20 世纪 80 年代私有化开始在欧洲大陆推广开来，这其中既有各国政府改善政府财政赤字的压力，也有提升市场化程度以便加入欧盟的愿望。与欧洲国家相比，美国国有经济的相对规模一直以来就比较小。即使是战时和经济危机时建立起来的一些国有企业也在渡过难关后陆续出卖给了私人。目前各类国有企业所创造的财富仅占 GDP 的 1.5% 左右。② 即便如此，美国国有经济的私有化脚步仍未停止。总的来说，发达市场经济国家的私有化进程最为深入，私有化交易比例和收益均为全球最大，分别占全球交易量的 29% 以及全球政府收益的 48% 。③ 而且发达市场经济国家的私有化实践也最为成熟。以下我们将就发达市场经济国家常采用的私有化实践进行深入分析。

经济合作与发展组织（OECD）于 2003 年发布了一份有关国有企业私有化情况的报告④，报告总结了发达国家经济体国有企业在私有化时常常采用的几种方法，即公开市场股票发售（Public share offering）、企业整体出售（Trade sale）、管理层或员工持股（Management and employee buy - outs）、混合出售（Mixed sale）、资产出售（Assets sales）和破产清算（Liquidation），其中前四种为最常采用的方法。公开市场股票发售具有最高的透明度，通过一种公开竞争的方式获得国有企业在股票市场的溢价收益。这种方式需要上市出售的公司具有良好的盈利记录或盈利潜力，才有可能吸引到足够的买家并保证投资者的利益；还需要公司具有良好的治理能力，能够向投资者出具全面的财务、管理等方面的信息⑤。这势必需要各类专门人才，如律师、会计、银行家、公关、行业顾问、市场顾问等的加入以及长时间的酝酿和准备，如企业的重组、长期规划等，所耗成本之巨大通常只有规模较大而且效益良好的国有企业才能负担。除了企业自身的条件，要想成功地实施公开市场股票发售，还需要有一个相对成熟

① Bortolotti, B. and Milella, V.：《西欧的私有化：典型事例、结果和未决的问题》，载热拉尔·罗兰主编《私有化——成功与失败》，中国人民大学出版社 2013 年版。

② 孔玉生、张帆：《国外国有经济布局经验及对我国的启示》，《商业时代》2011 年第 27 期。

③ 热拉尔·罗兰主编：《私有化——成功与失败》，张宏胜、于淼、孙琪等译，中国人民大学出版社 2013 年版。

④ Organization for Economic Cooperation and Development（OECD）. Privatising State - owned Enterprises - An Overview of Policiesand Practices in OECD Countries , Paris, 2003.

⑤ 洪名勇：《国外国有资本退出竞争性领域的通道及启示》，《经济师》2001 年第 10 期。

的资本市场和立法环境，即资本市场要有一定的流动性和深度，国家要建立起相对完善的法律体系，涵盖产权治理、公司法和破产法等一系列法律法规。当然，国有企业的公开股票市场发售还能反过来促使资本市场的完善和规模扩大。比如意大利、西班牙和葡萄牙就通过大型国有企业的公开股票发售扩容了其资本市场的规模，而资本市场已经相对完善的英国也从国有企业的公开股票发售中修补了自身的漏洞。①

专栏一

股票公开发售私有化的股票定价法

英国通过大规模股票发售进行私有化的改革过程中逐渐形成和调试出一套股票价格设定的方法，称为需求建档（book building）。这种方法通常是由招标机构征询不同投资者对于股票的需求以及不同的出价，然后据此信息绘制需求曲线并设定股票价格。对于需求信息了解得越是充分，意味着股票价格制定得越发合理。而且通过这样一轮的需求征询，股票价格的最终确定时间便非常接近于最后的上市交易时间，这样也大大降低了市场的不确定性。这种定价方法也使得政府对于股票在不同类别投资者之间的分配更具控制力，以便瞄准那些更符合政策目标的投资者。通常，机构市场采用这种需求建档定价法，零售市场的股票公开发行价格会设得稍低一些以激励散户购买和持有这些股票。大部分OECD国家在股票公开发售的私有化过程中越来越多地借鉴英国这种需求建档定价法。

（OECD，2003）

企业整体出售（Trade sale）是指将企业作为一个“实物性”资产通过竞拍的方式整体出售给战略投资者。这种方式常常适用于那些中小型国有企业。以这种方式进行私有化的国有企业比公开股票市场发售的私有化方式更有效率，因为省去了大量法律规定的重组程序，更快也更容易执行。② 此外这种方式也不需要完善的资本市场和成熟的法律环境，更容易

① Organization for Economic Cooperation and Development（OECD）. Privatising State – owned Enterprises – An Overview of Policiesand Practices in OECD Countries , Paris, 2003.

② 陆桂琴：《国外国有银行私有化改革研究》，《理论探讨》2007年第6卷第139期。

在欠发达国家和地区推行。[①] 有学者认为，企业整体出售会产生比公开发行股票更好的收益，因为这种方式不仅可以回避掉股权过于分散、投资者“搭便车”的投机主义行为，还能赋予大股东剩余索取权和剩余控制权，有利于大股东的监督以及引入先进的管理理念和管理技术，提升企业效率。[②] 然而企业整体出售很难达到公开股票发行那样的透明度，尤其是在非竞争性招标的情况下更容易滋生腐败。[③]

混合出售（Mixed sale）是公开市场股票发售和企业整体出售，甚至员工持股的一种混合形式。混合出售是很多 OECD 国家私有化过程中采用的一种方法。通过这种方法，政府可以实现多重目标。在操作过程中，政府先将一定的股份出售给战略投资者，不仅可以为待私有化的国有企业加注资本金，还能引入新的经营机制，为国有企业注入新的活力。待资本市场对企业的盈利性看好之时，政府便可将大量国有股份在资本市场上售出。与此同时，政府还可将一部分国有股份以较低的价格出售给员工，以确保他们的工作参与度。比如法国政府就规定私有化的企业需拿出 10% 的股份专为职工保留。[④] 这种混合出售方式需要政府有足够的能力确保企业具有良好的治理结构以保护小股东的利益，否则大股东可能会滥用他们的控制权导致下一步公开股票市场发售缺乏公信力并进一步损害资本市场的发展。[⑤]

管理层或员工持股（Management and employee buy - outs）也是一种常见的私有化手段。通常是通过一个新成立的实体收购原来公司的股份，再由公司的员工或管理层持有这些股份的大部分。这种方法的采用常常是出于一些政策的实用性考虑，比如要平衡一些政治、经济和财务方面的目标。这种方法可以涉及原来公司资产的全部或者一部分，员工和管理层可以出资，也可以不出资。金融机构也可以作为买方或者担保方参与到此项交易中。这种方式的私有化被认为有助于改善公司的治理绩效，通过将管

---

① Boubakri, N., Cosset, J. - C., Fischer, K. & Guedhami, O. Privatization and bank performance in developing countries. Journal of Banking and Finance, 2005 (29): 2015 - 2041.

② 陆桂琴:《国外国有银行私有化改革研究》,《理论探讨》2007 年第 6 卷第 139 期。

③ Bortolotti, B. and Milella, V.:《西欧的私有化:典型事例、结果和未决的问题》,载热拉尔·罗兰主编《私有化——成功与失败》,中国人民大学出版社 2013 年版。

④ 孔玉生、张帆:《国外国有经济布局经验及对我国的启示》,《商业时代》2011 年第 27 期。

⑤ Organization for Economic Cooperation and Development (OECD). Privatising State - owned Enterprises - An Overview of Policiesand Practices in OECD Countries , Paris, 2003.

理层和员工的利益与公司绩效绑定，不仅可以使私有化改革获得内部支持，还能切实提升公司的效率。但是这种方式的弊端在于员工很多情况下是免费或通过极低的成本获得公司股票的，他们对于股票的增值没有太强的财务责任感以及来自外部监管机构的硬约束，这不利于公司价值的提升。另外，不同的员工有不同的利益诉求，在面对相互冲突的目标时常常很难达成统一有效的决策。① 正如其他私有化方法一样，员工持股方法的采用有利有弊，在实践中是否要采用它取决于具体目标之间的妥协和平衡。一般说来，这种方法适用于小型企业，尤其是那些从事的是非常规性业务，员工的技能和才智对于公司的业务有重要影响的公司。

专栏二

管理层或员工持股私有化

在 OECD 国家中有很多私有化案例是通过管理层和员工持股实现的。英国有超过 270 例私有化改革采用的这种方式。比如 1994 年伦敦巴士服务公司就是通过将股份出让给管理层和员工实现私有化的。1996 年英国铁路公司的私有化也包含了一部分员工持股。广泛采用员工持股私有化的国家还包括澳大利亚、德国、匈牙利和波兰等。比如在匈牙利，约有 1/3 的国有企业私有化采用了员工持股的方式。

员工持股的私有化方式得到了员工的大力支持，这也成为组织重构和文化变迁能够得以成功的某种必要条件。在意大利，实践证明超过 70% 的员工在得到公司股份后工作参与度和股票持有率都非常高。比如 ENEL 公司 99% 的股票由员工持有，且至少持有了一年以上。再比如意大利的 Alitalia 公司在 1998 年将 20. 5% 的股份出售给了员工，是意大利最大的员工持股计划。在这之后劳资关系得到了极大的改善，公司有关削减成本的措施也得以顺利推行。然而 Alitalia 公司的员工持股计划设置了一个三年的锁定期，这不利于股票的流动性，而且在股票可以买卖之后可能会对股票市场造成一定的波动。

（OECD，2003）

① Organization for Economic Cooperation and Development（OECD）. Privatising State – owned Enterprises – An Overview of Policiesand Practices in OECD Countries ，Paris，2003.

表8－1总结和对比了上述几种私有化实践的目标和方法。需要指出的是，国有企业的出售方法取决于各国的具体情况和私有化的政策目标。

表8－1　　　　目标和方法

出售方法	资本市场发展	公司治理	透明度	收益	评述
公开市场股票发售	高	可能较低，除非不同层次的股票持有者认识到不同的股东利益诉求会带来治理的不稳定性	高	相比企业整体出售收益低，而且成本高	设计科学的阶段性出售可以获得更高的每股收益
企业整体出售	低	高	比公开市场股票发售透明度低，因此需要建立清晰的规则和开放的竞争程序	高收益/低成本	开放以及竞争性的招标过程有助于提高透明度，确保更好的收益
混合出售	高	可能较高，但要保护小股东利益	中等，取决于建立清晰的规则和开放的竞争程序	高	实现多重目标
管理层或员工持股	低	有可能改善生产效率，但对公司治理的改善影响不大，尤其是员工在技能和利益上具有同质性，特别是他们免费或低价获得股票	低	低	适合小型企业，以及那些人力资本/智力资本极为重要的企业

资料来源：OECD，Privatising State－owned Enterprises－An Overview of Policiesand Practices in OECD Countries，2003，pp. 104－105.

在讨论了私有化的方法和实践之后，接下来我们要对后私有化时代

（post－privatization）的控制机制进行讨论。私有化的主要目标是提高公司的效率和绩效水平。因此私有化并不仅仅是指改变公司的所有权结构，还涉及公司治理结构的改变。政府为了对私有化后的国有企业依然能够施加一定程度的影响以确保私有化成果的实现，设置了诸如黄金股（Golden shares）和表决权（Voting rights）之类的控制机制。以黄金股为例，它是指私有化企业中政府特权和法令约束的集合。典型的特权包括：①任命企业董事会成员；②设立、解散或私有化国有企业；③重大日常管理事项的审查；④对相应利益获取同意或否决的权力。法令约束包括：①所有权的确定；②表决权的上限；③国家控制的相应条款①。

专栏三

黄金股举例

在英国，特别股，或所谓的“黄金股”，赋予了政府特殊的控制权。一般而言，黄金股有一定的时间限制，一个典型的禁令是一个人或一群人的一致行动不可控制超过15%股权。如果公司涉及国防和安全领域，那么黄金股便无时间限制，而且还有一些额外的权力，比如任命或提名董事、处置原材料资产等。黄金股的保留一直是例外而非规则，往往在实践中并不真正行使赋予它们的权力。黄金股不包含允许政府在商业事务上干涉企业决策的权力。随着时间的推移，除了一些国防领域的企业，政府已经慢慢放弃了在私有化公司中的黄金股。放弃黄金股的理由是竞争激烈的市场环境和全球化趋势使得它们的存在失去了意义。在一些情况下，政府放弃黄金股可以打消投资者的不确定性，比如英国电信公司与MCI的兼并谈判便涉及要求政府放弃黄金股。

在法国，黄金股的推行“action spécifique”始于1986年。起初，黄金股设置了五年的存续期，存续期之后转换为常规股。然而，1993年的私有化法解除了黄金股的时间限制，由政府决定何时将黄金股转换为常规股。通常情况下，法国的黄金股为政府提供了以下的控制权力：

① Bortolotti，B. and Milella，V.：《西欧的私有化：典型事例、结果和未决的问题》，载热拉尔·罗兰主编《私有化——成功与失败》，中国人民大学出版社2013年版。

（1）在投资者采取一致行动，试图拥有超过一定比例的公司股权时需要从经济和财政部获得事先授权；

（2）任命公司董事会中两名非投票成员；

（3）阻止出售任何资产，以保护国家利益。资产包括股票、建筑、技术、专利商标及其他任何有形或无形财产。

（OECD，2003）

黄金股的本意是政府想利用其确保广义上的国家安全，防止国防领域等关键部门的私有化企业被敌方接管，保证公用事业部门提供天然气、电力、水、通信和交通等公共服务，[①] 然而存在的主要问题就在于当政治目的和私有化要实现的效率目标相背离时政策的设计应该采用什么样的折中之策。

三　私有化成果

OECD 于 2009 年又出版了一部有关私有化经验和成果的报告，该报告是 2003 年版报告的更新版，回顾了自 21 世纪以来私有化的最新进展，并且展示了私有化的最新成果。报告[②]指出自 20 世纪 90 年代私有化浪潮掀起高潮以来，OECD 成员国在 21 世纪初依旧保持了高涨的私有化运动热情。仅 2000—2007 年的 8 年间，价值将近 5000 亿美元的国有资产进行了私有化改革。其中贡献最大的是欧洲国家，私有化的国有资产总额达到了 2330 亿美元，法国、意大利、德国占了 OECD 所有成员国私有化总收益的将近一半。竞争性领域的国有企业基本已经完成了私有化改革，目前的私有化改革正在向纵深发展，且推向了更为复杂的领域，如规模庞大、管制较多的通信网络领域等。比如至少 31% 的私有化收益来自电信部门，19% 来自运输和物流部门（包括铁路、机场和航空公司的战略性出售等），17% 来自公用事业部门（主要是能源领域），来自制造业（10%）

① Bortolotti，B. and Milella，V.：《西欧的私有化：典型事例、结果和未决的问题》，载热拉尔·罗兰主编《私有化——成功与失败》，中国人民大学出版社 2013 年版。

② Organization for Economic Cooperation and Development（OECD）. Privatisation in the 21st Century：Recent Experiences of OECD Countries - Report on Good Practices，Paris，2009.

和金融业（15%）的私有化实践要低于历史水平。

西方市场经济国家的私有化运动成果可以从宏观经济层面和微观经济层面两个方面展开论述。在宏观层面上，对于私有化运动成果的考察可以从对于政府财政状况的改善和对于金融市场发展的影响来进行观察。而在微观层面上，则可以从私有化后企业绩效的提升、治理结构的改善等方面来论述。

对于政府财政状况的改善而言，Jeronimo、Pagán 和 Gökçe①考察了西班牙、希腊、意大利和葡萄牙四国在1990—1997年私有化运动对于财政赤字的影响，发现私有化收益越大，政府财政赤字越小。这一结果可以由政府主导私有化运动的目的之一便是为了提高政府收益来进行解释。对于发展资本市场而言，美国和欧洲的私有化经验呈现了不同的结果。美国经验认为，国有企业的私有化对于股票市场的繁荣所起的作用有限，②这可能与美国国有企业总体规模较小有关。欧洲经验则认为国有企业的公开市场股票发售对于强化资本市场的流动性意义非常重大，这可能与发展产权投资市场一直以来就是欧洲私有化运动的主要目标之一有关。

对于企业绩效的提升而言，Megginson 等人③对于私有化企业绩效的实证分析是这方面研究的代表作，他们发现私有化后的企业在实际销售额、营利性、效率和资本支出等方面的增长具有统计学显著意义，而企业的负债也在明显下降，因此私有化对于改善企业在财务和经营绩效方面确实存在着积极效果。对于公司治理的改善而言，Bortolotti 和 milella④认为欧洲私有化改革普遍的做法是部分私有化，政府在改制后的企业中始终持有黄金股或表决权，这是政府不愿放弃所有权和控制权的表现，因此这对于治理结构是否能够从根本上得到改善提出了一个大大的问号。然而毋庸置疑的是由于外部股东和民间资本的涌入，新的管理机制也随之引入改制后的企业中，对于治理结构的改善发挥了潜移默化的影响。

---

① Jeronimo, V., Pagán, J. A. & Gökçe, S. Privatization and European Economic and Monetary Union, Eastern Economic Journal, 2000, (26): 321–333.

② Gibbon, H. A. Guidefor Divesting Government-owned Enterprises, 1996.

③ Megginson, W. L., Nash, R. & Van Randenborgh, M. The Financial and Operating Performance of Newly Privatized Firms: an International Empirical Analysis, Journal of Finance, 1994, 49 (2): 403–452.

④ Bortdotti, B. and Mildoa, V:《西欧的私有化：典型事例、结果和未决的问题》，载热拉尔·罗兰主编《私有化——成功与失败》，中国人民大学出版社2013年版。

专栏四

私有化成果举例

在国有经济私有化改革过程中，英国一直在努力营造一种竞争环境。以英国电信公司为例，原来凭借突出的垄断地位盈利的电信公司在私有化改革后受到了来自经营全国性通信网络的莫科瑞公司和一系列地区化、专业化的通讯公司的挑战，打破了电信公司一枝独秀的局面。在这种优胜劣汰的竞争机制作用下，英国电信公司的服务质量和服务水平得到了明显的提升，消费者满意度也随之上升。比如，1980—1981 年英国全国电话待装户多达 12.2 万户，在实行民营化后，这一数字降到比较合理的 2000 户。长途电话费平均下降 40%。可见，竞争机制的引入对于国有经济的私有化改革成功起着至关重要的作用。

（廖红伟、赵翔实，2012；胡家勇，2004）

第二节　转型经济国家

苏联和东欧国家原本就是国有经济一统天下，因此这些国家的国有经济调整实质上就是指经济转轨和私有化，只是它们的私有化是在经济和政治危机、社会剧变的特殊背景下开始的。这样的背景使得这些转型国家普遍将“私有化”视为经济转轨的核心工程，但是各国私有化采取的方式和路径又不尽相同，总结来说，基本包括激进式（比如推行无偿向公民发放私有化凭证、向企业内部员工折价出售股份等方法转让国有资产）和渐进式（比如通过渐进的经济调整来推行私有化）两种方式。采取方式的不同也造成了结果和成效的不同。比如激进的快速私有化不仅造成了国有资产的大量流失，还激化了社会矛盾，使得发生在转型经济国家的这一场私有化运动——历史上最大的财富转移之一——并没有对经济绩效产生预期的积极效果。[①②] 近些年来在俄罗斯还出现了对于私有化的否定和

① 申建国：《国外国有企业改革经验简介——世界国有企业发展趋势的启示》，《经济与管理》2001 年第 3 期。

② Hanousek，J.，Kacenda，E. & Svejnar，J.：《中东欧和独联体的私有化》，载热拉尔·罗兰主编《私有化——成功与失败》，中国人民大学出版社 2013 年版。

逆转，如实施再国有化。相比而言，通过渐进式的经济调整而引入的私有化取得了更好的效果。

一　俄罗斯的国有经济调整

转型经济国家曾经的那种国有经济一统天下的模式主要是受苏联的影响。苏联从成立到解体，国有经济长期占据优势地位，且集中在工业领域，一度占据国民收入的92.7%。[①] 国家垄断经济活动使得经济结构造成了严重的扭曲，这为苏联的最终解体埋下了一定的隐患。伴随着苏联的解体和私有化思想的涌入，俄罗斯经济步入了市场化经济转型期，希望以此解决原来高度计划经济体制带来的各种矛盾和问题。这便是俄罗斯国有经济的私有化改革阶段，这一阶段大体来说又经历了四个细分阶段：

第一阶段是“小私有化”改革阶段。这一阶段的改革主要是针对部分第三产业和小型的工业企业，如对国营零售业、餐饮业、服务业和小型建筑企业通过采取公开拍卖、租赁或出售的方式实行私有化。[②]

第二阶段是“大私有化”改革的证券私有化阶段。“大私有化”是指对国有大中型企业的私有化。证券私有化阶段是指国家通过向公民发放私有化证券的方式无偿转让国有资产。国有企业变为开放型股份公司，每个公民还可以用自己手里的私有化凭证去购买私有企业的股票。[③] 这一阶段的私有化具有明显的政治目的，为了使改革过程具有不可逆性，政府规定了每年进行私有化企业的数量，此外为简化程序，按企业账面残值进行资产评估，造成了国有资产的大量流失。[④]

第三阶段是“大私有化”改革的货币私有化阶段。在这一阶段，国有资产的私有化从无偿转变为按市场价格出售。到这一阶段私有化扩张的脚步明显放慢。到这一阶段结束时，俄罗斯共建立了股份公司2.7万家，

① 廖红伟、赵翔实：《外国国有经济的发展演变及对我国的启示》，《国有经济论丛（2012）——深入推进国有经济战略性调整》，2012中国国有经济发展论坛：深入推进国有经济战略性调整学术研讨会，北京，2012年12月21日。

② 郭晓琼：《俄罗斯所有制结构演变及近期私有化进展》，《俄罗斯学刊》2013年第3期。

③ 廖红伟、赵翔实：《外国国有经济的发展演变及对我国的启示》，《国有经济论丛（2012）——深入推进国有经济战略性调整》，2012中国国有经济发展论坛：深入推进国有经济战略性调整学术研讨会，北京，2012年12月21日。

④ 郭晓琼：《俄罗斯所有制结构演变及近期私有化进展》，《俄罗斯学刊》2013年第3期。

其中国家控股公司占 18%，国家参股公司占 37.6%，完全私有化的公司占 44.4%。[①]

第四阶段是“大私有化”改革的个案私有化阶段。在这一阶段，大规模的私有化运动停止了，取而代之的是“点穴式”有选择地对个别国有企业进行私有化改造。私有化改革从重视数量向重视质量转化。为防止国有资产的流失，国家在综合企业的账面价值和市场价值的基础上对国有资产价值进行评估，以确保国有资产不流失。[②]

对于俄罗斯经济的私有化转型，Aslund[③] 的观点认为俄罗斯快速的私有化进程有其历史必然性，因为在当时的情况下，先前的非市场制度已然解体，如果各项改革不快速推进的话，社会经济会陷入瘫痪的状态，这是当政者所不能容忍的情形。遗憾的是，在这个快速转轨的过程中，决策者低估了一个运转良好的法律体系的功能，或者更愿意相信自由市场会解决所有主要问题。[④] 正是由于制度的缺失和缺乏透明、公正的竞争环境，俄罗斯的私有化过程出现了大量腐败、内部人操纵等问题，造成了国有资产的严重流失。

俄罗斯大多数民众对于私有化的合法性和公平性也都持质疑态度。根据 2008 年俄罗斯全民公众意见研究中心（All - Russian Public Opinion Research Center）的调查显示，在大规模私有化过去了 15 年之后，仍有约 42% 的民众希望修订这一结果，约 29% 的民众认为再国有化或许是一个不错的解决方式。民众对于私有化成果的不满引发了持续的政治讨论，即究竟应该如何逆转私有化的结果。以 2000 年俄罗斯跨部门分析中心的报告为例，他们就提出了三种逆转私有化的举措，包括重新私有化、去私有化和国有化。[⑤]

---

① 廖红伟、赵翔实：《外国国有经济的发展演变及对我国的启示》，《国有经济论丛（2012）——深入推进国有经济战略性调整》，2012 中国国有经济发展论坛：深入推进国有经济战略性调整学术研讨会，北京，2012 年 12 月 21 日。

② 同上。

③ Aslund, A. The case for swift currency reform in the New Republics, Transition, 2 (8): 4 - 9.

④ Hanousek, J., Kacenda, E. & Svejnar, J.:《中东欧和独联体的私有化》，载热拉尔·罗兰主编《私有化——成功与失败》，中国人民大学出版社 2013 年版。

⑤ Chernykh, L. Profit or politics? Understanding renationalizations in Russia, *Journal of Corporate Finance*, 17, 1237 - 1253, 2011.

自 2004 年底以来，俄罗斯的国有经济开始了与大规模私有化相反方向的调整，即重新国有化。第一个将原来私有化的大型公司再次国有化的案例便是尤科斯。2004 年 12 月尤科斯的主要生产部门 Yuganskneftegaz 由于避税的需要被卖给俄罗斯国家石油公司。这一标志性事件迅速拉开了其他大型公司将控制权从私人转移到政府的序幕。这一阶段俄罗斯国有经济的调整伴随着私有化进程的放缓以及国有经济成分的扩张，是国有经济与私有经济并存的阶段。

俄罗斯国有经济的调整既经历了大规模私有化的过程，也经历了重新国有化。而这样方向相反的经济调整也并非俄罗斯一国的特有现象。这引发了学者们对于私有化和国有化的动因进行深入思考和分析。以 Megginson 为代表的学者认为私有化的动因主要是从经济理性出发，认为公司的经济效益、国家税收的增长以及政府财政支出的降低是国有企业私有化背后的逻辑。[①②] 而对于国有化而言，学者们普遍认为政治考量，包括对于战略性经济部门的干预、针对寡头和外国投资者的打击、自然资源领域的收归国有，以及对前期私有化结果的修订等，则是国有化的重要支撑理由，而且这一现象在发展中国家比在发达国家中更为突出（Schmidt，2000）。[③④] 2006 年 OECD 对于俄罗斯国有经济成分的扩张进行了调查，报告记录了 29 个重大私有资产的国家收购案例，横跨多个工业领域，如石油天然气、银行、电力、核建设、医疗、自动化生产、机械制造、航空和钛合金制造等。

回顾俄罗斯国有经济调整的历程，20 世纪 90 年代在俄罗斯兴起的大规模私有化运动虽然迅速改变了俄罗斯的所有制结构，但由于私有化过程的不透明和缺乏周密的安排，国有资产被大量侵吞，形成了一批寡头，把

① Megginson，W.，Netter，J. From state to market：a survey of empirical studies on privatization，*Journal of Economic Literature*，39，321 – 389，2001.

② Megginson，W.，Nash，R.，Netter，J.，Poulsen，A. The choice of private versus public markets：evidence from privatizations，*Journal of Finance*，59，2835 – 2870，2004.

③ Schmidt，K.，The political economy of mass privatization and the risk of expropriation，*European Economic Review*，44，393 – 421，2000.

④ Boehmer，R.，Nash，R.，Netter，J. Bank privatization in developing and developed countries：cross – sectional evidence on the impact of economic and political factors，*Journal of Banking & Finance*，29，1981 – 2013，2009.

持了国家的经济命脉。[①] 普京执政后，俄罗斯的私有化进程明显放慢，特别是2004年底以来，国有化进程大大加速，国有经济成分在所有制结构中呈上升趋势。俄罗斯在私有化经济转轨阶段尽管有些急于求成，但其私有化对象大多为竞争性行业的国有企业，对于战略性行业的国企而言，从未因私有化而对国家的掌控产生丝毫的撼动，这也为后面的再国有化提供了余地。

俄罗斯国有经济的调整可以总结为如下四个特点：一是俄罗斯经济转型的速度之快绝无仅有。以私有化阶段为例，从1992年7月转型开始到1994年6月仅两年时间俄罗斯便完成了从完全公有制的经济形态转变为以私有制为主体、多种经济形式并存的混合型经济。二是俄罗斯的国有经济调整往往带有明显的政治目的，靠行政命令强制推行，具有较强的不可逆转性。国有经济调整常常从一种经济手段演变为政治目的，经济转型运动沾染上了浓浓的政治意味。三是俄罗斯的私有化变革方向与西方走了一条截然相反的路径，西方国家是从市场经济发展而来，为了弥补市场失灵，才引入国家干预，形成一定比例的国有经济成分。而俄罗斯是从公有制出发，通过强制推行私有化这一制度变迁，在国民经济中大举引入私有经济。四是尽管曾经推动了大规模私有化，但是俄罗斯的战略性行业和公共事业部门，甚至一些战略性竞争行业依然牢牢把控在政府和国有经济手中，甚至通过再次国有化的行政手段将一些经济部门从寡头手中重新收归国有。

二　其他转型经济国家的国有经济调整

在东欧国家中，波兰和捷克斯洛伐克的经济转轨采取的是比较激进的私有化政策（Big Bang Program），通过把国有资产无偿或者低价地分配给国民实行短期大规模的私有化改革。速度是波兰和捷克私有化改革追求的首要目标，因为快速大规模的私有化可以使得资产所有者及时响应由于价格开放所引发的市场信号，而国有经济体是无法根据市场价格的信号给予资产所有者适当的激励和回馈的。[②] 还有一个重要的原因就是将政府对

---

① 郭晓琼：《俄罗斯所有制结构演变及近期私有化进展》，《俄罗斯学刊》2013年第6期。

② Roland, G. Onthespeedandsequencing of privatisation and restructuring, The Economic Journal, 104, 1158－1168.

企业的控制权快速收回，否则政府会持续地干扰企业的运营活动①。波兰的大规模私有化计划是通过成立互惠基金（mutual funds）保持对这些私有化股份的强力控制以避免股权的过于分散，而捷克斯洛伐克的大规模私有化是采用证券凭证的方式分配给民众，但是最后这些由民众持有的私有化凭证有超过一半被13家投资基金所持有。

根据最初的设想，通过大规模赠予或分配股票，持有这些企业股票的公民就成了企业的股东，应该关心企业的经营和发展。但是由于这些转轨国家的证券交易市场刚刚组建，还存在着诸多的问题，那些无偿分配到企业股份的股东并不真正关心企业的前途，而是热衷于把持有的股票尽可能快地变现，因而出现了股票的抛售潮，这使得股票的价值承受了巨大的压力，而此时少数内部人和投机分子便利用这个机会大发横财。因此这种向大众无偿分配股票的方法虽然能够解决短期内国有企业大规模私有化的问题，但是它带来的消极影响更大，比如国家和普通民众难以从私有化改革中获得收益、股权过于分散而难以对内部人或投机分子实行有效的监督、国有资产大量流失等。②

与其他东欧国家不同，匈牙利走了一条完全不同的私有化之路。首先，从转型之初，匈牙利就不考虑无偿向国民分配股权凭证的做法，而是坚持国有资产只能出售、不能分配的原则，国有企业的私有化要采取公开、透明、置于监督之下的招投标方式，且规定了参与投标的企业数量下限。私有化过程引入竞争机制，使得国有资产得到保值甚至升值。其次，匈牙利的国有企业在私有化改革中采取了股份制，由国家和外资企业、国内其他企业、私人资本和企业员工等一起参与组成股份制公司，国家作为股东之一，同其他股东一样参与企业的管理和利润的分配。为了保护国家的利益，规定某些企业中国民和民族资本的股份必须在51%之上。在员工持股方面，国家给员工保留一部分优先股，但规定员工持股不能超过企业总资产的20%。与激进的私有化运动相比，匈牙利的私有化进程显然需要一个漫长的过程，但是这样的过程可能才更加合理，成功的希望也

① Boycko, M., Shleifer, A. and Vishny, R. Property rights, soft budget constraints and privatization. Mimeo, Harvard University, 1992.

② 袁志刚：《国外国有企业制度及其演变的比较研究》，《世界经济》1995年第6期。

更大。[①]

Roland[②] 认为匈牙利的国有经济转型要比波兰和捷克更易被广泛接受，原因就在于匈牙利的私有化调整过程采取了一种渐进的方式。这种方式允许“分而治之”（divide and rule），使得经济转型的成本尽可能的小。此外，渐进的方式还使得先转型的部门或企业为后转型的部门或企业提供标杆，从而减少后续转型的阻力。[③] 渐进式的经济转型方式能比快速私有化取得更好成效的原因主要在于：①能够形成一种区分好企业与坏企业的甄别机制；②促进健全的私有金融系统的形成；③提高政策的可靠性并逐渐硬化国有部门的财政约束。具体来说，如果渐进的方式能够形成一种甄别企业好坏的机制，好的企业先被私有化，坏的企业仍在政府的掌控之下，而且好的企业由于能够比较容易地寻找到私人投资者，因此对于政府的还价能力会更高，这有助于私人存款流入好的企业中以获得更高的收益，那么一个健全的金融系统便可能被催生，且高质量的贷款投资组合会使银行更有动力去实施硬约束，从而使得企业努力做得更好，反之，低质量的贷款投资组合会增加债权人的被动性，因为启动一个企业破产程序可能会暴露银行自身的财务漏洞甚至把银行带到破产的边缘，因此银行会不愿意贷款给坏的企业，而坏的企业则不得不依赖于政府，预算软约束则很难被克服。[④] 因此通过渐进式经济调整而形成的私有化是基础更加扎实可靠的。

三　转型国家与西方发达市场经济国家私有化的比较

袁志刚[⑤]在对国外国有企业制度的比较研究中总结了东欧转型经济国家与西方发达市场经济国家在推行私有化方面的不同之处，值得深思。他认为：第一，西方国家作为老牌的市场经济国家，有发达健全的资本市

① 袁志刚：《国外国有企业制度及其演变的比较研究》，《世界经济》1995 年第 6 期。

② Roland, G. Onthespeedandsequencing of privatisation and restructuring, The Economic Journal, 104, 1158 - 1168.

③ Dewatripont, M. and Roland, G. Economic reform and dynamic political constraints, Review of Economic Studies, 59, 703 - 730, 1992.

④ Roland, G. Onthespeedandsequencing of privatisation and restructuring, The Economic Journal, 104, 1158 - 1168.

⑤ 袁志刚：《国外国有企业制度及其演变的比较研究》，《世界经济》1995 年第 6 期。

场，国有股的定价更加公开、透明、规范，国有资产被低估的可能性大大降低。第二，西方国家的国有企业本就在国民经济中比重不高，因此私有化的难度比起转轨经济国家要低得多。转轨经济国家面临着计划经济体制的一夕坍塌，亟须在短期内把占据国民经济大半江山的国有企业迅速私有化，难度可想而知。第三，西方国家的民间资本充足，国有企业私有化的资金来源不成问题，而转型经济国家大都经济不景气，大量国有企业的私有化面临着资金不足的困境。第四，在西方国家，国有企业的私有化有完备的法律法规为依据，国有资产被低估的问题不严重，而东欧国家的法律体系还不完备，难免出现国有资产大量流失的情况。第五，西方国家多年市场经济体制的浸淫使得国民具有较高的投资意识和投资技巧，普通家庭也会把收入配置到不同的金融资产（如股票、债券等）上，以期减少风险获得最大收益。而东欧国家的国民还缺乏长期投资意识，对于国家无偿分配的股权，只关注其短期的投机收益。可见，市场经济并不能靠简单地引进西方经济法规和实行国有企业的私有化便可实现，而是涉及国民观念改变的大工程。

第三节　后发展国家

孔玉生、张帆[①]认为后发展国家的国有经济布局走了一条和西方国家相似的路径，只是比例要高很多。胡家勇[②]对一组来自世界银行的有关各国国有经济规模的数据进行比较后发现发展中国家的国有经济规模要大于工业化国家。在发展中国家中，低收入国家的国有经济规模要高于中等收入国家。发展中国家从区域来看，非洲国家的国有经济规模最大，亚洲国家次之，拉丁美洲国家的国有经济规模最小。

究其原因，后发展国家处于工业化和经济起飞的初级阶段（这一阶段在西方国家早已完成），国有企业能够发挥较大的作用。这时的经济发展为粗放性外延型增长模式，数量增长是经济发展的首要任务，此时国有经济可以集中力量办大事。此外，后发展国家由于经济发展水平低，居民

① 孔玉生、张帆：《国外国有经济布局经验及对我国的启示》，《商业时代》2011 年第 27 期。

② 胡家勇：《国有经济规模的国际比较》，《经济纵横》2004 年第 8 期。

的总体收入水平也低，靠民间资本出资兴建重大项目几乎不可能，这也客观上造成了国有经济在后发展国家的相对比重更大，分布领域更广。[①] 再者，发展中国家的市场体系还不够成熟，市场失灵的现象还比较多，政府对经济的干预程度也就相应更高，政府对市场干预最直接的方式便是兴办国有企业，只有当市场经济发展逐步完善后，政府的干预才能逐渐减少，干预的方式也会更多地转向财政政策和货币政策。最后，发展中国家的国民对于市场机制和非国有经济普遍抱持一种怀疑态度，而不像发达国家的人们对于市场机制充满信任感，这种国民思想倾向也使得政策的制定者在制度设计时更倾向提高国有经济的比重，降低非国有经济的比重。[②]

但随着发展中国家的经济向集约型或内涵型发展，向质量要效益成为经济发展的首要目标，此时国有企业效率低、服务质量差、管理机制落后、阻碍竞争等种种弊端便逐渐凸显出来，国有经济在国民经济中的比重逐渐下降也成为一种必然趋势。另外，来自国际金融组织，如世界银行和国际货币基金组织对于后发展国家政府所施加的资金筹措压力以及这些国家政府自身的财政问题也使得许多后发展国家不得不采取私有化改革。[③] 最后，一些后发展国家内部的政权更迭和政治竞争也成为诱发私有化改革的催化剂。综合各种原因，以私有化为代表的经济自由化改革成为后发展国家国有经济调整的主旋律。本节将重点介绍拉丁美洲、亚洲和非洲主要国家的私有化改革经验及其所提供的启示。

一　拉丁美洲的私有化

拉丁美洲的私有化改革可能是后发展国家中最为积极和激进的，而且其大规模私有化改革的经验甚至早于英国 80 年代初期的撒切尔计划，开始于 1974 年智利的私有化改革。根据世界银行的统计，私有化政策在 1990—1999 年给拉丁美洲带来了 1750 亿美元的收益，其中接近 60% 来自基础设施服务的私有化。20 世纪 90 年代，私有化进程 95% 集中于巴西、阿根廷、墨西哥等六个国家，其中排名前两位的是巴西占 40%、阿根廷

---

① 雷培莉：《国外国有企业在国民经济中布局及发展变化的分析》，《化工管理》1999 年第 1 期。

② 胡家勇：《国有经济规模的国际比较》，《经济纵横》2004 年第 8 期。

③ Aulakh, P. A. and Kotabe, M. Institutional changes and organizational transformation in developing economies, *Journal of International Management*, 14, 209 - 216, 2008.

占26%。[①] 下面我们将主要就阿根廷和巴西的私有化改革模式进行介绍。

阿根廷的私有化运动是在梅内姆政权时期真正开始的，其核心实际上在于使公共服务特别是基础设施私有化。私有化运动的重要原因是政府的财政危机限制了对公共服务部门的补贴，从而降低了服务的配给和质量。然而阿根廷的基础设施私有化仅仅是名义上的，因为大多数服务事实上都是特许的，由政府和主要投资者签订合约，仅在特定的时间段提供特定水平的服务和合同所涉及的特定投资义务。工人也能在私有化改革过程中获得一定比例的股权和收入，这有利于本地资本市场的发展。[②]

巴西的私有化开始于1991年，逐步成为除东欧国家私有化计划之外，以美元计算的世界范围最大规模的私有化运动之一。1991—2002年有120家企业转制成为私营企业，然而其中很多企业并没有转售大部分股权，而是出售很小部分的股份，也就是说，经营管理权依然在政府手里，私有化的目的是为了增加政府收入、减少公共债务。私有化运动为巴西政府带来了超过1000亿美元的净收益，其中在基础设施服务行业的私有化，如交通、电信、高速公路和电力部门，产生的收入大约占3/4。[③]

Estache[④] 以阿根廷和巴西的铁路私有化为样本，通过记录和对比私有化前后每一个业务单元全要素生产率的产出与输入值来分析两个国家铁路私有化改革的效率报偿。结果发现阿根廷和巴西的铁路私有化改革的确提升了公共服务部门的效率。巴西渐进而缓慢的私有化改革进程证明即使在公共部门的管理下也能够有效率的显著提升，阿根廷的经验显示私有化带来的效率提升并不一定伴随着广泛的裁员。

整体审视拉丁美洲国家的私有化改革进程，发现这些国家的私有化运动有着多重目标。比如阿根廷、智利等国的私有化改革是出于财政实用主义的考虑，希望通过出售或转让公有资产来解决公共部门的财政问题。而巴西、哥伦比亚等国则是希望通过重组和私有化使市场更具竞争力，从而

① Estache, A. and Trujillo, L.:《拉丁美洲的私有化：美好、丑陋、不公》，载热拉尔·罗兰主编《私有化——成功与失败》，中国人民大学出版社2013年版。

② Estache, A., Gonzalez, and Trujillo, L. What Does "Privatization" Do for Efficiency? Evidence from Argentina's and Brazil's Railways, World Development, 30 (11), 1885-1897, 2002.

③ Estache, A. and Trujillo, L.:《拉丁美洲的私有化：美好、丑陋、不公》，载热拉尔·罗兰主编：《私有化——成功与失败》，中国人民大学出版社2013年版。

④ 同上。

改善公共部门的商业绩效。还有的国家，如阿根廷、智利、牙买加等希望通过私有化运动赋予工人企业股份，从而发展本地的资本市场。此外，对所有国家来说，增加私人融资在公共服务中的比例都是改革的重要目标之一。[①]

私有化的模式在拉丁美洲国家中并无一定之规，如墨西哥就在竞争性产业中采取公有资产的完全出售或剥离，公共部门完全放弃控制权和所有权。巴西则主要采取出售大部分或小部分股份的方式，这种方式允许政府保留一定的控制权，分享私人经营的盈利，也分担损失，循序渐进地实施改革。阿根廷则主要采取租赁和特许经营的方式，允许政府保留资产所有权，但是通过合约的方式明确政府和私人业主双方的权责利。[②]

基础设施的私有化改革常常具有政治上的难度，这是因为改革所带来的效率收益很难像预期那样被公众所分享，这在很大程度上要归咎于监管者的责任。在许多国家，监管者或是太软弱（被业主或政客所控制），或是能力不足，使得应该被分享的效率收益由于没有被评估而很少进行再分配，穷人的利益没有从私有化改革中得到保障。这也造成了拉丁美洲的私有化改革近些年来在公众中的支持率持续下降。比如拉美风向标（Latin-barometro）发布的一篇调查显示，在 2003 年，关于私有化的负面看法，变化程度从洪都拉斯的 53% 上升到阿根廷的 83%，平均而言，拉丁美洲地区有 2/3 的人对私有化持否定态度。[③]

二　亚洲的私有化

亚洲的国有经济调整可以分为东亚和南亚两个部分，东亚主要以中国的国有经济调整为主体力量，南亚则主要包括孟加拉国、印度、巴基斯坦和斯里兰卡，其中又以印度这一南亚地区最大的经济体为主。由于本节主要立足于国外国有经济调整的实践，因此我们主要围绕印度的私有化进程展开阐述。

---

① Estache, A. and Trujillo, L.:《拉丁美洲的私有化：美好、丑陋、不公》，载热拉尔·罗兰主编《私有化——成功与失败》，中国人民大学出版社 2013 年版。

② 同上。

③ 同上。

世界银行[①]统计了1991—1999年世界各主要经济体发展情况的财务指标，发现这一期间南亚的私有化收益总计只有119亿美元，而拉丁美洲同期的私有化收益则超过1170亿美元。Gupta[②]分析其主要原因在于公众对私有化的支持热情不高。不情愿的部分原因是公有制的历史背景，人们普遍认为占有主导地位的公有行业可以减少收入与财富的不均等。还有一个重要的原因便是政治竞争和特权，这使得印度的私有化进程在执政党和反对党竞争激烈的地区推进缓慢。然而在90年代初政府财政出现收支危机后，印度开始实施一系列降低准入门槛的改革，鼓励私有企业的发展。

印度的私有化进展主要通过两条途径，即部分私有化和战略出售。部分私有化从政治角度来看成本较低，因为不涉及管理权的转让，但政治干预会持续作用于企业。战略出售可能会使企业效率更快地提升，但是政治成本太高。[③]

部分私有化多数是在20世纪90年代期间进行的。Gupta就部分私有化对企业绩效的影响做了实证研究，他发现这一举措对于企业的销售、利润、劳动生产率和投资都有积极的重要影响。在企业固定效应衰退时，政府所有权比例每下降10%，就会带来年销售和利润分别增长13%和10%，平均劳动产出和劳动报酬率分别增长8%和5%。Gupta也在研究中指出对管理者行为不充分的信息是造成国有企业效率低下的重要原因，政府在部分私有化中保留的所有权和经营管理权也会给少数股东带来风险。

从2000年开始，印度政府着手战略出售国有企业。14家企业的多数股份被出售，管理权也转让给私人所有者。政府从战略转让的私有化改革中得到的收益约为1030亿卢比，这个数字要少于1991年以来的部分私有化收益。[④]在战略出售过程中，政府聘请投资银行为企业估价，以拍卖的方式，与出价最高者成交。在这一过程中对国有企业资产和未来收益的评估是这一过程中最具争议的一部分。另外出售的时间节点也颇受诟病，政府可能在市场不景气的时候将企业出售，因此不少人坚持认为这种方式在

---

① World Bank Global Development Finance Report, Appendix 4. Washington, DC: World Bank, 2001.

② Gupta, N.:《南亚私有化》，载热拉尔·罗兰主编《私有化——成功与失败》，中国人民大学出版社2013年版。

③ 同上。

④ 同上。

很大程度上将国有资产的价值低估了。Selvam[①] 分析了 1991—2007 年与私有化改革相关的经济增长数据，发现从一个更长的时间周期来看，私有化改革并未对印度的经济增长带来太多实质性的改善。

在印度的私有化进程中，政治和经济体制扮演了极为重要的角色。从经济层面来说，制约印度私有化快速发展的一个制度障碍就是金融市场的相对欠发达，特别是资本市场没有能力吸收国有企业私有化所发行的股票。Megginson 和 Netter[②] 的研究表明在国内市场公开出售股份的私有化方法可以帮助改善本国的金融市场。因此，印度的私有化改革是有助于冲破经济体制壁垒的。

从政治层面来说，私有化在印度是颇具争议的政治改革。Gupta[③] 解释了政治庇护和竞选在私有化决策中的重要作用。如果企业位于政客家乡所在的邦，政客会优先考虑保留企业管理权，这样政客便可利用该企业为其支持者提供就业机会，让他们能够获得一个席位。此外，如果企业中工人数量庞大且拥有高工资，私有化也将难以在该企业得到推行。总之，掌管国有企业的政客们和有组织的工人作为国有企业的既得利益者，扮演了阻挠私有化进程的角色。

回顾过去的十多年，印度政府降低了大多数行业的准入门槛，有效地推动了私有化的改革进程，然而基础设施领域的私有化仍是印度政府面临的巨大挑战，因为与制造业私有化不同，基础设施领域的私有化更需要有效的监督和监管，而这可能正是印度这种政治特权国家最难突破的桎梏。

三　非洲的私有化

全球范围来看，非洲的私有化改革程度和速度可能是最低的。尽管政府面临着严重的资金筹措困难和财政问题，但大多数政府还是愿意在不改变所有制结构的情况下，选择其他方法解决国企的问题。然而国际货币基金组织和世界银行则要求将私有部门的管理、融资以及所有权问题提上解

---

① Selvam, J. Is Privatization Significant for Economic Growth? Empirical Findings from India, Social Development Issues, 35 (1), 55 -63, 2013.

② Megginson, W., Netter, J. From state to market: a survey of empirical studies on privatization, Journal of Economic Literature, 39, 321 389, 2001.

③ Gupta, N.:《南亚私有化》，载热拉尔·罗兰主编《私有化——成功与失败》，中国人民大学出版社 2013 年版。

决国有企业问题的议事日程上来。为了安抚这些国际金融组织，许多非洲国家不得不实施私有化改革。[①] 然而多数被剥离的资产规模都比较小，并且多是发生在奄奄一息的制造业、工业和服务业，基础设施行业的私有化进程相对滞后。

对于非洲而言，在所有制改革中采取谨慎的政策可能是正确的选择，因为大多数非洲国家缺乏一种行之有效的法律和经济体制来支持和指导市场的运行。另一个原因用以解释非洲国家对于私有化改革的不作为就是政治上对私有化的故意反对。比如有不少非洲的学者和官员就认为公共部门保护和促进的是国人的利益，而私有制将使财富更多地集中到外国人的手中。再有，很多非洲国家的政客都从国企中获得各种各样的实惠，一旦私营业主参与进来，必然会对他们原来享受到的实惠形成威胁，这些强大的利益集团便会推迟、阻止，甚至是故意破坏私有化改革进程。[②]

对于非洲国家私有化改革的成效历来褒贬不一，而且也缺乏有力的实证证据。但是学者们[③]提供了一些对于私有化改革可能有效的改进措施，例如：①提供外部制度的供给，具体而言，可以包括与技术完善的第三方签订协议并委托监管，可以聘请一些专业的援助机构提供解决方案等；②鼓励使用区域性证券交易所，旨在解决本地或本国小型或低效的股票市场的问题；③利用国际金融机构的担保来安慰投资者，例如世界银行为投资者提供部分风险担保来抵御主权风险、政治风险和监管风险等；④利用有声望的民间组织审查交易，确保销售过程中的诚信。

第四节　主要国家经验对中国的启示

回顾全球主要国家国有经济布局及其调整策略，发现近些年来国有经济私有化是一个热门主题。无论是发达市场经济国家，还是转型经济国家和后发展国家，新自由主义倡导的自由市场和私有化似乎是一剂解决国有经济伴生问题的济世良方。下面我们将首先就全球主要地区的私有化改革

---

① Aulakh, P. A. and Kotabe, M. Institutional changes and organizational transformation in developing economies, Journal of International Management, 14, 209 – 216, 2008.

② Nellies, J.:《非洲私有化：历史与未来》，载热拉尔·罗兰主编《私有化——成功与失败》，中国人民大学出版社 2013 年版。

③ 同上。

背后的逻辑进行简要的对比和总结，然后提出对于中国国有经济调整可以借鉴的经验和启示。

一　私有化的全球比较

这一轮私有化改革波及的范围比较大，几乎涉及世界各个地区和经济体，包括发达市场经济国家、转轨经济国家和后发展国家。虽然同被称为“私有化”，但是支撑这些不同经济体私有化改革背后的原因却是不同的。发达市场经济国家私有化浪潮最直接的原因是国有企业微观经济效益相对差、政府财政负担过重以及科技进步和产业结构的变化。私有化为资本主义国家带来了许多有益的经济成果，在一定程度上调整了国有资本的存量和结构，也提高了企业的效率和效益。但私有化也带来了一些问题，如失业问题严重、居民的某些社会福利受到损害、社会阶层进一步分化等。

转轨经济国家的私有化是在经济和政治危机、社会剧变的特殊背景下产生的，这种特殊性使得转轨经济国家为了私有化而私有化，私有化成为经济转轨的核心工程，从一种经济手段变成了目的，结果不仅未能帮助这些国家克服业已爆发的经济危机，反而使其更加沉重。私有化的利益更多地被当权者和寡头攫取，社会矛盾和冲突进一步加剧，这也引发了近些年来对于私有化政策的反思和修正。①

后发展国家最初的国有经济扩张主要是民族独立与解放运动所致，很多国家在经济战略上采取赶超模式，因此国有化便是殊途同归的一条路径。② 大量国有企业的建立虽然奠定了国家工业体系的基础，但其低效率又阻碍了经济的进一步发展。再加上迫于世界银行和国际货币基金组织等国际金融机构的压力，自 20 世纪 70 年代以来，后发展国家也开始注重市场机制的作用，实行私有化，减少政府对经济的干预。③

二　对我国国有经济调整的启示

尽管私有化改革是全球范围内近 30 年来国有经济调整的主旋律，然

---

① 申建国：《国外国有企业改革经验简介——世界国有企业发展趋势的启示》，《经济与管理》2001 年第 3 期。

② 黄涛：《国有经济布局和调整的原因研究　国有经济史的角度》，《北方经济》2012 年第 1 期。

③ 胡家勇：《国有经济规模的国际比较》，《经济纵横》2004 年第 8 期。

而2008年以来的全球金融危机似乎让我们嗅到一丝不同的味道。新自由主义促进了巨型企业的成长，而这些巨型企业正在越来越多地操纵政治，剥削着我们的公民权益。[①] 罗兰[②]也认为将国有经济私有化也许并不能顺理成章的带来效率的提升，这需要诸多因素的配合，但是私有化却有可能带来公共效用的下降以及公民成本的攀升。然而国有经济的诸多弊端也是不争的事实。在我国经济的转型期，如何有效调整我国的国有经济布局，使之更好地服务于国民经济和社会民生，是摆在政府、学者和每一个有识之士面前的重要课题。

首先，要转变国家安全与战略目标都必须由国有经济来实现、国有经济存在于自然垄断行业才能提供公共产品的观念。随着市场经济的发展，国有资本要在自然垄断、公共事业、战略竞争以及其他各种领域进行有进有退、合理的流动，适当利用BOT、PPP等方式吸纳社会资本组织建设，既搞活了国有经济，又能为民营经济的发展创造空间。

其次，要为国有经济的运行提供一个良好的竞争环境。国外国有经济改革的一个主要方向就是取消国有经济特权，营造公平竞争环境，使得国有经济除了在产权上属于国家之外，与民营经济在政策、立法、金融支持等方面别无二致。比如我国可适当加快电信电力等自然垄断行业的改革，引入竞争机制，为民营经济提供公平公正的市场环境，推动相关领域生产服务效率的提升。

再次，向优秀的私人企业和外国企业学习，引入先进的公司治理模式和管理经验，建立真正的现代企业制度。很多国有企业绩效不佳实际上并不是产权的问题，而是管理上出了问题。通过加快国有企业治理模式的改革，提高国有企业绩效，实现国有资产的保值增值。

最后，政府要减少自身对国有经济日常经营活动的干预，做好经济的“守夜人”。只有限制了政府对于权力的滥用，才能真正营造出公平公正的市场竞争环境。

国有经济的战略性调整并没有一个一成不变的模式，理论上来说国退民进或者国进民退都是有可能的，主要是要根据国民经济的发展要求进行

---

① 科林·克劳奇：《新自由主义不死之谜》，蒲艳译，中国人民大学出版社2013年版。

② 热拉尔·罗兰主编：《私有化——成功与失败》，张宏胜、于淼、孙琪等译，中国人民大学出版社2013年版。

动态的调整。李松森[①]认为国有经济的调整可以把握“四个结合”的原则，即与所有制结构的调整相结合、与产业结构调整相结合、与产业升级和技术创新相结合、与企业生产方式相结合。这一原则也呼应了十八届三中全会提出的发挥市场在资源配置中的决定性作用，推进混合所有制改革，转变经济增长方式，以及鼓励技术创新和推动产业升级等决定，可以在国有经济战略性调整过程中发挥指导和借鉴作用。

① 李松森：《国有经济结构调整的理论分析》，《产业与科技论坛》2006 年第 1 卷第 1 期。

第九章　新常态下的国有经济战略性调整

自改革开放以来，国有经济取得了巨大的发展，在保持我国经济高速增长、推进我国快速工业化进程、提高经济国际竞争力方面发挥了重要作用。1978—2013 年的国有企业改革大体可以划分为“放权让利”“制度创新”和“国资管理”三个大的阶段，[①] 各个阶段中积极推进了众多重大改革措施，包括经济责任制、利税改革、承包经营制、建立现代企业制度、国有经济战略性调整和构建以国资委为核心的国有资产管理新体制等等。其中国有经济战略性调整和建立现代企业制度两方面重大改革，对于国有经济取得今天的发展成就发挥了重要作用。考虑到迄今为止我国国有企业在建立现代企业制度方面还有待进一步探索和完善，可以说国有经济战略性调整发挥了更大作用。20 世纪 90 年代末，以收缩国有经济战线为核心的国有经济战略性调整，不仅改变了国有经济量大面广的局面，更为关键的是由于国有企业更多地集中到与工业化中期发展阶段相适应的重化工领域，从而整体上解决了国有企业如何脱困问题。

当前我国经济正在步入速度趋缓、结构趋优的“新常态”，这意味着经济发展阶段发生了重大变化，从工业化中期步入后期，[②] 在这个新阶段我国经济呈现出一系列趋势性变化，同时也面临着相应的风险。接下来一个直接的问题是，经过战略性改组、适应工业化中期阶段的国有经济布局和结构应该进行怎样的再次战略性调整，才能够适应步入工业化后期的环境变化，从而适应和引领“新常态”。这个问题无疑是重大的，不仅事关未来国有经济的发展，而且事关我国未来经济新常态下的工业化的实现。

---

① 黄群慧、余菁：《新时期的新思路：国有企业分类改革与治理》，《中国工业经济》2013 年第 11 期。

② 黄群慧：《工业化后期中国经济趋势性变化与风险》，《中国经济学人》2015 年第 1 期。

但迄今为止，有关新阶段国有经济战略性调整的研究，除了一些观点和思考类的文献外，真正学术意义上的研究文献还很少。与研究文献对国有经济战略性调整关注度不高相反，由中国南车和中国北车合并案例燃起的资本市场对国有企业并购重组的高度热情，反映了资本市场对未来国企重组具有极大的预期。然而，在操作层面国企重组推进之前，应该先对经济新常态下国有经济战略调整指导原则、基本方向和整体筹划进行深入系统的研究。

我们认为，为了适应经济增速趋缓、结构趋优、动力转换的经济新常态，当前，我们应该考虑对国有经济布局结构进行重大调整。目前，国有经济存在总量大但功能定位模糊、过于集中于重化工业、地方国企扩张较快、创新方向和效率还不能满足创新型国家的要求、面临国际“竞争性中立”的严峻挑战、自然垄断性行业有效竞争不够和竞争性行业产业集中度不高等问题，需要基于功能定位分类推进国有经济战略性调整、基于国家战略性标准和公共服务性标准选择调整国有经济的产业布局、基于全面深化改革和优化市场结构双重目标来协同推进国有企业改革与改组。

第一节　经济新常态对国有经济提出新要求

习近平总书记在2014年11月10日指出我国经济新常态基本表现为经济增速从高速转为中高速、经济结构优化、经济增长动力转化三大基本特征。2014年12月9日党的中央经济工作会议进一步归纳了经济新常态在消费需求、投资需求、出口和国际收支、生产能力和产业组织方式、生产要素、市场竞争、资源环境约束、经济风险、资源配置模式和宏观调控方式九个方面的基本特征。这些特征表明经济新常态是我国一个新的经济发展阶段。从我国的工业化进程看，研究表明，这个新阶段意味着我国进入了工业化后期，也就是说工业化后期正是步入经济增长新常态的过程。在这个过程中，出现了一些大的趋势性变化，包括经济增长速度方面的经济增速放缓趋势，经济结构方面的经济服务化趋势和产业内部的结构高级化趋势，而在经济增长动力方面，供给方面的要素集约化趋势和去产能化趋势，以及由于这个过程还与国际上“再工业化”和第三次工业革命重合，出现了工业化与信息化、制造业与服务业深度融合的趋势[①]，也就是说以前所熟悉的经济环境发生了巨大的变化。与此同时，我国国家层面也推出了“丝绸之路经济带”和“21 世纪海上丝绸之路”“中国制造2025”等大的国家发展新战略，需要国有企业承担新的使命。面对经济新常态的这些趋势性变化和国家发展新战略，对于国有经济而言，一方面环境变化对国有企业提出了新挑战，国有企业要生存和发展必须迎接挑战、适应新的环境变化——“适应新常态”；另一方面，新的经济发展阶段国家将赋予国有企业新使命，进而也给国有企业提出了新要求——“引领新常态”。

一　适应经济增速放缓的新常态，积极转变国有经济发展方式

2001—2011 年，中国经济增长率年均为 10.4%，而 2012 年、2013 年和 2014 年的经济全年增速分别为 7.7%、7.7% 和 7.4%，2015 年第一季度和第二季度的经济增速都为 7%。中国经济增长前沿课题组（2014）预测 2016—2020 年增长率预期为 6.4%—7.8%；国务院发展研究中心“中长期增长”课题组预测 2015—2025 年平均增速为 6.5%[②]；中国社会科学院宏观经济运行与政策模拟实验室预测 2016—2020 年我国潜在经济增长率为 5.7%—6.6%，2021—2030 年潜在经济增长率为 5.4%—6.3%。[③]这意味着 2012 年以来的经济增速放缓是一个趋势性的变化，而不是一个周期性的短期下降、将来会“V”形反弹。对于这个趋势性变化，理论界分别给出了人口红利消失[④]、结构性减速[⑤]等理论解释。在我们看来，这个趋势性变化是因为我国从 2011 年以后已经从工业化中期步入工业化后期，各国历史经验表明，工业化后期与工业化中期相比，一个重要的经济发展特征变化是在工业化中期由于依靠高投资、重化工业主导发展而支撑的经济高速增长将难以为继，工业化后期由于主导产业的转换、潜在经济

---

① 黄群慧：《工业化后期中国经济趋势性变化与风险》，《中国经济学人》2015 年第 1 期。

② 刘世锦主编《中国经济增长十年展望（2014—2023）：在改革中形成增长新常态》，中信出版社 2014 年版。

③ 李扬、张晓晶：《新常态：经济发展的逻辑与前景》，《经济研究》2015 年第 5 期。

④ 蔡昉：《从人口学视角论中国经济减速问题》，《中国市场》2013 年第 7 期。

⑤ 中国经济增长前沿课题组：《中国经济转型的结构性特征、风险与效率提升路径》，《经济研究》2013 年第 10 期。

增长率下降，经济增速将会自然回落。[①]

与我国快速工业化进程、投资驱动高速增长、粗放的经济增长方式相适应，一直以来我国国有经济发展方式以投资驱动的规模扩张为主导。在经济高速增长的大环境下，企业面临着众多的发展机会，模仿型排浪式消费需求和大规模的基础设施投资需求使得“跨越式发展”成为多数企业追求而且可以实现的发展战略目标。与民营企业的企业家机会导向驱动的“跨越式”发展方式不同，主客观条件使得国有企业更多地倾向于选择投资驱动的“跨越式”发展方式，一是国家赋予国有企业承担国家安全、经济赶超等方面的国家使命，需要涉及国家安全行业、自然垄断行业、重要公共产品和服务行业、经济支柱和高新技术产业中的国有企业在规模上迅速扩张，与大型国外跨国公司抗衡；二是地方政府出于税收和地方经济发展业绩的需要，对地方国有企业迅速规模扩张有很大的需求；三是由于政府官员的任期制和国有企业企业家的组织任命制，国有企业决策者有更强的依靠投资快速扩张的动机，长期实践下来，国有企业也就更习惯于这种投资驱动的“跨越式”发展方式；四是经过国有经济战略性重组，与我国快速工业化进程相适应，国有企业大多处于需要高投资的重化工业；五是在融资体制机制上，国有企业具有得到大规模投资的更多的便利性。

随着我国经济阶段逐步步入经济新常态，经济增速从高速转为中高速，模仿型排浪式消费阶段基本结束，低成本比较优势不可持续，市场竞争从低成本转向差异化，要素规模驱动力减弱，经济增长将更多依靠人力资本质量和技术进步，国有企业所熟悉的投资驱动的“跨越式”发展方式已经无法适应环境新变化。在新的经济发展阶段，国有企业要在明确自己的国家使命和功能定位的前提下，通过不断创新，实现有盈利的而非“高利的”、可持续的而非跨越式的发展。为此，需要积极推进对国有经济基于使命进行企业分类和功能定位、基于定位进行国有经济战略性重组、基于企业分类构造有利于创新的现代企业制度和治理机制等一系列重大改革任务和措施，进而促进国有经济从“投资驱动的跨越式发展方式”向“创新驱动的可持续发展方式”转变。

---

① 黄群慧：《工业化后期中国经济趋势性变化与风险》，《中国经济学人》2015 年第 1 期。

二 适应经济结构优化升级的新要求，积极推进国有经济布局结构战略性调整

对于经济新常态而言，更为关键的特征是经济结构的优化升级。从三次产业间结构看，到2013年，服务业增加值占GDP比例达到了46.1%，而工业增加值占比为43.9%，服务业占比首次超过了工业，成为最大占比产业。无论是从中国的工业化进程看，还是从产业结构高级化趋势看，2013年服务业产值比例首次超越工业产值比例，在一定程度上都是一个具有象征意义的转折点。而2014年服务业占比达到48.2%，高出工业占比5.6个百分点。2015年上半年服务业占比进一步提升到49.5%，经济服务化趋势明显。从工业内部结构看，高加工度化和技术密集化趋势明显，技术密集型产业和战略性新兴产业发展迅速。在整体工业增速下滑的背景下，工业中的原材料行业、装备制造业和消费品行业中，装备制造业增长迅速，居三大行业之首。从具体行业看，高技术产业增速一直高于工业平均增速，节能环保、新一代信息技术产业、生物制药、新能源汽车等行业发展尤为迅速。以生物医药、人工智能等为代表的高技术产业的增加值过去两年持续保持在10%—12%的高速增长，比规模以上工业平均增速高将近5个百分点。与此同时，钢铁、电解铝、水泥、平板玻璃、造船等产业的产能过剩问题突出，传统经济与新兴经济呈现“冰火两重天”的增长格局，这更是彰显了我国经济结构优化升级的必要性。

进入21世纪，与我国工业化中期阶段的工业化进程相适应，我国国有资本大多分布在重化工业。到2012年，我国工业和建筑业的国有资产占全国国有资产比重为43.06%，而工业中煤炭、石油和石化、冶金、建材、电力、机械等重化工行业国有资产占全部国有资产比重为78.44%①。应该说，对于工业化中期的中国发展而言，这些行业总体上关系到国计民生，具有重要的战略意义。但是也必须看到，这些行业中，诸如煤炭、冶金、建材，都属于产能过剩问题比较突出的行业。实际上，伴随着我国进入了工业化后期和新技术革命的推进，一方面这些行业中一些产业的国家战略意义已经减弱，另一方面这些产业年度需求峰值已经达到，未来需求逐步减少，这些行业的产能过剩已经是绝对过剩。如果国有资本继续主要

① 国务院发展研究中心企业研究所：《2015中国企业发展报告》，中国发展出版社2015年版。

分布在这些行业，一方面国有资本的国家使命和战略意义将越来越不突出，另一方面国有企业效益也将受到影响，国有资产保值增值、国有企业做大做强做优的目标也将越来越难以实现。因此，在工业化后期的经济发展新常态下，国有经济要适应经济结构优化转型升级的新要求，积极推进国有经济布局的战略性调整。

三　适应经济增长动力转换的新要求，以全面深化国有企业改革推进创新驱动战略

进入工业化后期，决定经济增长的供给要素条件都发生了明显的变化。从劳动力要素看，到2010年以后，由人口年龄结构产生的“人口红利”逐步消失，2012年和2013年，中国15—59岁劳动年龄人口分别比上年减少了345万和244万，劳动参与率自然也在不断下降，已经从2005年的76%下降到2011年70.8%；从资本要素看，工业资本边际产出率不断下降，2002年中国工业边际资本产出率为0.61，2012年则下降至0.28[①]。这意味着在工业化后期劳动力、资本等要素驱动乏力，更为根本的动力来自创新，这正是所谓“创新驱动战略”的本意。这种创新既包括一般意义的技术创新，也包括深化改革开放意义的制度创新。从技术创新意义上看，需要通过技术创新适应工业化和信息化融合发展的新趋势，促进传统产业不断升级和新兴产业的培育和发展，深化工业化进程，实现产业结构高级化，提高全要素生产率；从制度创新意义看，一方面通过制度创新可以破除阻碍我国现有生产要素充分供给的体制机制障碍，推进要素市场化进程，促进供给要素数量和供给要素效率的提升；另一方面制度创新可以破除我国技术创新的体制机制约束，提升我国技术创新效率，从而又促进工业化进程的深化，发挥深化工业化进程的推动力。这意味着经济新常态下我国经济发展的新的“源”动力更大程度上表现为制度创新。

全面深化国有企业改革构成了经济新常态下制度创新的重要内涵，成为经济新常态下经济发展的重要动力。一方面，按照十八届三中全会的要求，国有资本投资经营要服务于国家战略目标，具体包括提供公共服务、发展重要前瞻性战略性产业、保护生态环境、支持科技进步、保障国家安

① 江飞涛、武鹏、李晓萍：《中国工业经济增长动力机制转换》，《中国工业经济》2014年第5期。

全，这要求国有企业必须相应地调整自己的经营战略方向，基于这些国家使命要求来确定未来的战略方向，作为一种重要动力推动新常态下经济发展。另一方面，全面深化国有企业改革不仅有利于增加国有企业自身的活力，推动国有企业技术创新和市场竞争力，从而更好地实现做大做强做优国有经济进而推动整体经济增长的发展，而且还有利于创造公平竞争环境、建立有效的竞争秩序，从而有利于非公经济和整体经济的发展。例如，混合所有制改革不仅有利于国有企业成为真正的市场主体，激发了市场活力，还有利于避免“竞争性中立”约束、促进“走出去”战略的有效实施，同时还拓展了民营企业的成长空间。又如，自然垄断性行业的国有企业改革要进行业务战略调整，将国有资本更多地集中于自然垄断性的业务环节，而非整个行业链条，从而有利于提高整个行业的竞争程度和效率；再如，在过度竞争或者产能过剩的行业，国有企业要积极推进兼并重组战略，有利于一些行业建立合理的产业组织结构，形成有效率的产业集中度，提升整个行业的效益。

总之，面对经济发展新常态这样的经济环境重大变化，以及国家推出“一带一路”“中国制造 2025”等新的重大国家战略，国有经济发展战略必然要做出重大变革，这不仅要求企业内部业务发展战略与组织结构做出相应的变化，更为关键的是要在国有经济宏观层面做出战略性调整，这既包括整体布局结构的调整，也包括产业组织结构的调整。如果说自 1996 年以来以收缩国有经济战线为核心的国有经济战略性调整是第一次，那么这次在新常态下国有经济的战略性调整则是第二次，或者是再调整。相比于第一次调整，再调整最为本质的区别是，国有经济结构调整是以更好地服务于新常态下国家经济发展战略为目标，而不是以收缩国有经济战线为目标。这意味着国有经济结构再调整，不仅是做好国有资本的“减法”，还要做好国有资本的“加法”，围绕新常态下国家使命和国家经济发展目标实现国有资本的有效流动。

第二节　现有国有经济布局结构与存在问题

虽然广义的国有经济是指以经济资源归国家所有为基础的一切经济活动和过程，可以理解为国家所有的全部行政事业性和经营性资产及在此基础上衍生出来的经济活动，但一般论述国有经济战略性调整的“国有经济”是在狭义层面上使用，主要是指经营性国有企业资产及其活动。

一　国有经济总量不断扩大，但国有经济功能定位不明确

经过2003年以后的“国资发展”阶段，从总体上看我国国有经济取得了长足的发展，如果按照中国国家资产负债表的估算数据，2011年我国的国有经营性资产，也就是非金融企业国有总资产（含负债）为70.3万亿元[①]；根据《中国企业发展报告2015》[②]引自财政部和国资委的数据，2011年、2012年和2013年我国国有企业的合并报表总资产分别为85.38万亿元、100.23万亿元和104.1万亿元，其中国有资本总量（国有实收资本及其享有的权益额）分别为21.99万亿元、25.18万亿元、29.60万亿元。同样根据财政部的数据，2003年全国经营性国有资本7.0万亿元，而到2014年全国经营性国有资本达到33.7万亿元，年均增长超过30%。同期国有企业数量从146446家上升到160515家，增加了14069家。如果以2013年国有企业合并报表资产104.1万亿计算，我国国有企业资产和GDP的比例约为1.8∶1，而2007年OECD国家的该比值为0.25∶1，这意味着我国国有经济在国民经济中的作用远比OECD国家突出。国有经济的快速发展，与国资委成立以后建立国有资产保值增值的激励约束机制相关，也和国有经济大多处于快速增长的行业布局相关。但是，国有资本的快速扩张，引起了“国进民退”，国有资本利用行政资源获取垄断地位、损害了市场公平和效率等一系列的非议。这反映出，实际上考核国有资产保值增值率并不适合所有国有企业，关键是要明确国有资本的功能定位是什么，进而考核国有资本是否实现了其定位要求，对于一些定位于公益性或者政策性目标的国有企业，并不需要考核其盈利或者国有资本保值增值率。现实的情况是，由于我国并未对国有企业实施分类治理，没有对每家国有企业具体赋予使命，许多国有企业的经营范围既包括市场化的业务，又包括政策性的业务，横跨竞争性领域和自然垄断性领域，结果造成国有企业面临“营利性企业使命”与“公共性政策使命”

---

① 李扬等：《中国国家资产负债表2013》，中国社会科学出版社2013年版，第29页。

② 国务院发展研究中心企业研究所：《2015中国企业发展报告》，中国发展出版社2015年版。

诉求的冲突。一方面，国有企业作为企业要通过追求营利性来保证自己的不断发展壮大，这需要考核国有资产保值增值；另一方面，国有企业要弥补市场缺陷，定位为公共政策工具，服务公共目标，这要求牺牲盈利。这两方面定位要求使得当前国有企业陷入赚钱和不赚钱两难的尴尬境界——不赚钱无法完成国有资产保值增值、壮大国有经济的目标，赚了钱又被指责损害了市场公平和效率、牺牲了公共服务目标。[①] 由于国有经济布局总体覆盖了竞争性、自然垄断性和公共政策性等各类领域，而不同领域的国有企业的经营目标又没有明确区分，甚至一家国有企业的经营业务就覆盖了各类不同性质的领域，再加上国有企业领导人具有行政官员和职业企业家的双重角色，也就是说无论是国有企业还是国有企业领导人，都存在混合定位或者定位不清的问题，这使得国有企业不能成为一个真正的企业。因此，未来需要基于功能定位和使命要求调整现有的国有经济布局，对国有企业进行分类治理。

二　国有经济主要分布于第二产业，但已经呈现向第三次产业调整的明显趋势

单从中央企业看，2013 年中央企业分布在第一产业的资产总额占全部中央企业资产总额的 0.2%，第二产业占 64.5%，第三产业占 35.3%。[②] 如果从全国国有企业看，在农林牧渔、工业、建筑业、地质勘探、交通运输、邮电通信、批发零售、房地产、信息技术服务、社会服务业、卫生体育服务业、教育文化、科研技术、机关社会及其他 14 个大行业中，2014 年全国国有工业企业数量占比最大，为 26.6%，2014 年全国国有工业企业资本数量也是最大，占比达到 33.32%。如果简单将工业、建筑业和地质勘探对等为第二产业，2014 年国有企业资本约 40% 分布于第二产业。应该说，我国国有经济的产业结构与整体国民经济产业结构基本吻合，而且，总体上与我国的经济服务化的结构性变化趋势相适应，我国国有工业企业资本在全部国有企业资本占比自 2007 年逐年下降，在 2007 年国有工业资本占全部国有资本的比例还高达 50.67%，7 年间该比

① 黄群慧、余菁：《新时期的新思路：国有企业分类改革与治理》，《中国工业经济》2013 年第 11 期。

② 宋群：《深化中央企业布局和结构调整研究》，《全球化》2014 年第 7 期。

例下降了17.35个百分点，而同期在社会服务业的国有资本从9.05%上升到24.07%，上升了15.02个百分点。如图9－1所示，将上述14个行业简单划分为第一产业（农林牧渔）、第二产业（含工业、建筑）、第三产业（含地质勘探、交通运输、邮电通信、批发零售、房地产、信息技术服务、社会服务、卫生体育服务业、教育文化、科研技术、机关社会及其他），可以看出，2005—2014年的10年间国有资本在产业间占比变化，总体上呈现第一产业占比一直保持在1%左右，而第二产业占比下降、第三产业上升的趋势。

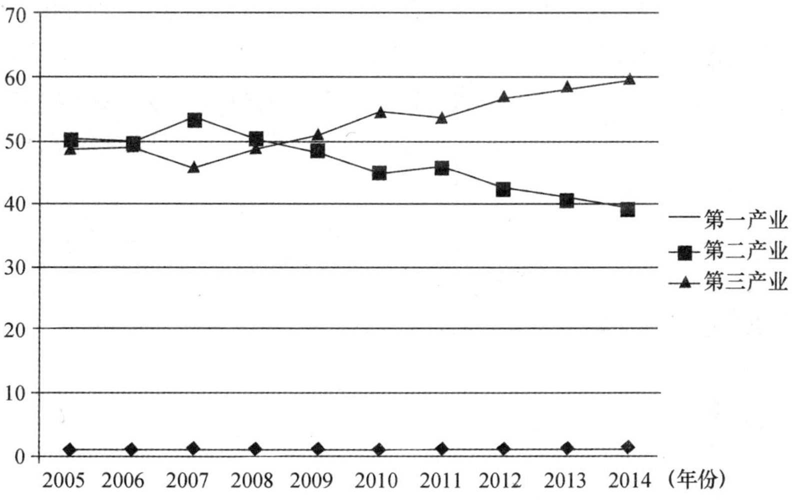

图9－1　国有企业的国有资本三次产业分布变化（2005—2014）

资料来源：根据财政部国有企业财务决算报告有关数据计算。

三　工业国有资本主要集中在重化工行业，战略性新兴产业分布不足

如果按照财政部的工业行业划分，将工业划分为石油和石化工业、电力工业、机械工业（含汽车工业）、冶金工业、煤炭工业、烟草工业、化学工业、军工工业、电子工业、建材工业、医药工业、纺织工业、食品工业、森林工业、市政公用工业、其他工业16个大行业，那么自2003年以来工业国有资本主要集中在石油石化、电力、机械、冶金、煤炭行业，这5个行业国有资本之和占整个工业行业国有资本的比例在2003年、2008

年、2013年、2014年分别为66.03%、76.54%、73.31%、71.55%。其中石油石化和电力一直是占比最大的两个行业，基本占比在45%—50%，已有半壁江山；冶金行业的国有资本占比一直居第三位，2014年让位于机械工业；煤炭工业国有资本占比在2008年曾居第四位，但在2014年已经居第六位，低于机械工业和市政公用工业；机械工业和市政工业国有资本占比近些年显著提高，已分别从2008年的7.08%和3.05%提高到2014年的9.98%和7.54%，体现了产业结构高级化趋势和国有经济服务民生的功能定位（见图9-2）。但是，总体而言，国有资本大多分布在传统产业，不少处于价值链的中低端环节，产能过剩与战略性新兴产业布局不足并存。一方面，中央企业有2亿吨过剩粗钢、约20%的氧化铝和约25%左右的水泥产能过剩；另一方面，有关节能环保、新兴信息产业、生物产业、新能源、新能源汽车、高端装备制造业和新材料等战略性新兴产业国有资本比重低，中央企业中这类企业仅占10.62%。[①] 根据中国工程科技

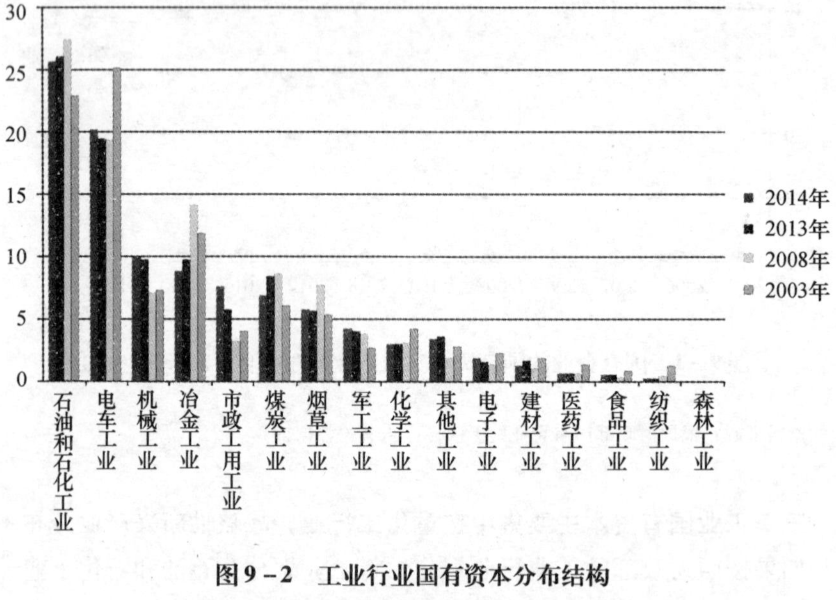

图9-2　工业行业国有资本分布结构
（从左至右：2014年、2013年、2008年和2003年）

资料来源：根据财政部国有企业财务决算报告有关数据计算。

① 宋群：《深化中央企业布局和结构调整研究》，《全球化》2014年第7期。

发展战略研究院发表的《2015 年中国战略性新兴产业发展报告》，截至 2014 年上半年，位于战略性新兴产业的上市公司中 63.5% 属于民营企业，13.6% 为中央国有企业，13.2% 为地方国有企业。这意味着从工业行业分布看，国有经济在体现国家经济发展战略方向方面还缺乏足够的引导作用。在过去的十多年中，由于中国正处于工业化中期阶段，重化工业处于大发展的时期，工业国有资本这种战略性布局是合理的，正是过去十余年重化工业的景气周期以及主要靠重大投资项目拉动的经济增长模式，使得国有经济部门资产与收入的规模增长相当可观。但是，如今中国正步入经济新常态，过去十几年中形成的国有经济倚重重化工布局和规模扩张的发展方式，已经无法适应工业化后期的经济新常态要求，产能过剩、经济效益差的问题日益突出，工业国有资本亟须从产能过剩领域退出，转向战略性新兴产业，形成适合经济新常态下的工业国有资本行业布局结构。

四　地方国有企业资产总量不断增大，但效益低于中央企业

从隶属关系和区域分布看，地方企业国有资本占比近年来不断上升，大于中央企业国有资本占比，其中东部地区国有资本总量占比超过地方国有资本一半，但中西部地区国有资本占比呈不断上升趋势。根据财政部数据，截止到 2014 年，我国地方国有企业 106373 户，远远高于中央企业户数，占全部国有企业总数的 67.1%；地方国有企业的国有资本总量为 198911.8 亿元，也高于中央企业的国有资本总量，占全部国有企业国有资本总量的 54.8%。自 2008 年以来，地方国有企业的国有资本占比不断上升，从 2008 年的 41.3% 上升到 2013 年的 57.7%，2014 年有所下降。从具体各省情况看，各省（区、市）国资国企规模差异巨大，各省国资国企规模与经济发展水平相关，2012 年资产排在前面的分别是江苏、上海、广东、北京、重庆、浙江、天津、山东等，其国有资产总量都超过两万亿元。[①] 2014 年东部地区的国有企业数量和国有资本的总量都占全部的 56%，中部和西部的国有企业数量分别为 20.1% 和 23.4%、国有资本比重分别为 18.0% 和 25.7%。从趋势上看，近些年中部和西部国有资本的占比呈现上升趋势，在 2005 年中部和西部国有资本占比分别只有 11.6%

① 马淑萍、袁东明：《地方国有资本管理的探索与启示》，《中国经济时报》2015 年 2 月 13 日。

和 11.4%，这意味着中部和西部国有资本占比近几年提高了一倍左右。总体上看，地方国资国企的功能主要体现在三个方面，一是承担供水、供气、公共交通等公共服务功能；二是承担城市发展和基础设施建设的建设开发功能以及土地、资金等要素供给功能，如重庆市属国有企业 30% 的资产集中在公共基础设施领域，湖北省仅交通投资集团一家企业的资产就占省属经营性资产总量的 50% 以上；三是承担培育支柱产业、促进地方经济发展的功能，例如，上海市属经营性企业资产 80% 以上集中在战略性新兴产业、先进制造业、现代服务业等关键领域和地方优势产业，湖南省属企业资产的 71% 集中在机械制造和冶金产业，陕西、河南省属国有企业资产主要集中在能源化工、装备制造、有色金属等行业。[①] 相对于中央企业，地方国资的另外一个特征是总体回报较低，根据财政部《2013 年国有企业财务决算报告》统计数据，虽然地方国有资产总额比中央国有资产总额多出 6.9 万亿元，但 2013 年中央国企创造的净利润为 1.2 万亿元，约为地方净利润的 2 倍。这说明地方国企的收益水平和盈利能力不如中央国企。[②] 另外，各地国有企业在收益水平、盈利能力上存在明显差异。根据 2014 年中国统计年鉴，2013 全国国有及国有控股企业利润总额和总资产贡献率分别为 15194.1 亿元和 11.9%，而各地区国有及国有控股企业的这两个指标差异最大，前三位利润总额分别为陕西 1371.1 亿元、上海 1313.9 亿元、山东 1214.0 亿元，后三位利润总额分别为西藏 0.91 亿元、海南 16.2 亿元、青海 37.6 亿元；前三位总资产贡献率为黑龙江 20.4%、上海 18.2%、广东 17.3%，后三位总资产贡献率为西藏 1.1%、北京 6.2%、山西 7.3%。隶属分布上体现出地方国有资本迅速扩张和盈利能力差并存的特征，从区域分布看这个特征在中西部表现更为突出，正面的可能原因是近年来地方尤其是中西部地区城市基础设施发展和公共服务功能的改善，但也折射出近年来地方政府过度负债问题的风险在扩大，以及一些后发地区也开始在重化工行业布局，加剧了产能过剩问题。从中央和地方国有资本功能定位看，地方国有资本更加合理的定位是地区的公共服务功能，中央国有资本更加适合发挥国家经济发展战略的引导作用，

① 黄群慧：《地方国企国资改革的进展、问题与方向》，《中州学刊》2015 年第 5 期。

② 项安波、石宁：《鼓励地方因地制宜地探索国资管理模式》，《中国经济时报》2015 年 3 月 29 日。

要针对这个定位来对现有的国有资本隶属和区域布局进行战略性调整。

五　中央企业海外资产不断扩张，但面临“竞争性中立”的挑战

从国际化布局看，国有企业中中央企业发挥了关键作用，但未来面临“一带一路”战略下的使命要求和国际“竞争性中立”的严峻挑战。根据商务部、国家统计局、国家外汇管理局2014年9月联合发布《2013年度中国对外直接投资统计公报》，2012年底和2013年底，在非金融类对外直接投资存量中，国有企业分别占59.8%和55.2%。2013年非金融类对外直接投资存量已达5434亿美元。2013年，非金融类对外直接投资流量为927.4亿美元，其中国有企业占43.9%；有限责任公司占42.2%，股份有限公司占6.2%，股份合作企业占2.2%，私营企业占2%，外商投资企业占1.3%，其他占2.2%，从中可以看出国有企业是我国企业走出去的主力军。在国有企业中，中央企业发挥了更为关键的作用。例如，2005—2010年中央企业海外并购金额在全部企业并购金额中占比分别为83%、86%、80%、91%、76%、74%。[①] 截至2014年底，共有107家中央企业在境外设立8515家分支机构，分布在全球150多个国家和地区，“十二五”以来中央企业境外资产从2.7万亿元增加到4.9万亿元（如果按照2013年中央企业总资产48.6万亿元计，中央企业的境外资产占比约为10%），年均增长16.4%；营业收入从2.9万亿元增加到4.6万亿元，年均增长12.2%；中央企业境外投资额约占我国非金融类对外直接投资总额的70%，对外承包工程营业额约占我国对外承包工程营业额的60%。[②] 尽管中央企业通过海外并购已开始了国际化进程，并开始参与国际产业分工与经营，但整体尚属于“走出去”的初级阶段，还缺乏对国际分工的深度参与，尤其是积极利用国际产业转移、加快产业全球布局的格局还没有真正形成。从未来国有资本海外布局的战略调整看，需要注意两方面的问题。一是要积极响应“一带一路”国家战略，积极拓展区域布局。迄今为止，我国国有企业走出去战略的海外区域布局主要还是中国香港、美国、澳大利亚、新加坡、英国等（不包括开曼群岛、英属维尔

① 易纲：《中国企业中国企业走出去的机遇、风险与政策支持》，《中国市场》2012年第12期。

② 张毅：《加快一带一路建设，推动国际产能合作》，《国资报告》2015年第7期。

京群岛），按照2014年中国统计年鉴数据计算，2013年对外直接投资存量香港占比57%、美国占比3.3%、澳大利亚占比2.6%、新加坡占比2.3%、英国占比1.8%。从贸易看，2013年“一带一路”国家的进出口贸易总量占我国进出口总量的25%，中国进出口总量占“一带一路”国家进出口贸易总量的11.5%。[①] 作为贯彻执行“一带一路”战略的主力军，国有企业任重而道远。二是国有企业在走出去的过程中，越来越受到美国倡导的“竞争性中立”规制的约束。美国在推动以TPP为核心的新的贸易与投资新秩序过程中，试图将国有企业界定为“深受政府影响”“20%及以上的股权”，并试图对这些企业以“竞争性中立”规制对其国际化行为进行制约，包括通过“边境内措施”来规范政府对国企行为影响，通过严格报告和强制执行制度保证信息的全面及时披露，通过审查质询及制裁制度强化竞争性中立规制执行力，等等。现在TPP还在艰难的谈判过程中，我国国有企业未来需要未雨绸缪，既要通过各种手段影响TPP谈判过程利于我国国有企业走出去，又要积极推进混合所有制改革、避开走出去的障碍。[②]

六 国有企业创新资源和成果不断增加，但还不能满足创新型国家战略要求

从创新资产分布看，国有企业，尤其是中央企业集中了大量的优质创新资源，也取得了大量高水平研发成果，但创新方向和效率还不能完全满足创新型国家建设、创新驱动发展战略的使命要求。从创新资源看，截至2011年底，中央企业拥有科技活动人员和研发人员125万人，其中两院院士226人；中央企业研究与发展（R&D）经费支出总额快速增长，从2007年的不足1000亿元增长到2011年的2747.21亿元，年均增长29.4%；《国家中长期科学和技术发展规划纲要》确定的我国需要突破的11个重点领域，中央企业都有涉及；16个国家科技重大专项，中央企业参与了15个；863计划的参与率达到29.5%，科技支撑计划参与率达到23.3%，即使在基础研究领域973计划中，参与率也达到13.5%。从创

① 李磊：《地方国资国企改革方案扫描》，《现代国企研究》2015年第1期。

② 冯雷、汤婧：《大力发展混合所有制应对“竞争中立”规制》，《全球化》2015年第4期。

新产出看，全国国有企业拥有自主知识产权专利21.4万项，其中中央企业13.7万项；2005—2011年，中央企业共获得国家科技奖励467项，占国家科技奖励总数的24.6%，其中获得国家科技进步特等奖3项，占特等奖100%；一等奖44项，占57.9%；国家技术发明一等奖3项，占37.5%；在载人航天、绕月探测、特高压电网、支线客机、4G标准、时速350公里高速动车、3000米深水钻井平台、12000米钻机、实验快堆、高牌号取向硅钢、百万吨级煤直接液化等领域和重大工程项目中，中央企业已经取得了一批具有自主知识产权和国际先进水平的创新成果。[①] 但是，一项实证测度研究表明，到2009年中国工业行业中58.8%的行业已经达到或者接近OECD主要国家的水平，但有11.8%的工业行业还大幅度落后于OECD主要国家的水平，这些行业主要是两类，一类是世界领域创新活动频繁、以医药和光电设备制造业为代表的新型工业，包括医药制造，电气机械及器材制造业，通信设备、计算机及其他电子设备制造业，仪器仪表及文化、办公机械制造业；另一类是垄断性强的工业，包括石油加工、炼焦及核燃料加工业，煤炭采选业，石油天然气开采业，烟草制品业，电力、热力的生产和供应业，燃气生产和供应业，水的生产和供应业。[②] 这意味着，一方面要考虑加大创新资产在科技及高新技术研发方面的布局，加强在重要战略性新兴产业发展方面的技术投入，加强在相关业务上科技力量的配套布局；另一方面要深化国有企业改革，尤其是垄断行业的国有企业的改革，激发国有企业的创新活力，从而提高国有企业的创新效率，尽快缩小我国技术差距，为我国建设创新型国家、转变经济发展方式贡献力量。

七　国有企业规模不断扩大，但产业组织结构还有待进一步优化

从产业组织视角看，国有企业户均国有资本规模不断扩大，但存在自然垄断性行业有效竞争不够与竞争性行业产业集中度不高的问题。自国资委成立以来，国有企业的规模扩张迅速，基于财政部国有企业财务决算报告数据计算，2003年国有企业户均国有资本只有0.48亿元，到2014年，

① 李政：《中央企业自主创新报告2012》，中国经济出版社2013年版。

② 陆铭、柳剑平、程时雄：《中国与OECD主要国家工业行业技术差距的动态测度》，《世界经济》2014年第9期。

国有企业户均国有资本上升到2.1亿元。根据2014年《中国统计年鉴》计算，国有及国有控股工业企业户均总资产2003年为2.76亿元，到2013年上升到18.8亿元，而同期私营工业企业的户均总资产从0.22亿元上升到0.9亿元，无论是规模还是规模的增速，国有企业都远远大于私营企业。2014年，国有大型企业、中型企业和小型企业的国有资本占比分别是44.5%、22.5%和33%，国有资本主要集中在大型企业中。虽然国有企业规模不断扩大，但是我国的竞争性行业与国际相比总体上行业集中度仍不高，影响了企业的效益水平。以钢铁行业为例，美国、日本、韩国钢铁产业代表了世界的最高水平，这三个国家钢铁产业的集中度都很高，2007年美国、日本、韩国前四家钢铁企业市场占有率分别为68.7%、73.9%、88.87%，而我国前四家钢铁企业市场占有率只有35%；再如煤炭行业，目前我国前四大企业市场集中度仅占20%，前8家市场集中度也仅为28%，比较合理的比例应分别达到40%和60%。[①] 又如，中国制造业市场结构与美国相比，2007年的数据显示还是呈现高度分散型特点，在中国480个制造业四位数行业中，寡占型产业（H≥1000）仅有60个，占全部行业数的12.50%，而在美国435个制造业行业中，寡占型产业有134个，占全部行业数的30.8%。与之相反，在中国制造业市场结构中，极端分散型产业（H<100）有116个，占全部行业数的24.17%；高度分散型产业（100≤H<200）有106个，占全部行业总数的22.08%，而美国这两种市场结构类型比重分别只占全部行业总数的7.58%和6.67%。[②] 另外，从世界500强视角看，中国世界500强企业的市场集中度水平与美欧日的世界500强企业相比仍存在较大的差距，按2010年各国世界500强企业营业收入占全球行业总产值的比重计算，美国和欧盟在炼油化工、制药、汽车等行业的全球垄断地位十分明显，其世界500强企业占全球行业总产值的比重高达1/4—1/3，中国目前只有炼油化工一个行业在2010年超过了世界行业总产值比重的10%，与欧美国家相比仍有较大差距。[③] 经过多年国有经济战略性调整，在电力、电信、民航、石油天然气、邮

① 李荣融：《问题不是垄断，是行业集中度太低》，《市场观察》2013年第6期。

② 郭树龙、李启航：《中国制造业市场集中度动态变化及其影响因素研究》，《经济学家》2014年第3期。

③ 胡鞍钢、魏星、高宇宁：《中国国有企业竞争力评价（2003—2011）：世界500强的视角》，《清华大学学报》（哲学社会科学版）2013年第1期。

政、铁路、市政公共事业等具有自然垄断性的行业中，国有企业占据了绝大多数。应该说，这总体上符合国有经济的功能定位，但是，并不是这些行业的所有环节都具有自然垄断性，一般认为，电力产业的输配电网，铁路行业的路轨网络，石油产业的输油管线，天然气行业的输气管线，电信行业的电信、电话和宽带网络，属于自然垄断的网络环节，而电力行业的发电、售电业务，铁路的运输业务，石油和天然气的勘探、销售业务，电信行业的移动电话、互联网、电视网络和增值业务等属于可竞争的非自然垄断环节。现在由于国有企业的经营业务涵盖整个行业的网络环节和非网络环节，从而在一定程度上遏制了有效竞争，影响了社会服务效率，社会上对这些行业的国企意见比较集中，而且也正是这些行业，腐败问题往往比较集中。实际上，这些行业的国有企业改革已经成为我国国企国资改革的焦点行业。

第三节　新常态下国有经济战略性调整的方向与措施

经济新常态下推进国有经济战略性调整，是一项重大的改革系统工程，需要科学规划、稳妥推进、协同配套。新常态下国有经济的布局结构战略性调整的目标，应该重“质”轻“量”，不再纠结于国有经济占整个国民经济具体比例高低的“数量目标”，而应更加看重优化国有经济布局、促进国有经济更好地实现其功能定位和使命要求的“质量目标”。

通过国有经济战略性调整，新常态下的国有经济功能定位可以更加明确，更好地服务于国家战略和民生目标，在创新型国家建设“一带一路”“中国制造 2025”等国家战略中发挥关键作用；其行业布局应更为合理，国有资本绝大部分集中于提供公共服务、发展重要前瞻性战略性产业、保护生态环境、支持科技进步、保障国家安全等真正关系到国家安全、国民经济命脉的关键领域以及公益性行业的优势企业中，进一步增强国有企业在这些领域的控制力和影响力；明确不同类型国有企业之间、中央和地方国企之间的功能定位，使企业之间的层级布局结构关系更为科学；国有企业的规模和数量分布更加合理，形成兼有规模经济和竞争效率的市场结构；国有经济股权布局趋于优化，混合所有制经济蓬勃发展，国有经济活力更为凸显，形成国有经济与民营经济优势互补、融合发展的局面。

本节给出了有关经济新常态下国有经济战略性调整的方向和措施的一些建议，但在具体推进过程中还要制定具体的战略调整规划以及相应的政策法规，提出具体配套措施。尤其是推进国有经济战略性调整，可能会出现各种风险，包括国有资产流失、职工权益受损、社会冲突和群体事件等，需要提前防范。

一　基于国有企业功能定位分类积极推进国有经济战略性调整

十八届三中全会提出了深化国有经济改革的四方面重大任务，包括推进国有经济功能定位与战略性重组、深化混合所有制改革、建立以管资本为主的新国有资本管理体制以及完善现代企业制度，我们认为这些改革任务的前提是国有企业的分类改革。[①] 面对庞大的国有经济，需要明确其功能定位和使命要求，在此基础上将国有企业分为三种类型，即公共政策性、特定功能性和一般商业性。由于现有的国有企业大多是三类混合，或者说没有明确其具体定位，因此在界定其功能定位的基础上，短期需要通过推进战略性调整来实现其企业分类，长期则通过建立以“管资本”为主的管理体制，利用国有资本投资公司和国有资本运营公司这两类平台实现符合其相应功能定位要求的国有资本合理、有效的流动。具体这三类企业的划分和相应的国有经济战略性调整的方向可参见表9－1。

表9－1　　基于功能定位和企业使命推进国有经济战略性调整

类型	功能定位与企业使命	治理特征	国有经济战略性调整的方向
公共政策性	作为国家政策的一种工具，弥补市场经济的不足是我国作为市场经济国家而要求国有企业承担的使命	产权形态一般为国有独资公司，在“管资本”为主的新管理体制中，其国有资本持股代表一般是国有资本投资公司。监管时强调其公益性目标的实现程度，而非营利多少	短期调整方向是剥离企业已有的营利性业务，退出盈利性市场领域，将经营活动专注公共政策目标的实现；长期调整方向是根据国家政策需要新增国有资本或者新设这类企业，也不排除政策执行情况退出国有资本或者撤销相应企业

① 中国社会科学院工业经济研究所课题组：《论新时期全面深化国有经济改革的重大任务》，《中国工业经济》2013年第9期。

续表

类型	功能定位与企业使命	治理特征	国有经济战略性调整的方向
一般商业性	作为市场经济的竞争主体，积极应对市场的激烈竞争，在竞争中通过追求盈利来实现国有资产保值增值，是转轨市场经济国家“培育市场主体”的使命要求	产权形态为国有资本参股的混合所有制企业，其国有资本持股代表一般是国有资本运营公司。运营完全按照《公司法》要求，监管时强调其营利性目标的实现程度，考核其国有资本保值增值	短期调整的方向是完全剥离具有垄断特性的业务，将退出的国有资本投向更符合公共服务和国家战略目标的企业；长期调整的方向是依托国有资本运营公司这一平台建立国有资本灵活流动机制，通过市场化手段增强企业活力，提高企业效率，完全依靠市场竞争实现国有资本的保值增值
特定功能性	事关国计民生、基础设施、国家经济发展战略实施、保障国家经济安全等功能，承担了赶超型国家追求经济赶超的使命	产权形态为国有资本控股的混合所有制企业，其国有资本持股代表一般是国有资本投资公司。总体运营按照《公司法》要求，但要有单独的行业法规约束，监管时强调营利性目标和成长性目标结合	短期调整方向是分拆十分明显的公共政策性业务和一般非战略性的竞争性业务，将其业务集中于特定功能领域；长期调整方向是主动退出那些竞争格局趋于成熟、战略重要性趋于下降的产业领域和环节，不断努力在提供公共服务、保障国家安全和符合国家战略要求的各种新兴产业领域发挥更大的功能作用

资料来源：作者自撰。

二　基于国家战略性和公共服务性标准科学调整国有经济产业布局

基于国有经济的基本功能定位服务于国家战略和公共民生的共识，经济新常态下我国国有经济产业布局结构的战略性调整方向是重点发展国家战略性强和公共民生服务性强的产业。新常态下我国推出“一带一路”“中国制造2025”等国家战略，同时随着现代化进程的推进，我国公共民生服务水平有了更高的要求，这要求将以前分布于产能过剩的重化工领域的国有资本，调整到与“中国制造2025”相关的高端与新兴制造业、与国家“一带一路”战略相关的产业、与完善中心城市服务功能相关的产业等领域中。这构成了未来我国国有经济战略性调整的重要内涵。表9－2按照国家战略意义和公共服务意义的两方面标准，具体分析了各个产业在新常态下的地位变化，相应地给出了国有资本在这些领域的布局变化，表明了国有经济产业布局的战略性调整方向。

表 9－2　　新常态下国有经济产业布局战略性调整方向

产业		国家战略意义变化	民生服务意义变化	国有资本调整方向
农林牧渔业		→	→	↓
工业		→	→	↓
	以重化工业为主导的传统工业（煤炭、石油开采和石化、冶金、建材、电力、化学、机械、森林、食品、纺织、医药、电子、烟草等）	↓	→	↓
	战略性新兴产业（节能环保、新一代信息技术、生物、高端装备制造、新能源、新材料和新能源汽车等）	↑	→	↑
	“中国制造 2025”的十大领域（新一代信息产业、高档数控机床与机器人、海洋工程装备及高技术船舶、先进轨道交通、节能与新能源汽车、电力装备、农机装备、新材料、生物医药及高性能医疗器械等）	↑	→	↑
	军工工业	↑	→	↑
	市政公用工业	→	↑	↑
建筑业		↓	→	↓
地质勘探及水利业		↑	→	↑
交通运输业		→	→	↓
仓储业		→	→	↓
邮电通信业		→	→	↓
批发和零售、餐饮业		→	→	↓
房地产业		↓	→	↓
信息技术服务		↑	→	↑
社会服务		→	↑	↑
卫生体育福利		→	↑	↑
教育文化广播		↑	↑	↑
科学研究和技术		↑	↑	↑
其他		→	→	↓

表注：“↓”表示该行业的国家战略意义下降，或者民生服务意义下降，或者国有资本可逐步减少；“→”表示该行业国家战略意义未发生变化，或民生服务意义未发生变化，或国有资本大致不变；“↑”表示该行业的国家战略意义上升，或者民生服务意义上升，或者国有资本可逐步增加。

这里还应该强调说明四点。第一，随着经济服务化的趋势，未来工业在国民经济中的占比逐步下降，国有资本总体的调整方向是占比将会减少，但是工业的国家战略意义并不会降低，主要体现在创新型国家建设方面。同样我们期望国有资本发挥前瞻性、战略性的引导作用也主要体现在创新方面。无论是战略性新兴产业，还是“中国制造2025”的十大领域，国有资本进入都是期望能够发挥创新带动作用。虽然国有企业的创新作用一直存在争议，但是从我国创新资源分布看，也只有国有企业，尤其是大型央企才能真正担负起国家创新体系中重大自主创新生态系统的核心企业的角色。问题的关键是要形成科学的国企创新战略。国有企业要将更多的创新资源集中于重大自主创新生态系统的构建，通过整合创新资源引导创新方向，形成创新辐射源，培育具有前瞻性的重大共性技术平台，寻求突破重大核心技术、前端技术以及战略性新兴产业的先导技术，从而有效发挥国有企业在调整经济结构和产业转型中的带头和引领作用。从国家创新战略角度看，国有企业应当在三类重大共性技术平台建设中发挥主导作用，一是战略共性技术，这类共性技术是处于竞争前阶段的、具有广泛应用领域和前景的技术，这类共性技术有可能在一个或多个行业中得以广泛应用，如信息、生物、新材料等领域的基础研究及应用基础研究所形成的技术；二是关键共性技术，这是指关系到某一行业技术发展和技术升级的关键技术；三是基础共性技术，这是能够为某一领域技术发展或竞争技术开发作支撑的，例如测量、测试和标准等技术。① 第二，同样是国有资本布局，中央企业和地方企业的国有资本布局的重点是不同的，中央企业国有资本布局重点体现为实现国家战略意图和全国性公共服务网络，而地方企业的国有资本布局重点应该主要体现为地方城市公共服务、城市基础设施建设等领域。由于地方国资总量要大于中央国资总量，因此未来地方国资的改革具有十分重要的战略意义，尤其是地方国资平台公司的改革，对防范我国经济风险、促进我国经济健康发展具有重要意义。第三，在那些国家战略意义和公共民生服务意义不突出的产业领域，国有资本原则上应该沿着逐步收缩的方向进行调整。即使是国有资本有所增加的产业领域，国有资本也主要应该以混合所有制方式进入，例如公用事业工程也应该大

---

①　黄群慧：《中央企业在国家自主创新体系中的功能定位研究》，《中国社会科学院研究生院学报》2013年第3期。

力推进PPP方式，要尽量避免以国有独资方式进入。第四，与表9－2中所列国有资本布局领域不同，“一带一路”战略所要求的是国有企业海外业务区域布局的调整。因为“一带一路”沿线国家众多，国有企业需要针对各国情况差异寻求技术合作、产能合作、资源合作等，这些合作就不限于表9－2中所列的国有资本增加的产业领域。在“一带一路”战略下，国有经济战略性布局的重大调整表现为海外区域布局战略调整，要求国有企业“走出去”战略的重点更多地向“一带一路”沿线国家转移。

三　基于全面深化改革和优化市场结构双重目标协同推进国有企业并购重组

并购重组，是实施国有经济战略性调整的重要手段。2014年底，依托“一带一路”的国家战略，两大铁路设备制造巨头中国南车集团公司与中国北方机车车辆工业集团公司正式合并为中国中车集团公司，2015年5月，中国电力投资集团公司与国家核电技术公司正式合并为国家电力投资集团公司，十八届三中全会以后新时期中央企业的大规模并购重组拉开帷幕。虽然这两次并购重组在资本市场引起极大的关注，但是，自国资委2003年成立以来，央企这类并购重组并不鲜见，通过并购重组，196家中央企业已经减少到现在的111家，而且从国资委成立以后，就有报道说国资委也曾提出将中央企业数量缩小到30—50家的改革目标，只是迄今为止并没有实现。我们认为，这个目标是符合未来新常态下中央企业高效运营监管的实际的，应该积极推进中央企业的并购重组。但是，我们认为，通过国有企业并购重组调整国有经济布局，需要考虑到全面深化改革的需要，也要考虑到建立有效的资产市场结构的需要，基于这两方面需要协调推进国有企业并购重组。从新时期全面深化国有经济改革需要看，一方面要通过重组解决自然垄断性行业垄断问题，旨在优化相关业务配置和遏制垄断，形成自然垄断性行业主业突出、网络开放、竞争有效的经营格局；另一方面要有利于建立以“管资本”为主的国有经济管理体制，通过并购重组促进发展符合十八届三中全会要求的国有资本投资公司和国有资本运营公司。从优化市场结构需要看，国有企业在特定行业内的企业数量既不是越少越好也不是越多越好，否则不是造成垄断就是造成国有企业过度竞争，国有企业兼并重组要有利于形成兼有规模经济和竞争效率的市场结构，有利于化解产能过剩问题。基于这样的考虑，我们认为应该从以下几个方面推进国有企业并购重组。

首先，选择市场竞争程度相对高、产业集中度较低、产能过剩问题突出的行业，包括资源类行业、钢铁、汽车、装备制造、对外工程承包等领域，在这类领域通过并购重组，减少企业数量，扩大企业规模，突破地方或部门势力造成的市场割据局面，促进形成全国统一市场，有效提高产业集中度、优化产能配置和促进过剩产能消化。需要强调的是，由于这类领域产能过剩突出、经济效益比较差，所以推进这类产业的并购重组应该是当前国有经济战略性调整的重点和当务之急。

其次，在具有自然垄断性的领域，区分自然垄断的网络环节和可竞争的非网络环节性质，根据行业特点整体规划、分步实施，通过企业重组、可竞争性业务的分拆和强化产业管制等“多管齐下”的政策手段，推动可竞争性市场结构构建和公平竞争制度建设，使垄断性行业国有经济成为社会主义市场经济体制更具活力的组成部分，使改革和发展成果更好地惠及国民经济其他产业和广大人民群众。如果说，第一次国有经济战略性调整将国企业务集中到具有自然垄断性行业上，那么，新常态下的再调整则要将国企业务集中到自然垄断性环节上。具体而言，要研究将电信基础设施，长距离输油输气管网、电网从企业剥离出来，组建独立网络运营企业的方式的可行性。在可行性通过的基础上，可以考虑：①石油行业一方面要通过兼并重组、注入资本金等政策将中海油、中化集团整合成一家新的国家石油公司，另一方面要深化中石油和中石化内部重组，按开采及管道输油、炼油、设备安装制造、销售等环节组建若干专业化公司，开采及管道输油环节由这三家公司独资或者控股，其他环节引入民营企业组建混合所有制。②电网行业要在分离网络环节和非网络环节业务的基础上，实现国家电网公司和南方电网公司网络环节的合并，输配分离后，国家电网公司和区域电网公司经营输电网，配电网划归省电网公司，售电及设备制造等业务放开，发展混合所有制经济。③运输业中的民航业重点培育几家区域性航空运输企业，解决航空支线垄断程度过高的问题，把航油、航材、航信三家企业改造成由各航空运输企业参股的股权多元化的股份有限公司。同时，铁路也要按区域组建若干家铁路运营公司。④电信行业按照基础电信业务（基站、固化网）和增值服务业务分别组建专业化公司，基础电信业务有中国移动、中国电信和中国联通三大公司控股，增值服务业务放开，发展混合所有制企业。

再次，积极推进“管资本”为主的国有资本管理体制的建设，应通过行政性重组和依托资本市场的并购重组相结合的手段，改建或者新建国有资本投资运营公司，将分散于众多各个行业、各个企业的国有资产的产权归为这些国有资本投资运营公司持有。我们认为，无论是竞争性行业还是垄断性行业，其国有企业并购重组都应该与建立国有资本投资运营公司相结合。对于竞争行业的国有企业的重组，应该通过组建国有资本运营公司的方式推进，重组后的国有企业产权由国有资本运营公司持有；对于垄断性行业的重组，应该通过改建国有资本投资公司方式推进，重组后的国有企业产权由国有资本投资公司持有。当前推进的中央企业重组，没有与十八届三中全会提出建立国有资本投资运营公司要求相结合，属于单方面推进，将来还会面临再次重组的可能性。这里需要指出的是，在地方层面组建国有资本投资运营公司，要特别注意应同时切断原地方的融资型平台公司与政府的融资功能的联系，使这里平台公司向市场化和实体化转型。

最后，对国资委监管系统之外的中央企业的重组也应该有所考虑。除国资委监管的百余家企业和财政部、汇金公司监管的20余家企业外，近百个中央部门仍拥有近万家国有企业，它们将来也应被纳入国资统一监管的范畴，成为参与改革重组的重要主体，从而建立起“三层三类全覆盖”国有资本管理新体制。[①]

① 黄群慧、余菁、贺俊：《构建国有经济管理新体制初探》，《天津社会科学》2015年第1期。

下　　篇

第十章　发展混合所有制研究

推动发展混合所有制既是当前国有经济进一步深化改革的重要内容，也是国有企业制度创新的现实要求。如何平稳、有序地发展混合所有制已经成为当前的一个理论研究和现实探索的热点问题。关于混合所有制思想的提出最早可追溯到十四届三中全会《中共中央关于建立社会主义市场经济体制若干问题的决定》的相关表述中，随后的十五大、十六大报告中也都提出，需要促进混合所有制经济发展。在十八届三中全会《中共中央关于全面深化改革若干重大问题的决定》中进一步提出，“经济体制改革是全面深化改革的重点”，“国有资本、集体资本、非公有资本等交叉持股、相互融合的混合所有制经济，是基本经济制度的重要实现形式，有利于国有资本放大功能、保值增值、提高竞争力，有利于各种所有制资本取长补短、相互促进、共同发展”。可以看到，发展混合所有制是国家基于长期改革经验和实践体会所提出的推动经济转型的现实要求。在国家层面，也已经将如何推动混合所有制发展的问题提到一个新的历史高度，使其成为深化国家经济体制改革，推动国有经济战略性调整的重要内容之一。

发展混合所有制涉及宏观和微观两个层面：一是在宏观层面的国家经济形态上，主要是通过市场规则、市场价格、市场竞争等多种方式，使得更多的国有经济和其他的所有制经济实现协调发展，促进各种所有制的取长补短和相互促进；二是在微观层面的企业股权形态上，主要是通过推动国有资本、集体资本、非公有资本等交叉持股和相互融合，吸引合适的社会资金来提升企业竞争力，获得协作共赢的局面。因此，混合所有制会涉及多个利益主体或机构，特别是对于国有经济而言，更需要立足于自身来进行自我变革，积极吸纳民营资本、国外资本等优势资源，才能进一步推动国有经济的效益扩大和效率优化，从而放大国有企业的经济、社会功能，提高国有企业竞争力。虽然通过发展混合所有制来推进国有经济战略性调整已经成为具有时代性的工作任务重点，但是也需要认识到，它也是长期经济改革沉淀和积累的结果，还需要进一步厘清混合所有制提出和逐步发展的时代背景，同时针对我国现在国有经济混合所有制的现状进行细致分析，明确其实行的边界和范围、所涉及的相关利益主体，以及可能存在的实施形式和路径，才能采取有效的措施并提供有效的理论依据和现实指导。

第一节　推行发展混合所有制的背景

混合所有制经济是我国基本经济制度的重要实现形式之一。作为所有制结构调整和完善过程中出现的一种新形式，混合所有制主要是通过提高市场资源配置效率来实现深化国有企业改革、促进经济发展和完善基本经济制度的目的。混合所有制在我国国有经济的发展和变革历程中先后经历了长期的结构性变迁，完成了从无到有、从小到大，并成为时代亮点的阶段性发展过程。从混合所有制的提出到具体落实，也覆盖着宏观和微观两个层面。其中宏观层面属于国家经济体制，即逐渐从单一的国有经济公有制转变为以公有制为主体，多种所有制共同发展的格局；微观层面属于企业运行机制，从完全的国有企业和集体企业逐渐转变为基于产权和现代公司治理结构的多元化企业形态。

一　混合所有制的发展伴随着国家经济体制的转变

自十一届三中全会确定推动改革开放的基调以来，关于“允许和鼓励个体经济、私营经济和外资经济的发展”“以公有制为主体，多种所有制并存”“两个毫不动摇”的基本经济制度为后续发展混合所有制经济奠定了政策基础。在国家层面也先后通过提出和制定各种方针、政策来加快国有经济结构和体制的转变，并基于市场机制的作用来推动国有经济的进一步深化改革。

1992年，在十四大报告《加快改革开放和现代化建设步伐，夺取有中国特色社会主义事业的更大胜利》中提出：“中国经济体制改革的目标模式确定为建立社会主义市场经济体制，以公有制为主体，个体经济、私营经济、外资经济为补充，多种经济成分长期共同发展，使市场在资源配置中发挥基础性作用。”这是在国家层面首次明确国家经济形态中多种不同形态所有制经济的合法性，以及后续的发展方向和方式，即通过不同所有制经济之间的联合经营来推动国家经济体制改革和发展。该表述也为随后打破各种所有制经济间在经营层次上的界限提供了最为关键和基础的政策依据。随后，在1993年的十四届三中全会《中共中央关于建立社会主义市场经济体制若干问题的决定》中首次正式提出“混合所有经济”的概念，指出“随着产权的流动和重组，财产混合所有经济单位越来越多，将会形成新的财产所有结构”。此时的“混合所有”虽然没有被明确界定为一种所有制形式，但是已经强调指出是指代一种新的“财产所有结构”，并特别指明了混合所有经济存在的基础是产权。

1997年，在十五大报告《高举邓小平理论伟大旗帜，把建设有中国特色社会主义事业全面推向二十一世纪》中提出，“调整和完善所有制结构。公有制为主体、多种所有制经济共同发展，是我国社会主义初级阶段的一项基本经济制度。这一制度的确立，是由社会主义性质和初级阶段国情决定的”，“公有制经济不仅包括国有经济和集体经济，还包括混合所有制经济中的国有成分和集体成分”，同时“非公有制经济是我国社会主义市场经济的重要组成部分”。可以看到，在这次的表述中已经从最初的“混合所有”转变为“混合所有制经济”，此后混合所有制经济开始作为一个新的所有制经济形式存在于以公有制为主导的国家经济体系中。

2002年，在十六大报告《全面建设小康社会，开创中国特色社会主义事业新局面》中，进一步明确了公有制经济和非公有制经济间的协同关系，即“坚持公有制为主体，促进非公有制经济发展，统一于社会主义现代化建设的进程中”，“各种所有制经济完全可以在市场竞争中发挥各自优势，相互促进，共同发展”。同时，还明确指出“完善”社会主义市场经济体制的一项要求就是“积极推行股份制，发展混合所有制经济”，“除极少数必须由国家独资经营的企业外，积极推行股份制，发展混合所有制经济”。此后，2003年的十六届三中全会《中共中央关于完善社会主义市场经济体制若干问题的决定》中也指出：“要适应经济市场化不断发展的趋势，进一步增强公有制经济的活力，大力发展国有资本、集体资本和非公有资本等参股的混合所有制经济，实现投资主体多元化，使股份制成为公有制的主要实现形式。”在混合所有制得到明确的政策支持的前提下，以股份制、股份合作制、联营经济等为代表的混合所有制经济得到迅速发展，至 2003 年混合所有制经济已经占到当时全国总体经济的 40%。

2007 年，在十七大报告《高举中国特色社会主义伟大旗帜，为夺取全面建设小康社会新胜利而奋斗》中提出："以现代产权制度为基础，发展混合所有制经济。加快形成统一开放竞争有序的现代市场体系，发展各类生产要素市场，完善反映市场供求关系、资源稀缺程度、环境损害成本的生产要素和资源价格形成机制。"在此阶段中，混合所有制经济的发展也被进一步明确，即在国家经济形态中，需要形成各种所有制经济平等竞争、相互促进新格局，并使国有资本和各类非国有资本相互渗透和融合，并通过以股份制为主要形式来加快发展混合所有制经济。

2012 年，在十八大《坚定不移沿着中国特色社会主义道路前进，为全面建成小康社会而奋斗》的报告提出，要"加快完善社会主义市场经济体制和加快转变经济发展方式"，"要毫不动摇巩固和发展公有制经济，推行公有制多种实现形式"，"毫不动摇鼓励、支持、引导非公有制经济发展，保证各种所有制经济依法平等使用生产要素、公平参与市场竞争、同等受到法律保护"。这种表述不仅从基础上明确了混合所有制的合法性身份和地位，而且还提出在全面深化经济体制改革的过程中通过法律来保护混合所有制实施的合法收益。2013 年，在十八届三中全会的《中共中央关于全面深化改革若干重大问题的决定》中也提出，公有制为主体、多种所有制经济共同发展的基本经济制度作为中国特色社会主义制度的重要支柱和社会主义市场经济体制的根基。同时，也强调"发挥国有经济主导作用，激发非公有制经济活力和创造力，要积极发展国有资本、集体资本、非公有资本等交叉持股、相互融合的混合所有制经济。发展混合所有制经济，其实就是股份制改革，把资本变得多元化，按照现代企业制度管理"。

二　混合所有制的发展促进着企业运行形态的变革

混合所有制不仅是宏观层面上的一种社会经济形式，同样也是立足于微观层面的企业运行实践来体现的，即在企业经营活动中，不同的社会资本会通过联合、融合或参股等形式，并依据一定的经济市场运行规则来从事生产或经营。从国有经济调整的历史背景和进程来看，企业层面的混合所有制发展也一直促进着国有企业改革的全过程。

1978 年开始的经济改革启动了国有企业经营管理的变革，此后先后采取了放权让利、经营承包等方式来扩大企业自主权，还尝试利用市场机制来逐步改造国有企业，将其推向完全竞争的市场经济环境中，并先后提出建立“国家调节市场，市场引导企业”等理念。在十四届三中全会《中共中央关于建立社会主义市场经济体制若干问题的决定》中提出，国有企业改革需要“坚持‘抓大放小’，收缩战线，让国有中小企业退出，让困难企业破产；转变企业经营机制，建立现代企业制度；分离企业办社会的职能，减少企业包袱”，并将现代企业制度概括为“产权清晰、权责明确、政企分开、管理科学”。这样在明确国有企业改革内容的基础上，以国有企业改革为内核的国有经济调整开始进入一个新的历史阶段。

1997 年，十五大报告《高举邓小平理论伟大旗帜，把建设有中国特色社会主义事业全面推向二十一世纪》首次提出，“股份制是现代企业的一种资本组织形式，有利于所有权和经营权的分离，有利于提高企业和资本的运作效率”。这样就明确了可以采取股份制的形式在国有企业内部实行混合所有制，具体措施是以资本为纽带，培育和发展多元化投资主体，采取改组、联合、兼并、租赁、承包经营和股份合作制、出售等形式，使国有企业成为适应市场的法人实体和竞争主体。随后，十五届四中全会通过的《中共中央关于国有企业改革和发展若干重大问题的决定》进一步提出，“通过规范上市、中外合资和企业互相参股等形式，将宜于实行股份制的国有大中型企业，尤其是优势企业改为股份制企业，发展混合所有制经济”，不仅体现了我国经济体制改革的深化和发展趋势，而且为今后的国有企业改革确定了战略目标，还为在后续的多种所有制成分之间相互渗透、相互融合股权多元化的混合所有制企业的出现与发展提供了政策依据。

2002 年，十六大报告《全面建设小康社会，开创中国特色社会主义事业新局面》中提出，“继续调整国有经济的布局和结构，改革国有资产管理体制，是深化经济体制改革的重大任务”，同时，“除极少数必须由国家独资经营的企业外，积极推行股份制，发展混合所有制经济。实行投资主体多元化，重要的企业由国家控股。按照现代企业制度的要求，国有大中型企业继续实行规范的公司制改革，完善法人治理结构。推进垄断行业改革，积极引入竞争机制。通过市场和政策引导，发展具有国际竞争力的大公司大企业集团。进一步放开搞活国有中小企业。深化集体企业改革，继续支持和帮助多种形式的集体经济的发展”。随后，各级国有资产管理委员会的成立也是推动国有企业深化改革的现实需要。此后在2003年的十六届三中全会《中共中央关于完善社会主义市场经济体制若干问题的决定》中进一步指出，“积极推行股份制，发展混合所有制经济，实现投资主体多元化，使股份制这种混合所有制经济，成为公有制的主要实现形式”。这些政策文件进一步明确了在国有企业推行混合所有制时，不仅需要立足市场机制，而且还需要注重监管机制，保证国有资产的保值增值，才能增强国有经济活力。

2007年，十七大的报告《高举中国特色社会主义伟大旗帜，为夺取全面建设小康社会新胜利而奋斗》中提出“以现代产权制度为基础，发展混合所有制经济”，为此需要进一步深化国有企业公司制股份制改革，“健全现代企业制度，优化国有经济布局和结构，增强国有经济活力、控制力、影响力。深化垄断行业改革，引入竞争机制，加强政府监管和社会监督”。随后，2012年的十八大报告《坚定不移沿着中国特色社会主义道路前进，为全面建成小康社会而奋斗》也进一步指出，“推行公有制多种实现形式，深化国有企业改革，完善各类国有资产管理体制，推动国有资本更多投向关系国家安全和国民经济命脉的重要行业和关键领域”。同时，进一步明确了国有企业实行混合所有制经济的形式，即“国有资本、集体资本、非公有资本等交叉持股”，“国有资本投资项目允许非国有资本参股”，“允许混合所有制经济实行企业员工持股，形成资本所有者和劳动者利益共同体”。最后还提出，需要“准确界定不同国有企业功能”，根据不同行业特点来推进公共资源配置市场化，进一步表明在发展混合所有制的步骤上需要结合到企业实际情况，才能吸纳非公有制经济参与国有企业，使得投资主体真正实现多元化。

随着国家层面关于社会主义经济体制形态认识的逐步深化，混合所有制经济逐渐成为公有制的主要实现形式。发展混合所有制不仅可以更好地兼容不同所有制，突破传统意义上公有制独大、国有经济产权主体单一的局面，同时还吸引着多种所有制经济进入国有经济范围来推动国有经济的进一步深化改革重大目标和行动，帮助国有经济在改革的历程中更好地适应经济主体多元化、资产运营市场化等市场经济要求。为了将国家关于积极发展混合所有制经济的政策加以落实，国务院等相关部门也开始出台了一系列的文件。例如，2005 年发布了《国务院关于鼓励支持和引导个体私营等非公有制经济发展的若干意见》（非公 36 条）；2010 年发布了《国务院关于鼓励和引导民间投资健康发展的若干意见》（新非公 36 条），允许非公有资本进入法律法规未禁入的基础设施、公用事业以及其他行业和领域，通过重组联合参与国有企业改革，推动国有经济的产权流动和重组，从而推动国有经济的快速调整，同时也有助于国有经济与民营经济优势互补、需要互补。其中不仅对民间投资的投资领域和范围出台了更加详细的意见，例如铁路、电力、石油等行业，同时还对民间投资的方式由“参股”放宽到“独资、控股、参股”。

第二节　发展混合所有制的目标

在十八届三中全会《决定》中明确提出，发展混合所有制的目的是探索基本经济制度的实现形式，放大国有资本功能，实现国有资产保值增值，提高国有企业竞争力。推动混合所有制的一切行动和措施都必须围绕着这种方针来展开，而不能出现偏离。

一　消除不同所有制的身份区别

混合所有制经济是不同所有制经济形式通过相互融合，其中存在国有资本、集体资本、非公有资本等交叉持股，由于兼具公有制和非公有制某些特点，能够更好地适应现代社会化大生产的发展要求。余菁指出，混合所有制可以作为一种制度创新手段，促进构建多层次的所有制结构和具有多样性的所有制形式，从而实现不同所有制经济之间的合作与共同发展。[①] 各种所有制经济形式的合法性已经得到确认，例如，“坚持公有制为主体，促进非公有制经济发展”等表述，但是就具体的市场经济活动而言，要实现不同所有制经济形式交叉融合的一个重要前提条件就是立足于市场经济环境，获得社会公平对待，淡化资本内在属性，赋予国有、民营资本，甚至外资资本同样的待遇。在国家层面推动所有制发展的一个重要目的也是为了打破在经济发展中不同所有制的身份区别，让不同的所有制经济能在市场环境中实现公平竞争与合作，如此才能更大程度上提高市

① 余菁：《“混合所有制”的学术论争及其路径寻找》，《改革》2014 年第 11 期。

场经济效益。

二　推动不同所有制的交叉融合

在目前的理论研究和探讨中，关于发展混合所有制的观点大部分立足于国有经济发展和国有企业改革，例如，何自力提出我国出现和发展混合所有制经济，主要源于国有企业改革中寻找公有制同市场经济相结合的形式和途径。[①] 在国有资本占主导地位的条件下，通过发展混合所有制经济引入非公有资本参与投资和发展，可以在一定程度上有助于放大国有资本的功能，实现国有资本的保值和增值。同时，也引入新的管理思维、创新理念等来完善国有企业的管理和经营，促进国有企业发展模式的调整和深刻变革。然而需要认识的是，不同所有制形式的交叉融合发展是相互的，既要发展国有经济，也要发展非国有经济，因而混合所有制的发展模式不仅包括非公资本进入国有资本控制的行业和领域，也包括国有资本进入民营资本和外国资本所控制的行业和领域。只有做到不同的产权主体多元投资、互相渗透、互相贯通、互相融合，才能形成新的产权配置结构和经济形式。[②]

三　利用市场机制来强化企业制度创新

现在我国已经开始进入深化改革的新阶段，更需要不同所有制经济形式之间的密切合作和协同发展。发展混合所有制经济的本意是巩固和完善我国的基本经济制度，是为了更好地发挥市场配置资源的决定性作用，最终形成公平公正竞争的市场环境。[③] 发展混合所有制经济，并不是不同社会主体的资金、资本的简单加总，而是一种多元化、社会化运作，形成高效的市场运作机制来推动资金、资源、能力等要素的匹配，如此才能让国有企业、民营企业以及外资企业等自由、公平地从市场中挖掘到合适的机会来进行投资收益。在完善的市场机制作用下来发展混合所有制，会进一步推动和强化企业的制度创新，例如不同所有资本按照《公司法》建立

① 何自力：《发展混合所有制经济是新形势下坚持公有制主体地位的重要途径》，《求是》2014 年第 9 期。

② 常修泽：《社会主义市场经济体制的基础——混合所有制经济》，《光明日报》2014 年 7 月 2 日。

③ 余菁：《“混合所有制”的学术论争及其路径寻找》，《改革》2014 年第 11 期。

的股权制企业会改善企业层面的公司治理结构，从而实现有效的监督管理，改进董事会结构和决策流程，健全信息披露制度等。[①]

第三节 混合所有制的发展现状

一 混合所有制存在的层次

虽然在国家政策层面已经明确提出，需要积极发展混合所有制来推动国有经济的深化改革，但是关于如何理解混合所有制，学者们还是存在不同的认识。例如，万华炜认为混合所有制存在宏观和微观两个层面，其中宏观层面的混合所有制经济是指公有制为主体、多种所有制经济共同发展的社会主义初级阶段的基本经济制度；微观层面的混合所有制经济是指多个不同身份的投资主体共同投资组成企业或公司，是一种企业发展模式。[②] 厉以宁立足于国有企业改革从国有经济混合来认识混合所有制，也提出存在两个层次，其中处于高层次的是国有资本配置机制改革，而处于低层次的是国有企业管理体制改革。[③] 同样，黄群慧、余菁也提出，混合所有制经济（Diverse Ownership Economy）是指财产权分属于不同性质所有者的经济形式。从宏观层次来讲，混合所有制经济是指一个国家或地区经济所有制结构的多元性，包括国有、集体、个体、私营、外资、合资、合作等各类公有制经济和非公有制经济；微观层次的混合所有制经济是指不同所有性质的产权主体多元投资、交叉渗透、互相融合而形成的多元产权结构的企业。[④] 总体来看，学者们均认可混合所有是存在宏观和微观两个层面。

基于以往的认识观点，混合所有制的分析层次可以划分为宏观和微观两个层面。其中，宏观层面是超越企业层次的国有经济混合所有结构体系，而微观层面是基于企业层次的国有企业混合所有资本形态。从宏观层面看，混合所有制经济是国家经济结构中多种经济成分相互依存、相互渗

① 黄速建：《中国国有企业混合所有制改革研究》，《经济管理》2014 年第 7 期。

② 万华炜：《中国混合所有制经济的产权制度分析》，《中南财经政法大学学报》2007 年第 6 期。

③ 厉以宁：《在调查混合所有制中发现的几个误解》，《当代社科视野》2014 年第 4 期。

④ 黄群慧、余菁：《新时期的新思路：国有企业分类改革与治理》，《中国工业经济》2013 年第 11 期。

透，所共同构成的所有制结构形态，即国家经济结构中不同所有制的构成和比重，其中既可以是公有资本与非公有资本的融合，也可以是国有资本与集体资本的融合。因而，宏观层面的混合所有是国有经济与非国有经济的结构和比重构成形态。宏观层面发展混合所有制可以推动国有经济的深化改革，使得国有经济活力、控制力和影响力得到进一步增强，实现“国有资本放大功能、保值增值、提高竞争力”，同时促进非公有制经济通过参与混合所有制进入过去无力或无法进入的特定经营领域，扩大经营空间，实现“各种所有制资本取长补短、相互促进、共同发展”。从微观层面看，混合所有制经济是经济组织中不同的产权主体通过多元投资、互相渗透、互相贯通、互相融合而形成的产权配置结构形式。微观层面的混合所有制是企业内部不同产权的结构模式，其中主要是指有国有经济成分参与的，并以国有企业与其他类型企业通过资本投资合作所形成的混合股权结构形态，例如，公有资本与非公有资本共同参股组建而成的股份制公司。微观层面积极发展混合所有制经济，国有企业可以实现股权多元化，进一步完善国有企业治理结构，提升市场化程度和经营管理效率，非公有制企业则可以实现股权多元化和治理结构现代化，建立和健全现代企业制度。

二　国家经济形态层面的混合所有现状

发展混合所有经济的现实收益是多方面的。对国有经济来说，不仅可以积极引导社会资金投放国民经济急需加强的产业和领域，放大国有资本功能，使得国有资本通过控股、参股等多种形式与其他性质的资本实现有效融合，同时还能进一步改善国有产权的流动、重组，优化资源配置，提高社会生产率和要素综合利用效率，改进经济发展的质量和效益，从而实现国有资产的保值增值。同样，对非公有制经济而言，将有助于打开和拓展民营资本、外资资本等进入原有的国有经济领域的通道，更顺利地进入基础设施、基础产业和公用事业等领域，例如电力、电信、铁路、民航、石油等行业。对国外资本而言，则可以加大吸引国外资本力度和范围，例如国外资本可以通过独资、合作、联营、参股、特许经营等方式，参与经营性的基础设施和公益事业项目建设。

在国家政策的指导下，大力发展混合所有制经济，可以积极引入民营资本、外国资本，促进投资主体和产权多元化，并取得了很好的效果。至

2010 年，全社会总资产中，公有制经济资产占 26.9%，远低于 55%—60% 的临界值；非公有制经济资产则占 73.0%，远高于 40%—45% 的临界值；从国有经济起主导作用来看，属于国家经济命脉领域的 16 个行业实收资本中，国有资本占 35.5%；国有经济具有绝对控制力的资本只占 22.5%；具有绝对控制力和相对控制力行业的资本合计占 74.3%。[①] 至 2012 年，混合所有制经济占固定资产投资的 33%，对全国税收的贡献率达到 47.03%。[②] 截至 2012 年，混合所有制的公司制企业法人为 1229073 个，占登记企业总数的 15%；混合所有制的公司制企业投资为 123997 亿元，占全国固定资产投资总额的 33%；混合所有制的公司制企业税收总额为 5.1823 万亿元，占比达到 47%。[③]

当前，在国有经济层面的混合所有制发展已经取得了一定的成效，但不可忽视的是距离整体优化还有一定的距离。例如，在国家层面先后出台了许多发展非公经济、鼓励民间投资的政策，如非公 36 条、新非公 36 条等，然而总体实施效果还存在有所欠缺，主要表现在许多竞争性行业和领域，包括基础产业和基础设施、市政公用事业、社会事业、金融服务等行业，民营资本进入门槛过高。[④] 为此，今后还须在发展和吸引非国有产权主体、放宽投资领域、拓展融资渠道、实现投资主体多元化等方面实现创新，鼓励和引导放宽社会资本的投资领域，允许社会资本进入法律法规未禁入的基础设施、公用事业及其他行业和领域。同时，进一步引入市场竞争机制，并对其中的自然垄断业务积极推进投资主体多元化。

三　企业股权形态层面的混合所有现状

在国家经济结构中，国有企业已经成为国有经济的内核。过去的 30 余年改革开放中，我国国有企业已经取得了很大的成就，并继续呈现高速发展的势态。随着社会经济转型时期的延续，市场竞争也日趋激烈，在国家政策的引导与支持下，国有企业体制改革不断深入，国有企

---

① 赵华荃：《尊重客观规律，深化收入分配制度改革》，《政治经济学评论》2013 年第 4 期。

② 张卓元：《混合所有制经济是什么样的经济》，《求是》2014 年第 8 期。

③ 陈永杰：《混合所有制经济约占我国经济总量的 1/3》，《中国民商》2014 年第 2 期。

④ 李军国、蔡跃：《继续深化大型国企改革》，《中国发展观察》2011 年第 7 期。

业管理经营也紧随时代的要求进行自身变革。目前，全国90%以上的国有企业已经完成了公司股份制建设，大多数企业已经建立了股东会、董事会和监事会等机构，公司管理制度体系逐步规范，有力促进了国有企业同市场经济体制的有效融合。混合所有制的发展也进一步改善了国有企业产权结构，并推动其在产权多元化基础上逐步建立规范的现代企业制度和市场化的运作机制，实现了增强国有企业的市场竞争力等综合效果。

2012年，中央企业及其子企业控股的上市公司总共是378家，上市公司中非国有股权的比例已经超过53%，地方国有企业控股的上市公司681户，上市公司非国有股权的比例已经超过60%。民间投资参与各类企业国有资产产权的交易数量的总数是4473宗，占到交易总宗数的81%，数量金额总共是1749亿元，占到交易总额的66%。[①] 2013年，全国90%的国有及国有控股企业（不含金融类企业）完成了公司制股份制改革。中央企业及其子企业中，混合所有制企业户数占公司制企业户数的比例接近57%，占中央企业登记企业总户数的一半以上，[②] 控股境内外上市公司达385家，并且其中有52家中央企业开展规范董事会试点建设。可以看到，混合所有制经济已经开始深刻地影响着国有企业的变革和发展。2013年国务院国资委公布的《关于国有企业改制重组中积极引入民间投资的指导意见》指出，2014年石油、电信、电力、资源开发、金融、铁路等领域都会推出混合所有制经济改革举措。

可以看到，混合所有制既是对相对单一的所有制结构的突破，也是对国有企业改革进一步深化的创新。微观层面的混合所有制也是国有企业的一种资本组织形式，它并没有要改变国有企业的公有制性质，而主要是通过吸收、融合其他社会资本来改善、扩大和优化现有的国有资产，在更大程度上实现国有资产的保值增值功能。从2013年开始，大部分中央企业及其子企业已经开始引入非公资本来形成混合所有制企业，且多数国有企业已经通过股份制改造实现了股权多元化，以及国有资本、集体资本、非公资本等交叉持股、相互融合等势态，具有了混合所有制的性质。

---

① 黄淑和：《加快国企股权多元化改革》，《求是》2014年第3期。

② 王荣森：《从大时代角度看混合所有制》，《经济参考报》2014年9月1日。

四　推进混合所有制过程中的相关利益主体

国有经济是国民经济的重要支柱，也是经济发展的坚实基础。在新的形势下，国有经济战略性调整的主要工作也在于通过加强国有资产监管，完善国有资产管理体制，同时吸引多元化投资主体利用交叉持股等方式来实现产权多元化，以发展混合所有制促进国有经济的持续、良性发展。在此过程中，会涉及多个利益机构和主体，既包括作为出资人和监管人的国有资产管理委员会（以下简称“国资委”），也包括国内的国有企业、民营企业、外资企业，以及个体劳动者（包括管理层）等，为此需要进一步认识在推进混合所有制的进程中不同利益主体的作用，以及可能受到的影响。

1. 国有资产管理委员会

2002 年，十六大报告《全面建设小康社会，开创中国特色社会主义事业新局面》中提出，“建立中央政府和地方政府分别代表国家履行出资人职责，享有所有者权益，权利、义务和责任相统一，管资产和管人、管事相结合的国有资产管理体制”，“中央政府和省、市（地）两级地方政府设立国有资产管理机构”。从 2003 年开始，国有资产管理体制改革进入了一个新的阶段，其典型事件是成立了国资委。至今，在国务院、省（区、市）、市（地）三个层面的国资监管机构体系已经建立，大部分经营性国有资产被纳入监管体系，基本形成了企业国有资产监管法规制度体系。从管理职能来看，国资委虽然属于政府行政部门，但又是基于“委托—代理”来对国有企业依法履行《公司法》对“股东”出资人职责①，即无论企业属于何种所有制形态，只要其中存在国有资本，都需要由国资委履行出资人职责，具体职责包括建立和完善业绩考核和激励约束机制，以及财务监督、审计监督、监事会监督等机制。从市场定位来看，国资委的监管原则是“权利、义务和责任相统一，管资产和管人、管事相结合”，从而避免直接管理国有企业，以及介入具体的业务经营管理活动中，实现让国有企业采取具有市场性质的公司治理结构，保持国有企业自主的法人财产权和经营自主权。

---

① 廖红伟：《“委托—代理”机制与国有资产出资人模式创新》，《江汉论坛》2011 年第 11 期。

黄淑和提出，随着发展混合所有制经济政策的提出和积极开展，以及众多国有企业开始成为混合所有制公司，国资委的职能也需要相应的转变。[①] 在发展混合所有制的过程中，国资委的任务重点应主要围绕以下五个方面：一是制定发展混合所有制经济的实施方案，积极探索“以管资本为主加强国有资产监管”的新模式和新方法；二是实行“一企一策”，准确界定不同国有企业功能，增强国有资产监管的针对性和有效性；三是采用市场化方式引入民间资本，推进国有资本优化配置，使国有资本更好地服务国家发展战略；四是明晰产权关系，做好股权多元化改革和产权保护，提高国有资本流动性，支持非公有制经济参与国有企业改革，同时防止国有资产的流失；五是完善国有企业治理结构，通过建立现代企业制度不断深化公司制和多元投资主体股份制改革，推动具备条件的国有大型企业实现整体改制上市或主营业务整体上市。

2. 国有企业

国有企业是国家的中央政府或地方政府投资参与控制的企业，主要分布在战略性支柱性产业、先导性产业、国民经济命脉产业，以及涉及人民生产生活保障的产业等。国有企业既是国民经济的核心支柱，也是国家经济基础的重要组成。自改革开放实施以来，推动和深化国有企业改革一直是国有经济战略性调整的核心内容。1978 年，国家在一些企业率先进行了“扩大企业自主权”的试点工作，并由此开始了“自下而上”的国有企业改革进程。1993 年，《公司法》的颁布实施进一步加快了国有企业公司制改革进程，并为后续通过股份制来发展混合所有制提供了法律依据和基础。2002 年，一些国有企业通过规范上市、中外合资、实行股份制等形式进行公司制改革，初步形成投资主体多元化的格局。此后，通过一系列的战略性调整、重组和深化改革，国有企业在国家经济布局结构中不断优化。国家国资委网站数据显示：2002—2012 年，全国国有企业营业收入由 8. 53 万亿元增加到 42. 38 万亿元，年均增长 17. 4%；实现利润由 3786. 3 亿元增加到 2. 2 万亿元，年均增长 19. 2%；上缴税金由 6960. 4 亿元增加到 3. 35 万亿元，年均增长 17%。国有企业对国家税收贡献显著，2012 年全国税收总收入完成 10. 06 万亿元，国有企业的贡献超过 30%。

---

① 黄淑和：《加快国企股权多元化改革》，《求是》2014 年第 3 期。

当前我国国有企业呈现出国有资产规模庞大但运营效率、回报水平低下和流动性差的状态，特别是面临资产规模数千亿甚至上万亿的国有垄断大企业的改革问题。① 国有企业在现实经营活动中的首要目标是实现国有资产的保值增值，因此在新的经济形式下更需要通过企业层面的管理与制度创新来推动国资管理体制机制层面的变革。发展混合所有制是国有企业实现国有资产合理流动，国有产权的流动、重组，以及优化资源配置，提高运营效率和经营活力的重要形式之一。目前，大部分国有企业正在进行股权多元化改革，并逐步发展成为混合所有制企业，例如通过合资经营、战略合作、整体上市、资产重组、破产转型等形式来进行多样化资本运营。这种以多元化为内核的混合所有制发展形势也使得国有股权的比例逐步降低，吸引着更多的社会资本来促进国有企业的变革和发展。同时，在此模式下的国有企业也在逐渐引入外部的新理念、新运营模式，以及国际化、专业化的人才队伍等修正、完善现有国有企业的公司治理结构和内部运行模式，有效提升了国有企业的市场竞争力和国际化程度，使得国有企业的控制力、市场活力得到进一步增强。

3. 民营企业

我国民营企业的发展历程是曲折的、复杂的和反复的。自 1949 年以来，民营企业先后经历了四个发展阶段：1949—1956 年，处于多种经济成分并存的阶段；1956—1978 年，进入消灭私人财产和消灭民营经济阶段，实现对民营经济进行社会主义改造；1978—2003 年，再次进入了多种经济成分并存的阶段，民营企业的法律地位得以确认，并实现了快速发展；2003 年至今，民营企业进入快速发展阶段，并成为国民经济的重要增长点和市场经济的重要组成部分。根据《中国民营企业 500 强》数据显示，2012 年民营企业 500 强的前五大行业以制造业为主，主要集中在建筑业、黑色金属冶炼和压延加工业、批发业、电气机械和器材制造业、有色金属冶炼和压延加工业。如今，我国民营企业的营业收入总额已经超过十万亿，营业收入超千亿的企业已经超过 10 家。

建立和发展混合所有制经济是建立社会主义市场经济条件下的基本经济制度，混合所有制经济体制的建立和完善同样也为民营经济发展提供新

① 余菁：《“混合所有制”的学术论争及其路径寻找》，《改革》2014 年第 11 期。

的契机和支持。特别是在国家法律层面关于“产权保护”意识的确认和完善，使得民营经济开始有信心、有意愿进入国有经济领域来寻求发展机遇。同样，从国家政策层面上，“非公 36 条”“新非公 36 条”等一系列政策文件的颁布和实施，破除了准入障碍，实现了市场准入的进一步放宽。但不可避免的是，对于特定领域的进入和投资，民营企业依然会面临着一些潜在的现实壁垒问题，例如“玻璃门”“弹簧门”等。通过混合所有制，可以进一步拓宽民营经济的投资渠道，例如可以在能源、通信、金融、资源开发、铁路、医疗、教育等基础产业和公共服务业等重点领域获得更大更广阔的发展空间和参与领域，获得更多的合作共赢的机会。此外，民营企业不仅可以借助国有企业的资本实力、国际化经验等优势因素来实现“走出去”，而且还可以依靠国有企业相对成熟的技术创新、管理经验来建立科学、健全、有效的管理机制。

4. 外资企业

吸引外资是改革开放以来我国促进经济发展的重要方式之一。自1986 年《外资企业法》的颁布和实施以来，以中外合资经营企业、中外合作经营企业、外资企业为主要外商投资方式的外资企业日益成为推动我国国民经济增长与发展不可或缺的重要力量，其地位及作用也日益突出。吸引外资企业的重要目的是获取充足资金、引进先进技术、提升管理创新，以及调整产业结构和促进产业升级。经过这些年的发展，外资企业不仅在我国取得良好的收益，也对我国的经济发展起到了积极的促进作用。国家商务部网站数据显示，2013 年 1—12 月，全国设立外商投资企业 22773 家，同比下降 8.63%；实际使用外资金额 1175.86 亿美元，同比增长 5.25%。1—12 月，对中国内地（大陆）投资前十位国家/地区（以实际投入外资金额计）依次为：中国香港（783.02 亿美元）、新加坡（73.27 亿美元）、日本（70.64 亿美元）、中国台湾（52.46 亿美元）、美国（33.53 亿美元）、韩国（30.59 亿美元）、德国（20.95 亿美元）、荷兰（12.81 亿美元）、英国（10.39 亿美元）和法国（7.62 亿美元），前十位国家/地区实际投入外资金额占全国实际使用外资金额的 93.15%。2014 年 1—3 月，全国设立外商投资企业 4787 家，同比下降 0.73%；实际使用外资金额 315.49 亿美元，同比增长 5.5%。可以看到，我国依然是外资企业良好的投资目标国家。

外资企业为我国经济发展提供了重要支持，但不可忽视的是，我国在推动经济转型发展、产业结构升级，从粗放式发展向精细化发展转变的过程中，依然面临着一系列的问题，还需要外资企业在此方面做出更多的贡献。例如，外资企业需要向技术、资金密集型行业的加工性服务业发展，通过技术创新和管理创新促进现有的劳动密集型产业向资本技术密集型产业结构过渡，从低附加值环节向高附加值环节转移。所有这些工作都需要外资企业采用合资、合作等更深层次的合作形式进入国有经济领域。《中共中央关于全面深化改革若干重大问题的决定》中也指出，需要“加速推进外资管理体制改革”，并明确提出要进一步主动开放的有金融、教育、文化等十个服务行业和一般制造业，为国外资本进入国有经济领域、推动发展混合所有制经济奠定了现实基础。

5. 个体劳动者

个体劳动者包括国有企业内部的管理者和普通员工。员工持股是企业经营者及员工因持有本企业股份而成为企业所有者的行为，从而形成资本所有者和劳动者利益共同体。员工持股是发展混合所有制经济和建立企业的长效激励机制的重要途径，既适用于市场竞争相对充分的国有大企业，又适用于众多国有中小企业。[①] 这种持股行为可以是自然人直接持股，也可以是通过员工持股会来间接持股。在我国国有企业股权多元化改革的过程中，吸引员工持股对促进国有企业股权的多元化起了非常重要的作用。在以往的国有企业改革中，先后试点过管理层持股和全员持股。管理层持股可以把管理层的收益与企业经营状况直接捆绑在一起，从而促进企业内部人员形成利益共同体，推动企业发展；员工持股则可以实现在企业既能得到劳动收入又能得到资本收入，其个人利益与企业利益结合在一起。员工持股的根本目的不仅是为了在激励机制上，更是在于肯定员工在企业经营管理活动中的价值，确定人力资本的价值贡献，从而创造出更大的社会经济价值。

从实践看，缺乏制度规范和具体操作方案等导致了国有资产流失等问题。2008 年国务院国资委出台了《关于规范国有企业职工持股、投资的意见（征求意见稿)》（国资发改革［2008］139 号）来对国有企业职工，尤其是管理层持股参与企业改制和投资进行规范。其中，不仅严格控制职工持股企业范围，即职工入股原则限于持有本企业股权，同时还要求职工投资持股应当遵循自愿、公平和诚实守信、风险自担的原则，依法享有投

① 余菁:《“混合所有制”的学术论争及其路径寻找》,《改革》2014 年第 11 期。

资者权益。在十八大《中共中央关于全面深化改革若干重大问题的决定》中也提出需要推动国有企业员工持股，让员工享受改革发展的红利，但是后续的制度保障、操作流程等还需要进一步细化和完善。

第四节　国有经济混合所有与战略性调整

一　推进混合所有制进程需要解决的关键问题

1. 做好顶层设计来明确推进步骤

在新的历史时期，推动国有经济调整和深化改革需要结合“国家使命”和国有经济的功能性质来准确界定不同国有企业的功能，通过做好顶层设计来指导相关工作的有序推进，包括明确方向、选择试点、制定规则、全面推进等程序，从而实现积极、稳妥地全面深化改革。社科院工经所课题组（2014）认为，在推进步骤的考虑上需要根据实际情况，积极开展分类试点，坚持“上下结合、试点先行、协同推进”的改革路径，才能形成较为规范的操作方案和实施措施。[①] 特别是每家国有企业的功能定位、行业特征、业务类型等都存在差别，因此在推进混合所有制的改革历程中，必须根据具体的案例做好具体的分析。国务院国资委也提出“一企一策”的原则和措施，并于 2014 年开始了试点工作，选择了国家开发公司、中粮集团等作为推动混合所有制改革的试点企业。在混合所有制改革实践中，应该按照市场机制结合国家要求，根据公平竞争的原则，重点推动垄断性行业的国有企业从国有独资公司向国有绝对控股公司，进一步向国有相对控股公司转变；完全市场化性质的国有企业应考虑剥离行政垄断业务，并通过市场化手段来实施和操作，基于多管齐下来发展混合所有制经济，实现产权多元化。此外，还需要根据市场特点和动态环境的变化，及时调整国有企业的功能特性，完成后续改革推进工作，同时鼓励非公有制企业参与一般商业性国有企业的改革，鼓励发展形成非公有资本控股的混合所有制企业。

2. 合理有序高效地设定推进时间表

推动混合所有制经济发展，促进国有企业深化改革的关键就是注重进

---

① 中国社会科学院工业经济研究所课题组：《论新时期全面深化国有经济改革重大任务》，《中国工业经济》2014 年第 9 期。

度协同，把握好试点先行、细则制定和全面推进的时间协调。目前，国务院国资委已经开始推动中央企业层面的改革实践，并于2014年7月选定了国家开发投资公司、中粮集团等6家中央企业作为首批试点企业来开展“四项改革”工作，其中一项改革任务即“发展混合所有制经济”。随后，各地也根据区域国有经济特点，分别制定了地方相关文件和落实措施（见表10－1）。

表10－1　各省市深化国资国企改革和发展混合所有制情况汇总

区域	政策文件	关键内容	推进时间表
北京市	《关于全面深化市属国资国企改革的意见》	国有企业分成城市公共服务类、特殊功能类和竞争类监管，通过出资入股、收购股权和相互换股等多种形式，实现股权多元化；鼓励有诚信、有责任、有实力的民营企业参与国有资本企业改制重组	到2020年，城市公共服务类和特殊功能类企业中的国有资本应占到国有资本总量的60%以上，竞争类企业以战略支撑企业为主，国有资本证券化率力争达到50%以上
重庆市	《关于进一步深化国资国企改革的意见》	形成集团层面混改、企业改制上市、基础设施PPP、设立投资基金、国资有序退出五大路径发展混合所有制	在3—5年内，2/3国有企业发展成为混合所有制企业，80%以上的竞争类国有企业国有资本实现证券化
上海市	《关于进一步深化上海国资改革促进企业发展的意见》和《关于推进本市国有企业积极发展混合所有制经济的若干意见（试行）》	加快企业股份制改革，实现整体上市或核心业务资产上市。畅通国有资本合理流动渠道，形成企业融资发展、机制创新、管理提升、价值创造、回报社会的良性发展机制。发展公众公司主要通过三个途径：国有企业公司制股份制改革，加快开放性市场化联合重组，实施股权激励和员工持股	经过3—5年的扎实推进，国资管理体制机制进一步完善，国资布局结构进一步优化，国有企业活力和竞争力进一步提高

续表

区域	政策文件	关键内容	推进时间表
天津市	《关于进一步深化国资国企改革的实施意见》	根据国有企业功能定位，逐步扩大产权开放力度，保持合适的国有股权比例。加快国有资产资本化步伐，重点引进外资、民营、机构投资者等社会资本，鼓励民间投资主体通过出资入股、收购股权、认购可转债等多种形式，通过资本对资本，实现国有资本与非公资本交叉持股	到2017年底，核心骨干企业80%以上实现股权多元化，其中混合所有制占到较大比重
山西省	《关于深化国资国企改革的实施意见》	引入非公有制经济参与国有企业改制重组，实现投资主体多元化。研究界定功能，探索国企分类监管，以管资本为主加强国有资产监管。积极引入股权投资基金参与国有企业改制上市	到2020年，建立完善科学的现代企业制度，培育真正的市场竞争主体
内蒙古自治区	《关于自治区直属国有企业分类监管的意见》	国有企业划分特定功能类和商业竞争类，优化国有经济布局结构、积极研究探索“混合产权”的有效监管模式、分类考核评价、合理有效激励，完善分类监管体系	—
江西省	《关于进一步深化国资国企改革的意见》	根据企业功能性质，将国企分竞争、功能、公共服务三类管理。吸引国际国内战略投资者参与国有企业改革，使上市公司成为国企的重要组织形态	经过5年左右努力，省属国有资本证券化率提高到60%
广东省	《关于全面深化国有企业改革的意见》	通过引入战略投资者、股权多元化、资产证券化、合资合作等方式推动混合所有制经济的发展	到2015年，全面完成国有企业公司制改造，到2017年，混合所有制企业户数比重超过70%

续表

区域	政策文件	关键内容	推进时间表
河南省	《关于深化省属国有企业改革完善国资管理体制的意见》	鼓励其他企业引入战略投资者，实现股权多元化，股权设置不设限制，鼓励企业加快上市步伐，使上市公司成为混合所有制的主要实现形式	到2020年，使国有企业更具活力、国有经济布局更加合理、国有资产监管更有效率，混合所有制企业比重达到80%以上，省级经营性国有资产证券化率达到60%以上
湖北省	《关于深化国有企业改革的意见》	大力推进国有企业产权多元化，通过引进战略投资者、股权置换、项目合作、改制上市等多种形式，实现国有企业投资主体多元化，使公司制股份制成为国有企业的主要组织形态	到2020年，将国有资本证券化率提高到50%
湖南省	《关于进一步深化国有企业改革的意见》	按公益、功能、竞争三个类别对国有企业实行分类管理。根据不同国有企业的功能定位、地位作用、运营质量，确定合适的国有股权比例。探索公有制多种实现形式，推动国有企业整体上市或核心业务资产上市	从2014年起，全面启动新一轮深化国有企业改革工作，按照清理退出一批、重组整合一批和发展壮大一批的思路，分类推进国有企业改革，至2015年基本解决国有企业改革历史遗留问题
广西壮族自治区	《全面深化国资国企改革的意见》	引入非国有资本和股权投资基金参与国有企业改革和项目投资，鼓励非国有资本通过出资入股、收购股权、认购可转债、融资租赁等多种方式参与国有企业改制重组、参与国有控股上市公司增资扩股、参与国有企业项目投资	在2015年前，构筑全区统一的产权市场，推动国有资本产业集中度达到80%左右。2020年前广西壮族自治区本级各集团公司力争拥有1家以上上市公司

续表

区域	政策文件	关键内容	推进时间表
四川省	《关于深化国资国企改革促进发展的意见》	国有企业原则上分为功能性、竞争性两种类型，根据不同国有企业功能，确定合适的国有股权比例，二、三级国有企业原则上都实行股权多元化	用3年时间全面完成全省国有企业的公司制改造。到2020年，80%的国有资本集中在公共服务、战略性新兴产业等重点行业和关键领域
山东省	《关于深化省属国有企业改革完善国有资产管理体制的相关意见》	推动国有企业公司制股份制改革，推动省属国有企业改制上市，鼓励员工持股、股权激励，将具备条件的省属国有企业改建为国有资本投资运营公司。企业国有股权转让应进入公开产权市场进行，依法规范操作，确保国有资产不流失	到2020年，形成更加符合基本经济制度和市场经济规则要求的现代企业制度、国有资产管理体制和国有经济布局结构，国有经济的活力、控制力、影响力进一步增强
青海省	《关于深化国资国企改革的指导意见》	改组建立青海省国有资本运营公司、青海省国有资本投资公司，逐步构建起国资委—国有资本运营投资公司—国有实体企业（集团）三层国有资产监管体系	到2020年，80%以上的国有资本聚集到关系全省经济社会发展的基础设施、重要资源开发、公共服务、新兴产业等重点行业和关键领域
陕西省	《关于推进混合所有制经济发展的意见（试行）》，	以“六个一批”为抓手推进混合所有制经济加快发展，吸引各类社会资本培育一批混合所有制企业；推进改制上市做强一批混合所有制企业；实施“引进来、走出去”战略发展一批；加快整合重组步伐搞活一批；探索员工持股转化一批	至2014年底，陕西将完成省属国有企业分类改革，积极推进子公司层面建立混合所有制企业。到2017年，大多数陕西省属国有企业实现股权多元化，国有资产证券化率比2014年提升10%以上。到2020年，国有企业基本建成现代企业制度，混合所有制企业成为市场经济的主要微观主体，国有资产证券化率再提高10%以上

续表

区域	政策文件	关键内容	推进时间表
甘肃省	《关于进一步深化国资国企改革促进企业发展的意见》	按照竞争类、功能类、公共服务类实施分类监管，“六个一批”的发展路径（吸引各类社会资本培育一批、推进改制上市做强一批、实施“引进来、走出去”战略发展一批、加快整合重组步伐搞活一批、探索员工持股转化一批、着眼准入引导新增一批）	到2020年，混合所有制比重达到60%左右

资料来源：作者整理。

目前，全国已经有多个省市明确了混合所有制改革的具体时间和指标，例如，重庆市提出3—5年2/3的国企将发展成混合所有制；甘肃省提出到2020年国有经济中混合所有制比重达到60%左右；江西提出5年内混合所有制经济要占国资的70%；广东省提出到2017年，混合所有制户数比重超过70%；江西省在5年以内实现国有资本证券化率提高到60%。关于推进时间表的设定还是需要注重区域性、系统性、整体性和协同性，通过市场机制来推动，尽可能避免人为性设定，才能降低在可能存在的风险和成本。

3. 结合国有企业功能分类来确定股权比例

混合所有制经济是在社会经济形态中，不同的产权主体多元投资、互相渗透、互相贯通、互相融合而形成的新的产权配置结构和经济形式。[①]混合所有制是按照出资比例形成一个新的股权多元化或产权多元化公司，加上员工持股计划，实现让更多的利益相关者来推动企业发展。发展混合所有制问题的核心在于吸引社会资本进入国有经济的同时，注重保护中小股东的权益和规范大股东行为。为此，国有资本必须承担积极的主导角色，例如承担起战略发展指导和规划的决策，而不仅仅是消极的财务投资者。然而在推进混合所有制实践中所面临的现实重要问题是如何混合的问

① 常修泽：《社会主义市场经济体制的基础——混合所有制经济》，《光明日报》2014年7月2日。

题，这也一直是理论和实践中比较具有争议的焦点问题，其中的关键争议是国有资本的比例占多少，即什么样的股权结构能够有效支撑一个企业去实现未来的最好发展状态。[①] 在国有股权定性和比例确定上，注意防止出现国有优先股和“黄金股”等混合方法。在推动混合所有制层面，必须加大制度创新力度，尽快形成合理、合规的治理格局，避免暗箱操作，坚持进场交易、竞价交易、阳光操作，充分披露股东信息，发挥市场机制的作用，保护各方面投资者的利益。在国外的国有经济改革中也有设定股权比例的先例，例如在委内瑞拉的社会混合所有制企业中，国家持有股份一般约占51%，以确保企业为社会、职工服务的大方向；社区、职工持有的集体合作股份占49%，以保证民众、职工的充分参与。[②]

在目前的经济体制下，国资委作为国有资本出资人起主导作用，参加资本交叉混合的有国有、集体、非公资本等，从而形成多元化的资本形态。从各地的政策制定来看，还是更多地强调需要根据国有企业功能分类来明确股权比例，并将混合所有制企业比例、混合所有制企业中民营企业参股比例、国有资本证券化比例等作为混合所有制改革的量化考核指标，但是没有明确具体的比例限制数据。从目前的实践操作来看，中石化在推进混合所有制中，将油品销售30%的股份引入非国有资本；国家开发投资公司的国投创新投资管理公司股权结构是民营股东占52%、国有股东48%、国投控股股权比例40%；上海绿地在推动混合所有制的过程中，从一个纯粹的国有企业通过改制成为国有控股公司，随后引入战略投资者，使得国有股份逐渐稀释，如今的国有股权仅占43%，员工持股28%，其余属于其他社会资本持股。在浙江翼信科技有限公司中，中国电信控股73%，网易参股27%。虽然重要的企业可以由国家控股，但对“控股”要有全面的把握，未必是“绝对控股”（75%以上）或“优势控股”(51%以上)，采取“有效控股”（50%以下）等多种形式也是可供选择的制度安排。根据以上实践情况，可以看到在混合所有制中的股权比例需要根据不同国有企业的功能定位、地位作用、运营质量等多种指标来确定合适的国有股权比例，才能实现国有企业投资主体多元化和经营机制市场化。

① 余菁：《“混合所有制”的学术论争及其路径寻找》，《改革》2014年第11期。

② 杨斌：《委内瑞拉怎样进行混合所有制改革》，《决策探索》（下半月）2014年第10期。

二　国有经济战略性调整的指导思想

国有经济战略性调整的重要实现路径在于通过发展混合所有制促进经济发展，其中不仅涉及国有资产的有效优化配置，还包括进一步深化国有企业改革，同时还需要通过带动社会资本来获得经济效益。然而需要认识的是，通过发展混合所有制来推动国有经济战略性调整的工作不是一蹴而就的，而是一个循序渐进的过程，需要遵循“三分”——“分层指导、分类管理、分步推进”的指导思想来开展。

1. 分层指导

分层是指在发展混合所有制的国有经济战略性调整过程中需要做到以资本作为基础，综合考虑多种利益主体的实际特点，保护它们的合法权益，通过不同所有制之间的协同作用，让各种社会资本取长补短，相互促进，实现共同发展。从国有企业的角度来看，实行混合所有制是符合社会主义基本经济制度的要求，可以促进国有企业进一步深化改革，放大国有资本的功能，增强国有经济的活力、控制力、影响力，实现国有资产的保值增值。从民营企业的角度来看，则是拓宽民营资本的投资领域，放宽民营资本的准入门槛，鼓励民营资本以合适的方式参与国有企业的产权改革，为民营企业发展提供公平的市场竞争制度和法律环境，不仅可以提升民营企业的资本运作能力，而且也可以帮助民营企业在“建制”的过程中增强经营管理能力。从外资企业的角度来看，发展混合所有制放大了国外资本的进入渠道和规模，为外资企业进入国内资本市场提供了广阔的空间，同时还利用股权多元化促进了国有企业经营机制的转变和创新，为今后的国际化竞争奠定了基础。可以看到，不同层面的利益主体在发展混合所有制的过程中其利益点是存在较为显著的差别的，只有做到分层指导，针对不同的利益主体制定合适的政策来进行合适的引导，才能取得相应的效果。

2. 分类管理

国有经济战略性调整工作任务最终是落实在国有企业身上，并以国有企业通过股份制实现混合所有制来对外表现。然而不同类型的国有企业承担国有经济不同的功能定位，在推进国有经济调整过程中需要根据企业的功能和定位来进行合适分类，才能做出后续的“控股、参股还是全部退出”的关键选择。在新的历史时期发展混合所有制经济，一定是基于国有企业分类改革与治理来积极推进国有经济战略性重组。特别是针对不同类型的国有企业，其社会改革的空间和机制设计都会存在显著的差异。例如，涉及国家安全的少数国有企业和国有资本投资公司、国有资本运营公司，可以采用国有独资形式；涉及国民经济命脉的重要行业和关键领域的国有企业，可保持国有绝对控股；涉及支柱产业和高新技术产业等行业的重要国有企业，可保持国有相对控股；国有资本不需要控制并可以由社会资本控股的国有企业，可采取国有参股形式或者全部退出。[①] 黄群慧、余菁也提出，在推进混合所有制改革是，需先界定不同国有企业功能，建立不同法律法规，进而设计不同的混合所有制改革实施细则。[②] 因此，在发展所有制的过程中，需要根据国有企业的功能来设定类别，力争实现“一企一制、一企一法”，确保国有企业在执行特定功能的基础上来实现发展目标。

3. 分步推进

虽然在国家层面已经提出要积极发展混合所有制来推动国有经济战略性调整，但不可忽视的是，该项工作是一项系统的、复杂的、分阶段的。首先，需要为推动发展混合所有制提供法律保护的环境。关于产权保护的相关条例已经出现在一些法律文件中，但是从现有的法律体系看，还不能完全保证各种所有制经济同等受到法律保护，导致各种所有制还不能完全平等地使用生产要素，公开公平公正地参与市场竞争。其次，相关的政策文件、制度规章还需要继续完善，关于国有经济的结构调整、国资管理体制等方案还需要制定和完善，例如，国有企业发展混合所有制的覆盖范围，以及涉及民营企业、外资企业在特定领域的进入时间表等都需要进一步明确。最后，注意区分不同行业制定规范的标准和门槛，掌握好整个行业的“混合”程度，要做到统筹安排，系统推进、稳妥操作、强化公开透明和规范运作，扎实地推行股份制改造。因此，关于发展混合所有制的相关工作需要列出具体的时间表、明确具体的操作步骤。

三　“一轴两翼”的国有企业混合所有制改革实现路径

实施混合所有制与国有经济的功能定位直接相关，因此在促进混合所

① 黄淑和：《加快国企股权多元化改革》，《求是》2014 年第 3 期。

② 黄群慧、余菁：《新时期的新思路：国有企业分类改革与治理》，《中国工业经济》2013 年第 11 期。

有制发展时，需要首先明确国有企业的功能及其分类。[①] 国有企业发展混合所有制必须从实际出发，考虑行业属性、企业层级、业务类型等特点，例如涉及国家安全的少数国有企业必须是国有独资。基于此考虑，在国有企业混合所有制的改革过程中需要立足于“一轴两翼”——以分类管理为中心，兼顾分层指导和分步实施来开展。

1. 依据职能划分的国有企业分类

准确界定不同国有企业的功能是推进国有经济战略性调整和对国有企业实施分类改革治理的重要前提条件。根据功能定位来对国有企业进行分类，也是为了根据不同企业的具体特点来“分层、分布”发展混合所有制，例如哪些领域是可以对民营资本和国外资本进行开放；国有企业怎么退出现有的经营领域，何时退出，退到何种程度。关于国有企业职能分类的最早文件可以追溯到十五届四中全会的《决定》。《决定》指出：“国有经济要控制的行业和领域主要包括：涉及国家安全行业、自然垄断行业、重要公共产品和服务行业以及支柱产业和高新技术产业中的重要骨干企业。”虽然在十八大《决议》中并没有明确提出要对国企实行分类管理，但还是提出要准确界定不同国有企业的功能。

关于如何进行国有企业功能定位，目前社会上还是存在不同的意见。例如，邵宁认为，可以将国有大企业大体分为功能性和竞争性企业两类。其中功能性国有大企业包括基础设施和公共产品的供给，如供水、供电、供油、供气、公共交通等，以及重要资源的开发，关系国计民生的重要企业，如军工企业、大飞机等战略性产业。[②] 黄群慧、余菁通过对国资委系统的中央企业进行分析，提出应该划分三类国有企业：“公共政策性企业”、“特定功能性企业”和“一般商业性企业”。其中公共政策性企业主要是指处于自然垄断的行业、提供重要的公共产品和服务的行业的企业；特定功能性企业主要是指处于涉及国家安全的行业，支柱产业和高新技术产业的企业；一般商业性企业是除了上述两类企业以外所有的完全营利性企业。[③]

① 剧锦文：《积极发展混合所有制经济》，《经济日报》2014 年 5 月 22 日。

② 邵宁：《关于国企改革发展方向的思考》，《上海国资》2011 年第 18 期。

③ 黄群慧、余菁：《新时期的新思路：国有企业分类改革与治理》，《中国工业经济》2013 年第 11 期。

结合国家层面的方针和政策，我们选择公共政策性企业、特定功能性企业和一般商业性企业的分类方式。从国有经济战略性重组目标要求看，国有企业应该主要体现为公益性企业和功能性企业。其中，公共政策性企业是国家保证实现社会公众利益的一种手段和工具，其“国家使命”定位是弥补市场缺陷、以是否完成国家赋予的具体政策目标为核心考核指标的“公共政策”导向。特定功能性企业具有混合特征，承担一种特定的国家功能，而该功能的实现又要求以企业自身发展和经营活动盈利为基础，其特定功能包括“走出去”、促进经济发展方式转变、保证国家经济安全和主导经济命脉等。一般商业性企业是由于历史原因而遗留下来的企业，原则上不新设这类企业，从长期看国有股可以从这类企业逐步退出，从而保证国有资本集中到关系国家安全和国民经济命脉的重要行业和关键领域，增强国有经济活力、控制力、影响力。

2. 立足国有企业分类完善国有资产管理体制

在推动国有经济战略性调整中不可忽视的一个重要利益主体是承担出资人角色和监管者角色的国资委。发展混合所有制也需要由国家国资委根据国有企业职能来制定相应的规章制度，并加以分类指导。例如，公共政策性企业要积极主动退出那些竞争格局趋于成熟、战略重要性趋于下降的产业领域，集中发展公共服务和国家战略方面，更多地满足于社会公共福利，实现社会公共福利的最大化。一般商业性国有企业应完全由市场调节和约束，要大力引入民营资本，应大胆地推进实施混合所有制，可以考虑先通过国有企业战略性重组，向国有经济优势行业集中，做强做优，然后通过产权多元化改革向公众公司转变，实现国有资产证券化，通过资本市场和产权交易平台实现国有资本的合理流动。①

在发展混合所有制企业中，如何加强国有资产的产权保护，强化国有资产的保值增值，以及如何在改制改革中防止国有资产流失等问题，都是国资委在推行国有经济调整工作中需要关注的问题。在十八大《决议》中提出，需要完善国有资产管理体制，以管资本为主加强国有资产监管，改革国有资本授权经营体制。为此，还需要完善国有资产监管机构的设置和职能，以国有产权为主线，落实国有资产监督管理机构的各项法定职

① 黄群慧、白景坤：《国企改革和国有经济战略性调整综述》，载《中国经济学年鉴2012》，中国社会科学出版社2013年版。

能，保证国有资产管理的科学化和正当化。黄淑和也指出，国资委将采取七项措施来构建国有资产管理体制：一是明晰产权关系，二是搞好产权登记，三是完善公司章程，四是规范公司治理，五是强化资产评估，六是规范产权流转，七是加强资产监管。[①] 然而需要认识的是，由于国有企业功能作用、经营条件和法律规范不同，在深化国有企业改革、发展混合所有制的管理机制上也必然会存在差异。为此，国资委在对混合所有制企业内部的监管上，还是需要立足于"分层指导，分类管理和分布推行"，着力改革传统的管理体制，以管资本为主加强对国有资本的控制，大力推进国有财产的资本化，改革既有的国有资本授权经营体制。

3. 根据国有企业分类强化分层指导混合所有制改革

目前，多数国有企业仍处于股权单一的状况，其中 113 家中央企业中只有中国商飞、上海贝尔、中国联通等 8 家企业在母公司层面做到多元投资主体。混合所有制在更大范围实现和发展，包括合作形式、领域限制、国有股持股比例等都需要根据国有企业分类来决定不同层面利益主体的参与程度。例如，通过子公司或者是分公司与民营资本、外资资本进行合作，寻找结合点和切入点，这样才能实现真正的融合。国有资本要向有竞争力的优势行业集中，要采取增量投入和存量调整相结合的办法，加大对产业进入壁垒高、市场发展前景和国有经济必须保持控制力的基础性、支柱产业和高新技术产业的重组和投入力度，增强国家综合国力和整体竞争力。

发展成为混合所有制的国有企业，也存在国有绝对控股、国有相对控股、国有参股等多种混合形式，到底应当采取何种形式，必须具体问题具体分析。对于国有资本投资公司、国有资本运营公司而言，可以在母公司层面采取国有独资的形式，子公司层面采取混合所有制形式，则更有利于增加国有资本的控制力，提高投资运营的效率。涉及国家安全及重要基础性企业和国有资本投资公司、国有资本运营公司，可实行绝对控股或相对控股；涉及国民经济命脉的重要行业和关键领域的国有企业，可保持国有绝对控股；涉及国家战略性新兴产业、公共事业领域和重大基础设施产业、以增强国际竞争力为目标的竞争性企业，可实行绝对控股、相对控股或参股；涉及支柱产业和高新技术产业等行业的重要国有企业，可保持国有相对控股。此外，国有资本不需要控制并可以由社会资本控股的国有企

① 黄淑和：《加快国企股权多元化改革》，《求是》2014 年第 3 期。

业，可以采取国有参股形式或者全部退出。

4. 根据国有企业分类有序分步开展混合所有制改革

如今，国有经济结构布局的战略性调整已基本到位，现在需要进行的工作是推动“有进有退”的局部调整。张晓文、刘现伟认为，“十二五”期间国有经济的战略性调整，中央企业国有资本要向关系国家安全和国民经济命脉的重要行业和关键领域集中，进一步增强国有经济的控制力、影响力和带动力，发挥国有经济的主导作用。[①] 根据分类改革的方针，国有经济要实现其布局有进有退的调整，竞争性行业无疑是首先开展的。我国国有企业中，钢铁、汽车、建筑等一般竞争性行业占了较大比重，如果采用“一刀切”的退出方式，很容易对社会稳定和国民经济产生冲击。基于分布有序来实施混合所有制经济，既可以发展非公有制资本控股的混合所有制经济，也可以发展国有资本控股的混合所有制经济，除少数特殊领域外，将大部分国有企业发展成为混合所有制企业，从而有效避免因激进式改革可能带来的动荡因素。因此，在通过推进国有经济战略性调整的过程中，首先可以进行一般商业性企业的混合所有制改革，随后再推动“特定功能性企业”的混合所有制改革，努力实现边推动，边汲取经验和教训，边完善。

第五节　推动国有经济实现混合所有制的措施

发展混合所有制不仅可以扩大国有资本控制力和影响力，同时还能让民营企业、外资企业等主体通过合资合作建设新项目、组建新公司等形式来参与国有企业改革，并让个体劳动者以持股的方式享受国企发展和改革所带来的红利。混合所有制发展不只是简单的“1 + 1”，还可能是“1 + 1 + …”等多元化主体的混合产物，即不同的产权主体通过多元投资、互相渗透和融合所形成的新产权配置结构和经济形式。按照发展主体的不同，发展混合所有制经济可以有多种不同的路径，可以分为国有企业主导推行的混合所有制经济和非公有制企业主导推行的混合所有制经济。在实现形式上，不仅需要吸引非公有资本来参与国有资本搞混合，还需要推动

① 张晓文、刘现伟：《“十二五”国有资本管理体制改革的总体思路、重点及建议》，《中国经贸导刊》2010 年第 1 期。

国有资本融入非公有资本搞混合；在吸引非公有资本时，可以加大考虑社保基金、保险基金、产业基金等新兴形式的投资主体。具体而言，可以通过四种市场化方式来引入社会资本、发展混合所有制，即股票市场、产权市场、投资基金和资产证券化。

一　股票市场

股份制是混合所有制的主要实现形式之一，但是需要明确的是混合所有制不等于股份制。股份制是通过发起设立或募集设立的方式，募集不同投资者的资本设立公司，并通过公司章程明确投资者及公司运作架构，在公司成立后由公司对投资者支付股权，投资者以其所持股份参与公司经营，公司运作由公司经营集团具体操作的投资经营制度。股份制主要是通过借助要素市场、金融市场、资本市场等市场体系，在全社会的范围内来推动生产要素的流动配置、优化组合和结构调整，促进资本快速集聚来突破传统条件的限制以及所有制界限，使企业发展获得相应的资金支持，主要内容包括企业组织形式、企业产权关系和证券市场。股票市场也直接决定各种利益主体在企业内部的权力配置和权益分配，在企业内部的可以通过股票权益确定董事会席位，在企业外部的公开市场则可以通过“以脚投票”的形式来影响企业决策。

混合所有制企业的主要功能在于容纳不同的经济成分或产权主体共存于同一经济实体中，相互承认对方，承认其所有权关系，不同性质的经济成分在同一混合所有制企业这一实体里实现统一。但是，各自的经济性质并未发生改变，不同性质的经济成分对同一混合所有制企业具有明确的所有权，依法对企业享有相应的收益权。微观层面的混合所有制会作为一种资本组织形式，并会以价值形态表现的股份制形式作为基本的企业制度。企业内各自独立的产权主体之间也会依据一定的资产关系形成紧密程度不同的多层次结构。例如，不同出资主体所占股份的比例多少关系到其权利和义务比例的大小。在投资主体多元化的基础上对国有企业进行股份制改造是实现产权关系明晰化的一个有效途径。发展混合所有制经济的重点在于推进国有企业股份制改革，使股份制为混合所有制的主要实现形式，这也是对我国所有制改革的新的重大突破。在此过程中，国有资本与集体资本、非公有资本相互参股，实现了同股同权、完善了股权交易和流动，使得市场机制对社会资源配置的基础性作用充分发挥。

在具体的操作层面上，国有企业改制为混合所有制企业主要是以资本迅速集中为目的来促进市场中生产要素的优化配置，通过利用少量的国有资本带动社会资本，扩大国有资本的支配范围，加强国有经济的主导作用，从而实现资产的增值保值，并取得相应的社会经济效益。这样不仅充实了国有资本，而且还增强了国有资本的控制力和影响力。通过吸收非公有经济参股和入股为发展关键行业和新兴产业提供资金支持，不仅可以促进国有企业管理体制的改革、健全现代公司治理结构，同时也可以推动国有企业进一步走上市场化、国际化，为今后的有序发展奠定基础。混合所有制的合作形式存在三种模式：国有绝对控股、国有相对控股和国有参股。立足于国有企业来看，具体的合作形式需要结合考虑该国有企业或所在行业国家要不要控制，控制到什么程度，以及国有企业的战略发展需要来确定股权比例。例如，公共政策性企业不以营利为目标，但为了提高管理效率，在具体项目和环节上可探索引入竞争机制允许非国有资本参股公共政策性企业负责的一些公共服务项目。[①] 同样，对于民营企业而言，当民营企业发展到一定规模，且具备一定实力之后可以通过参股或参与项目合作等形式来参与国有企业改制重组，同时利用“建制”的契机来引进先进管理理念和人才机制，改善公司治理结构并建立现代企业制度。

二　产权市场

产权市场是一个相对较为广泛的概念，主要涉及以企业所有权、经营权的买卖或有偿让渡为内容的产权（特别是非证券化的资本）的公开拍卖和交易，其中所涉及的产权交易又是基于社会经济结构、产业结构、产品结构和企业治理结构的优化而新发展出来的一种由市场来进行社会资源再配置的形式。产权市场既是股票市场的基础，也是对股票市场的一个补充。例如在国有企业深化改革、推进股份制改制的过程中，产权市场为培育股票市场提供了重要的基础。同样，当现有的股票市场不能满足股份制经济发展要求时，大量的非上市股份制公司也需要通过产权市场作为融资平台和股份转让来吸收社会资本。产权市场既是国有产权流转的平台，也是非国有产权流转的平台，同时还是沟通国内资本和国外资本交易的平台。对国有产权而言，产权市场可以利用市场需求来削减冗余资产，同时

---

① 余菁：《“混合所有制”的学术论争及其路径寻找》，《改革》2014年第11期。

吸收社会资本进入新的市场机遇。对于非国有产权而言，产权市场可以为市场发展提供后备资源，并为过渡到初级资本市场奠定基础。

深入推进国有经济战略性调整的一项重要工作是通过市场机制来盘活国有资产，使其产生更多的收益。由于历史的原因，我国国有资产存量在部门、行业、地区以及企业组织等结构状态上严重失衡，导致社会资源配置很不合理，市场机制难以发挥。例如，一些国有企业由于重复建设、产能过剩等原因，资产和设备大量闲置或低效率运行，导致连年亏损。另外一些企业则出于扩大市场份额、提升企业整体竞争力等方面的考虑，又需要利用这些冗余资产来扩大企业规模，实现规模经济。产权市场的交易活动可以加快存量资产在市场中的自由流动，引导资源重组，实现资产由效益低下且竞争力弱的资产流向效益较好且竞争力较强的部门，进而促进社会资源在不同地区之间、不同行业之间、不同企业之间流动，以实现国有资产存量的结构优化。产权市场是国有资产交易和流动的一种有效市场机制，既是推动国有企业有偿转让、收购和兼并的重要媒介，也是国有资产的战略性重组和国有资产存量进退的重要载体。其中既可以是经营绩效好的国有企业重组、兼并经营绩效差的企业，也可以是企业通过出售、转让经营绩效较差的项目来实现资金回笼，为其他项目的开展提供现金流。为此，需要产权交易平台来打破存量资产的失衡状态，推动存量资产的结构优化和自由流动，以提高国有资产的运营效率。

发展混合所有制经济是实现国有经济战略性调整的重要措施和完善国有资本合理流动的有效机制。我国产权市场的发展也是伴随着国有企业改革和国有经济结构调整而逐渐成长的，并作为一种机制性创新得到了较快的发展。产权交易活动在帮助非上市股权流动、优化资源配置、促进资本市场发展等方面发挥了重要功能，同时，也为国有企业改革引入了新创新的发展理念和思维，促进了国有企业基于市场化的需求实现规范化改制，并为其提供制度保障。借助产权市场来发展混合所有制能为国有企业提供有效的资本流通渠道，推动国有资本更多地投向关系国家安全和国民经济命脉的重要行业和关键领域，同时推动国有资本与非公有制资本合作，充分发挥产权交易市场的功能，形成市场化、制度化、常态化的合作机制。此外，利用产权市场可以在世界范围内整合市场资源，促成资本市场的国际化，从而提升国内资本运营质量。例如，可以通过引入私募基金、风险投资资本、行业投资人等方式，使国际资本与中国非上市企业的产权资源相结合；也可以将境外企业的产权转让引入中国市场，使中国的国内资本与国际产权资源相结合。

2011 年，国资委颁布了《关于中央企业国有产权置换有关事项的通知》，提出以国有产权变动为核心，以中央企业及其全资、绝对控股企业为主线，重点对中央企业内部包括国有单位之间、国有单位与实际控制企业之间的产权置换事项进行了规范，同时还对中央企业之间、中央企业与地方之间，以及涉及上市公司的国有产权置换事项做出了原则规定，覆盖了中央企业国有产权置换的各种类型，形成了国务院国资委对国有产权置换事项较为完整统一的制度规范。这样就使得国有产权交易有了较为规范的制度顶层设计，让产权市场成为资本市场体系的重要组成部分和国有资产战略性调整的重要平台，从而加快了国有企业产权多元化，为推动混合所有制发展奠定了现实基础。近年来，我国也在通过大力组建和发展企业产权交易市场来加速国有资产重组和国有资本结构的优化，并先后建有多个大型产权交易所。例如，提供“全要素综合服务”的北京产权交易所，不仅可以为中央企业提供发展中所需要的全部要素服务，而且还能为中央企业产权形成、运营、流转的全链条提供服务。在实践操作中，产权交易也取得了一些现实成绩：2013 年，广西国资委推进国有资产进入产权交易平台进行交易，共挂牌成交项目 68 宗，成交金额 11.04 亿元，交易增值 4.06 亿元，增值率达 58.17%；2013 年，杭州市通过产权市场进行的国有产权转让和重大资产处置项目共 29 个，其中企业国有产权转让项目 17 个、重大资产处置项目 12 个；2014 年，江苏无锡国有企业通过产权交易市场对外公开挂牌转让国有产权 33 宗，成交金额 20.17 亿元，国有资产平均增值率为 45.1%。

三　投资基金

投资基金是一种对未上市企业进行股权投资和提供经营管理服务的利益共享、风险共担的集合投资制度，即通过向多数投资者发行基金份额设立基金公司，由基金公司自任基金管理人或另行委托基金管理人管理基金资产，委托基金托管人托管基金资产，从事创业投资、企业重组投资和基础设施投资等实业投资。虽然国家还没有出台针对产业投资基金的文件，更没有针对国有企业产业投资基金的政策，但在一些文件中有鼓励产业投资基金发展的表述。例如，在《国民经济和社会发展“十二五”规划纲要》中明确提出，“设立战略性新兴产业发展专项资金和产业投资基金”；同样，在《国家“十二五”时期文化改革发展规划纲要》中也提出“发挥文化产业投资基金的引导作用”；此外，在《国务院、中央军委关于建立和完善军民结合寓军于民武器装备科研生产体系的若干意见》中提出“探索建立国防科技工业、军民结合产业投资基金，推动社会资本参与武器装备科研生产和建设”。因此，国有企业需要充分利用好投资基金融资功能，筹集、组合更多社会资本支撑和保障国有经济的后续改革和发展。

国有企业按具体业务性质则可以划分为两种类型：一种是产业公司，一种是投资公司。前者是以中国石油、中国铝业、中国移动等为典型代表，后者是以国新公司、国家开发投资公司等为典型代表。目前，很多国有企业在内部都设立了专门的投资事业部或相应的机构来实现投资功能，例如中广核成立的新能源产业投资基金、中国通用技术成立的环境产业基金、中国航空工业集团成立的航空产业基金以及中国航天科技集团公司成立的航天产业基金（见表 10－2）。从投资方向上看，这些产业基金主要投资于关系国计民生和国家安全的领域，比如航空、航天、环境、水务等。相比较而言，我国第一家大型人民币产业投资基金渤海产业投资基金，总规模达到 200 亿元（首期募集 60.8 亿元），投资的行业覆盖面更宽。

表 10－2　　国有企业发展投资基金的实例

中央企业	投资基金名称	基金规模	投资领域
中国广东核电集团	新能源产业投资基金	70 亿元（首期）	主要投资于核电等清洁能源及相关产业项目
中国通用技术（集团）控股有限责任公司	环境产业基金	20 亿元（首期）	主要投资于水务、固废处理、可再生能源和节能减排等
中国节能环保集团公司	水务产业投资基金	—	主要投资于水务、环保和其他基础设施领域
中国航空工业集团公司	航空产业基金	10 亿元（首期）	主要投资于航空制造类及前后端领域
中国航天科技集团公司	航天产业基金	30 亿元（首期）	主要投资于航天行业及其技术领域

资料来源：作者搜集整理。

发展混合所有制的实现形式之一是发展投资基金，投资基金对国有企业发展混合所有制具有很重要的渠道作用：首先，投资基金可以以股权融资的方式提供资本支持。在常规的经营活动中，政府资金的注入往往难以产生好的效果，但是通过市场资金注入则可以逐渐采用市场化经营机制来主导经营活动。其次，投资基金作为财务投资者进入可以改善现有企业的股权结构。同时，投资并购又与其他的合资不同，因为它们之间没有关联交易，也没有业务冲突，不会改变公司的独立性。最后，投资基金可以以资本实力和市场化运作的方式，支持政府倡导的战略性产业，推动产业结构调整和升级。国有企业成立投资基金是企业逐渐实现市场化经营的一种表现，即通过产业基金或者私募投资这种理财形式，可以成为政府实现国家产业战略的一个操作性手段和载体。从国内最近的实践情况看，国有企业依托资本市场发展混合所有制的重要途径之一是设立股权投资基金，参与改革和吸收包括基金在内的多种社会资本组团参与改革等其他途径。江苏省在省属国资国企“深化改革实施细则”中提出了“组建混合所有制基金”的思路，重庆市也提出建立一批国资委直接控制的产业投资母基金，母基金不直接投到产业中去，而按一定比例和各种社会资本的私募基金混合成立子基金。同样，在国家开发投资公司的运作中，先后成立了5支私募股权投资基金，包括国投创新基金、国投协力基金、国投陕煤基金、国投协力发展基金、国投粤风城市基础设施基金等，规模达到128亿元，参与了众多其他国有企业的混合所有制改革。

投资基金具体的运作模式包括战略投资和财务投资，两种投资模式各具有优劣势（见表10－3）。总体来看，相比战略投资，财务投资风险更高。考虑到我国国有企业目前的人才、技术和制度环境，财务投资可能并不是性价比最高的投资方式。从投资对象选择来看，财务投资强调资本运营，是以虚拟经济为主，高端人才的技术创新其虚拟成分会相对较高一些；而战略投资是强调生产运营，是以事业作为活动基础，能获得资源类资产以及具有相当技术、渠道、市场规模的实业类公司，则能将投资决策进一步落在实处。因此，对于战略投资和财务投资还需要结合具体的投资项目来决定。从未来的发展趋势来看，产融结合是国有企业的一种成长选择，可以利用资产经营和资本机构的平衡来进一步化解可能存在的风险。

表 10－3　投资基金运作模式比较

项目	战略投资	财务投资
特点	具备较强的实业背景，有利于业务拓展；关注长期战略协同价值，通常积极参与公司管理，投入资金稳定	有专业的投资管理技术和丰富的资本运作经验；较少参与公司管理；更关注流动性，购买公司股权是为了在中、短期获得溢价退出
收益方式	主要来自分红	主要来自资本增值
投资周期	长	中短
控股要求	控股或参股	参股
退出机制	大宗转让，对象为其他战略投资者与投资机构	主要借助资本市场

四　资产证券化

资产证券化是以特定资产组合或特定现金流为支持，发行可交易证券的一种资本运作方式。资产证券化是国有企业实现混合所有制的主要方式之一，在推动混合所有制经济发展的过程中，可以通过吸引社会资本对公司进行股份制改造，然后公开发行股票上市，进而规范公司原来不规范的运作和管理，完善公司的治理结构。同时，根据公司上市的规模和方式，又可以细分为整体改制、分拆改制、分立改制以及联合改制等。随着国企改革进程的加速，在众多国企加快资产证券化的大环境下，各地在国企深化改革方案设计中也均强调要提高国企资产证券化率，并将依托资本市场、实现国有资产证券化作为发展混合所有制的重要途径，多数省市设定的时间路线图提出2020年目标超过50%（见表10－1）。其具体的企业实践中，中船重工集团已正式出台全面深化改革指导意见，集团公司将定位为国有资本投资公司，集团上市平台中国重工则定位为军工行业上市旗舰。在此战略引导下，中船重工集团积极吸引各种所有制资本通过出资入股、收购股权、股权交换、融资租赁等多种形式参与以中国重工为主的资本运作，推进优质资产重组，加快科研院所和军工资产进一步证券化，适时注入上市公司，推进优质资产并购重组和打造金融板块。

通过资产证券化，可以利用国内外多层次资本市场，推动国有企业整体上市或核心业务资产上市，使上市公司成为国有企业的重要组织形态。同时，充分发挥国有控股上市公司资源整合平台作用，积极引进民间资本和社会资本，不断增强国有企业活力。在此过程中，国有企业会按照规范化运作的要求，合理设置股本规模和股权比例，建立真实、准确、完整、及时披露相关信息的制度体系，以及现代企业制度体系，从而不断提高企业的整体素质和核心竞争力。已有上市公司的集团需要充分利用上市公司平台，整合集团内外部优质资产，通过增发配股、资产置换、收购等方式注入上市公司，实现核心业务资产整体上市，打造发展前景好、资产质量优、盈利水平高的上市公司，使上市公司成为国有企业的重要组织形态之一。而对暂时不具备上市条件的国有企业，则可以考虑继续引进各类投资者，制定资产证券化行动路线，为核心业务资产或整体上市创造基础条件。

然而资产证券化在实际运作中依然面临着两个难题，一是我国市场经济体制还不够成熟和不够发达，国有企业受行政性因素制约较大，如何对国有产权进行合理与公平的定价，成为困扰国有企业发展混合所有制的难点问题①；二是国有企业的资产规模一般都比较庞大，在引入社会资本来实现交叉融合的过程中，虽然可能资本数额较大，但是在总量的比例上依然较小，国有企业依然是占据绝对控股的比例，这也导致在资产证券化之后一般都是套现离场，而不能帮助有效解决国有企业一些既存的体制、机制问题。这也就回到了最初在深化国有企业改革推动混合所有制经济需要回答的核心问题，即赋予经济运作的合法性和根据国有企业功能来确定比例，并根据政府引导和市场定价来规范国有企业的股权运作，使国有资产在有序流转中实现保值增值，同时确保国有产权定价及交易活动过程符合透明度要求和公允性原则。

① 余菁：《“混合所有制”的学术论争及其路径寻找》，《改革》2014 年第 11 期。

第十一章　员工持股制度研究

员工持股计划（Employee Stock Option Plan，ESOP）最早起源于美国，其作为一种制度，带有多重目标和内涵。我国国有企业的员工持股制度实践，始于20世纪80年代中期启动的公司制股份制改革。30多年来，我国的员工持股实践一直处于“摸着石头过河”的阶段。期间，有成功的经验，也有失败的教训；经历过大力推广，也数度被紧急叫停。从当前我国国有企业的实践来看，员工持股制度的应有潜力还没有得到充分的发掘与释放。

2013年召开的十八届三中全会明确提出“允许混合所有制经济实行企业员工持股，形成资本所有者和劳动者利益共同体”。由此，员工持股制度作为推进混合所有制改革的一个重要手段，再次被搬上了深化国有企业改革的历史舞台。在新一轮深化国有企业改革的大背景下，如何尽快建立适合我国国情的员工持股制度体系，是一项具有重大现实意义的研究课题。

笔者认为，员工持股制度需要一定的基础和条件，并不是所有的企业都适用，即使是同一个企业，也不是在所有的发展阶段都适用。如何体现不同类型国有企业的差异性和特殊性，分类推进员工持股制度，应作为下一步深化国资国企改革的重要内容。因此，本章将着重讨论这一问题。

第一节　员工持股制度内涵

从制度分析的视角来看，员工持股是能够影响公司和员工行为选择的一项制度安排。对于员工持股制度，国外理论界有多种解释。从世界各国的理论和实践发展经验来看，员工持股具有丰富多样的制度内涵，主要包括三个方面：一是作为一种员工激励制度，员工持股制度是利润分享制度的一种形式，是促使企业与员工共同成长的制度安排；二是作为一种公司治理制度，员工持股制度是员工参与治理、实现权力制衡的一种制度安排；三是作为一种社会治理制度，是协调企业与利益相关者之间的关系、利用社会反馈机制促使企业采取更负责任行为的一种制度安排。

一　作为一种员工激励制度

将员工持股视为一种激励制度的观点，最早可以追溯到美国的双因素理论。美国政治经济学家、投资银行家、律师凯尔索（LouisO. Kelso）最早提出双因素理论（Two - factor Theory）。1967 年，凯尔索在与 Patricia Hetter 合著的《双因素理论：现实的经济学》中指出，财富是由资本与劳动这两种关键性生产要素创造的。工业化进程会使资本要素对生产的贡献越来越大于劳动，在这种情况下，如果劳动者只能靠自身的劳动来分享收入，那么，资本所有者必然会处于越来越占优的分配地位。扭转这种社会不公平的局面，需要推行一种经济政策，使劳动者除劳动收入外，还可以有作为资本所有者的收入。凯尔索主张创设一种制度安排，使没有多少储蓄的劳动者也可以购买他们为之工作的公司的股权，并运用公司未来的分红收益来兑现其支付义务。

美国经济学家魏茨曼（Martin L. Weitzman）的分享经济理论（The share economy）很好地集成了这一观点。20 世纪 80 年代，在研究滞胀与失业等宏观经济政策问题时，魏茨曼将分析视角放到了微观层面的企业员工报酬制度上①，他认为，解决现代资本主义的内在矛盾和修复其结构性缺陷的最终解决方案在于个体企业层面的工资制度。魏茨曼指出，实行与固定工资制度相区别的利润分享工资制度，使普通劳动者通过分享利润来分享大企业、整个经济体系的增长收益，才有可能实现充分就业条件下的价格均衡。在 1984 年出版的专著中，魏茨曼系统论述了分享经济理论。后来的分享经济理论，不仅指公司所有权的分享，还包括员工对公司管理与治理的参与和分享。

国内外众多企业实践的经验表明，推行员工持股制度的最重要意义，

---

①　魏茨曼对分享经济理论的研究发生在他任职于麻省理工大学期间；1989 年，他转入哈佛大学，研究方向转向其他领域。90 年代初，他曾经准确地预言了苏联“将在半年内”瓦解。

主要在于它能够通过提高员工的积极性而带来企业未来的、可持续的价值增值收益，从而对企业中长期发展起到稳定作用。一个企业是否实行员工持股制度，关键取决于这一制度手段能否适应发展生产力的客观要求以及是否有助于激发企业的活力和员工的创造力。如果一个企业在发展中确实需要给予员工较多激励，即提高对员工的激励水平有助于显著增强该企业活力，那么此时，企业就可以考虑实行员工持股制度。

二　作为一种公司治理机制

20 世纪 80 年代，美国学者艾勒曼（David Ellerman）提出了“民主公司制”理论，国内有学者引述他的思想观点。艾勒曼是现代劳动产权理论①的代表人物，也是美国员工持股计划的推动者之一。艾勒曼对英国的共同所有权经济组织、西班牙的蒙德拉贡合作社（Mondragon）、美国的员工持股计划以及德日的员工参与模式进行了比较研究，他认为，所有权和人的权利（员工民主自治），分别是资本主义和社会主义企业的核心特征，民主公司作为一种新的经济组织形式，它既要有劳动者所有权，又要有员工的民主自治管理，二者不可偏废其一。

在中国，最有代表性的是著名经济学家蒋一苇提出的“经济民主论”和“职工主体论”。他指出，企业经济民主在企业内部的核心问题是企业与员工的关系问题。他认为，员工在企业中是否居于主体地位，这是区分社会主义企业和资本主义企业的分界线。为此，他提出了“产权制度的民主化”的观点，主张在微观经济中，努力实现企业员工与生产资料的直接结合，使职工真正成为企业的主人，促进员工对企业财产和企业积累的关心。

在实践中，公司治理问题主要表现为代理问题、剥夺问题和激励问题。代理问题需要解决职业经理人和股东利益不一致的问题；剥夺问题主要体现在控股大股东对中小股东利益的侵占方面；激励问题需要解决股权结构、利益分配机制与公司发展动力的匹配性问题。

员工持股可以通过各种机制改善公司治理水平：一是通过利益分享机制在一定程度上解决代理问题。通过赋予职业经理人相应的股份以及相应

---

① 国内学者迟福林的“劳动力产权”和周其仁的“人力资本产权”两种观点大体上也可以归入现代劳动产权理论的范畴。

的收益索取权，能够将经理人"内部化"，使之与股东尤其是大股东的利益趋于一致，这能在很大程度上杜绝由于经理人的短期化行为及由此带来的对控股股东利益的背离。二是通过权力制衡机制缓解上市公司剥夺问题。通过实施广泛的员工持股计划，代表广大中小股东利益的投票机制、监督机制有可能从根本上建立起来，并发挥实质性的作用。三是通过动态调整机制解决激励相容问题。员工持股作为一种治理手段，需要随着企业发展的不同阶段而进行动态调整，只有当员工持股能够激励员工与公司目标相向而行时，此时的员工持股制度才是一种好的制度安排，能够较好地解决激励相容问题。

三　作为一种社会治理机制

资产专用性理论和利益相关者理论为我们认识员工持股制度提供了一个新的视角。像马歇尔（Alfred Marshall）这样的古典经济学大师早就意识到人力资本这一生产要素对经济增长的特殊贡献。新制度经济学学者将人力资本产权看作一种特殊的所有权安排。20 世纪 70 年代中期，威廉姆森（Oliver E. Williamson）在探讨不完全契约问题时，建构了资产专用性理论——人力资产，威廉姆森将其视为多种资产专用性中的一种。这种观点强调了企业与员工是紧密联系的利益共同体。根据该理论假说，作为人力资本产权的所有者，员工理所应当和股东一道，分享企业的剩余控制权和剩余索取权。

威廉姆森的治理机制研究，将除股东之外的、广泛的其他利益相关者纳入了公司治理的研究视野，推动了利益相关者理论的兴起。20 世纪八九十年代，是利益相关者理论的成形期。这一新兴理论，对以资本要素为中心的、传统的股东至上主义的公司治理体制构成了挑战。有学者将参与公司治理机制的各方利益相关者作为研究对象，对他们进行分类。员工，通常被视为企业的直接利益相关者，他们与企业的利益相关程度往往仅次于股东（债权人）和管理者。因此，利益相关者理论主张，员工作为重要的利益相关者，也应该参与企业治理并分享企业的剩余权益。

基于以上理论，一方面，员工是企业最重要的利益相关者，并且由于资产专用性的原因，是与企业的利益绑定在一起的，理应分享企业收益；另一方面，员工持股制度能够通过价值信号传递机制帮助企业吸引外部投资者、改善利益相关者关系。对于潜在的投资者而言，实施员工持股计划的企业往往具有更加均衡、稳健而透明的治理结构和运营模式，在此环境下，资本能够得到更加有效的利用，资本收益相应地更有保障。而对于客户、债权人、担保方以及潜在的合作者来说，员工持股所带来的更加均衡的股权结构、更加有效的内部权力制衡和监督以及更加勤勉的员工工作，符合他们追求的价值目标。因而，设计得当的员工持股制度能够释放积极的价值信号，从而有利于吸引外部投资者，优化客户关系，减少与利益相关者之间的交易成本。对于上市公司而言，员工持股则有利于发挥股票市场的价值发现功能，吸引机构投资者和广大社会公众买入并长期持有该公司股票，从而优化股权结构，进一步稳定市场预期。

党的十八届三中全会以后，中国经济体制改革进入一个新时期，新一轮国有企业改革正在推进。在新时期，国有企业改革的一项重要任务是要积极发展混合所有制。结合前文对员工持股制度内涵的剖析，笔者认为，新时期有望成为员工持股制度快速发展的新机遇期。从中国企业改革发展的实践看，中国企业的员工持股实践是在国有企业产权改革与经济社会转型的大背景下推行的，不仅需要发挥员工持股对改善员工福利的激励性效应，还必须强调员工持股制度的产权改革作用——从单一的国有体制向混合所有经济体制转型，同时也是促使国有企业更加关注社会影响、规范自身行为的重要力量。这表明，我国的员工持股制度兼具了三种制度内涵，对我国新一轮国资国企改革的意义不言而喻。

第二节　我国员工持股的发展历程

员工持股在中国有深厚的历史渊源，实际上，早在清朝时期，山西晋商采取的票号身股制，就可以视为员工持股制度的雏形。[①] 但是，真正意义上的现代员工持股制度在中国的发展始于20世纪80年代初期，是伴随着我国国有企业股份制改革以及计划经济向市场经济转轨过程逐步发展起来的。在30年的时间里，我国企业员工持股制度经历了多次反复，相应的企业实践也出现了较大波动。概括来讲，主要经历了以下五个发展阶段。

① 梁慧瑜：《企业员工持股法律问题研究》，法律出版社2012年版。

一　以股份制改造启动的初步探索阶段（1984—1991）

20 世纪 80 年代初，商品经济在中国逐渐兴起，为适应这种发展趋势的需要，我国政府开始允许企业进行内部员工股份制试点，作为筹措资金和搞活企业的改革手段。1984 年，国家体改委在《城市经济体制改革试点工作座谈会纪要》中指出："职工工资实行多种形式，全额浮动，上不封顶，下不保底。允许职工投资入股，年终分红。"

员工持股制度一经提出，便得到了各地企业的积极回应，由此开启了国有企业股份制改革的探索。1984 年 7 月，北京天桥百货股份有限公司成立，作为我国第一家股份制企业，首次设立了个人股，开启了我国企业员工持股的实践历程。

1987 年 11 月，中央在中国共产党第十三次全国代表大会上的报告中指出："改革中出现的股份制形式，包括国家控股和部门、地区、企业间参股以及个人入股，是社会主义企业财产的一种组织方式，可以继续试行。一些小型全民所有制企业的产权，可以有偿转让给集体或个人。"这对我国的股份制改革做出了肯定的评价，从而带动全国各地出现了大量的股份制改革试点企业。当时，全国 3200 家各类股份制试点企业，有 86% 的企业都实行了员工持股，员工个人持股金额近 3 亿元，占总股本的 20% 左右。[①]

二　以大规模试点带动的全面推广阶段（1992—1994）

1992 年，国家体改委、财政部、国务院等联合发布了《股份制企业试点办法》，国家体改委还发布了《股份有限公司规范意见》。这两份文件都对公司内部职工持股作出了规定，包括职工股占公司股份总额不能超过 20%，以及在公司配售三年内不得转让等。这两份部门规章也是关于内部职工股最早的国家规定。

在制度的推动下，全国各地开始纷纷扩大了试点范围，职工持股获得大规模发展，出现了一次全面推广的高潮。截至 1993 年底，全国共有股份制企业 11489 家，其中股份有限公司 3210 家，占股份制企业总数的

① 国务院体改委办公室：《中国经济体制改革年鉴 1992》，中国财政经济出版社 1992 年版，第 792 页。

27.9%，占股份制企业股本总额的 83.6% 以上，约有 1/3 的股份有限公司是 1993 年成立的。①

随着股份制试点的逐步深入进行，内部职工持股的问题也逐渐呈现，如发行内部职工股超比例、超范围，出现一部分关系股和权力股，等等。1993 年 4 月，国务院发文制止了发行内部职工股中的不规范做法，我国企业的职工持股实践热潮有所减退。

三　以各地方政府推动的规范发展阶段（1995—1998）

1994 年 7 月开始实施的《公司法》，使国有企业的股份制改革试点有了新的法律依据。这一时期，中央政府层面没有对内部职工持股的专门规定，各地方纷纷结合本地区经济社会发展和国有企业股份制改革实践作出了相应的规定，为规范我国职工持股实践提供了良好的指导。

深圳作为全国改革开放的“排头兵”和“试验场”，在 1994 年发布了《关于内部员工持股制度的若干规定（试行）》，随后用 3 年时间，完成了 57 家企业的内部员工持股试点，另有正在进行改制的企业 110 家，总体取得了较好的改革效果。② 其中，“金地模式”的成功，引起了社会上的普遍关注。1997 年 9 月，在前期试点工作基础上，深圳又发布了《深圳市国有企业内部员工持股试点暂行规定》，全面推行员工持股制度。1998 年 5 月，国家工商管理局明确了职工持股会或工会代持职工股份的合法地位。由此，企业职工持股开始由直接持股为主向代持方式为主转变，这是我国借鉴国际经验的一次非常有益的实践探索。

但是，由于股份公司公开发行股票时，职工股不经过摇号中签过程，这种认购特权违背了“三公”原则。与此同时，由于我国资本市场的一级市场和二级市场往往存在巨大的价差，导致股票上市后职工大量抛售而牟利的现象，对股票二级市场造成一定的冲击。考虑到这些问题，1998 年 11 月，证监会颁布了《关于停止发行公司职工股的通知》。至此，我国企业员工持股实践再次陷入僵局。

---

① 邹海峰：《中国职工持股制度研究》，中国经济出版社 2011 年版，第 14 页。

② 深圳市劳动局：《深圳市内部员工持股制度聚焦》，载《创业者》1998 年第 7 期，第 12—13 页。

四　以股权激励为核心的重点突破阶段（1999—2004）

1999 年 9 月，党的十五届四中全会通过了《中共中央关于国有企业改革和发展若干重大问题的决定》，其中明确提出："企业内部实行按劳分配原则，适当拉开差距，允许和鼓励资本、技术等生产要素参与收益分配。"这为我国企业员工持股实践奠定了重要基础，为其进一步发展创造了良好的环境。

2002 年 12 月，《上市公司收购管理办法》开始实施，这为上市公司管理层收购（MBO）提供了法律依据。一时之间，实施管理层收购的国有企业数量迅速增长，出现了一轮管理层收购的高潮。但是，由于缺少必要的制度约束和有效监管，很快，企业实践中就出现了失控局面。社会各界对此提出了质疑和担忧，认为缺乏规范的大范围管理层收购行为，不仅造成了大量的国有资产流失，还扰乱了资本市场的正常秩序。

面对各种压力，2003 年 3 月，财政部紧急叫停了上市公司和非上市公司的 MBO。此后，国资委和证监会也相继出台文件，包括《关于规范国有企业改制工作的意见》和《关于规范上市公司实际控制权转移行为有关问题的通知》等，特别对管理层收购行为提出了更严格的政策约束。

五　以体系构建为重点的深化提升阶段（2005 年至今）

针对国有企业管理层收购热潮中暴露出来的各种问题，自 2005 年以来，中国出台了一系列政策文件，要求进一步优化员工持股制度，规范企业实践。例如，2005 年 4 月发布的《企业国有产权向管理层转让暂行规定》，提出了"大型国有及国有控股企业的国有产权不得向管理层转让"等五种 MBO 的限制情况。2005 年底，证监会发布《上市公司股权激励管理办法》，进一步明确了股权激励对象的范围、股份来源等相关规定。国资委和财政部分别于 2006 年 1 月和 9 月联合颁布了《国有控股上市公司（境外）实施股权激励试行办法》和《国有控股上市公司（境内）实施股权激励试行办法》。2008 年 10 月，国资委和财政部联合颁布《关于规范国有控股上市公司实施股权激励制度相关问题的通知》。这些制度的密集出台，造成了员工持股实践的迅速"降温"，政策制定部门开始思考，如何构建一个更加完善的员工持股制度体系。

2008 年 9 月，国资委发布了《关于规范国有企业职工持股、投资的意见》，目的在于进一步规范国有企业改制过程中的员工持股行为。2012 年 8 月，证监会发布《上市公司员工持股计划管理暂行办法（征求意见稿）》，旨在对上市公司员工持股进行规范。2014 年 6 月，证监会颁布了《上市公司实施员工持股计划试点指导意见》，对上市公司实施员工持股给出了更为全面、具体的指导。

以 2008 年作为新一轮探索的起点，我国企业员工持股制度将步入深化提升阶段，政府的核心任务在于，从整体性、系统性的高度，研究制定全国统一的制度规范，并细化完善具体的实施方案和监管措施。随着顶层制度设计和详细政策措施的陆续推出，我国企业员工持股制度必然会迎来一次重要的发展契机。

第三节　我国员工持股现状与问题

2013 年党的十八届三中全会召开以来，我国企业的员工持股实践又掀起了一次热潮。这一次与以往不同的是，尽管民营企业和上市公司还是最踊跃的实施主体，但是，在新一轮深化国有企业改革的背景下，我国国有企业逐渐从禁止、清退员工持股，转向鼓励、重启员工持股，这已经成为国有企业发展混合所有制的重要途径之一。与此同时，我国企业员工持股在资金来源、信息披露等方面，也取得了一些新的进展。

一　我国企业员工持股发展现状

从我国企业开展员工持股的最新情况来看，实施主体的范围在不断扩大，激励对象仍然以公司高管层为主，资金来源除自有资金外，开始尝试杠杆方式进行社会融资，持股比例有明显的上限，持有期限也有所延长。中国资本市场乃至全球资本市场的波动，对员工持股实践造成了很大的影响。

1. 实施主体

目前，上市公司是我国员工持股制度的最主要实践群体。由于中国证监会和证券交易所先后出台了很多文件，上市公司员工持股实践的规范性不断提升。在非上市企业中，中小民营企业仍然是最积极的实践群体。在国有企业中，多个地方政府出台的国有企业改革方案中，都把员工持股作为一项重要的改革内容，也是实现混合所有制改革的重要方式之一。因此，地方国有企业对于实施员工持股的积极性相对较高。而中央企业由于受到各种因素的限制，在短期内仍然较难突破。随着深化国有企业改革的推进，已经有个别中央企业开始在二级、三级公司层面尝试实施员工持股制度。今后，应当结合混合所有制改革的要求，加快研究和推进中央企业可竞争领域的员工持股实践。

2. 激励对象

从目前上市公司披露的信息来看，员工持股计划最主要的激励对象仍然锁定在公司的高层管理者群体。当然，也有少数企业进一步扩大员工持股覆盖范围，使基层员工也能够分享公司的成长收益。在笔者实地调研的中小民营企业中，有些员工持股几乎覆盖了每一位员工，甚至连清洁工阿姨也可以持有少量股份，对激发员工的积极性发挥了明显的效用。但是，这种普遍持股的形式还没有成为一种主流的模式。而针对高管层的员工持股，一般采取股票期权的形式，以期达到留住人才的目的。

3. 资金来源

企业的员工持股计划能否合理、有效实施，资金来源是一个关键的因素。从我国企业的实践来看，主要有五种形式的资金来源，一是员工单独出资；二是上市公司按照一定条件全额提取激励基金；三是上市公司提取部分激励基金，员工以一定薪酬参与到员工持股方案中来；四是控股股东资助员工持股；五是员工采取一定杠杆的方式进行社会融资。

目前，我国员工持股仍然以员工自有资金为主，这与国际上大部分发达国家的模式存在差异（如表 11 - 1 所示）。但是，伴随着我国资本市场的不断发展，开始有一些企业使用杠杆的形式，实施员工持股计划。一种形式是借用各类资产管理计划设立优先级，然后进行认购的做法；另一种形式是控股股东以持有的公司股票向金融机构申请质押融资取得资金，作为实施员工持股计划的配套资金。其他还有员工持股计划引入证券公司股票收益权互换等多种创新的“杠杆”模式。这些形式或多或少还存在一些问题，还在不断尝试和改进当中。

表 11－1　　国外员工持股制度实践比较

国家和地区	制度动因	具体类型	覆盖范围	资金来源	行权机构	税收优惠
美国	员工福利 税收优惠	杠杆型 非杠杆型	全体员工， 包括管理层	公司	信托机构	有
西欧	股权激励 职工参与管理	杠杆型 非杠杆型	全体员工， 包括管理层	公司 个人工资 储蓄	信托机构	有
日本	财富积累和利益分配 稳定股东与员工队伍 提高员工参与度	非杠杆型	一般员工， 排斥管理层	个人工资 储蓄 公司补贴	职工持股会	无
俄罗斯	企业私有化改革	—	以管理层为主	定额分配 个人购买	管理层	无

资料来源：黄群慧等：《新时期我国员工持股制度研究》，《中国工业经济》2014 年第 7 期，第 9 页。

4. 持股比例

中国证监会对上市公司员工持股比例作出了明确规定，遗憾的是未能区分企业的类别，采取不同的持股比例限制，不利于一些初创期的创新型企业发展。2015 年 7 月，中国保监会发布《关于保险机构开展员工持股计划有关事项的通知》，对于创新型企业给予了更大的持股比例空间。《通知》规定，员工持股计划所持有的全部有效股份或出资累计不得超过公司股本或注册资本总额的 10%，且不得成为公司最大股权持有者，不得改变公司控制权，单个员工所获股份或出资累计不得超过公司股本或注册资本总额的 1%。而保险资产管理公司及专业互联网保险公司等创新型机构员工持股计划所持有的全部有效股份或出资，累计不得超过公司股本或注册资本总额的 25%，单个员工所获股份或出资累计不得超过公司股本或注册资本总额的 5%。这将有效促进创新型企业的快速发展。

5. 持有期限

与国际上主要发达国家相比，我国员工持股制度要求的规定期限仍然较短，没有充分体现员工持股是一种中长期激励制度的本质特征。同时，在我国资本市场还不够成熟的环境下，尽管对一些高管持股作出了严格的时间要求，但是，每一次解禁几乎都伴随着高管的减持潮和离职潮。另外，自 2014 年以来，我国资本市场出现了较大的波动，在规定的持有期限结束之前，股票价格已经跌破了员工持股认购价格，导致产生了一些新的矛盾和问题。一些企业甚至修订了员工持股计划，或者以员工持股为名停牌，实为规避股市波动风险。这表明，我国员工持股在制度设计上还有很大改进的空间，同时也应加大制度执行的强制性，使其尽可能少地受到资本市场波动的负面影响。

二　我国企业员工持股主要问题

我国员工持股实践中出现的各种问题，究其根源，主要来自两个方面：一个是制度设计层面，包括制度设计的目标、理念、原则和规范等内容，以及员工持股制度与其他相关联制度的兼容性和一致性；另一个是制度执行层面，包括企业对制度的理解、企业操作与制度的差异、企业实践的外部监督机制等。

1. 制度设计层面的主要问题

（1）未能确立统一的制度顶层设计。我国员工持股制度的演进历程十分曲折，曾经掀起了多次“高潮”，但是每一次都由于各种问题而被紧急“叫停”。从全国来看，制度往往是走在实践的后面，并且大多属于“问题补救型”，缺乏对制度体系的整体考量。从地方来看，各地的企业实践和制度建设又走在了全国的前面。因此，导致了我国的员工持股制度处于“分而治之”的混乱局面，有些地方规定之间甚至存在相互矛盾，这种现象明显增加了制度的运行成本。而中央政府作为最核心的制度设计者，甚至连当前企业实践的真实进展和具体问题都无法摸清，这使得针对职工持股制度的长远规划和顶层设计迟迟未出。

（2）缺乏合法的员工股份管理机构。尽管经过了 30 余年的实践探索，然而，我国在员工持股方面的法律规制仍然严重滞后。直至今日，作为主要载体的员工持股会，其法律地位仍然没有得到明确的认可。由于缺乏员工股份的合法管理机构，制度在执行过程中产生了众多的法律纠纷。有些企业设立职工持股会、推行职工持股只是一时“跟风”之举，由于浮于形式，并未对企业的治理水平和发展动力起到良好的促进作用。

（3）制度设计未能明确不同类型、不同形式的员工持股的差异性和适用性。在实际中，我国的员工股呈现出多种不同的类型，包括集资型、福利型、股票期权型等。同时，由于发放目的、发放对象等的不同，在实际操作中，员工股又具有多样化的形式。由于员工股有多种不同的类型和形式，员工之间“同股不同权”的现象容易导致矛盾。此外，随着市场化选人用人机制的广泛推行，如何平衡新老管理者之间的持股比例和激励强度，也是现实中遇到的一大难题。这需要细化的制度设计，否则，会导致国有企业的股权激励陷入定位困境，无法发挥其应有激励效果。①

（4）忽视与其他制度的兼容性和一致性，由此导致制度冲突，令企业无所适从。员工持股制度涉及税收、金融等多个领域，制度之间的兼容性和一致性也非常关键。这里以上市公司员工持股为例，对制度冲突问题加以阐释。很多企业已经设立了职工持股会，实施了内部职工持股。但是，证监会规定上市前持股职工人数超过200人的，以及存在工会持股、持股会以及个人代持等现象的公司，一律不准上市。结果像华为公司这样优秀的公司也因有内部职工持股而被拦在股票市场之外。很多公司为了获得上市资格，不得不无奈地解散职工持股会，并以低廉的价格转让职工股。

2. 制度执行层面的主要问题

（1）如规范不到位，有国有资产流失的可能性。针对国有企业员工持股，很多人都提出了对国有资产流失的担忧，而实践中也确有此类事情发生。例如，一些公司以过大的折扣价格向管理层和员工发行股票，或者是大额度、大比例地以折扣价格向管理层或员工出售公司股权，导致了国有资产流失。由于中国员工持股的制度体系不够完善，还有企业“钻空子”，绕开制度约束，通过“曲线MBO”的方式来实现上市②。这种方式往往会大幅降低收购价格，更容易造成国有资产流失，甚至损害其他利益相关者的权益。对于这个问题，首先应当思考几个问题：在国有企业当前的发展阶段，如何界定与衡量“国有资产流失”？是不是所有的混合所有制形式都属于国有资产流失？在不同的领域、不同的企业，我们能够承受

① 辛宇、吕长江：《激励、福利还是奖励：薪酬管制背景下国有企业股权激励的定位困境——基于泸州老窖的案例分析》，《会计研究》2012年第6期。

② 陈梦旖：《曲线MBO问题研究——以双汇改制为例》，硕士学位论文，西南财经大学，2012年；袁月：《我国上市公司曲线MBO问题研究——以张裕集团改制为例》，硕士学位论文，西南财经大学，2013年。

的国有资产比重下降的边界是多少？只有正确认识新时期国有资产流失的内涵和范畴，才能正确解决这一问题。

（2）一些企业员工持股违背了自愿性原则，演变成一种强迫性的集资行为。我国内部职工持股制度的最初目的，一方面是为经营不善的国有企业改制和发展筹措资金，另一方面对吃大锅饭的国企员工产生激励。本来，这种制度设计应当坚持员工自愿入股的基本原则，然而，现实中的做法却常常带有一定的诱导性和强制性。一些企业在定向募集股份时，将内部职工持股作为企业集资的一种手段，大搞“分派”甚至用“下岗”加以威胁。许多职工迫于压力借款认购股份，但心里势必带有一定的抵触情绪，这使得职工持股制度的激励效果大打折扣。

（3）员工持股范围和比例设定不当，加剧了贫富差距并引发了分配不公问题。企业在实践中普遍遇到以下难题：员工持股的比例如何确定？公司高管和普通员工是否享有平等的认购权？如何把握高管持股和普通员工持股之间数量上的差距？如何避免企业从“员工持股”变成了“管理层控股”？尹中立指出，洋河酒厂上市时，110 亿元市值的股票被 125 位高管人员持有，人均市值接近亿元，而 3000 多名普通职工一无所有①。也有观点指出，上述分配不公的现象，在上市公司中较为普遍，这在一定程度上是由不合理的制度造成的。监管部门对公司上市前的持股职工人数有明确的限制性制度要求，因此，一些公司在上市前突击清退员工分散持有的股份，将原本利益共沾的股权集中起来改由相对少数的管理层持有。无论上述现象的主客观原因如何，其最终结果是，管理者成为改革的受益者，但一般员工从这一制度创新中获益不明显。

（4）管理层和员工的短期减持套现行为扰乱了资本市场的正常秩序。实践当中，有很多企业通过上市，创造了许多“亿万富翁”。尤其是某些高管，在上市前持有公司大量股份，而在上市后或者持有期满后迅速变现，这种现象屡见不鲜。职工持股制度的初衷是建立一种长期激励机制，但是在巨大的利益面前却沦为了一种敛财的工具。同时，这种频繁的“减持”潮也扰乱了资本市场的正常秩序。反思这一问题，除了在制度设计上做出进一步改进以外，更重要的是制度背后的心理感受和观念转变。

① 尹中立：《员工持股的意义》，《中国金融》2014 年第 1 期。

对此，需要研究如何通过员工持股制度，在确保员工分享企业发展所创造收益的同时，让员工真正参与到公司治理当中，使冷冰冰的“股份所有权”能转变为有温度的“心理所有权”，在企业与管理者、员工之间建立起信任关系。只有这样，才能确保员工持股成为一项长期性的激励制度，而不仅仅是一种短期获利的“造富工具”。

第四节　分类推进员工持股的政策

总结过去30年企业实行员工持股的经验和教训，并不是所有的国有企业都适合推行员工持股，需要企业具备一定的条件才能顺利实施。究竟哪些企业适宜引入员工持股制度呢？本节主要从几个影响员工持股实施效果的要素切入，分析员工持股制度对于三类国有企业的适用性，并给出具体的操作建议。

一　分类的维度

以下从外部制度环境和企业自身特征两个方面，挖掘影响企业实施员工持股效果的主要因素，并基于此分析企业实行员工持股的适用条件。

第一，竞争性领域的国有企业更适合大力推广员工持股。按照国有企业功能定位的不同，可以分为公共政策性、特定功能性和一般商业性三种类型。[①] 首先是公共政策性国有企业，它们仅承担国家公益性或公共性政策目标而不承担商业功能；其次是特定功能性国有企业，它们有一部分商业功能，也有一部分非商业性或政策性功能；最后是一般商业性国有企业，也就是通常说的竞争性国有企业，它们属于高度市场化的国有企业，只承担商业功能并追求营利性经营目标。从以上三类国有企业的使命和功能定位来看，公共政策性企业的市场化程度最低，在我国通常表现出自然垄断特征，它们所创造的价值属于全民而不应为个别人所分享。相反，一般商业性国有企业的市场化程度最高，它们所创造的价值来自于企业的市场竞争能力，当然也离不开员工的努力工作，因此具有实施员工持股的基础和条件。特定功能性国有企业介于两者之间，需要视具体情况进行分析。

① 黄群慧、余菁：《新时期的新思路：国有企业分类改革与治理》，《中国工业经济》2013年第11期。

第二，人力资本重要性程度越高的企业越适合实行员工持股。员工持股制度的核心目的，就是激励那些对企业发展贡献度较高的员工，如高级管理人员、技术骨干等，创造出更大的价值。因此，人力资本对企业发展的贡献和重要性程度，是衡量一家企业是否适合实行员工持股的关键指标。由此推断，那些具有技术密集型特征的企业，以及管理人员和专业人才发挥重大作用的企业，更适合实行员工持股。同时，这类企业往往具有高风险、高回报的特征，具有较好的成长性，员工参与持股的积极性也会更高。

第三，具有较好盈利预期的成长型企业更适宜实行员工持股。员工持股的核心目标是，让管理者和骨干员工分享企业成长的收益。因此，只有具备核心竞争优势、经营良好或有较好成长预期的企业，持有股份对他们才有吸引力。只有管理者、技术骨干对企业未来成长有很好的预期，他们才会对企业的长期盈利能力树立信心，从而自愿、主动地认购企业的股份。反之，那些经营不善、能力低下、前景堪忧的衰退型企业，更容易因员工认购股份的动力不足而使员工持股计划难以顺利实施。

第四，资产规模较小或中等的企业更容易实行员工持股。在哪类企业适宜实行员工持股制度这个问题上，通常要考虑的一个分类维度是企业资产规模。目前占据主流的一种观点是，员工持股制度更适用于小规模的企业；大型企业或特大型企业拥有上百亿的资产总量，即使是核心管理人员或者技术骨干持股，其持股比例在总量中也微不足道，从而会削弱员工持股的积极性。但从实践层面看，一些规模很大的企业，如联想、华为、绿地等，都很好地利用了员工持股制度，取得了长足发展，有的已经成为跨国公司。这表明，资产规模并不是企业能否实施员工持股的决定性因素。[①]

第五，已经实现产权多元化的国有企业更适合推行员工持股。产权清晰且具有规范的公司治理结构，是企业实行员工控股的必要条件。政府出台的多项制度文件也要求，拟实行员工持股的企业必须建立规范的法人治理结构。相比国有股一股独大的企业而言，那些已经实现了产权多元化或者完成了混合所有制改革的国有企业，尤其是国有相对控股或者非国有控

---

① 当然，不容忽视的一个重要经验是，这些企业往往是在企业规模尚小的起步阶段，就有计划地开展了员工持股，随着企业不断发展壮大，其作用也日益凸显。如果仅是在公司上市前临时起意实行员工持股，恐怕会出现很多问题，也难免遇到很多障碍。

股的企业，推行员工持股的阻力会更小。因此，国有企业在推进混合所有制改革的同时，大力推行员工持股计划，是一种非常明智的选择。

二　分类推进思路

针对三类国有企业，从以上几个分类维度去考量，便可看出哪类企业更适合推行员工持股制度、哪类企业暂时不适合推进。具体如表 11－2 所示。

表 11－2　　三类国有企业员工持股制度适用性比较

分类维度	公共政策性企业	特定功能性企业	一般商业性企业
使命与功能定位	承担国家公益性或公共性政策目标而不承担商业功能	有一部分商业功能，也有一部分非商业性或政策性功能	只承担商业功能和追求盈利性经营目标
业务市场化程度	市场化程度最低，往往具有自然垄断性质	市场化程度居中，有资源优势也靠竞争力	市场化程度最高，企业生存依靠竞争力
人力资本贡献度	普遍较低，一般难以衡量	中等水平，存在一定行业差异	普遍较高，但行业差异较大
长期盈利预期	由于价格管制，只是微利甚至亏损	取决于企业的政策环境和市场竞争力	取决于企业的市场竞争力
企业资产规模	较大，一般属于特大型企业	中等，一般属于大中型企业	较小，存在大量的中小型企业
产权多元化程度	最低，一般都是国有独资形式	中等，大部分是国有控股形式	最高，大部分是国有参股形式

资料来源：笔者整理。

综合以上分析，可得出以下结论：公共政策性国有企业通常应该是国有独资企业，既不适合改组为国有资本投资运营公司或采用混合所有制，也不适合推行员工持股；特定功能性国有企业，其股权结构是国有绝对控股或相对控股的多元化结构，这类企业要根据具体功能，有选择地或者谨慎地推进员工持股；一般商业性国有企业，要积极推进混合所有制改革，同时还要下大力气实行员工持股，努力形成资本所有者和劳动者的利益共同体。

三　具体操作策略

根据以上分析，国有企业在设计员工持股方案过程中，需要重点关注以下几个要点：

第一，必须坚持三项基本原则。为使员工持股不偏离初衷，并且真正发挥实效，国有企业在方案设计中应坚持三个基本原则，即自愿性原则、长期激励原则以及增量分享原则。①自愿性原则。国有企业实施员工持股计划，应当充分征求员工意见，不得以摊派、强行分配等方式，强制员工参加本企业的员工持股计划。如果违背了自愿性原则，就会演变成一种强迫性的集资行为，即使员工迫于压力认购股份，心里也会带有抵触情绪，这将使持股的激励效应大打折扣。②长期激励原则。员工持股计划属于一种长期激励机制，国外的员工持股计划通常规定认购的股份若干年内不允许流通和转让，如法国企业的规定是5年，英国企业的规定是7年。国有企业在设计员工持股方案时也应着眼长远，建议持股期限至少达到3年或5年。③增量分享原则。成功实行员工持股制度，不仅要坚持不能侵吞国有资产存量，还要坚持对国有资产增量利益进行分享。要着眼于“分享增量利益”，而不是“瓜分存量利益”。国有企业在设计员工持股方案时，必须始终以激发企业活力、创造增量价值为目标，即使国有股比例有所下降，也能够更好地实现国有资产增值。

第二，采取分步骤推进的方式。国有企业实行员工持股，是一项长期、复杂的制度创新行为，需要不断的探索和持续的改进，并不能一蹴而就。建议集团公司采取分步骤推进的方式，首先在条件成熟的部分子公司试行，如经营状况相对较好、发展前景比较乐观的企业，技术骨干发挥重要作用的科技型企业，或者中高层管理人才流失严重的企业。待积累一定经验之后，再向所有的二级、三级子公司进行推广。最后，再来探索如何在整个集团层面实行员工持股。在分步骤推进的过程中，集团总部可以定期对持股方案进行动态调整，以便达到更好的激励效果。为了加快实施进程，还可以选择几家同行业、同规模的国内外对标企业，经常与它们进行交流和学习，吸取其开展员工持股的成功经验和失败教训。

第三，选择多样化的持股方式。国有企业实施员工持股过程中，可以配合不同的激励对象和目标，提供多种不同的股票来源，并选择灵活多样的持股形式。从股份来源看，可以通过增资扩股、定向增发、自愿赠与、从二级市场回购股份等方式，拿出一部分股份用于激励公司的管理层和骨干员工。从持股形式看，既可以在实施持股计划时给予员工股份，也可以采取股票期权的形式，授予激励对象在未来一定期限内以预先确定的价格和条件购买本公司一定数量股票的权利，抑或通过股票增值权的形式，授予激励对象在一定的时期和条件下，获得规定数量的股票价格上升所带来的收益的权利。从获取方式看，除了参与股权激励计划，对公司做出重大贡献的员工，可以适当给予破格奖励，如通过技术赠股、专利入股等灵活的形式，让更多的员工能够分享公司成长的利益。

第四，注意合理分配持股比例。员工持股的比例设计非常关键，激励过度会带来诸如拉大收入差距、追逐短期利益、造成股票市场波动等弊端，激励不足则会带来诸如“人人都持股”的平均主义大锅饭，以及普通员工持股比例过低，无法形成有效激励。因此，国有企业在设计员工持股方案时，一方面要注意权衡当前员工持有股份的比例，包括管理层内部、管理层与其他员工之间、不同子公司之间的比例分配，以及员工持股总量占公司总股本的比例；另一方面还必须以一种动态变化的视角，同时考虑当前和未来的持股比例，为将来潜在的激励对象预留出适当的股份。按照有关文件的规定，预留股份比例不得超过本次股权激励计划拟授予权益数量的10%；员工持有股票总数累计不得超过公司股本总额的10%，单个员工所获股份权益对应的股票总数累计不得超过公司股本总额的1%（不包括员工在公司首发上市前获得的股份、通过二级市场自行购买的股份及通过股权激励获得的股份）。

第五，设定未达目标回购制度。一些国有企业在引入战略投资者过程中，提出保底交易机制，以消除国有企业投资方和民营企业投资方的顾虑。这种设计思路同样可以应用于员工持股方案。如果国有企业面临经营状况不佳、财务费用等负担较重的状况，就可能导致员工认购股份的积极性不高。在此背景下，建议设定一个3—5年的考察期，如果企业在约定期限内未能达到预期的业绩目标，则按一定比例原价回购员工持有的股份。或者也可以约定一个止损点，如果企业实施员工持股后经营状况持续恶化，亏损达到一定程度，就由企业出面回购员工持有的股份。有了这种保底机制，员工的安全感就会大大增强，从而更加积极地参与公司的员工持股计划。

专栏五

绿地集团职工持股会促进企业利润分享

成立于1992年的上海绿地集团（简称“绿地集团”），其前身为上海市绿地总公司，由上海建委和农委分管。1997年绿地集团改制为股份制公司，并设立了职工持股会。22年来，绿地集团取得了快速发展，职工持股会的持股比重也不断上升，并占据第一大股东的地位。员工持股制度使绿地集团真正实现了企业与员工共成长、同分享，极大地激发了企业改革与发展的活力和动力。

1997年，绿地集团成为上海市现代企业制度试点单位之一，开始改制为股份制公司。当年，绿地集团向内部职工集资3020.43万元，职工持股会首次成为绿地集团的股东之一。经过之后一年的改制工作，职工持股会的持股比例达到了18.88%。

1997—2003年，通过在增资扩股中定向给职工持股会“赠送红股”“配股”和股权转让等方式，职工持股会不断提升在绿地集团中的持股比例。截至2003年5月，职工持股会在绿地集团的股权比例已经达到58.77%，实现了对公司的绝对控股。这时的绿地集团总资产已达到60亿元，净资产超过10亿元。

绿地集团的急速成长，意味着员工所持股份的迅速增值。而职工持股会超过50%的持股比例受到了来自各界的争议。自2009年之后，上海市国资委陆续通过多种方式加强对绿地集团的控制。经过整改和引入PE之后，绿地集团职工持股会的持股比例降至不足30%，但是仍然稳居绿地集团最大股东的地位。

2013年11月25日，绿地集团实施增资扩股，并酝酿整体上市。这一轮增资扩股以后，职工持股会持有36.43%的股份，是绿地集团的第一大股东。绿地集团的成功上市，为持有公司股份的员工带来了可观的财富增值。

绿地集团的职工持股制度很好地遵从了长期导向和利益共享原则。伴随规模扩张，职工持股的价值也与日俱增。但是，自1997年改制以来，绿地集团绝大多数的增资扩股都是通过利润分配中赠送红股的方式进行，职工持股会只有少数几次需要真金白银地出资获取股权。这使持有公司股份的员工真正享受到了实惠，自然会赢得员工的尊重与信任。作为一家资产规模超过2000亿元的企业，绿地集团员工持股实践的成功也充分证明，并不是只有小企业才能搞员工持股。

（王肖邦：《绿地职工持股市值超169亿整体上市诱惑难挡》，《第一财经日报》2013年11月29日第C02版；陈中小路：《绿地职工持股会往事》，《南方周末》2014年4月3日，http：//www. infzm. com/content/99557；孙玉敏：《绿地职工持股会：劳动者与公司的利益共同体》，《上海国资》2014年第1期，第32页）

专栏六

中联重科员工持股制度激发的增量效应

国企出身的中联重科，在詹纯新的带领下，走出了一条特别的股权改造之路，从而优化了公司治理，激发了企业家活力，促进了国资、管理层等的多赢。

自1992年成立至今，中联重科不断进行体制、机制创新，通过自身的股份制改造上市、母公司改制、H股上市，最终形成了湖南省国资委、管理团队和骨干员工、战略投资者、国际投资者及其他流通股东共同持股的混合所有制产权结构。在国有股比重不断降低的同时，政府积极支持公司推行职工持股，湖南省国资委将部分股权转让给公司的管理团队，使得职工（管理层、员工）持股比例不断提高。2010年，中联重科在港交所上市，国资委控制的股权比重进一步下降，混合所有制改革进入了一个新的阶段。在此过程中，中联重科从国有独资变为国有相对控股、再到国有参股的混合所有制企业，已经超越了传统意义上的国企身份。公司内职工持股比例逐步提高，充分调动了管理层和骨干员工的积极性，公司的管理效率和经营效益明显改善，企业与职工形成了紧密的利益共同体。

中联重科的混合所有制改革和员工持股尝试并没有造成社会上担心的国有资产流失，尽管国有股比重下降了，但是，由于企业规模增长和效益改进带来的国有资产增值却远远超过以前的水平。20年前的建机院，日均收入仅万元；20年后的中联重科，日均收入超过2亿元，连续21年平均复合增长率超过50%。2005—2012年，中联国资股份分红超过10亿元，同时国有资产最高时增值了近800倍，圆满完成了国有资产保值增值的目标。此外，中联重科股权结构的变更，促使企业建立规范的董事会制度，以董事会为治理平台，按照股权比例表决，形成了对公司的规范科学治理。

（孙昌军:《混合所有制让中联重科实现跨越式发展》，《中国经济周刊》2014 年第 10 期；唐爱民:《中联重科探索混合所有制放大国有资本功能》，《湖南日报》2014 年 3 月 31 日第 06 版）

第十二章　产权保护制度研究

基于科斯、诺斯等人对制度的开创性贡献，经济学家越来越关注制度尤其是经济、政治和法律上的制度安排对经济增长的重要作用。物质和人力资本的积累及技术进步被认为只是增长的结果而非原因，决定经济增长的是一国的制度安排。在所有制度安排中，产权制度无疑是最为重要的，有效的产权保护制度是经济发展的首要条件。党的十八届三中全会指出，在社会主义市场经济条件下，为激发各种所有制经济活力和创造力，一是要同等保护各种所有制经济产权，公有制经济财产权不可侵犯，非公有制经济财产权同样不可侵犯；二是要赋予各种所有制经济同等使用各种生产要素的权利；三是要营造公开、公平、公正竞争的市场环境。可见，产权保护对于我国经济发展的重要性。

产权就是财产权，包括物权、债权、股权和知识产权等各种财产权。产权是所有制的核心和主要内容，将财产所有权制度化、抽象化即为所有制，而所有制的内容是由产权关系决定的。党的十八届三中全会《中共中央关于全面深化改革若干重大问题的决定》指出，“产权是所有制的核心”，“要完善产权保护制度，健全归属清晰、权责明确、保护严格、流转顺畅的现代产权制度”，这为我国产权制度改革指明了方向。鉴于本书的研究重点在国有企业改革，限于篇幅，本章产权主要指股权。

第一节　产权制度

产权是一个古老的概念，也是一个发展的概念。现代企业产权制度就是人类社会经济长期发展的结果。从私有财产的出现到市场经济的确立这几千年的历史中，产权一直被视为仅仅是一个法律上的概念，指的是财产的实物所有权和债权，它侧重于对财产归属的静态确认和对财产实体的静态占有，基本上是一个静态化的范畴。而在市场经济高度发达的时期，这一法律意义上的产权概念已经日益深化，其含义比原来宽泛得多，它更侧重于从经济学的角度来理解和把握，侧重于对财产实体的动态经营和财产价值的动态实现，它不再是单一的所有权利，而是以所有权为核心的一组权力，包括占有权、使用权、收益权、支配权等。

现代产权理论的突出代表者为科斯（R. Coase），其代表作主要是《企业的性质》和《社会成本问题》。他所致力考察的不是经济运行过程本身（这正是正统经济学所研究的核心），而是经济运行背后的财产权利结构（这正是正统经济学所忽略的）；他所运用的研究方法不是效用主义的边际分析（这正是正统理论所采取的基本方法），而是典型的制度分析，并通过对某些经济现象的分析来阐述隐含在这些现象背后的经济运行规则及规定这些规则的制度基础。

以罗纳德·科斯教授为首的一些经济学家主张，政府首要应当做的就是明晰产权，以减少"公地悲剧"。科斯认为，一旦产权明晰，若交易费用为零，则市场交易可以确保有效率的结果，产权分配方式不影响经济效率，仅影响收入分配，这就是科斯定理。产权理论认为，只要产权界定不清晰，交易成本不为零，市场机制就会由于外在性的存在而失灵。所以，经济学的任务首先是分析产权，资源配置的有效性取决于产权界定的清晰度。

产权理论的核心就是研究如何通过界定、变更和安排产权来降低交易费用，提高经济运行效率，从而优化资源配置。产权理论认为，产权具有减少不确定性、外部性内在化、激励与约束功能、资源配置功能以及收入分配功能。从某种意义上说，经济学本质上就是研究稀缺资源产权问题的学问，而市场经济是产权经济，产权制度是一项基础性的母制度，是其他制度衍生的源泉。

产权是一个使人受益或受损的权利束，其直观形式是人对物的关系，实质上却是产权主体之间的经济权利关系。诺斯认为完整产权是指资产拥有者对其资产有排他的使用权、收益的独享权以及自由的转让权。完整的产权有利于交易费用的降低以及交易的有效进行。完整产权是一种理想状态，包括所有权、使用权、收益权、转让权四个方面，其中所有权、使用权和转让权合称为控制权。因此，产权也可分为收益权和控制权两个部分。同时拥有物品或资源的收益权和控制权属于产权完整，仅拥有其中的一种权利或者某种权力被弱化表明对该物品或资源的产权是不完整的，或者说属于产权残缺。产权残缺也可以说是对一种物品、资产或资源的控制权与收益权相分离的现象。

产权经济学家Y. 巴泽尔提出的“产权稀释”与“产权残缺”内涵上基本相同。巴泽尔①认为，在任何社会制度下，任何公民都会享有一定程度和范围的个人私有财产权利；但每个人的私有财产权利又会受到限制和约束，对产权施加约束就是产权稀释。产权稀释将减少个人财产的价值，同时也会将个人享有的一些私人财产权利（如使用权、收益权、转让权等）置于公共领域（Public Domain），而所有置于公共领域中的这部分产权的有效组织管理是避免“公地悲剧”和寻租行为的关键。

用合同理论来表示，产权又可以划分为合同性控制权、剩余控制权、合同性收益权和剩余索取权四个部分。合同性控制权和合同性收益权是由合同明确规定的权利，所以合同性产权基本有保障，除非出现合同破裂的情况。而在不完全合同中，剩余控制权和剩余索取权往往是难以明晰和融合的，现实经济活动中有相当一部分合同属于不完全合同。从这个角度来说，产权残缺也可指施加于所有者剩余索取权和剩余控制权之上的法律限制。

没有产权或产权残缺的社会是一个资源配置低下的社会。能够保证经济高效率的产权应该具有以下特征：①明确性，即它是一个包括财产所有者的各种权利及对限制和破坏这些权利时的处罚的完整体系；②专有性，它使因一种行为而产生的所有报酬和损失都可以直接与有权采取这一行动的人相联系；③可转让性，这些权利可以被引到最有价值的用途上去；④可操作性。

所谓产权制度就是制度化的产权关系或对产权的制度化，是划分、确定、界定、保护和行使产权的一系列规则。“制度化”的含义就是使既有的产权关系明确化，依靠规则使人们承认和尊重，并合理行使产权，如果违背或侵犯它，就要受到相应的制约或制裁。产权制度的最主要功能在于降低交易费用，提高资源配置效率。从经济学角度看，有效的产权制度应该包括以下几个方面：①产权界定清晰，减少模糊性；②保持产权的完整性，避免产权残缺；③允许产权交易，产权交易对象不能被指定，应具有竞争性，交易价格合理。

---

① ［美］Y. 巴泽尔：《产权的经济分析》，上海三联书店1997年版。

我国市场经济制度是在改革计划经济体制基础上逐步建立起来的，建立由市场配置资源的制度，归根到底要做两件事，一是形成市场环境，二是形成市场主体，前者要改革商品和劳务的定价机制，形成价格发现功能，后者要解决财产所有权的人格化问题，清楚地回答“在市场中交易的东西究竟是谁的”。在我国，私有经济的产权相对来说归属是清晰的。谁投资，谁拥有产权，谁就是所有者，谁就是受益人。目前，归属不清的问题主要发生在改制过程中的公有经济中，随着混合经济时代的到来，公有经济已开始与私有经济相融合，而且通过重组和裂变，原有的公有产权关系已发生变化。在重组和裂变过程中，由于制度安排的滞后，归属问题始终困扰着人们的行为。例如，在50多年的社会主义建设过程中，国有企业的投资分别来自中央、省、市、县，是否应清楚地界定产权为中央、省、市、县分级所有？20世纪80年代的企业承包经营过程中，国有企业税后留利再投资形成的产权属于谁？在试行“拨改贷”后，国有企业用贷款形成的产权归国家所有，而债权是否还应由具有独立性的企业来承担？大多数国有企业，除了政府的原始投资外，主要是靠企业自身积累发展起来的，在积累过程中，与企业效益脱钩的低工资制在积累过程中曾起了巨大的作用，现在企业改制了，这部分资产是否都属于国家？诸如此类的问题，单靠社会上的任一利益主体都无法得到有效界定，而政府作为大多数人民利益的代表，应该担负起这个责任。政府应通过制定各种规则和法律，通过其职能部门致力于解决各利益主体之间的利益关系，解决好产权归属问题，从而提高整个社会经济运行质量。

2003年，党的十六届三中全会《决定》提出：今后我国要建立和完善“归属清晰、权责明确、保护严格、流转顺畅”的现代产权制度。这是我国在中央文件中第一次明确提出现代产权制度的概念，与1993年十四届三中全会提出的以“产权明晰、权责明确、政企分开、管理科学”为主要内容的现代企业制度相比，无疑前进了一大步。党的十四届三中全会提出要建立现代企业制度，并强调要“十六字”一起讲，而不宜只讲“产权清晰”四个字，这是符合当时我国社会经济实际情况的。在当时，首先理顺国有企业与政府的关系依然具有解决产权问题的前提性质。不过，“现代企业制度”的提法与其说是为了解决问题，不如说是较为明确地提出了问题，并为解决国有企业产权不清、资产流转不畅的问题在操作、探索层面开了公共政策的绿灯。

现代产权制度包括“归属清晰、权责明确、保护严格、流转顺畅”四个方面内容：一是“归属清晰”不再单指狭义的所有权归属清晰，即现代企业制度中的“产权清晰”，是指广义所有权中的所有权、占有权、使用权、支配权明确，并为相关法律法规所认定；二是产权具体实现过程中各相关主体权利到位、责任落实，即“权责明确”，明确规定产权主体对财产能做什么，不能做什么，及应尽的义务和责任；三是维护产权关系上要“保护严格”，产权关系需要通过法律使其制度化，建立具有强制力的约束规则，各种性质、各种形式的产权一律受法律的严格保护；四是财产权利配置上要“流转顺畅”，保证产权主体有权力按照自己的意愿来配置其权利，依法在市场上自由流动、有效运营。

“完善产权保护制度是一项坚持和完善基本经济制度、完善社会主义市场经济体制的基础性制度建设，是我国当前深化改革的重要举措。”建立归属清晰、权责明确、保护严格、流转顺畅的现代产权制度，是市场经济存在和发展的基础，是完善基本经济制度的内在要求。当前我国经济社会发展中出现的一些矛盾和问题，都直接或间接地涉及产权问题。建立健全现代产权制度，是实现国民经济持续快速健康发展和社会有序运行的重要制度保障。如果不能构建科学合理的产权保护制度体系，进行企业产权改革、实行股权多元化和发展混合所有制只能是一句空话，如果强行推进企业产权制度改革，只能造成国有资产大量流失、资源配置效率低下和社会不公。只有建立起“归属清晰、权责明确、保护严格、流转顺畅”的现代产权制度，我国发展混合所有制经济才有坚实的基础，国有资产（本）和非国有资产（本）才有可能在流转中保值增值。

第二节　我国产权保护的现状与问题

进入 21 世纪以来，我国在产权保护方面取得了一定进展，产权保护制度不断趋于完善，越来越注重保护民营企业产权，上市公司也越来越重视中小股东权益保护，但在实践中，仍然存在不少问题。

一 产权保护制度的不断完善

1. 制定了一批国有产权保护制度，推进国有产权交易市场化

为防止国有企业改制和发展过程中国有资产流失，我国制定了一批法律法规和规章制度，从产权登记、资产评估、产权转让、产权划转、产权置换、上市公司股权管理、资产管理等方面加强了企业产权保护，具体制度如表12－1所示。由此，我国统一的国有产权交易监管制度初步形成，国有产权流动的方式已经实现了从“政府主导型”向“政府引导和市场调节相结合”的机制转变。

表12－1 加强国有企业产权管理文件一览

类别	文件名称	发布单位	发布或实施时间
综合法规	企业国有资产监督管理暂行条例	国务院	2003年5月27日
	关于规范国有企业改制工作意见的通知	国务院办公厅	2003年11月30日
	关于中央企业加强产权管理工作的意见	国资委	2004年2月23日
	中华人民共和国公司法（修订）	全国人大常委会	2005年10月27日
	关于进一步规范国有企业改制工作实施意见的通知	国务院办公厅	2005年12月19日
	关于推进国有资本调整和国有企业重组指导意见	国务院办公厅	2006年12月5日
	中华人民共和国物权法	全国人大	2007年3月16日
	中华人民共和国企业国有资产法	全国人大常委会	2008年10月28日
	关于国有企业改制重组中积极引入民间投资的指导意见	国资委	2012年5月23日
产权登记	关于做好企业国有资产产权登记工作有关事项的通知	国资委	2004年1月26日
	国家出资企业产权登记管理暂行办法	国资委	2012年6月1日
资产评估	企业国有资产评估管理暂行办法	国资委	2005年9月1日
	关于加强企业国有资产评估管理工作有关问题的通知	国资委	2006年12月12日
	关于企业国有资产评估报告审核工作有关事项的通知	国资委	2009年9月11日
	中央企业资产评估项目核准工作指引	国资委	2010年5月25日

续表

类别	文件名称	发布单位	发布或实施时间
产权转让	企业国有产权转让管理暂行办法	国资委、财政部	2003 年 12 月 31 日
	关于加强对国有企业改制及国有产权转让监督检查工作的意见	国资委	2004 年 3 月 8 日
	关于做好产权交易机构选择确定工作的指导意见	国资委	2004 年 7 月 14 日
	关于企业国有产权转让有关问题的通知	国资委	2004 年 8 月 25 日
	企业国有产权向管理层转让暂行规定	国资委、财政部	2005 年 4 月 11 日
	关于做好企业国有产权转让监督检查工作的通知	国资委、财政部、国家发改委、监察部、工商总局、证监会	2005 年 11 月 17 日
	关于企业国有产权转让有关事项的通知	国资委、财政部	2006 年 12 月 31 日
	关于建立中央企业国有产权转让信息联合发布制度有关事项的通知	国资委	2008 年 3 月 1 日
	企业国有产权交易操作规则	国资委	2009 年 7 月 1 日
	关于中央企业国有产权协议转让有关事项的通知	国资委	2010 年 1 月 26 日
	关于规范企业国有产权转让、防范交易风险的通知	国资委	2012 年 2 月 15 日
	关于中央企业资产转让进场交易有关事项的通知	国资委	2013 年 12 月 18 日
产权划转	企业国有产权无偿划转管理暂行办法	国资委	2005 年 8 月 29 日
	企业国有产权无偿划转工作指引	国资委	2009 年 2 月 16 日
产权置换	关于规范国有股东与上市公司进行资产重组有关事项的通知	国资委	2009 年 6 月 24 日
	关于中央企业国有产权置换有关事项的通知	国资委	2011 年 9 月 7 日
上市公司股权管理	关于上市公司股权分置改革中国有股股权管理有关问题的通知	国资委	2005 年 9 月 8 日
	国有单位受让上市公司股份管理暂行规定	国资委	2007 年 6 月 28 日
	国有股东转让所持上市公司股份管理暂行办法	国资委、证监会	2007 年 7 月 1 日

续表

类别	文件名称	发布单位	发布或实施时间
上市公司股权管理	关于规范国有控股上市公司实施股权激励制度有关问题的通知	国资委、财政部	2008年10月21日
	关于规范上市公司国有股东行为的若干意见	国资委	2009年6月16日
	关于推动国有股东与所控股上市公司解决同业竞争、规范关联交易的指导意见	国资委、证监会	2013年8月20日
资产管理	行政单位国有资产管理暂行办法	财政部	2006年5月30日
	事业单位国有资产管理暂行办法	财政部	2006年5月30日
	企业主辅分离辅业改制资产处置核销操作指引	国资委	2009年1月20日
	中央企业境外国有资产监督管理暂行办法	国资委	2011年7月1日
	中央企业境外国有产权管理暂行办法	国资委	2011年7月1日
	中央企业境外投资监督管理暂行办法	国资委	2012年5月1日

资料来源：根据国务院国资委网站（http：//www. sasac. gov. cn）整理。

从企业国有产权的综合法规来看，在2008年《企业国有资产法》通过之前，我国已经先后颁布实施了《公司法》和《物权法》，为公司治理和物权保护提供了一般意义上的法律保护，《企业国有资产法》是上述两法的延续，对从国有企业的公司治理到国有资产物权保护再到国有资产的转让原则等给予了规定，使得对国有产权的保护规定更加具体、详尽。

在产权转让交易方面，2003年12月国资委与财政部联合印发了《企业国有产权转让管理暂行办法》，之后又陆续出台了一系列规范国有产权流动的配套文件，使国有产权流动有了一套严格的以“进场交易”为核心的制度规范。产权交易市场是国有产权有进有退、合理流动的阳光平台。国资委按照“打破区域限制、立足规范运作、促进资源共享、利于长远发展”的原则建立了对产权交易机构的动态选择机制。2013年，国资委发出《关于中央企业资产转让进场交易有关事项的通知》，明确中央企业及其各级控股企业一定金额以上的资产对外转让，应当遵循公开、公平、公正的原则，在依法设立的企业国有产权交易机构公开进行。目前，央企产权交易的进场率已经在90%以上。

为促进企业产权交易的公开透明，我国建立了一批产权交易所，要求国有企业的产权交易须通过产权交易所进行。2007年，经国务院国资委和各省级国资委认可的从事国有产权交易的产权交易机构已有65家；其中，北京、上海、天津、重庆市产权交易所还可以从事中央企业国有产权的交易。此后，各地产权交易机构进一步增多，经过前几年的整顿，目前有18家产权交易机构具备开展中央企业资产转让交易业务的条件，它们是北京产权交易所、天津产权交易中心、山西省产权交易市场、内蒙古产权交易中心有限责任公司、沈阳联合产权交易所、吉林长春产权交易中心、黑龙江联合产权交易所有限责任公司、上海联合产权交易所、浙江产权交易所有限公司、山东产权交易中心、武汉光谷联合产权交易所、南方联合产权交易中心有限责任公司、广州产权交易所、重庆联合产权交易所集团股份有限公司、西南联合产权交易所有限责任公司、贵州阳光产权交易所有限公司、大连产权交易所、深圳联合产权交易所（国资厅产权［2014］286号）。

值得一提的是，2012年，国资委出台了《关于国有企业改制重组中积极引入民间投资的指导意见》，明确不得在意向受让人资质条件中单独对民间投资主体设置附加条件，积极推动国有企业在改制中引入民间投资。据悉，2010年民营经济“新36条”颁布至2012年底，民间投资参与各类企业国有产权交易受让宗数合计4473宗，占交易总宗数的81%；受让金额合计1749亿元，占交易总额的66%。

2. 注重保护民营企业产权

在民营企业产权保护方面，2004年宪法修正案把《宪法》第十一条第二款“国家保护个体经济、私营经济的合法的权利和利益。国家对个体经济、私营经济实行引导、监督和管理”修改为“国家保护个体经济、私营经济等非公有制经济的合法的权利和利益。国家鼓励、支持和引导非公有制经济的发展，并对非公有制经济依法实行监督和管理”，并且首次提出“公民的合法的私有财产不受侵犯，国家依照法律规定保护公民的私有财产权和继承权。国家为了公共利益的需要，可以依照法律规定对公民的私有财产实行征收或者征用并给予补偿”。

2005年2月19日，国务院公布了《国务院关于鼓励支持和引导个体私营等非公有制经济发展的若干意见》（国发［2005］3 号，俗称民营经济“36 条”），规定“在国家统一规划的前提下，除国家法律法规等另有规定的外，允许具备资质的非公有制企业依法平等取得矿产资源的探矿权、采矿权，鼓励非公有资本进行商业性矿产资源的勘察开发”，“在规范转让行为的前提下，具备条件的公用事业和基础设施项目，可向非公有制企业转让产权或经营权”，等等。

2007 年，我国出台《物权法》，把民间资本和国有、集体资本放在同等保护的地位，使我国民营资本在产权保护和促进竞争方面向前迈进了一大步，尽管在实际操作层面仍然存在事实上的不平等。

2010 年 5 月 7 号，国务院正式颁布《关于鼓励和引导民间投资健康发展的若干意见》（国发［2010］13 号，俗称民营经济“新 36 条”），坚持以现代产权制度为基础发展混合所有制经济，推动各种所有制经济平等竞争、共同发展，鼓励和引导民间资本重组联合和参与国有企业改革，并且对民间资本进入基础产业和基础设施领域、市政公用事业和政策性住房建设领域、社会事业领域、金融服务领域、商贸流通领域、国防科技工业领域等都实行鼓励和引导的措施。

3. 加强了对中小股东权益的保护

长期以来，我国上市公司中存在“一股独大”“国有股股权虚置”“内部人控制”等问题，上市公司中小股东权益不时受到侵害。近年来，随着法律法规的不断完善，中小股东权益保护状况有所改善。例如，2013 年 12 月 25 日国务院办公厅发布《关于进一步加强资本市场中小投资者合法权益保护工作的意见》（国办发［2013］110 号），提出“引导上市公司股东大会全面采用网络投票方式；积极推行累积投票制选举董事、监事；上市公司不得对征集投票权提出最低持股比例限制；建立中小投资者单独计票机制；健全中小投资者赔偿机制；提高信息披露的针对性，制定自愿性和简明化披露规则”等，加强了中小投资者权益保护。根据国办发［2013］110 号文件精神，2014 年 6 月证监会还对《上市公司章程指引（2006 年修订）》《上市公司股东大会规则》等九个规范性文件进行了集中配套修订，确保对中小股东权益保护落到实处。

我国《公司法》几经修改，增设了许多保护中小股东权益的条款。我国于 1993 年 12 月 29 日八届全国人大五次会议通过《公司法》，后分别 1999 年、2004 年、2005 年、2013 年多次修正，最新《公司法》于 2013

年12月28日第十二届全国人民代表大会常务委员会第六次会议通过修订，并于2014年3月1日起施行。

新《公司法》中通过赋予股东广泛的权利、建立股东权益司法救济机制以及完善公司法人治理结构，健全了对中小股东权益保护机制，提高了中小股东的保护水平。例如，新《公司法》中增加了股东诉讼的规定（董事、监事、高级管理人员等违反法律、行政法规或者公司章程的规定，损害股东利益的，股东可以提起诉讼）、特殊情况下股东可申请法院解散公司的规定（公司经营发生严重困难，继续存续会使股东利益受到重大损失，通过其他途径不能解决的，持有公司全部股东表决权10%以上的股东，可以请求人民法院解散公司）、中小股东在特定条件下退出机制的规定（有限责任公司连续5年盈利，并符合本法分配利润条件，但不向股东分配利润的，对股东会该项决议投反对票的股东可以要求公司以合理价格收购其股权。股东与公司不能达成收购协议的，股东可以向法院提起诉讼）等。新《公司法》明确规定了累计投票制，其第105条规定："股东大会选举董事、监事，可以依照公司章程的规定或者股东大会的决议，实行累积投票制。本法所称累积投票制，是指股东大会选举董事或者监事时，每一股份拥有与应选董事或者监事人数相同的表决权，股东拥有的表决权可以集中使用。"新公司法设专节，完善上市公司治理结构，对独立董事、董事会秘书和关联交易等作出规定。例如，规定上市公司董事与董事会会议决议事项所涉及的企业有关联关系的，不得对该项决议行使表决权，也不得代理其他董事行使表决权。该董事会会议由过半数的无关联关系董事出席即可举行，董事会会议所作决议须经无关联关系董事过半数通过。出席董事会的无关联关系董事人数不足三人的，应将该事项提交上市公司股东大会审议。同时规定，上市公司在一年内购买、出售重大资产或者担保金额超过公司资产总额30%的，应当由股东大会作出决议，并经出席会议的股东所持表决权的2/3以上通过。

二　我国产权保护中存在的主要问题

1. 企业产权保护力度不足，且因所有制不同而不同

与发达国家相比，我国对企业产权保护的力度不够，不能满足建立现代市场经济体制的需要，需要加强这方面的制度建设。据世界银行和国际金融公司（WB&IFC）出版的 *Doing Business 2014* 提供的材料分析，

2012/2013 年度我国在资产注册方面平均花费 29 天，所花费用是资产额的 3.6%，在 189 个经济体中排在第 48 位；在投资者保护方面，得分为 5 分（分值分布为 1—10 分，其中，信息披露得分为 10 分，对债务人保护程度得 1 分，对利益相关者保护得 4 分），在全球排在第 98 位；在缴纳税收方面，平均每个企业花费 318 个小时处理税收事务，税收额占到利润额的 63.7%，在全球排名是 120 位；在执行合同方面，执行一项合同平均花费 406 天，为保障合同执行的诉讼花费占到合同总金额的 11.1%，在全球排名是 19 位；而解决公司解散和清算平均需要花费 1.9 年的时间，所花费用占到需要处置资产的 22%，在全球排名在 78 位。[①] 我国在这些方面的排名与一些发达国家相比相去甚远，说明我国在企业产权保护制度建设方面任重而道远。

从出台的法律法规密集程度上看，我国对于国有企业和国有资产的产权保护是比较重视的，而对于民营企业和民间资本的产权保护总体上处于泛泛而谈的状态，在实际操作层面，更是存在大量阻碍民营经济发展的法律、政策和制度障碍，面临着政府自由裁量的威胁。民营企业要想和国有企业具有同等的产权保护的权利、机会和规则尚有一段较长的路要走。

不少专家也认为，民营企业产权保护力度弱于国有企业。例如，张文魁在 2011 网易经济学家年会上表示，民企产权保护状况二十余年未见改观；厉以宁在 2013 年中小企业发展论坛上表示，在民营企业中，最困难的不是融资难、工资成本上升、税负重、出口订单减少等问题，而是产权保护。举例来说，在有的地方，前任市长、书记在任时签的合同，新任来了不承认，以前的谈判结果或签订的合同等于作废。这就让经营者没有安全感，没有安全感就不会认真经营，所以，产权保护问题是一个非常重要的问题。另外，国有企业欠民营企业的钱作为商业纠纷就没事，民营企业欠国有企业的钱就被认为是侵占国有资产，这是一种不对等的产权保护。

2. 国有企业产权保护具有“强政府”色彩，国有资产划转具有较大的随意性

由于国有企业内部治理机制不完善，现在国有企业尚不能通过完善的治理机构来加强企业产权保护，国有企业产权保护具有“强政府”色彩，

---

① The world bank and IFC, Doing Business 2014: Understanding Regulations for Small and Medium - Size Enterprises, http://www.doingbusiness.org.

即主要通过执行外部的相关政府部门的规章制度来达到国有资产产权保护目的。而外部的行政法规往往采取“一刀切”的方式来进行产权保护，效率很低。例如，按照国资委规定，企业国有产权转让首次信息公告时的挂牌价不得低于经备案或者核准的转让标的资产评估结果。如在规定的公告期限内未征集到意向受让方，转让方可以在不低于评估结果90%的范围内设定新的挂牌价再次进行公告。如新的挂牌价低于评估结果的90%，转让方应当重新获得产权转让批准机构批准后，再发布产权转让公告。为此，不少资产评估机构为避免“犯错误”，执行“宁左勿右”政策，倾向高估企业国有产权价格，这致使一些具有良好意向和交易前景的产权交易因价格硬性规定问题无法达成交易，最终牺牲了交易和重组的效益。

另外，企业国有资产又成为某些政府部门的“唐僧肉”，产权无偿划转具有随意性，受人为因素影响大，这在地方国有企业中尤为甚。在强势政府条件下，一些国有企业不敢将优势板块业务做大做强，以免成为某些政府机构或领导眼中的“唐僧肉”，而被划转至其他企业中去。尽管国有企业之间的产权划转并不涉及国有资产流失问题，但是产权划转的不规范和随意性，不利于激励在位的企业经营者积极性的发挥，实际上也是一种变相的产权侵害和国有资产流失。

3. 民营企业产权存在显性的和隐性的被侵害问题

尽管党的十七大就已经明确提出要“平等对待不同的所有制经济，促进各种所有制经济共同竞争”，近年来，政府又陆续出台了一系列鼓励民营经济发展的政策，但总体上看，由于在政策具体实施过程中，民营企业面临“玻璃门”“弹簧门”“旋转门”等各种隐性壁垒，政策的实际执行效果并不明显。例如，一些主管部门在项目审批过程中对民营企业实行歧视性审批，一些地方政府对于国有企业在土地、税收和户口指标等方面提供各种补贴和优先安排，而民营企业难以享受，一旦国有企业转变为民营企业，就失去了“政策红利”，从而加大了民营资本成为混合所有制企业控股股东的制度成本。

近年来，我国加大了淘汰落后产能的工作力度，这项工作推进过程始终比较缓慢，主要的一个问题是补偿不足，对民营企业产权权益不够尊重，导致阻力很大。例如，淘汰落后产能中央奖励标准是炼铁25万元/万吨，水泥20万元/万吨，平板玻璃4.5万元/万吨，而建设钢铁、水泥、浮法玻璃的投资分别是500万元/万吨、400万元/万吨、85万元/万吨，补偿尚不足建设投资的1/10。显然，企业尤其在民营企业淘汰落后产能没有积极性。

历史上，由于体制和政策原因，一些民营企业被迫戴上所谓的“红帽子”，产权界定不清楚，极易受到侵害，这为日后企业发展带来严重的危害。所谓“红帽子”企业，即本质上是私人集资甚至独资的民营企业，却直接注册或挂靠在某个机关企事业单位而变成法律上的国有、集体或混合所有制企业。这种情况主要出现在20世纪80年代，民营业主的动机一方面是寻求政治和法律上的安全保护，另一方面也是为了获得国家和地方政府的政策支持，例如优惠政策、贷款担保、摊派减少等。由于经济转轨中存在着“灰色市场”，而政府在筹集资本、取得营业执照、解决合同纠纷方面具有更高效率，因此私人产权让渡部分控制权和收益往往会提高收益。但是，这是以“模糊产权”为代价的。这种产权虽然在一定程度上为民营业主提供了一定的政策好处，使得私人资本在其倍受歧视和打压的环境下得以存续和发展，但是也为后来在改制过程中许多此类民营业主产权受到所挂靠机关企事业单位的损害埋下了伏笔。

4. 中小股东权益保护仍不足

我国对于大公司中的中小股东权益保护力度仍有待提高。例如，尽管新公司法引进了累积投票制，使中小股东的权利在一定程度上得了加强，取得了在董事会、监事会相当分量的话语权，但是大股东操纵和控制公司的局面却未能得到根本改变。新《公司法》第100条第3款规定：单独或合计持有公司股份10%以上的股东可以请求召开临时股东大会。此条规定了我国公司中股东的临时股东大会召集请求权与自行召集权，对于保护中小股东的权益表面上看起来非常有利，但是实质上该条规定却存在以下不足：其一，10%的持股比例太高，不切合我国上市公司的股权实际。我国目前的上市公司中，国家股及法人股过分集中，社会公众股在总股本中所占比例小，且还存在着社会公众股东人数众多、地域分散、人均持股数量少等特点，在一般情况下要联合10%股份的股东共同行使临时股东大会召集请求权是很不容易的。其二，如果经持有10%股份的股东提议后，董事会仍拒不召集股东大会时该如何处理法律亦未作出具体的规定，而公司法只规定董事会有召集股东会的权力，股东和监事只具有请求召集权而没有自行召集权。这实际上等于董事会实为股东会“合法地”剥夺了中小股东的股东大会召集请求权，中小股东的权益当然难以保障。总体而言，中小股东维权仍存在许多制度障碍，存在成本过高的问题。

5. 在一些垄断行业中存在同股不同权问题

比如在合资铁路方面，由于铁路总公司（原铁道部）过于强势，使得参与合资铁路的地方和其他投资者权益得不到基本的保障。在前些年的部省合资铁路建设中，原铁道部强行推出了统一集中调度、运输资源整合的委托运输管理“一刀切”模式，使合资铁路丧失了经营自主权，使得参与合资铁路建设的地方或其他投资者的股东权利受到侵害，即使参与铁路建设的地方或其他投资方是大股东情况下也是如此。

铁路部门实行委托运输管理，以“保安全、保畅通”为由，严重侵害其他股东的合法权益，具有多重的负面效应。一是合资铁路的法人财产权不能得到有效维护，合资铁路公司的物资设备等资产边界不清晰，受托的资产均被路方统一集中调配使用，合资公司利益被暗中转移，侵害股东权益的现象时有发生，20 世纪 90 年代建成运营并实现盈利的三茂、广梅汕、达成、西延、合九等合资铁路在 2008 年被委托管理后，全部由盈利变成亏损。二是合资铁路丧失自主权，合资铁路回到国铁“大锅饭”体制。这是对 1992 年出台的《关于发展中央和地方合资建设铁路的意见》和 1996 年出台的《合资铁路管理办法（试行）》所确立的合资铁路各投资方“平等互利、等价有偿、利益共享、风险共担”原则和“自主经营、自负盈亏、自我发展、自我约束”改革探索的一种否定。三是受托铁路站段没有开展客货营销的压力和积极性，片面强调“保安全、保畅通”侵蚀了合资铁路本可以通过多种经营而创造的经济效益。在委托运输管理职责和企业化经营职责不一致的情况下，合资铁路成为单纯的运输通道，合资铁路公司丧失了市场竞争主体资格。①

6. 产权交易市场化程度偏低

总体而言，我国产权交易市场作为新兴资本市场的重要组成部分，发挥了如下作用：第一，成为提供发现交易主体和发现交易价格的平台。通过“两个发现”实现资源的优化配置。第二，能够为上市公司以外的非上市企业以及各类经济实体提供融资服务，为政府服务，为企业保值增值、预防腐败提供保障。第三，形成了联合监管模式，国有产权交易已经

① 杨俊社：《关于促进合资铁路发展与改革的思考》，国有铁路投资公司联谊会会议论文，2014 年 11 月 6 日。

建立了由国资委、财政部、国家发改委、监察部、工商总局、证监会组成的“六部委”联合监管机制。目前，我国产权交易机构的业务以企业股权交易为主，涉及实物资产交易、科技产权交易、金融资产交易、排污权交易、涉诉资产交易、农村产权交易、林权交易、矿权交易、黄金业务交易、文化产权交易、股权托管业务交易等项创新业务。

尽管如此，我国产权交易仍存在以下三方面的问题：一是没有完全形成进场交易的自觉行为。虽然不少省区出台了地方性的政策规范，要求国有产权进场交易，但进场交易尚存在地域差距，没有普遍形成自觉行为，如国有企业实物资产，涉诉资产，但执行难以到位，效果也不理想。二是社会各界对产权交易的市场化运作及其市场功能不理解，将产权交易机构作为政府强制设置的处置国有资产的平台，带有行政性职能。或者没有认识到产权交易机构是组织实施产权交易有序运行的平台，误认为是一种交易方式，与拍卖、招投标单位混为一体。这种认识上的偏差，导致国有产权交易市场化进程困难。三是产权转让中还存在地域性本位性倾向，使得竞争往往不够充分；一些主管部门、转让方和标的企业在对买受人的条件设置中有限制性即排他性条款，或者事前已经内定了转让对象，对产权交易机构形成了强势压力；市场定位、交易机构、交易运行组织模式、市场监管、行业自律、交易手段特别是网络竞价体系等尚没有形成全国统一的规范性制度安排。

第三节　完善产权保护制度的建议

基于产权理论，结合十八届三中全会精神和我国经济社会发展的实际，针对我国产权保护方面存在的主要问题，提出如下完善产权保护的建议。

一　不因片面强调产权保护而阻碍混合所有制改革进程，应避免国有资产体制性流失

我国企业改革的历程表明，发展混合所有制顺应时代发展趋势，可以减少政府干预，推动完善公司治理，激发企业发展活力。但从操作层面看，在混改过程中确实可能引发国有资产流失问题。例如，对国企的品牌、技术、市场地位等无形资产评估困难，中介机构不规范易导致国有资

产低估，员工持股分配比例难以确定等，各种可能造成国有资产流失的因素的存在，让混合所有制改革尚处在酝酿阶段。

据新浪财经的一项调查，近八成网民（79.7%）关注混合所有制改革，而有超过半数的网民（52.5%）担心混合所有制改革会造成国有资产流失（见图12－1）。可见，混合所有制改革中的国有资产流失问题是全社会普遍关注的问题。而事实上，在上一轮国企改革中出现的国有资产流失问题更加重了人们对这个问题的担心。

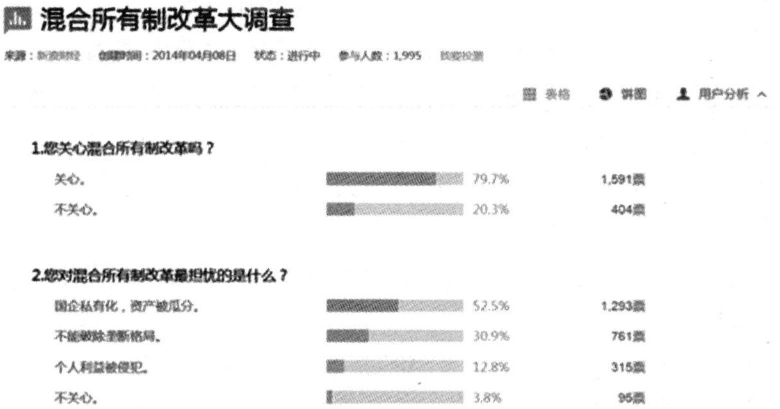

图12－1　混合所有制改革网站调查

资料来源：新浪财经（http：//survey. finance. sina. com. cn/result/91916. html），2015年1月8日。

要推进国有企业改革，发展混合所有制要高度重视操作层面的问题，关键在于要做到程序规范和合理定价。现在国有资产定价是一个比较困难的事情。资产评估通常是对单项资产进行估价，难以体现国有资产的整体价值——对国有企业的品牌、技术、渠道、市场地位等无形资产还缺乏科学的评估方法；在社会诚信度整体较低、中介机构不规范的情况下，国有资产容易被低估，造成隐性的国有资产流失。在发展混合所有制过程中，程序合规是必须遵循的首要原则。虽然不能保证遵守程序就一定不会有问题，但不遵守程序就一定有问题。在国有企业改革中，应规范国有企业改制重组审批手续，优化资产评估、清产核资、财务审计、底价确定、交易管理等程序，防止国有资产流失。针对国有资产在交易过程中有可能引发的资产流失，要严格执行产权挂牌交易，统一进入产权交易所进行。

尽管改革可能引发这样或那样的国资流失，但发展混合所有制不应“因噎废食”，拖延改革恐将造成更大的流失。因为，与交易过程中的资产流失相比，“体制性流失”问题和规模可能更大。不可否认，因制度性缺陷，一些国有企业高管不负责任地盲目投资，项目投产之日即是亏损之时；管理不善造成跑冒滴漏，任凭国有资产“风吹雨淋”；没有效益增长的目标考核，坐视国有资产坐吃山空，都会造成严重的体制性流失。

需要看到，与上一轮改革相比，国企改制的法律法规已较为健全，资本市场、产权市场的渠道已较为畅通，互联网的快速发展强化了公众监督，尤其是中央反腐的高压态势，也让那些企图假改革以自肥者望而却步。只要坚持程序规范、透明，市场定价机制进一步完善，主动接受社会和职工监督，大规模、大范围的国资流失是可以避免的。

二　加大产权保护力度，并对各种类型企业各类投资者产权实施一视同仁的保护

不论对于什么性质的企业，不论对于企业中什么性质的股东，为了加强产权保护，防止产权受到侵害，法律法规建设都应该按照“归属清晰、权责明确、保护严格、流转顺畅”的原则来推进。

在国有企业混合所有制改革过程中，要在完善相关的法律、法规、规范性文件方面，对公有资本与非公有资本实施平等的保护，公有资本与非公有资本都可以平等参与市场竞争，平等利用生产要素等各种资源；改革的程序、方法、政策等都要公开；在执法或执行相关规范性文件规定时，要公正对待所有的投资者，不能只是单方面保护国有或公有投资者。在公有股权或公有资产定价方面，要遵循公开、公允和市场化的原则，存量公有产权或资产的出让要通过公开市场操作，由市场决定产权或资产的价格。在具体的操作过程中须采取七项措施：明晰产权关系；搞好产权登记；完善公司章程；规范公司治理；强化资产评估；规范产权流转；加强资产监管。

为防止混合所有制企业中的不同所有制主体产权侵害事件的发生，混合所有制改革的“顶层设计”是否科学就很关键。其要点大致如下：一是国有企业在实行混合所有制改革过程中，在选择混合所有制对象时，要

引入竞争机制。如果没有真正的竞争机制，就难以避免国有资产流失的风险。二是混合所有制企业中的股权比例，以相对控股为最好的选择。三是混合所有制在不同行业混合途径应有所差异，在垄断性行业应主要是“民混国”即民营资本进入国有企业，甚至处于相对控股地位，打破垄断；在竞争性行业主要是“国混民”即国有资本进入民营企业，提高国有资本的活力和回报率。

三　完善公司治理机制，通过公司治理机制加强企业产权保护

加强产权保护，从根本上说，是应该从企业治理层面上推进，即建立现代企业制度，通过完善公司治理结构，建立运转协调、制衡有效、保障平等的公司治理机制来达到产权保护的目的。对于国有企业的产权保护，政府相关部门要少干涉企业内部的事务，对于企业的产权转让、兼并重组也要充分尊重企业董事会和管理层的决定。

为形成合理的公司治理机制，在混合所有制企业中，特别需要鼓励和引导国有企业和非国有企业合资成立或者由国有企业或者由非国有企业股东相对控股的混合所有制企业。这样，既有利于摆脱行政部门对国有企业的干涉，又有利于发挥民营企业机制的灵活性，对于决策科学也有帮助。中联重科的混合所有制实践是一个值得推广的模式。中联重科混合所有制改革的成功在于股权的多元化和公司治理结构的科学性和可持续性。不论是管理层、国有股东还是境外资本，所占股份都在20%以下，特别是管理层，股权比率不到6%。相比于国有股一股独大或私人股一股独大的股权结构，中联重科实现的混合所有制，股权合理分散，股东相互制衡，既避免了国有股东因为股权比率过高，形成对企业经营管理的行政干预，也有效控制了管理层持股比率过大、形成不利于企业发展的内部人控制。

四　大力推进产权交易市场建设，提高产权交易市场化程度

产权市场是促进国有资本和不同社会资本联合的“婚姻介绍所”。产权交易所为非公经济参与国有资产的改制、重组提供了运作平台，是民资的入口、外资的桥梁。狭义的产权市场是“两非”（“非公众、非标准”）的资本市场，需要在公开透明、阳光操作上加强监管和制度建设。

针对我国产权交易中存在的问题，要大力推进产权交易进场交易、公开透明。一是国有资产交易原则上都应该通过具备资格的产权交易所进

行；二是产权交易所要独立，地方政府不得干预产权交易所正常交易业务；三是产权交易要打破地区限制，建立全国统一规范的交易市场，实行统一信息披露、统一交易规则、统一交易系统、统一过程监测。

与此同时，还应研究建立产权市场与证券市场产品流通的渠道，将产权变成证券化产品，实现产权上市流通，促进产权交易，落实证监会《关于规范区域性股权交易市场的指导意见（试行）》，打造区域性股权市场，为行政区划内中小微企业提供股权、债券的转让和融资服务。

五　完善制度，保护中小企业股东的合法权益

建立与完善能够保障中小股东合法权益、话语权的公司治理制度，进一步修改完善《公司法》，比如，参照国外公司立法的标准，适当降低行使临时股东大会召集请求权的持股标准，从10%降低为3%或5%。实行关联交易中的关联股东的决策回避、控股股东与上市公司实行“五独立”（人员、资产、财务、机构、业务），控股股东不得占有和支配上市公司资产或干预上市公司对该资产的经营管理，不得干预公司的财务和会计活动，控股股东及其职能部门与上市公司及其职能部门之间没有上下级关系，控股股东要避免同业竞争，以及完善独立董事制度、专门委员会制度、绩效评价与激励约束制度、信息披露制度等。借鉴国务院《关于进一步加强资本市场中小投资者合法权益保护工作的意见》，在非上市的混合所有制企业中根据实际情况参照运用。这种治理制度要保障的不仅是在国有控股的混合所有制企业的非国有中小股东的合法权益和话语权，也要保障在非国有资本控股的混合所有制企业中的国有小股东的合法权益和话语权。

第十三章　国有资产管理体制改革

国有资产管理体制是推进我国国有经济布局战略性调整的重要体制载体。一方面，国有经济布局的战略性调整要求国有资产管理体制发生相应的变化并与之相适应；另一方面，国有资产管理体制改革的深化又为国有经济布局的战略性调整提供了体制保障。本章的研究对象为狭义的国有资产管理体制，即经营性国有资产管理体制。本章的结构安排如下：首先，对国有资产管理体制的相关概念进行了界定，并对其改革历程进行了梳理；其次，对国有资产管理体制的现状进行了分析，并对其存在的问题进行了深入的研究；再次，对党的国有资产管理体制理论进行了系统的阐释，并对国有资产管理体制目标模式的原则、内容和实施步骤提出了具体的思路和方案；最后，指出了进一步深化国有资产管理体制改革的重点和难点。

第一节　概念界定与改革历程

一　国有资产与国有资本

国有资产是指属于国家所有的各类财产和财产权利的总和。国有资产有广义和狭义之分。广义的国有资产一般可划分为由国家对企业的出资所形成的权益，即企业国有资产或称经营性国有资产；由国家机关、国有事业单位等组织使用管理的行政事业性国有资产；以及属于国家所有的土地、矿藏、森林、水流等资源性国有资产。狭义的国有资产则仅指企业国有资产即经营性国有资产。

我国对“企业国有资产”概念的认识经历了从“资产”到“资本”

的过程。[①] 从目前的相关政策文件来看，“企业国有资产”等同于“企业国有资本”。例如，根据全国人大常委会法制工作委员会对《企业国有资产法》的释义，企业国有资产是指国家对企业的出资所形成的权益，即作为出资人对其出资的企业享有的资产收益、参与企业重大决策和选择企业管理者等权利，而不是指国家出资企业的厂房、机器设备等不动产和动产。[②] 2004 年国资委发布的《企业国有资产保值增值结果确认暂行办法》中规定：“本办法所称企业国有资本，是指国家对企业各种形式的投资和投资所形成的权益，以及依法认定为国家所有的其他权益。对于国有独资企业，其国有资本是指该企业的所有者权益，以及依法认定为国家所有的其他权益；对于国有控股及参股企业，其国有资本是指该企业所有者权益中国家应当享有的份额。”

进一步来说，“企业国有资产”并非会计学上的“资产”的概念，而是经济学上的“资本”的概念。根据会计平衡公式，资产 = 负债 + 所有者权益。其中资产位于等式的左方，指的是企业过去的交易或者事项形成的、由企业拥有或者控制的、预期会给企业带来经济利益的资源。[③] 经济学中的资本指的是投资者投入企业的资源，强调的是投资者对投入资源所拥有的权益，相当于等式右方的所有者权益部分。资本对应的是所有权，而资产对应的是企业法人财产权。由此可见，从国家所有权的角度，应该使用“国有资本”一词更为恰当。但由于我国习惯上一直用“国有资产”一词代替“国有资本”，故本章仍沿袭这一用法。

二　国有资产管理体制及其改革历程

国有资产管理体制是关于国有资产管理机构设置、管理权限划分和确定调控管理方式等方面的基本制度体系；是涉及国有资产的管理、监督、运营，以及国家投资企业的公司治理等多方面相互联系又相互制约的体制和机制。它是国民经济管理体制的有机组成部分，是国民经济管理过程中产权关系的具体表现形式，也是国家所有制的具体实现形式。[④] 国有资产

① 张冀湘：《企业有序活力论》，经济科学出版社 1999 年版。

② 安建：《中华人民共和国企业国有资产法释义》，法律出版社 2008 年版。

③ 《企业会计准则——基本准则》，第二十条。

④ 陈清泰：《深化国有资产管理体制改革的几个问题》，《管理世界》2003 年第 6 期；顾功耘、罗培新：《经济法前沿问题》，北京大学出版社 2011 年版。

管理体制包括宏观和微观两个层面。其中宏观层面反映政府内部所有者的权能关系，微观层面反映政府与企业之间的产权关系。[①]

改革开放以来我国的国有资产管理体制改革是与我国的国有企业改革密切相联的渐进式的自上而下的改革。其历程大致可以划分为以下三个阶段。[②]

第一阶段是1978—1988年，为政企分开阶段。改革的重点是在政府与企业之间进行行政性分权，改革的主要手段是国家对企业实行放权让利，改革的主要内容包括：实行政府简政放权、对企业进行减税让利，调整国家与企业分配关系，实行两权分离、政企分开，扩大了国有企业的经营自主权；在中央与地方政府之间进一步分权，改变了国有资产中央政府集中管理做法，下放部分企业给地方政府管理；确立国有企业独立的经济实体地位，明确企业应实行自主经营、自负盈亏、自我发展；实施了租赁经营制、承包责任制、生产经营责任制等多种国有资产经营方式等。这一阶段对国有资产管理体制改革的探索是积极的，但改革仍然没有摆脱旧的计划经济的框架，仅是一种浅层次的微观层面上的改革，并没有触及宏观层面的国有资产管理体制，也没有明确区分国家作为社会经济管理者和国有资产所有者的双重身份，更没有提出国有资产管理的职能划分问题。

第二阶段是1988—2002年，为政资分开阶段。1988年国务院决定成立国家国有资产管理局，以便行使对国有资产的管理职能。国有资产管理局的成立旨在对国有资产实行统一管理，实现政府对国民经济的管理职能与作为国有资产所有者职能的分离。但是由于国家政府机构改革的束缚，这一目标并没有实现。1998年该机构被撤销，其国有资产的管理职能被并入财政部。1993年的十四届三中全会明确了对国有资产实行"国家统一所有、政府分级监管、企业自主经营"的管理体制。这标志着在政企分开之外，国家首次提出了政资分开的要求，将改革的重点定为实施政府的社会经济管理职能和国有资产所有者职能的分离。1999年十五届四中全会提出应"按照国家所有、分级管理、授权经营、分工监管的原则，

---

① 张卓元、郑海航：《中国国有企业改革30年回顾与展望》，人民出版社2008年版。

② 将国有资产管理体制改革划分为政企分开、政资分开和资企分开三个阶段的依据是该阶段的政策导向以及政策的主要成效。实践中这三个方面的改革虽然在不同的阶段各有侧重，但始终是相互交叉、共同推进的。

逐步建立国有资产管理、监督、运营体系和机制，建立与健全严格的责任制度”，第一次明确提出了国有资产“授权经营”的概念，使国有资产管理体制改革进入了更深的层次。这一阶段的改革取得了明显的成就，主要体现在以下几个方面：一是成立了专门的国有资产管理机构，在一定程度上为今后统一分散在各部门的国有资产管理权打下了基础。二是提出了建立国有资产经营预算的任务，先后建立了企业资本金制度和项目资本金制度，提出了国有资产保值增值的管理目标。三是区分了政府的社会管理和国有资产管理的双重职能，将国有资产管理体制改革引入政府层面。四是探索了产权制度改革和公有制实现的多种形式，明确提出了建设社会主义市场经济和实行现代企业制度的方向。五是提出了对国有企业实行“抓大放小”的思路和国有经济进行战略性调整的方针，建立了国有资产监督管理和运营体制的目标。

第三阶段是2002年至今，为资企分开阶段。2002年十六大提出“继续调整国有经济的布局和结构，改革国有资产管理体制”，“建立中央政府和地方政府分别代表国家履行出资人职责，享有所有者权益，权利、义务和责任相统一，管资产和管人、管事相结合的国有资产管理体制”，“关系国民经济命脉和国家安全的大型国有企业、基础设施和重要自然资源等，由中央政府代表国家履行出资人职责”，“中央政府和省、市地两级地方政府设立国有资产管理机构”。2003年10月，党的十六届三中全会通过的《中共中央关于完善社会主义市场经济体制若干问题的决定》提出四项任务：建立国有资本经营预算制度和企业经营者业绩考核制度；积极探索国有资产监管和经营的有效形式，完善授权经营制度；建立产权交易规则和监管办法，产权有序流转；建立国有金融资产、非经营性资产和自然资源性资产的监管办法。2008年党的十七大报告提出，要优化国有经济的布局和结构，增强国有经济的活力、控制力和影响力，加快建设国有资本经营预算制度，完善各类国有资产管理制度和体制。2013年十八届三中全会进一步提出“完善国有资产管理体制，以管资本为主加强国有资产监管，改革国有资本授权经营体制，组建若干国有资本运营公司，支持有条件的国有企业改组为国有资本投资公司。国有资本运营要服务于国家战略目标，更多投向关系国家安全、国民经济命脉的重要行业和关键领域，重点提供公共服务、发展重要前瞻性战略性产业、保护生态环境、支持科技进步、保障国家安全”，“提高国有资本收益上缴公共财政比例，2020 年提到 30%，更多用于保障和改善民生”，“准确界定不同国有企业功能”，“健全协调运转、有效制衡的公司法人治理结构”。这一阶段，党对国有资产管理体制提出了总的构建，可以概括为：第一，建立三级出资人制度，即中央政府和地方政府分别代表国家行使出资人职责，享有出资人权益，形成权、责、利明确的中央、省和区级市三级国有资产管理体制。第二，国有资产管理，实行管人、管事和管资产相结合。第三，建立三级架构经营，是指形成了国资委—国有资产经营公司（国有控股公司）—国有企业三个职权分工明确的层次，即国资委负责国有资产监管，同时保证政府职能不错位；国有资产经营公司负责国有资本经营，但不干预国有资产的生产经营，保证出资人既不缺位，又不越位；国有实体企业负责生产经营，拥有独立的法人财产权。

前期的国有资产管理体制改革取得了显著成效，初步解决了国有企业“出资人”缺位的问题，使国有资产多头管理以及政资不分的问题得到了缓解，极大地增强了企业的自主权，提高了企业的效益。2003—2011 年，全国国有企业实现营业收入从 10. 73 万亿元增长到 39. 25 万亿元，年均增长 17. 6%；实现净利润从 3202. 3 亿元增长到 1. 94 万亿元，年均增长 25. 2%；上缴税金从 8361. 6 亿元增长到 3. 45 万亿元，年均增长 19. 4%。截至 2011 年底，全国国有企业资产总额 85. 37 万亿元，所有者权益 29. 17 万亿元，分别是 2003 年的 4. 3 倍和 3. 5 倍。①

第二节　国有资产管理体制现状及存在问题

一　国有资产管理体制的现状

经过前几个阶段的改革，我国国有资产管理体制的基本框架已经初步确立，国有资产管理不同主体的权利和责任基本明确，各项监督管理制度逐步健全，国有资产管理日益规范并纳入法制轨道。特别是自 2003 年以后，中央和地方先后成立了专门的国有资产监督管理部门，国有资产管理的专业化、系统化和制度化水平有了很大提高。目前的国有资产管理体制无论是在宏观层面还是微观层面、组织建设方面还是制度建设方面都取得

① 王勇：《国务院关于国有企业改革与发展工作情况的报告》，中国人大网，http：//www. npc. gov. cn/npc/xinwen/2013 －10/26/content_ 1740994. htm，2012 年 10 月 26 日。

了很大进步。

第一，国有资产管理体制的基本框架初步确立。一是明确了国有资产属于国家所有即全民所有，国家或全体人民是国有资产的所有者，统一行使国有资产的所有权。二是为了解决国家所有权的“虚置”问题，建立了国有资产的出资人制度。一方面，由国务院代表国家行使国有资产所有权；另一方面，由国务院和地方政府分别代表国家履行出资人职责，享有出资人权益。国务院确定的关系国民经济命脉和国家安全的大型国家出资企业、重要基础设施和重要自然资源等领域的国家出资企业，由国务院代表国家履行出资人职责，其他的国家出资企业由地方政府代表国家履行出资人职责。① 三是设立了专门的国有资产监督管理机构。规定中央政府和省、市（地）两级地方政府分别设立专门的国有资产监督管理机构，根据本级政府的授权代表本级政府具体履行出资人职责。企业国有资产较少的设区的市、自治州可以不单独设立国有资产监督管理机构。② 国务院和地方人民政府根据需要，可以授权其他有关部门、机构代表本级政府对国家出资企业履行出资人职责。③ 四是实行国有资产授权经营。按照《企业国有资产管理暂行条例》的规定，国有资产监督管理机构可以对所出资企业中具备条件的国有独资企业、国有独资公司进行国有资产授权经营。④ 所谓“国有资产授权经营”是指经国有资产监督管理机构的授权，被授权企业对授权范围内的国有资产依法经营、监管，对其全资、控股或参股企业的国有资产行使所有者职能。⑤

第二，国有资产管理不同主体的权利和责任基本明确。国有资产管理的主体主要包括各级人大常委会、中央和地方政府、国有资产监督管理机构以及国家出资企业四大类。按照相关法律的规定，人大常委会作为立法机关的职责是听取和审议本级政府关于国有资产监督管理的专项报告，组织对《企业国有资产法》的执法检查。政府作为出资人对其授权的国有资产监督管理机构的履职情况进行监督，并依法向社会公布国有资产状况

① 《中华人民共和国企业国有资产法》，第三条、第四条。

② 《企业国有资产监督管理条例》，第六条。

③ 《中华人民共和国企业国有资产法》，第十一条。

④ 《企业国有资产管理暂行条例》，第二十八条、第二十九条。

⑤ 《企业国有资产监督管理暂行条例》起草小组：《企业国有资产监督管理暂行条例释义》，中国法制出版社 2003 年版。

和国有资产监督管理工作情况。国有资产监督管理机构根据本级政府的授权，依法履行出资人职责，对企业国有资产进行监督管理，对下级政府的国有资产监督管理工作进行指导和监督，同时具有指导推进国有企业改革和重组、推进国有企业的现代企业制度建设、推动国有经济结构和布局的战略性调整等义务。国家出资企业享有法律、法规所规定的经营自主权，对出资人负责（见图 13 - 1）。

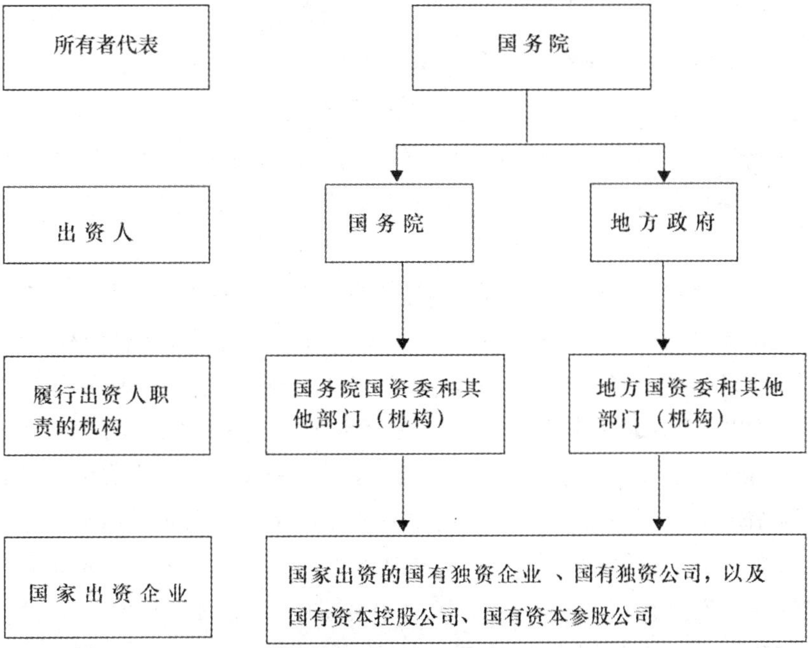

图 13 - 1　国有资产管理体制的基本框架

资料来源：根据《企业国有资产法》绘制。

第三，国有资产管理日益规范并纳入法制轨道。首先，国有资产的各项监督管理制度不断健全。国务院国资委成立后建立和优化了一系列的相关制度，内容涉及企业规划发展、财务监督和统计评价、产权管理、收入分配、业绩考核、安全生产与节能减排、收益管理、干部管理、监事会监督、董事会建设、党群工作、纪检监督、企业法制、社会责任与协会建设、对地方国有资产监督管理部门的指导等各个方面，基本建立起了较为全面的国有资产监督管理制度体系。[①] 其次，在法制建设方面，自 1988 年以来，我国先后颁布了《全民所有制工业企业法》《公司法》《国有企业财产监督管理条例》《国有企业监事会暂行条例》等涉及国有资产管理的法律和法规。2003 年颁布的《企业国有资产监督管理暂行条例》是我国第一部国有资产管理的专门性行政法规。在此基础上，2008 年又通过了《企业国有资产法》，成为我国第一部关于国有资产管理的综合性立法。国有资产管理法律体系的建立为国有资产管理的法制化奠定了基础。

二　国有资产管理体制存在的问题

虽然改革的大方向是正确的，但改革在实践中遇到诸多阻力，改革的不彻底带来了大量遗留问题。改革后的新体制中的具体制度之间以及新体制与整个经济体制之间还不完全相适应，因而又产生了一些新的问题。

第一，国有资产管理体制还不统一。[②] 首先，中央金融企业国有资产缺乏明确的出资人。按照有关规定，财政部负责对中央金融企业国有资产的基础管理。中央金融企业国有资产转让、划转处置管理由财政部负责。[③] 中央汇金投资有限责任公司以出资额为限代表国家依法对其所投资的国有重点金融企业行使出资人权利，履行出资人义务。中央汇金公司的重要股东职责由国务院行使。其次，中央文化企业由财政部履行出资人职责，由财政部中央文化企业国有资产监督管理领导小组办公室负责具体的监督管理工作。最后，还存在大量的中央部门（单位）管理的企业。对于这部分企业，由所属中央部门（单位）负责其国有资产的管理和保值增值，由财政部负责基础管理工作。此外，国务院授权财政部对中国烟草总公司、中国铁路总公司、中国邮政集团公司履行出资人职责以上这些企业的改制和转制工作尚未完成，与原属政府管理部门尚未实现真正的政企

---

① 国务院国资委政策法规局：《国务院国有资产监督管理委员会规章规范性文件汇编（2003—2012）》，经济科学出版社 2013 年版。

② 本节的分析主要以国家层面的国有资产管理体制为对象。实践中一些地方已经建立了较为统一的国有资产管理体制。

③ “中央金融企业”在一些文件中专指由财政部监管的金融企业。此外，根据中央编办函［2003］81 号文件，国资委监管的国有企业在金融类企业的国有资产的转让、划转由国资委依法履行出资人职责。

分开，对这些企业所涉及的国有资产管理体制还需要进一步深化改革。国有资产管理体制不统一造成经营性国有资产的管理在不同政府部门之间割裂开来，出现了交叉管理和管理真空等问题（见表13－1）。

表13－1　　中央国有企业及其国有资产监督管理机构

中央国有企业	国有资产监督管理机构
113家央企	由国务院国资委对其履行出资人职责
中央金融企业	财政部金融司负责国有资产的基础管理，包括对国有资产转让和划转处置的管理。中央汇金有限责任公司对其所投资的国有重点金融企业履行出资人职责
105家中央文化企业	由财政部履行出资人职责，由财政部中央文化企业国有资产监督管理领导小组办公室负责具体的监督管理工作
中国铁路总公司	由财政部代表国务院履行出资人职责
中国烟草总公司	出财政部代表国务院履行出资人职责
中国邮政集团公司	暂由财政部代表国务院履行出资人职责
79个中央部门（单位）管理的企业共11195户	由所属中央部门（单位）负责国有资产管理和保值增值，由财政部负责基础管理工作

资料来源：中央机构编制委员会办公室关于金融类企业国有资产管理部门职责分工的通知（中央编办函［2003］81号）；中央汇金投资有限责任公司网站；《关于中央行政事业单位所属企业国有资产监管工作归口管理的通知》（财办［2010］35号）；国务院办公厅转发发展改革委等部门关于进一步理顺烟草行业资产管理体制深化烟草企业改革意见的通知；财政部关于烟草行业国有资产管理若干问题的意见（财建［2006］310号）；国务院关于组建中国铁路总公司有关问题的批复国函［2013］47号；国务院关于组建中国邮政集团公司有关问题的批复（国函［2006］79号）；财政部网站；国资委网站；《中国国有资产监督管理年鉴》（2012）。

第二，国有资产管理不同主体之间的关系没有完全理顺。一是国有资产的所有者与作为国有资产的所有权代表的国务院之间的关系问题，以及后者与国有资产的出资人之间的关系问题。目前，作为国有资产所有者的国家和全体人民与所有权代表之间的信托关系没有得到充分体现；对行使国有资产所有权的机构和所有权的内容也没有具体的规定。这就导致一方面国有资产的所有者缺乏对所有权代表的监督，另一方面所有权代表在代表所有人行使所有权时具有较大的任意性，并进而造成现实中出资人权与所有权之间的界限模糊，出现交叉地带，具体表现在作为出资人的政府行使了很多原本属于所有权代表的职能。二是作为国有资产出资人的政府与履行出资人职责的国有资产监督管理机构（主要是国资委）之间的关系问题。所谓出资人就是向企业投入资本的人，依据《公司法》，出资人即股东的权利包括资产受益权、重大事项表决权和选择经营者三项权利。[①]国有资产监督管理机构作为具体履行出资人职责的机构，应在本级政府的授权范围内代表本级政府履行出资人的职责。[②] 但是根据相关的法规，作为出资人的政府对具体履行出资人机构的国有资产监督管理机构的授权却超出了出资人权利的范围，[③] 这就造成了国资委定位的模糊。具体表现在该机构同时兼具出资人和公共管理者的双重职能，承担了大量宏观经济管理的任务。此外，党政机构也将国有资产监督管理机构当成向国有企业提出要求和指令的漏斗，使得国有资产监督管理机构的职能进一步模糊。三是不同层级的国有资产出资人之间的关系问题。我国的国有资产管理体制中设置了国务院、省（自治区、直辖市）人民政府以及设区的市（自治州）人民政府三级出资人。[④] 三级出资人之间不存在上下级关系，它们分别代表国家对国家出资企业履行出资人职责，享有出资人权益。但是，目前不同层级的出资人之间对国有资产的管辖权还缺乏具体的划分办法，不同层级出资人所管辖的国有资产的界限还比较模糊，对于不同层级的政府共同出资的企业如何管理也还没有明确，这就导致国有资产在中央和地方的布局不能实现有效的调整。一方面，大量的关系国家全局利益的国有资产由地方政府管理，影响了中央政府对这部分国有资产的控制力；另一方面，当不同层级的政府在其所出资企业涉及的利益出现冲突时，上一级政府出资人往往利用行政权力挤占下一级政府出资人的利益。四是不同层级的履行出资人职责的机构之间的关系问题。从国有资产管理体制的基本框架来看，不同层级的履行出资人职责的机构之间并不存在直接的关系。它们只需对作为出资人的本级政府负责，并在其授权范围内履行出资人职责即可。但相关法规规定上级政府国有资产监督管理机构依法对下级政府的国有资产监督管理工作进行指导和监督。[⑤] 国务院国资委也相应制定了对

---

① 《公司法》，第三十八条、第六十七条。

② 《企业国有资产法》，第十一条。

③ 《企业国有资产监督管理暂行条例》，第十三条。

④ 《企业国有资产监督管理暂行条例》，第五条。

⑤ 《企业国有资产监督管理暂行条例》，第十二条。

地方国有资产监管工作的具体指导监督办法。这种指导监督关系是由国务院授权给国务院国资委的出资人权利之外的权利派生出来的。由于缺乏明确的法律依据，上级政府国有资产监督管理机构对下级政府的相关指导和监督往往流于形式。再加上国有资产的所有权没有有效的实现途径，所有权代表缺乏对地方国有资产出资人的约束，地方国有资产的监督管理体制往往更加灵活，但也增加了这部分国有资产的监督管理风险。五是履行出资人职责的机构与国家出资企业之间的关系问题。虽然法律规定由国有资产监督管理机构具体履行出资人职责，但出资人权利目前仍由不同的部门分散行使。与此同时，该机构对国家出资企业的“指导”和“管理”已经涉及企业经营的各个方面。此外，国有资产监督管理机构自身的内部组织结构和管理体制仍然沿袭政府行政机关的模式。由于对国有资产授权经营的具体实施办法一直没有出台，在“由谁授权”“如何授权”以及“授什么权”等方面都没有明确的规定。在缺乏必要的约束机制的情况下，授权经营的不规范容易造成出资人权利受到侵蚀，继而导致国有资产所有权得不到切实的保障。而国家出资企业自身的改制还不彻底，企业公司治理结构还不健全，更加重了以上风险。

第三，国有资产各项具体的监督管理制度还不完善。一是制度的可操作性不强。由于国有资产监督管理各主体之间的关系没有理顺，各主体的定位没有明确，其权利和责任也没有得到清晰的界定。反映到制度层面，表现为各项制度中各主体的权利和责任不对等，对制度的执行缺乏有效的监督机制和追责机制，导致制度的可操作性不强，很多制度在实践中得不到有效的贯彻和落实。制度本身不完善导致国有资产监督管理中出现大量的灰色区域，为不同利益主体的寻租提供了机会。二是各项制度之间不完全相适应。国有资产管理相关的各项制度之间是相互制约、相辅相成的，不同制度之间应该相互协调、相互融合。现存制度之间存在一定的冲突和矛盾，严重影响了制度的有效运行，如现行企业领导人员的选任制度与市场化考核制度之间的矛盾；党对国有企业的领导制度与现代企业制度之间的矛盾；国家宏观调控制度与企业微观经营管理制度之间的矛盾等。三是制度的针对性不强。目前我国针对企业国有资产的管理采取“一刀切”的方式，所有类型的企业国有资产均适用一套管理制度。而目前的国有资产监督管理制度主要是针对竞争性企业国有资产制定的，企业国有资产的功能不同，其管理的目标和管理方式也应有所区别。例如，对于公益性国有资产，如果仍然使用单纯以营利性为目标的管理制度就会扭曲对企业管理者的激励，削弱该类国有资产应有的功能。四是部分领域的制度还没有建立起来。目前对于一些特定领域国有资产的监督管理制度还存在空白，例如，对市（地）级以下政府所属国家出资企业中的国有资产还没有制定相应的监督管理制度；对不同层级的政府或同一层级的不同政府共同出资的企业的国有资产监督管理制度还存在缺失；对境外企业国有资产的监督管理制度还处于探索阶段。

第四，国有资产管理的法制还不健全。一是由于改革的渐进性，相关法规仅对社会普遍关注，迫切需要通过立法解决，而且实践经验比较成熟的问题作出了规定；对改革过程中正在探索、实践经验还不成熟的问题采取了暂不规定或仅做原则性规定的做法。虽然这为进一步的改革留下了空间，但大量悬而未决的问题又为法律的执行埋下了隐患，在很大程度上削弱了法律的权威和实际作用。二是部分法律法规没有及时修订和完善，已经严重落后于实践发展的需要。例如，《国有企业监事会暂行条例》《国有资产监督管理暂行条例》已经十几年没有修订，相关法条已经不能反映国有企业改革新形势的要求；《全民所有制工业企业法》和《全民所有制工业企业转换经营机制条例》已经二十多年没有修订；对于按照《企业法》注册的国有出资企业，却要求按照与《公司法》一致的办法对其涉及的国有资产进行管理。这些法律的立法理念仍然建立在行政管理体制的基础之上，主要侧重对政府监管权利的保护，对如何规范政府行为和保障企业权益的规定较少。此外，法律条文中存在大量的任意性规定，普遍使用行政公文式的表述，在立法的结构和内容安排方面不够科学和严谨。三是国有资产管理的法律体系还不完整。包括《国有资产授权经营管理办法》《国有资产基础管理法》《境外国有资产管理法》等与《企业国有资产法》相配套的法律、法规还没有出台。四是相关的执法监督体系还需要进一步完善和巩固。例如，虽然《企业国有资产法》规定各级人大常委会负责对该法的执法监督，但并没有制定相应的执法监督程序；对执法部门没有制定规范的报告制度，对执法监督部门也没有建立相应的监督和责任机制。

以上问题产生的原因主要有以下几点：第一，我国国有企业改革选择的是渐进式改革的道路，不同领域改革的难易程度不同，改革的进展不一致，部分领域的国有企业改革滞后导致国有资产管理体制不统一。

第二，21 世纪初，国有企业改革进入大企业改革的攻坚阶段之后，决策层对国有资产管理体制寄予了过多的期望。国有资产管理体制本身所承载的制度内容已经超出了国有资产管理的范畴，涉及国有企业改革的方方面面，在国有资产管理政策的规划和制定方面与国有企业改革其他方面没有划定清晰的界限。第三，由于改革没有现成的经验可循，也没有成熟理论的指导，对国有资产管理体制的认识只能通过实践逐步提高。思想观念的束缚是制约国有资产管理体制改革前进的一个重要因素。第四，国有资产管理体制改革是在我国经济体制改革的大环境下进行的。其他社会制度，包括人民代表大会制度、国家行政管理体制、企业投融资体制、社会保障制度等方面改革的滞后阻碍了国有资产管理体制改革的进一步发展。例如，现行的政府政绩考核机制主要以总量经济指标和增长率指标为主，导致地方保护主义盛行，政府存在利用行政权力推动国家出资企业盲目扩张和干预企业投资行为的冲动。这些都不利于国有资产管理体制的进一步完善。

国有资产管理体制不完善严重制约了国有企业改革的发展，造成了国有资产布局不合理、运营质量不高、地区分布不平衡、国有资本对社会总资本的控制力有待提高以及国有资产流失严重等现实问题。

第三节　国有资产管理体制的目标模式

一　党对国有资产管理体制目标模式的理论探索

党的十四大确立了我国经济体制改革的目标是建立社会主义市场经济体制。在社会主义市场经济条件下，应该建立起什么样的国有资产管理体制，才能符合发展社会主义市场经济的客观要求，才会有利于国有资产的保值增值，有利于增强国有经济的活力、控制力和影响力，这是改革实践中需要研究的重大问题。随着国有企业改革的不断深化，国有资产管理体制改革不断推进。中央政府和地方政府对国有资产管理的组织形式、授权经营、监督模式等进行了一系列有益的探索和改革试点。党的历次全会《决定》总结了国有资产管理体制改革的实践经验，对社会主义市场经济条件下国有资产管理体制改革的目标模式进行了理论探索，其中的一些成果经过实践的检验，在条件成熟的情况下已被写入相关法律和法规。综合而言，对国有资产管理体制目标模式的理论总结可以归纳为以下几点。

第一，国有资产管理体制改革的目标是建立适应社会主义市场经济需要的国有资产管理体制。国有资产管理体制是我国经济体制的一部分，因此应该符合我国经济体制的发展方向。我国经济体制改革的目标是建立社会主义市场经济体制。这就规定了国有资产管理体制改革的总的目标是始终要保持与社会主义市场经济的发展相适应。这是从哲学高度对国有资产管理体制改革的总的要求。十五届四中全会指出："建立和完善社会主义市场经济体制，实现公有制与市场经济的有效结合，最重要的是使国有企业形成适应市场经济要求的管理体制和经营机制。"我国的《企业国有资产监督管理暂行条例》和《企业国有资产法》在第一章总则的第一条均对此进行了明确。

第二，国有资产管理体制改革的基本原则是实行政企分开、政资分开和资企分开。改革开放后，我国的国有资产管理体制改革是在计划经济体制下国有国营的企业管理体制基础上起步的。这就决定了国有资产管理体制改革的主要任务是按照经济体制改革和国有企业改革的要求正确处理政府与国有企业之间的关系。我国的国有资产管理体制改革先后经历了以政企分开、政资分开和资企分开为主的三个发展阶段。党的十二届三中全会提出"实行政企职责分开、简政放权"；十四届三中全会提出了"政府的社会经济管理职能和国有资产所有者职能分开的原则"；十六大提出"中央政府和地方政府分别代表国家履行出资人职责"，"享有所有者权益"，"实行所有权和经营权分离，使企业自主经营、自负盈亏"。实践证明，"政企分开、政资分开和资企分开"的基本原则是正确的，应该继续坚持下去。

第三，国有资产管理体制的核心是建立"国家所有，分级代表"，"权利、义务和责任相统一"，"管资产和管人、管事相结合"的国有资产出资人制度。我国是社会主义国家，宪法规定国有经济即社会主义全民所有制经济，民法通则规定国有财产属于全民所有。国家作为全体人民意志和利益的代表对国有资产享有占有、使用、收益和处分的权利。由于国有资产量大面广，形成的方式相当复杂，中央政府作为唯一的出资人，难以对全部国有资产实行有效的管理。由中央和地方政府分别代表国家行使出资人职责是一种比较符合实际的做法。1993 年党的十四届三中全会明确对国有资产实行国家统一所有、政府分级监管、企业自主经营的管理体制。1999 年十五届四中全会进一步提出了“国家所有、分级管理、授权经营、分工监管的原则”，并且指出“政府对国家出资兴办和拥有股份的企业，通过出资人代表行使所有者职能”。2002 年十六大提出“在坚持国家所有的前提下，充分发挥中央和地方两个积极性”，“中央政府和地方政府分别代表国家履行出资人职责”。由“分级管理”转向“分级代表”，目的是充分调动中央和地方两个积极性，进一步解放社会生产力。确立各级政府的出资人地位，明确各级政府管理企业国有资产的权利和责任，有助于消除过去中央统一管理，地方责、权、利不明确的弊端，强化国有资产管理的激励和约束机制，克服“出资人主体虚位”的现象，从而极大地推进了企业国有资产出资人制度建设。

权利、义务和责任相统一的法则，是任何一个社会经济组织能够正常高效运转的根本性法则。应进一步理顺各级政府行政管理部门的职能，改变过去那种拥有无限权力，却不承担相应义务和责任的运行体制，建立和明确国有资产出资人的责任主体。“管资产和管人、管事相结合”是企业国有资产出资人职责中不可分割的有机组成部分，也是落实“权利、义务和责任相统一”的基本前提。如果强行分割，则必然会出现谁都负责又谁都不负责的现象。党的十五届四中全会提出各级政府作为出资人代表“按出资额享有资产受益、重大决策和选择经营管理者等权利，对企业的债务承担有限责任”，十六大进一步提出了“权利、义务和责任相统一”，“管资产和管人、管事相结合”的原则。作为出资人代表的各级政府既享有出资人的资产收益、重大决策和选择管理者等权利，又应履行好出资人的义务，维护好国有资产所有者的合法权益，尊重企业的经营自主权，同时还应承担代表人民和国家履行好出资人职责、监督管理好国有资产的责任。

第四，应当设立专门的国有资产管理机构。传统计划经济体制下，国有资产管理的权利分散在中央各部门，导致国有资产所有权虚置、部门多头管理、无人负责等弊端。1988 年，国家组建国有资产管理局，只是起到了政策研究和记账先生的作用，国有资产出资人权仍分散在国有资产管理局、财政部、大型企业工作委员会、经贸委、计委、中组部、主管部局等部门，多头管理的弊端仍未消除。1998 年国有资产管理局被撤销，1999 年党中央成立中央企业工委，负责国有重要骨干企业党的建设、领导班子管理、党风廉政建设和监事会日常管理工作。2001 年国家经贸委下属 9 个国家局被撤销，为建立统一的国有资产管理机构扫除了“部门所有”的障碍。国有资产管理不统一，管理混乱，导致内部人控制、国有资产运营效率低下、产权转让中违规违纪现象增多、国有资产流失严重等问题凸显。同时，由于各部门之间缺乏运行规则，决策程序烦琐，也增加了国有企业的决策成本。2002 年党的十六大提出建立“权利、义务和责任相统一”，“管资产和管人、管资产相结合”的国有资产管理体制；要求在“中央政府和省、市（地）两级政府设立国有资产管理机构”。从探索的实践来看，统一的国有资产管理机构是解决部门分割，使出资人到位，实现管资产、管人和管事相结合的现实选择，也是部门、企业和社会各个方面的共同要求。2003 年国务院国有资产监督管理委员会正式成立，随后地方也相继设立了专门的国有资产监督管理机构。国资委的成立在一定程度上缓解了国有资产多头管理的问题，但由于国家对国资委的职责界定过于宽泛，导致其对国有企业的基础管理过多，而对国有资产所有权的管理被忽视，一些关键的出资人权仍然分散在其他政府部门，国有企业领导人管理制度改革滞后导致国有资产监督管理机构对同一行政级别或更高行政级别的国有企业的管理难以真正到位。实践证明，设立专门的国有资产管理机构，实现国有资产管理的专业化是符合国有资产管理的基本规律的。

第五，国有资产管理应以管资本为主。长期以来，受计划经济体制的影响，我国实行了以管企业为主的监管方式。在社会主义市场经济条件下，以股份制为特征的混合所有制经济成为我国所有制结构发展的必然趋势。目前，全国 90% 以上的国有企业已经完成了公司制股份制改革，其中中央企业的改制面也已达到 72%。国有资本、民营资本和外国资本有效融合，形成了多种所有制相互参股的混合所有制企业。随着我国市场化改革的加快，产权流动和重组会更加频繁，这就要求我们实现从管企业为主向管资产为主转变。十八届三中全会提出“以管资本为主加强国有资产监管”，是混合所有制经济迅速发展新形势的客观要求，也是适应国有经济发展的重大举措。

第六，实行国有资本授权经营，组建国有资本运营公司和国有资本投资公司。20 世纪 90 年代初，由于国有资产管理局并没有真正成为专门的国有资产所有权的执行机构，国有资产所有权的职能实际上分归不同的政府部门行使。为了克服由此给企业带来的不便以及减少政府对企业的行政干预，一些地方政府开始探索在政府与实体企业之间设立一个中间层的国有资产经营公司，来集中行使国有资产所有者的部分职能。这一做法迅速得到了推广，并获得了理论界和管理层的高度肯定。[①] 1999 年党的十五届四中全会第一次明确提出了国有资产授权经营的概念。随后，2000 年国务院发布了《国有大中型企业建立现代企业制度和加强管理的基本规范（试行）》，对授权经营作出了具体的规定。2003 年国务院发布的《企业国有资产监督管理暂行条例》第二十八条也对此作出了规定。实践证明，授权经营是一种有效的国有资本经营形式，实行国有资本授权经营是落实国有资产出资人职责的有效措施。但另一方面，国有资产授权经营在具体实行中还存在一些问题。例如：一些地方政府授权的国有资产经营公司数量过多，资本金规模过小，导致资本运作的空间较小；一些国有资产经营公司（尤其是由行业主管部门和全国性的行业总公司改组形成的国有资产经营公司）与下属企业之间仍沿袭了行政管理模式，没有实现真正的企业化运作；国有资产经营公司的经营范围分散，企业层级过多，使得作为集团母公司的国有资产经营公司对下属企业的控制力较弱；在企业股份制改造过程中，优质资产被剥离并注入集团下属的股份公司，大量冗员、呆账和非经营性资产留在母公司，造成作为母公司的国有资产经营公司自身的经营风险加剧，生存出现困难。[②] 此外，国有资产监督管理机构及其他相关的政府管理部门往往将国有资产经营公司作为政府政策的“二传手”，使得国有资产经营公司难以摆脱政府的行政束缚。鉴于此，十六届三中全会和十八届三中全会分别提出了“完善授权经营制度”和“改革国有资本授权经营体制”的要求。[③]

迄今为止，上述实践中逐渐形成了两类国有资产经营公司。一类是占多数的产业集团，另一类是专门设立的旨在推动国有企业重组和国有经济战略布局调整的国有资产运营公司。国有资本授权经营体制的发展和国有资产经营公司的实践为进一步完善我国的国有资本经营体制提供了宝贵经

① 张文魁：《改革开放以来国有资产管理体制演进及走向评估》，《改革》2008 年第 12 期。

② 周绍鹏等：《新世纪的国有企业改革与国有资产管理体制研究》，中国人民大学出版社 2006 年版。

③ 十八届三中全会将“国有资产授权经营”改为“国有资本授权经营”，是对资本与所有权关系的认识的一大进步。

验。十八届三中全会明确提出“组建若干国有资本运营公司，支持有条件的国有企业改组为国有资本投资公司”。“国有资本投资公司”和“国有资本运营公司”都是国家授权经营国有资本的公司制企业，其中国有资本投资公司的经营模式是以投融资和项目建设为主，通过投资实业拥有股权，通过资产经营和管理实现国有资本保值增值，履行出资人监管职责。国有资本运营公司则是参考国内中金公司金融资本运营模式和国外新加坡淡马锡资产管理公司模式，通过划拨现有国有企业股权组建而成，以资本营运为主，不投资实业，营运的对象是持有的国有资本（股本），包括国有企业的产权和公司制企业中的国有股权。运作主要在资本市场，既可以在资本市场融资（发股票），又可以通过股权产权买卖来改善国有资本的分布结构和质量。公司运营强调资金的周转循环，追求资本在运动中增值，运作的形式多种多样，通过资本的运营实现国有资本保值增值。[①]目前，国务院国资委已经启动在国家开发投资公司、中粮集团有限公司进行改组国有资本投资公司的试点，地方政府改组国有资本投资运营公司的试点工作也已陆续展开。

第七，实行国有资本经营预算制度，逐步提高国有资本收益上缴的比例，国有资本收益上缴公共财政后主要用于保障和改善民生。国有资本经营预算是国家以所有者身份依法取得国有资本收益，并对所得收益进行分配而发生的各项收支预算。我国财政体制的目标是建立统一的公共财政体系，但由于我国竞争性领域的国有资本在较长时间内仍将大量存在，所以现阶段仍需实行公共财政与国有资本财政的“双元结构财政”。[②] 1993 年党的十四届三中全会从财政复式预算的角度首次提出应建立国有资产经营预算。此后，上海、深圳、宁波等地先后进行了试点。国务院国资委成立后，逐渐认识到建立国有资本预算对国有资产管理体制改革的重要性。2003 年十六届三中全会明确提出“建立国有资本经营预算制度”。北京、上海、深圳、云南、江苏、湖北以及东北等地开始了新的探索。2007 年国务院发布了《关于试行国有资本经营预算的意见》，同年财政部发布了《中央国有资本经营预算编报试行办

① 《中共中央关于全面深化改革若干重大问题的决定》辅导读本编写组：《中共中央关于全面深化改革若干重大问题的决定辅导读本》，人民出版社 2013 年版。

② 张鑫、叶振鹏：《双元结构财政——中国财政模式研究》，经济科学出版社 1999 年版。

法》，国有资本经营预算制度正式确立。2010 年财政部下发《关于推动地方开展试编国有资本经营预算工作的意见》。此后，绝大多数地方均出台了相应的实施办法，多数省区市开始编制国有资本经营预算，部分省区已经延伸到地市级。

资本收益权是国有资产出资人的一项基本权利。改革开放前，我国对国有企业实行统收统支制度；改革开放后，为了增强企业经营自主权，提高企业自我发展的能力，我国逐步缩小了国有企业利润上缴的比例。随着两步“利改税”的实行，国有企业上缴的收入从税利并存逐步过渡到完全的以税代利。这一政策导致国有企业税负增加，影响了企业积极性，当时实行的承包制又使企业留利增加，政府财政收入增长出现不稳定。1989 年，我国开始在一部分国有企业中实行“税利分流”试点，企业的实现利润分别以所得税和利润形式上缴国家一部分，其余部分留给企业。1994 年税制改革以后，由于我国国有企业的历史包袱沉重，经营困难，作为阶段性措施，国家暂停向国有企业收缴利润。自 21 世纪以来，国有企业总体上已经走出困境，步入正常发展轨道。国有企业的利润大幅度增加，收缴国有资本收益已经具备了比较充分的基础。2007 年财政部和国务院国资委联合发布了《中央企业国有资本收益收取管理暂行办法》，将中央企业分为具有资源性特征行业企业、一般竞争性行业企业、国家政策性企业三类，分别规定了不同的国有资本收益上缴比例，但这一比例仍然过低。2010 年国务院常务会议决定扩大中央国有资本经营预算实施范围，同时兼顾央企承受能力和扩大中央国有资本经营预算收入规模，适当提高央企国有资本收益收取比例，但实际上缴远未达到规定的比例。根据国有企业的经营状况并参考 2000—2008 年 16 个发达经济体中 49 家有分红数据的国有企业的平均上缴比例，十八届三中全会《决定》进一步提出“完善国有资本经营预算制度，提高国有资本收益上缴公共财政比例，2020 年提到 30%”，应该说，这是符合实际要求的。

国有资产属于全民所有，国有资本收益应当由全民共享，但是实践中这一原则并没有得到很好地贯彻。以 2011 年和 2012 年为例，中央国有资本经营收入的绝大部分以各种名目又返还给了中央企业，调入公共财政预算用于社保等民生支出的部分仅占实际上缴利润的 5% 左右。针对这种情况，十八届三中全会提出“国有资本收益上缴公共财政后主要用于保障和改善民生”，这是实现国有资产功能的必要举措。[①]

第八，国有企业应建立现代企业制度，健全公司法人治理结构。国有企业建立现代企业制度，健全公司法人治理结构是国有资产管理体制改革的基础。20世纪90年代初，随着我国经济体制改革的深入发展，国有企业活力不足的深层次原因进一步显露，主要是企业产权关系不明晰、组织制度不合理和管理制度不科学。解决国有企业改革的深层矛盾必须由放权让利为主要内容的政策调整转为企业制度的创新。党的十四届三中全会明确提出建立“产权清晰、权责明确、政企分开、管理科学”的现代企业制度是国有企业改革的方向。1994年国务院决定对部分国有大中型企业进行建立现代企业制度的试点，至2000年国务院及地方政府选择的试点企业达2700家，绝大多数企业进行了公司制改革。针对试点中存在的只注重改变企业法律形式的问题，十五届四中全会在总结以往实践经验的基础上，从四个方面对建立和完善现代企业制度提出了具体要求，并且指出“公司法人治理结构是公司制的核心”。据此，2000年国务院办公厅转发了国家经贸委《国有大中型企业建立现代企业制度和加强管理的基本规范（试行）》，从十二个方面对国有企业建立现代企业制度工作进行了规范。与此同时，国家对国有企业在股份制、董事会、监事会、领导人管理制度和薪酬激励制度等方面进行了相应的试点和改革。

经过30多年的探索与实践，现代企业制度建设成效显著，但总体上还不完善，公司法人治理结构还不健全。主要表现在以下几个方面：股份制改革仍有差距，国有大型企业特别是中央企业母公司层面的股份制改革相对缓慢，中央企业中混合所有制经济比重还比较低；企业治理结构还不完善，规范的董事会建设还处于探索之中，内部制衡机制尚未有效形成，国资监管机构、董事会和经营管理层之间的关系需要进一步理顺；缺少职业经理人制度，行政任命管理人员过多，市场化选人用人和激励约束机制没有真正形成；垄断行业对其他所有制公平进入的机制不健全，有效的市场竞争环境尚未形成；政企不分、政资不分问题仍然不同程度存在，应由企业自主决策的事项由政府审批的仍然过多，国资分类监管和考核机制有待进一步完善。只有加快完善现代企业制度，才能进一步激发国有企业的

① 党的十八届三中全会《决定》学习辅导百问编写组：《党的十八届三中全会决定学习辅导百问》，党建读物出版社、学习出版社2013年版。

活力和创造力。当前，我国经济社会发展进入新的阶段，既面临难得的历史机遇，也面对诸多风险和挑战。鉴于此，十八届三中全会进一步提出，必须适应市场化、国际化的新趋势，进一步深化国有企业改革，推动国有企业完善现代企业制度。

应该指出，以上对国有资产管理体制改革目标模式的理论总结具有阶段性和探索性的特征，这是由我国转轨经济的特点以及改革的渐进性决定的。随着国有企业改革的推进以及形势的变化，对国有资产管理体制改革目标模式的认识也会逐渐加深，并赋予理论新的内容（见表 13－2）。

表 13－2　十四大以来历次党代会关于国有资产管理体制的相关论述

年份	会议名称	文件名称	相关论述（局部）
1993	十四届三中全会	《中共中央关于建立社会主义市场经济体制若干问题的决定》	加强对企业中的国有资产管理。对国有资产实行国家统一所有、政府分级监管、企业自主经营的体制。按照政府的社会经济管理职能和国有资产所有者职能分开的原则……加强中央和省、自治区、直辖市两级政府专司国有资产管理的机构……有关部门对其分工监管的企业国有资产要负起监督职责，根据需要可派出监事会……
1999	十五届四中全会	《中共中央关于国有企业改革和发展若干重大问题的决定》	建立和完善社会主义市场经济体制，实现公有制与市场经济的有效结合，最重要的是使国有企业形成适应市场经济要求的管理体制和经营机制。……政府对国家出资兴办和拥有股份的企业，通过出资人代表行使所有者职能，按出资额享有资产受益、重大决策和选择经营管理者等权利，对企业的债务承担有限责任，不干预企业日常经营活动……积极探索国有资产管理的有效形式。要按照国家所有、分级管理、授权经营、分工监督的原则，逐步建立国有资产管理、监督、营运体系和机制，建立与健全严格的责任制度。国务院代表国家统一行使国有资产所有权，中央和地方政府分级管理国有资产，授权大型企业、企业集团和控股公司经营国有资产。……继续试行稽查特派员制度……健全和规范监事会制度……

续表

年份	会议名称	文件名称	相关论述（局部）
2002	十六大	《全面建设小康社会，开创中国特色社会主义事业新局面》	在坚持国家所有的前提下……建立中央政府和地方政府分别代表国家履行出资人职责，享有所有者权益，权利、义务和责任相统一，管资产和管人、管事相结合的国有资产管理体制。关系国民经济命脉和国家安全的大型国有企业、基础设施和重要自然资源等，由中央政府代表国家履行出资人职责。其他国有资产由地方政府代表国家履行出资人职责。中央政府和省、市（地）两级地方政府设立国有资产管理机构。……坚持政企分开，实行所有权和经营权分离，使企业自主经营、自负盈亏……
2003	十六届三中全会	《中共中央关于完善社会主义市场经济体制若干问题的决定》	建立健全国有资产管理和监督体制。坚持政府公共管理职能和国有资产出资人职能分开。国有资产管理机构对授权监管的国有资本依法履行出资人职责，维护所有者权益，维护企业作为市场主体依法享有的各项权利……建立国有资本经营预算制度和企业经营业绩考核体系。……完善授权经营制度。建立健全国有金融资产、非经营性资产和自然资源资产等的监管制度
2013	十八届三中全会	《中共中央关于全面深化改革若干重大问题的决定》	完善国有资产管理体制，以管资本为主加强国有资产监管，改革国有资本授权经营体制，组建若干国有资本运营公司，支持有条件的国有企业改组为国有资本投资公司。国有资本投资运营要服务于国家战略目标，更多投向关系国家安全、国民经济命脉的重要行业和关键领域，重点提供公共服务、发展重要前瞻性战略性产业、保护生态环境、支持科技进步、保障国家安全。……提高国有资本收益上缴公共财政比例，2020 年提到 30%，更多用于保障和改善民生。……准确界定不同国有企业功能。……健全协调运转、有效制衡的公司法人治理结构

资料来源：作者整理。

二　基于分类思想的国有资产管理体制目标模式的构建

党在理论层面对国有资产管理体制改革的大方向和原则作出了规定，国有资产管理体制改革目标的实现还需要在执行层面对国有资产管理体制目标模式的设立原则、具体内容和实施步骤等进行细致的规划。

1. 设立国有资产管理体制目标模式的具体原则

设立国有资产管理体制的目标模式应该遵循一定的原则，以确保在设立的过程中做到有章可循。一是尊重资本运动客观规律的原则。马克思主义哲学要求我们尊重客观规律，按规律办事。马克思主义政治经济学又认为，资本是发达商品经济的范畴，资本是运动的，资本的本质属性是价值增值。国有资本也是资本，因而具有资本的一般性。国有资产管理体制应该尊重资本运动的客观规律，不能违背这一客观规律。二是尊重现代企业运行规律的原则。企业是从事生产、流通等经济活动，为满足社会需要并获取营利，进行自主经营，实行独立核算，具有法人资格的基本经济单位。经济性、营利性、独立自主性和经济法人性是企业的基本特征。我国的经营性国有资产大部分是以企业形式运营的，国有企业的发展方向是建立现代企业制度。因此，国有资产管理体制应该尊重现代企业的运行规律。三是遵守国有资产管理、监督和运营的基本规律的原则。国有资产的管理、监督和运营也有其基本规律。经济学、企业管理学、行政管理学以及法学、哲学和政治学等相关理论都对其进行了系统的总结。国有资产管理体制目标模式的设立应该接受这些科学理论的指导。四是与我国的社会经济发展水平相适应的原则。马克思主义认为生产关系一定要适应生产力发展的水平是人类社会发展的最基本的规律。经济基础是指社会一定发展阶段的生产力所决定的生产关系的总和，是构成一定社会的基础；上层建筑是建立在经济基础之上的意识形态以及与其相适应的制度、组织和设施。经济基础是上层建筑赖以存在的根源，是第一性的；上层建筑是经济基础在政治上和思想上的表现，是第二性的、派生的。经济基础决定上层建筑，上层建筑反作用于经济基础。国有资产管理体制属于上层建筑的范畴，应该从国情出发，与我国的社会经济发展水平，尤其是国有经济的发展水平相适应。五是与其他经济、政治和社会制度相协调的原则。系统论认为所谓系统是指由两个或两个以上的元素（要素）相互作用而形成的整体。系统是现实世界的普遍存在方式。系统作为整体具有部分或部分之和所没有的性质，即整体不等于（大于或小于）部分之和。系统存在的各种联系方式的总和构成系统的结构。系统的结构具有层次性，任何系统要素本身也同样是一个系统，要素作为系统构成原系统的子系统，子系统又必然为次子系统构成，以此类推。与一个系统相关联的、系统的构成关系不再起作用的外部存在称为系统的环境。系统相对于环境的变化称为系统的行为。系统行为所引起的环境变化，称为系统的功能。系统功能由元素、结构和环境三者共同决定。社会制度形成了一个大的系统，其中经济制度、政治制度可以分别看作它的两个子系统。而国有资产管理体制又可以看作经济制度的子系统之一。除此之外，经济制度中还包括其他与国有经济相关的制度以及专门针对非国有经济的制度。因此，作为社会制度的一个次子系统，国有资产管理体制应与其他经济制度形成一定的系统结构，并通过经济制度这个子系统与政治制度形成更高一级的系统结构，从而达到与系统环境的平衡，并最终实现系统的功能。六是可行性原则。经济体制的良好运转要求该体制下的各项制度在实践中必须能够得到具体的落实。只有这样，才能达到制度所设定的目标，有效实现制度的功能。好的国有资产管理体制的具体制度必须是可执行的。这并不是要求我们舍本逐末，放弃制度设计的初始目标，使制度的设计完全满足制度执行主体的需要，而是要求我们在制度的设计当中充分注意制度执行主体和其他因素对制度运行的影响。为此应设置必要的机制，对制度执行主体及其他相关主体的利益取向进行科学的管理，对这些主体的机会主义行为进行合理的约束。

2. 国有资产管理体制目标模式的具体内容

党的十八届三中全会提出“国有企业按照功能分类”，这对国有资产管理体制改革提出了新的要求。目前的国有资产管理体制必须根据国有资产管理体制自身发展的规律以及国有企业改革的发展方向进行重构。构建新的国有资产管理体制的基本思路是在对国有企业进行科学分类的基础上，对不同类型企业所涉及的国有资产设计相应的国有资产管理制度体系。国有企业应按照其国家使命和功能分为公共政策性、特定功能性、一般商业性三类。其中公共政策性企业的功能是弥补市场失灵的缺陷，特定功能性企业的功能是实现经济赶超，一般商业性企业的功能是培育市场主体。目前，为数众多的中小型国有企业属于一般商业性企业，公共政策性企业数量较少，大多数特定功能性企业从长远来看将转变为一般商业性企业。[①] 相应地，我们认为国有资产管理体制的目标模式应包括以下内容：

第一，坚持国家统一所有，由国务院代表国家行使国有资产的所有权。按照政资分开和政企分开的原则，在国务院层面设立两个机构。一是国有资产基础管理机构，主要负责根据国家和社会发展的需要在宏观层面对国有资产管理的基础政策进行研究和制定。该机构为国务院附属的行政机构，内部组织结构和决策机制按照行政机构的模式设立，向国务院负责并报告工作。二是国家所有权的执行机构，主要承担与行使国家所有权相关的职能。该机构为国务院下属的准政府机构，内部组织结构按照现代公司制设立，但最高治理机关应由国务院各部委的行政首长组成。该机构向国务院负责并报告工作。

第二，在全国人大常委会设立国有资产专业委员会，从所有权人的角度对国务院代行国有资产所有权的职责进行监督。主要职责是制定国家所有权政策，修订《企业国有资产法》及其他相关的法律，并对执法情况以及国家所有权政策的执行情况进行监督。应建立国务院向该委员会的定期报告制度以及该委员会对国务院行使国家所有权情况的调查、质询、听证、审计等各项具体的监督制度。

第三，将中央所属的国家出资企业根据其功能具体分为三类。一是公共政策性企业。该类企业为特殊法人，受专门法的管辖。专门法应严格界定该部门所包括的业务范围。这些企业主要以提供公共产品、增加社会福利为经营目标。中央国有资产出资人机构对该部分企业派出代表董事和代表监事，对其日常经营进行监督和控制。此外，还应建立专门的检查和审计制度，加强对该类企业的监督。该类企业的资金来源主要依靠国家财政补贴，纳入公共财政预算管理。二是一般商业性企业。该类企业依照《公司法》设立并按照市场化的要求建立相应的公司治理结构。企业除国家资本金之外，应实现自收自支，纳入国有资本经营预算管理。中央国家所有权的执行机构只通过股东大会等治理机制行使股东权。三是特定功能性企业。该类企业介于公共政策性和一般商业性企业之间，同时具有两类企业的属性。对于该类企业，应主要采用一般商业性企业的治理机制，并

① 中国社会科学院工业经济研究所课题组：《论新时期全面深化国有经济改革重大任务》，《中国工业经济》2014 年第 9 期。

在此基础上增加对其社会性目标的考核。

第四，对于公共政策性企业，实行国有独资，由国务院国家所有权执行机构直接对其行使出资人权。国家所有权执行机构对公共政策性企业具有完整的出资人权，包括任命董事会成员的权力和重大事项决策权。对于一般商业性和特定功能性企业，实行国有资本授权经营。具体来说，就是组建国有独资的国有资本投资运营公司，国务院国家所有权执行机构依照《公司法》制定国有资本投资运营公司的公司章程，将部分出资人权授权给国有资本投资运营公司的董事（会）行使。国有资本投资运营公司完全按照现代企业制度的要求建立公司治理结构，董事会除董事长由国家所有权机构的首长担任外，其他董事的选任应体现市场化的原则，实行市场公开选聘。

第五，公共政策性国家出资企业对子公司实行绝对控股。国有资本投资运营公司对特定功能性的实体经营子公司实施绝对控股；对所投资的一般商业性实体经营企业可以相对控股，也可以参股。国有资本投资运营公司依照《公司法》对子公司行使股东权，并根据公司章程中关于国家出资人权授权的规定代表国家所有权执行机构对子公司行使部分国家出资人权。

第六，在地方国有资产管理层面，首先应由国务院国有资产基础管理机构负责划定中央国有资产的范畴，其他国有资产即为地方国有资产。其次，地方国有资产出资人机构仿照中央国有资产所有权执行机构设立；对地方国家出资企业的分类和治理也仿照中央国家出资企业执行。最后，在地方人民政府内部设立地方政府的国家所有权机构的派出机构，地方国有资产出资人机构向其负责和报告，接受其监督。地方人民代表大会常委会设立国有资产专业委员会，负责对该派出机构的监督。

3. 实现国有资产管理体制目标模式的具体步骤

由于我国的国有资产数量巨大，主要分布在关系国民经济命脉和国家安全的关键行业和领域，建立适应社会主义市场经济体制要求的国有资产管理体制不可能一步到位，而是应该分阶段、分步骤地有序推进。具体而言，国有资产管理体制目标模式的实现可以分为以下几个步骤。

第一步，鉴于地方国有资产管理体制改革目前已经陆续展开，在进度上要快于国家层面的改革。可以选择国有企业改革比较快、国有资产管理体制改革的基础比较好的省市，如上海、浙江、广东等地用 1—2 年时间进行试点。中央层面在政策、资源等方面应对地方的试点工作给予大力支持，同时应密切注意试点中可能出现的偏差，做出及时的调整。在这一阶段，还应加快对全国性政策的研究和制定工作，应注意国家层面与地方层面在国有资产管理体制方面的不同特点，做到有的放矢。可在国务院设立相关领导机构，统一负责改革的统筹规划，试点省市也应设立相应的领导机构，作为国务院领导机构的联系单位。

第二步，在初步试点经验已经成熟的情况下逐步扩大试点的范围，做到成熟一个发展一个。允许地方根据自身的情况提交个性化的试点方案，尊重地方实践的多样性。国家层面的主要工作是把握好改革试点的总的原则，制定相应的规范，及时掌握试点工作的具体进展，并对其进行监督，对于试点中出现的新的经验和新的教训进行及时总结。由于有第一阶段试点的基础，预计第二阶段的进度将会明显加快。这一阶段的一个重要任务就是在地方试点的基础上启动中央层面的改革，可选择条件较好的中央企业进行试点。

第三步，争取在 3 年内完成前两个阶段的改革，全国各省市全部进入试点。在深入研究和总结经验的基础上形成较为成熟的政策规范。改革在中央层面全面铺开。中央和各地领导小组的任务是用 1—2 年时间对相关政策进行修订和完善。这一阶段的政策调整将较为频繁，应注意中央和地方国有资产管理部门和企业的协调。

第四步，各机构、企业改革已经基本到位，相关政策、法律已经基本成型。改革进入最后的平稳过渡期。改革领导机构的任务逐渐减少，并在适当时期予以取消。取消后的改革领导机构的人员可视情况并入相关的国有资产管理部门。

第四节　进一步深化国有资产管理体制改革的重点和难点

国有资产管理体制改革牵一发而动全身，面临的任务十分艰巨。这就需要我们对改革中的重点和难点有清醒的认识。根据目前的实际情况并结合历史的经验和教训，进一步深化国有资产管理体制改革应重点解决以下问题：一是要对国有企业按照功能进行科学的分类，这是设立国有资产管理新体制的基础。二是要对国有资产管理不同主体的权利和义务进行清晰的界定，这是避免不同主体不作为和制约其机会主义行为的前提。三是要对国有资产委托代理链中的每个环节设置必要的管控机制。其中最重要的是建立严格的信息披露制度，提高国有资产管理执法和行政行为的透明度。四是合理安排国有资产管理相关机构的内部组织结构和治理结构，以使其与该机构的功能相适应。五是做好改革的整体规划和顶层设计。应建立科学的政策研究、建言与决议程序，广泛听取各方面的意见和建议，反映最广大人民的根本利益。

进一步深化国有资产管理体制改革不仅需要制度的创新，而且需要打破旧体制下固有的利益格局，改革的难度可想而知。目前来看，改革的难点主要体现在以下几个方面：第一，在坚持国家所有的前提下处理好地方国有资产管理中的激励问题只能通过制度创新来实现。而这需要结合我国的国家治理体制和行政管理体制等对中央和地方政府之间在国有资产管理方面的关系进行合理安排。第二，改革对国有资产管理的立法提出了更高的要求。相关立法既要对已经成熟的经验以法律的形式加以及时确认，又要具有一定的前瞻性，避免故步自封。目前关于国有资产管理立法的理论研究还很薄弱，对立法实践的指导作用还很有限。第三，国有资产管理体制的改革是一项复杂的系统工程，需要与经济、社会、政治等其他方面的改革相协调。在这一过程中需要分清矛盾的主次，既要避免国有资产管理体制改革过快对经济社会带来冲击，又要避免改革滞后阻碍其他方面改革的进程。此外，国有资产管理体制改革本身也存在内部制度的协调问题。这些都需要结合实际并依据我们所掌握的客观规律加以权衡。第四，国有资产管理体制改革涉及不同政府管理部门、机构、组织之间的权利分配。妥善缓解各方的利益矛盾是减少改革阻力、保证各项措施有效实施必须解决的问题。第五，改革中存在来自不同个体、机构的不同声音。如何不被个别的意见所左右，始终坚持实事求是地解决现实中存在的问题是对政策制定者智慧的巨大考验，也是对决策者改革决心的巨大考验。第六，改革需要进一步解放思想。这涉及我国根本经济制度的理论创新以及意识形态和执政理念的进步，要求我们的党要坚持与时俱进，充分发挥党的先进性。

第十四章　国有资本经营预算制度改革

第一节　国有资本经营预算的现状

一　国有资本经营预算的本质

根据2007年国务院发布的《国务院关于试行国有资本经营预算的意见》的界定，国有资本经营预算是国家以所有者身份依法取得国有资本收益，并对所得收益进行分配而发生的各项收支预算，是政府预算的重要组成部分。根据2014年修订的《预算法》的界定，国有资本经营预算是政府预算体系的重要组成部分，是国家对依法取得的国有资本收益进行分配而发生的收支预算。国有资本经营预算与一般公共预算、政府性基金预算、社会保险基金预算并列为政府预算体系的四大预算。

理解国有资本经营预算的本质，首先要弄清国有资本经营预算与一般公共预算的关系。自20世纪90年代以来，国家预算体系不断完善发展，在一般公共预算的基础上，先后出现了政府性基金预算、国有资本经营预算和社会保险基金预算。政府预算体系的各个构成预算之间的关系一直是人们争议的焦点。有关国有资本经营预算与一般公共预算之间的关系，长期以来存在"独立说"和"包含说"两种观点。"独立说"认为国有资本经营预算是政府行使国有资本所有者职能的经营型预算，强调国有资本的经营和经济效益，其收支主要是围绕着国有资本的经营和价值提升展开，一般公共预算是政府行使社会管理者职能的非经营型预算，强调满足社会的公共需要。"包含说"认为国有资本经营预算是一般公共预算的组成部分，属于一般公共预算的附加预算。

2014年修订的预算法明确了二者的关系，一般公共预算与国有资本经营预算应当保持完整、独立，同时国有资本经营预算应当与一般公共预算相衔接。2014 年国务院颁布的《国务院关于深化预算管理制度改革的决定》进一步强调了国有资本经营预算与一般公共预算的独立性，同时更加强调了国有资本经营预算与一般公共预算的统筹力度，要求加大国有资本经营预算资金调入一般公共预算的力度。2014 年财政部发布的《关于完善政府预算体系有关问题的通知》指出，国有资本经营预算支出范围除调入一般公共预算和补充社保基金外，限定用于解决国有企业历史遗留问题及相关改革成本支出、对国有企业的资本金注入及国有企业政策性补贴等方面。而一般公共预算安排用于这方面的资金将逐步退出。

理解国有资本经营预算的本质，还要弄清国有资本经营预算收入的性质。国有资本经营预算的收入主要来自国有企业的利润分配，故而理解国有企业的利润有助于认识国有资本经营预算。余菁等[①]归纳了国有企业利润的三种学说，即股东投资收益说、政府成本补偿说和垄断资源税收说，三种学说从不同的角度深刻揭示了国有企业利润的本质。股东投资收益说认为国家作为国有企业的出资人或股东，理应享有国有企业的利润分配，所以国有资本经营预算的收入属于国有企业对股东出资的回报。政府成本补偿说认为国家承担了国有企业实际运行中的大量成本，政府理应得到一定的成本补偿，所以国有资本经营预算的收入属于国有企业对政府支付成本的补偿。垄断资源税收说认为国有企业利润并非全部来自经营所得，其中的很大一部分来自垄断性收入，是国有企业占用了属于全民的垄断性资源而获得的收益，所以国有资本经营预算的收入属于对全民资源占用的补偿。

理解国有资本经营预算的本质，最后还要弄清国有资本经营预算支出的范围。2007 年《国务院关于试行国有资本经营预算的意见》指出，国有资本经营预算的支出有资本性支出、费用性支出和其他支出。资本性支出是根据产业发展规划、国有经济布局和结构调整、国有企业发展要求，以及国家战略、安全等需要安排的资本性支出，费用性支出是用于弥补国有企业改革成本等方面的费用性支出。具体支出范围依据国家宏观经济政策以及不同时期国有企业改革和发展的任务统筹安排确定，必要时可部分用于社会保障等项支出。随着经济形势的变化，当前国有资本经营预算的

---

① 余菁等：《转型中的中国国有企业制度》，经济管理出版社 2014 年版。

支出除了用于资本性支出和费用性支出之外，更多地强调与一般公用预算的统筹和对社会保障基金的补充。可见，国有资本经营预算兼具国有资本经营和社会公共服务两个方面的特性。

二　国有资本经营预算制度的演进

国有资本经营预算的建立始于1993年的十四届三中全会，全会通过的《中共中央关于建立社会主义市场经济体制若干问题的决定》指出，要建立政府公共预算和国有资产经营预算，并可以根据需要建立社会保障预算和其他预算。2003年党的十六届三中全会通过的《中共中央关于完善社会主义市场经济体制若干问题的决定》明确提出建立国有资本经营预算制度。2007年党的十七大强调加快建设国有资本经营预算制度。按照中央部署，2007年国务院发布了《国务院关于试行国有资本经营预算的意见》，我国的国有资本经营预算制度正式建立。同年，财政部印发了《中央国有资本经营预算编报试行办法》，随后财政部与国资委共同印发了《中央企业国有资本收益收取管理暂行办法》的通知，将151家中央企业划分为三类，并选取117家中央企业作为税后利润收缴试点，试点企业中有18家上缴比例为10%，有99家上缴比例为5%，另外的34家暂缓3年上缴或者免缴。2008年《中华人民共和国企业国有资产法》要求编制国有资本经营预算，并要求国有资本经营预算按年度单独编制，纳入本级人民政府预算，报本级人民代表大会批准，国务院和地方人民政府财政部门负责国有资本经营预算草案的编制工作。

2010年中央国有资本经营预算首次提交全国人大审议，十一届全国人大三次会议通过了《关于2009年中央和地方预算执行情况与2010年中央和地方预算草案的审查结果报告》，按照会议精神，各地财政部门可以在实践中学习借鉴中央的做法，并提出“2011年地方试编国有资本经营预算”，同年财政部发布了《关于推动地方开展试编国有资本经营预算工作的意见》。此外，由于国有企业利润的巨额增长，中央国有资本经营预算的收缴范围和比例成为焦点。为了适应发展的形势，2010年财政部印发了《关于完善中央国有资本经营预算有关事项的通知》，扩大了中央国有资本经营预算的实施范围，并适当提高了中央企业国有资本收益收取比例。2011年财政部发布了《中央国有资本经营预算编报办法》，结束了2007年发布的《中央国有资本经营预算编报试行办法》。为了落实十一届全国人大四次会议提出的“2011 年地方试编国有资本经营预算”和“2012 年汇总编制全国国有资本经营预算”的要求，财政部发布了《关于推动地方开展国有资本经营预算工作的通知》，指出了地方国有资本经营预算工作存在的主要问题，并明确了推进和完善地方国有资本经营预算工作的要求。2012 年财政部发布了《关于扩大中央国有资本经营预算实施范围有关事项的通知》，进一步扩大了中央国有资本经营预算实施范围。2012 年财政部还发布了《关于做好中央文化企业国有资本经营预算支出管理工作的通知》，对中央文化企业开始实施国有资本经营预算制度。

为了加强国有资本经营预算管理，研究改进国有资本经营预算制度，2013 年财政部发布了《关于开展 2012 年中央国有资本经营预算支出项目绩效评价工作的通知》，对 2012 年安排的“国有经济和产业结构调整”“企业兼并重组”“重大科技创新”“节能减排”等支出项目的资金管理情况和资金使用效益进行评价。2013 年十八届三中全会的决定进一步对国有资本经营预算制度改革做出了要求，决定要求完善国有资本经营预算制度，提高国有资本收益上缴公共财政比例，2020 年提高到 30%，更多用于保障和改善民生。为了贯彻落实党的十八届三中全会及《国务院批转发展改革委等部门关于深化收入分配制度改革若干意见的通知》关于提高国有资本收益收取比例，并更多用于保障和改善民生的精神，2014 年财政部发布了《关于进一步提高中央企业国有资本收益收取比例的通知》，进一步提高了国有资本经营收益的缴交比例。

2014 年 8 月 31 日十二届全国人大常委会第十次会议通过了《全国人民代表大会常务委员会关于修改〈中华人民共和国预算法〉的决定》，并重新颁布了修订后的《预算法》。修订后的《预算法》将国有资本经营预算与一般公共预算、政府性基金预算、社会保险基金预算并列为政府预算体系的四大预算，并指出国有资本经营预算是对国有资本收益做出支出安排的收支预算，国有资本经营预算应当按照收支平衡的原则编制，不列赤字，并安排资金调入一般公共预算。

表 14－1　国有资本经营预算国家重要政策法规一览（1993—2014）

年份	重要政策法规
1993	《中共中央关于建立社会主义市场经济体制若干问题的决定》
2003	《中共中央关于完善社会主义市场经济体制若干问题的决定》
2007	《国务院关于试行国有资本经营预算的意见》《中央国有资本经营预算编报试行办法》、《中央企业国有资本收益收取管理暂行办法》
2008	《中华人民共和国企业国有资产法》
2010	《关于推动地方开展试编国有资本经营预算工作的意见》《关于完善中央国有资本经营预算有关事项的通知》
2011	《中央国有资本经营预算编报办法》《关于推动地方开展国有资本经营预算工作的通知》
2012	《关于扩大中央国有资本经营预算实施范围有关事项的通知》
2013	《关于开展 2012 年中央国有资本经营预算支出项目绩效评价工作的通知》《中共中央关于全面深化改革若干重大问题的决定》
2014	《关于进一步提高中央企业国有资本收益收取比例的通知》《中华人民共和国预算法（2014 年修正）》

资料来源：作者整理。

三　国有资本经营预算的管理体系

国有资本经营预算的漫长演进及其管理体制的建立有其深刻的历史原因。在 1978 年之前，我国基本上没有市场经济条件下的企业，国有企业是政府的构成部门或分支机构，企业的日常运转主要依靠行政命令推动，国有企业实行的是“统收统支”的利润分配制度。“统收统支”制度将国家预算分为中央、大行政区和省（市）三个级别，并称中央级的财政为中央财政，大行政区级以下的财政为地方财政。“统收”要求中央直接经营与管理的国家企业收入纳入中央财政，大行政区以下经营的国营企业收入纳入地方财政；“统支”要求中央投资经营者的投资或事业费纳入中央预算支出，各级地方投资经营者的投资或事业费纳入各级地方预算支出。

由于“统收统支”的利润分配制度不利于激发企业经营的积极性，国家曾尝试了企业奖励基金制度、超计划利润分成制度，但由于“文化大革命”的原因，国有企业的利润分配基本又恢复为“统收统支”制度。一直到1978年十一届三中全会召开后，国有企业开始了“放权让利”的改革，主要包括“扩大企业自主权”“利改税”“租赁制”等多种形式。“放权让利”的改革试图通过让渡一部分企业利润来调动企业管理者与员工的积极性，从而使企业利润增加，增加财政收入。“放权让利”改革没有触及产权关系，企业依然从属于政府，在政企关系上政府依旧处于主动地位，但是“放权让利”改革在利润分配制度上取得了突破性进展，管理者与员工能够分得部分国有企业利润。

1979年国务院颁发了《国营企业实行利润留成的规定》，1980年和1981年又颁发了《关于国营工业企业利润留成试行办法的通知》《关于国营工交企业实行利润留成和盈亏包干办法的若干规定》，利润留成制度成为国有企业利润分配的过渡性制度。利润留成是指从企业全部利润总额或部分利润中按一定比例留存由企业自行分配。利润留成制度的主要弊端体现在留成比例的确定上，由于各个企业的差异很大，国家和企业很难在上交比率问题上达成一致，这往往导致企业只能遵守国家的规定，从而严重损害了企业经营的积极性。

为了规范政府与国有企业之间的分配关系，1983年国务院颁布了《关于国营企业利改税试行办法》，1984年国务院进一步推出《国营企业第二步利改税试行办法》，正式对国营企业利润分配实行利改税制度。利改税的重要意义在于企业所得税的引入。但是，利改税制度以刚性的税收替代了国有企业的利润分配，从“以利代税”的极端转变为“以税代利”的另一个极端，不利于企业的长期发展。为此国务院于1988年颁布了《全民所有制工业企业承包经营责任制暂行条例》，实行确保上交国家利润、确保完成技术改造任务，工资总额与经济效益挂钩的措施，即“两保一挂”，对国有企业实行承包经营责任制，进一步扩大企业自主权，增强企业活力，调动企业职工的积极性。

为了进一步规范政府与国有企业之间的分配关系，1991年国务院和财政部印发了《国营企业实行“税利分流、税后还贷、税后承包”的试点办法》，在完善企业承包制的基础上，逐步向利税分流过渡。1993年，十四届三中全会通过了《关于建立社会主义市场经济若干问题的决定》，确定国有企业的改革方向是建立“产权清晰、权责明确、政企分开、管理科学”的现代企业制度。随着市场经济制度的不断完善，国有企业在体制上的弱点不断暴露出来，国有企业经营业绩普遍较差而且普遍亏损。同年早期，历经国家经济委员会、国家计划委员会的国家经济委员会将国家机械工业委员会、国家能源委员会、国务院财贸小组等经济综合机构合并，成立了国家经济贸易委员会。

为了国有企业改革的不断推进，1993 年国务院颁布了《国务院关于实行分税制财政管理体制的决定》，规定 1993 年之前注册的多数国有全资老企业可根据具体情况实行税后利润不上交，并一直沿用至 2007 年。这期间，1998 年的国务院机构改革方案，将煤炭工业部、机械工业部、冶金工业部、国内贸易部、轻工总会和纺织总会等 10 个原部级经济部门分别改组为国家局，交由国家经贸委管理。2003 年的国务院机构改革方案，针对国有资产监管领域的"五龙治水"现象，为了解决国有企业出资人不到位的问题，推动国有经济布局和结构的战略性调整，发展和壮大国有经济，更好地坚持政企分开，实行所有权和经营权分离，实现国有资产保值增值，国务院将国家经贸委指导国有企业改革和管理的职能、中央企业工委的职能，以及财政部有关国有资产管理的部分职能等整合起来，设立了国资委。

2007 年国务院发布《国务院关于试行国有资本经营预算的意见》，实施国有资本经营预算管理体制，主管部门是财政部，预算单位是国资委，预算执行企业是国资委监管的中央企业，国有资本经营预算的相关主体是国有企业在漫长的发展过程中逐渐形成的。国有资本经营预算制度是基于国有企业发展的历史事实来设立的。早期中央国有资本经营预算的相关主体与具体工作流程如图 14－1 所示，首先由中央企业编制具体的国有资本经营预算支出项目计划，报中央预算单位（国资委），同时抄报财政部；国有资本经营预算支出项目计划经中央预算单位审核汇总后，编制本单位国有资本经营预算建议草案，报财政部；财政部根据收入预算和中央预算单位上报的中央国有资本经营预算建议草案，编制中央国有资本经营预算草案，报国务院批准后执行。

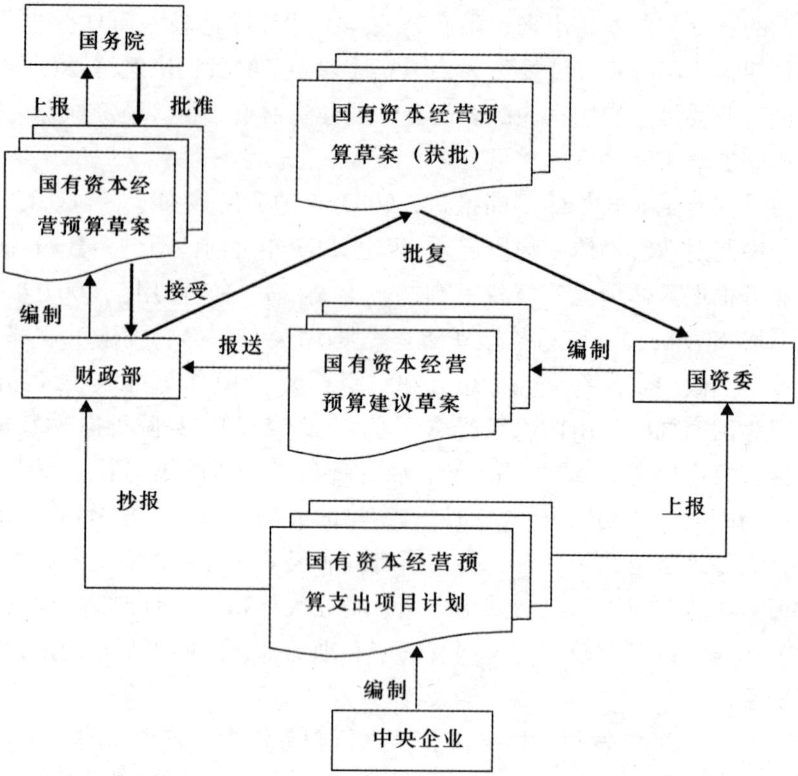

图14－1　早期中央国有资本经营预算的工作流程

说明：细线表示报送流程，粗线表示批复流程。

资料来源：作者绘制。

伴随着国有资本经营预算征收范围和征收比例的多次调整，国有资本经营预算管理制度不断完善。目前中央国有资本经营预算的工作流程如图14－2所示，首先中央企业将编报的中央国有资本经营预算支出项目计划报中央预算单位（国资委监管企业同时报财政部），之后中央预算单位将所编制的中央国有资本经营预算建议草案报财政部，然后财政部将编制的中央国有资本经营预算草案报国务院审批；国务院审批后，财政部将国务院批准的中央国有资本经营预算草案报全国人大常委会预算工作委员会审查；之后财政部再将经全国人大预工委审查后的中央国有资本经营预算草案提交全国人大财政经济委员会审议；最后，财政部根据全国人民代表大会审议通过的中央国有资本经营预算，批复中央预算单位。

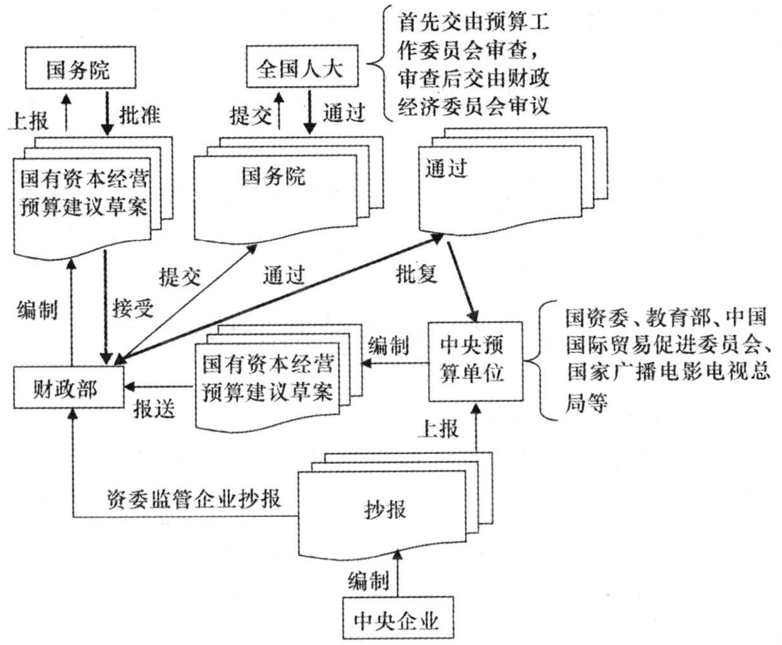

图 14－2　当前中央国有资本经营预算的工作流程

说明：细线表示报送流程，粗线表示批复流程。

资料来源：作者绘制。

2011 年财政部发布《关于推动地方开展国有资本经营预算工作的通知》后，全国各省市地区开始启动国有资本经营预算工作。地方国有资本经营预算的管理制度基本是比照国家国有资本经营预算的管理制度进行设计。地方国有资本经营预算的主管部门是各地方的财政部门，预算单位是各地方的国资部门，预算执行企业是地方国资部门监管的国有企业。在地方政府的高度重视下，目前全国已有 31 个省（区、市）出台了相关的意见或办法，多数省市已经开始国有资本经营预算的编制工作。

实际上，地方国有资本经营预算的探索要早于中央国有资本经营预算的实施，早在 20 世纪 90 年代，深圳和上海等地就已经陆续开展了国有资本经营预算的试点工作，比如 1995 年，深圳就开展国有资本经营预算的试编工作，出台了《深圳经济特区国有资产管理暂行条例》，将国有资产收益预算制度确立了下来，并于1998年开始编制国有资本经营预算，由深圳市国资委统一进行国有资本收益的收缴和管理工作。1996年，上海市对国有资本经营预算进行了专项研究，并开始在所管理的70多家集团企业和40多家授权经营公司实施企业预算管理。地方国有资本经营预算工作经过一个时期的探索，为实现中央国有资本经营预算奠定了良好的实施基础，在预算主体、收缴比例、收缴模式等方面提供了许多可借鉴的经验。

第二节　国有资本收益的上缴与支配

一　国有资本收益的收支

自1993年《国务院关于实行分税制财政管理体制的决定》的颁布，为了帮助国有企业脱困，不断推进国有企业改革，国家对1993年以前注册的多数国有全资老企业实行税后利润不上交的办法。但是，随着国有企业改革的持续进展，国有企业的实力不断壮大，盈利能力不断增强，而且由于多方面因素的影响，国有企业的利润水平和国有企业职工收入水平出现了较大的差异，影响社会公平。在这种情况下，国家决定恢复国有企业利润上缴制度，并于2007年开始实施国有资本经营预算制度。

根据财政部公布的数据，2007—2010年中央国有资本收益分别为139.9亿元、443.6亿元、988.7亿元（包括电信企业重组专项资本收益600亿元）、421亿元。2008—2010年，中央国有资本经营预算支出分别为547.8亿元、873.6亿元、440亿元，主要用途是调整国有经济和产业结构、受灾中央企业的复产重建、中央企业技术创新、促进节能减排、投资海外矿产资源以及补贴改革重组成本等。

从近四年数据来看，2011年中央国有资本经营收入预算数为844.39亿元，中央国有资本经营预算支出安排858.56亿元（具体明细见表14－2）。在支出安排上，用于国有经济和产业结构调整的支出为495.5亿元，包括中央企业内部资源整合72.5亿元，支持中央企业增资扩股支出163亿元，产业升级发展性支出260亿元。

表 14－2　2011 年中央国有资本收益的上缴与支出情况（预算数）

收入项目	总额（亿元）
利润收入	788.35
股利、股息收入	6.04
产权转让收入	50
2010 年结转收入	14.17
支出项目	总额（亿元）
资本性支出	706.11
费用性支出	57.45
其他支出	95

数据来源：根据财政部公布数据整理。

2012 年中央国有资本经营收入预算数为 875.07 亿元，中央国有资本经营预算支出安排 875.07 亿元（具体明细见表 14－3）。在支出安排上，国有经济和产业结构调整支出 133 亿元，主要用于中央企业股权、产业结构调整以及产业升级发展性支出。

表 14－3　2012 年中央国有资本收益的上缴与支出情况（预算数）

收入项目	总额（亿元）
利润收入	823
股利、股息收入	1
产权转让收入	20
2011 年结转收入	31.07
支出项目	总额（亿元）
资本性支出	744.72
费用性支出	55.25
其他支出	75.1

数据来源：根据财政部公布数据整理。

2013 年中央国有资本经营收入预算数为 1083.11 亿元，中央国有资本经营预算支出安排 1083.11 亿元（具体明细见表 14－4）。在支出安排上，用于国有经济结构调整的支出为 379.88 亿元，包括支持中央企业之间的战略性兼并重组，理顺多元投资主体公司股权关系，保持和增强中央企业对关系国家安全和国民经济命脉重要子企业的控制力，以及解决中央企业历史遗留问题等。用于产业升级与发展的支出为176.76亿元，包括增强中央企业自主创新能力，推动重大技术创新和科技成果产业化，落实“十二五”节能减排目标任务，支持中央企业节能减排工作，支持中央企业内部产业整合，促进教育、农业、文化等相关产业发展的支出，重点支持关系国家粮食安全的种子产业链发展，关系国防安全的农垦戍边支出等。

表14-4　2013年中央国有资本收益的上缴与支出情况（预算数）

收入项目	总额（亿元）
利润收入	1000.8
股利、股息收入	0.2
产权转让收入	10
2012年结转收入	72.11
支出项目	总额（亿元）
资本性支出	929.78
费用性支出	45.88
其他支出	107.45

数据来源：根据财政部公布数据整理。

2014年中央国有资本经营收入预算数为1578.03亿元，中央国有资本经营预算支出安排1578.03亿元（具体明细见表14-5）。按照《中共中央关于全面深化改革若干重大问题的决定》提出的国有企业改革任务、目标及提高国有资本收益上缴公共财政比例，更多用于保障和改善民生要求，2014年继续加大中央国有资本经营预算对国有经济结构调整及调入公共财政预算用于保障和改善民生支出力度。国有经济结构调整支出615.1亿元，用于重点支持以优化产业结构和资本布局为主攻方向的重大结构性调整，包括中央企业战略性兼并重组、股权结构调整等。调入公共财政预算用于社保等民生支出184亿元。国有股减持收入补充社保基金支出10.42亿元。

表 14-5 2014 年中央国有资本收益的上缴与支出情况（预算数）

收入项目	总额（亿元）
利润收入	1414.9
股利、股息收入	1.1
产权转让收入	10
2013 年结转收入	152.03
支出项目	总额（亿元）
资本性支出	1150.83
费用性支出	37.78
其他支出	389.42

数据来源：根据财政部公布数据整理。

地方国有资本收益的上缴在 2011 年《关于推动地方开展国有资本经营预算工作的通知》后开始实施，2012 年财政部正式编制全国国有资本经营收益的收支情况表。目前，在可查的国有资本经营收益的公开信息中，地方国有资本收益的收支情况仅有 2012 年和 2013 年两年的全国汇总数据。

2012 年地方国有资本经营收入预算数为 402.49 亿元，地方国有资本经营预算支出安排 402.49 亿元（具体明细见表 14-6）。地方国有资本收益的预算支出情况是教育 1.34 亿元，科学技术 10.01 亿元，文化体育与传媒 4.46 亿元，节能环保 5.39 亿元，城乡社区事务 3.19 亿元，农林水事务 9.66 亿元，交通运输 19.70 亿元，资源勘探电力信息等事务 187.16 亿元，商业服务业等事务 78.65 亿元，其他支出 77.18 亿元，转移性支出 5.75 亿元。

表 14-6 2012 年地方国有资本收益的上缴与支出情况（预算数）

收入项目	总额（亿元）
利润收入	208.98
股利、股息收入	76.20
产权转让收入	79.91
清算收入	1.38
其他国有资本经营预算收入	36.02

续表

支出项目	总额（亿元）
教育	1.34
科学技术	10.01
文化体育与传媒	4.46
节能环保	5.39
城乡社区事务	3.19
农林水事务	9.66
交通运输	19.70
资源勘探电力信息等事务	187.16
商业服务业等事务	78.65
其他支出	77.18
转移性支出	5.75

数据来源：根据财政部公布数据整理。

2013年地方国有资本经营收入预算数为558.40亿元，地方国有资本经营预算支出安排558.40亿元（具体明细见表14－7）。地方国有资本收益的预算支出情况是教育1.25亿元，科学技术16.47亿元，文化体育与传媒8.33亿元，节能环保10.41亿元，城乡社区事务36.40亿元，农林水事务9.41亿元，交通运输82.75亿元，资源勘探电力信息等事务232.51亿元，商业服务业等事务77.06亿元，其他支出76.97亿元，转移性支出6.84亿元。

表14－7　2013年地方国有资本收益的上缴与支出情况（预算数）

收入项目	总额（亿元）
利润收入	214.93
股利、股息收入	96.56
产权转让收入	115.76
清算收入	1.47
其他国有资本经营预算收入	129.68
支出项目	总额（亿元）
教育	1.25

续表

收入项目	总额（亿元）
科学技术	16.47
文化体育与传媒	8.33
节能环保	10.41
城乡社区事务	36.40
农林水事务	9.41
交通运输	82.75
资源勘探电力信息等事务	232.51
商业服务业等事务	77.06
其他支出	76.97
转移性支出	6.84

数据来源：根据财政部公布数据整理。

二　国有资本收益的上缴范围与比例

1. 国有资本收益上缴范围与比例的确定

国有资本收益收缴范围的确定有深刻的理论逻辑。国有资本收益属于劳动者剩余价值的构成部分，是国家以所有者身份向企业进行投资的收益回报，具体表现为国有企业税后利润的一定比例。国有资本收益不同于国有企业税收，国有企业税收来自国家向国有企业的强制收缴，但是国有资本收益和国有企业税收都来自国家对国有企业的收缴。理论上只要企业的股权构成中包含有国有股，国家都应该有权享受分红和行使股东权利，也就是说有国有股权的企业都应该向国家上缴国有资本收益。但是，按照《公司法》的要求，国家以出资人身份参股的企业，国家出资人无法决定其重大的经营决策，也就不能要求企业编制国有资本经营预算上缴国有资本收益，所以从目前的实际操作来看，国家征收国有资本收益主要是针对国有独资或控股企业，而且具体的收缴工作是从国资委监管的中央企业开始，并循序渐进地扩大收缴的范围。

国有资本收益的上缴比例是国有资本经营预算制度最受关注的问题之一。其中有相当一部分研究从企业分红角度进行分析。2010 年世界银行的研究报告《有效约束、充分自主：中国国有企业分红政策进一步改革的方向》探究了分红比例的问题，明确指出美国工业企业平均拿出 1/4—

1/2 的盈利进行分红及回购。该报告还整理了 16 个发达国家 49 家国有企业分红的数据，发现这些国有企业的分红比例平均在 33% 左右，其中绝大部分国有企业的分红比例为 20%—50%。图 14—3 是 49 家国外国有企业的平均分红率情况。

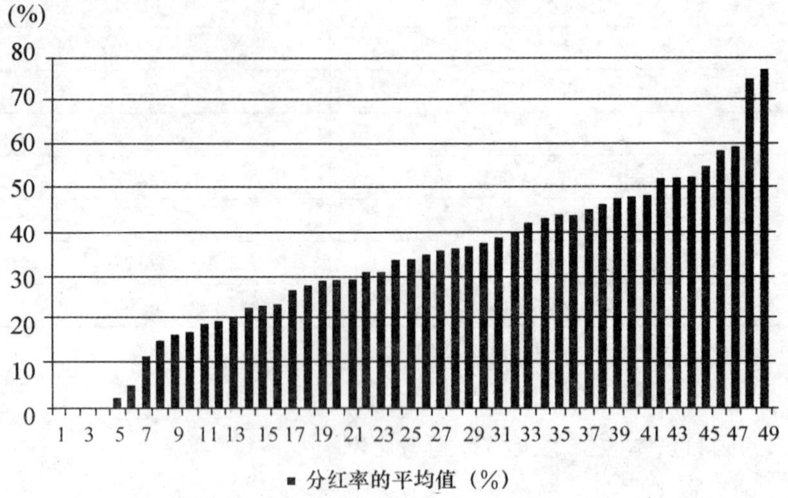

图 14－3　49 家国外国有企业的平均分红率情况

数据来源：《有效约束、充分自主：中国国有企业分红政策进一步改革的方向》。

国外国有企业基本是第二次世界大战后各国为了推进本国工业化和基础设施的建设不断建立和发展起来的，20 世纪 80 年代以后很多国家都逐渐实施了国有企业的私有化，各国国有企业的比重都有一定程度的下降。各国家在发展国有企业的过程中，形成了各自的国有企业监管和利润分配模式，总结起来主要有国家控股公司主导、公共财政主导、国有企业董事会主导、主权财富基金主导四种模式（见表 14－8）。国家控股公司主导是政府通过设置大型控股公司来管理国有资产，权利从上到下依次递减，下级的经营、投资和利润分配等决策都由上级管理。公共财政主导是由作为国有资产所有者代表的财政部对国企进行监管，国有企业的红利通过财政预算上缴国库。国有企业董事会主导强调董事会的独立性，有关国有企业股权的决策需要经议会或财政部审批，但是董事会具有高度的自主性。主权财富基金主导通过建立独立的政府持股基金来管理国有企业分红，通过政府持股基金管理国有企业的部分分红，进而保证国有财富的保值升值。

表 14 – 8 国外国有收益上缴基本概况

分配模式	国家	国资管理机构	分红情况
国家控股公司主导	法国	国家参股局（APE）	2007 年为 40.3%，2006 年为 37%
	意大利	大型国家控股公司	利润分配：65% 要上缴国库
	西班牙	国家工业参股公司	利润主要用于偿还历史债务
公共财政主导	英国	议会	不同定位的企业实行不同的政策
	德国	议会和财政部	全部纳入公共预算管理
	澳大利亚	财政部和行业主管部门	不低于企业税后净利润的 60%
国有企业董事会主导	瑞典	国有企业管理局	2006 年为 67%，2007 年为 58%
	新西兰	向财政部和某个行业部	企业根据自身情况上缴不同比例
	芬兰	国有企业管理司	2007 年为 60%，2008 年为 69%
主权财富基金主导	新加坡	国有控股投资公司	一般为 35%—70%，高的达 80%—90%
	挪威	政府主管	2009 年分红率平均为 41%

资料来源：作者根据参考资料整理。

2010 年世界银行的研究报告《有效约束、充分自主：中国国有企业分红政策进一步改革的方向》还整理了 172 家香港上市公司的分红数据，这些上市公司都是由中国政府直接或间接持股，通过计算发现这些上市公司利润分配的平均比例是 23.2%（见图 14 – 4）。

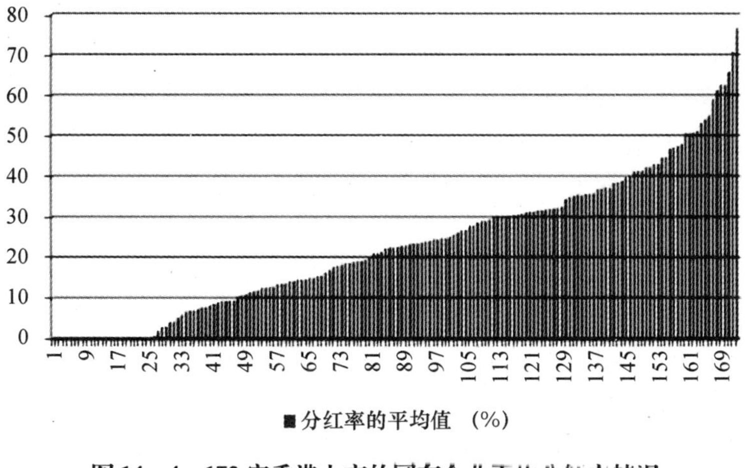

图 14 – 4 172 家香港上市的国有企业平均分红率情况

资料来源：《有效约束、充分自主：中国国有企业分红政策进一步改革的方向》。

通过对国外49家国有企业平均分红率的分析、国外国有收益上缴基本概况的分析以及香港上市的国有企业平均分红率情况的分析，发现与国外的国有企业相比，当前我国国有企业收益上缴的比例总体偏低，所以国有企业收益上缴需要适当提高征收比例。此外，《国有企业分红：分多少？分给谁?》明确指出当企业发展前景不明朗时，分红比率通常在利润收入的50%左右；而处于下降周期的企业，分红比率往往会达到甚至超过利润收入的100%。对于发展前景不明朗和处于下降周期的企业来说，投资的未来收益不确定性很高，分红更有助于保护股东的权利。当前我国有相当一部分国有企业处于产能过剩、发展前景不明朗的状况，也有相当一部分国有企业处于产业周期的下行阶段，从保护国有投资人股东权利的角度考虑也需要适当加大国有收益上缴的比例。

2. 国有资本收益上缴范围和比例的调整

自2007年国务院发布《关于试行国有资本经营预算的意见》，酝酿已久的国有资本经营预算正式开始实施。起初国有资本收益上缴的范围仅为国资委监管的中央企业，上缴比例分为国有企业税后净利润的10%、5%和暂缓或免交三种类型。由于国有资本经营预算不论是上缴的范围，还是上缴的比例都与国有企业的发展速度与利润增长不相匹配，所以在国有资本经营预算实施之后，国有资本收益的上缴范围和比例一直在扩大和上调。例如，在收缴范围方面，2008年又增加了中国烟草总公司，2009年中国邮政集团公司也纳入试行范围。从2010年之后，国有资本收益上缴的范围和比例进行了三次较大的调整。

第一次调整发生在2010年，2010年财政部发布了《关于推动地方开展试编国有资本经营预算工作的意见》，将地方各级国有企业纳入国有资本经营预算的范围，国有资本收益上缴的范围扩大至全国。此外，2010年财政部还印发了《关于完善中央国有资本经营预算有关事项的通知》，适当扩大了中央国有资本经营预算的上缴范围，并提高了上缴的比例。从上缴范围方面来看，此次调整从2011年起，将教育部、中国国际贸易促进委员会所属企业，国家广播电影电视总局直属中国电影集团公司，文化部直属中国东方演艺集团公司、中国文化传媒集团公司、中国动漫集团公司，农业部直属黑龙江北大荒农垦集团公司、广东省农垦集团公司，以及中国出版集团公司和中国对外文化集团公司纳入中央国有资本经营预算实施范围。从上缴比例方面来看，从2011年起，将收取比例分为四类执行，第一类为企业税后利润的15%，第二类为企业税后利润的10%，第三类为企业税后利润的5%，第四类免交国有资本收益。

第二次调整发生在2012年，2012年财政部发布了《关于扩大中央国有资本经营预算实施范围有关事项的通知》，进一步扩大了中央国有资本经营预算实施范围，要求从2012年起将包括工信部所属企业（81家）、卫生部所属企业（3家）、国资委所属企业（55家）、国家体育总局所属企业（53家）、中国民航局直属首都机场集团公司、中央文化企业国有资产监督管理领导小组办公室履行出资人职责的中央文化企业（108家），共301家企业纳入中央国有资本经营预算实施范围。新纳入实施范围的国有独资企业按照中央国有资本收益收取政策第三类企业归类，上缴利润比例为税后净利润的5%。新纳入预算实施范围的符合小型微型企业规定标准的国有独资企业，应交利润不足10万元的，比照第四类政策性企业，免交当年应交利润。

第三次调整发生在2014年，2014年财政部发布了《关于进一步提高中央企业国有资本收益收取比例的通知》，进一步提高了国有资本经营收益的上交比例，要求从2014年起将国有独资企业分为五类分别上交，其中第一类企业国有资本收益收取比例为25%，第二类企业国有资本收益收取比例为20%，第三类企业国有资本收益收取比例为15%，第四类企业国有资本收益收取比例为10%，第五类企业免交当年国有资本收益。符合小型微型企业规定标准的国有独资企业，应交利润不足10万元的，比照第五类企业，免交当年国有资本收益。第三次调整是落实2013年十八届三中全会决定及《国务院批转发展改革委等部门关于深化收入分配制度改革若干意见的通知》的重要工作。

三　国有资本收益支出的作用和影响

国有资本收益上缴之后该用于何处？侧重点在哪里？是专款专用还是用于支付民生福利？对于这些问题，不论是国有企业的主管和监管部门、从事学术研究的学者，还是关注国有资本收益的普通民众都有比较大的争议。2007年国务院《关于试行国有资本经营预算的意见》指出，国有资本经营预算的支出有资本性支出、费用性支出和其他支出，必要时可部分用于社会保障等项支出。当前有关国有资本收益的支出主要有三种观点：

第一种观点认为国有资本收益主要用于国有企业，强调国有资本收益“取之于国企，用之于国企”；第二种观点认为国有资本收益主要用于改善民生，比如用于社会保障和业务教育等；第三种观点兼顾以上两种观点，认为国有资本收益的支出要兼顾国有企业发展和公共财政的需要，既要支付国民经济改革和调整的成本，又要安排资金调入一般公共预算。

在国有资本收益的实际支出方面，国家既考虑了国有企业的发展，又满足了公共财政的需要。2008—2011 年，中央国有资本经营预算收入累计实现 2895.9 亿元，累计完成支出 2864.9 亿元。这些钱主要用于国有经济和产业结构调整、中央企业改革重组补助支出、中央企业兼并重组支出、中央企业节能减排支出、中央企业重大科技创新支出等。[①] 根据财政部公开的数据，2011 年之后的中央国有资本收益的支出项目情况如表 14－9 所示。国有资本收益支出的各个项目都发挥着各自的重要作用，这里主要分析国有资本收益用于国有经济结构调整、产业升级与发展、国有资本投资与运营公司的建立、充实公共财政与社保基金。

表 14－9　　中央国有资本收益支出情况（预算数）　　单位：亿元

项目	2012 年	2013 年	2014 年
国有经济结构调整支出	133	379.88	615.1
重点项目支出		336.12	374.76
兼并重组专项资金	80		
改革脱困补助支出	225		
产业升级与发展支出	245	176.16	154.25
境外投资及合作支出	100	67.9	149.5
困难企业职工补助	5	20	5
国有股减持补充社保基金	20.1	11.34	10.42
调入公共预算用于民生支出	50	65	184
预留资金	11.97	21.11	15
其他	5	5	70

数据来源：根据财政部公布数据整理。

① “国有资本经营预算渐入佳境”，http：//www.mof.gov.cn/zhengwuxinxi/caijingshidian/zgcjb/201302/t20130219_ 733705.html。

1. 国有资本收益支出可用于国有经济结构调整

国有经济结构调整支出重点支持以优化产业结构和资本布局为主攻方向的重大结构性调整支出。将国有资本收益用于国有经济结构调整有助于当前经济的转结构，通过安排资本性支出培育和孵化高新技术企业，通过安排费用性支出战略性淘汰落后过剩的企业。《中国会计报》的报道指出："截至2010年底，北京市国有资本经营预算累计支出132.7亿元，全部用于支持国有企业的改革和发展。从'进'的方面，安排资本性支出83.5亿元，用于培育代表首都国有经济发展方向、具有核心竞争力的大企业集团，使国有经济的引导、示范和保障作用得到更好的体现；从'退'的方面，安排费用性支出49.2亿元，支持393户劣势国有企业实现了战略性退出，2372户农租房实现了顺利腾退，近8万名在职职工得到了妥善安置。"①

2. 国有资本收益支出可用于产业升级与发展

为了支持中央企业重点产业转型升级与发展，财政部及有关部门可以根据国家经济发展的状况、产业布局的宏观规划，设立产业升级资金，以专项基金的方式促进国家的产业升级与发展。对于关系国家战略的重点产业，产业升级资金可以给予优先支持。为了落实《国务院关于试行国有资本经营预算的意见》，增强中央企业的自主创新能力，促进重大技术创新和成果产业化，提高资金使用效率，财政部在2008年颁布了《中央国有资本经营预算重大技术创新及产业化资金管理暂行办法》，随后财政部不断修订并颁布多项管理办法，不断完善国有资本收益支出与产业升级与发展的制度。

2009年财政部对《中央国有资本经营预算重大技术创新及产业化资金管理暂行办法》进行了修订，随后颁布了《中央国有资本经营预算重大技术创新及产业化资金管理办法》（财企［2009］220号），2010年财政部再次进行修订，随后颁布了《中央国有资本经营预算重大技术创新及产业化资金管理办法》（财企［2010］153号）。2013年财政部颁布了《中央国有资本经营预算重点产业转型升级与发展资金管理办法》。管理办法指出"产业升级资金是由中央国有资本经营预算安排，专门用于支

① "用国资预算推动国有经济结构调整"，http：//www.mof.gov.cn/pub/qiyesi/zhengwuxinxi/gongzuodongtai/201105/t20110505_544633.html。

持中央企业按照国家有关产业发展规划，解决制约产业转型升级与发展的关键技术难题，实现重大战略产品突破，推动产业转型升级与发展的资金”。管理办法还规定，产业升级资金采取资本投入方式，资本投入额度原则上不超过项目总投资额的30%。产业升级资金对单个项目的支持额度一般不超过3亿元，对总投资额较大的重点项目，支持额度可适当放宽，最多不超过5亿元。并在第35条决定，废止《中央国有资本经营预算重大技术创新及产业化资金管理办法》（财企［2010］153号）。

3. 国有资本经营预算可以用于支持重点领域发展

国有资本经营预算具有扶持基金的性质，可以用来支持新兴产业的发展，特别是国家“十二五”规划指出的战略性新兴产业。从近三年的统计数据来看，2011年中央国有资本经营预算中用于新兴产业发展的支出为45亿元，包括教育部、文化部等预算单位产业发展支出35亿元，新疆生产建设兵团产业发展资金支出10亿元。2012年用于新兴产业发展的支出45亿元，主要用于支持文化、新型农业等相关产业的发展。2013年用于重点项目的支出336.12亿元，包括支持中央企业涉及国家安全、国家核心竞争力和综合国力等具有国家战略意义的重大项目支出。国有资本经营预算对重点领域的支出，极大地促进了这些领域的发展。

在支持重点领域发展的同时，也要注意到国有企业面临的效率低下等转型脱困难题。十八届三中全会提出完善国有资产管理体制，以管资本为主加强国有资产监管，改革国有资本授权经营体制。国有资本经营预算可以向关系国家安全、国民经济命脉的重要行业和关键领域的国有企业倾斜，用于这些国有企业的转型脱困。例如，2011年国有资本经营收益中用于中央企业改革脱困补助的支出30.5亿元，包括用于支持企业改革脱困，帮助企业解决改革中的重点难点问题等；2012年用于中央企业改革脱困补助的支出225亿元。

4. 国有资本收益支出可用于国有资本投资与运营公司的建立

2013年十八届三中全会通过了《中共中央关于全面深化改革若干重大问题的决定》，指出“要完善国有资产管理体制，以管资本为主加强国有资产监管，改革国有资本授权经营体制，组建若干国有资本运营公司，支持有条件的国有企业改组为国有资本投资公司”。十八届三中全会的决定指明了国有企业改革的未来方向，强调国有资产管理体制由“管资产”转向“管资本”，这对国有资本的经营管理提出了新的要求。按照这一改革思路，未来国有资本管理体制将形成“政府—国有资本投资与运营公司—国家参控股企业”的三层架构，国有资本投资与运营公司成为衔接政府与市场的关键平台。

国有资本经营预算是国有资本经营管理的重要组成部分，具有显著的资源配置和产业调控的作用，未来可以划拨专项资金用于组建国有资本投资与运营公司，并通过国有资本投资与运营公司的组建重新优化国有资本经营预算制度。按照十八届三中全会决定的规定，国有资本运营公司需要新组建，推动这项工作不可避免地需要启用专业的人员并配备一定的专项资金，其中专项资金的来源可以通过国有资本收益进行划拨，实际上2014 年的国有资本经营预算已经在其他支出中配备了 70 亿元，用于设立国有资本运营公司。此外，对于有条件的国有企业改组为国有资本投资公司也需要一定改革成本，未来还可以从国有资本收益中划拨一定的改革资金用于支持国有企业向国有资本投资公司改组。当国有资本投资与运营公司建立之后，还要在当前“国资委—国家参控股企业”二层制度的基础上，进一步完善国有资本经营预算制度。

5. 国有资本收益可用于充实公共财政与社保基金

国有资本收益除了“取之于国企，用之于国企”，还应该用于保障和改善民生，用于社会保障、义务教育、农村发展等民生领域。十八届三中全会的决定对国有资本经营预算用于民生的制度改革作出了明确要求，《决定》要求完善国有资本经营预算制度，提高国有资本收益上缴公共财政比例，2020 年提到 30%，更多用于保障和改善民生。根据财政部的公开数据，自 2010 年以来，中央国有资本经营预算已经开始逐步加大调入公共财政预算力度，用于社会保障等民生领域，而且所占比例逐年提高，2010 年调入 10 亿元，2011 年调入 40 亿元，2012 年调入 50 亿元，2013 年调入 65 亿元，2014 年调入 184 亿元。随着十八届三中全会《决定》的落实，国有资本经营预算制度将不断完善，国有资本经营预算的实施范围还会继续扩大，收益收取比例还会继续提高，调入公共财政预算用于保障和改善民生的规模还将不断增加。

第三节　国有资本经营预算改革

一　国有资本经营预算改革的基本思路

2013年召开的十八届三中全会描绘了我国未来的改革蓝图，尤其是为未来国有企业改革指明了方向。十八届三中全会决定指出：经济体制改革是全面深化改革的重点，核心问题是处理好政府和市场的关系，使市场在资源配置中起决定性作用和更好发挥政府作用。在坚持和完善基本经济制度方面，十八届三中全会提出了积极发展混合所有制经济，准确界定不同国有企业功能，以管资本为主加强国有资产监管完善国有资产管理体制，改革国有资本授权经营体制，组建若干国有资本运营公司，支持有条件的国有企业改组为国有资本投资公司。十八届三中全会还提出划转部分国有资本充实社会保障基金，完善国有资本经营预算制度，提高国有资本收益上缴公共财政比例，2020年提到30%，更多用于保障和改善民生。

面临着国有经济发展的新形势和新挑战，我国国有企业承载着“市场经济国家使命”“发展中国家使命”和“转型经济国家使命”三大国家使命。“市场经济国家使命”需要国有企业具有公共政策性，“转型经济国家使命”需要国有企业具有市场营利性。为了解决国有企业公共政策性与市场营利性的“使命冲突”，需要基于不同“国家使命”和国有经济功能性质将国有企业进行分类，从而使不同类型的国有企业具有不同的功能定位。在十八届三中全会决定的蓝图下，基于国有企业的战略分类，国有企业的改革要将通过混合所有制来实现。推进混合所有制改革要坚持“上下结合、试点先行、协同推进”的改革路径和方法论原则，并在此基础上制定改革细则，然后全面协同推进，做到“蹄疾而步稳”。

在对国有经济进行战略分类，积极发展混合所有制，引导国有资本与民间资源、外商投资组建多种所有制形式企业的同时，还要改革国有资本授权经营体制，组建若干国有资本运营公司，并支持有条件的国有企业改组为国有资本投资公司，构建“三层三类全覆盖”的国有经济管理新体制（“三层”为国有经济管理部门、国有资本投资公司与国有资本运营公司、国有企业；“三类”为公共政策性、特定功能性和一般商业性），而后依据“三层三类全覆盖”国有经济管理新体制对国有资本经营预算体制进行改革。

在国有资本经营预算制度运行机制的构建上，基于国有经济管理部门、国有资本投资公司与国有资本运营公司、国有企业的“三层架构”，应强化人大的作用，弥补政府监督的疏漏，构建合理的出资人代表制度。图 14 – 5 中最基层是执行国有资本经营预算的国有企业，中间层是衔接国有经济管理部门与国有企业的国有资本投资公司和国有资本运营公司，最高层是国有经济管理部门，此外国有经济管理部门还要受到人大和政府的管理和监督。

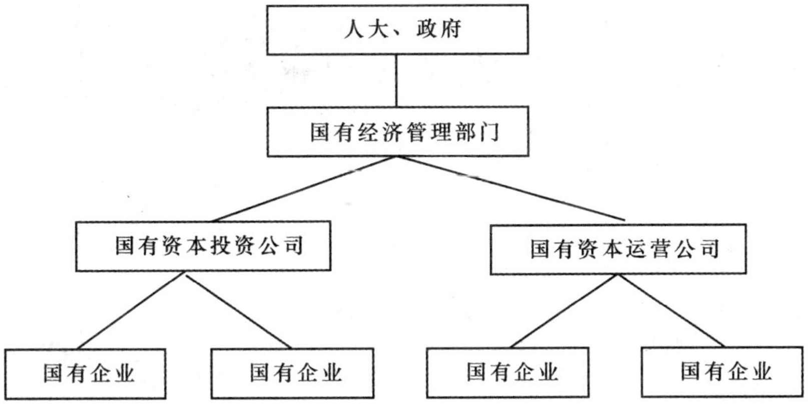

图 14 – 5　国有资本经营预算运行体系

资料来源：作者绘制。

“三类架构”的国有资本经营预算的具体分类改革与国有资本经营预算管理如表 14 – 10 所示，依据股权结构、产业特征、发展阶段，明确功能定位，对竞争类、功能类、公共服务类企业，实施分类管理，动态调整，并针对不同类型的国有企业实施差别化的国有资本经营预算制度。

表 14－10　国有企业的分类改革与国有资本经营预算管理

治理特征 企业类型	功能定位	适用法律	股权结构	资本预算管理
公共服务性企业	弥补市场缺陷、完全以是否完成政府赋予的具体政策目标为核心考核指标的“公共政策”导向	针对企业的单独立法	国有独资	严格成本预算管理，免除上缴收益
特定功能性企业	多处于自然垄断性行业，具有特定业务，旨在发挥在国民经济中的主导作用	专门针对其具体功能的管制法规	混合所有制，国有绝对控股的多元化	在履行特殊功能前提下追求股权投资收益，根据垄断程度确定收益上缴比例
一般商业性企业	以国有资产保值增值为核心考核指标的“市场盈利”导向	公司法	混合所有制，国有相对控股多元化	股东享受股权投资收益，根据行业平均收益率确定收益上缴比例

资料来源：课题组整理。

国有资本经营预算制度从 2007 年开始试点，经过 7 年的运行，国有资本经营预算的政策法规、组织保障和预算指标、报表体系不断完善，国有资本经营预算的编制和收益收缴业务流程也实现突破，结束了国有企业连续 13 年“不向政府分红”的历史。随着 2013 年十八届三中全会《决定》的出台和 2014 年修订《预算法》的颁布，国有资本经营预算制度面临着新的改革问题和完善空间。

二　国有资本经营预算改革的政策措施

1. 制定国有资本经营预算与其他政府预算的划拨制度

《国务院关于试行国有资本经营预算的意见》明确指出，财政部门为国有资本经营预算的主管部门，国有资产监管机构以及其他有国有企业监管职能的部门和单位为国有资本经营预算单位。国有资本经营预算收入由财政部门、国有资产监管机构收取、组织上缴。国有资本经营预算资金支出，由企业在经批准的预算范围内提出申请，报经财政部门审核后，按照财政国库管理制度的有关规定，直接拨付使用单位。具体的支出范围依据国家宏观经济政策以及不同时期国有企业改革和发展的任务，统筹安排确定，必要时可部分用于社会保障等项支出。政府预算包括一般公共预算、国有资本经营预算、政府性基金预算、社会保险基金预算四个构成部分，而且国有资本经营预算与一般公共预算和社会保险基金预算之间存在着划拨关系。

从制度规定来看，国有资本经营预算与其他政府预算基本都是由财政部门负责收支管理，但是国有资本经营收益有多大比例用于一般公共预算和社会保险基金预算，以及不同预算资金之间的划拨制度和管理办法如何等问题都还没有确定的说法。十八届三中全会决定只是指出划转部分国有资本充实社会保险基金，对于划拨比例和划拨制度也没有确定的说法。在国有经济战略分类、实施混合所有制以及改革国有资本授权经营体制的背景下，针对国有资本经营预算制度的现状和紧张情况，非常有必要适时地出台相关制度和文件，明确国有资本经营预算与其他政府预算之间的关系，并依据《国务院关于试行国有资本经营预算的意见》和十八届三中全会的决定出台不同预算资金之间的划拨制度和管理办法，从而确保国有资本经营预算支出，能够优先安排在社会和经济发展最需要的领域。

2. 建立“三层三类”的国有资本经营预算结构体制

“三层”需要国有资本经营预算的组织实施在现有“两层”（国有资产管理部门、国有企业）的基础上，增加中间层（国有资本经营公司与国有资本投资公司）。新增加的国有资本运营公司和国有资本投资公司与当前的国有资产管理部门存在着很大的不同，但同时也存在着一定的功能交叉。国资委作为政府的特设机构是当前的国有资产管理部门，承担着国有资产保值增值的重要使命，同时还承担着国有经济结构调整的历史任务，但是国资委内部仅能设置国库账户，国有经济的调整和国有资本的配置必须要通过预算的方式来完成。国有资本运营公司和国有资本投资公司是企业法人，可以依法开设公司账户，从而以市场化的方式管理和配置国有资本，避开国家预算审批的程序。

从国有资本收益收缴的角度来考虑，国有资本经营预算在现有运行体系的基础上增加了国有资本运营公司和国有资本投资公司，未来这两类公司如何参与国有资本经营预算工作还需要进行制度设计。从国有资本管理体制设计角度来看，显然不能将国有资本运营公司和国有资本投资公司排除在国有资本经营预算体制之外，但是将国有资本运营公司和国有资本投资公司纳入国有资本经营预算体制之内会引发一些新的问题。例如，国有资本运营公司和国有资本投资公司下属的多家国有企业，某些存在盈余而某些存在亏损时，合并核算时会出现收益抵扣，从而缩小应交利润基数。再比如，国有资本运营公司和国有资本投资公司的下属企业进行产权和资产转让时，产权和资产转让收入的性质变成了投资收益，不需要再全额上缴。

从国有资本收益支出的角度考虑，国有资产管理部门与国有资本运营公司和国有资本投资公司的分工协作需要制度设计。根据《国务院关于试行国有资本经营预算的意见》，国有资本经营预算的资本性支出要求根据产业发展规划、国有经济布局和结构调整、国有企业发展要求，以及国家战略、安全等需要安排。资本性支出主要是由国有资产管理部门依靠预算的方式进行管理，国有企业按照预算管理办法进行申报。根据十八届三中全会决定的要求——“国有资本投资运营要服务于国家战略目标，更多投向关系国家安全、国民经济命脉的重要行业和关键领域，重点提供公共服务、发展重要前瞻性战略性产业、保护生态环境、支持科技进步、保障国家安全”——国有资本运营公司和国有资本投资公司可以运用市场化的手段进行国有资本的配置。国有资产管理部门与国有资本投资公司和国有资本运营公司配置国有资产的手段存在差异，但是双方配置国有资产的终极目标又有很多一致性，所以未来需要进行制度设计。

“三类”需要将国有企业分成公共服务性企业、特定功能性企业和一般商业性企业，分别根据不同的原则实施国有资本经营预算。从国有资本收益上缴的角度来考虑，公共政策性国有企业可不要求有资本收益，例如，中储粮总公司、中储棉总公司这类公司是可以免交国有资本收益的。特定功能性国有企业可以基于其专营和垄断程度来确定其国有资本收益上缴比例，垄断程度越高，国有资本收益上缴比例越高，反之，则国有资本收益上缴比例越低。一般商业性国有企业应该按照市场规范运作的方式、参照市场标准来确定国有资本收益上缴标准。从国有资本收益支出的角度来考虑，国家可以运用产业发展基金的方式引导公共政策性国有企业、特定功能性国有企业和一般商业性国有企业进行产业转型，积极开展创新，降低运作成本，积极开拓国际市场。总的来说，对于公共政策性国有企业不仅要“少取”，而且要“多予”，对于特定功能性国有企业要根据经济战略布局适当设置收取标准，对于一般商业性国有企业要多收取利润。

3. 完善国有资本经营预算的编制体系

按照“三层三类”的国有资本经营预算结构体制，国有资本运营公司和国有资本投资公司的预算编制在国有资本管理部门的预算和国有企业的预算之间起着至关重要的衔接作用。当前的国有资本经营预算制度，基本上是国有企业编制国有资本支出预算，然后上报国资委汇总，由国资委编制国有资本经营预算草案，最后报送财政部。对于国有资本的收入预算还没有编制的科目，仅仅是对国有企业进行分类，然后按照一定的比例进行利润上缴。不编制国有资本收入预算会产生某些不良影响，比如，仅仅核算利润而不编制和分析利润的来源与构成，会给上缴国有资本收益的国有企业、国有资本运营公司和国有资本投资公司造成很大的现金支出压力。再比如，仅仅从总量上核算国有资本经营预算的收入，而不编制国有资本经营预算的科目，三层主体就很难对国有资本经营预算进行计划和控制，从而会影响国有资本经营预算的顺利实施。因此，三层主体都有必要完善国有资本经营预算的编制体系，同时编制国有资本经营预算的支出预算和收入预算。

4. 完善国有资本经营预算的管理体制

政府预算通常包括预算的编制、执行、评价和监督等多个环节，国有资本经营预算作为四大政府预算之一，其管理体制也需要包括预算的编制、执行、评价和监督等多个环节。从国有资本经营预算的编制和执行角度来看，当前已经基本构建了资本经营预算的编制和执行的管理体制，虽然在诸如国有资本经营预算的目标与编制主体等问题上还存在一定的分歧。不论是中央国有资本经营预算的编制和执行，还是地方国有资本经营预算的编制和执行，财政部门都是预算的管理部门，国资委是预算的单位，国有企业是预算的实际执行者和国有资本收益的上缴者。当前已经形成了财政部门—国资委—国有企业相互协作的国有资本经营预算编制和执行体制。

从国有资本经营预算的评价和监督角度来看，国有资本经营预算的评价与监督对国有资本经营预算的实施效果起着至关重要的作用。有关国有资本经营预算的科学、合理的考核标准和考核程序，有助于对实现预期目标的参与主体实施奖励，对未实现预期目标的参与者实施惩罚。为了国有资本经营预算的有效实施、评价和监督，需要完善和构建国有资本经营预算的指标体系。国有资本经营预算的指标体系包括国有资本经营预算执行的指标体系和国有资本经营绩效的指标体系。国有资本经营预算执行的指标体系包括预算收入执行情况指标和预算支出执行情况指标。国有资本经营预算的指标体系包括财务效益、资产营运、偿债能力、发展能力、市场效益五个方面。

2012 年财政部发布了《关于开展 2008—2011 年中央国有资本经营预算支出项目绩效评价工作的通知》，对 2008—2011 年安排的“国有经济和产业结构调整”“兼并重组”“技术创新”“节能减排”等支出项目，从资金管理情况和资金使用情况进行评价。2013 年财政部发布了《关于开展 2012 年中央国有资本经营预算支出项目绩效评价工作的通知》，对 2012 年的国有资本支出项目进行评价。有关国有资本经营预算的评价监督工作已经开始，但是还没有从收缴和支出进行全过程的评价和监督，未来有必要对国有资本收益收缴和支出的全过程进行评价和监督。

5. 出台精细化的国有资本收益收缴措施

扩大收缴范围和提高收缴比例是增加国有资本收益的两大途径，经过多次收缴范围的扩大和收缴比例的增加，国有资本经营预算的收入逐步增加。当前国有资本收益收缴范围的扩大和收缴比例的提升，基本上是将国有企业分成几类，分别按照不同的收缴比例进行收缴，在收缴范围上是按照循序渐进的方式逐步进行扩大，这种分类和循序渐进的方式有力地推进了国有资本经营预算改革的实施。但是，从管理精细化的角度来说，当前的收缴政策仍然属于简单“一刀切”的方式，没有综合考虑各家国有企业的发展历史、市场竞争、生产运营、社会责任和政治责任等因素。未来在进一步扩大国有资本收益收缴范围和提高国有资本收益收缴比例的过程中，有必要出台更加精细化的提升政策，既要使国有资本收益的收缴不断增加，又要避免给国有企业的发展造成负面影响。

从收缴范围上，未来要继续根据国有经济战略调整的布局和国有企业改革的进程，出台更加精细化的政策，逐步扩大试点，将金融、铁路、交通、教育、文化、科技、农业等部门所属中央企业，纳入中央国有资本经营预算试行范围。同时，加快推动地方国有资本经营预算的试点工作，并做好汇总编制全国国有资本经营预算的工作。从收缴比例上，未来要在十八届三中全会《决定》的蓝图下继续提高国有资本经营收益的比例，但是需要更加科学和合理地确定国有资本收益上缴的对象，同时根据中国国情和国有企业的类型，更加精细化和个性化地确定国有资本收益上缴的比例，避免“一刀切”。

6. 更加科学地实施国有资本收益的支出安排

当前的国有资本经营预算支出包括资本性支出、费用性支出和其他支出。支出管理的机制基本沿袭了一般公共预算项目支出的管理体制，可以很清晰地明确资金投向，并且便于国有资本管理部门对支出进行监管。但是当前的支出管理机制有很深的“管人、管事、管资产”的烙印，而且管理机制比较刚性和粗放，导致当前的国有资本经营预算支出更加重视“铺摊子”，对国有资本“内涵提高”的促进作用不足。十八届三中全会要求发展混合所有制，以“管资本为主”加强国有资产监管，这就需要国有资本经营预算的支出安排需要以“管资本为主”的方式进行重构。

第一，尝试将国有资本经营预算支出向非国有企业开放，并以此促进混合所有制的改革。在混合所有制的改革过程中，可以由国有企业直接持有民营企业的股份，也可以由民营企业持有国有企业股份，更可以通过国有资本经营预算的方式使国家股权投入民营企业，也就是通过国有资本经营预算支出的方式，使国有股权进入民营企业。实际上，民营企业特别是中小民营企业普遍面临着融资困难和资金紧张的问题，通过国有资本经营预算的方式促进混合所有制，可能更受民营企业欢迎。

第二，尝试用国有资本经营预算支出设立经济改革基金，用于国有资本运营公司的建立、有条件的国有企业向国有资本投资公司的转型。国有资本运营公司和国有资本投资公司的建立，可以通过改组经济主管部门的方式实现，也可以通过改造大型国有企业集团的方式实现，还可以通过新建的方式实现。不论采取哪种方式，都会有一定的改革成本，通过国有资本经营预算支出设立经济改革基金可以更加有效地推动国有资本运营公司和国有资本投资公司的建立。实际上，在 2014 年国有资本经营预算支出中已经配备了 70 亿元，用于国有资本运营公司的建设，未来可以尝试通过设立经济改革基金的方式实现资金的配备。

第三，尝试逐步取消国有资本经营预算的费用性支出。费用性支出是用于弥补国有企业改革成本等方面的费用性支出，具体支出范围依据国家宏观经济政策以及不同时期国有企业改革和发展的任务，统筹安排确定。但是随着改革的不断深入，国有资本经营预算要更加强调国有资本的“经营性”，要在完善国有资本经营预算向一般公共预算和社会保障基金预算划转制度的基础上，逐步取消费用性支出，使国有资本经营预算成为名副其实的“经营”预算。

第十五章　国有企业领导管理制度

在市场经济体制中，企业的经营效率与发展壮大，和企业领导人的素质、能力和努力有着密切关系。事实表明，优秀的企业领导人可以使濒临破产的企业起死回生，扭亏为盈，而平庸者则会使生机盎然的企业枯萎凋落。因此，构建有利于遴选优秀企业领导人和发挥企业领导人积极性的管理制度十分重要。然而，构建企业领导人管理制度，在私营企业或许比较容易，在国有企业则要复杂得多。因为国有企业在领导人选拔、激励与约束上面临着私营企业所不存在的体制性障碍。关于这些问题，可以从公共选择理论、委托代理理论等角度进行分析。

我国国有企业领导管理制度经历了从党委领导下的厂长负责制到厂长（经理）负责制，再到董事会领导下的总经理负责制的多次调整，形式上变化很大，但一些实质问题仍无较大进展。党的十八届三中全会提出，要“推动国有企业完善现代企业制度”，“建立职业经理人制度，更好地发挥企业家作用”，并且“国有企业要合理增加市场化选聘比例”，明确了今后对国有企业领导人的选用、考核、报酬和奖惩，要在现代企业制度的框架下，通过采取符合市场经济规律和企业特点的方式来管理。本章将回顾改革开放以来国有企业领导管理制度的变迁，深入分析国有企业领导管理制度所存在的问题，把能否遴选出优秀的企业领导人，能否发挥出企业领导人的作用作为主要的切入点，提出对未来改革的思路和措施。

本章第一节对国有企业领导管理制度的相关理论研究进行梳理，在此基础上提出基本观点。第二节回顾国有企业领导管理制度的沿革，概括其主要变化特征。第三节考察国有企业领导选拔机制的现状，分析其存在的问题及其原因。第四节考察国有企业领导激励约束机制的现状，分析其存在的问题及其原因。第五节尝试提出改进国有企业领导管理制度的若干建议。

第一节　国有企业领导管理制度与经营效率关系的理论探讨

国有企业领导管理制度是国有企业研究的重要对象。国有企业研究的核心问题是讨论国有企业体制与经营效率的关系。众多研究以公共选择理论、委托代理理论为依据，指出国有企业在体制上存在着缺陷，影响了其经营效率的提高。其中，领导管理制度的缺陷主要呈现在企业领导人的选拔任用机制和激励约束机制上。

一　领导人选拔任用机制的缺陷

国有企业普遍采取行政化的选拔机制和行政化的人事管理，这种方式在行政部门和企业领导人两个层面都带来了问题。一方面，行政部门只是作为国家的代表行使人事权，他们在选择国有企业领导人时，无须承担决策失误的责任，既不会因为选择优秀的领导人而增加收入，也不会因为选择平庸的领导人而减少收入，因此，他们没有积极性去选择真正具有企业家素质的企业领导人。① 另一方面，国有企业领导人由行政部门任命与更替，不仅自己的乌纱帽被掌握在行政部门手中，而且许多重大决策也要受制于行政部门，这就导致国有企业领导人不得不把大量精力放在与行政部门交结关系上而不是用来改进经营效益。② 此外，行政部门对国有企业领导人的人事管理参照行政部门进行管理，政府部门和国有企业之间实行干部交流，政府官员可以到国有企业担任领导人，国有企业领导人也可以到政府任职，这种亦官亦商的制度设计，不仅为不是经营管理人才的政府官员提供了到企业就职的机会，降低了企业领导人的整体素质，而且还为国有企业领导人发出了强烈的仕途升迁的信号，诱导国有企业领导人在个人政治利益与企业利益中选择前者，把在国有企业任职看作是积累个人政治

① 张维迎：《企业的企业家——契约理论》，上海三联书店 1995 年版；张维迎：《国企的出路是民营化》，载《国家命运：中国未来经济转型与改革发展》，中央编译出版社 2015 年版。

② ［日］植草益：《公共规制经济学》，筑摩书房 1991 年版。

资本的一个过程，从而削弱了改进经营效益和进行创新的动力。[①]

因此，国有企业领导人选拔任用机制要发挥作用，必须在选拔任用主体、领导人管理等方面进行重新设计。一是使选拔任用主体有积极性去选择优秀企业领导人，最直接的动机来自自身利益与决策的关系。有了积极性，就会选择最合适的办法。因此，在选拔任用管理中建立决策者激励与问责机制十分重要。二是使企业领导人的职业通道与行政干部的仕途通道没有联系。这样做，一方面是为了保证国企领导人来源的专业性，从专业的经营管理人员中选择企业领导人，而不是从行政干部中选择企业领导人；另一方面也是为了减少对国企领导人的行政激励，如果政府官员可以容易地到国企就职，国企领导人也可以容易地进入仕途，那么在强行政激励下，国企领导人就会把国企作为进入仕途的跳板，而不会认真思考企业的未来。三是行政部门不能对国企经营活动进行干预，否则必将导致国企领导人唯上为是，无心致力于企业经营。

二　领导人激励约束机制的缺陷

从理论上讲，当存在委托代理关系时，委托人一方面要对代理人进行激励，另一方面也要对代理人进行监督，来使代理人追求个人目标的行为符合委托人的目标。非国有企业通常是通过法人治理结构来解决委托代理问题的，业绩报酬、期权等长期激励、职业经理市场等被认为是有效的激励与约束手段。然而，在国有企业的经营体制中，多个委托代理关系、多维度目标、业绩评价标准的模糊性、行政干预的不可避免性，使构建激励与约束机制这项工作的难度加大。[②] 从激励机制看，国有企业领导人往往面对政府部门等多个委托人，被委托的工作不止一项，而是多项。而委托人对国有企业工作的监督有限，再加上一些涉及公共利益的工作不容易准确量化，在这种情况下，如果根据经营业绩奖惩国有企业领导人，就会导致国有企业领导人在容易测量的工作上花费精力，而忽视了那些本来应该

---

① ［日］久保克行：《国有企业民营化会增加企业价值吗?》，http：//www. rieti. go. jp/jp/projects/fcga2011/columns2/17. html，2014 - 04 - 15。

② Wilson，J. Q. *Bureaucracy*：*What Goverment Agencies*，*Do and Why They Do It*，New York：Basic Books，1989. Milgrom，P. and Roberts，J. Economics，Organaization and Management，Englewood Cliffs，NJ：Prentice - Hall，1992. Stiglitz，J. E. Economics of the Public Sector，2nd ed.，W. W. Norton，1988.

关注但不容易测量的工作。[①] 由于国有企业的经营活动要受到国家政策和行政干预的强烈影响，国有企业领导人的经营业绩往往不是领导人能力与努力的真实反映，因此，经营业绩很难作为奖惩国有企业领导人的唯一标准。另外，当工作目标与公共利益相关，且业绩指标是非经济指标时，激励报酬也不是合适的形式，此时应该采取固定报酬，并辅之以其他激励手段。[②] 从约束机制看，国有企业领导人由行政部门任命而不是由经理人市场择优选聘，而由于信息不对称、责权利不对称等原因，行政部门对国有企业领导人的监督往往缺乏积极性，以致不及时和不充分。

国有企业的委托代理体制造成国有企业领导人的行为缺乏足够的激励与约束。因此，改革国有企业委托代理体制，是建立国有企业领导人激励约束机制的前提。在这方面需要解决五方面问题。其一，缩短委托代理链条，委托代理关系不能太多，授权部门不能太多；其二，聚焦工作目标，工作目标的维度不宜过多，尽可能保持相同维度；其三，判断工作业绩的可测性，只有工作业绩能够衡量时，使用激励报酬才是有效的；其四，选择正确的激励方式，当工作业绩不能够衡量时，必须采取其他激励与约束方式；其五，对行政部门建立约束机制，通过问责制度促进主管部门加强监管。

三　本章的基本观点

领导管理制度是国有企业体制的重要组成部分，对经营效率有非常重要的影响。领导管理制度的目的，是要选拔出优秀领导人，发挥领导人的积极性，并推动经营效率提高。这取决于两个机制，一个是领导人的选拔任用机制，另一个是领导人的激励约束机制。领导人选拔任用机制决定领导人的素质与能力，包括领导人的选拔任用方式、管理方式等内容；领导人的激励约束机制影响领导人的工作行为和努力程度，包括对领导人的考核、薪酬、奖惩三个方面。

领导人选拔任用机制起着根本性作用。因为领导人选拔任用机制会改

---

① Holmstrom, B. and P. Milgrom. Multi - Task Principal Agent Analysis, *Journal of Law, Economics and Organization*, 1991 (7): 24 -52.

② Wilson, J. Q. *Bureaucracy: What Goverment Agencies, Do and Why They Do It*, New York: Basic Books, Basic Books, 1989.

变或决定国有企业委托代理关系的复杂性、领导人工作目标的多元性、业绩评价标准的模糊性、委托人的责权利体系以及国有企业经营活动的独立性，从而对国有企业构建怎样的激励约束机制以及激励约束机制能否发挥有效作用产生重要影响。从这个意义上来说，领导人选拔任用机制是激励约束机制有效发挥作用的先行条件。另外，如果不考虑对领导人的激励与约束，也就不能保证作为代理人的领导人的工作行为符合委托人的目标意愿。好的激励约束机制可以激发企业领导人的积极性，不好的激励约束机制会制约企业领导人发挥作用。从这个意义上说，激励约束机制是选拔任用机制充分发挥作用的有力支撑。图 15 －1 显示了选拔任用机制和激励约束机制的相互作用以及与经营效率的关系。

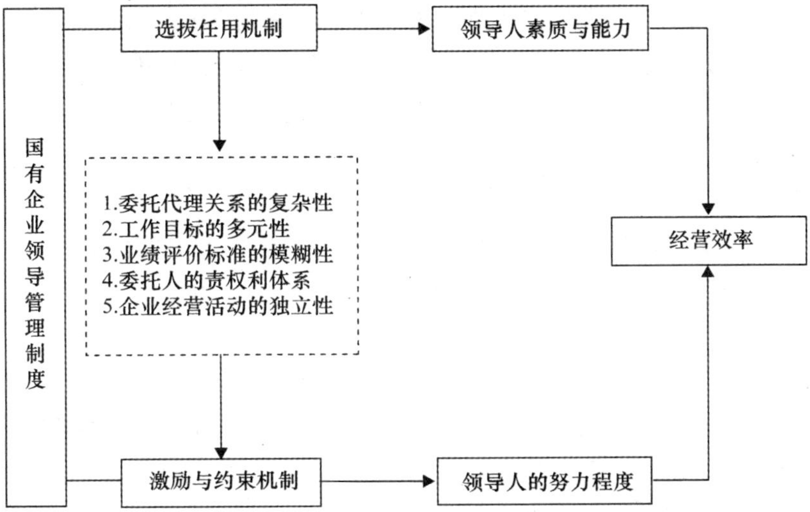

图 15 －1　国有企业领导管理制度与经营效率的关系

第二节　国有企业领导管理制度的沿革

本节考察改革开放以来国有企业领导管理制度在选拔任用机制、激励约束机制两方面所经历的变革过程，概括其主要特征，为在第三节、第四节分析国有企业领导管理制度现状及其问题提供背景信息。

改革开放以前，我国实行高度集中的计划经济体制，政府通过各项计划直接指挥和管理国有企业，由企业主管单位对企业领导人进行任命或委派、培训、考核和奖惩，曾先后实行过军代表制、工厂管理委员会制、“一厂制”、党委领导下的厂长负责制、党委领导下的职工代表大会制等制度。这些制度具有四个共同特点：一是对企业领导人实施计划配置，即按照国民经济计划来安排企业领导人员；二是对企业领导人实施行政选用，即由企业上级单位任命企业领导人员；三是对企业领导人按干部体制管理，即照准行政干部标准来选拔企业领导人员，赋予其行政级别以及与此相对应的报酬待遇，允许其在企业领导和行政干部之间角色互换；四是对企业领导人实行弱激励，也即对企业领导人员实行职务工资制，较少使用经济刺激。与此同时这些制度造成政企不分、责权分离、领导人积极性低下，严重制约了国有企业的发展。

20 世纪 80 年代以后，对国有企业领导管理制度进行了两次重大改革。第一次是国有企业领导管理制度从党委负责制下的厂长负责制向厂长（经理）负责制转变，这发生在 20 世纪 80 年代中后期至 90 年代初期。第二次是从厂长（经理）负责制向董事会领导下的总经理负责制转变，这发生在 20 世纪 90 年代中期至今。

一 从党委负责制下的厂长负责制向厂长（经理）负责制转变

20 世纪 80 年代初期，我国实行改革开放政策，开始扩大国有企业的自主权，通过放权让利等措施，促进政企分开，使国有企业转变为相对独立的经济主体，成为自主经营、自负盈亏、独立核算的社会主义商品生产者和经营者。但是，当时国有企业实行党委负责制下的厂长负责制，厂长在经营生产、干部人事、收入分配方面仍然没有实质性的权力。

党委负责制下的厂长负责制的法律依据是《国营工业企业暂行条例》(1983)。该条例要求企业实行党委领导下的厂长负责制，由企业主管单位按照干部管理权限，负责对厂长、副厂长和总工程师、总会计师等厂级经济技术干部进行任免、培训、考核和奖惩。党委领导下的厂长负责制强调企业对上级行政部门负责，上级行政部门对企业管理干部进行全面管理。在企业经营体制中，党委对一切行政事务拥有最终决策权，凡是生产经营上的重大问题由党委集体谈论决定，然后交给厂长具体执行和组织实施。党委行使决策权，厂长行使执行权，职工代表大会行使监督权。这个制度的问题，一是造成以党带政，责权分离，削弱了厂长的权威和以厂长为核心的指挥系统；二是党委全面干预生产经营，不利于专业管理、技术人员发挥作用。

鉴于这个问题，1988 年，我国颁布《中华人民共和国全民所有制工业企业法》（下称《企业法》），要求企业建立厂长（经理）负责制。厂长（经理）责任制是以厂长（经理）为核心的管理制度，厂长（经理）对企业的生产经营和精神建设负有全面责任，并被赋予了更多的自主权。在企业领导人员的任免、考核、奖惩方面，上级行政部门的权力略有削弱，企业及厂长（经理）的权力有所增强。比较《国营工业企业暂行条例》和《企业法》，可看到以下变化：

第一，企业的具体情况在领导人员任免方式的选择中开始得到考虑。在党委领导下的厂长负责制下，国有企业领导人员的任免主要根据计划来决定。但在厂长（经理）负责制下，可根据企业情况采取两种任免方式：一是政府主管部门委任或招聘（免职或解聘），但须征求职工代表意见；二是企业职工代表大会选举，但须报政府主管部门批准。

第二，企业领导人员任免方式开始多元化。在党委领导下的厂长负责制下，选拔国有企业领导人员单纯采取行政任命手段。但厂长（经理）负责制下，开始允许运用行政委任、招聘、选举相结合的手段选拔企业领导人。

第三，厂长（经理）在选用、考核与奖惩下属干部方面获得一定自主权。在党委领导下的厂长负责制下，企业厂级经济技术干部全部由上级主管部门任免、考核与奖惩。但在厂长（经理）负责制下，虽然厂长（经理）仍由上级主管部门任免、考核与奖惩，但副厂级行政领导干部的任免、考核与奖惩，则不再由政府主管部门独自实施，而是先由厂长（经理）提议，后由政府主管部门根据该提议来实施。厂长（经理）不再只是服从上级主管部门的决策，还可以对上级主管部门的决策间接地产生影响。

第四，在考核与奖惩中引入了经济效益、质量等指标。在党委领导下的厂长负责制下，上级主管部门要考核国有企业领导人员的绩效，至于考核哪些方面，在法规层面没有明确的规定，只是笼统地指出要考核“生产、工作成绩”。但在厂长（经理）负责制下，考核内容有了更加具体的规定。《企业法》指出要考核厂长（经理）的计划完成情况、提高产品质量和服务质量、提高经济效益和加强精神建设等方面的成绩。对国有企业领导人员，不仅要求他们要完成计划所规定的任务，而且还希望他们在提升产品、服务质量以及增加经济效益方面发挥作用。相比过去的考核制度，新制度更加重视国有企业领导人员的经营管理能力。但需要指出的是，虽然《企业法》开始重视国有企业领导人作为经营管理者的功能，但对国有企业领导人的考核与奖惩规定仍然是粗线条的，还没有考虑到通过奖惩方式等激励与约束的核心问题。

二　从厂长（经理）负责制向董事会领导下的总经理负责制转变

厂长（经理）负责制改变了以党代政的情况，保证了生产经营指挥统一，改善了多头管理现象，但也造成厂长（经理）形成绝对权威、权力处于不受监督的状况，使党组织、职工代表大会的地位、作用受到削弱，长期以来指导国有企业领导管理的“党管干部”原则受到挑战。因此，如何约束厂长（经理）的权力，就成为需要解决的课题。1990 年，党的十三届七中全会提出企业的领导体制要“充分发挥企业党组织的政治核心作用，坚持和完善厂长（经理）负责制，全心全意依靠工人阶级”，并且通过一系列措施强化了党组织在企业的地位作用。

20 世纪 90 年代，国有企业改革进入建立现代企业制度时期。1993 年，党的十四届三中全会通过《中共中央关于建立社会主义市场经济体制若干问题的决定》，提出进一步转换国有企业经营机制，建立适合市场经济要求的现代企业制度。1993 年《中华人民共和国公司法》（下称《公司法》）正式颁布，1992 年后国务院相继出台了《股份制企业试点办法》等一系列法规，指导国有企业进行公司制改造。国有企业的领导管理制度开始按照公司法人治理结构来规范，实行董事会领导下的总经理负责制。

董事会领导下的总经理负责制，是指以公司法人治理结构为基础、以纵向约束和授权、横向制衡和监督为特点的领导体制。在现代公司制下，所有权与经营权分离，所有者通过法人治理结构来约束经营者，经营者也通过法人治理结构来避免所有者的干预。公司法人治理结构包括股东会、董事会、经理层、监事会四个机构。股东会选举非职工董事、监事，并决定董事、监事的报酬。股东会监督董事会，但不可以直接干预公司经营。董事会是常设权力机构，决定公司战略与重大投资事项，决定聘任或解聘公司经理及其报酬，并根据经理的提名决定聘任或者解聘公司副经理、财务负责人及其报酬，但董事会不能直接干预公司的经营管理。经理层是按照董事会决策负责日常经营指挥和经营管理的执行机构。监事会是由股东会及公司职工民主选举组成的常设机构，和董事会并列，负责对董事会以及经理层实施监督。这些机构相互独立，逐级授权，权责分明，各司其职，相互制衡，不仅可以较好地克服多头管理、权责不明的问题，而且还可以避免把企业领导权力集中在某一个人或一个层面，从而利于平衡相关利益群体的利害关系。

虽然《公司法》要求国有企业依法建立法人治理结构，但国有企业在公司制改造过程中并不顺利，在处理新老权力机构关系（“新三会”和“老三会”的关系），董事长与总经理、党委书记的关系等问题上遇到了问题。1999 年，党的十五届四中全会提出要深化国有企业人事制度改革，指出应把党管干部原则和董事会依法选择经营管理者及经营管理者依法行使人事权结合起来，建立与社会主义市场经济体制和现代企业制度相适应的国有企业领导人员管理制度。这次全会上还明确指出：“党委书记和董事长可以由一人担任，董事长、总经理原则上分设”，国有独资和国有控股公司的“董事会和监事会都要有职工代表参加”，要“建立与现代企业制度相适应的收入分配制度，实行董事会、经理层等成员按照各自职责和贡献取得报酬的办法”，“对企业及企业领导人不再确定行政级别”。

2003 年，国务院国有资产监督管理委员会（下称国资委）成立。国务院授权国资委代表国家履行出资人职责，建立管资产和管人、管事相结合的国有资产体制。国资委对所监管企业国有资产的保值增值进行监督，加强国有资产的管理工作；代表国家向部分大企业派出监事会；依法对企业负责人进行任免、考核并根据其经营业绩进行奖惩。与此同时，国资委开始在企业领导管理制度的市场化方面进行探索，如公开选聘国有企业高级经营管理者，扩大中央企业选人用人范围，探索“党管干部”原则与市场化配置企业经营管理者相结合的方式。2009 年，中办及国务院印发了《中央企业领导人员管理暂行规定》，加强了由组织部门与国资委主导的国企领导人员任免、考核、奖惩的机制。同年国资委建立、完善了中央企业负责人考评体系，改革了中央企业负责人薪酬管理暂行办法，对中央企业领导人员实行任期和年度考核评价，建立了以考核评价为基础，与岗位职责和工作业绩挂钩，短期激励与中长期激励、精神鼓励与物质奖励相结合的中央企业领导人员激励机制。在这些制度改革的推动下，国有企业的领导人开始从行政干部身份向职业经理人的身份靠近。

三　国有企业领导管理制度的主要变化

以上考察显示，国有企业领导管理制度在过去30余年中发生了两次大的变化，这些变化主要体现在领导人的选拔任用机制和激励与约束机制上。下面我们把视角聚焦到选拔任用的主体与方式、考核的主体与方式、薪酬和奖惩等方面，对党委领导下的厂长负责制、厂长（经理）负责制以及董事会领导下的总经理负责制进行比较（结果见表15－1）。

选拔任用机制方面的主要变化体现在两个方面。第一，从过去的单一的行政任命方式，转变为包含部分授权的行政任命方式。虽然企业正职领导人的任免仍然采取行政任命方式，由组织部门来任命，在坚持“党管干部”原则上没有改变，但对副职领导人员的任免采取了把授权与组织决策相结合的形式，一方面授予董事会提名权力，另一方面又保留了组织部门考察、审批、备案的权力，说明我国在副职领导人层面下放人事权，把“党管干部”原则与董事会依法任免经理人员相结合。第二，选拔任用企业领导人不再只有委任形式，还增加了聘任式、选任式，如开始面向全球市场招聘企业领导人。

考核与激励机制方面的变化，主要表现为在考核与薪酬决定中明确引入了经营业绩指标，不仅有行政激励，也有经济激励。过去对企业领导人员采取职务工资制，工资全部是固定的，和经营业绩的关系比较弱。现在采取年薪制，明确规定了绩效年薪与经营业绩的挂钩比例，并且对企业领导人进行经营业绩考核，根据考核结果实施奖惩，对企业领导人形成了激励与约束。

历史地看，国有企业领导管理制度不论在选拔任用机制还是考核与激励机制方面都发生了不小的变化。但是，如果从选拔任用主体、考核与薪酬三个维度去考察国有企业领导管理制度的变化，就会发现在不同层次、不同机制中所表现出来的变化程度还是有差异的。一是副职领导人员层次的变化大于正职领导人员层次的变化，行政部门对企业副职领导人的人事权有所减弱。二是考核与激励机制方面的变化大于选拔任用机制方面的变化。可以说，由于年薪制、绩效年薪、中长期激励收益等措施的实施，国有企业领导人员的薪酬已经大幅度地脱离了干部级别工资，市场化程度极大增强，然而，从根本上看，组织部门或行政部门决定配置国有企业领导人员、对国有企业领导人按照管干部的办法进行奖惩的状况没有改变。

表 15－1　　改革开放以来国有企业领导管理制度比较

企业领导管理制度	选拔任用机制	激励约束机制
党委领导下的厂长负责制	1. 选拔任用主体：主管部门选拔任用厂长、副厂长和总工程师、总会计师等厂级经济技术干部 2. 选拔任用方式：行政任免	1. 考核主体：主管部门考核厂长、副厂长和总工程师、总会计师等厂级经济技术干部 2. 考核内容：生产、工作成绩 3. 薪酬：未明确规定与业绩的关系 4. 奖惩：行政晋升；未明确规定与业绩的关系
厂长（经理）负责制	1. 选拔任用主体：主管部门选拔任命厂长（经理）。厂长（经理）提名副厂级干部人选，主管部门选用 2. 选拔任用方式：行政委任或选举相结合的方式	1. 考核主体：主管部门对厂长（经理）进行考核。厂长（经理）对副厂级干部的考核进行提议，主管部门实施考核 2. 考核内容：计划完成情况、提高产品质量和服务质量、经济效益和精神建设等 3. 薪酬：未明确规定与业绩的关系 4. 奖惩：行政晋升；未明确规定与业绩的关系
董事会领导下的总经理负责制	1. 选拔任用主体：组织部门、国资委党委任免国有企业最高领导人员，如董事长、总经理。董事会聘任除总经理以外的经营班子，如副总经理、财务负责人 2. 选拔任用方式：对董事会成员实行委任制、聘任制、选任制；对未设立董事会的经营班子成员实行委任制或聘任制	1. 考核主体：组织部门与国资委对国有企业最高领导人进行考核。股东会考核董事会成员，董事会考核总经理、副总经理、财务负责人 2. 考核内容：政治表现、经营业绩指标 3. 薪酬：明确规定薪酬由基本年薪、绩效年薪和中长期激励收益组成 4. 奖惩：行政晋升

资料来源：作者根据《国营工业企业暂行条例》（1983）、《中华人民共和国全民所有制工业企业法》（1988）、《中华人民共和国公司法》（2013）、《中央企业领导班子和领导人综合考核评价办法（试行）》（2009）、《中央企业负责人经营业绩考核暂行办法》（2012）整理而得。

第三节　国有企业领导人选拔任用机制现状、问题及其原因

当前，国有企业领导人的选拔任用仍然是行政主导。国有企业领导人具有行政级别，是在企业任职的干部，是干部与经营管理者的混合体。国有企业领导人的职业通道和仕途通道相互贯通，其决定权在上级党组织和行政管理部门。本节首先解读有关国有企业领导人选拔任用的制度规定，然后考察国有企业领导人选拔任用的常见做法，接下来指出问题及原因。

一　国有企业领导人选拔任用的制度规定

国有企业分为中央企业和地方企业。中央企业领导人由中央组织部和国务院国资委负责管理。地方企业领导人由地方党委组织部门和地方国资委参照中央企业管理办法管理。2009 年，中央办公厅与国务院办公厅联合下发了《中央企业领导人员管理暂行规定》，对中央企业领导人的范围、任职资格、选拔任用方式等事项进行了规定。

第一，领导人范围。①设立董事会企业的董事长、副董事长、董事（外部董事、职工董事除外）、总经理、副总经理、总会计师；②未设董事会企业的总经理、副总经理、总会计师；③党组（党委）成员。

第二，领导人的任职资格。首先要满足五条基本条件。①有较高的政治素质；②有较突出的工作业绩，包括熟悉现代企业管理，有较强的决策判断能力、经营管理能力等；③具有履行岗位职责所必需的专业知识；④具有良好的职业素养，遵纪守法，勤勉尽责，团结合作，廉洁从业，作风形象好；⑤具有良好的心理素质和能够正常履行职责的身体素质。其次，还要满足三条任职资格。①具有十年以上企业工作经验；②拟任正职者需要在副职岗位上工作 2 年以上等；③大学本科以上文化程度。

第三，选拔任用方式。企业领导人的选拔任用由组织部门和国资委党委组织实施。对中央企业领导人的选拔，主要采取组织选拔、公开招聘、竞争上岗方式。对企业领导人的任用，采取委任制、聘任制、选任制。具体来讲，对董事会成员实行委任制、聘任制或者选任制；对设立董事会的中央企业经理班子成员实行聘任制，经理班子人选经组织考察、按照管理

权限审批或者备案同意后，由董事会决定聘任；对未设立董事会的中央企业经理班子成员实行委任制或者聘任制；对党委（党组）班子成员按照党章和中央有关规定实行选任制或者委任制。

第四，选拔任用程序。中央企业领导人的组织选拔程序为：沟通酝酿；通过民主推荐等方式确定考察对象并进行公示；组织考察；征求有关方面意见、综合分析；提出任用建议；讨论决定；依照法律和有关规定任职。中央企业领导人的公开招聘程序为：面向社会公布招聘职位、职位职责、任职条件及有关要求；报名与资格审查；知识、能力、素质、心理健康等方面的测试；根据测试结果确定考察对象；组织考察或者通过其他适当方式了解人选情况；征求有关方面意见；综合分析，提出任用建议；讨论决定；依照法律和有关规定任职。中央企业领导人的竞争上岗程序为：在本企业范围内公布竞争职位、职位职责、任职条件及有关要求；报名与资格审查；知识、能力、素质、心理健康等方面的测试；民主测评；根据测试和民主测评结果确定考察对象；组织考察；征求有关方面意见；综合分析，提出任用建议；讨论决定；依照法律和有关规定任职。

简言之，国有企业领导人的选拔任用是由组织部门主导的。虽然选拔任用方式有组织选拔、公开招聘、竞争上岗三种，但每一种方式的选拔任用都要由组织部门来组织实施，并且人选要经过组织考察，实质上是组织部门主导。因此，组织部门在国有企业领导人的选拔任用过程中是决策者，组织部门以党政干部标准来选拔任用企业领导人。这体现在对国有企业领导人不仅要求有较突出的工作业绩、专业知识，而且要有较高的政治素质，和对领导干部的要求是一致的。

二　国有企业领导人选拔任用的常见形式

在实际中，国有企业领导人的选拔任命基本都是按照上述规定来实施的，但形式不尽相同。总体上看，具有以下特点。

1. 组织部门或者行政部门主导任命

笔者调研过的中央企业大多数“一把手”或者正职领导人都是由组织部门任命，副职领导人由国资委任命，其他高层领导人由董事会任命。而也有资料显示，一些国有企业的董事长由组织部或国资委派遣，总经理人选由组织部或国资委推荐，董事会批准。[①] 在辽宁省，省属国有企业的董事会成员和经理人员的考察、选拔和任命，全部由省委组织部门负责。[②] 武汉市属国企的董事长、总经理均由市委选拔、任命，董事会成员也是政府选派，董事会对管理层没有选聘权。[③]

虽然形式不同，但实质都由组织部门或者行政部门主导，董事会的作用非常有限。按公司法解释，董事会有聘任总经理和副总经理的权力，但是董事会的意志会受到组织部或者国资委的影响，因此基本上不存在否决组织部或国资委推荐的情况。[④] 但是，中组部和国资委也在试点改革。中组部和国资委从2001年起开始尝试面向海外招聘央企高管人员，试图改变行政主导下的选拔任用方式。根据公开资料，2001—2010年，共招聘128名高管和12名海外高层次人才。公开招聘的央企高管职位，早期都是副总经理职位，但2005年首次招聘2个央企正职高管岗位，2008年首次招聘两位中央直接管理的央企总经理正职岗位，体现出央企人事制度的调整正在向核心层面迈进。[⑤] 还有一些地区规定，对于国有企业副总经理的聘任，可以由董事会提名委员会提名，总经理确认，然后与国资委充分沟通，以获得认可。

2. 对国有企业领导人实行干部管理方式

国有企业领导人都有相应的行政级别。在国资委网站列出的115家央企名录中，前54家一把手（企业董事长、党委书记及总经理）多为“副部级”，他们一般由中组部发文任免，国资委协助考察。国有金融机构如大型国有商业银行，其董事长、行长、监事长也被视为副部级官员，或享受副部级待遇，由中组部选拔和任用。[⑥] 有的央企“一把手”还是“正部

① 高明华、杨丹、杜雯翠等：《国有企业分类改革与分类治理——基于七家国有企业的调研》，《经济社会体制比较》2014年第2期。

② 甄强：《基于调查的辽宁省属国有企业改革和发展问题分析》，《辽宁经济管理干部学院学报》2014年第2期。

③ “武汉新披露新一轮国企改革方案 取消企业领导行政级别”，人民网，http://politics.people.com.cn/BIG5/n/2014/0923/c70731-25716406.html，2014-09-23。

④ 高明华、杨丹、杜雯翠等：《国有企业分类改革与分类治理——基于七家国有企业的调研》，《经济社会体制比较》2014年第2期。

⑤ “央企全球聘高管四成来自系统内”，《新京报》，http://www.bjnews.com.cn/finance/2011/05/16/124373.html，2011-05-16。

⑥ 阮加文：《谁来监督国企一把手》，《法人》2013年第11期。

级”。如前中国商用飞机有限责任公司董事长、党委书记出任时其级别为正部级，是因为该人曾是国防科工委主任。

国有企业领导人不仅有行政级别，而且还有较高的党政待遇。据统计，中央企业系统共有党十八大代表131名，占全国代表总数的5.77%，入选委员的有26人。还有一些央企负责人为中央候补委员或中纪委委员。①

3. 对国有企业领导人实行行政晋升激励

国有企业领导人可以被提拔到政府部门任职。2006年中共中央办公厅《党政领导干部交流工作规定》称，县级以上地方党委、政府领导成员在同一职位上任职满10年的，必须交流；干部交流可以在地区之间，部门之间，地方与部门之间，党政机关与国有企业事业单位、人民团体、群众团体之间进行。近年来，央企最高领导人直接调任副部级以上官员的例子不少。像中国兵器工业集团（未设立董事会）总经理出任重庆市委副书记。中国船舶工业集团总经理2012年调任辽宁省副省长；2011年，中国石化集团总经理调任福建省省长，而中国商用飞机有限责任公司董事长调任河北省任代省长。地方国企层面，像山东省商业集团董事长出任山东省副省长，江铜集团董事长出任江西省副省长。

同时，政府官员也可以到国有企业任职。2014年8月5日的《上海证券报》报道，在任4年的温州市委书记将赴宝钢集团担任总经理。《人民日报》（海外版）曾刊文称，“央企高管高薪‘金饭碗’，被当成安排中央及省市年龄偏大、提拔无望官员的肥缺，成了攒养老钱、享享清福的待遇”，以至于有“当不了大部长送你个董事长”的说法。②

三 国有企业领导人选拔任用机制中存在的问题及其原因

1. 现有制度不能保证决策主体的积极性

虽然《公司法》规定股东会决定董事会成员，董事会决定经理层，但我国国有企业的董事长、总经理等领导人员实际上是由组织部门或行政

① 高明华、杨丹、杜雯翠等：《国有企业分类改革与分类治理——基于七家国有企业的调研》，《经济社会体制比较》2014年第2期。

② 万千：《央企高管的帽子不能当成补偿发》，《人民日报》（海外版），http：//paper. people. com. cn/rmrbhwb/html/2013－01/16/content_ 1186503. htm，2013－01－16。

部门来选拔任用的。国有企业领导人的人选由组织部门或行政部门决定，对于加强党对国有企业的领导、在国有企业贯彻党的方针政策以及实现国家调节经济功能是有作用的。但这种方式与公司法的相关规定存在距离，无法保证本来有人事权的董事会积极地去选择优秀的企业领导人。

非国有企业一般通过法人治理结构解决这个问题。决定企业领导人的是股东会、董事会，具体决策的股东、董事和企业有切身利益关系，因此有积极性去选择优秀的企业领导人员。西方国家的国有企业则是通过组建代表各方利益的委员会来解决行政式任命问题。德国规定国有企业的董事会成员不是由政府直接任命，而是由监事会在全球范围内公开考核选拔。监事会由政府官员、企业家和职工代表组成，他们既代表国家的利益，同时又代表企业利益和职工利益，监事会对董事会成员进行考核，并且要求董事会成员按照签订的合同履行职责。[①] 但在中国，行使人事权的是代表国家的组织部门或国资委的政府官员，他们不是企业的股东，他们的收入不会因为企业业绩好坏而增减，他们的仕途晋升也不会因所选的国有企业领导人如何而受影响。现实中，没有制度规定选用国有企业领导人的连带责任，这就造成选好选坏与决策者没有切实利害关系和责任追究，容易导致用人不当。

2. 组织任命方式选拔的是干部而不是企业家

我国选拔任用国有企业领导人的是组织部门，而组织部门是选拔党政干部的机构。不论在选拔标准还是在任用管理上，国有企业领导人都是被作为领导干部而非企业家来看待的。从选拔标准看，如果是选拔企业家，那么就应该评价候选人作为企业家的素质特征，如是否对市场机会高度敏感、敢于冒险、崇尚创新、执行决策果断等，但组织部门对国有企业领导人的五条基本要求分别是政治素质、工作业绩、专业知识、职业素养、心理素质与身体条件，这些尽管不能说与企业家素质完全没有关系，但差别超过了雷同。这样的标准与其说是在挑选企业家，还不如说是在挑选在企业任职的干部。从任用管理看，组织部门对选拔出来的国有企业领导人赋予一定的行政级别，还启开了从国有企业到政府部门的双向任职通道，定期在国有企业与政府部门之间进行人事对调，对国有企业领导人的配置不是按照企业需要和市场规律，而是采取和党政干部管理相同的方法，说明

① 乔新生：《制定国有企业法是必由之路》，《法人》2013 年第 11 期。

在组织部门看来国有企业领导人本来就是干部而不是企业家。那么，要求不是企业家的干部来发挥企业家作用、带领国有企业发展就是不现实的。

3. 组织任命方式的选拔圈子封闭，不利于发现优秀人才

我国国有企业领导人由组织部门或行政部门任命。一般来讲，组织部门或行政部门会从同行政级别、同行业以及国有企业的企业领导人或政府官员中决定人选。国有企业领导人产生于政府、国有企业的内部人才系统，而不是广义的企业家市场、职业经理人市场。中组部或国资委对国有企业领导人进行任免调动，大都是同行业中的国企之间或者对口管理部门官员之间的调动。即使采取公开招聘方式，只要是由组织部门或行政部门来主导招聘，也避免不了偏重内部人才系统。中组部和国资委联合公开招聘的结果就是一个印证。2001—2010 年，中组部和国资委联合公开招聘央企高管，在公示的 122 名央企高管人选中，51 人来自原企业或原系统内部，占 41.8%，57 人来自具有国资背景的外部企业，占 46.7%，只有 3 名来自外资企业，另有 4 名来自政府官员，个别人选来自高校、律师或会计师。内部人才系统属于组织部门或行政部门所管辖的范围，组织部门或行政部门对这个圈子了如指掌，非常熟悉，而且还有千丝万缕的人际关系，因此，从内部人才系统选拔企业领导人是最不费事甚至是有收益的办法。

当然，从内部人才系统选拔企业领导人也有可取之处。如果在相同背景的行业、企业之间调动领导人，领导人到新企业后会比较快地进入状态，工作开展起来会比较容易。但是，相同背景的领导人往往有着相同的思维方式，而国有企业在体制机制上又十分相同，所以要期望有国企背景的领导人对另一家国有企业有所突破、有所创新就比较困难。

4. 异化的激励机制导致国有企业领导人追求政治目标而非经济目标

在组织任命体制下，国有企业领导人具有双重身份：既是企业家又是政府官员，因为有行政级别、干部对调交流制度作为保障，国有企业领导人可以在国有企业和政府机关之间如天马行空，来去自由，当然这必须有“伯乐”的认可，这就导致不少国企领导人对职业的动力与预期更多地放在平行调动到党政部门或提拔重用，或者被任命到级别更高的企业上。[①]在强行政激励下，国企领导人有将企业作为跳板的可能性，就会不顾企业

① 严学锋：《国企董事长“新终身制”》，《董事会》2013 年第 8 期。

的长期发展而竭力在短期创造业绩，以换取政治晋升的资本。同时，双重身份使企业领导人可以不负经营失败的责任，仅是换个地方继续从政。[①]

国有企业领导人员既当官，又享受市场化的工资水平，这种既“当官”又“挣钱”的双重角色，在社会上造成极大不公平，这不仅引起一般公众非议，也引起了国家高层的关注，因此才有了近来限制国有企业领导人报酬及福利消费的措施。同时，这种具有行政级别的国有企业领导人管理制度，使得国有企业领导人无法成为真正的职业经理人，因而也难以建立规范的现代企业制度和公司治理结构，进而影响国有企业向混合所有制方向改革。

第四节　国有企业领导人激励约束机制现状、问题及其原因

一　国有企业领导人的考核与薪酬管理方式

国有企业领导人受组织部门和政府有关部门的监管。组织部门和政府有关部门为国有企业领导人的考核与薪酬管理专门下发了文件。

1. 国有企业领导人考核管理规定

中共中央组织部和国资委党委联合签发的《中央企业领导班子和领导人综合考核评价办法（试行）》规定，列入中央和国务院国有资产监督管理委员会管理权限的企业负责人要接受年度考核和任期考核。考核内容分为素质、能力和业绩共 8 项。素质包括政治素质、职业素养和廉洁从业；能力包括决策能力、执行能力和创新能力；业绩包括班子实绩和个人贡献。考核总分为 100 分，业绩评价占 50%，素质和能力评价占 50%。业绩中，班子业绩占 70%，个人贡献占 30%。考核由中共中央组织部和国资委党委组织实施，采取多维度考评方法，包括企业内部民主评测、上级管理部门评价、监事会评价。考核评价报告报中共中央组织部和国资委党委，经审定后反馈。对获得“优秀”的通报表扬；对“基本称职”的限期整改，调整岗位；对“不称职”的不再继续聘任或免职。

综合考核中的业绩考核，按照国资委印发的《中央企业负责人经营

① 黄再胜：《国企领导人制度“去行政化”的市场逻辑与改革途径》，《湖北经济学院学报》2014 年第 3 期。

业绩考核暂行办法》执行。该办法规定，在年度考核中考核利润总额、经济增加值以及其他反映企业经营管理水平和风险控制能力的分类指标，在任期考核中考核国有资本保值增值率，总资产固定周转率以及其他符合企业中长期发展战略、反映可持续发展能力的分类指标。考核结果分为A、B、C、D、E五个等级。国资委根据年度考核结果和任期考核结果对企业负责人实施奖惩，并把经营业绩考核结果作为企业负责人任免的重要依据。奖励形式为年度绩效薪金奖励、任期激励和中长期激励。具体来讲，绩效薪金和年度考核结果挂钩，由绩效薪金基数乘以绩效薪金倍数而算出。每个考核等级之间，绩效薪金倍数相差0.5—1.5倍，当考核等级为E时，绩效薪金为零；当考核等级为A时，绩效薪金为绩效薪金基数的2—3倍。最高考核等级和最低考核等级的绩效薪金差距最高可达到3倍。除了把考核结果引入绩效薪金计算以外，国资委还规定根据考核等级决定绩效薪金的兑现比例、任期激励。

2. 国有企业领导人薪酬管理规定

国有企业领导人的薪酬也属于政府部门的监管范围。国有企业领导人薪酬由主管部门根据领导人员的实际业绩提出建议，按照工资管理制度，经人力资源和社会保障部门审核之后，按管理权限由任命和聘任机构审批确定。国务院确定由国资委管理的国有企业领导人员薪酬按照国资委规定确定，金融类国有企业领导人薪酬按照财政部规定确定。国资委印发的《中央企业负责人薪酬管理暂行办法》规定，中央企业领导人的薪酬采取年薪制，由基本年薪、绩效年薪和中长期激励收益组成。基本年薪主要根据经营规模、经营管理难度、所承担的战略责任和所在地区企业平均工资、所在行业平均工资、本企业平均工资等因素综合确定。绩效年薪和经营业绩考核结果挂钩。基本年薪约占年薪总额的1/4—1/3，绩效年薪约占年薪总额的3/4—2/3。国有企业领导人员的薪酬以基本年薪和绩效年薪为主。未纳入中央直接管理的企业领导人员的薪酬，大都参照以上管理办法，实行年薪制，绩效年薪根据考核结果上下浮动。

为了规范国有企业领导人薪酬，财政部2009年印发的《金融类国有及国有控股企业负责人薪酬管理办法（征求意见稿）》只是提出“合理控制各级机构负责人薪酬，避免进一步拉大与社会平均收入水平以及企业内部职工收入水平的差距”，规定金融类国有及国有控股企业负责人最高年薪为税前280万元。人力资源和社会保障部2009年出台《关于进一步规范中央企业负责人薪酬管理的指导意见》，规定企业主要负责人的基本年薪与上年度中央企业在岗职工平均工资相联系，央企主要负责人薪酬水平将不超过央企在岗职工平均工资的12倍。

现实中，国有企业各级领导人的薪酬参照董事长而定，一般是在董事长薪酬的基础上打一定的折扣，折扣逐级递减。[①] 有的企业高管薪酬按照薪酬基数乘以分配系数计算基本薪酬、绩效薪酬，规定薪酬基数是职工平均工资的5—6倍，分配系数方面，董事长为1，副董事长、总经理为0.95，副总经理、财务总监为0.9；绩效薪酬的基数为基本薪酬的1.6—1.8倍，董事长、副董事长、总经理的绩效薪酬为基本薪酬的1.8倍，其余领导人员在此基础上按一定比例递减计算。高管薪酬有上限，但没有下限，考核中通过扣分制，对薪酬进行调整；高管的股权激励目前非常少。

二　国有企业领导人考核与薪酬管理中存在的问题

政府部门对国有企业领导人实施考核与薪酬监管，是为了防止出现企业领导人自定薪酬、薪酬脱离经营业绩、薪酬水平差距不合理的状况。各项规定表明，有关部门在考核、薪酬计算方面确实下了一番功夫，设计了一套详细甚至烦琐的程序与公式，通过把绩效薪金与考核结果挂钩、把职工平均工资引入基本薪酬计算、采取延期支付形式等方法，来防止企业领导人员自定薪酬、单方面压低职工工资的状况。这样一套制度设计在政府有关部门看来是有效的。据国资委负责人披露："国资委成立前三年，国企负责人每年薪酬的升幅大约是40%，一些亏损企业，负责人却可以拿到一两百万。国资委成立以后，2003年到2006年，这一升幅下降到了15.9%。"[②] 国资委当时还打算继续把国企负责人薪酬升幅控制在6%—7%，普通职工的工资增幅接近16%。然而国有企业领导人员薪酬的增长并没有出现如这位国资委负责人所期望的状况，而是大大超出这个幅度，与普通职工的差距越来越大。

---

① 高明华、杨丹、杜雯翠等：《国有企业分类改革与分类治理——基于七家国有企业的调研》，《经济社会体制比较》2014年第2期。

② 沈亮：《央企负责人薪酬调查：年薪20万至118万不等》，《南方周末》，http://news.qq.com/a/20080131/001126.htm，2008-01-31。

1. 国有企业领导人薪酬增长远快于职工工资增长

从薪酬增长看，2000 年以来国有企业领导人员薪酬增幅超过 20%，远高于职工工资增幅。1999—2012 年的 13 年间，中央非金融企业主要负责人年薪平均水平年均增长达到 21.9%，比同期城镇单位在岗职工平均工资水平增长 7.6 个百分点。[①]

2. 国有企业领导人与职工平均工资的差距日益扩大

20 世纪 90 年代，企业高管人员年薪收入相当于职工平均工资的倍数，大多数企业为 4—6 倍；1999 年 36 户中央企业主要负责人平均年薪也仅为当年全国城镇单位在岗职工平均工资的 7.3 倍。但是到了 2012 年，中央非金融企业主要负责人薪酬水平已经达到当年全国城镇单位在岗职工平均工资的 16.8 倍。[②] 资料显示[③]，2012 年 113 家央企及其上市公司在岗职工平均工资为 11.1 万元，全国城镇非私营单位就业人员平均工资是 4.7 万元，全国城镇私营单位就业人员平均工资是 2.9 万元。央企平均工资是非私企业平均工资的 2.4 倍、私企平均工资的 3.8 倍。如果按照国资委调查的 2011 年央企高管平均薪酬 72 万元来计算，央企高管是央企职工的 6.5 倍、非私企业的 15.3 倍、私企的 24.8 倍。据中国经济体制改革研究会报告，中国国有企业高管薪酬是本企业最低薪酬的 98 倍，而世界平均值只有 5 倍。[④]

3. 国有企业领导人的薪酬水平过高

关于国有企业领导人员薪酬是否过高存在不同看法。有人认为国有企业领导人员薪酬水平和国外同类企业相比不算太高。[⑤] 但多数观点认为，由于各国社会制度不同、生产力起点不同、经济发展水平不同，不应该简单地与外国企业高管的薪酬绝对值加以比较，而应该做相对的比较，即企业高管薪酬与人均国民生产总值的比值、与法定最低工资的比值、与全国从业人员平均工资水平的比值。联合国的调查数据显示，中国高管平均薪

---

① 杨黎明：《关于改革完善国企高管薪酬分配制度的再思考》，《中国党政干部论坛》2014 年第 6 期。

② 同上。

③ "央企职工平均工资曝光 2012 年薪人均最高 42 万"，网易财经，http：//money.163.com/13/1111/11/9DD8D9IC00252G50.html，2013 - 11 - 11。

④ 曹润林：《制度变迁、秩序规范与国企高管收入分配约束》，《改革》2013 年第 5 期。

⑤ 国资委副主任邵宁在 2013 年"两会"期间全国人大会议上发言说，央企"一把手"年均薪酬约为税前 80 万元，最高的不超过 150 万元，与国外同类企业相比，央企老总的薪酬水平显然不能算太高。

酬是人均 GDP 的 20 倍以上，而西方发达国家企业高管平均薪酬未超过人均 GDP 的 4 倍，未超过法定最低工资的 8 倍，未超过全国从业人员平均工资的 5 倍。①

4. 国有企业领导人员的薪酬与业绩的关系不透明

在很多情况下，国有企业领导人员的薪酬并未反映出其真实业绩，尤其是未出现“业绩降，薪酬降”，部分企业亏损严重，领导人的薪酬却居高不下。部分国有企业经营业绩考核指标未剔除垄断等非经营因素的影响。在企业业绩出现异常增长的情况下，很容易导致企业高管人员的薪酬“水涨船高”。另外，部分考核指标设置不科学，没有体现出应有的行业差别，难以考核出管理要素的真实绩效。高管人员的薪酬不能根据企业业绩增长状况变动，市场机制不能发挥作用，业绩不好时，不仅薪酬不减，更无解聘之说。

三　国有企业领导人考核与薪酬管理问题的原因

1. 管理者对国企领导人薪酬监管缺乏利益动机

组织部门和国资委是国企领导人的监管部门，但这些部门对国企高管薪酬确定缺少明确利益动机。依照委托代理理论，作为委托者的股东要把代理方经理人的薪酬与经营业绩联系起来，作出明确规定。因为，股东需要投下的资本赢利，就要精心计算经理人的付出与薪酬的关系，绝不会放任经理人尸位素餐。在国有企业，虽然国资委名义上是国有企业的出资人，是国企高管的监管部门，但真正实施管理的是国资委的官员个人。尽管国资委可能会得到企业分红，但官员个人从制度原则上看没有理由直接享受由于精细管理薪酬而产生的收益。从这个意义上，管理就缺乏动机，因为有粗疏敷衍的可能，也有因信息不对称而在薪酬博弈中被设局的可能。监管者的无能为力很可能造成所谓“内部人控制”的状况，即国有企业高管们在自身薪酬决策中的恣意性大增，使得国有资产以及收益受到侵害。

2. 多头管理使国企领导人薪酬监管缺乏权威性

尽管国资委被赋予了对国有企业的资产、经营以及人事进行管理的职

① 沈亮：《央企负责人薪酬调查：年薪 20 万至 118 万不等》，《南方周末》，http：//news. qq. com/a/20080131/ 001126. htm，2008 - 01 - 31。

权，但它并不是唯一拥有职权的部门。因为国企领导人都有行政级别，组织部门要对其实行分级管理。所以，国资委对于一些大企业高级别的领导人实际上是不可能决定其聘任与否，能够做的只是制定经营情况的考核指标等。这样实际上就减弱了监管部门的权威性。而在委托代理理论中，对经理人的管理权限属于代表股东的董事会，这个权威是唯一的、明确的，因此可以有效抑制经理人的胡乱作为，促使经理人保持与所有者利益一致的行为方式以及与薪酬相应的努力程度。

3. 国企领导人员的真实业绩难以科学测量

国有企业在自然资源占有、行业垄断、融资等方面得到巨大的政策支持，这使国有企业具有赢利的先天优势。所以，国有企业的经营业绩中相当部分是政策所致，但实际上在算定国有企业领导人员的业绩时都被忽略不计了，因此存在着夸大领导人个人努力程度的可能。据称，国资委也曾试图建立关于资源占有、政策垄断对业绩的影响程度的计算方法①，但每个企业的情况不同，对影响程度的判断的主观性很大，这是个很难实际操作的意图。

4. 国企领导人员的选聘非市场化

尽管国资委已经开始了社会公开招聘试点，但现实中国企领导人仍是行政任命居多。如此产生的国企领导人，具有干部和企业高管的双重身份，这使得国企领导人的经营责任淡化、对其的监管力度及权威性减弱，也使得部分领导人有恃无恐，不仅攀比发达国家的企业的高薪酬，还千方百计损公肥私，造成国有财产的巨大损失。因此，建立市场化、有竞争的聘任机制非常重要。市场化的公开招聘，可以从更广的范围中挑选有能力的人才，还可以建立正常的退出机制，避免国有财产因经营不善受损。因为，市场化招聘的高管不再是国家干部，是可以解聘的真正意义上的公仆。当然，对于能为国有企业的发展做出贡献的经营者，作为国有企业所有者的人民应该是能够认可他们的较高薪酬的。

第五节　国有企业领导管理制度改革的思考

国有企业有政策保证，在很多行业占有资源及营业的垄断地位，享受

① 刘戒骄：《国有企业高管薪酬制度改革分析》，《中共中央党校学报》2014 年第 2 期。

着财政资源和优惠的融资条件，本应在新产业、新产品、新技术、新服务创造方面，在提升国家技术经济竞争力方面做出更明显的贡献。但遗憾的是，事实上国有企业不仅没有如此，反而利用其地位抑制竞争，阻碍产品品种增加、质量提高、价格稳定等市场经济体制原本应有的现象时有发生，这增大了我国消费者的生活成本，使得我国很多商品价格高于发达国家。同时，国有企业高层管理人员高薪及腐败引发了社会上下的强烈不满。纵然这些问题的原因不能全部归结于国有企业领导人这个群体，但其责任是不可推卸的，而这些又是由于国有企业领导管理制度而造成的，因此，制度改革不可避免。以下提出几点探讨性意见。

一　对国有企业领导人实行差异化的管理制度

国有企业可分为公共政策性国有企业和竞争性国有企业两种类型。公共政策性国有企业是指以实现社会目标、保障国家经济安全为目的的国有企业，包括公益性国有企业、特定功能性（自然垄断性和稀缺资源垄断性）国有企业。竞争性国有企业是指以企业经营目标最大化为目的的国有企业。对待不同类型国有企业的领导人，应本着“管理目标差异化、管理形式多样化、管理水平合理化、管理效果最优化”的原则，构建既满足国家社会经济要求又适合不同类型企业实际情况的选拔任用机制和激励约束机制。表 15 - 2 列举了国有企业领导管理制度的改革要点。

公共政策性国有企业是向社会提供公共服务或为政府的经济政策服务、不以追求高盈利为目标的企业。这类国有企业的领导人一般应由行政任命。政府以实现社会公共目标、公众满意度、成本控制水平为标准，对他们进行考核。公共政策性国有企业领导人的身份类似“准公务员”，有行政级别，薪酬应比照公务员来确定，不应采取市场化薪酬而应通过行政职务晋升来加以激励。与此同时，应该着力完善问责制度，把行政职务晋升与降级和考核结果挂钩，运用财务审计、信息披露、延期支付和追索扣回等多种手段来约束企业领导人的行为。可以考虑设立专项奖励制度，对完成重大任务好的企业领导人进行物质与荣誉奖励，并且建立健全公司治理结构、规章制度，形成多方面的约束机制。国家应该为公共政策性国有企业专门立法，通过法律规定这两类国有企业领导人的选任、身份、任期、考核、薪酬、晋升、退出等事项。

表 15－2　　　　国有企业领导管理制度的改革要点

项目	公共政策性国有企业	竞争性国有企业
领导人选拔任用机制 1. 选聘 2. 管理	1. 选聘 董事长由各级政府任命。总经理由各级政府任命，副职经理人员由董事会任命 2. 管理 保留董事长、总经理的行政级别，对他们按照干部管理条例管理；取消副职经理人员的行政级别，按照公司章程制度管理	1. 选聘 董事长由董事会提名，股东大会任命。总经理、副职经理人员由董事会按照市场化办法选聘 2. 管理 取消企业领导人员的行政级别，按照公司治理结构要求及公司章程制度管理
领导人激励约束机制 1. 考核 2. 薪酬 3. 奖惩	1. 考核 各级政府根据社会公共目标的实现程度、公众满意度、成本控制水平等指标进行考核 2. 薪酬 领导人员的薪酬比照公务员来确定。不把薪酬作为激励 3. 奖惩 建立问责制度，把行政晋升与降级作为激励手段，运用财务审计、信息披露、延期支付和追索扣回等多种手段，加强问责效果。也可设立专项奖励制度，对完成重大任务好的企业领导人员进行物质与荣誉奖励。同时完善公司治理结构、规章制度，对领导人的行为形成约束	1. 考核 股东大会按照公司治理结构要求对董事长的尽职情况进行考核。董事会对总经理及副职经理人员的经营业绩进行考核 2. 薪酬 董事长、总经理、副职经理人员的薪酬按照市场规则来确定。薪酬是主要激励手段。实行股权激励，建立具有长效激励作用的收入分配机制 3. 奖惩 通过公司治理结构、公司规章制度以及问责制度来约束领导人的行为

竞争性国有企业和一般非国有企业一样，都以利润最大化为目标。对这类国有企业，国家应该进一步放宽管制，不再投资，取消政策优惠，让

其处于与非国有企业相同的竞争地位，与此同时，通过混合所有制优化企业结构，形成真正体现股东意志的董事会决策体制，由董事会按照市场化的办法招聘经理人员，包括母公司层面的总经理、副总经理等。在这类企业，应该取消领导人的行政级别，按照公司治理结构要求及公司章程制度来决定其选任、任期、考核、薪酬、晋升、退出等事项。竞争性国有企业的经理人员是通过竞争性办法选聘的职业经理人，应该由市场来确定其薪酬，采取市场化的薪酬水平和结构，予以相应的股权激励，董事会对其经营业绩进行考核，提高收入分配的长效激励作用。竞争性国有企业领导人的激励来自薪酬而不是行政职务晋升，他们的行为要受公司治理结构、公司规章制度以及问责制度的约束。国家出资人代表机构可以向竞争性国有企业董事会派遣董事，但该董事的身份也类似“准公务员”，薪酬应比照公务员来确定。

二　加强政府对国有企业领导人薪酬的宏观调控

调整国有企业领导人薪酬结构。对于经营业绩难以准确量化、企业领导人个人贡献难以衡量，以及承担社会公共目标的公益性、特定功能性国有企业，应该降低以经营业绩为基础的绩效年薪比例，提高基本年薪比例。坚持国有企业领导人的收入与职工收入、企业效益、社会发展目标相联动，形成企业领导人与职工收入之间的合理关系。改变目前基本年薪只以本企业职工平均工资为基数的做法，把社会平均工资也纳入计算基本年薪的基数范围，建立基本年薪与各社会阶层利益的联动关系。对垄断国有企业领导人的薪酬增长，国家要从严监管。目前国家已经决定对国有企业领导人的实施降薪30%、国有企业领导人的薪酬不得超过职工平均工资的约7倍。今后国家应以薪酬水平和薪酬增幅调控为重点，加强政府宏观调控。

三　促进国有企业领导人信息公开

提高国有企业领导人薪酬信息的透明度，将国有企业管理人员的薪酬、福利待遇、工作内容、经营业绩等信息公开，一方面，让社会对国有企业领导人的付出与所得有准确的了解，避免产生误会，增大社会理解度；另一方面，把国有企业领导人置于广泛监督与制衡之中，从制度上预防国有企业领导人的贪污受贿、渎职等不法行为。

目前，国有企业的这些信息还远远不够公开透明。国资委从 2007 年起对央企职工薪酬情况进行调查，但调查结果从未公开过。国有企业中，除了上市公司必须披露信息以外，其他企业的薪酬情况无人知晓。有的国有企业向职代会公示负责人的薪酬、职务支出，但不公布明细。而在发达国家，国有企业的薪酬信息是向社会公开的。实际上，只要有监督，不合理的高薪是难以出现的，如果没有监督，利己动机就会膨胀，会想方设法、巧立名目地为自己加薪、提高职务消费等。如果国有企业领导人有能力，经营业绩很好，高薪也是可以的，关键要把这些信息放在明处，让利益相关者都看到并形成监督，这样国有企业领导人拿高薪也堂堂正正、心安理得。

今后国有企业领导人的薪酬都应该在监管部门的官网上能够免费查询到，由监管部门每年负责调查，信息内容包括薪酬水平、薪酬同比增长率、薪酬结构明细、企业平均薪酬、与国家公务员的薪酬比较指数、退休金等。在国有企业内部，要将企业领导人的薪酬制度、薪酬水平、考核结果、延期支付、补充保险等信息纳入厂务公开范围，在职代会或股东大会报告中披露。

第十六章　一般商业性企业的治理

所谓一般商业性国有企业也就是人们常说的竞争性国有企业，其“国家使命”是以国有资产保值增值为核心考核指标的“市场盈利”导向，量多面广的国有中小企业和产业竞争度高的国有大中型企业都属于这类企业。这部分企业的改革方向是促进国有股权的资本化和市场化，促使企业商业活动全面和彻底地融入市场，企业完全按照《公司法》的制度规范来运行，企业投资主体也可以相对多元化。

第一节　使命界定

一般商业性国有企业最接近于市场中运行的其他所有制企业，其存在并不是为了弥补市场失灵，或者承担特殊的“国家使命”，而是以国有资产保值增值为核心考核指标的“市场盈利”导向。国有资本是国民经济体系的重要组成部分，是所有国民的共同财产，资本本质在于其增值性，其保值增值是资本逐利的必然结果，且符合所有人民的共同利益。一般商业性国有企业是国有企业中数量最多的一个群体，也是国有资产最重要的组成部分。这些企业经营的好坏，直接影响到国有资产的保值增值。因此，在国有企业改革中，对这部分企业绝不能够一卖了之，而要以国有资本保值增值为目标，实现从“管企业”向“管资本”转变。国家应建立国有资本运营公司对这部分国有资本进行管理，既可以在资本市场上自由卖出一般商业性国有企业的股份，也可以自由选择购入一般商业性国有企业的股份，而买入或卖出的判断标准就是能否实现国有资本的保值增值。在完成国有资产保值增值的使命过程中，必须注意维护公平的市场竞争环境。国家不应以任何形式对一般商业性国有企业进行补贴，也不能利用政策维护其垄断地位，而是要构建公平的市场环境，使之与其他所有制类型企业一起参与市场竞争。如果某个一般商业性国有企业在市场上有较强的竞争力和较好的发展前景，则国家可以继续持有甚至增持该企业的股份，从而获得国有资本投资收益；相反，如果某个一般商业性国有企业缺乏竞争力或发展前景较差，则国家应在适当时机果断卖出这部分股份，从而避免国有资本流失。

第二节　股权设计

建立与现代企业制度相适应的产权制度是实现国有企业改革目标的关键所在，是改变当前国有企业存在的各种困境的根本出路，更是国有企业公司治理体系有效发挥作用的前提和基础。然而，长期以来由于存在理论观念上、体制机制上、实际操作上的一些障碍，国有企业在建立现代产权制度方面一直没有真正破题。落后的产权制度一直是国有企业各种问题的症结所在。党的十八届三中全会明确指出，混合所有制经济是我国基本经济制度的重要实现形式。这是在党的十五大指出混合所有制经济是公有制的实现形式的基础上，在理论和政策上又提升了一步，即混合所有制不仅是公有制的实现形式，同时也是社会上各种所有制的实现形式。这一重大政策的出台将为国有企业改革带来全新的机遇期。一般商业性国有企业应抓住这一难得的历史机遇，加快推动自身的产权制度改革。

一　基本结构

一般商业性国有企业的基本股权结构是混合所有制经济。混合所有制企业的股东构成可以包括国有资本、金融机构、养老基金、投资基金、民营资本、外商投资及其他类型资本等。国有持股多少由市场来决定，政府不应干预，政府作为出资人代表，只负责监督从企业获取足额收益（股息红利）。而且，随着民营企业的发展壮大，国有资本在企业的比重总体上将逐步减少。国有资本投资运营公司可以根据“宜控则控，宜参则参”的原则进行股权的投资，在管理国有资本时要以产权为纽带，并且发挥股东的作用，促进公司决策的制定，促进社会公益目标的实现，实现国有资产的保值和增值。对于绝大部分一般商业性国有企业来讲，最终股权结构和治理结构将是：私人股东掌握一定比例的股权，从而有激励承担主动监督经营者的责任；主要大股东是机构投资者，既可能与公司长期合作而主动监督内部人，也可能灵活进行资产组合从而通过退出机制约束经营者；国家仍可能是公司的重要股东，但已经失去了控股地位，由于它的监督成本高，因而非常适合采用消极的退出机制和搭其他股东便车的方式，来保证国有资产保值增值。

值得注意的是，一般商业性国有企业发展混合所有制经济，并不等同于民营化、私有化。只要是运营有效率的企业，其国有出资人便可以继续保留其所有权。国家既可以选择对一般商业性国有企业进行控股，也可以选择不控股，控股与否关键取决于国有资本保值增值，以及宏观经济稳定和产业长远发展的需要。总体来看，一般商业性国有企业从目前的股权结构逐步过渡到混合所有制结构，应遵循三个主要原则。第一，国有资本在一般商业性国有企业中的资本比重应逐步降低，也就是说国有资本总体上应逐步退出一般商业性国有企业，这是国有经济战略性重组的根本方向。第二，国有资本在逐步退出一般商业性国有企业时，应注意维护宏观经济稳定和产业长远发展，避免国有资本过快，或者在不恰当时机的退出，对宏观经济或产业长远发展造成冲击。第三，国有资本的重组是一个动态调整的过程，总体上国有资本比重应逐步降低，但不排除在某个特定时机，或者为了促进某个特定产业的发展，国有资本比重非但不下降，反而可能有所回升。

二　实现途径

一般商业性国有企业在建立混合所有制股权结构时，可以采用引入其他所有制资本参与国有企业重组和员工持股两种基本模式。

第一，国有企业重组发展混合所有制经济。引入其他所有制资本参与国有企业重组是一般商业性国有企业建立混合所有制的根本途径。具体来看，其他所有制资本可以是集体资本、民营资本、外资、养老基金、投资基金，等等。这些资本中，民营资本应当是参与国有企业重组的关键力量。党的十八届三中全会《决定》指出：“国有资本、集体资本、非公有资本等交叉持股、相互融合的混合所有制经济，是基本经济制度的重要实现形式，有利于国有资本放大功能、保值增值、提高竞争力，有利于各种所有制资本取长补短、相互促进、共同发展。”这一表述充分说明了不同类型所有制资本在参与国有企业重组中所能起到的重要作用。为了保障国有资本的保值升值，国有资本可以逐步部分或完全退出一般商业性国有企业，既可以选择对一般商业性国有企业进行控股，也可以选择参股或者完全退出。

其他所有制资本参与一般商业性国有企业重组可以采取不同模式。对于上市国有企业，可以在股票市场上直接收购股权。一般商业性国有企业的核心使命是国有资产的保值增值，并没有承担过多的“国家使命”。推动国有企业母公司整体上市，并将其改制成为投资主体多元化的混合所有制企业，符合国有企业改革的方向。目前，中央企业中很多企业已经上市，但大部分都是子公司上市，而母公司层面基本没有上市。甚至可以说，绝大多数大型集团企业的母公司和总公司都还是国有独资公司。下一阶段，应将国有大型集团性企业的母公司作为重点改革对象，鼓励支持更多的中央企业母公司层面上市或整体上市。对于已上市的国有企业，可通过股权流转、国有股减持、增资扩股、发行可转债等方式优化股权结构，促进各类资本的融合。对于非上市国有企业可以采用其他所有制资本参与国有企业重组，实现对国有资本的收购。一般商业性国有企业可以考虑对公司业务进行重组，将部分业务剥离，与其他所有制资本联合，建立新的混合所有制企业。通过业务的逐步剥离，可以建立很多新的混合所有制企业，而原来的母公司可以转变为国有资产运作公司。一些条件比较成熟的一般商业性国有企业可以直接考虑整体重组，直接由其他所有制资本介入，对母公司进行重组，使整个企业彻底转换为混合所有制企业。

第二，推动员工持股发展混合所有制经济。员工持股是一般商业性国有企业建立混合所有制的另外一个重要途径。员工持股是现代公司制企业以公司股权为利益载体，借助于企业的价值追求与企业员工个人利益协调互动的机制，谋求极大地激化员工的主动性和创造力的一种全新的激励方式。员工持股作为长期激励机制，有助于解决股东与经营者之间的代理问题，并实现剩余索取权和控制权的对应，因而能鼓励经理人员克服短期行为，更多地关注公司的长期持续发展。据统计，美国资产规模 100 亿美元以上的大公司，其首席执行官的薪酬构成是：基本年薪占 17%，奖金占 11%，福利计划占 7%，股权激励计划占 65%。以美国公司 CEO 最高年薪排行前 10 名为例，其平均总薪酬 2001 年为 1.73 亿美元，其中股权激励部分达 93.1%。近 30 年来美国企业竞争力的提高，这种长期激励方式功不可没。

虽然员工持股已经被西方国家实践证明是行之有效的激励方式，国有大型企业的管理层持股也是混合所有制改革的大势所趋。但由于各种舆论等方面的压力，在我国国有企业中，员工持股尤其是管理层持股饱受争议。国家从法规、政策层面也经历了放开、收紧、松动的反复，但至今未能完全明朗。2005 年 4 月，国资委发布实施《关于印发〈企业国有产权向管理层转让暂行规定〉的规定》，规定“国有资产监督管理机构已经建立或政府已经明确国有资产保值增值行为主体和责任主体的地区或部门，可以探索中小型国有及国有控股企业国有产权向管理层转让。大型国有及国有控股企业及所属从事该大型企业主营业务的重要全资或控股企业的国有产权和上市公司的国有股权不向管理层转让”。2005 年 12 月，国办发布实施《国务院办公厅转发国资委关于进一步规范国有企业改制工作实施意见的通知》，规定“国有及国有控股大型企业实施改制，应严格控制管理层通过增资扩股以各种方式直接或间接持有本企业的股权。为探索实施激励与约束机制，经国有资产监督管理机构批准，凡通过公开招聘、企业内部竞争上岗等方式竞聘上岗或对企业发展做出重大贡献的管理层成员，可通过增资扩股持有本企业股权，但管理层的持股总量不得达到控股或相对控股数量”。2006 年 9 月 30 日，国资委发布实施《国有控股上市公司（境内）实施股权激励试行办法》，规定“符合条件的国有控股上市公司可以以本公司股票为标的，对公司高级管理等人员实施中长期激励”。党的十八届三中全会《决定》指出：“允许混合所有制经济实行企业员工持股，形成资本所有者和劳动者利益共同体。”总体来看，国有企业，包括大型国有企业的管理层持股是符合国家政策方向的，但在主体上和操作模式上存在一定的限制。对大型国有企业而言，只能在国有资产监督管理机构同意的前提下，在增资扩股时对符合条件的人员进行转让股权。

一般商业性国有企业可以在国有企业改革中率先推行员工持股，既有利于解决股权结构的优化，也有利于形成企业“利益共同体”，对员工产生激励效应。国家应根据国有企业分类管理办法，对一般商业性国有企业的员工持股给予更大的空间。例如，在持股主体上，按照目前政策规定，凡通过公开招聘、企业内部竞争上岗等方式竞聘上岗或对企业发展做出重大贡献的管理层成员，经国有资产监督管理机构批准，可通过增资扩股持有本企业股权。这一规定大大限制了一般商业性国有企业实施员工持股的空间。因此，可考虑废止对员工持股主体的限制，转由企业自己决定员工持股的主体。在持股比例上，按照目前政策规定，管理层的持股总量不得达到控股或相对控股数量，但究竟多大比重是控股并没有明确规定。可考虑参考国外国有企业改制中管理层持股比例，管理层持股一般不超过10%。在持股方式上，可以根据企业发展需要，采取比较灵活的方式，员工既可以在集团公司层面持股，也可以在子公司层面持股，或者是建立共同基金，由共同基金对企业进行持股。

第三节　运行机制

一般商业性国有企业应坚持市场化的改革方向，坚持“市场盈利”导向，完全按市场规则来运作，不承担公共职能（但鼓励其自愿承担社会责任的行为），追求利润最大化。国家以股权投资收益的形式实现国有资产保值增值，按照公司法的要求完善治理体系，对监督管理结构进行调整，不纳入政府预算管理，完全按照现代企业的要求进行市场化运作。政府放弃对这类国有企业的各种保护，既不赋予其任何行政垄断地位，也不给予任何政策支持，让它们在市场上与民营企业进行平等的竞争，优胜劣汰。在治理机制设计上，要完全按照现代公司治理的基本规范，清晰界定股东、董事会和经营者的权利义务关系，尤其要明确董事会与经营者之间监督与被监督的关系，以切实保障出资人权益；在高管薪酬确定上，在政府没有任何资源和政策支持的前提下，完全由董事会根据经理人市场规律和高管贡献来决定，高管不再享有公务员的行政级别和待遇[①]。在治理机制的设计上，应充分借鉴美国、英国、德国、日本等国家的治理经验，按照《公司法》的要求，从内部治理机制和外部治理机制两个角度，探索有中国特色的一般商业性国有企业运行机制。公司治理体系是内部治理和外部治理的统合，内部治理和外部治理是相辅相成的。以董事会为核心的内部治理是公司治理的主要体现，但在股权高度分散的情况下，外部各种市场机制的有效性会对内部治理作用的发挥产生重要影响。

---

① 黄群慧、余菁：《新时期的新思路：国有企业分类改革与治理》，《中国工业经济》2013年第11期。

一　内部治理机制

国有企业在治理上的根本症结在于产权结构不合理，国有股“一股独大”，削弱了其他股东在公司治理结构安排中的权利，同时作为代表国有股的产权主体的代理人不具有对剩余索取权的控制，不可能真正承担出资人的角色。结果是，国有股东对公司的控制往往是政治上的超强控制和经济上的超弱控制，这就造成了治理机制的无效率，带来了一系列的经营管理问题。实现了混合所有制的一般商业性国有企业理顺了产权结构，尤其是一些非控股的一般性商业企业中，国家可以“搭便车”的形式，让位于其他所有制资本，从而规范公司治理机制。一般商业性国有企业应抓住这一机会，推动自身治理机制，尤其是内部治理机制的完善。根据《公司法》的规定，股份有限公司和有限责任公司都规定了股东会、董事会、监事会和经营层的组织结构。在这种治理模式当中，股东会和董事会之间的信托关系和董事会与经理之间的授权与代理关系、股东会与监事会之间的委任关系、监事会与董事会和经理层之间的监督关系构成了公司所有者与经营者之间的纵向财产责任关系；横向由各自的职权划分，即各司其职，互不越权，形成了职权配合与互相制衡的关系。这种富有产权意义的纵向产权责任关系和富有监督意义的横向职权配合与制衡关系构成了中国公司治理内部的经营与约束机制。①

（一）股东会

股东大会是公司的最高权力机关，它由全体股东组成，对公司重大事项进行决策，有权选任和解除董事，并对公司的经营管理有广泛的决定权。股东大会既是一种定期或临时举行的由全体股东出席的会议，又是一种非常设的由全体股东所组成的公司制企业的最高权力机关。它是股东作为企业财产的所有者对企业行使财产管理权的组织，企业一切重大的人事任免和重大的经营决策一般都得股东会认可和批准方才有效。对于实现了混合所有制的一般商业性国有企业来讲，股东大会中数量最多的股东应该是私人投资者，这部分股东对企业管理层的工作行为和经营业绩十分关注，但公司在日常运营中，往往没有能力对企业管理层的行为进行干预，只能依靠“用脚投票”，对经营管理者施加压力。相比之下，机构投资者往往是企

① 刘少雄：《中国公司制国有企业治理机制研究》，华中科技大学博士学位论文，2008 年。

业的最大股东，拥有企业股份的比例较高，且具有“精明投资者”特征，往往能够通过向企业董事会、监事会直接派驻代表而影响企业决策，当企业经营业绩不良时，机构投资者也往往有能力迫使企业管理者（包括董事和经理）下台。事实上，在德国、日本等西方国家，机构投资者向企业派驻代表，并影响企业重大决策的情况十分普遍，根据德国垄断委员会的统计，在100家最大的股份公司中，银行在75家派驻了代表，有的还直接被任命为监事会主席，仅银行代表就占股东代表的22.5%。[①] 国家在股东大会中的作用取决于国家掌握股份的多少，从趋势上看，国家在一般商业性国有企业中的股份将逐步减少乃至完全退出，因此国家在股东大会中往往是处于“搭便车”的角色，协助机构投资者和私人投资者更好地对公司进行治理，但如果公司的行为明显会损害社会公共利益，则国家应利用经济、法律等手段对公司行为进行规制。

（二）董事会

董事会是股东会这一权力机关的常设业务执行机关，负责公司或企业和业务经营活动的指挥与管理，对公司股东会或企业股东大会负责并报告工作。董事会是公司治理的核心，也是一般商业性国有企业完善治理结构时应重点关注的环节。我国《公司法》规定：有限责任公司设董事会，其成员为3—13人，但在股东人数较少或规模较小的，可以设一名执行董事，不设董事会；股份有限公司应一律设立董事会，其成员为5—19人。董事会往往具有双重身份，对于股东来讲，董事会是受托者，执行股东会权益；对于管理层来讲，董事会是股东代表，是委托者。实现了混合所有制的一般商业性国有企业应按照《公司法》的有关规定，设立并规范董事会的运作。在董事会成员的设置上，应借鉴国外发展经验，建立合理的董事会成员结构。（1）增加外部董事的数量，使外部董事能够占到董事人数的1/2—2/3。目前，公司治理结构主要有两种模型，一是以股东主权为基础的单边治理结构，二是以利益相关者为基础的多边治理结构。随着经济的发展，在传统经济条件与价值观念基础上建立起来的以股东主权为基础的单边治理结构，正逐步让位于以利益相关者为基础的多边治理结构。[②]（2）将职工代表大会作为产生董事会成员的重要来源，吸引更多的职工代表进入董事

① 银温泉：《企业集团上市公司的股权结构改造》，外文出版社1999年版。

② 陶广峰、魏恒荣：《国际视野下的公司治理结构比较及启示》，《学术界》2007年第6期。

会。股东本位所折射的只是一种"资本民主"，即只有那些拥有公司物质资本的人才有权利选举和被选举为公司权力机关的组成人员；而公司中从事财富创造的雇员，虽然在社会生活中享有政治权利，其中包括选举权和被选举权，但在公司制度中本应享有的"当然的权利"却被剥夺。① 这样，公司利润的创造者却被排除在公司治理机制之外。这种模式一方面可能激化劳资冲突，不利于提高雇员的劳动积极性；另一方面又增加了公司的管理成本，损害了公司的组织效率，并且与现代民主理念格格不入。②（3）发挥机构投资者在董事会中的作用。机构投资者往往有更大的能力获取公司信息，往往采用"抱怨"（Voice）机制，而非"退出"（Exit）机制，比保持超脱和被动状态的投资者更负责任地监督企业的经营管理。一般商业性国有企业应引进机构投资者参与自身重组，并派出代表参与董事会，在公司治理中发挥重要作用。（4）完善独立董事制度。中国证监会于 2001 年颁布了《关于在上市公司建立独立董事制度的指导意见》，根据该规范性文件，上市公司应当建立独立董事制度。与美国、英国等西方国家实施单层制公司治理结构，由独立董事承担监事会职责不同，中国公司治理体系中，不仅包括独立董事，而且包括监事会，二者在功能上有一些交叉。但与监事会事后监督不同，独立董事的作用更多是体现在董事会决策和运作过程的监督上。在一般商业性国有企业中，为了更好地发挥独立董事的作用，应进一步规范独立董事制度的运作机制，提高独立董事的独立性，鼓励独立董事的职业化，并建立行业规范。

（三）监事会

监事会是由股东（大）会选举的监事以及由公司职工民主选举的监事组成的，对公司董事会活动进行监督和检查的法定必设和常设机构。从西方国家来看，监事会是德国、日本等双层制公司治理结构的国家所采用的一种治理机构，能够对公司治理发挥重要作用。按照《公司法》规定，有限责任公司设监事会，其成员不得少于 3 人；股东人数较少或者规模较小的有限责任公司，可以设 1—2 名监事，不设监事会；监事会应当包括股东代表和适当比例的公司职工代表，其中职工代表的比例不得低于1/3，具体比例由公司章程规定；监事会中的职工代表由公司职工通过职工代表

---

① ［美］迈克尔·比尔：《管理人力资本》，华夏出版社 1998 年版。

② ［美］大卫·P. 艾勒曼：《民主与公司制》，新华出版社 1998 年版。

大会、职工大会或者其他形式民主选举产生。一般商业性国有企业公司治理结构应按照《公司法》的有关要求，设立监事会，并根据中国企业实际情况设置监事会成员，发挥好监事会的监督作用。（1）考虑由企业的相关银行派代表进入监事会。银行等金融机构派代表进入监事会属于国际惯例，银行监督下的经营者掌权制度是日本公司治理结构的基本特点。随着中国的商业银行逐步由分业经营转为混业经营，银行在公司治理中必将发挥越来越重要的作用。由银行派驻代表进入监事会，有利于规范企业行为，规避经营分险。（2）考虑由党委书记兼任监事会主席。目前，中国公司治理中，监事会的作用往往无法充分发挥，甚至流于形式。同时，作为国有企业公司治理重要组成部分的党委会，又存在职能不清、作用交叉等问题。如何给党委会一个合理、有效的作用渠道，是一般商业性国有企业完善公司治理机制的重要课题。由党委书记兼任监事会主席，有利于更好地发挥监事会的监督作用，加强党对企业的领导，发挥国有企业党组织的政治核心作用。（3）发挥员工代表在监事会中的基础性作用。员工代表进入监事会是几乎所有采用双层制公司治理结构国家的基本做法，德国、日本等国家监事会中员工代表的比例甚至达到了2/3以上。通过职工代表大会推选代表参与公司治理，不仅可以维护职工自身的合法权益，客观上也维护了企业所有者的权益，节省了企业监督成本。

（四）经理层

经理层是具体执行董事会决策、组织公司的生产管理、对外可以在董事会授权的范围内代表或代理公司从事商业活动的机构。经理层由董事会聘任，对董事会负责，主要权责包括实施董事会决策；负责公司日常管理，包括内部设置和管理规章；负责内部员工选聘、管理，并决定员工报酬等。一般商业性国有企业应明确董事会与经理层之间的关系，明晰二者各自的职能定位与权责分配，建立行之有效的法人治理机制与公司治理模式。（1）协调好经理层与董事会的关系。目前，我国国有企业经理层存在的重要问题就是董事会和经理层职权不分，很多企业的总经理和董事长由一人兼任，虽然在一定程度上降低了沟通成本，但也造成了经理层和董事会二者之间的协助和制衡作用没有得到充分的发挥，经理层逐渐被边缘化。（2）改变行政任命企业领导人的方式，建立职业经理人制度。采取市场化招聘的方式，聘任和解聘总经理，并根据总经理提名，聘任副总经理和财务负责人，而经理层的薪酬也应由董事会根据市场价格确定。目前，中国经理人市场尚不完善，很多国有企业经理人往往采用行政命令的方式确定。下一阶段，应完善经理人市场，实现经理人聘任和解聘的市场化运作。（3）建立经理层激励机制。为提高公司运行效率，应合理平衡经理的剩余控制权和剩余索取权，探索使经营者的报酬与公司业绩相结合的激励机制，如年薪制、股票期权、虚拟股票、经营者持股等。

（五）老三会

老三会是指我国国有企业和集体企业中的党委会、职工代表大会和工会。老三会曾经是计划经济下的产物，但依据《国有企业法》，在建立现代企业制度后的国有企业中老三会必须予以保留并发挥作用。新三会是公司制企业治理机制的主要运行框架，是《公司法》的法定规范化要求，也是现代企业制度的必然要求，而老三会基于中国国情和企业的社会主义性质又必须保留，二者关系难以理顺，导致了大量公司治理上的混乱。一般商业性国有企业在实现了混合所有制之后，应注意理顺新三会和老三会之间的关系，完善公司治理机制。（1）根据国有资本比重确定老三会的保留与否。对于国家控股的企业应规定必须保留老三会，对于非国家控股的企业，可考虑由企业股东会、职工代表大会、工会投票决定是否保留老三会。（2）将老三会在公司治理中的作用统一在新三会的框架之内。由党委书记兼任监事会主席，其他党委委员可兼任董事会成员、监事会成员等，党委会可以主要通过对董事会决策的建议和监督来发挥作用。职工代表大会可以成为董事会成员、监事会成员的主要来源。事实上，从西方国家的实践来看，员工参与公司治理已经成为公司治理机制发展的必然趋势，职工代表能够在董事会和监事会中发挥重要作用。工会可以作为相对独立的结构，主要维护职工群众的经济效益和民主权益，提高员工思想道德素质和科学文化素养，动员和组织员工积极参加企业文化建设，等等。

二　外部治理机制

外部公司治理机制通过来自企业外部主体（政府、中介、各种市场等）的约束监督机制而作用于公司治理。一个比较完整的外部公司治理体系包括完善的市场体系、优胜劣汰的竞争机制和健全的法律法规体系。相应的外部公司治理涉及的范围有控制权市场、高层管理人才市场、产品市场、法律法规市场、其他社会监督和利益相关者制衡等方面。[①] 外部公司治理机制和内部公司治理机制共同构成完整的公司治理机制，二者对于公司来讲都是不可或缺的，各自发挥各自的作用。完善国有企业治理，不仅要重视内部治理体系的建设，同时也要重视外部治理机制，甚至在很多情况下，外部治理机制的完善是内部治理机制能够发挥作用的基础。目前，我国国有企业的外部治理机制严重滞后，甚至落后于公司内部治理结构的改革，制约着公司内部治理作用的发挥。为推动一般商业性国有企业的改革，促进其治理结构的优化，必须要加快公司外部治理机制的完善。对此，将重点对公司控制权市场、经理人市场和政府监管规制机制三个方面进行分析。

（一）公司控制权市场

有效的公司控制权市场是指当管理层未能很好地经营管理企业、公司内部控制机制失灵时，外部竞争者可以通过获取公司控制权更换现有管理层。公司控制权市场可以对管理层形成约束力，一定程度上弥补国有企业委托代理链条过长、大股东控制、内部人控制以及董事会形式化等内部治理结构的不足[②]。如果公司控制权市场是有效的，那么股价会对有关公司的信息做出反应，管理层的不良行为就会导致股价下滑，证券市场就给股东们提供了公司经营业绩不佳的信号，从而招致股东采取进一步的行动。例如，小股东用脚投票，卖掉公司股票；大股东在股东大会中做出反应，改组公司管理层；甚至公司可能被收购，管理层将面临被收购的危险。[③]，目前，我国公司控制权市场存在明显的无效率，对管理低效企业的识别、惩戒功能尚未健全，对经理层的惩罚机制也不够完善，即便发生经理层不合格或渎职的行为，也未必能及时撤换。一般商业性国有企业改革的最终方向是发挥市场机制的作用，提高企业效率，因此应加快完善公司控制权市场。（1）加强证券市场和产权交易市场的建设。维护市场的公平与公正，为所有投资者提供统一的投资环境；加强对市场进行监管，当出现违反交易规则的行为时要及时加以纠正。（2）优化企业的股权结构。合理的股权结构是公司控制权市场能够发挥作用的重要条件。目前，在一般商业性国

① 张世贤、夏洪胜：《公司治理》，经济管理出版社 2014 年版。

② 彭景：《国有企业外部治理机制及其完善》，《人民论坛》2012 年第 35 期。

③ 刘少雄：《中国公司制国有企业治理机制研究》，华中科技大学博士学位论文，2008 年。

有企业中，往往是国有股份“一股独大”，而中小股东所占的比重太小，即使对市场上股票全部买入或者卖出，也无法改变公司的控制权，从而导致公司控制权市场无法有效地发挥作用。下一阶段，应加快推进一般商业性国有企业的股权流通，优化股权结构，发挥公司控制权市场对公司治理的作用。(3) 建立公司信息披露制度。一般商业性国有企业的控制权市场中还存在过度行政干预、大股东侵害小股东及严重的操纵市场和内幕交易行为，这些都严重地阻碍了公司制国有企业控股权市场的发展，从而使公司制国有企业外部治理效率低下。为此，应建立公司信息披露制度，从而使股东，尤其是中小股东，以及潜在投资者获得公司交易和发展的全面信息。

(二) 经理人市场

经理人市场是指按照市场规律进行职业经理人这种特殊的人力资源使用权的交易关系总和。在西方成熟的市场经济体制下，经理人市场是公司获得高级管理人才的根本途径，也是职业经理人实现自身价值的基础平台。改革开放以来，中国国有企业改革不断推进，私营经济快速发展，企业制度不断完善，但经理人市场的发育却十分落后，远远无法满足企业的需求。随着一般商业性国有企业改革的推进，过去行政命令产生领导人的方式将逐步被市场竞争所代替，这就对经理人市场提出了更高的要求，客观要求加快经理人市场的建设。(1) 促进职业经理人群体的发育。目前，中国虽然有很多企业领导人和管理者，但真正可以称得上是职业经理人的并不多。职业经理人必须具有创新精神，必须敢于承担风险，必须不怕遭受挫折和失败，必须具备顽强的意志和坚强的性格，必须具备战略家的眼光、犀利的洞察力和卓越的领导统帅力，只有这样的“职业经理”才能真正经营现代的公司制企业，才是经济时代的“主宰”。① 为促进职业经理人的成长，应为其发展创造良好的环境，促进其素质提升。(2) 大力培育职业经理人的中介组织。目前，中国虽然已经出现了一些“猎头公司”，但这些“猎头公司”无论从规模上还是从素质上，都无法满足公司发展的需求。尤其是一般商业性国有企业重组将带来大量的职业经理人需求，更加大了对职业经理人中介组织发展的要求。国家应制定行业法规，促进行业规范发展。(3) 完善职业经理人的价值评判体系。经理人市场的成熟需要有良好的市场环境的支持，中国市场上存在着不同类型的企

① 刘少雄：《中国公司制国有企业治理机制研究》，华中科技大学博士学位论文，2008 年。

业，而要想对职业经理人的价值有一个较为客观公正的评价，就要求构建适应中国市场环境的职业经理人价值评价体系，把职业经理人都纳入这个体系中来，以一个统一的标准对职业经理人做出评价。对职业经理人的价值评价既要包括专业技能、配置资源、领导驾驭、职业道德素养等方面胜任能力的评价，也要包括其创造利润即业绩的相关考评。①

（三）政府监管和规制机制

对于一般商业性国有企业，政府应针对国有控股企业、国有参股企业和退出企业，分别采取不同的监管和规制机制。对于国有控股企业，将其作为国有企业进行监管，国家作为控股股东，应通过股东会、董事会和监事会机制对企业的重大事务进行主导；对于国有参股企业，国家可更多是采取“搭便车”形式，与私人资本、投资机构或者银行等股东一起对企业进行监管，除了要求企业必须遵守《公司法》及其他相关法律规定以外，国家不应采取行政手段对公司行为进行干预；对于已经完全退出的企业，国家不应再干涉公司经营活动，而仅仅是以《公司法》及其他相关法律规定对企业进行规制。具体来讲，国家可重点关注以下几个方面。（1）进一步完善相关法律。推进证券市场法制化建设，将国外先进的管理经验引进到中国；制定法律保护中、小投资者的利益，避免其利益受到大股东的损害；等等。（2）改革国有企业管理体制。十八届三中全会提出了在国有企业中，应当从“管企业”向“管资本”转变，而这也意味着对国有资本的管理提出了新的改革要求。要以“管资本”为主加强国有资产监督管理，逐步构建“国资分类监管—资本投资运营—企业市场化经营”的分层监管体制。② 此时，国有企业的管理机制应发生调整，由对公司治理活动进行直接干预转为完善法律制度规制企业行为，减少对企业经营活动的干预，强化国有资本预算管理。（3）完善信息披露机制。一是上市公司应按照证券市场监督的有关规定，进行信息披露。国家应建立完备的上市公司信息披露法律责任的追究和惩戒机制。二是国家控股企业即使没有上市，也应承担信息披露的义务。国有企业参照上市公司进行信息披露是西方国家惯例。例如，瑞典政府在《国有企业财务报告指南》

① 张金艳、张帆：《中国职业经理人市场发展的制约因素分析》，《广东外语外贸大学学报》2013 年第 6 期。

② 梁法院：《新一轮国企改革中如何发展混合所有制经济》，《企业研究》2014 年第 2 期。

中明确规定，国企必须按照斯德哥尔摩证券交易所推荐条例，提交年度报告、季度报告和经营报告，包含完整环境分析、财务目标、社会责任目标、董事会及高管薪金等内容，并在网上公布。瑞典工业部还规定国企即使没有上市，但其信息公开的程度不得低于上市公司。

第四节　案例研究

十八届三中全会以后，国务院加紧部署国有经济战略性重组工作。2014 年 5 月 29 日财政部企业司相关负责人就国企改革答记者问，指出 2014 年财政部负责牵头完成的任务包括形成完善国有资产管理体制的意见，提出国有资本投资运营公司的组建试点方案等。2014 年 7 月 15 日国资委召开"四项改革"试点新闻发布会，在中央企业启动了中央企业改组国有资本投资公司试点，中央企业发展混合所有制经济试点，中央企业董事会行使高级管理人员选聘、业绩考核和薪酬管理职权试点，向中央企业派驻纪检组试点 4 项试点工作，并选择了国家开发投资公司、中粮集团、中国医药集团总公司、中国建筑材料集团有限公司、中国节能环保集团公司、新兴际华集团有限公司 6 家中央企业作为改革试点企业。报告将选择 6 家改革试点企业之一的中国建筑材料集团有限公司作为一般商业性国有企业的代表，分析其在混合所有制改革以及优化治理结构等方面的探索。

一　公司介绍①

中国建材集团是集科研、制造、流通为一体的中国最大的综合性建材产业集团、《财富》世界 500 强企业。中国建材集团资产总额逾 3600 亿元，员工总数超过 18 万名，直接管理的全资、控股企业 17 家，控股上市公司 6 家，其中海外上市公司 2 家。

（一）发展历程

中国建筑材料集团有限公司前身为中国新型建筑材料（集团）公司，1984 年 1 月经国务院批准正式成立，1987 年实行国家计划单列，1991 年列为首批国家试点企业集团，1999 年与原国家建材局脱钩成为中央企业工委直管企业，2003 年列入国务院国资委直接监督管理的中央企业，同

① 根据中国建筑材料集团有限公司网站内容整理。

年4月更名为中国建筑材料集团公司，2005年1月中国建筑材料科学研究院和中国轻工机械总公司重组进入集团，2005年11月成立董事会，2006年3月发起设立的中国建材股份有限公司在香港联交所挂牌上市。自1984年成立以来中国建材集团已经跨越了三个重要发展阶段。第一阶段是1984—2000年，大力发展新型建材，发挥了新型建材的示范和导向作用，先后建起石膏板、岩棉、塑料地板、壁纸、卫生洁具等一批新型建材企业，支持了改革开放后我国建筑业的发展。第二阶段是2002—2005年，从新型建材企业转型为综合性建材产业集团，并与中国建筑材料科学研究设计院和中国轻工业机械总公司重组，实现了战略定位的重大转变。第三阶段是2006年以来，成为国有独资公司董事会试点企业，同时中国建材股份有限公司上市，启动了联合重组与资本运作两个轮子，进入规范治理和稳定发展的新阶段。

近年来，中国建材集团迅速发展的关键是确定了明晰的企业战略。通过重视企业发展战略的研究和选择，中国建材集团通过三次思想解放与三次战略调整，实现了战略驱动式成长。（1）第一次思想解放：改变战略定位，从新材集团到中国建材。2002年，当时的中国新型建筑材料集团公司决定转变战略，回归行业主流，做大宗建材。中央企业的战略定位是结合资源优势、政策优势、规模优势和资本优势，做大行业、大产业。公司更名为中国建筑材料集团公司，从过去单纯发展新型建材，转变为发展新型建材和建材工业主导产业的水泥、玻璃、玻璃纤维和复合材料，并逐步发展成为集制造、科技、物流为一体的综合性建材产业集团。（2）第二次思想解放：集团走出了一条联合重组的快速发展道路。建材行业发展迅速，但存在“大而不强”的突出问题，布局分散、竞争无序、经营效益低下、注重量而忽视价值。行业的潜在发展需求是让行业回归到本来的规模化和产业化，从而更加持续健康发展。同时，我国处在工业化中期发展阶段，建材工业长期向好，“过剩经济”和低碳时代的政策要求建材行业必须走一条结构调整、联合重组的集约化发展道路。中国建材顺应这个需求，在过去的3—4年，采取资本运作和联合重组两个轮子，把发展战略定位于进行区域化的联合重组，找准了切入点，企业规模迅速发展起来。（3）第三次思想解放：成为具有国际竞争力的中国最大的综合建材供应商。中国建材集团将在全世界最大的水泥供应商的基础上，力争做成全球最大的建设工厂化新型房屋的企业集团，继续从大型建材制造商向综合供应商转变。作为央企，要有规模，有产业属性，有研发创新能力，有核心竞争力，要在行业中举足轻重，真正做到有活力、影响力、带动力。中国建材集团要在进入世界500强的基础上，努力建设又强又优、具有国际竞争力的世界一流建材产业集团。

（二）主营业务和组织结构

中国建材集团以“善用资源、服务建设”为核心理念，大力实施“科技创新”“大建材国际化”和“人才强企”战略，是集科研、制造、流通为一体，拥有产业、科技、成套装备、物流贸易四大业务板块的中国最大的综合性建材产业集团，主要从事新型建材、水泥、玻璃、玻璃纤维、复合材料、耐火材料等建材产品的研发制造，承担建材科研设计、成套装备及工程总承包服务等，开展建材产品及设备的进出口贸易。

中国建材集团实行母子公司管理体制，是较早实行国有独资公司董事会试点的企业和国家级创新型试点企业。集团公司作为战略中心、决策中心、资源中心、政策文化中心，行使出资人权利。子集团作为经营平台，突出核心专长和主营业务，以品牌知名度和市场占有率为基础构造利润中心。中国建材集团下设9个全资或控股子公司，分别为中国建材股份有限公司、中国建筑材料科学研究总院、中建材进出口公司、北新建材集团有限公司、中国联合装备集团有限公司、中国新型房屋集团有限公司、中建材玻璃公司、浙江三狮集团有限公司和中建材资产管理公司（见图16－1）。

二　公司在发展混合所有制方面的探索

中国建材集团快速发展的十年内，联合重组了上千家民营企业。截至2013年底，中国建材集团各级企业中，混合所有制企业数量占85.4%。中国建材集团较早地推动了国有企业改革，在发展混合所有制方面取得了显著的成效，既推动了行业的整合，也带了国有资本效率的提高，因此对其他中央企业战略性重组具有十分积极的借鉴意义。由于中国建材集团所处的行业为水泥等充分竞争行业，因此其重组模式尤其适用于一般商业性国有企业。

（一）中国建材集团的重组模式

20世纪90年代以来，处于半计划半市场经济中的国企普遍亏损加剧，国企改革被动启动。为了实现“扭亏为盈”，实现企业跨越式增长，中国建材集团开始了重组的步伐，具体来看主要采取了四种不同的模式。一是合作上市。1998年，中国建材与浙江民营企业振石公司等公司合作成

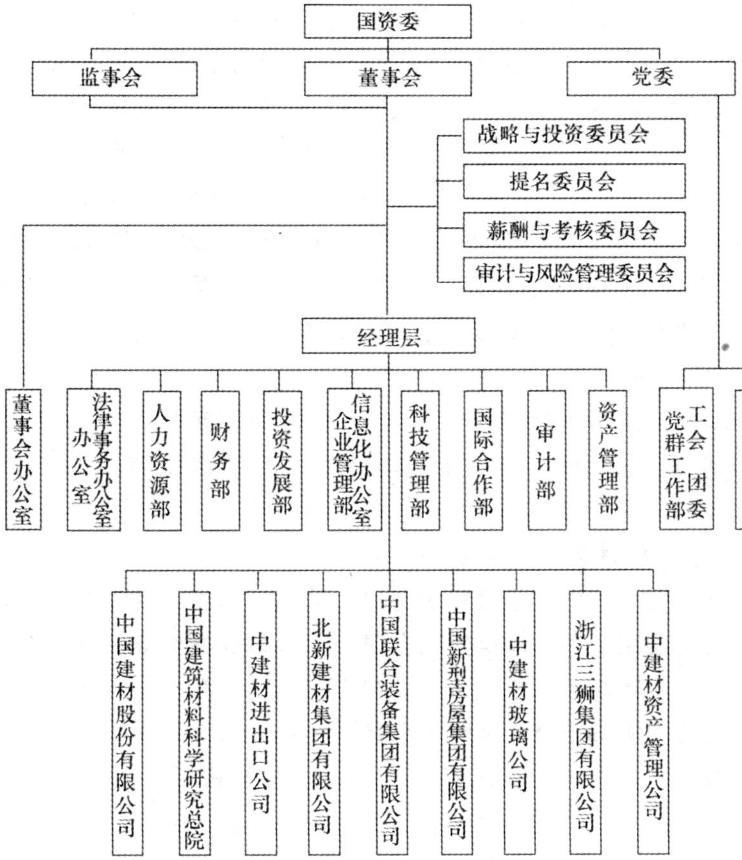

图 16-1　中国建筑材料集团有限公司组织结构

资料来源：作者根据公司网站内容整理。

立中国玻纤股份公司，其中中国建材持股 56.68%，中国建筑材料及设备进出口公司持股 3.57%，振石集团和永联集团分别持股 33.39% 和 6.36%，上市后国有资本占比大幅降低。目前中国玻纤已成为世界最大、技术水平最高的玻璃纤维制造商，股权结构逐步转变为中国建材股份有限公司控股 32.79%，振石集团控股 20.68%，珍成国际等外资控股 14.35%。二是兼并收购。2005 年北新集团建材股份有限公司认购山东泰和东新股份有限公司 42% 的股份，并成为第一大股东。泰山石膏得以重组并得到母公司北新建材强大的技术支持，产能规模迅速扩大。三是联合重组。水泥行业竞争较为充分，且以中小企业为主。中国建材对民企展开大规模联合重组。2007年，中国建材在华东六省一市开展区域性大规模联合重组。在南方水泥重组时，民营等资本持股20%。南方水泥成立6年时间，联合重组300多家企业，其中97.68%是民营企业。现如今中国建材股份有限公司仍然持有南方水泥80%的股份，而上海赛泽等民企持股约14.85%。参照组建南方水泥的经验，2009年中国建材又与民营企业辽源金刚水泥（集团）有限公司各持股45%，引入弘毅投资产业基金持股10%，共同成立北方水泥有限公司。目前，中国建材股份有限公司持股北方水泥70%的股份，辽源金刚水泥等民企持股30%。四是员工持股。中国建材国际工程集团有限公司子公司南京凯盛国际工程有限公司成立于2011年12月，初步实现了员工持股。除了中建材国际工程集团占比51.15%外，其余股份由7个自然人持有，高管层占比34.67%，技术等其他人员持股占比超过14%。

（二）中国建材集团目前的股权结构

在长期探索中，中国建材集团有限公司已经形成了四层股权结构。第一层为母公司层次，中国建材集团有限公司是国资委直接管理下的全资国有企业，这一层次尚未实现混合所有制；第二层为上市公司层次，中国建材股份有限公司等上市公司吸收了大量的社会资本，公众投资者对中国建材股份有限公司的持股比例超过50%以上，已经成为公众公司；第三层次为业务平台层次，在四大水泥公司等业务平台上，民营企业的股份已经大大提高，甚至由民营公司控股；第四层次为生产企业层次，中国建材在大量并购民营企业的时候，给原来的所有者留下了30%左右的股份，从而由原来的所有者和中国建材共同对并购后的企业进行经营管理（见图16-2）。通过这种混合所有制的方式，中国建材集团用210亿元国有权益控制了650亿元净资产，650亿元的净资产又控制了一个超过3000亿元总资产的企业。

（三）中国建材集团进一步实施混合所有制改革的方向

中国建材集团在发展混合所有制方面取得了巨大成就，也正因如此被国资委选定作为中央企业发展混合所有制经济试点。从思路上看，中国建材集团最有可能沿着四个路径进一步推动混合所有制改革。一是将中国建材集团转化为国有投资公司或资本运营公司，并允许其他所有制资本参与。母公司发展成为混合所有制企业将是国有企业改革的重大突破。作为国有投资公司或资本运营公司，中国建材集团不从事任何的生产性经营活

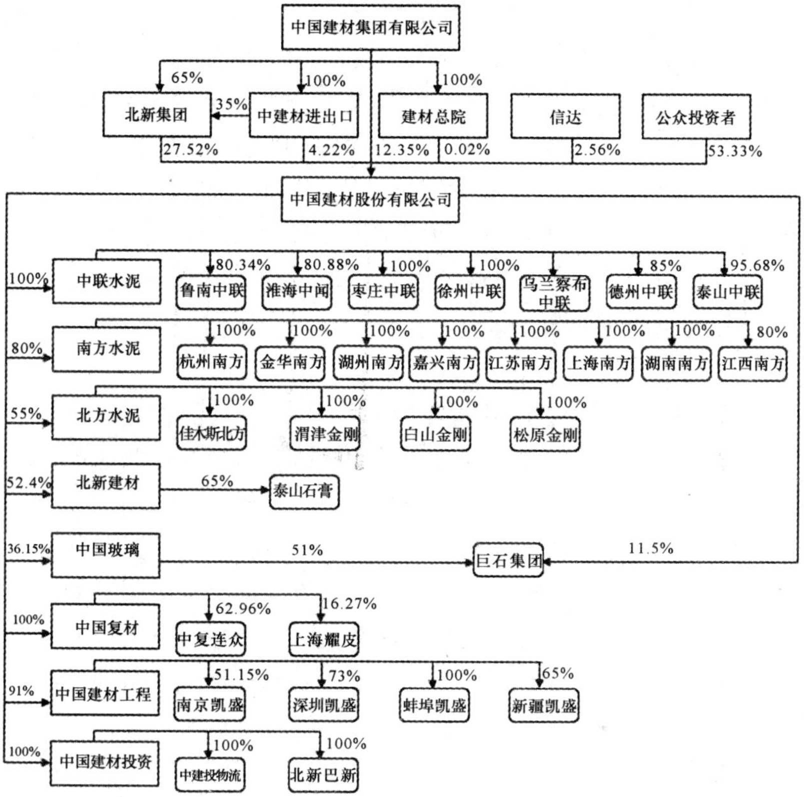

图 16－2　2011 年底中国建材股份有限公司股权结构

资料来源：作者根据上市公司年报整理。

动，仅仅负责对国有资本进行监管，促使国有资本保值增值。对这一类企业，国家可以参照国家机关的模式对其进行管理。二是优化二级公司的股权结构。目前，中国建材股份有限公司等二级公司已经发展成为混合所有制企业，但股权结构并不合理，尤其是机构投资者参与较少。下一阶段，中国建材集团可能致力于优化二级公司的股权结构，在部分企业中进一步降低国有资本比重，引进机构投资者，为其他国有企业股权结构的完善积累经验。三是在业务层面，重点在建材制造、新型房屋、科技服务、新材料等业务板块试点，进一步深入推进混合所有制。目前，中国建材集团下设 9 个全资或控股子公司，其中只有中国建材股份有限公司真正实现了混合所有制，且公众投资者持股比例超过 50% 以上，而其他8个子公司并没有实现混合所有制，基本是由中国建材集团直接全资控股或间接全资控股。下一阶段，中国建材集团可能会进一步推行这些企业的混合所有制改革，引入民资，改变全资持股的股权结构，包括中国新型房屋集团有限公司、中国建筑材料科学研究总院、浙江三狮集团有限公司、中建材玻璃公司、中建材玻璃等。四是继续推行员工持股。除了南京凯盛国际工程有限公司以外，继续在其他子公司中推行员工持股，形成3—5家员工持股公司，甚至可以考虑由管理人员和技术人员对企业进行控股。

三　公司在优化治理机制方面的探索

中国建材集团之所以能够取得今天的成就，与自身不断改革创新、优化治理机制是分不开的。中国建材集团的成长模式可以用“央企市营”来概括，“央企市营”是中国建材集团多年经验的总结，为国有企业改革提供了一条可供借鉴的道路。中国建材集团作为国资委选定的中央企业董事会行使高级管理人员选聘、业绩考核和薪酬管理职权试点企业，承担着创新和总结国有企业改革模式的重任，下一阶段将在优化治理机制方面进行进一步探索。

（一）“央企市营”的基本内容

“央企市营”模式是由中国建材集团董事长宋志平提出的，并在中国建材集团实践中取得了成功。“央企”是表明了企业的属性，意味着中央企业需要承担的国家使命，发挥控制力、影响力和带动力。“市营”表明了企业作为微观市场主体，应采取市场化的运作方式，提高企业的经营效率，具体包括五点基本内涵。一是央企控股的多元化产权结构。作为国有企业来讲，改革的方向是在国家控股地位不改变的情况下，引入社会投资人进行产权多元化的改革。不管是央企还是民企，单一的产权都不利于治理结构的优化。国有企业和民营企业、私有企业最后将会殊途同归走向公众化。因为只有公众化才能吸引更多的社会精英来参与管理，使管理更加科学、更加公正、更加透明。二是规范的公司制和法人治理结构。中国建材集团是国资委确定的董事会试点企业，且在董事会中，外部董事占多数，11名董事中，有6名是外部董事。此外，还注意将社会精英和专家逐渐引入董事会中，从而确保了董事会更加公正独立，使得决策更加科学透明。三是职业经理人制度。中国建材集团十分重视执行层的职业经理人选聘。2011 年在全球范围内选聘总会计师，有 1000 多人报名，初次筛选 100 人，再选出 25 人，最后再对 8 个人进行面试，其中还有 1 个美国人，最终确定了 1 名理想的人选。中国建材集团的下属公司也大量招聘职业经理人，并建立起职业经理人的退出机制。四是企业内部机制市场化。中国建材集团的内部机制主要是指企业用人用工与激励三项制度改革，包括干部能上能下、职工能进能出、收入能升能降。经过多年努力，中国建材集团内部已经完成这三项改革，能够发挥市场机制作用对员工进行激励。五是依照市场规则开展企业运营。中国建材集团虽然是中央企业，但十分强调在经营中要遵从市场规则，依法做事、依法经营，不贪图、不要求超过国民待遇，和民营企业、外资企业享有同等的机会；而且，不能有“等、靠、要”的思想，而是要迈开双脚在市场里拼搏，从而真正赢得市场的尊重。

（二）中国建材集团进一步优化治理机制的方向

从国资委开展中央企业董事会行使高级管理人员选聘、业绩考核和薪酬管理职权试点的考虑来看，结合企业实际情况，认为下一阶段中国建材集团进一步优化治理机制将主要从四个方面着手。一是优化董事会结构。要想充分发挥董事会在公司治理中的作用，必须要对董事会结构进行优化。中国建材集团已经建立了外部董事占多数、社会精英和专家参与的董事会结构，下一阶段将会结合推进混合所有制改革，使机构投资者和员工代表进入董事会，使董事会真正能够成为公司利益相关者的代表。二是明确国资委与董事会的职责权限，充分发挥董事会行使高级管理人员的选聘权。目前，中国建材集团已经开展了总会计师等高级管理人员的全球选聘活动，但对于总经理等更高层次管理人员仍没有开展公开选聘。下一阶段，按照国资委的安排，中国建材集团将首先落实董事会行使副总经理、总会计师、董事会秘书的选聘权，增加董事会及专门委员会在总经理选聘中的参与度。随着试点的进一步深化，将进一步落实董事会行使总经理的聘任权。三是落实董事会的业绩考核权。中国建材集团将自主构建符合企业特点的业绩考核指标体系，进一步突出针对性和差异化，既落实国资委的总体要求的共性指标，又体现企业发展战略和个人业务岗位实际的个性化指标。并以此为依据，对企业高级管理人员进行业绩考核。四是落实董事会的薪酬管理权。中国建材集团将根据企业经营状况和在国内、国际市场中的竞争地位，明确薪酬策略，建立与经营业绩、风险和责任相匹配的差异化薪酬管理制度，按照市场供求管理，合理确定企业高级管理人员的薪酬水平，真正实现业绩升、薪酬升，业绩降、薪酬降。

第十七章　公共政策性国有企业的治理

公共政策性国有企业是一类非常特殊的企业，其设立的社会目的性要远远优先于经济目的性，甚至其全部目的性就是社会公众利益目标，因此它们与一般商业性国有企业和特定功能性国有企业在承担使命、股权设计与运行机制等方面都存在显著区别。

第一节　使命界定

公共政策性国有企业的使命界定需要回答两个方面的问题：为什么要设立公共政策性国有企业？公共政策性国有企业的使命是什么？后者又区分为公共政策性国有企业作为一个整体的使命是什么？以及特定个体的公共政策性国有企业使命如何界定？为了回答这几个方面的问题，需要分析研究公共政策性国有企业的使命源泉、使命主体、使命定位和使命内容。

一　使命源泉：弥补公共政策针对领域的“市场失灵”

作为实现国家赋予的公共政策目标的手段和工具，公共政策性国有企业设立的必然性在于公共政策所针对的领域存在明显的市场缺陷与经常性的市场失灵，需要通过公共政策的实施来弥补和矫正。

无论广义概念还是狭义概念的公共政策，其针对的领域都主要是社会公共领域，它以解决公共问题为取向，以公权力的运用为依托，以维护公共利益为目标，具有导向功能、管制功能、调控功能和分配功能。虽然公共政策涵盖的社会内容包括政治、经济、社会、教育、科技、文化等多个领域，但其之所以出现则都可以认为是这些公共领域因存在市场失灵而导致社会公众利益受损，并引发社会公共问题。以公共产品和服务的提供为例，这一产品和服务具有非竞争性和非排他性特征，由此导致公共产品和服务的需求曲线通常是虚假的，无法准确确定社会对公共产品和服务的需求信息，也难以规避消费中的“搭便车”问题，这使得私人部门通常不愿意或无法生产和提供公共产品和服务，造成公共产品和服务的供应不足与利用不足。也就是说，公共产品和服务领域普遍存在市场失灵问题，需要政府通过公共政策的实施来满足社会公众对公共产品和服务的需求，保证社会公众利益的实现。

二 使命主体：国有企业是某些公共政策活动的更优执行者

在公共政策针对的领域中，市场机制的失灵意味着政府提供该领域的公共问题解决或所需产品和服务的供给有其逻辑合理性，但这并不意味着政府必须成为解决公共问题的直接主体或者直接生产或提供公共产品和服务。因为“任何想要把治理和‘实干’大规模地联系在一起的做法只会严重削弱决策的能力。任何想要决策机构去亲自‘实干’的做法也意味着‘干’蠢事。决策机构并不具备那样的能力，从根本上说那也不是它的事”①。事实上，公共政策是一个从实然（政策问题的客观实在性）到应然（政策规划、方案择优和政策合法化），再到实然（通过政策执行，政策转化为现实）的过程。在这一过程中，政府理应成为掌舵者而非划桨人，应将其在公共政策所针对领域的决策职能与执行职能适度分离，政府应集中精力做好决策、监督、协调和指导工作（掌好舵）。这意味着政府应当成为公共政策问题的发现者和公共政策的制定者，而对于公共政策的执行不需也不应该“身体力行”，因为政府对于公共政策活动的直接具体实施不具备优势、缺乏相应能力，特别是行政机构容易出现的低效率、官僚主义、无成本一效益观念、“寻租”行为等会导致“看得见的手”的政府失败。也就是说，某些公共政策活动的具体执行应该有比政府更优的替代主体，而这一主体就是公共政策性国有企业。公共政策性国有企业能够将“政府”的行政性优势与“企业”的市场化优势结合起来，既确保公共政策活动的有效实施，又能确保实施的效率性。

① ［美］戴维·奥斯本、特德·盖布勒：《改革政府——企业精神如何改革着公营部门》，上海译文出版社1996年版，第7页。

以公共产品和服务领域为例，由于私人部门对于公共产品和服务的供给不足，而“政府有两大显著特性：第一，政府是一对全体社会成员具有普遍性的组织；第二，政府拥有其他经济组织所不具备的强制力……全体社会成员是强制性地隶属于某个国家的，这一不容置疑的事实赋予国家一种强制力，而这种强制力是其他组织所不具备的”①，这决定政府在供给公共产品和服务时具有独特的优势，但政府供给并不等于公共产品由政府直接生产，应当将公共产品的供给与公共产品的生产区分开来，使政府供给公共产品方面的决策职能与执行（具体生产）职能适度分离，改变传统上的政府直接生产经营公共产品的单一方式。作为一种更优的替代方式，设立公共政策性国有企业，实行公共产品的公有公营，不仅能够发挥这一组织所具有的半行政性强制力在公共产品供给上的独特优势，而且能够通过企业化运作提升公共产品供给的效率与质量，提高公共资源的使用效益。

三　使命定位：有效和高效地达成公共政策目标

从整体角度来看，公共政策性国有企业的使命必然是完成国家赋予的公共政策目标，保证实现社会公众利益。这里包括两个层次：一是企业的行为或活动必须满足公共政策目标的达成，即对于实现公共政策目标具有有效性；二是企业的行为或活动必须能够使公共政策目标的达成具有效率性，即更高效地达成公共政策目标。以公共产品和服务类国有企业为例，其基本使命就是以安全、高效、绿色、和谐、透明的方式保障公共产品和服务的可持续供应，满足社会公众对公共产品和服务的需求。承担这一使命意味着公共产品和服务类国有企业首先要确保所生产和提供的公共产品和服务是有效的，即是社会公众所需要的，能够促进经济、社会和环境的全面协调可持续发展；其次要不断提高生产和提供公共产品和服务的效率，确保公共产品和服务的提供是高效的，这意味着企业应当提升管理能力与水平、提升科技创新能力与水平、提升激发各利益相关方合作提供公共产品和服务的能力与水平。

基于有效和高效达成公共政策目标的使命定位，公共政策性国有

① ［美］斯蒂格利茨：《政府为什么干预经济》，郑秉文译，中国物资出版社1998年版，第45页。

企业就必须对其业务范围进行明确和聚焦，其业务活动应当而且必须集中于公共政策所针对的领域，其全部投入和精力都应致力于该领域的业务活动。以公共产品和服务类国有企业为例，这类企业的业务活动都必须围绕着公共产品和服务的生产与提供展开，而对于与公共产品和服务提供没有关联的经营性业务则不应该参与或介入。这意味着在现实中，一些被确定的公共政策性国有企业，必须主动限制自身的经营性活动，专注于公共政策性的业务，以便更好地实现国家赋予的公共政策目标。

四　使命内容：分层分类确定具体公共政策性国有企业的使命

为了防止整体层面的“国家使命”与企业个体使命之间的冲突，且鉴于公共政策性国有企业的数量相对有限，因此有必要对每一特定的公共政策性国有企业的使命内容进行确定。对于每一特定公共政策性国有企业而言，其使命的内容宜采取自上而下、分层分类确定的方法，即从公共政策性国有企业的整体使命出发，针对中央企业和地方国有企业考虑公共政策所针对的不同领域来明确具体企业的使命内容。从公共政策性的中央企业来看，其承担的使命大体上有两类：第一类是全国性的公共产品和服务提供，第二类是中央政府赋予的特殊政策性任务。在这一整体性使命下，特定个体的公共政策性中央企业使命内容需要进一步细化，承担第一类使命的中央企业，其使命内容可以按照公共产品和服务的类别进行具体确定，如国家电网公司的使命内容就是保障更安全、更经济、更清洁、可持续的能源供应；承担第二类使命的中央企业，其使命内容可以按照政策性任务类别来进行具体确定，如中国国新控股有限责任公司的使命内容是配合国资委优化中央企业布局结构，主要从事国有资产经营与管理的企业化操作平台；中国储备粮管理总公司的使命内容是负责中央储备粮（含中央储备油）的经营管理，同时接受国家委托执行粮油购销调存等调控任务；中国储备棉管理总公司的使命内容是负责国家储备棉的经营管理，确保国家储备棉存储安全、质量好、调运通畅。

从公共政策性的地方国有企业来看，其承担的使命大体上有三类：第一类是承担市政建设任务，第二类是具有政府补贴提供民生产品与服务，第三类是承担地方政府赋予的特殊性任务。对于特定个体的公共政策性地方国有企业而言，其使命内容的确定应该根据这三类整体性使命，按照任务类别、民生产品与服务类别分别具体确定。承担第一类使命的地方国有企业，可以按照市政建设任务的类别确定自己的使命内容，如北京市基础设施投资有限公司的使命内容是承担北京市轨道交通等基础设施项目的投融资和资本运营任务；承担第二类使命的地方国有企业，可以按照民生产品与服务的类别确定自己的使命内容，如上海巴士公交（集团）有限公司的使命内容是专业从事城市公交客运，致力于为广大市民提供安全、可靠、便捷、通达、舒适的出行服务；承担第三类使命的地方国有企业，可以按照政策性任务的内容确定自己的使命内容，如北京市保障性住房建设投资中心的使命内容是建设北京市保障性住房投融资、建设收购和运营管理平台，实现北京市委、市政府关于全市保障性住房建设发展任务。

第二节　股权设计

公共政策性国有企业的使命特殊性决定其股权设计也有别于一般商业性国有企业和特定功能性国有企业，因此有必要通过考察国外类似企业的股权设计经验、结合中国特殊国情确定公共政策性国有企业的股权结构，并对股权投资来源、股权架构体系进行探讨和设计。

一　公共政策性国有企业股权设计的国际经验

我们选择美国、德国、法国和意大利的公共政策性企业作为研究对象进行股权设计的国际考察。

美国对于属于公共服务和基础产业部门的企业采取联邦政府公司（Government Corporations），即由议会为实现公共目标而建立的联邦政府的特殊机构，其目的是向公众提供市场导向的产品和服务，能够实现或接近实现收支平衡，目前美国联邦政府拥有此类公司 17 家。进一步来看，美国联邦政府公司根据政府出资比例可以分为联邦政府完全所有（独资）公司及联邦政府混合所有（合资）公司，前者如商业信贷公司（Commodity Credit Corporation）、美国进出口银行（Export - Import Bank）、联邦农产品保险公司（Federal Crop Insurance Corporation）、田纳西河务管理局（Tennessee Valley Authority）以及美国邮政（U. S. Postal Service），后者如美国联邦储蓄保险公司（Federal Deposit Insurance Corporation）、美国国家铁路客运公司（National Railroad Passenger Corporation）。①

德国政府根据公共企业（Oeffentliche Unternehmen，Public Enterprises）是否具有竞争性、行业是否存在规模效益、是否需要大量基础设施的投资三个标准，将公共企业分为垄断性企业、竞争性企业和公共服务类企业。② 目前，中央（联邦政府）、省（州）、市三级政府所拥有的公共企业基本上都是涉及经济发展、居民生活的基础设施或公用事业部门的公共服务类企业。而在这一类企业中，德国政府既有采取完全国有的形式，如德国铁路③，也有控股和参股的混合所有制模式，如德国邮政（Deutsche Post）。需要说明的是，按照德国政府坚持的基本原则，只有在事关国家或市镇的重大利益，并且以其他方式不能更好地或者更经济地达到目的的情况下，才可以由公共企业来承担。为此，德国政府经过公共服务的民营化和公共服务社会化改革，公共服务的提供者有许多是私营企业。也就是说，在公共服务类企业中，存在完全国有、混合所有和私营企业等多种形式。

法国按照经营性质的不同，现有的国有企业大致可以分为三类：一类是非法人的公用事业和从事工商活动、具有行政性质的公共事业机构，包括邮电局，国家印刷厂，存款银行以及与地方政府相联系的供水、住宅等管理机构，实行100%国有模式；另一类是工商性质的公共事业机构和公营企业，具有法人地位，如电力、能源、国防工业、银行等行业的企业，实行的是控股模式；第三类是竞争性行业中的国有混合股份公司。④ 实际上，在2014年法国政府全资拥有的17家国有企业中，能源占到国家总资产的40%，航空国防占比19%，交通占比14%，服务占比15%，传媒占比1%。⑤ 也就是说，法国对于公用事业企业，既有采取完全国有的模式，也有实行控股拥有的模式。

---

① 徐炜：《美国国有企业监管体制研究》，《比较管理》2012年第2期。

② 王文创、张金城：《德国国有企业的管理及对我国的启示》，《理论学刊》2006年第5期。

③ 赵玲玲：《德国国企改革：通过民营化来改造国有企业》，《中国企业报》2014年3月4日。

④ 李志祥、张应语、薄晓东：《法国国有企业的改革实践及成效》，《经济与管理研究》2007年第6期。

⑤ 姜影：《法国国有企业管理体制改革的历程及成效》，《法学》2014年第6期。

意大利尽管经历了始于 1992 年、持续 9 年的大规模国有企业私有化，但此后仍存在相当规模的国有经济，中央政府管理的有国家铁路公司、烟草专卖机构、邮政公司、意大利电视电台、国家造币公司、国家航空服务机构、公共保险服务公司、自来水公司、国家电网公司、国家核能公司等 19 家国有全资企业和 7 家国有控股企业、3 家参股企业，涉及国防、交通、能源、工业、文化等领域。而从最新发展趋势来看，为了缓解近期经济复苏乏力的压力，意大利政府重启此前被一度搁置的国有企业私有化，领域主要涉及电力、邮政和铁路等。这些意味着意大利对于公共服务类企业，既有国有独资企业的模式，也有国有控股或参股公司的模式。

综合以上梳理和分析，可以得到美国、德国、法国、意大利四个国家公共政策性企业的股权设计模式（见表 17 – 1）。

表 17 – 1　　四个国家公共政策性企业的股权结构模式

国家	公共政策性企业的股权结构
美国	国有独资、国有控股
德国	国有独资、国有控股、国有参股、私人所有
法国	国有独资、国有控股
意大利	国有独资、国有控股、国有参股

二　我国公共政策性国有企业的股权结构模式

从国际经验来看，公共政策性企业可以采取多种股权结构模式，包括国有独资、国有控股甚至国有参股和私人所有，而公共政策性国有企业则有国有独资和国有控股两种方式。分析来看，国外政府之所以让社会资本进入公共政策性领域，其基本条件是拥有充分发达的市场经济和高度发展的公民社会，法律法规相对完善，政府的财政平衡压力较大，对于公共产品与服务的理论认识在转变，社会资本的“国家使命”意识较强，等等。

从我国来看，需要对全国层面与地方层面分别进行分析。对于前者，由于我国市场经济整体尚不够发达，公民社会发展也处于起步阶段法律法规不够完善，国家对于公共产品与服务的定位更聚焦于社会目标，对于只能维持收支平衡甚至难以平衡的公共政策项目难以获得社会资本的进入，而且，我国处于经济社会加快转型时期，公共政策领域需要强有力的政府调控，对于公共产品与服务的提供需要有较高程度的控制力。综合这些因素，无论是对于中央政府赋予的特殊政策性任务，还是对于全国性的公共产品和服务提供，目前阶段全国性的公共政策性企业采取国有独资公司模式是较优和较为理想的选择。

对于后者，由于不同地区在市场经济发达程度、公民社会发展水平、法律法规的完善程度、财政收支平衡压力的大小等方面都存在差异，因此各地区可以针对不同类型的公共政策性企业采用差异化的股权结构模式。对于承担地方政府赋予特殊性任务的公共政策性企业，宜采取国有独资公司的股权结构模式；对于提供具有政府补贴民生产品与服务的公共政策性企业，可以采取国有独资公司或国有控股公司的股权结构模式；对于承担市政建设任务的公共政策性企业，可以根据具体情况采取国有独资公司、国有控股公司、国有参股公司甚至私人所有的股权结构模式，比如可以采取当下较为流行的公私合营（PPP）模式（见表 17－2）。

表 17－2　　　我国公共政策性企业的股权结构模式

企业类型	承担任务	股权结构模式
全国性公共政策企业	中央政府赋予的特殊政策性任务	国有独资
	全国性的公共产品和服务提供	国有独资
地方性公共政策企业	承担地方政府赋予特殊性任务	国有独资
	提供具有政府补贴民生产品与服务	国有独资、国有控股
	承担市政建设任务	国有独资、国有控股、国有参股、私人所有

三　我国公共政策性国有企业的股权架构体系构想

根据以上确定的公共政策性国有企业股权结构模式，并借鉴国外经验，公共政策性国有独资公司的出资人为中央政府或各级地方政府，由中央政府或各级地方政府相关部门（如国资委）作为出资人代表履行出资人职责；公共政策性国有控股公司的国有资本出资人为中央政府或各级地方政府，由中央政府或各级地方政府相关部门（如国资委）作为国有股东代表履行股东代表职责。

进一步来看，对于公共政策性国有企业，可以根据情况采取“两层”或“三层”的股权设计。通常来说，对于公共政策性中央企业，由于均采用国有独资公司的股权结构模式，并且考虑到对其强控制性的需要，建议无论是对于承担中央政府赋予的特殊政策性任务的国有企业，还是对于承担全国性的公共产品和服务提供任务的国有企业，均采取“两层”股权设计方式，即中央政府出资人代表—公共政策性中央企业。对于公共政策性地方国有企业，考虑不同企业所采用的股权结构模式和承担的公共政策性任务不同，建议采取差异化的股权设计方式。其中，对于承担地方政府赋予特殊性任务的国有独资公司和提供具有政府补贴民生产品与服务的国有独资公司，建议采取“两层”股权设计方式，即地方政府出资人代表—公共政策性地方国有企业；对于提供具有政府补贴民生产品与服务的国有控股公司、承担市政建设任务的国有独资公司和国有控股公司，建议采取“三层”股权设计方式，即地方政府出资人代表—地方国有资本投资运营公司—公共政策性国有企业（见表 17－3）。

表 17－3　　我国公共政策性国有企业的股权架构体系设计

企业类型		股权设计
公共政策性中央企业	承担中央政府赋予的特殊政策性任务的国有独资公司	两层：中央政府出资人代表—公共政策性中央企业
	承担全国性的公共产品和服务提供任务的国有独资公司	两层：中央政府出资人代表—公共政策性中央企业
公共政策性地方国有企业	承担地方政府赋予特殊性任务的国有独资公司	两层：地方政府出资人代表—公共政策性地方国有企业
	提供具有政府补贴民生产品与服务的国有独资公司	两层：地方政府出资人代表—公共政策性地方国有企业
	提供具有政府补贴民生产品与服务的国有控股公司	三层：地方政府出资人代表—地方国有资本投资运营公司—公共政策性国有企业
	承担市政建设任务的国有独资公司和国有控股公司	三层：地方政府出资人代表—地方国有资本投资运营公司—公共政策性国有企业

第三节　治理结构

构建合理的组织治理结构是确保公共政策性国有企业高效运行的基础。公共政策性国有企业的使命特殊性和股权结构的特殊性，决定其组织治理结构也有别于一般性的企业，因此需要在借鉴国外类似企业的组织治理经验基础上，有针对性地构建和设计公共政策性国有企业的组织治理结构。

一　公共政策性国有企业治理模式的国际经验

我们选择美国、德国、法国和意大利的公共政策性国有企业作为研究对象进行公司治理的国际考察。

美国无论是联邦政府完全所有（独资）公司还是联邦政府混合所有（合资）公司，基本上都设有董事会，但董事会的组织和产生方式不同。对于前者，董事会的设立又有三种类型（如表17－4所示）：专任型的董事会、兼任型的董事会和政府官员兼任型的董事会，董事都是由美国总统任命，并经参议院同意批准；对于后者，董事会的设立采用混合型模式，即由政府任命的董事和私人机构任命的董事组成。

表17－4　　美国公共政策性国有企业的法人治理结构模式

公司类型	法人治理结构	特点
联邦政府完全所有（独资）公司	专任型的董事会	建立董事会，董事会成员全部是专职的
	兼任型的董事会	建立董事会，董事会成员都是兼职的或外部的，由兼任的董事会选聘总经理从事经营管理工作，并对董事会负责
	政府官员兼任型的董事会	建立董事会，董事会成员都是兼任的，这些兼任的董事都是政府机构的部长级官员
联邦政府混合所有（合资）公司	混合型的董事会	建立董事会，由政府任命的董事和私人机构任命的董事组成

资料来源：根据徐炜：《美国国有企业监管体制研究》，《比较管理》2012年第2期。

德国针对公共政策性国有企业采用双重董事会的治理模式，即管理董事会和监督董事会。[①] 管理董事会是实际的执行层，董事长即公司总经理（CEO），每个董事以同等的权力和一致通过原则管理公司日常事务。监督董事会即监事会是公司的决策与监督机构，代表股东、债权人和职工的共同利益，成员包括国家代表、员工代表和工会代表。监事会主席和国家代表一般由财政部门推荐，员工和工会代表一般由全体职工或工会选举推荐。监事会作为财政部门对公共政策性国有企业管理的具体执行机构，负责企业重大问题的批准工作，其主要职责包括[②]：负责组建公司的董事会；讨论和审校董事会的重大决策；审核企业中长期计划，包括销售计划、投资计划、财务计划、人事计划等；听取和讨论董事会汇报，审核公司的经营状况，包括经营活动的财务结果、销售状况、生产状况、各种经营方针和政策等。

法国公共政策性国有企业实行的是董事会领导下的经理负责制。董事会是公共政策性国有企业的最高决策机构，对政府负责，执行国家的经济和产业政策，其职责是批准投资、撤资、组织机构调整、战略和预算等。按照法律，董事会实行“三方代表制”原则，即董事会的成员中 1/3 为国家代表，1/3 为国家任命的业内知名人士，1/3 为企业员工代表。[③] 其中，国家参股局委派国家代表，并负责建立外部候选人名单，推选独立董事；员工代表由全体员工选举推荐。国家参股局向公共政策性国有企业委派国家代表的人数受到限制，最多不能超过 5 名。[④] 同时，法国法律规定，政府的部长和议员不得参加董事会，政府官员一旦被任命为国有企业的董事长，便不再担任政府职务。董事会设战略委员会、审计委员会、公司治理委员会等内部机构，战略委员会负责审核收购项目，审计委员会负责审计事务，同时可以聘请外部专家加入。

意大利的法律规定了国有企业的三种公司治理模式：传统模式、双层模式（德国模式）和单层模式（英美模式），公共政策性国有企业可以采

① 李建春：《国有企业国际比较研究》，吉林大学博士学位论文，未出版，2010 年。

② 王文创、张金城：《德国国有企业的管理及对我国的启示》，《理论学刊》2006 年第 5 期。

③ 李志祥、张应语、薄晓东：《法国国有企业的改革实践及成效》，《经济与管理研究》2007 年第 7 期。

④ 姜影：《法国国有企业管理体制改革的历程及成效》，《法学》2014 年第 6 期。

取任意一种。其中，传统模式是意大利公司治理的主要模式，该模式包括三层：股东大会、董事会和监事会、管理层，股东大会选举产生董事会与监事会，董事会聘任管理层；双层模式是在欧盟统一市场形成后，受德国公司治理结构的影响而产生的一种模式，该模式主要由股东大会、监督会、管理会相互制衡，进行公司治理；单层模式是受英美公司治理结构的影响而产生的一种模式，该模式主要由股东大会和董事会相互制衡，进行公司治理。

二　我国公共政策性国有企业治理结构的设计构想

从美国、德国、法国和意大利的经验来看，对于公共政策性国有企业的治理结构设计并没有统一的模式，而是需要根据各个国家的法律体系、组织治理发展历史和企业的股权架构体系予以确定。从我国公共政策性国有企业来看，无论是对于国有独资公司还是国有控股公司，建议均按照现代企业制度建设的要求，采用董事会领导下的经理层负责制，同时通过设立监事会形成权力制衡。在具体设计上，根据股权结构模式和股权架构体系的不同，不同公共政策性国有企业的治理结构也应有所不同。

对于“两层”股权架构的公共政策性国有独资公司，由政府相关部门代表各级政府履行出资人职责，不设股东大会。董事会由外部董事和职工董事构成，外部董事由政府相关部门任命和管理，董事长由各级政府任命和管理，职工董事经全体职工选举推荐；总经理由各级政府任命和管理，经理层副职领导由董事会聘任和管理，但需向政府相关部门备案；政府相关部门向公司派驻监事会，或者任命和管理监事长和监事。

对于“三层”股权架构的公共政策性国有独资公司（属于地方性国有企业），由地方国有资本投资运营公司受地方政府相关部门委托对公共政策性国有独资公司履行出资人职责，地方政府通过对地方国有资本投资运营公司的董事会进行控制而影响公共政策性国有独资公司的重大决策。在这一股权架构下，公共政策性国有独资公司不设股东大会，董事会由专职外部董事、独立董事和职工董事构成，董事长、专职外部董事和独立董事由地方国有资本运营公司董事会进行任命和管理，但需报地方政府相关部门审批，职工董事由全体职工选举推荐。总经理由地方国有资本运营公司董事会按照程序进行任命和管理，但需报地方政府相关部门审批；经理层副职领导由公共政策性国有独资公司的董事会聘任和管理，但需报地方国有资本运营公司董事会审批。地方国有资本运营公司董事会向公共政策性国有独资公司派驻监事会，或者任命和管理监事长和监事，但需报地方政府相关部门审批（见表 17 –5）。

对于“三层”股权架构的公共政策性国有控股公司（属于地方性国有企业），由地方国有资本投资运营公司受地方政府相关部门委托对公共政策性国有控股公司履行股东职责，地方政府通过对地方国有资本投资运营公司的董事会进行控制而影响公共政策性国有控股公司的重大决策。在这一股权架构下，公共政策性国有控股公司可以根据股东数量情况而考虑是否成立股东大会，如果股东数量很少，可以不成立股东大会，如果股东数量较多，则成立股东大会。董事会由专职外部董事、独立董事和职工董事构成。在不成立股东大会的情况下，董事长由地方国有资本投资运营公司董事会任命和管理，但需报地方政府相关部门审批，专职外部董事分别由地方国有资本投资运营公司董事会和参股公司委派与管理，前者对专职外部董事的委派和管理需报地方政府相关部门审批，独立董事由地方国有资本投资运营公司董事会和参股公司共同确定，职工董事由全体职工选举推荐。在成立股东大会的情况下，地方国有资本投资运营公司董事会和参股公司分别推荐专职外部董事、独立董事人选，由股东大会选任，职工董事由全体职工选举推荐，董事长由地方国有资本投资运营公司董事会推荐，公共政策性国有控股公司董事会依据程序选举产生，地方国有资本投资运营公司董事会推荐的董事长和外部董事均需报地方政府相关部门审批。总经理和经理层副职领导由公共政策性国有控股公司董事会聘任和管理，总经理的聘任需要报地方国有资本投资运营公司董事会审批。在不成立股东大会的情况下，地方国有资本投资运营公司董事会向公共政策性国有控股公司委派监事长和部分监事，但需报地方政府相关部门审批，部分监事由参股公司派出。在成立股东大会的情况下，地方国有资本投资运营公司董事会和参股公司分别推荐监事人选，地方国有资本投资运营公司董事会推荐监事长人选，由股东大会选任，地方国有资本投资运营公司董事会推荐的监事长和监事需报地方政府相关部门审批（见表 17 –5）。

表 17－5　　　　我国公共政策性国有企业的治理结构设计

企业类型	治理结构	特点
"两层"股权架构的公共政策性国有独资公司	股东大会	不成立
	董事会	董事长任命和管理：各级政府 外部董事任命和管理：政府相关部门 职工董事：全体员工选举推荐
	经理层	总经理任命和管理：各级政府 经理层副职领导任命和管理：董事会
	监事会	政府相关部门派驻监事会或委派监事长和监事
"三层"股权架构的公共政策性国有独资公司	股东大会	不成立
	董事会	董事长任命和管理：地方国有资本运营公司董事会，报政府相关部门审批 外部董事任命和管理：地方国有资本运营公司董事会，报政府相关部门审批 职工董事：全体员工选举推荐
	经理层	总经理任命和管理：地方国有资本运营公司董事会，报政府相关部门审批 经理层副职领导任命和管理：公共政策性国有独资公司董事会，报地方国有资本运营公司董事会审批
	监事会	地方国有资本运营公司董事会派驻监事会或委派监事长和监事，报政府相关部门审批
"三层"股权架构的公共政策性国有控股公司	股东大会	股东数量少时不成立；股东数量较多时成立
	董事会	董事长任命和管理：不成立股东大会时，地方国有资本运营公司董事会，报政府相关部门审批；成立股东大会时，地方国有资本投资运营公司董事会推荐，公共政策性国有控股公司董事会依据程序选举产生，报政府相关部门审批 外部董事任命和管理：不成立股东大会时，地方国有资本投资运营公司董事会和参股公司委派与管理，前者需报政府相关部门审批；成立股东大会时，地方国有资本投资运营公司董事会和参股公司分别推荐，股东大会选任 职工董事：全体员工选举推荐

续表

企业类型	治理结构	特点
	经理层	总经理任命和管理：公共政策性国有控股公司董事会，报地方国有资本投资运营公司董事会审批 经理层副职领导任命和管理：公共政策性国有控股公司董事会
	监事会	不成立股东大会时，地方国有资本投资运营公司董事会委派监事长和部分监事，参股公司派出部分监事 成立股东大会时，地方国有资本投资运营公司董事会和参股公司分别推荐监事人选，地方国有资本投资运营公司董事会推荐监事长人选，由股东大会选任

三　高层管理者的激励约束机制构建

构建合意的高层管理者激励约束机制是公共政策性国有企业有效治理的重要内容。公共政策性国有企业应按照“激励约束形式多样化、激励约束对象差异化、激励约束水平合理化、激励约束评价科学化、激励约束效果显性化”的原则，构建既符合一般现代公司运行规律，又考虑公共政策性国有企业特殊性的高层管理者激励约束机制。

激励机制主要包括三个方面：一是行政激励。虽然公共政策性国有企业总体上应该按照国有企业改革的大方向和大趋势，对于高层管理者实施“去行政化”改革，但考虑到历史原因和公共政策性国有企业的特殊性，建议对“两层”股权架构的公共政策性国有独资公司的董事长和总经理保留行政级别，一方面增强各级政府对公共政策性国有独资公司的控制力，另一方面也强化此类公司董事长和总经理的激励。二是薪酬激励。公共政策性国有企业也应坚持薪酬待遇与绩效表现挂钩的原则，建立与此类公司高层管理者选任方式相匹配的薪酬分配办法。公共政策性国有企业高层管理者薪酬包括基本薪酬和绩效薪酬，以基本薪酬为主，绩效薪酬与公共政策性目标实现情况和个人考核结果挂钩。三是声誉机制。公共政策性国有企业承担的任务对于全国或地方经济社会发展和民生改善具有重要意义，因此对于确实表现优异的此类公司高层管理者，应通过各种方式赋予其相应的社会荣誉，提升他们在社会上的声誉，以增强社会声誉对其的激励作用。

约束机制主要包括四个方面：一是结构约束。公共政策性国有企业可以通过建立权力相互制衡的组织治理架构，明确不同高层管理者的权责边界，对各高层管理者的"不当"经营行为形成有效约束。二是制度约束。公共政策性国有企业可以通过制定公司章程、建立不同高层管理者的权责清单和完善公司各项经营管理流程与制度规范，并强化制度执行监督，来对此类公司的高层管理者经营行为进行制度约束。三是任期约束。公共政策性国有企业的高层管理者任期按照法律法规和公司章程执行，任期届满应综合考核重新办理任职手续。建立完善公共政策性国有企业高层管理者退出机制，业绩表现突出、经任期考核称职的高层管理者可以继续连任，否则予以调整。四是追责约束。对公共政策性国有企业高层管理者出现重大决策违规、失误，经营管理不善造成国有资产流失、损失的，将及时"红牌罚出"，实行国有企业高层管理者准入限制。

第四节　监管机制

虽然公共政策性国有企业在数量上可能占全部国有企业的比重不过10%，但对其的监管成本却可能会占到整个国资管理体制运行成本的一半。[①] 这意味着有必要寻找到针对公共政策性国有企业行之有效的监管体制机制，在尽可能降低监管的制度成本的同时，又确保公共政策性国有企业正当履行服务社会公共利益的职责。

一　公共政策性国有企业监管的国际经验

我们选择美国、德国、法国和意大利的公共政策性企业作为研究对象进行监管机制的国际考察（见表17－6）。

美国国会对联邦政府完全所有（独资）公司和联邦政府混合所有（合资）公司的监管是通过立法来进行的。国会有权决定联邦政府公司的建立、撤销或企业内部管理体制改革，凡有关国有资产的各种方案均须得到国会的审计通过后方能实施。在美国的几十家联邦政府公司中，国会对每一家公司均单独立法，规定其成立目的、经营方式、经营范围；明确公司的法人地位，明确企业、政府和国会各自的权利和义务；根据企业性质

① 黄群慧、余菁：《新时期的新思路：国有企业分类改革与治理》，《中国工业经济》2013年第11期。

规定联邦政府公司董事长和董事会的产生办法，并拥有传讯企业领导到国会凭证和陈述法律执行情况的权力。不仅如此，国会对联邦政府公司的特殊拨款等也必须有相关法案进行规定。联邦政府公司除受专门法律约束外，还受到其他一些法律的约束。

表 17－6　　四个国家公共政策性企业的监管模式

国家	公共政策性企业的股权结构
美国	一企一法
德国	专项监督、严格预算管理制度
法国	四重监督：议会监督、财政监督、行业主管部门监督、国家审计法院监督
意大利	双重模式：国会及其授权的经济和财政部监督、国家参与部监督

德国政府虽然对于包括公共服务类企业在内的国有企业均给予较大的自主经营和自主管理空间，但也建立了一套行之有效的监督机制，对国有企业实施严格监管。其做法是明确指定国有股权的管理部门，向国有企业派驻国家稽查员、审计院代表和主管部门代表，负责监督企业的财务状况、规章制度执行情况以及企业账目。[①] 与此同时，对于联邦国有企业或地方公共企业，在对其的管理与改革中，德国的各级政府遵循公共财政的基本原则，严格执行预算管理制度，对于应承担的政策性亏损补贴（如公共交通系统的经营亏损等）与企业改革成本（如相关人员的安置问题等），依法纳入预算支出，对于历史遗留问题以及特殊事项的费用支出必须经过有关部门的严格审查，经议会批准后方可列入财政支出。[②]

法国政府对于公共服务领域的国有企业的监管基本方针是要求其必须兼顾社会利益和经济利益，经济利益服从于社会利益。法国政府公共服务领域的国有企业的监督系统包括四个方面[③]：一是议会监督，法国议会对公共服务领域的国有企业的监督是宏观性和政策性的，不直接涉及企业的财务账目和经营管理。二是财政监督，主要包括向企业派驻国家监督员，

① 王文创、张金城：《德国国有企业的管理及对我国的启示》，《理论学刊》2006 年第 5 期。

② 张东明：《德国国有企业改革的启示与借鉴》，《财政研究》2013 年第 1 期。

③ 李志祥、张应语、薄晓东：《法国国有企业的改革实践及成效》，《经济与管理研究》2007 年第 7 期。

经部长授权行使部长的部分权力，检查企业的经营活动和财务管理。三是行业主管部门监督，通过向企业派出行政特派员，对企业执行政府的方针政策实施监督。四是国家审计法院监督，国家设立审计法院每年都对公共服务领域的国有企业进行审计检查。

意大利政府通过多项立法不断加强和完善对包括公共服务类在内的国有企业的监管工作，并采取“双重”模式实现对国有企业的控制。意大利的经济和财政部是“普通部门”，主要根据国会专门委员会的决议对国有企业进行预算管理，而国会成立的两院常设委员会则决定国有企业的大政方针。国家参与部是国家直接管理国有企业的部门，其对国有企业的管理和控制包括如新公司设立、股权变更、增加投资或撤销下属公司以及公司年度报告和会计报表等。

二　我国公共政策性国有企业的监管机制构想

从美国、德国、法国和意大利的经验来看，对于公共政策性国有企业的监管应是立体式的、全方位的，并且注重通过立法来对公共政策性国有企业进行监管，但也不排除给予企业相当程度的自主经营和自主管理权。对于我国公共政策性国有企业来说，应在借鉴国际经验基础上，充分考虑不同类型公共政策性国有企业的特点，明确各自的监管模式、监管主体、监管目标、监管重点、监管手段和考核指标（见图 17－1）。

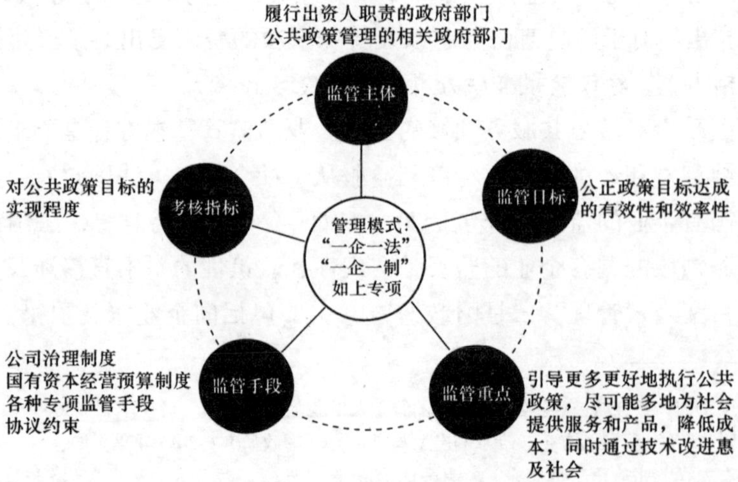

图 17－1　公共政策性国有企业的监管机制

1. 监管模式

对于公共政策性中央企业，可以采用“一企一法”加上专项监管的模式，针对每一个公共政策性中央企业都制定专门的法律，对该企业的出资模式、董事会和经理层的构成与运行机制、业务范围、重大决策等各类事项进行规定，同时这些企业还应该遵守其他一些法律法规。此外，每一个公共政策性中央企业都要接受来自中央政府相关部门或委托的外部专业机构所进行的财务审计、纪检监察、风险监督等各类专项监督。对于公共政策性地方国有企业，无论是“两层”股权架构的公共政策性地方国有企业，还是“三层”股权架构的公共政策性地方国有企业，均可采取“一企一制”加上专项监管的模式。针对每一个公共政策性地方国有企业，均由地方政府制定专门的制度，对该企业的主要事项进行规定。与此同时，地方政府相关部门应直接或委托外部专业机构对每一个公共政策性地方国有企业进行财务审计、纪检监察、风险监督等方面的专项监督。

2. 监管主体

公共政策性国有企业的监管主体除了代表各级政府履行出资人职责的政府部门外，还涉及公共政策管理的相关政府部门。对于承担政府特殊性任务的公共政策性国有企业，监管主体将包括承担特殊性任务的政府管理部门；对于提供公共产品和服务的公共政策性国有企业，监管主体将包括公共产品立项和资金来源的政府管理部门（如国家发改委、财政部门等）；对于承担市政建设的公共政策性地方国有企业，监管主体将包括负责市政建设的政府管理部门。

3. 监管目标

公共政策性国有企业的监管目标是公正政策目标达成的有效性和效率性，即社会效益的最大化。对于承担政府特殊性任务的公共政策性国有企业，监管目标是确保政府特殊性任务得到圆满完成，实现政府对经济社会发展的有效调控；对于提供公共产品和服务的公共政策性国有企业，监管目标是确保公共产品和服务的有效和高效提供，满足人们对公共产品和服务的需求；对于承担市政建设的公共政策性地方国有企业，监管目标是有效和高效地完成所承担的市政建设和管理任务，提升城市的整体运行功能。

4. 监管重点

公共政策性国有企业的监管重点是引导它们更多更好地执行公共政

策，尽可能多地为社会提供服务和产品，降低成本，同时通过技术改进惠及社会。[①] 对于承担政府特殊性任务的公共政策性国有企业，履行出资人职责的政府部门对其监管的重点是科学导向和评价企业执行政策性任务的经济价值和社会价值，而政府管理部门对其监管的重点是任务计划实施进度、资金使用情况、任务进度和工期的完成情况等；对于提供公共产品和服务的公共政策性国有企业，履行出资人职责的政府部门对其监管的重点是科学导向和评价提供社会公共产品和服务的价值，而其他相关的政府管理部门对其监管的重点则是产品和服务的供应量、产品标准和服务质量、制造成本和价格公允性等；对于承担市政建设的公共政策性地方国有企业，履行出资人职责的政府部门对其监管的重点是科学导向和评价企业承担市政建设和管理事项的经济价值和社会价值，而负责市政建设的政府管理部门对其监管的重点是地方市政建设与管理的规划执行情况、市政建设与管理项目的实施质量与进度、资金使用情况等。

5. 监管手段

公共政策性国有企业的监管手段应该多样化，包括通过建立以董事会为治理核心的治理结构，使公司治理制度成为履行出资人职责的政府部门监管和其他相关的政府管理部门的结合平台；实施国有资本经营预算制度，控制成本摊销，要对企业账目进行严格审计，合理费用摊销，不合理费用剔除，对实现公共政策目标产生的成本实行认证制度，并向社会公开企业账目；引入各种专项监管手段，保证企业合规经营、廉洁经营、高效经营和和谐经营；在政府公共管理部门监管规范的条件下，可引入“特许经营”“政府购买服务”和“BOT”等以协议约束的监管机制。[②]

6. 考核指标

公共政策性国有企业的考核不能片面追求收入和利润，否则，企业会凭借行业地位的特殊性，很容易地转嫁成本，导致社会高成本。相反，考核的重点应该是对公共政策目标的实现程度。对于承担政府特殊性任务的公共政策性国有企业，由履行出资人职责的政府部门依据任务计划直接考核任务完成质量、资金使用、费用控制和工期进度等指标；对于提供公共产品和服务的公共政策性国有企业，考核的重点是产品和服务的供应量、

① 上海国有资本运营研究院：《国有企业分类监管法则》，《上海国资》2013 年第 4 期。

② 同上。

产品标准和服务质量、制造成本和价格公允性等指标；对于承担市政建设的公共政策性地方国有企业，考核的重点是地方市政建设与管理的规划执行情况、市政建设与管理项目的实施质量与进度、资金使用情况等指标。

第五节　配套改革

公共政策性国有企业的改革要取得成功，不仅要重新明确企业的使命，科学设计企业的股权结构，构建合适的治理结构和有效的监管机制，而且需要开展相应的配套改革，包括主辅主多分离改革、行政管理方式改革、历史负担问题解决、企业管理机制变革。

一　主辅主多分离改革

公共政策性国有企业的使命和目标应该具有单一性，其全部资源投入都应该服务于公共政策目标的实现和社会公众利益的保障，这意味着公共政策性国有企业的全部经营活动都必须完全聚焦于公共政策性活动。然而，当前我国绝大多数从事公共政策性活动的国有企业所开展的业务并非完全聚焦于公共政策性业务，许多企业都在不同程度地开展各种经营性的业务，比如，有媒体披露，中储粮作为政策性企业，在享受国家给予政策性补贴的优惠和利益的同时，对不得让粮食储备机构参与经营的政策持有抵触意见，该公司有通过经营活动来牟利的意愿，同时，也存在政策性的粮食储备业务和经营性业务不分，以及将粮食储备业务分包出去收取利益的行为。[①] 进一步来看，尽管目前划入公共政策性国有企业范围的企业，其经营业务在公司业务活动中所占比例不高，但为了更好地和更聚焦地服务于公共政策目标的实现，这些企业必须对自身的经营性业务进行限制甚至剥离。对于“两层”股权架构的公共政策性国有独资公司，可以通过主辅分离和主多分离改革将经营性业务剥离，通过资产划转或市场交易的方式将经营性资产转入其他外部企业，使该公司变成纯粹的从事公共政策性活动的企业；对于“三层”股权架构的公共政策性国有独资公司或公共政策性国有控股公司，也应该通过主辅分离和主多分离改革将经营性业

① 黄群慧、余菁：《新时期的新思路：国有企业分类改革与治理》，《中国工业经济》2013年第11期。

务划入地方国有资本投资运营公司下的其他子公司，需要强调的是，虽然地方国有资本投资运营公司可能是一个公共政策性、特定功能性和一般商业性的混合型公司，但其下属的公共政策性国有独资公司或公共政策性国有控股公司必须是一个纯粹从事公共政策性活动的企业。

二　行政管理方式改革

虽然相对特定功能性国有企业和一般商业性的国有企业，公共政策性国有企业会受到政府部门更多的监管，与政府部门之间的联系也更紧密，但这并不意味着公共政策性国有企业必然采取行政化或半行政化的运行方式。相反，公共政策性国有企业的改革方向是“政府性项目，市场化运作”“公共性产品，企业化提供”，政府相关部门在对公共政策性国有企业进行必要监管的前提下，也需要对其进行必要的授权，确保公共政策性国有企业拥有自主经营和自主管理的权利。这意味着需要对我国现有的行政管理体制进行改革，特别是涉及公共政策性活动领域，政府相关部门需要改变传统上由政府部门执行公共政策性活动、提供公共产品与服务的旧思维和旧模式，理清政府相关部门与公共政策性国有企业之间的权责边界，实行权责清单管理，减少行政审批，给予公共政策性国有企业必要的市场化自主经营权，对于公共政策性国有企业该管的地方管好，对于不该管的地方应严格按照权责清单避免对企业进行干预。特别是在此轮改革中，一些公共政策性国有企业是从政府的事业单位转变而来，对于这些企业的监管，政府相关部门更是需要改变传统上强加较多行政干预的做法。

三　历史负担问题解决

目前来看，一些公共政策性国有企业存在大量的历史遗留问题，包括原来改制时职工安置不彻底、债务难破解、企业办社会职能难分离、企业离退休人员社会化管理难到位、企业改制后土地和房产难过户等问题，而这些企业未来要真正有效履行国家赋予的公共政策使命，就必须卸下包袱，轻装上阵，这意味着需要对这些公共政策性国有企业的历史遗留问题进行解决。与此同时，在此轮改革中，一些事业单位通过改制将转变为公共政策性国有企业，或者被并入公共政策性国有企业，这意味着事业单位改革的相关历史问题也需要予以解决。此外，公共政策性国有企业在实施主辅分离和主多分离改革过程中，也会涉及许多历史负担问题和现实改组负担问题，都需要进行科学有效解决。

四　企业管理机制变革

公共政策性国有企业从事公共政策性活动不仅要追求实现公共政策目标的有效性，而且要努力做到高效地达成公共政策目标。也就是说，公共政策性国有企业并不能因为是从事公共政策性活动而可以低效率，相反，它也必须考虑如何以尽可能低的成本提供尽可能最优的社会利益。这意味着公共政策性国有企业必须按照现代企业制度和现代企业管理的要求，在实现政企分开和政资分开基础上，对企业经营机制、业务流程、管理模式等方面进行变革，努力提高经营管理水平，确保有效和高效地实现国家赋予的公共政策目标。

第六节　案例研究

我们选择中国储备棉管理总公司（以下简称“中储棉”）这一公共政策性国有企业作为案例研究对象，从企业使命、股权结构、治理机制和监管体系等方面对其的改革和治理进行剖析。

一　公司概况[①]

中国储备棉管理总公司是经营管理国家储备棉的政策性中央企业，于2003年3月28日成立，注册资本10亿元。受国务院委托，中储棉具体负责国家储备棉的经营管理。在国家宏观调控和监督管理下，中储棉实行自主经营、统一核算、自负盈亏。中储棉总公司目前下辖16个直属库和300余个代储库，分布于全国各主要棉花产销区，初步形成了布局合理、设施先进、管理规范的棉花仓储体系。

成立10多年来，中储棉在国家有关部门的指导和支持下，充分利用国内、国际两个市场、两种资源，卓有成效地完成了国家下达的各项棉花市场调控任务。公司改革发展取得长足进步，管理日趋规范，规模稳步扩大，核心竞争力不断增强，已经成为在国内、国际棉花行业具有较强影响力的企业之一。

---

① 中国储备棉管理总公司网站（http：//www. cncrc. com. cn/）。

二　企业使命

中储棉成立的背景是2001年《国务院关于进一步深化棉花流通体制改革的意见》（国发［2001］27号文件）提出，要对当时的国家储备棉管理体制进行改革，实现储备与经营分开。于是，根据《国务院关于组建中国储备棉管理总公司有关问题的批复》（国函［2002］36号文件），中储棉于2003年正式成立。也就是说，中储棉的成立是进一步深化棉花流通体制改革、实现储备与经营分开、完善棉花宏观调控体系的需要。

目前，中储棉对自己的使命界定为："遵守国家法律法规，执行国家有关的棉花政策，不断提高企业经营管理水平和经济效益，认真落实国家对棉花市场调控的各项任务，确保国家储备棉存储安全、质量良好、调运通畅，促进国有资产的保值增值。"① 从这一使命表述可以看出，中储棉将自己的使命确定为两个方面：一是执行公共政策使命，即"执行国家有关的棉花政策""认真落实国家对棉花市场调控的各项任务""确保国家储备棉存储安全、质量良好、调运通畅"；二是盈利性使命，即不断提高"经济效益""促进国有资产的保值增值"。在这一使命下，中储棉将自己的主营业务界定为：国家储备棉的购销、储存、运输、加工；仓储设施的租赁、服务；棉花储备库的建设、维修、管理；相关信息咨询服务；自营和代理各类商品和技术的进出口；棉花国营贸易进出口等。② 可以看到，这些主营业务的主体是公共政策性活动，即国家储备棉的经营管理，但也有一些是经营性业务，如自营和代理各类商品和技术的进出口。

从中储棉现有的使命界定和主营业务类别来看，其执行国家储备棉的公共政策性使命与经营性业务的盈利性使命可能会出现冲突，因为国家储备类企业同时从事经营活动，很容易导致企业随时可能出现的经营性风险向储备活动转嫁，进而加大了国家储备的风险和成本，降低发挥国家储备职能的效率。正因如此，2005年中储棉在经济利益的驱动下，大规模地参与市场逐利，由于进口棉花决策失误形成巨大亏损。根据有关报道，中储棉在2003年10月—2005年2月的25万吨进口棉，竟然没有一吨是以国家储备的名义，而全是以自主经营、自负盈亏的形式申请配额并进口的。这

① 中国储备棉管理总公司网站（http：//www. cncrc. com. cn/）。

② 《中国储备棉管理总公司社会责任报告（2012）》。

一行为中，中储棉扮演的不是一个平抑价格、维护市场稳定、促进国家宏观调控政策实施的政策性公司的角色，而是扮演了牟取公司利润最大化的经营性公司。[①] 由此可见，中储棉应按照公共政策性中央企业的使命，将自身的使命界定为纯粹的公共政策性目标，即执行国家储备棉的政策，承担国家储备棉的购进、储存、调运、销售和进出口职能，肩负调节棉花余缺、平衡市场供求任务，发挥国内棉花市场“稳定器”、连接棉农和用棉企业“平衡木”的作用。按照这一使命的界定，中储棉应对现有的经营性业务进行限制，比如，即使是进口棉花，也应该是出于补充储备棉的目的。

三　股权设计

中储棉是中央政府出资成立的国有独资公司，由国务院国资委代表中央政府履行出资人职责，属于“两层”股权架构体系。目前，中储棉对于下属子公司采取全资和控股两种模式，其中全资子公司有 10 家，控股子公司有 3 家（如表 17－7 所示）。从下一步改革方向来看，建议中储棉仍然保持“两层”股权架构，并采取国有独资公司模式。

表 17－7　　中储棉的二级子公司股权结构模式

类型	子公司
全资子公司	中储棉花信息中心
	中储棉新疆有限责任公司
	中储棉物流有限公司
	中储棉阿克苏有限责任公司
	中储棉菏泽有限责任公司
	中储棉山东诸城有限责任公司
	中储棉四川有限责任公司
	中储棉襄阳有限责任公司
	中储棉如皋有限责任公司
	中储棉永安有限责任公司
控股子公司	中储棉广东有限责任公司
	中储棉德州有限责任公司
	中储棉库尔勒有限责任公司

---

① 商思林：《中储棉事件调查：一个政策公司的制度性冒险》，《商业周刊》2005 年 2 月 2 日。

四　治理结构

目前，中储棉根据自身实际和发展要求，采取的是由总经理和领导班子成员组成的公司治理结构，实行总经理负责制（如图 17－2 所示）。

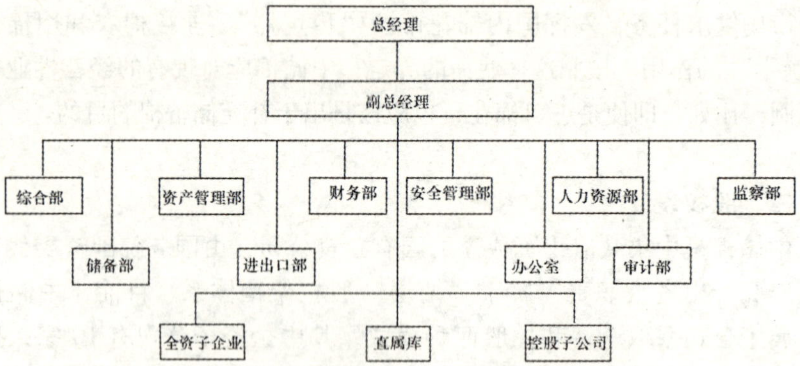

图 17－2　中储棉目前的公司治理与组织结构

从改革的方向来看，中储棉应进一步完善公司治理，建议设立董事会，实行董事会决策、经理层执行、监事会监督的公司法人治理模式（如图 17－3 所示）。其中，董事会是公司的最高决策机构，对出资人负责，在重大战略决策、风险管控、经理层管理等方面负有责任。建议董事会由 7 名董事组成，设董事长 1 人，董事长为公司法定代表人。董事会下设战略与投资委员会、提名委员会、薪酬与考核委员会、审计与风险管理委员会。经理层是公司的执行机构，负责组织实施董事会的决策，实行总经理负责制，对董事会负责，承担企业的生产经营责任。监事会由国务院国资委派驻，负责对公司的财务活动及经营管理行为进行监督，确保出资人的权利和政府相关部门的要求在公司的经营管理中得到保障。

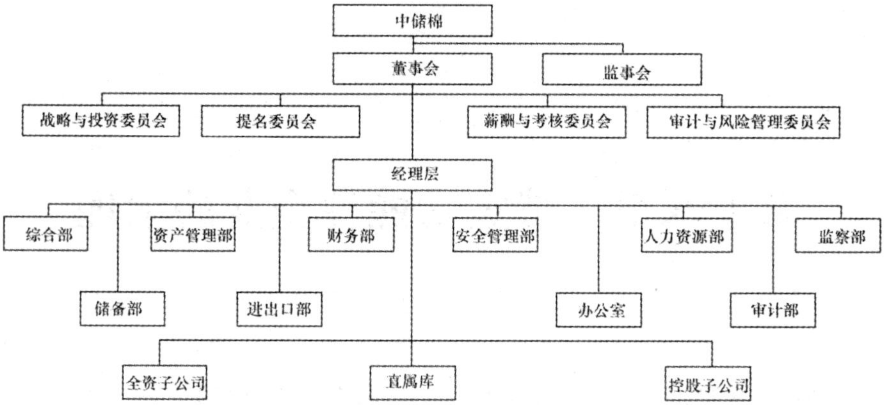

图 17－3　中储棉优化后的公司治理与组织结构

五　监管机制

目前，对于中储棉的监管主要包括四部分：一是通过组织治理中的重要人事任免和派出的监事会对公司的经营行为进行监督；二是国务院国资委通过业绩考核、薪酬管理等对公司进行监督；三是国务院国资委通过财务审计、纪检监察、风险监督等对公司进行专项监督；四是国家发展改革委对公司执行储备棉政策执行和储备棉经营管理业务进行监督。从改革的方向来看，下一步可以采取“一企一法”加上专项监管的模式，即针对中储棉单独立法，相应的监管主体、监管目标、监管重点、监管手段和考核指标如表 17－8 所示。

表 17－8　中储棉监管机制的优化方向

监管机制	内容
监管模式	采取“一企一法”加上专项监管
监管主体	国务院国资委、国家发改委
监管目标	有效和高效地实现国家储备棉的经营管理
监管重点	国务院国资委：依法合规经营、国有资产监管 国家发改委：国家储备棉经营管理的业务监督
监管手段	国有资本经营预算制度、各种专项监管手段
考核指标	储备棉吞吐量、棉花库存量符合率、储备棉出入库总量、对棉花调控任务的完成情况等重点指标

第十八章　特定功能性企业的治理

央企功能界定分类方案被看成这一轮国有企业改革的切入点，也被定义为发展混合所有制经济，组建两类公司（国资经营公司和国资运营公司），完善国资监管体制、推进布局结构调整等多项改革的前置性措施。特定功能性的国有企业应是指处于涉及国家安全、关系国计民生的行业、支柱产业和高新技术产业的企业；也包括承担政府战略任务、重大专项任务的企业，这类企业带有特殊社会功能或者经济功能。这类领域可以随着国家的经济发展战略变化而变化，这类企业既需要充当国家政策手段，又需要追求盈利，以促进自身的壮大发展，从而发挥对国家经济安全和经济发展的支撑作用。这类企业所处领域具体包括军工、石油及天然气、石化和高新技术产业等，以及大飞机等战略性产业。特定功能性的央企则是以服务国家战略、保障国家安全和国民经济运行为主要目标，实现社会效益和经济效益的统一。

目前，属于特定功能性企业的中央企业有 31 家，其数量占比约为 28%，包括三大板块：一是国防军工板块，包括十大军工企业和中国商飞公司，共 11 家；二是能源板块，包括三大石油公司、国家核电、中广核集团和六大电力公司，共 11 家；三是其他功能板块，包括中盐公司、三大电信公司以及中远集团、中国海运和三大航空公司，共 9 家（见表18－1）。

地方层面基本上也是按照三分法划分国有企业，但跟省市区具体归口又有所差别；第一类公共服务类和第三类竞争类的划分口径比较统一，第一类基本上是以市政公用事业为主，第三类是以市场为导向实行商业化运作、以追求企业价值和经营利润为主要目标的企业，差异较大的是第二类功能类企业的划分。

表 18－1　　　　　　属于特定功能性的中央企业

	编码	公司名称		编码	公司名称
国防军工	C1	中国核工业集团公司	能源	C11	中国石油天然气集团公司
	C2	中国核工业建设集团公司		C12	中国石油化工集团公司
	C3	中国航天科技集团公司		C13	中国海洋石油总公司
	C4	中国航天科工集团		C16	中国华能集团公司
	C5	中国航空工业集团公司		C17	中国大唐集团公司
	C6	中国船舶工业集团公司		C18	中国华电集团公司
	C7	中国船舶重工集团公司		C19	中国国电集团公司
	C8	中国兵器工业集团公司		C20	中国电力投资集团公司
	C9	中国兵器装备集团公司		C21	中国长江三峡集团公司
	C10	中国电子科技集团公司		C52	国家核电技术有限公司
	C53	中国商用飞机有限责任公司		C107	中国广核集团有限公司
其他	C23	中国电信集团公司	其他	C37	中国远洋运输（集团）总公司
	C24	中国联合网络通信集团有限公司		C38	中国海运（集团）总公司
				C39	中国航空集团公司
	C25	中国移动通信集团公司		C40	中国东方航空集团公司
	C69	中国盐业总公司		C41	中国南方航空集团公司

北京市的做法是将市属国企分为三大类，分别为城市公共服务类、特殊功能类和竞争类。城市公共服务类主要承担提供公共产品或服务、保障城市运行安全、提升城市承载能力等功能作用，如公交、地铁、自来水、排水等企业，都是提供公共服务的；特殊功能类主要承担市政府赋予的专项任务和重大项目，实现政府在基础设施、民生保障、促进社会发展等方面的战略目标；竞争类企业则以资本效益最大化为主要目标，努力成为国际国内同行业中具有核心竞争力和品牌影响力的企业。

上海将国企分成竞争类、功能类和公共服务类。竞争类企业以市场为导向，以企业经济效益最大化为主要目标，兼顾社会效益，努力成为国际国内同行业中最具活力和影响力的企业；上海市国资委所监管的 40 多家公司中，大部分被划为竞争类企业，比如上汽集团、上海电气集团、光明食品集团。功能性企业以完成战略任务或重大专项任务为主要目标，兼顾经济效益，包括上海国盛集团、上海地产集团、上海申迪集团等。公共服务类企业以确保城市正常运行和稳定、实现社会效益为主要目标，这一类企业是以地铁、公交、环境以及水务类的企业为主，如上海申能集团、上海申通地铁集团、上海久事公司、上海城投公司。

湖南省根据企业属性、产业特征和发展阶段，按公益、功能、竞争三个类别对国有企业实行分类管理。在界定功能定位并分类的基础上，再对国有企业实施分类评价和考核。公益类国有企业包括城市供水供气、公交管网、市政公用运营资源等重要民生领域企业；采用国有独资或国有绝对控股，以实现公共政策性目标为主，引入行业监督和社会评价。功能类企业含政府投融资平台或国有资本投资运营公司以及重要资源开发、重大基础设施建设领域的企业，保持国有独资或国有控股，以完成战略任务或重大专项为主要目标，兼顾经济效益。竞争类企业按照混合所有制经济的要求进行放开，国有资本有进有退，对具有竞争优势的企业要保持国有控股。对战略性新兴产业和“两型”先导产业，国有资本要加大投入，这类企业以经济效益最大化为主要目标，承担必要社会责任。

第一节　使命界定及改革思路

特定功能性国企在国有经济体系中承担着特定的功能，发挥独特作用，是转型经济时期国有企业不可或缺的组成部分。与公益类国企和一般商业性国企的使命定位不同的是，特定功能性国企的使命具有阶段性特征。随着特定功能存续基础的改变，特定功能性国有企业将分别发展为公益性国有企业或一般商业国有企业。

一　使命定位：承担特定功能

企业运行的逻辑是使命决定战略。企业使命是企业在社会进步和社会、经济发展中所应担当的角色和责任。企业使命的确定过程常常会从总体上引起企业发展方向、发展道路的改变，使企业发生战略性的变化；确定企业使命也是制订企业战略目标的前提，是战略方案制定和选择的依据，是企业分配企业资源的基础。

顾名思义，特定功能性国企在国有经济体系中承担着特定的功能、发挥着独特的作用，是转型经济时期国有企业不可或缺的组成部分。根据分类，特定功能性企业主要是那些自然垄断行业或占有国家特殊资源、承担必要的国民经济发展保障和国家安全责任的企业，这类企业因为不具有公益性质，因而不能归入公益类；但也并不直接面向市场，并不主要致力于实现国有资本的保值与增值，因而也不能归入一般商业性国有企业。这类领域可以随着国家的经济发展及战略变化而变化，这类企业既需要充当国家政策手段，又需要追求盈利，以促进自身的发展壮大，从而发挥对国家经济安全和经济发展的支撑作用。

31 家属于特定功能性央企主要包括军工类 11 家、能源类企业 11 家、运输服务类企业 5 家、通信类企业 3 家以及中国盐业公司，它们各自承担着不同的特定功能。11 家军工类央企承担着保障国防安全的重大使命，承担着为保家卫国提供先进武器装备的特定功能；11 家能源类央企则掌控着我国石油、电力等能源供应命脉，承担着促进我国能源事业发展和保障能源供应安全的重大责任；5 家运输服务类央企分别是海洋运输与航空运输领域的龙头企业，承担着确保旅客与货物以公平价格安全输送的特定责任；3 家通信服务公司则承担着保障我国政府、军事、民用通信安全的重大责任；中国盐业公司则要保障食用盐的安全生产与供应，并确保食用盐价格的稳定。由于我国民营资本实力相对弱小，而且具有天然的逐利本性，因而难以承担上述重大责任；当然，更不能指望外资企业来承担上述特定功能。这些关系到国计民生的特定领域，必须由国有企业，尤其是中央企业来承担相应特定功能，从而确保国家政治、军事与经济的安全。

二 使命特殊性：阶段性使命

与公益类国企和一般商业性国企的使命定位所不同的是，特定功能性国企的使命具有阶段性特征。随着特定功能存续基础的改变，特定功能性国有企业将分别发展为公益性国有企业或一般商业性国有企业。

事实上在一些西方发达国家，国有企业主要是区分为公益性和一般商业性两大类，并不存在有一个特定功能性国企的特殊分类。但基于中国转型经济的特殊性，“三分法”思路更适合于拥有世界上最庞大和最复杂的国有经济部门的我国国企。我国国有企业在相当长的历史时期既要有一般的市场体制国家在市场经济运行中国企应承担的“弥补市场失灵”使命，又要有发展中国家在经济赶超中国企应承担的“实现经济赶超”使命，还要有转轨经济国家在渐进式转轨过程中国企应承担的“培育市场主体”使命，这三类使命要求必然存在三类国有企业，即公益保障类、特定功能类和商业竞争类。尤其是作为后发大国，我国的确需要在事关国计民生的基础产业、支柱产业、战略产业上与国外企业竞争抗衡，承担支持科技进步、保障国家经济安全的特定功能类企业。因此，支持这一分类的理论基础本身就已经揭示了这一分类的临时性、阶段性特征。也就是说，随着国家经济建设的不断发展，特定功能类国企的存在基础可能会发生变化，从而导致分类失去存在的必要性。

从国务院国资委所管理的 31 家特定功能性央企看，其特定功能确实存在有阶段性特征。随着民营资本的发展壮大，能源类与运输服务类民营企业的数量与市场影响力将显著增强，民营企业与国有企业之间的能力差距将逐渐缩小，国有企业发挥特定保障功能的作用需求将趋于减弱；同时，伴随着国家宏观管理能力的提升，能源类、运输服务类央企完全可以而且应当逐步向一般商业性央企转变。随着军工领域逐步向民营资本的开放，越来越多的军工产品将由民营企业提供，由国有企业完全保障国防装备供应的特定功能也将日益趋于弱化，11 家军工类央企可以在业务分离重组的基础上，分别向公益性和一般商业性央企转变。

三　改革的思路

特定功能性企业在中央层面是那些中央直属大型国有企业集团，在地方层面则是地方国有企业集团。中央层面的特定功能性国有企业集团都脱胎于传统的计划经济体制，一般都处于国民经济之中比较重要、掌握着国民经济命脉的行业，在这些行业里要保证国有经济的控制力，就体现出了大型国有企业集团所担负的重要的经济功能。同时，这类大型国有企业集团还承担着代表社会主义制度的政治功能，这些大型国有企业集团是社会主义经济的基石，因此大型国有企业集团所承担的功能和责任是多重和复杂的。地方层面的特定功能性国有企业一般是为执行政府特殊目的而存在，如投资平台公司、为发展战略性新兴产业而设立的国有企业，这类企业存在有暂时性，一旦目的或任务完成，按照政府意图并结合企业的实际情况，未来的去向一般是转为第一类或第三类企业。从这个意义上讲，第二类企业包含多种功能，也就决定了这类企业治理内容的复杂性。

前面章节已经讨论过，考虑到这类企业的复杂性和发展的动态性，未来特定功能性中央企业分类改革，是由国资管理部门基于“国家使命”要求和企业特性逐一与中央企业进行谈判与协商，确定企业未来的类别。从理论上讲，特定功能性类别是一种过渡状态，具有动态调整的特征，随着科学技术的发展、社会经济条件的变化，一旦这种特殊目的和使命完成或者不再具有特定功能，未来绝大部分特定功能企业会走向市场成为一般商业性企业。只有少数特殊企业继续执行国有特定功能而存在，而对这类企业，可采用进一步强化突出其经营活动的公共政策性特征且弱化盈利性特征，使这类企业转变为公共政策性企业。最后，中央企业在集团公司层面就只有两类企业，即公共政策性企业和一般商业性企业。

以军工板块为例，中国船舶（C6）、中船重工（C7）、兵器装备（C9）和中国电科（C10）这4家公司的主营业务活动的功能性特征与其他6家军工企业（C1—C5和C8）相比，更显得弱化。在未来的企业发展与改革过程中，伴随各家军工企业业务活动发生变化，那么，这4家公司转变为一般商业性公司的可能性更大。而另外6家公司或其中的某些部分的业务活动，如果进一步强化突出其经营活动的公共政策性特征且弱化营利性特征，它们也有转变成为公共政策性企业的可能性。再以能源板块为例，石油公司（C11—C13）、核电公司（C52和C107）与火电公司（C16—C21）相比，前者的功能性特征更加突出。在未来发展与改革中，能源板块的公司如果进一步突出其竞争性经营业务活动的发展，就有转化为一般商业性公司的可能。而其他板块的9家企业转为一般商业性公司的可能性更大，在操作层面上更容易。

总体而言，从行业性质、企业的初始条件看，特定功能性企业的改革也体现先易后难的渐进式改革思路。即其他板块的9家企业转为一般商业性公司；能源板块，从火电公司、核电公司、石油公司，逐次转变为竞争性公司；难度相对较大的是军工板块，可选用的策略是将中国船舶（C6）、中船重工（C7）、兵器装备（C9）、中国电科（C10）和商飞公司（C53）转为一般商业性公司，而其他6家（C1—C5和C8）可逐步分解其业务活动，强化突出其经营活动的公共政策性特征且弱化盈利性特征，使之转变为公共政策性企业。也就是说，通过渐进式分类改革，这31家特定功能性企业的最终去向是6家企业转入公共政策性企业，25家企业成为一般商业性企业。

第二节 股权及治理结构设计

目前，特定功能性国有企业在集团公司层面基本是清一色的国有独资企业，治理结构建设滞后，国有股“一股独大”与交叉任职普遍存在。今后，基于渐进式分类改革思路，特定功能性企业股权改革将体现多样性特征。

一 现状

目前，特定功能性国有企业在集团公司层面基本是清一色的国有独资企业。虽然国有企业董事会建设试点工作取得了明显成效，但我国的国企董事会建设毕竟刚刚起步，相对于规范的公司治理的要求还存在明显的不足。特别是在电信、航空、电力、石油、国防等领域，国有股“一股独大”与交叉任职普遍存在。

1. 集团公司基本是清一色的国有独资企业，公司治理结构建设滞后

从产权结构或财产组织形式的角度观察，我国国有企业主要有三种形式：一是国有企业；二是国有独资公司；三是国有控股公司。目前特定功能类中央企业在集团公司层面上基本上以国有企业和国有独资公司这两种形式存在。由于这些集团公司都是经国务院批准同意进行国家授权投资的机构，因而其下属公司含有国有独资子公司、国有控股公司等具体形态。

治理结构是产权结构的延伸和必然，国务院国资委自2003年成立以来，一直都在持续推进国有企业的治理结构改革，董事会、监事会建设是这一工作的重点。自2004年国资委开始推行中央企业董事会建设试点工作以来，国有企业董事会建设取得了初步成效，试点企业开始由过去的“一把手负责制”转变为董事会决策、经理层执行、监事会监督的公司法人治理模式，不少试点企业董事会设立了专门委员会，董事会制度基本健全，董事会的运作更加规范、决策更加科学，国有企业的法人治理水平不断提高。2014年12月，国资委董事会试点工作办公室印发有关通知，决定将航天科技、航天科工、中船集团、国家电网、中国华电、中国一重、中化集团、中国五矿、中国建筑、中国化学工程、

中国工艺集团、中国通号、中国建筑设计集团、中国航信、中国电建、西电集团 16 家企业纳入规范董事会建设范围。至此，中央企业开展董事会试点的户数已达 74 家。

虽然国有企业董事会建设试点工作取得了明显成效，但我国的国企董事会建设毕竟刚刚起步，相对于规范的公司治理的要求还存在明显的不足，主要体现在以下几点：一是董事会制度建设薄弱，还没有形成完善的制度体系，特别是许多制度缺少实施细则，使制度的有效性受到影响；二是董事队伍建设有待加强，董事人才不论从数量还是质量上都难以满足需要；三是董事会的职能没有完全到位，难以充分发挥制度设计时所赋予的重要功能。国有企业董事会建设存在的这些问题，一方面使国有企业董事会的功能难以得到充分发挥，制约了国有企业的健康发展；另一方面也说明了国企董事会建设的艰巨性。

从中央企业开展董事会试点工作的实际效果看，目前在功能性中央企业集团公司层面，除中国兵器装备集团公司、中国海洋石油总公司、中国长江三峡集团公司、中国移动通信集团公司、中国远洋运输（集团）总公司、中国海运（集团）总公司和中国盐业总公司 8 家公司具备比较完备的董事会外（占 26%），其他 23 家企业中，有 15 家企业是董事长兼党组书记，6 家企业是总经理兼党组书记，3 家企业总经理与党组书记是分别担任（具体见表 18 - 2）。也就是说，其实功能性中央企业只有 14 家企业已经设立了董事会，但董事会建设并不完备；另外 9 家则还不具备董事会雏形。

表 18 - 2　　特定功能性中央企业集团公司产权及治理结构现状

		产权形式	较完善的公司治理	董事长兼党组书记	总经理兼党组书记/总经理与党组书记分任
C1	中国核工业集团公司	国有独资企业		/	
C2	中国核工业建设集团公司	国有独资企业			兼任
C3	中国航天科技集团公司	国有独资企业		/	
C4	中国航天科工集团	国有独资企业		/	
C5	中国航空工业集团公司	国有独资企业		/	

续表

		产权形式	较完善的公司治理	董事长兼党组书记	总经理兼党组书记/总经理与党组书记分任
C6	中国船舶工业集团公司	国有独资企业		／	
C7	中国船舶重工集团公司	国有独资企业			兼任
C8	中国兵器工业集团公司	国有独资企业		／	
C9	中国兵器装备集团公司	国有独资公司	／	／	
C10	中国电子科技集团公司	国有独资企业			兼任
C53	中国商用飞机有限公司	国有独资公司	／	／	
C11	中国石油天然气集团公司	国有独资企业		／	
C12	中国石油化工集团公司	国有独资企业		／	
C13	中国海洋石油总公司	国有独资公司	／	／	
C16	中国华能集团公司	国有独资企业			兼任
C17	中国大唐集团公司	国有独资企业		／	
C18	中国华电集团公司	国有独资企业		／	
C19	中国国电集团公司	国有独资企业		／	
C20	中国电力投资集团公司	国有独资企业			兼任
C21	中国长江三峡集团公司	国有独资公司	／		
C52	国家核电技术有限公司	国有独资企业		／	
C107	中国广核集团有限公司	国有独资企业		／	
C23	中国电信集团公司	国有独资企业		／	
C24	中国联合网络通信集团公司	国有独资企业		／	
C25	中国移动通信集团公司	国有独资公司	／	／	
C37	中国远洋运输（集团）总公司	国有独资公司	／		
C38	中国海运（集团）总公司	国有独资公司	／	／	
C39	中国航空集团公司	国有独资企业			分任
C40	中国东方航空集团公司	国有独资企业			分任
C41	中国南方航空集团公司	国有独资企业			分任
C69	中国盐业总公司	国有独资公司	／	／	

注：这31家集团母公司是归属于国资委管理的中央企业，虽然有公司的名称，但却不是按照《公司法》设立的国有独资公司，而是按照《全民所有制工业企业法》设立的，是国家独资的企业。少数列入董事会试点的企业进行了相应的公司治理改革。

国有企业监事会制度虽然已经建立，但并没有有效发挥应有作用。1998 年国务院颁布《国务院稽查特派员条例》并向国有重点企业派出稽查特派员。1999 年 12 月全国人大通过修改后的《公司法》规定，国有企业监事会主要由国务院或国务院授权的机构、部门委派的人员组成。到 2000 年 3 月国务院第 283 号令《国有企业监事会暂行条例》出台，明确规定了由国务院派出监事会，标志着国家向国有企业派出监事会制度的正式启动。国务院派出国有企业监事会主要行使四项职权：一是检查企业贯彻执行有关法律、行政法规和规章制度的情况；二是检查企业财务，查阅企业财务会计资料及企业经营管理活动有关的其他资料，企业财务会计报告的真实性、合法性；三是检查企业的经营效益、利润分配、国有资产保值增值、资产运营等情况；四是检查企业负责人的经营行为，并对其经营管理业绩进行评价，提出奖惩、任免建议。建立以财务监督为核心的监事会制度，是我国经济体制改革中强化国有资产监督并使之保值增值的重要措施，对降低国有企业的代理成本、防止国有企业经营者损害国有股东利益、防止国有资产流失发挥了重要作用。但基于外派监事会这一特殊制度，国有企业监事会建设方面存在有重大缺陷：一是从企业内部看，目前还不能正确认识监事会在企业中的地位和作用；二是监事会知情权得不到有效保障，对董事会、经理层的有效监督相当困难；三是我国《公司法》目前并未规定监事会拥有对子公司的监督权利，外派监事会对国有企业子公司的监管存在困难；四是董事会设有经理层作为执行机构具体执行董事会决议，而监事会没有设置执行机构，监事会职责难以有效落实。

作为一个转轨经济国家，我国特定功能类中央企业治理结构必然也带有转轨的特征，应该说，中国的公司治理模式仍在未确定的形成之中。与英国和美国不同，中国的股票市场还远远没有发育完全，以股票市场为基础的外部治理机制不可能有效形成。因此，目前中国的公司治理模式不可能是市场主导型的模式。同样，与德国和日本也不同，中国的银行系统本身还在转变之中，其自身的治理也还存在众多问题，而且中国的法律也规定银行与公司的治理是分离的，这意味着中国的公司治理系统目前也不可能是银行主导型的。到底在未来会形成什么样的治理结构，这依赖于整个社会经济环境的演进过程。就目前的情况而言，我国特定功能类中央企业在公司化改造之中取得了一些进展，但是仍然缺乏有效的企业治理机制。

企业仍然主要是国有独资或国家绝对控股企业，建立有效的治理结构仍然有很长的路要走，因为它不仅是一个企业改革的问题，也是一个产业重组与政府改革的问题。

但功能性中央企业中也有公司治理结构建设的成功样本。不同于其他集团公司，中国商用飞机有限责任公司已经拥有较为完备的公司治理（见图 18－1），设有股东会［国务院国有资产监督管理委员会、上海国盛（集团）有限公司、中国航空工业集团公司、中国铝业公司、宝钢集团有限公司、中国中化股份有限公司有股东会］、董事会和经营班子。公司组建了党委、纪委、工会和团委，国务院国资委向公司派出监事会，公司董事会内部设置了四个专门委员会，所有提交董事会审议的重大事项都要先经过专门委员会研究谈论，形成正式提案。公司根据《中国商用飞机有限责任公司“三重一大”决策管理规定》，定期召开股东会议、董事会议、党委会议和总经理办公会，审议决策重大事项。虽然中国商用飞机有限责任公司的股东名单中并没有民营企业的身影，商飞公司治理模式距离

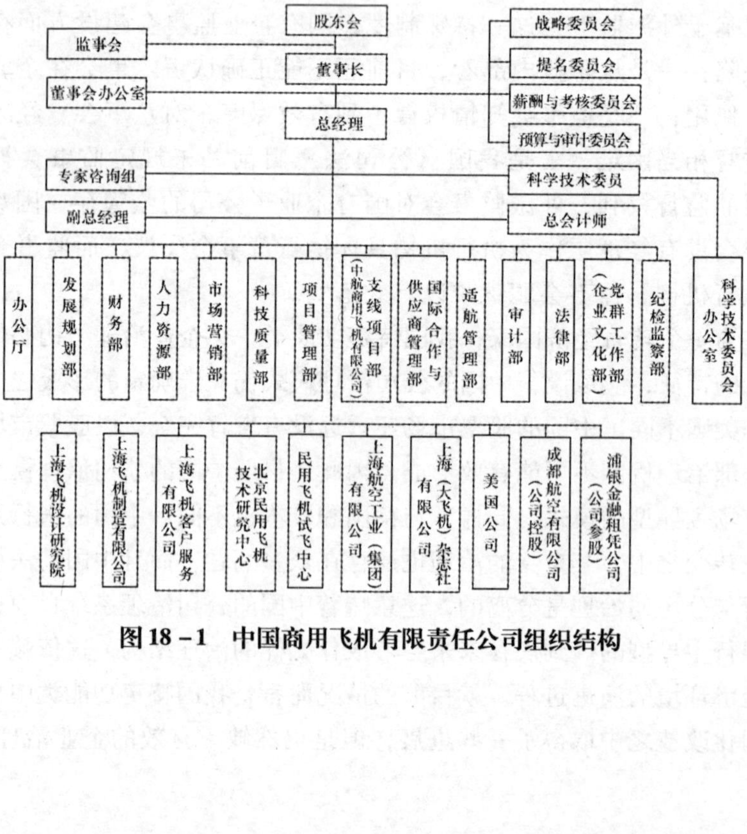

图 18－1　中国商用飞机有限责任公司组织结构

理想中的公司治理模式还有不小的差距，但设立了股东会也是中央企业集团公司层面建立和完善公司治理结构迈出的实质性步伐。

2. 国有股“一股独大”与交叉任职普遍存在

“一股独大”仍是国有企业股权结构的基本特征。目前，在中央企业层面涉及垄断行业的企业比较多，如电信、航空、电力、石油、国防等。这些中央企业经过公司制改造后，集团公司的子公司以国有独资公司和国有控股公司为主流形式，而集团公司基本是清一色的国有独资企业（或国有独资公司）。如三大电信运营商，在集团公司层面，中国移动通信集团公司为国有独资公司，中国电信集团公司和中国联合网络通信集团有限公司还是国有独资企业；五大发电集团和三大航空公司也是国有独资企业。在子公司层面如中国联合网络通信集团公司100%持有中国联通（BVI）有限公司股份，持有中国联合网络通信股份有限公司63.09%的股份。股权的单一性与缺乏流动性是这些国有股份制企业的普遍特征。随着经济社会化市场化趋势的发展，各类资本交叉持股、相互融合不可避免，垄断性行业国有企业同样面临从国有独资公司向国有绝对控股公司进而向国有相对控股公司转变，发展混合所有制经济，实现产权多元化的任务。

功能性国企中董事会、经理层乃至党委会交叉任职非常普遍。从表18-2可知，中国航空集团公司、中国东方航空集团公司和中国南方航空集团公司还没有设立董事长，总经理与党委书记分设；除这3家公司外，其余28家公司要么是董事长兼党委书记、要么是总经理兼党委书记。比如，中国核工业建设集团公司是总经理兼任党委书记，中国兵器装备集团公司是董事长兼党委书记。另外，在国有独资公司中董事会、监事会和“老三会”（党委会、职代会、工会）的关系协调也是一大难题。董事会、监事会是国有独资公司的主体框架，在建立现代企业制度过程中必须坚持；“老三会”是传统企业制度的精髓，在公司化改革过程中也不可废弃。在传统企业制度中，“老三会”与经营者阶层之间的关系就一直未曾理顺，如今再加上董事会、监事会，就更容易相互掣肘或产生碰撞。

二　未来设计

基于以上渐进式分类改革思路，特定功能性企业股权改革体现多样性特征。对那些未来转为一般商业性企业的特定功能性企业其股权改革路径为国有企业→国有独资公司→国有绝对控股公司→国有相对控股公司；而对那些未来转为公共政策性企业的特定功能性企业其股权设计体现为国有企业→国有独资公司。

未来，这31家特定功能性企业需要建立和完善规范的公司治理机制，实现合理分权和有效制衡，确保公司治理具有必要的专业化程度和有效性。对国有独资公司，组建监事会、董事会；可设一名执行董事任法定代表人兼总经理，与党委书记分设；履行出资人职责的机构委派或推荐监事会主席和外派监事，与企业内部监事组成监事会。

对国有控股公司，组建股东会、董事会、监事会。通过股权结构多元化，构建发挥实际决策作用的股东会，优化董事会结构，规范国有资本出资人与董事会的权责关系，确保董事会集体决策职能的有效发挥。原则上董事长为法定代表人，经法定程序，可以兼任总经理，但应与党委书记分设，加强董事会专门委员会功能。将现行的外派监事会体制逐步过渡到公司法架构下的内设监事会，并尽快提高监事会成员的市场化、专业化程度，保障其依法独立行使监督权。

第三节　运行机制

今后对特定功能性国有企业应采用资本监管与业务监管相结合的监管模式；部分业务可以实行特许经营，由出资人与政府共同监管。其领导制度构建和高层经理人员激励约束制度是由企业未来的归属决定的。

一　国资委的职责范围

党的十八届三中全会提出，要积极发展混合所有制经济，以管资本为主加强国有资产监管。对特定功能性国有企业而言，应采用资本监管与业务监管相结合的方式；部分业务可以实行特许经营，由出资人与政府共同监管。根据公司法、国资法等法律法规，国资委对特定功能性企业履行出资人主要职责；包括“管人”“管事”“管资本”三个方面，但都需要围绕“以管资本为主”来界定。

一是厘清“管资本”的真实含义。首先，厘清政府公共权力与资本所有者权利的含义。前者来源于国家法定授权，后者来源于财产权利溢出；前者采用命令式、单方面的行权方式，后者采用契约式、合作式的行权方式。“管资本”为主意味着国资监管机构必须放弃惯常使用的行政手段，改为依靠市场规则和法治方式，真正实现政资分开。其次，厘清资本管理与企业经营的权责关系。前者以出资金额为限行使权利并承担风险，后者则以企业全部资产作为经营对象并承担管理责任；前者关注收益回报结果，重在提高资源配置效率，后者关注收益实现过程，重在提高生产管理效率。“管资本”为主意味着使资本管理和企业管理各归其位，实现国有资本有进有退、进而有为、退而有序。再次，厘清出资人监管与社会监管的责任边界。在过去的国资监管实践中，国有资本出资人被赋予了很多资本价值以外的监管目标，致使行政监管与资本监管的权责混淆，反而淡化乃至扭曲了资本监管的作用。必须要通过一揽子的渐进式改革，使出资人监管与各种行政监管职能逐步分离、协调，促进出资人职责到位。

在厘清“管资本”真实含义的基础上，国资委在“管资本”中的具体职责，重点集中到公司法、国资法明确的股东基本权责上来，以及《决定》所明确的方向，具体包括：出资权利和责任；分红权利；资产变更监督或决定权；股份转让决定权；合并、分立、破产决议；资产和财务信息知情及监督；积极开展国有资本运营和投资。

二是围绕“管资本为主”的“管人”职责。坚持党管干部原则与建立职业经理人制度有机结合，党管干部的作用应当主要体现在对企业高管人员的推荐权和基于政治素质考察的否决权，主要是考察任免、考核及薪酬决定，但实际决策范围应收缩到真正属于股东会或股东的权责之内。而将最终的用人选择权和决定权赋予企业董事会，并在这一过程中体现董事会对职业经理人的能力选择及市场价值判断。

三是围绕“管资本为主”的“管事”职责。以强化预算约束为重点，明晰出资人监管的“管事”职能。增强预算目标确定的科学性，按照分类监管的原则体现投向不同领域的国有资本收益要求；增强预算管理过程的全面性，推动国有企业运用全面预算管理方法并有效执行。建立合理剥离非经营性资产和离退下岗人员负担的显性预算；强化预算结果约束的严肃性，建立以预算偏离度和预算完成情况为主体的考核评价体系。主要包括：审批主业范围，战略规划备案；投资计划监督；治理体系建设，包括董事会、监事会、风险管控、内部控制等内容，应坚持董事会在国有企业治理中发挥中心作用；绩效评价；年度报告、财务报告和信息披露。

二　高管人员的选择及激励

中国国有企业领导制度在历史的沿革中，曾先后经历了党委负责制、党委领导下的厂长（经理）负责制和厂长（经理）负责制，以及对公司制企业实行董事会领导下的总经理负责制。

特定功能性国有企业领导制度构建是基于企业未来的归属。对未来转化为第一类公共政策性国有企业的特定功能性企业，国资委任免董事会成员、监事会成员、董事长和法定代表人，国资委可以对总经理任免行使建议权；而对未来划转为第三类竞争性国有企业的这些特定功能性企业，国资委任免董事会成员、监事会成员、董事长和法定代表人，总经理则由董事会选聘。

特定功能性国有企业高层经理人员激励约束制度构建同样是基于企业未来的归属。对未来转化为第一类公共政策性国有企业的特定功能性企业，其激励机制参照公务员标准制定，若企业完成重大任务，经考核配套实施专项奖励；而对未来划转为第三类商业性国有企业的这些特定功能性企业，其由国资委任免的董事长等高管参照公务员标准制定，总经理等其他高管人员则按照市场化标准制定（见表18－3）。

表18－3　　两类国有企业高层经理人员的激励约束机制

	激励约束主体	报酬	经营控制权	声誉	市场竞争
将划转为公共政策性企业	政府主管部门选择、激励约束高层经理人员	类似于公务员，以稳定收入为主，实施专项奖励	企业家具有较大控制权；政府通过预算、行政纪律等进行监督约束	注重建立自己在政府主管人员心中的良好形象和声誉	市场机制较少发生作用
将划转为一般商业性企业	董事会在职业经理市场中选聘高层经理人员并对其进行激励约束	报酬结构多元化；报酬与经营业绩直接相关，强调高风险、高报酬	授予经营控制权，通过董事会、监事会对其控制权行使进行监督约束	充分的市场竞争保证高层经理的职业声誉对其行为具有激励约束作用	经理市场、产品市场和资本市场的竞争程度决定其对经理人员的激励约束作用

三　体制与制度环境

特定功能性企业治理离不开体制与制度环境。今后还需要从建立混合所有制重塑国有企业产权模式，树立整体渐进式改革观，加快垄断行业改革，完善外部治理机制，推进特定功能性国有企业改革。

1. 建立混合所有制，重塑国有企业的产权模式

十八届三中全会指出，混合所有制经济是基本经济制度的重要实现形式，积极发展混合所有制经济，是深化国有企业改革、完善基本经济制度的必然要求。

推进混合所有制改革，必须建立有效的民营资本进入和国有资本退出的通道和机制。目前，我国特定功能性国有企业中国有资本比重过大，存在"一股独大"现象。国有资本"一股独大"现象的普遍存在，使得企业即使改组为股份有限公司甚至成为上市公司，企业集团母公司与作为子公司的股份有限公司的领导班子"两块牌子，一套人马"的现象也依然存在，法人治理结构的架构和运作仍然难以脱胎换骨。为此，必须建立有效的民营资本进入和国有资本退出的通道和机制，坚定不移地实行国有资本减持的方针。当前，在竞争性产业领域，要加大国有资本减持的力度。在垄断产业领域和公益事业领域，本着渐进的原则，不断降低国有资本的比重。

目前，我国非国有经济有了较快发展，为向有实力的民营企业有偿转让国有产权创造了一定条件。同时，应该鼓励经营者持股和管理层收购（MBO），完善职工持股的运作机制。另外，要鼓励外商资本作为战略投资者买卖国有股份和收购国有资产。在这方面，中国证监会、财政部和原国家经贸委共同发布的《上市公司国有股向外商转让暂行办法》将对拥有上市公司的自然垄断产业中的企业产权结构调整和治理结构规范化运作起到一定的促进作用。鼓励和引导能源、交通运输、水利、环境保护、市政工程等基础设施和公用事业领域的项目实施特许经营，也是民资参与国企改革的一个重要方式。

在民营资本进入方面，关键是要取消所有制歧视的进入壁垒，在国有资本、民营资本和外商资本之间实行统一的进入机制。另外，目前有些产业领域虽然没有明文规定不准民营资本投资经营，但与国有企业和外资企业相比，面临着更多的事前审批。在项目审批、土地征用、信贷资金、上

市审批等一系列环节上，民营资本面临的困难也要比国有资本和外商资本大得多。国家要继续放宽市场准入，加快推进负面清单管理模式和建立权力清单制度。政府应以清单方式明确列出禁止和限制投资经营的行业、领域和业务等，对清单以外的，各类主体均可依法平等进入。不取消这种歧视性的进入壁垒，民营资本很难发展壮大，垄断产业国有企业和国有独资公司“一股独大”的格局也就难以打破。

发展多元股东持股的国有企业集团，必须大力培育各种机构投资者，包括证券投资基金、社保基金等各种基金、保险公司、证券公司、金融资产管理公司以及引进境外机构投资者等。由于资金投入量大，机构投资者有动力也有能力介入企业集团的法人治理结构建设。

2. 树立整体渐进式改革观，加快垄断行业改革

垄断行业是国有企业集中的领域，垄断行业改革已经进入改革的“深水区”，加快垄断行业改革需要坚持“整体渐进式改革”的大思路。垄断行业改革是一个系统工程，需要在竞争模式、运营模式、产权模式、治理模式、价格模式、监管模式六个方面整体设计，逐步推进。引入竞争机制将是垄断行业改革的基本主题，为了塑造真正的有效竞争格局，首先需要设计好运营模式；吸取金融、电信、电力等行业改革之初过于强调分业经营的教训，有必要在那些必须打破垄断的行业一开始就采取五家以上综合运营商的竞争模式。一旦形成有效竞争，就可倒逼垄断行业产权和治理模式改革，进而推动价格和监管改革。

基于目前不同垄断行业国有企业改革的步伐不一致，同时考虑到垄断行业国有企业改革需要和国有经济战略性改组协同推进，因此在具体实施中不能“一刀切”，而应该强调“精细化改革战略”，提高改革的针对性。一是分类推进改革，对已经实行政企分开、政资分开和进行初步分开、引入竞争机制的石油、电力、电信、民航等行业，要进一步完善改革措施，深化改革。重点是放开市场准入，引入新的市场竞争主体，重组行业结构，增进企业效率。对还没有实质性体制改革的铁路和部分城市的公用事业等，则要首先展开政企分开、政资分开和政事分开改革。二是要对每个垄断行业及产业链条各环节的性质（自然垄断性、国家安全和战略的关系等）进行梳理，从国有经济布局的角度研究这些行业及产业链各个环节对国家安全和国民经济的影响程度，根据影响程度来分析这些行业和领域的重要性，并针对不同重要性类型行业分别确定国有企业的控制程度，

确定国有企业的股权比重。

3. 完善外部治理机制，加快建立公司治理结构

外部治理机制包括外部市场环境、法律法规环境以及中介组织机构三个方面。

构建充分竞争的市场环境是公司治理的重要方面，它的作用主要是对经理人员形成巨大的市场竞争压力，经理人员的业绩要通过市场来检验，去留主要由市场来决定。在强大的市场压力面前，经理承担着职业和自己人力资本贬值的风险，为了保住自己的职业和地位，他也不敢过分损害股东的利益。具体而言，这一机制对市场环境提出如下要求：第一，提高产品市场的市场化程度，主要是打破市场的地区保护和封锁；第二，提高股票市场的市场化程度，主要是加快上市公司股权分置改革，尽快实现全流通和国有股的减持，增强股票市场的兼并重组功能，目前这一改革正在加速进行中；第三，建立与完善职业经理人市场，实现经理人才的市场化配置；第四，积极推进金融领域的市场化改革，为各种类型的企业创造平等的融资机会；第五，建立和完善产权转让市场，使国有产权和各类产权的转让有一个规范的、公开、公正、透明的规则和渠道。

完善的法律法规环境是大型国有企业集团外部治理的重要保障机制。要使治理机制发挥效应，必然要求形成有法必依、执法必严的法制环境，力戒人治，这样才能对经理人员构成强大的法制威慑力，保证能够按照市场经济运行机制衡量企业的真实绩效，从而体现出治理机制的真正效果。

成熟发展的审计、会计等市场中介组织是大型国有企业集团外部治理机制的重要组成部分。目前中国尚没有形成一个充分完善的中介组织体系。中介组织可以有效地联结不同参与者，为其提供信息以提高交易的效率和可靠性。市场中介组织对市场机制作用的充分发挥有着重要意义，同时，这些市场中介组织也要有高度的诚信，外部治理必然要求对市场中介组织与企业合谋搞虚假信息披露的违规违法行为给予严厉的惩罚。

此外，协同推进促进国资国企改革与其他改革。一是与政府职能转变协同推进，将现行国资监管机构承担的公共管理职能逐步剥离；二是与国有企业消化历史负担，协同推进，淡化乃至消除国有企业的特殊标签；三是健全社会监管体系协同推进，使出资人监管与其他监管方式实现信息共享、协调配合。

第四节　案例研究

中国电子科技集团公司是中央直接管理的十大军工集团之一。目前，中国电科集团有47家科研院所，这些科研院所除从事军品业务外，很大一部分是为市场服务以效益为导向的民品业务，因而推进从事生产经营活动的事业单位改革，进行相关业务剥离显得尤为重要。

一　中国电子科技集团简介

中国电子科技集团公司（简称中国电科）是经国务院批准、在原信息产业部直属电子研究院所和高科技企业基础上组建而成的国有重要骨干企业，是中央直接管理的十大军工集团之一，主要从事国家重要军民用大型电子信息系统的工程建设，重大装备、通信与电子设备、软件和关键元器件的研制生产。

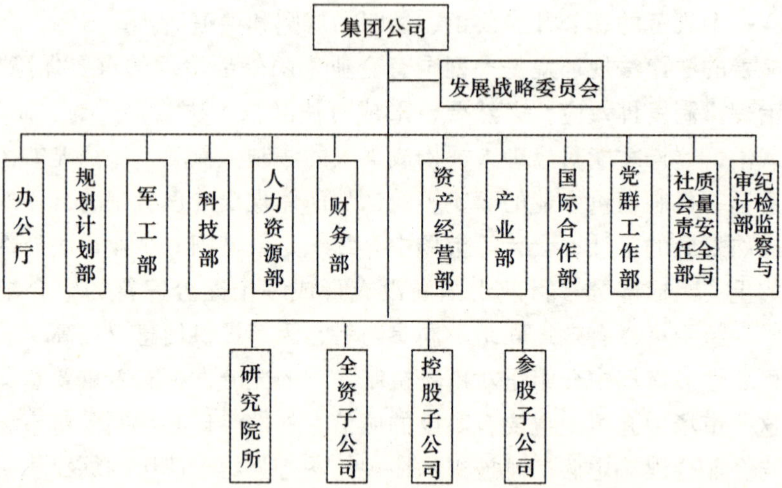

图18－2　中国电子科技集团公司组织架构图

中国电科所属二级成员单位58家，上市公司7家，分布在全国18个省市区。现有职工11万余人，其中，中国工程院院士11名。拥有国防科技重点实验室15个，国防研究应用中心6个，研究中心7个，博士后科研工作站27个，流动站1个，拥有一批国内一流的中试线、生产线、装配线和机加工中心，形成了国内电子领域最完整的研究、设计、试制、生产及试验能力体系，有完备的质量保证体系，取得了一批领先或接近国际水平的重大科技成果，在一些关键技术领域始终保持着国内领先、国际先进的地位。

中国电科目前已形成“电子信息产品与装备制造”“行业信息化应用系统工程”“现代信息服务”三大产业群和安全电子、能源电子、软件与信息服务、电子制造装备与仪器仪表、新型元器件五大产业板块。

二 愿景及使命

1. 愿景：打造一流电子产品供应商和信息技术体系集成商

以跨越式发展推动集团公司的转型升级，实现二次腾飞，建设行业领导型、科技创新型、事业与员工和谐发展型企业集团，把中国电科打造成世界一流电子产品供应商和信息技术体系集成商，为国家安全、经济发展和世界进步做出杰出贡献。

2. 使命：构建国家经络体系，巩固国家富强基石

中国电科要在科学发展观的统领下，立足建设信息化军队，构建网络化、数字化、精准化国防信息系统；在国民经济中构建公共安全经络体系、交通经络体系、能源经络等体系，建立起融合各经络体系的联系上下、沟通内外的国家经络体系。

做强、做精、做大、做久中国电科，实现又好又快科学发展，发挥中国电科国有大型军工骨干企业“巩固国家富强基石”的重要作用，为新时期富国强军做出更大贡献。

三 治理结构与高管选择

目前集团公司层面仍然是国有企业，其产权改革的路径为国有企业→国有独资公司→国有控股公司。就公司治理结构而言，依其公司股权安排，设立相应的公司治理机构。

就国有独资公司而言，其公司治理结构是组建股东会、董事会、监事会；可设一名执行董事任法定代表人兼总经理，与党委书记分设；履行出资人职责的机构委派或推荐监事会主席和外派监事，与企业内部监事组成监事会。国有独资公司仍需加强董事会专门委员会功能（见图18－3）。

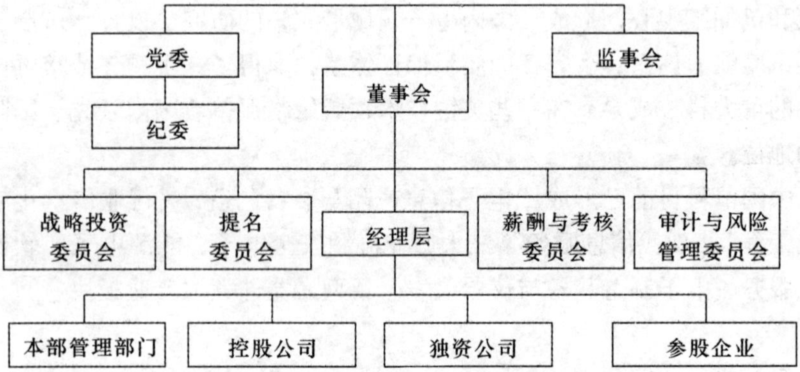

图 18－3　国有独资公司组织架构

未来划定为一般商业性公司的中国电科集团，由国资委任免董事会成员、监事会成员、董事长和法定代表人，总经理则由董事会选聘；其高层经理人员激励约束制度是，由国资委任免的董事长等高管参照公务员标准制定，总经理等其他高管人员则按照市场化标准制定（见图 18－4）。

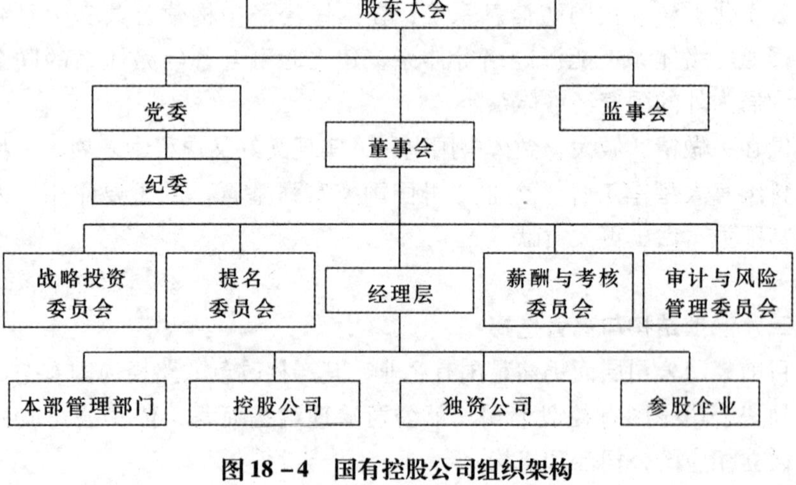

图 18－4　国有控股公司组织架构

四　业务剥离

按照前述特定功能性国有企业改革的思路，未来将中国电科集团涉及军工类功能性业务即最核心军品研发业务剥离到其他 6 家公司（将转变为公共政策性企业），剩余业务保留在中国电科集团（包括其他因划为公共政策性企业而划出的盈利性竞争性业务），进而将中国电科集团转型为一般商业性公司。

1. 对47家科研院所的改制

由于中国电科集团有47家科研院所，故中国电科集团科研院所剥离的主导思想是依据《中共中央、国务院关于分类推进事业单位改革的指导意见》（以下称为指导意见），在清理规范现有事业单位的基础上，指导意见按照社会功能将现有事业单位划分为承担行政职能、从事生产经营活动和从事公益服务三个类别。指导意见指出对承担行政职能的，逐步将其行政职能划归行政机构或转为行政机构；对从事生产经营活动的，逐步将其转为企业；对从事公益服务的，继续将其保留在事业单位序列、强化其公益属性。指导意见进一步细分从事公益服务的事业单位，根据职责任务、服务对象和资源配置方式等情况，将从事公益服务的事业单位又细分为两类：承担义务教育、基础性科研、公共文化、公共卫生及基层的基本医疗服务等基本公益服务，不能或不宜由市场配置资源的，划入公益一类；承担高等教育、非营利医疗等公益服务，可部分由市场配置资源的，划入公益二类。

结合指导意见，与中国电科集团相关的是推进从事生产经营活动事业单位改革和推进从事公益服务事业单位改革两项。由于中国电科集团有47家科研院所，这些科研院所除从事军品业务外，很大一部分是为市场服务以效益为导向的民品业务，故这里主要介绍推进从事生产经营活动的事业单位改革。

一是推进转企改制。需要制定47家科研院所转企改制工作方案，按照有关规定进行资产清查、财务审计、资产评估，核实债权债务，界定和核实资产，由同级财政部门依法核定国家资本金。转制单位要按规定注销事业单位法人，核销事业编制，进行国有资产产权登记和工商登记，并依法与在职职工签订劳动合同，建立或接续社会保险关系。47家科员院所转企改制后，要按照现代企业制度要求，深化内部改革。

二是完善过渡政策。为平稳推进转制工作，指导意见给予改革过渡期及优惠政策。改革的过渡期一般为5年。在过渡期内，对转制单位给予适当保留原有税收等优惠政策，原有正常事业费继续拨付。在离退休待遇方面，转制前已离退休人员，原国家规定的离退休费待遇标准不变，支付方式和待遇调整按国家有关规定执行；转制前参加工作、转制后退休的人员，基本养老金的计发和调整按照国家有关规定执行，保证离退休人员待遇水平平稳衔接。在医疗保障方面，离休人员继续执行现行办法，所需资金按原渠道解决；转制前已退休人员，转制后继续按规定享受职工基本医疗保险、补充医疗保障等待遇。中国电科集团可按照有关规定为职工建立补充医疗保险和企业年金，进一步做好离退休人员的服务管理工作。

2. 业务剥离的基本思路

以中国电子科学研究院为例，中国电子科学研究院是从事电子信息技术发展战略研究、大型信息系统顶层设计、工程总体研发及综合集成的国家级科研机构，是从事电子信息技术发展战略研究、大型信息系统顶层设计、工程总体研发及综合集成的国家级科研机构。其主要专业涵盖综合电子信息系统研发技术、平台任务电子系统研发技术、通用信息系统研发及服务技术、战略规划与科技情报技术等多个领域，自主研发的多项重大工程项目在国家的重大安保、应急救援活动中发挥重要作用，并集体荣获国家科技进步特等奖 1 次、突出贡献奖 2 次、全国五一劳动奖状 1 次。中国电科同时拥有处于国内领先水平的大型电子信息系统研发、集成、测评基础环境，国家级系统电磁效能测试评估中心和国家保密局涉密信息系统测评分中心，建有联通全国 18 个省 27 个城市 55 家单位的科研联试网，先后通过了 GJB9001B 军工质量管理体系认证和空军、海军质量管理体系二方审核；具备国家一级保密资格，具有总装备部装备承制单位注册证书、国防科工局武器装备科研生产许可证。主要产品覆盖总装、总参、海军、空军、武警及国家有关部委等领域，先后出口巴基斯坦、苏丹等国家。电子科学研究院的保密类业务建议划入第一类公共政策类，其他非保密类业务建议划入一般商业类企业。

以中国电子科技集团公司第二研究所为例，二所成立于 1962 年，是专业从事电子专用设备研发制造的国家级研究所。二所是科技部“863”计划项目和国家发改委产业化项目承担单位，有多项产品列入国家重点新产品计划和国家火炬计划。以微组装设备、液晶显示生产设备、真空焊接设备为代表的产品行业地位突出，影响力强，远销到日本、美国等国家和地区。产品类型有平板显示器件生产设备、真空设备、表面处理设备、清洗设备与洁净产品、立体仓储设备、绕线设备和动力锂电池打包机及 AGV 物流系统等。对二所而言，其业务的市场化程度较高，保密程度不及电子科学研究院，建议可以将二所划转为一般商业类企业。

按照上述思想，将这47家研究院所划分到公共政策类企业和一般商业类企业。在完成47家研究院所划转的基础上，其他11家企业的划分也是基于业务属性，具有核心军品开发且保密程度高的业务，建议划入公共政策类企业；除此之外的其他业务划入一般商业类企业。

附　录

附录一　新时期的新思路：国有企业分类改革与治理

黄群慧　余　菁*

一　引言

对不少人而言，国有企业改革，这是一个老调重弹的问题。20 世纪 90 年代中后期，各种针对国有企业有关问题的争论达到白热化状态，在这个过程中，社会渐渐地就国有企业改革方向和任务——建立现代企业制度和推进国有经济战略性重组达成了基本的共识。进入 2000 年以后，针对国有企业及其改革问题的研究在总体上呈现出日渐式微的态势。这从附图 1 列示的 1994—2012 年基于期刊网收入文献的统计数据中可以得到证实。在附图 1 中，我们看到：以"国有企业"为关键词的文献数量在 2000 年达到峰值，以"国有企业改革"为关键词的文献数量则在 1998—2000 年这三年达到峰值水平。而到 2011—2012 年，无论是以"国有企业"为关键词的文献数量，还是以"国有企业改革"为关键词的文献数量，都回落到低于十八九年前，也就是 1994 年的水平。

2000 年以来，国有企业改革问题的研究热度呈现出明显的下降态势。许多人认为，在国有企业改革这个主题上，可研究的内容已经非常有限了。"断崖式"的下降出现在 2001 年，从这一年到 2003 年，这个时期的研究具有很强的"惯性"特征，主要在于进一步巩固 90 年代中后期达成的研究共识。2003 年，国务院国有资产监督管理委员会（以下简称"国资委"）的成立，标志着新的国有资产管理体制建立。2003 年到 2012

* 原文刊发于《中国工业经济》2013 年第 11 期。

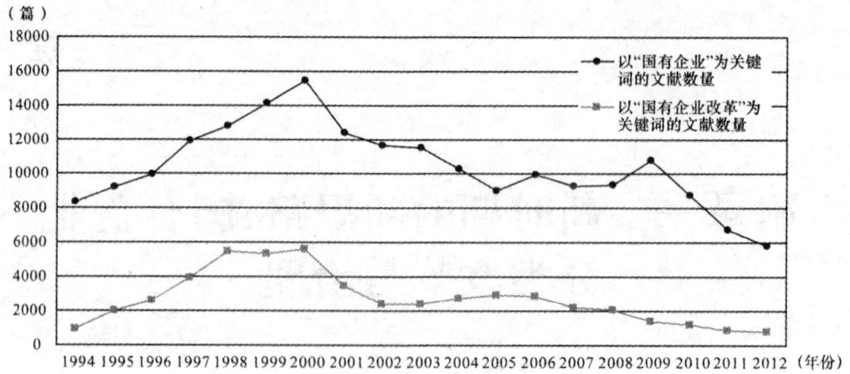

附图1　1994—2012年"国有企业"及"国有企业改革"文献数量

资料来源：图中数据采集自期刊网（www.cnki.net.cn），2012年12月31日。

年，国有企业改革的有关研究工作明显趋于弱化，但这期间仍然涌现出两个阶段性的小的研究浪潮。第一个小浪潮出现在2004—2006年，这个时期围绕国有企业改制以及相关的国有资产流失和加强国资监管的问题出现了激烈的讨论；第二个小浪潮是2008年底到2010年，这个时期"国进民退"之争以及相关的国有经济和国有企业功能与作用的问题成为阶段性的研究热点，这在附图1中黑实线展示得十分清晰。

近些年国有企业改革研究文献数量的回落有其客观原因，一方面，国有企业改革在我国经济体制改革中的重要性相对下降。一个典型的证明是，在党的文件中提及国有企业及国有经济改革的次数在不断下降，其中，党的十五大报告提到26次、党的十六大报告提到21次、党的十七大报告提到9次、党的十八大报告仅提到6次。另一方面，总体上看，这些年国有企业发展取得了巨大的成就，以中央企业为例，2002—2011年，中央企业的资产总额从7.13万亿元增加到28万亿元，营业收入从3.36万亿元增加到20.2万亿元①。国有企业的快速发展淡化了国有企业问题的意识，进而降低了国有企业改革研究的必要性和紧迫性。

但是，无论是国有企业改革与发展的巨大成就，还是国有企业改革研究文献数量的递减，都不能说明国有经济运行良好高枕无忧、国有企业改革的任务已接近尾声。尤其是，近几年国有企业改革与发展的环境日趋复

① 方栓喜：《国企：从现代企业制度到公共企业制度》，《上海证券报》2012年5月21日。

杂，对国有企业改革与发展提出了新的挑战。从国际环境看，受国际金融危机影响世界经济形势低迷，一些西方国家还提出“竞争中立性”遏制我国国有企业发展；从国内环境看，宏观经济形势下行压力加大，科学发展观要求国有企业转变增长方式，社会上对国有企业的地位、作用和发展方向出现了巨大争议，甚至无论国有企业发展与否社会上都会有指责声音，发展被指责损害了社会福利，不发展则被指责国有资产流失。这意味着，深化国有企业改革的任务仍然艰巨，国有企业改革面临着新的形势，既存在未解决的深层次问题，又面临着新的问题，国有企业改革与发展进入一个新的时期，需要有新的改革思路。

二　新时期国有企业改革的形势与问题

回顾30多年来的中国国有企业改革，先后经历了三个阶段。这三个阶段分别对应了不同形势下的改革任务，各自侧重于解决不同层面的困扰改革的主要矛盾和问题。

第一个阶段是改革开放之初到十四届三中全会的“放权让利”阶段，该阶段大体上用了15年的时间，贯穿20世纪80年代和90年代初。当时，改革的重心落在国有企业层面。这一阶段，改革主要任务是引导国营单位走出计划经济体制的旧观念与行为的束缚，使它们能够逐步适应商品化的经营环境，完成自身的企业化改造，解决了一个个国有企业进入市场的问题。

第二个阶段是20世纪90年代初至21世纪初的“制度创新”阶段，大体上有10年的时间。当时，改革的重心落在建立现代企业制度和推动国有经济结构调整上。这一阶段，改革的主要任务是引导国有企业确立与市场经济要求相适应的资本和产权的观念，建立现代企业制度，通过国有经济布局与结构战略性调整，初步解决了整个国有经济部门如何适应市场竞争优胜劣汰的问题，改变了国有经济量大面广、经营质量良莠不齐和国家财政负担过重的局面。

第三个阶段是十六大以后、以2003年国资委成立为标志的“国资管理”发展阶段，国有企业改革进入以国有资产管理体制改革推动国有企业改革时期。这一阶段，改革的主要任务是由国资委负责监督管理国有企业实现国有资产保值增值目标，解决了以往的国有经济管理部门林立、机构臃肿、监管效率低下的问题，使国有资产利用市场发展壮大成为可能。

上述三阶段的改革进程取得了巨大的成效。一是国有企业经营机制发生了重大变化，大部分已经进行了公司制、股份制改革，初步建立起现代企业制度，公司治理结构逐步规范。全国90%以上的国有企业完成了公司制股份制改革，中央企业的公司制股份制改革面由2003年的30.4%提高到2011年的72%。① 二是国有经济的布局和结构有了很大的改善，在市场经济体制逐步建立的大背景下，国有资本逐步从一般生产加工行业退出，据国资委统计，在39个工业行业中，有18个行业国有企业总产值占比低于10%②，国有资本更多地集中于关系国民经济命脉的重要行业和关键领域，在国民经济中发挥着主导作用。三是政府和国有企业关系发生了变化，初步建立起有效的国有资产管理体制，改变了过去“五龙治水”、普遍“内部人控制”的现象，国有资产最主要的部分（主要是经营性的资产）得到了比较规范的管理。财政预算不再安排用于补充国有且有资本金性质的支出和经营性亏损，政府的公共管理职能和出资人职能初步分离。四是国有企业发展质量和运行效率得到了提升，竞争力有了很大提高，国有经济已经摆脱困境，对经济社会发展的贡献进一步显现。以下统计数据清楚地表明了这一点：2003—2011年，全国国有及国有控股企业（不含金融类企业）营业收入从10.73万亿元增长到39.25万亿元，年均增长17.6%；净利润从3202.3亿元增长到1.94万亿元，年均增长25.2%；资产总额85.37%万亿元，所有者权益29.17万亿元，分别是2003年的4.3倍和3.5倍；2011年底，全国国有企业拥有自主知识产权专利21.4万项；截至2011年底，中央企业境外资产总额3.1万亿元，营业收入3.5万亿元，实现净利润1034.5亿元，分别占全部中央企业资产总额、营业收入和利润的11%、16.9%和11.3%。③

概括地说，可以将国有企业改革与发展的成就归结为经济改革与经济发展两大方面。在经济改革方面，通过国有经济战略性重组和建立现代企业制度，在计划经济体制下形成的以国有经济为主体的单一的微观经济结构已经得到显著改观，适应建立社会主义市场经济要求的公有制为主体、多种所有制共同发展的混合经济结构已经确立；在经济发展方面，国有企业改革与发展，在保持我国经济稳定增长、推进我国快速地工业化进程、

① 温源：《十年改革路，国企步铿锵》，《光明日报》2013年5月14日

② 罗志荣：《国企改革——十年攻坚探出发展新路子》，《企业文明》2013年第3期。

③ 罗志荣：《国资监管——十年探索构建新体制》，《企业文明》2013年第3期。

提高我国经济国际竞争力方面发挥了重要的作用。总体而言，国有企业改革已经基本达到它在20世纪90年代预设的目标。

但是，我们也必须清楚地认识到，经历三个阶段、取得很大成效后的国有企业改革，步入了一个新的时期，面临着更加复杂的形势和问题。

第一，从国际环境看，在经济全球化的大趋势下，中国开放水平进一步提高，国有企业面临国家使命提升与国际环境严峻的双重压力。加入WTO后，中国经济的全球化程度和中国国有经济部门的开放度都大大提高了。而在这之前，我们对上一轮国有经济体制改革以及国有资产管理体制的考虑，主要是针对一个相对封闭的国内经济体系进行的。在新的国际环境下，不仅国有企业面临着国内市场的国际化竞争，更为重要的是国有企业还被赋予“走出去”使命，必须在国际市场上与世界级公司进行竞争。但是，在国际竞争中，国有企业的身份往往处于不利的地位，一些国家提出“竞争性中立”政策，并试图上升为国际规则，有些国家则以国家安全为名对我国国有企业海外投资并购实施严格的个案审查。

第二，从国内经济环境看，进入“十二五”以后，中国已经步入工业化后期①，我国经济发展方式亟待转变，国有企业所熟悉的要素驱动型的发展环境正在改变。长期以来，国有企业形成了依靠扩大规模、增加投入的外延式发展方式以及与这种方式相适应的制度基础，这种适应快速工业化中期阶段的扩张方式和制度基础无法适应新的经济发展时期，如果未来国有经济要在整个国民经济中继续发挥主导作用，国有企业必须推进产业转型升级、创新能力提升、发展方式转变，而要实现发展方式的重大转变，还必须深化国有经济改革，建立适应新的发展方式的制度基础。这不仅是国有企业可持续发展的需要，也是我国社会主义市场经济整体发展的需要。考虑到经济发展方式转变的艰巨性，国有企业改革面临的问题也将十分复杂。

第三，从市场化进程看，我国市场化水平不断提升，但我国还没有建立成熟的社会主义市场经济体制，现有国有企业行为模式离成熟社会主义市场经济体制的要求还有很大差距。作为我国市场化进程的成效，国有企业作为独立的市场主体的特性日益凸显，这构成了国有企业效率改善的基

① 陈佳贵、黄群慧：《中国工业化进程报告（1995—2010）》，社会科学文献出版社2012年版，第56页。

础，但是，由于社会主义市场经济体制还不完善，国有企业在追求自身发展壮大的过程中也出现了一些不当的经济行为，诸如国有企业为了谋求自身经济利益而谋求行政垄断等问题，它们不仅有可能造成社会经济效率损失，更有可能在不同程度上触犯社会公平信念，激发各方面的不满情绪。这些问题根本不在20世纪末国有企业改革的议事范围中。这些问题十分复杂，迄今为止，在理论界争议很大，在政策方针层面，尚无有效的对策安排。在实践中，一些国有企业在该坚持市场化原则的时候，想方设法诉诸非市场的力量；另一些国有企业一味讲求市场化，使其他利益相关者受到其经营行为过度市场化的伤害。

第四，从国有企业改革进程看，虽然一大批具有股权多元化、经营管理市场化导向的“新型国有企业”在市场竞争中成长起来[①]，但国有企业改革总体还不到位，还处于进程之中。这具体可以表现在以下几个方面：一是公司制、股份制的改革没有到位。为数众多的国有大企业，其母公司及二级以上公司层面的股权多元化改革大多是滞步不前。这样的结果是，一方面企业的治理结构不够规范，市场化经营权利还无法得到充分保障；另一方面，企业具有行政级别，可以从政府那里得到稀缺资源，影响市场公平性。二是关于垄断行业的国有企业改革还不到位。社会各界对垄断行业改革还缺乏相对统一的认识，没有探索出一条明确、可信又可行的改革路径。垄断行业的国有企业追求行政垄断地位的行为影响到构建公平有效的市场经济格局，造成一定的社会福利损失。三是国有经济的战略性调整还没有到位。除国家安全和国民经济命脉的重要行业和关键领域外，国有企业还在某些一般竞争性的行业领域拥有相当数量的资产。据统计，到目前为止，仍然有一半左右的国有企业资产分布在非基础性行业和非支柱产业中。四是国有资产管理体制改革还不到位。国有资本流动性仍然较差，还满足不了有进有退、合理流动和实现国有资本动态优化配置的要求。这一方面导致在传统制造业中过量的国有资本不断制造新的过剩产能，形成对非公资本的挤出。例如，一些国有大企业借力于有利的信贷政策，迅速发展壮大，其投资规模扩张速度与企业实际的管控能力不相称，挤压了民营企业的经营空间，给自己留下高资产负债率和低利润率的隐患。另一方面，在关系国民经济命脉、改善民生、国家长远发展的重要领域中，国有

---

① 金碚、黄群慧：《“新型国有企业”现象初步研究》，《中国工业经济》2005年第4期。

资本的作用没有充分发挥。五是国有企业监督约束机制改革还不到位，还没有形成完善的监督约束机制，存在国有企业经营管理者享受“行政官员”和“职业经理人”双重激励机制的现象，而相应的约束机制不健全。

第五，从改革动力机制看，虽然今日国有企业的发展成就得力于过去的改革，但当一些国有企业和国资部门成为以前改革的既得利益集团时，就缺乏了进一步改革的动力。在过去10年间，不同所有制的企业都在发展，国有企业也充分享受了20世纪末的改革红利和21世纪前几年的重化工业景气[①]，基本解决了温饱问题，同20世纪90年代相比，当下的国有企业所面临的改革压力已经大大减轻了。从体制机制上看，也有削弱改革动力的制度因素。2003年底，国资委成立，国有企业改革的重心转向国有资产管理体制改革。经过10年实践，现在看来，整个国有经济部门，包括国资监管部门和国有企业在内，按照自己的意愿发展壮大的动力很足，但改革动力不足。现行体制设计是由国有资产管理部门来负责推动改革，但改革涉及权力安排的调整，这样一种“自己改自己”的体制，权力安排即使实际发生调整，也比较难向着不符合改革主体自利理性的方面变化。

三　新时期国有企业改革的目标与任务

面对复杂的国有企业改革形势和问题，亟待相关的理论研究进行分析和指导。近些年，围绕对国有经济的地位作用、现状评价、未来改革方向等重大问题，出现了一个研究小浪潮，但是，看似喧嚣和激烈的争论并没有“生产出”能够有实质性影响力、推进国有企业改革与发展实践的研究共识。这种局面，和20世纪末国有企业改革研究局面形成了鲜明对照。当时，研究者众，最后共识颇多；而21世纪以来，研究者相对少，却始终众说纷纭，莫衷一是。

第一，关于国有经济的地位和作用，存在一般功能论和特殊功能论两种相对观点。[②] 金碚[③]和黄速建、余菁[④]等曾探讨过，作为特殊企业的国有

---

① 张文魁：《国企需要新一轮改革》，《中国经济报告》2013年第1期。

② 黄群慧、白景坤：《国企改革和国有经济战略性调整综述》，《中国经济学年鉴2012》，中国社会科学出版社2013年版。

③ 金碚：《国有企业的历史地位和改革方向》，《中国工业经济》2001年第2期。

④ 黄速建、余菁：《国有企业的性质、目标与社会责任》，《中国工业经济》2006年第2期。

企业，应该有与一般企业相区别的特殊使命和企业社会责任。一般功能论认为，国有经济更适合在“市场失灵”的领域发挥作用，应该从竞争性领域中退出；而特殊功能论认为国有经济应该承担特殊功能，是社会主义制度的经济基础，是社会主义市场经济的骨干力量，是实行宏观调控、参与国际竞争，以及保证党的执政地位、国家的长治久安、人民的共同富裕的重要力量，应该不断发展壮大，不能从竞争性领域退出。

第二，关于国有企业的现状评价，争议主要集中在国有企业效率问题和是否存在“国退民进”现象两方面。从国有企业效率看，一种极端观点认为，国有企业注定低效，如果企业业绩好靠的也不是公平竞争和效率提升，而是靠垄断。支持这种观点的研究测算表明，2001—2009 年，国有及国有控股工业企业平均的净资产收益率仅从 8.16% 提高到 8.18%，而同期非国有工业企业平均的净资产收益率从 12.9% 提高至 15.59%，如果通过扣除掉国有企业在政府财政补贴、融资成本和土地及资源租金等方面享受的种种政策优惠来测算企业的真实绩效，那么，2001—2009 年，国有及国有控股工业企业平均真实净资产收益率仅为 -1.47%。[①] 从近期国有企业的个案看，伴随宏观经济的周期性波动，像中远集团以及钢铁、化工等重化工领域的国有大企业“巨亏返贫”的个案情况在一定程度上也支持了这个观点。与之相反的观点则认为，改革开放以来，国有企业取得了巨大的成就，尤其是进入 21 世纪以后，国有企业资产、营业收入和利润等指标稳步增长；代表我国国有企业较高水平的中央企业发展更为迅猛，“十一五”期间的资产总额、营业收入、上缴税金和税后净利润等主要经营指标均实现了翻番。有学者据此认为，国有企业是有效率的，效率不仅不是垄断造成的，还在促进社会整体效率方面发挥着关键性的作用[②]。而“国进民退”争论重大分歧主要集中在“国进民退”的真伪与规模问题，以及“国进民退”与基本经济制度稳固和改革开放取向关系的问题上[③]，一种观点认为，“国进民退”浪潮大规模呈现，2009 年以后这种趋势更加明显，这是市场化改革的倒退；而另一种观点认为，无论从

---

① 天则经济研究所课题组：《国有企业的性质、表现与改革》，研究报告，http：//www.unirule.org.cn，2011 年 4 月 12 日。

② 张宇等：《如何看待国有企业的效率》，《北京日报》2012 年 10 月 22 日。

③ 冷兆松：《“国进民退”主要分歧综述》，《红旗文稿》2013 年第 1 期。

经济事实上还是经济理论上看,“国进民退”都是一个伪命题,所谓“国进民退”的言论,可能影响基本经济制度的稳固。

第三,关于国有企业改革的未来方向,存在通过“私有化”的“改革”来消灭国有企业和通过“发展”替代“改革”来壮大国有企业的两种极端对立观点。从理论层面看,这些年,“改革”这个词和国有企业结合在一起,有被标签化的迹象。改革常常被狭义地理解为“私有化”,也常常被理解为“发展”的反义词。在舆论方面,最坚定的改革派常常是主张消灭国有企业的,认为没有了国有企业,改革也就成功了。对立的观点认为,国有企业也能搞好,只要国有企业“发展”好了,业绩好了,国有企业改革任务自然就完成了。现在国有企业已经取得了很好的业绩,未来改革的关键是如何创造更好的环境保证国有企业进一步发展壮大。

上述对国有企业改革现状评价不一、国有经济地位和深化改革的前景和方向不明的状况,对国有企业改革与发展的实践带来了极大的不利影响。由于没有公认的业绩评价标准,也没有取得共识的改革主张,现实中,国有企业无论业绩好坏,都会有来自舆论方面的批评:业绩不好的企业,既有人批评它们,说改革不彻底,需要加快改革,也有人批评它们发展方法不得当,需要加快发展;而业绩好的企业,则被批评为损失了社会公平和效率。这些批评的存在,使得在实践层面,无论是国有资产监管部门还是国有企业本身,都无所适从,不知道努力的方向是否正确,最终造成国有企业使命混乱,企业持续发展的正常机制被腐蚀。因此,近些年理论界和舆论界的巨大争议,同国有经济部门自身改革动力不足的现实情况捆绑在一起,形成了奥尔森(Mancur Olson)笔下的“喧闹的疯人院”。这种几乎没有什么秩序可言的集体选择的局面,无疑不利于改革的深入推进,不利于国有经济的健康持续发展,不利于社会主义市场经济体制的完善。

综合上述分析,在新时期,国内外环境发生了变化,国有企业不仅仅是要承担国有资产保值增值、自身不断发展壮大的使命,同时还推进经济发展方式转变、“走出去”和未来如何适应建设成熟的市场经济体制等新使命,这需要继续推进国有企业改革。而经过三个阶段后,国有企业改革仍存在诸多不到位的问题,使得进一步深化国有经济改革更有必要。但是,面对理论界国有经济改革主张的矛盾和混乱、现实中国有经济部门的改革动力不足的局面,新时期国有企业改革的推进必然十分困难。因此，我们必须首先认识到，对于我国未来经济改革发展而言，新时期推进国有企业改革是一项意义重大的任务，同时也是一项困难巨大的挑战。

新时期推进国有企业改革，并不仅仅存在困难，也有重要的有利条件，那就是，中国特色的社会主义理论体系已经确立，与过去“摸着石头过河”的改革逻辑相比，新时期国有企业改革目标是明确的。我国经济改革的目标是建立社会主义市场经济，现在正在逐步完善的过程中，我国经济发展任务是转变经济发展方式，促进经济又好又快发展，因此，新时期国有企业改革必须是有利于完善社会主义市场经济体制，必须有利于促进国有经济更好地服务于我国经济发展方式转变、经济健康持续发展。应该说，上述被标签化的“改革”主张，无论是通过“私有化”消灭国有企业，还是坚持“国有企业就是好”而否认市场化改革方向，从理论上说是与中国特色社会主义理论要求不符的，从实践上说是和中国经济改革与发展的现实相脱节，因此是不正确的，必然会导致实践混乱。我们需要的是符合社会主义市场经济体制要求、与中国经济改革发展实践紧密结合的改革主张。在我们看来，国有企业改革的根本目的，在于服务国家社会经济发展的大局。深化改革的核心问题不在于国有经济是“国进民退”还是“国退民进”，而在于国有经济怎样才能有利于社会主义市场经济体制完善和我国经济可持续发展。深化改革，不能将视野局限在国有经济部门内部，仅仅着眼于如何运营管理好现有的存量国有资产的问题，而应放眼社会、放眼世界、放眼未来，从社会性、国际化和可持续性的视角入手，更好地配置国有资本，更好地发挥出国有经济部门与非国有经济部门的互补功能，为整个国民经济向更健康、更有竞争力、更具可持续性的方向发展，为中华民族实现伟大复兴，为实现“中国梦”而贡献积极力量。简而言之，新时期国有企业改革的目标，绝不是通过国有企业私有化、民营化最终消灭国有企业，也不是仅仅围绕国有资产保值增值建立激励机制以实现国有企业自身发展壮大，而是在新的形势下建立有效的制度基础保证国有企业追求“国家使命导向”的发展。

企业运行的基本逻辑是，“使命决定战略定位、战略定位决定战略内容、战略内容决定组织结构、组织结构决定企业运行效率、企业运行效率决定企业使命的实现”。使命就是企业存在的理由，是企业的价值取向和事业定位，使命不明确或者使命冲突会导致企业行为逻辑混乱。对于国有企业而言，实现国家赋予的使命——“国家使命”是企业生存发展的理由。纵观国有企业改革的历程，无论是“放权让利”阶段，还是“制度创新”阶段以及“国资管理”阶段，国有企业的“国家使命”主要体现在自身的生存发展上，即搞活国有经济、提高国有企业效率、国有资产保值增值等方面，即使提出国有经济战略性重组，也是因为有限的国有资本无法支撑过长的国有经济战线，为了提高效率必须收缩国有经济战线、调整国有经济布局。正因为如此，国资委成立以来，考核国有企业的主要指标是国有资产保值增值率。

但是，经过多年改革开放和快速的工业化进程，近些年中国的国际地位和国家社会经济结构会发生重要变化，社会主义市场经济体制逐步完善，社会上期望国有企业所承担的“国家使命”内涵也发生变化。一个重要的变化是，以前我们强调国有企业在巩固社会主义基本经济制度和发挥在国民经济中的主导作用，要求国有企业要控制的行业和领域主要包括涉及国家安全行业、自然垄断行业、重要公共产品和服务行业以及支柱产业和高新技术产业，而这些年社会期望国有企业应该承担更多的社会公共目标。从理论上分析，一般市场经济国家也有国有企业，其使命一般是一个，即弥补市场缺陷。随着我国市场经济体制的不断完善，国有企业也必须承担弥补市场缺陷这样的公共性功能。也就是说，我国的国有企业的“国家使命”不仅包括巩固社会主义基本经济制度、国有资产保值增值、保证国家经济安全方面，还包括弥补市场缺陷等公共性功能。这是社会主义市场经济体制包括社会主义特性和市场经济的特性两方面要求所决定的。应该说，赋予我国国有企业巩固社会主义制度的基本经济制度和发挥主导作用、弥补市场缺陷的使命，这样的国有经济整体定位，是符合社会主义市场经济体制要求的，也是与我国经济改革发展现实紧密结合的，整体是科学合理的。但是，近些年的实践表明，对于具体的国有企业而言，如果每个国有企业都担当上述使命，国有企业个体会面临“盈利性企业使命”与“公共性政策使命”诉求的冲突。一方面，国有企业要发挥巩固社会主义基本经济制度和国民经济主导作用，作为企业要通过追求盈利性来保证自己的不断发展壮大，从而实现上述使命，这需要考核国有资产保值增值。为此，一些国有企业就有动机寻求一切机会盈利，包括利用行政资源获取垄断地位、限制其他企业的进入，或者快速扩张、进入利润率高而非关国计民生的行业，等等。同时，国有企业人员还有理由追求市场化高水平的薪酬待遇；另一方面，国有企业要弥补市场缺陷，定位为政策工具，要求牺牲盈利，服务公共目标。为此，国有企业要具有行政级别，这在某种程度成为国有企业股权多元化改革的障碍。这两方面定位要求，使得当前国有企业陷入赚钱和不赚钱两难的尴尬境界——不赚钱无法完成国有资产保值增值、壮大国有经济的目标，赚了钱又被指责损害了市场公平和效率。

上述分析表明，国有企业存在“国家使命冲突”，是导致现阶段国有企业众多问题的深层次原因。如果说，新时期国有企业改革的目标是在新的形势下建立有效的制度基础保证国有企业追求“国家使命导向”的发展，那么，解决国有企业“国家使命冲突”就成为新时期国有企业改革的重要任务。

四　国有企业分类改革与治理的基本思路

上述整体上国有经济使命和定位合理，而具体到个体国有企业使命存在冲突的现象表明，我国国有企业改革现在只停留在对国有经济的功能定位的整体认识阶段，而还没有细化到基于国有经济功能定位而对每家国有企业使命进行界定，进而推进国有经济战略性重组的具体操作阶段，这难以实现不断增强国有经济活力、控制力和影响力的目标。

为破解上述国有企业使命“整体与个体”的矛盾，应突破那种将国有企业看作“铁板一块”的认知观念，引入分类治理的工作思路，根据企业使命、定位和目标的不同，确定差异化的国有企业治理思路[①②③]，并据此思路，改革现行的国有资产管理体制，增强改革的动力。我们认为，新时期国有企业改革的基本思路应该是“精细化分类改革”，我国国有企业改革与发展应该进入“分类改革与治理”的新时期。

关于国有企业分类改革，多年来，学者们不断在提出自己的分类改革

① 黄群慧：《关于进一步明确国有企业具体使命与定位的建议》，《中国经贸导刊》2007 年第 18 期。

② 黄群慧：《新时期国有企业的使命与国企领导人的薪酬制度》，《经济与管理研究》2008 年第 1 期。

③ 余菁：《走出国有企业理论纷争的丛林：一个关于国有企业目标、绩效和治理问题的综合分析》，《中国工业经济》2008 年第 1 期。

建议[①②③④]，国资委副主任邵宁[⑤]也认为可以将国有大企业大体分为功能性和竞争性企业两种进行分类改革，但是，迄今为止，如何具体将现有国有企业进行分类改革，还没有形成共识，也缺少具体的分类方案。我们认为，应该将国有企业区分出一般商业性、公共政策性和特定功能性三种类型。在这里，我们用“一般商业性”的提法替代常见的“竞争性”的提法，其意义在于运用基于企业使命差异的分类逻辑，来替代多年来人们常用的、基于行业性质差异的分类逻辑。一旦明确分类思路，不同类型的企业应该实行差异化的治理机制（如附表1－1所示）和改革政策。

附表1－1　　国有企业的分类改革与治理

治理／分类	企业使命	适用法律	股权结构	资产管理
公共政策性企业	弥补市场缺陷、以是否完成国家赋予的具体政策目标为核心考核指标的“公共政策”导向	针对企业的单独立法	国有独资	严格预算管理
特定功能性企业	巩固社会主义基本经济制度和发挥在国民经济中的主导作用	专门针对其具体功能的管制法规	国有绝对控股、股权有限多元化	一般预算管理，在履行特殊功能条件下适度追求股权投资收益
一般商业性企业	以国有资产保值增值为核心考核指标的“市场盈利”导向	公司法	股权相对多元化	不存在政府预算管理，股东享受股权投资收益

资料来源：作者自撰。

① 中国人民大学经济研究报告课题组：《国有企业的分类改革战略》，《教学与研究》1998年第2期。

② 黄群慧：《关于进一步明确国有企业具体使命与定位的建议》，《中国经贸导刊》2007年第18期。

③ 常修泽：《打响“破垄”攻坚战——对中国垄断性行业改革的思考》，《前线》2011年第10期。

④ 荣兆梓：《国有资产管理体制进一步改革的总体思路》，《中国工业经济》2012年第1期。

⑤ 邵宁：《关于国企改革发展方向的思考》，《上海国资》2011年第18期。

第一类是“一般商业性”国有企业，也就是人们常说的竞争性国有企业，其“国家使命”是以国有资产保值增值为核心考核指标的“市场盈利”导向。量多面广的国有中小企业和产业竞争度高的国有大中型企业，都属于这类企业。它们在全部国有企业数量上应约占百分之六七十，其改革方向是市场化，使其商业活动全面和彻底地融入市场，其股权结构为多元化，完全按照《公司法》来运行。这些企业融入市场，并不等同于民营化、私有化。运营有效率的企业，其国有出资人还继续保留其所有权的主张权益。这类企业应只追求经济目标，不需要过多关注社会目标，其改革有效与否的衡量准绳，应是纯粹的市场化原则。凡适应市场竞争者，企业可以免于政府干预之苦，健康发展壮大，国资管理部门乐享其成。不适应市场竞争者，那也就是国资管理部门的包袱，这些企业对国家与社会，索取多，消耗多，贡献少，通过市场竞争逐步被淘汰。这类国有企业的改革应加快，实实在在地落实政企分开，做到全面“去行政化”，做到与民营企业平等竞争。这既符合经济效率主义和公平市场竞争的要求，又有助于缓解国有资产管控压力，提升国有资本运营效率，大幅度地降低高昂的制度运行成本。

第二类是“公共政策性”国有企业，是国家保证实现社会公众利益的一种手段和工具，其“国家使命”是弥补市场缺陷、以是否完成国家赋予的具体政策目标为核心考核指标的“公共政策”导向，有学者也称其为“公共企业”。这类企业数量有限，却是未来国资管理的重中之重，它们改革的方向是“一企一法”“一企一制”。这类企业一般是国有独资企业，每个企业都需要专门的法律法规来规范其行为，要用复杂的治理手段对这些企业各种重要经营活动细节予以明文规范，严格政府预算管理，确保企业活动高效率地追求社会公共利益。对公共政策性企业而言，其未来的治理体制，应该比我们现行的、面向所有国有企业的国资管理体制，要来得更为复杂、精细。公共政策性企业在数量上可能不过占全部国有企业的10%，但从长远看，对它们的监管成本，或将占到整个国资管理体制运行成本的一半。其治理成本很高，但如此高昂的制度成本，对确保公共政策性企业正当履行服务社会公共利益的职责而言，又是非常必要的。

第三类是“特定功能性”国有企业，是具有混合特征[①]的国有企业，既非纯粹的一般商业性企业，也非典型的公共政策性企业。其“国家使命”是巩固社会主义基本经济制度和发挥在国民经济中的主导作用，包括“走出去”、促进经济发展方式转变、保证国家经济安全和主导经济命脉等具体功能，而这些功能的实现要求以企业自身发展和经营活动盈利为基础。这类企业有一定数量，且其具体情况千差万别。它们是近期及未来一个时期国有企业改革的重点与难点，其改革方向是坚持市场化主导。这类企业一般为国有控股的相对多元化公司。需要强调的是，这些企业的具体“国家使命”，应该是可以陈述清楚的，而且，是可以用明确的经济政策手段予以计量和补偿的，需要有相应的财政预算管理约束，其实现“国家使命”功能的行为需要有专门的行业性的法规来约束。从长远看，这类国有企业所承担的具体“国家使命”功能是动态的，是随着国家的经济发展和国情变化而变化的，一方面，其相应的“国家使命”功能可能会完成或者因不必要而被取消掉，那么这些企业将陆续转化为竞争性的国有企业，国家为其履行“国家使命”功能提供的必要的经济资源与政策支持也必须相应取消掉；另一方面，国家也可能赋予其新的“国家使命”功能，从而提供新的相应的经济资源或者政策支持。但从现有的国有企业整体上看，伴随社会主义市场经济体制的日益完善，这类企业中的大多数，在将来会转型、升级为真正具有国际竞争力的企业。

参照以上分类标准来尝试推进分类改革，我们还必须认识到现实国有经济部门的复杂性和动态性，进而认识到上述三分法具有相对性。所谓复杂性指的是，我们所作的三分法中，被划归某一类型的企业，现实中它作为一个复杂的企业，其中可能含有其他属性的成分。比如，一些企业被划为公共政策性国有企业，虽然它的业务中含有比较突出的公共性业务，但现实中它的业务却又包含不少商业性的成分。在我们看来，使每种类型的国有企业的角色定位趋于纯净化，这应该是国有经济战略

① 有人考虑将功能性企业称为“混合性”企业，我们认为，“特定功能性”的提法更为准确。从分类逻辑上讲，本文主张的三分类的基本逻辑是从国有企业使命性质的差异出发，来对国有企业进行分类。所谓“特定功能性”国有企业，强调的正是这些企业的商业性活动应该始终为企业的特定功能性使命服务。

性调整的重要任务，是国有企业改革的目标之一。所谓动态性指的是，上述三类企业随着环境变化不是一成不变的，一些目前看起来有非常重要的公共政策性或者特定功能性的国有企业，在未来，它们的重要性或影响力可能会因为各种原因而下降，进而可能会演变为一般商业性国有企业。而一般商业性国有企业也可能会因为国家需要赋予了其新的“国家使命”功能，而转变为特定功能性国有企业。这意味着，在实践层面，上述理论上的分类方法不是绝对的，而是一个可供参考的理论分析工具，在将分类方法付诸实际运用时，实践者应该具体根据“国家使命”要求、结合企业历史沿革、具体业务特征和企业自身的改革意愿进行分类调整。

基于上述分类改革思路，新时期国有企业改革要立足未来国际竞争的需要，适时地推动新的国有经济布局和结构战略性调整，引导国有经济部门，各就各位。一方面，一般商业性国有企业，其行为应朝着与纯粹的市场竞争规则接轨的方向发展，尊重自主经营、优胜劣汰的市场规律；另一方面，重要的特定功能性国有企业和公共政策性国有企业则应强化“为国争光”和“为民创利”的意识，积极主动退出那些竞争格局趋于成熟、战略重要性趋于下降的产业领域，积极拓展更加具有国家战略价值的产业机会。

五　中央企业分类改革的初步设想

在实践中，如何推进国有企业分类改革、探索建立分类治理的管理体制，这里结合目前国资委管辖的115家中央企业的有关情况，我们尝试对这些企业进行分类①，以给出相应的改革建议。具体分类结果如附图2所示。

---

① 为进行这项分类，《深入推进国有经济战略性调整研究》课题组对115家中央企业的基本情况进行了逐一分析和讨论，在课题组共同研讨的基础上，笔者最终确定了本文中的分类思路。参与该研究工作的课题组成员包括刘戒骄、王钦、李钢、刘湘丽、原磊、王欣、张航燕、霍景东、白景坤、常蕊、邵婧婷、王鸿鑫。此外，要感谢国新公司李果博士参与课题组研讨会并发表宝贵意见。

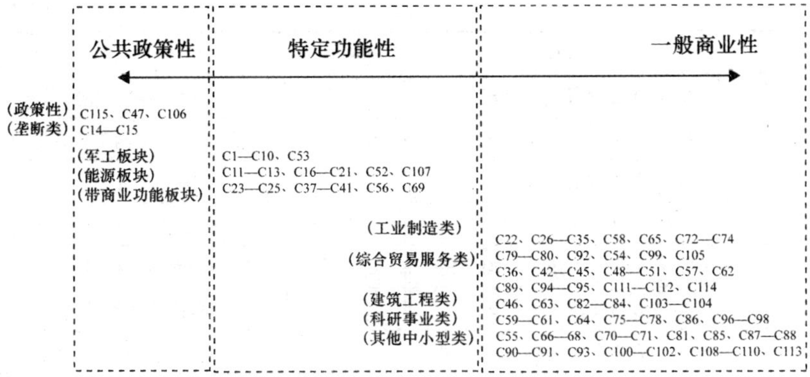

附图2 中央企业分类表

附表1－2　　国资委监管的115家中央企业编码表

编码	公司名称	编码	公司名称
C1	中国核工业集团公司	C59	中国煤炭科工集团有限公司
C2	中国核工业建设集团公司	C60	中国机械工业集团有限公司
C3	中国航天科技集团公司	C61	机械科学研究总院
C4	中国航天科工集团	C62	中国中钢集团公司
C5	中国航空工业集团公司	C63	中国冶金科工集团有限公司
C6	中国船舶工业集团公司	C64	中国钢研科技集团有限公司
C7	中国船舶重工集团公司	C65	中国化工集团公司
C8	中国兵器工业集团公司	C66	中国化学工程集团公司
C9	中国兵器装备集团公司	C67	中国轻工集团公司
C10	中国电子科技集团公司	C68	中国工艺（集团）公司
C11	中国石油天然气集团公司	C69	中国盐业总公司
C12	中国石油化工集团公司	C70	华诚投资管理有限公司
C13	中国海洋石油总公司	C71	中国恒天集团有限公司
C14	国家电网公司	C72	中国中材集团有限公司
C15	中国南方电网有限责任公司	C73	中国建筑材料集团有限公司
C16	中国华能集团公司	C74	中国有色矿业集团有限公司
C17	中国大唐集团公司	C75	北京有色金属研究总院
C18	中国华电集团公司	C76	北京矿冶研究总院
C19	中国国电集团公司	C77	中国国际技术智力合作公司

续表

编码	公司名称	编码	公司名称
C20	中国电力投资集团公司	C78	中国建筑科学研究院
C21	中国长江三峡集团公司	C79	中国北方机车车辆工业集团公司
C22	神华集团有限责任公司	C80	中国南车集团公司
C23	中国电信集团公司	C81	中国铁路通信信号集团公司
C24	中国联合网络通信集团有限公司	C82	中国铁路工程总公司
C25	中国移动通信集团公司	C83	中国铁道建筑总公司
C26	中国电子信息产业集团有限公司	C84	中国交通建设集团有限公司
C27	中国第一汽车集团公司	C85	中国普天信息产业集团公司
C28	东风汽车公司	C86	电信科学技术研究院
C29	中国第一重型机械集团公司	C87	中国农业发展集团有限公司
C30	中国第二重型机械集团公司	C88	中国中纺集团公司
C31	哈尔滨电气集团公司	C89	中国外运长航集团有限公司
C32	中国东方电气集团有限公司	C90	中国中丝集团公司
C33	鞍钢集团公司	C91	中国林业集团公司
C34	宝钢集团有限公司	C92	中国医药集团总公司
C35	武汉钢铁（集团）公司	C93	中国国旅集团有限公司
C36	中国铝业公司	C94	中国保利集团公司
C37	中国远洋运输（集团）总公司	C95	珠海振戎公司
C38	中国海运（集团）总公司	C96	中国建筑设计研究院
C39	中国航空集团公司	C97	中国冶金地质总局
C40	中国东方航空集团公司	C98	中国煤炭地质总局
C41	中国南方航空集团公司	C99	新兴际华集团有限公司
C42	中国中化集团公司	C100	中国民航信息集团公司
C43	中粮集团有限公司	C101	中国航空油料集团公司
C44	中国五矿集团公司	C102	中国航空器材集团公司
C45	中国通用技术(集团)控股有限责任公司	C103	中国电力建设集团有限公司
C46	中国建筑工程总公司	C104	中国能源建设集团有限公司
C47	中国储备粮管理总公司	C105	中国黄金集团公司
C48	国家开发投资公司	C106	中国储备棉管理总公司
C49	招商局集团有限公司	C107	中国广东核电集团有限公司
C50	华润（集团）有限公司	C108	中国华录集团有限公司

续表

编码	公司名称	编码	公司名称
C51	中国港中旅集团公司	C109	上海贝尔股份有限公司
C52	国家核电技术有限公司	C110	武汉邮电科学研究院
C53	中国商用飞机有限责任公司	C111	华侨城集团公司
C54	中国节能环保集团公司	C112	南光（集团）有限公司
C55	中国国际工程咨询公司	C113	中国西电集团公司
C56	中国华孚贸易发展集团公司	C114	中国铁路物资总公司
C57	中国诚通控股集团有限公司	C115	中国国新控股有限责任公司
C58	中国中煤能源集团有限公司		

如附图 2 所示，我们的分类结果如下：首先，一般商业性国有企业的数量占全部中央企业数量的比重约为 68%。附表 1－2 中进一步将一般商业性国有企业区分为 22 家工业制造类企业、17 家综合贸易服务类企业、7 家建筑工程类企业、12 家科研事业类企业和 20 家其他中小型企业这 5 种类型。① 其次，公共政策性国有企业的数量占全部中央企业数量的比重约为 4%。表中进一步将公共政策性国有企业区分为政策性企业和自然垄断企业这两种类型，分别包括中国国新控股公司、中储粮和中储棉 3 家政策性企业以及国家电网和南方电网 2 家自然垄断企业。最后，特定功能性国有企业的数量占全部中央企业数量的比重约为 38%。表中进一步将特定功能性国有企业区分三大板块：一是国防军工板块，包括十大军工企业和商飞公司，共 11 家；二是能源板块，包括三大石油公司、国家核电技术、中广核和六大电力公司，共 11 家；三是商业性特征比较显著的功能板块，包括中国盐业总公司、华孚集团、三大电信公司以及中国远洋、中国海运和三大航空公司，共 10 家。

对于上述分类结果，我们作两点说明。

第一，此分类主要基于我们对各企业自己描述自己企业使命和业务活动的有关公开资料的主观判断而进行的。目前，所有的中央企业——即使是被我们归为公共政策性和特定功能性的中央企业，在现实中，多少都有

① 此处所称的“中小型”的分类标准是，2011 年底，企业资产总额低于 500 亿元的企业，计作为“中小规模类型”企业。

开展商业性业务的倾向，有的企业，其商业性业务活动所占比例还不低。这很大程度上是由于现行国资管理体制下考核国有资产保值增值造成的，而并非是国家赋予其"国家使命"所要求的。在这种情况下，从理论上说，具体分析一家国有企业拥有多大比例的商业性业务或者功能性、公共政策性业务，进而确定其所属的企业类型，可能更有说服力，但由于数据采集的制约，这实际上难以做到。所以，我们在分类时，尽可能充分考虑所获得的企业资料，最终依赖于研究者的经验性判断。

以政策性企业为例，我们认为，国新（C115）和中储粮（C47）、中储棉（C106）这三家企业的公共政策性特征，要比也拥有一定公共政策性业务活动的中国盐业（C69）和华孚集团（C56）更加突出。从现实情况看，后两家企业在商业性业务活动方面表现相对活跃。因此，在实际分类时，我们将前三家公司列入公共政策性类别，而将后两家企业列入特定功能性类别。如果后两家企业在未来的改革实践中，进一步压缩其商业性活动，则可以考虑将其重新纳入政策性企业的范畴。

再以垄断类企业为例，我们认为，两家电网公司（C14 和 C15）的自然垄断特性及公共性特征，要比另外三家石油公司（C11、C12 和 C13）和三家电信公司（C23、C24 和 C25）更加突出，而后面六家公司的主营业务活动的盈利性特征要比两家电网公司更为显著。为此，我们将两家电网公司划归为公共政策性企业，而将另外六家公司划归为带商业活动特征的特定功能企业（如附图 2 所示）。

被划入公共政策性类型的中央企业，并非说它们就没有商业性的业务活动。近期，有媒体披露，中储粮作为政策性企业，在享受国家给予政策性补贴的优惠和利益的同时，对不得让粮食储备机构参与经营的政策持有抵触意见，该公司有通过经营活动来牟利的意愿，同时，也存在政策性的粮食储备业务和经营性业务不分，以及将粮食储备业务分包出去收取利益的行为。而在几年前，有关该公司定位的讨论已经见诸报端。① 我们从研究者的角度看，中储粮的经营业务在公司业务活动中所占比重不高，该公司属于典型的公共政策性企业的范畴。从未来的分类改革和治理的要求看，一旦明确了公司使命与定位，像中储粮这样的公共政策性企业必须主

---

① 孙春芳：《中储粮搞经营捞过界　一把火烧出原形?》，《21 世纪经济报道》2013 年 6 月 5 日；刘晓忠：《中储粮的定位之惑》，《21 世纪经济报道》2011 年 9 月 8 日。

动限制自身的经营性活动。

第二，考虑到具体分类的复杂性和动态性原因，本文中提供的针对具体某家企业的分类是相对的，可能存在一些企业归类不准确的情况。如果要将本文所强调的分类方法真正付诸实践，我们认为，更具可操作性的分类做法，应该是由国资管理部门基于“国家使命”要求和企业特性逐一与各中央企业进行谈判与协商。

以军工板块为例，我们认为，中国船舶（C6）、中船重工（C7）、兵器装备（C9）和中国电科（C10）这四家公司的主营业务活动的功能性特征，与其他六家军工企业（C1－C5 和 C8）相比，更显得弱化。在未来的企业发展与改革过程中，伴随各家军工企业业务活动发生变化，那么，这四家公司有转变为一般商业性公司的更大可能性。而另外六家公司或其中的某些部分的业务活动，如果进一步强化突出其经营活动的公共政策性特征且弱化盈利性特征，它们也有转变成为公共政策性企业的可能性。

再以能源板块为例，我们认为，石油公司（C11－C13）、核电公司（C52 和 C107）与火电公司（C16－C21）相比，前者的功能性特征更加突出。在未来发展与改革中，能源板块的公司如果进一步突出其竞争性经营业务活动的发展，就有转化为一般商业性公司的可能。

不少被划入一般商业性类型的中央企业，尽管其主营业务活动的很大一部分带有很强的经营性和竞争性特征，但它们仍然多多少少有一些带有“国家使命”色彩的功能性业务活动。像工业制造领域和综合贸易服务类的一些国有特大企业集团，大都具有上述特点。在未来的改革实践中，如果这些公司希望将自己定位于特定功能性公司，那么，它们应该继续强化自身的特殊功能，向承担更多的国家使命和社会责任方向努力；如果这些公司希望将自己定位于一般商业性公司，它们则应该进一步强化自身经营活动的商业性和竞争性一面。

六　结语

在我们看来，按照上述央企初步分类，应该考虑从国有企业、国资管理和国有经济这三个方面同时深化改革，且要兼顾国有经济部门与非国有经济部门的良性共处关系。

在国有企业层面上，如上文所指出的，三种类型的国有企业应各就各位，一般商业性的国有企业加快市场化，公共政策性的国有企业逐步向

"一企一制（法）"的管控精细化的方向发展，特定功能性的国有企业应转向更加适应其细分化特征的、有的放矢的管理体制。

与之相对应，国资管理体制首先是收缩管理幅度的问题，用更简化的制度框架来管理为数众多的一般商业性国有企业，并且，这方面的精力和资源的投入应该越来越少，以提高其管理的"投入—产出"效率；其次，是管控力应进一步向公共政策性国有企业聚焦；最后，对特定功能性国有企业的管理，应分步骤实现化繁为简，在短期内更注意因企制宜，在长期则要不断强化一致性制度要求。在国有经济层面上，改革的路线图将表现为国有经济实现动态优化与平衡的过程，不仅涉及国有经济内部的结构趋于优化——公共政策性国有企业的占比将进一步稳步提高，一般商业性和特定功能性国有企业的数量和比重将有所下降；还涉及国有经济在国民经济中的地位和作用的不断完善，不一味通过求规模、求效益来维系国有经济的控制力和影响力，而追求国有经济的高质量和可持续性的发展。从改革的时间进程角度考虑，应该引导人们对不同类型国有企业的发展走向形成相对稳定的预期。关于国有企业的未来发展，一般商业性国有企业可能用10—15年的时间完全走向市场；公共政策性国有企业可能要用15—20年甚至更长的时间，来探索和营造适合它们的管理制度环境；特定功能性国有企业需要因企制宜，采用不同的时间表来深化改革。

最后需要提出的是，在新时期，沿着上述分类改革思路全面深化国有经济改革，需要改革和完善现行的以国资委为中心的国有资产管理体制机制。在现行体制下，国资委是一个集政策制定和部分国资监管职能于一身的机构，这一方面使得宏观上的改革政策制定职能被虚化了，另一方面各种国有资本运营管理难以进一步集中化。改革后，建议形成三层组织，一是政策制定部门，负责全部国有经济改革、管理与发展的政策设计与制定工作；二是国资经营与管理部门，包括国资运营管理机构、国有资产控股公司和大型国有企业集团等；三是具体的国有企业。在这种组织架构下，除国资委监管之外的其他重要国有企业，也将逐步被纳入本文所说的"三分类"的范畴，实现有针对性的治理与管控。

附录二　新时期如何积极发展混合所有制经济

黄群慧*

党的十八届三中全会《决定》指出，要积极发展混合所有制经济，“允许更多国有经济和其他所有制经济发展成为混合所有制经济。国有资本投资项目允许非国有资本参股。允许混合所有制经济实行企业员工持股，形成资本所有者和劳动者利益共同体”。虽然自十四届三中全会《决定》中首次提出混合所有制经济概念至今已有20年的历史，十五大、十六大报告也都提出促进混合所有制经济的发展，这些年我国混合所有制经济也已经取得了巨大发展，但在我国进入全面深化改革的新时期，发展混合所有制经济作为重大的改革方针再次被提出，这表明发展混合所有制经济的意义十分重大。

一　新时期混合所有制经济的地位和作用

从最直观理解，混合所有制经济（diverse ownership economy）是指财产权分属于不同性质所有者的经济形式。这既可以用于描述宏观上一个国家或地区，也可以用于描述微观上一个企业组织。从宏观层次来讲，混合所有制经济是指一个国家或地区经济所有制结构的多元性，包括国有、集体、个体、私营、外资、合资、合作等各类公有制经济和非公有制经济；微观层次的混合所有制经济，是指不同所有性质的产权主体多元投资、交叉渗透、互相融合而形成的多元产权结构的企业。这意味着混合所

---

* 原文刊发于《行政管理改革》2013年第12期、《新华文摘》2014年第5期。

有制经济从本质上说是一种股份制经济或以股份制为基础的经济，但一定是不同性质的资本间的参股或联合的股份制经济。在西方经济学者那里，也曾提出混合经济（mixed economy）的概念。他们认为混合经济是私人资本主义经济与社会化经济的混合，是资本主义和社会主义的某些特征并存的一种经济，既有市场调节的决策结构分散特征，又有政府干预的决策集中的特征，实质上就是国家干预的、以私人经济为基础的市场经济。显然西方学者的混合经济与我国提出的混合所有制经济不同，我国的混合所有制经济是针对传统单一国有制结构的弊端和转轨中存在的问题、适应建立完善的社会主义市场经济体制而提出来的。在实践中，我国的混合所有制企业大体可以划分三大类，一是公有制和私有制联合组成的混合所有制企业，包括国有股份或集体股份与外资联合而成的企业，如中外合作经营、合资经营等，国有企业或集体企业同国内民营企业联合组成的企业；二是公有制与个人所有制联合组成的混合所有制企业，如国有企业股份制改造中吸收本企业职工持有部分股权的企业，以及股份合作制企业中集体股份与个人股份相结合的企业；三是公有制内部国有企业与集体企业联合组成的混合所有制企业。①

如果梳理改革开放以来我党重要改革文献中关于混合所有制经济的论述，可以看出我党对混合所有制经济的认识是逐步深化的。党的十四届三中全会最早认识到混合所有经济单位的存在和将会日益发展的趋势，《中共中央关于建立社会主义市场经济体制若干问题的决定》指出：随着产权的流动和重组，财产混合所有经济单位越来越多，将会形成新的财产所有结构；党的十五大报告则进一步阐明了公有制与混合所有制的关系：公有制经济不仅包括国有经济和集体经济，还包括混合所有制经济中的国有成分和集体成分；党的十五届四中全会则进一步提出发展混合所有制经济的途径：要通过规范上市、中外合资和企业互相参股等形式，将宜于实行股份制的国有大中型企业尤其是优势企业改为股份制企业，发展混合所有制经济；党的十六大报告则强调：除极少数必须由国家独资经营的企业外，积极推行股份制，发展混合所有制经济；十六届三中全会《中共中央关于完善社会主义市场经济体制若干问题的决定》中则更为明确地提

① 常修泽：《完善社会主义市场经济体制的新议题：发展混合所有制经济》，《21 世纪经济报道》2003 年 10 月 22 日。

出：适应经济市场化不断发展的趋势，进一步增强公有制经济的活力，要大力发展国有资本、集体资本和非公有资本等参股的混合所有制经济，实现投资主体多元化，使股份制成为公有制的主要实现形式。党的十八届三中全会《中共中央关于全面深化改革若干重大问题的决定》则赋予了混合所有制经济前所未有的重要地位，首次提出混合所有制经济作为基本经济制度的重要实现形式："国有资本、集体资本、非公有资本等交叉持股、相互融合的混合所有制经济，是基本经济制度的重要实现形式，有利于国有资本放大功能、保值增值、提高竞争力，有利于各种所有制资本取长补短、相互促进、共同发展。"

十四届三中全会确立我国经济体制改革的目标是建立社会主义市场经济体制，自此以后，我国一直在探索如何使公有制特别是国有制与市场经济兼容，寻求公有制和市场经济相结合的有效形式。经过多年探索，我党认识到，作为我国所有制结构调整和完善过程中出现的新的所有制形式——混合所有制，是一种能够成功实现公有制特别是国有制与市场经济兼容、公有制与市场经济相结合的有效形式。在实践中，混合所有制经济在深化国有企业改革、提高资源配置效率、促进经济发展等方面发挥了不可替代的作用。

十八届三中全会《决定》提出，混合所有制经济是我国基本经济制度的重要实现形式，这是一项十分重要的理论创新。党的十五大确立了公有制为主体、多种所有制经济共同发展是我国社会主义初级阶段的基本经济制度，十八届三中全会则首次明确公有制主体、多种所有制共同发展的重要实现形式是混合所有制经济，这为社会主义初级阶段的基本经济制度寻找到了经济形式基础，增强了我国坚持和完善基本经济制度、走中国特色的社会主义道路的自信。同时，既然混合所有制经济是我国基本经济制度的重要实现形式，那么积极发展混合所有制经济，也就是坚持和完善社会主义初级阶段基本经济制度的要求和需要，这意味着这一创新理论表述不仅明确了混合所有制经济的重要地位，为我国旗帜鲜明地发展混合所有制经济找到了合法性基础，还为快速发展的混合所有制经济指明了发展方向。

混合所有制经济是我国基本经济制度的重要实现形式，这一重要论断是科学的。首先，如上所述，混合所有制经济可以体现在一个国家或者地区宏观层面公有经济和非公用经济的多元所有制结构，这意味着我国以公有制为主体、多种所有制经济并存和共同发展的经济格局，本身就是一种宏观意义的混合所有制经济格局，上述论断正是混合所有制经济应有之意；其次，在微观企业层面，混合所有制企业具有国有资本、集体资本和非公有资本等交叉持股、相互融合的多元产权结构，混合所有制企业的发展自然实现了多种所有制经济共同发展的要求。① 由于混合所有制企业有利于国有企业建立规范的公司治理结构，有利于国有企业依托多元产权架构和市场化、民营型的运营机制不断发展壮大，减少非公有资本对公有资本的直接侵害，增强国有资本或公有资本对其他资本的辐射功能，提升整个公有经济的竞争力，从而提高国有经济的控制力、影响力和带动力，进而实现了公有制的主体地位的要求。最后，从实践上看，随着以公有制为主体、多种所有制经济的基本经济制度不断完善，我国混合所有制经济也同步取得巨大的发展。截至 2011 年底，在中央企业登记总户数 20624 户中，公司制企业 14912 户，改制面 72.3%，较 2002 年的 30.4% 提高了 40 多个百分点。② 中央企业在改制中积极引入民营资本、外国资本，促进投资主体和产权多元化，大力发展混合所有制经济。如中海油 34 个二级企业、三级企业中，国有股权平均为 40%—65%，基本都为混合所有制企业。③ 从上市公司看，截至 2011 年底，中央企业控股上市公司共有 368 家，其中纯境内上市公司 260 家，纯境外上市公司 78 家，境内外多地上市公司 30 家。④ 在上市公司中，有超过 40 家中央企业实现主营业务整体上市，其中石油石化、航空、航运、通信、冶金、建筑等行业的中央企业基本实现主营业务整体上市。随着混合所有制企业的不断发展，公有制主体地位得到不断巩固，仅从上市公司看，2007 年至 2012 年三季度，中央企业通过改制上市，共从境内外资本市场募集资金约 9157.5 亿元。从国有企业整体发展看，2003—2011 年，全国国有及国有控股企业（不含金融类企业）营业收入从 10.73 万亿元增长到 39.25 万亿元，年均增长 17.6%；资产总额 85.37 万亿元，所有者权益 29.17 万亿元，分别是 2003 年的 4.3 倍和 3.5 倍。⑤ 这体现了混合所有制作为基本经济制度的重要实

① 范恒山：《如何理解大力发展混合所有制经济》，《人民日报》2003 年 11 月 3 日。
② 李志豹：《混合所有制：中国企业改革新目标》，《中国企业报》2011 年 7 月 8 日。
③ 罗志荣：《国企改革——十年攻坚探出发展新路子》，《企业文明》2013 年第 3 期。
④ 罗志荣：《国资监管——十年探索构建新体制》，《企业文明》2013 年第 3 期。
⑤ 温源：《十年改革路，国企步铿锵》，《光明日报》2013 年 5 月 14 日。

现形式的优越性。

二　新时期发展混合所有制经济存在的主要障碍

虽然经过30多年的改革，我国混合所有经济发展取得了很大的成就，但是，未来进一步推进混合所有制经济发展还面临很多障碍和问题，具体而言，至少表现在以下几个方面。

第一，我国在大型企业集团公司层面的股权多元化改革，大多是滞步不前，其中一个重要原因是大企业集团公司都被认为承担重要的国家政策使命，不适合民资介入的股权多元化。

企业运行的基本逻辑是“使命决定战略定位、战略定位决定战略内容、战略内容决定组织结构、组织结构决定企业运行效率、企业运行效率决定企业使命的实现”。使命就是企业存在的理由，是企业的价值取向和事业定位。国有企业存在的理由是其要承担“国家使命”。党的十八届三中全会指出，“国有资本投资运营要服务于国家战略目标，更多投向关系国家安全、国民经济命脉的重要行业和关键领域，重点提供公共服务、发展重要前瞻性战略性产业、保护生态环境、支持科技进步、保障国家安全”，这实质上界定了我国国有企业的“国家使命”。十五届四中全会《决定》也指出：“国有经济要控制的行业和领域主要包括：涉及国家安全行业、自然垄断行业、重要公共产品和服务行业以及支柱产业和高新技术产业中的重要骨干企业。”但是，由于这里界定的国有企业的使命比较广泛，具体到现有的每家国有大型企业集团公司，都会找到理由以承担国家使命为名保持国有独资并进而寻求政策支持或者垄断保护，这构成在国有大企业集团层面推进混合所有制改革的一个重要障碍。

第二，国有企业领导人的行政级别成为阻碍国有企业推进混合所有制改革的另外一个重要因素。

在国有大型企业集团层面无法推进引入民营企业的股份制改革，另外一个关键原因是国有企业领导人的身份问题。按照现行的国有企业领导人管理制度，所有国有企业领导人都有一定的行政级别，保留国有企业领导人员与国家党政干部可以交流任职的通道，同时又享受到市场化的工资水平，一身同时承担“企业家”角色和“党政官员”角色。这种既“当官”又“挣钱”，或者可以“当官”也可以“挣钱”的双重角色，在社会上造成极大不公平，这不仅引起一般公众非议，即使是党政干部，也会对国有企业领导人市场化高收入有很大抱怨。不仅如此，这种具有行政级别的国有企业领导人管理制度还使得国有企业领导人无法成为职业经理人，从而也难以建立规范的现代企业制度和公司治理结构，进而影响国有企业向混合所有制方向改革。

第三，民营企业自身发展总体上还存在许多问题，这制约了我国混合所有制企业的进一步发展。

我国民营企业经过 30 多年的发展，已经出现了一大批大型现代企业，一些民营企业已成为上市公司，实现了由私人资本向资本社会化的方向转型。但是，总体上看我国民营企业发展还存在三方面问题，一是资本规模还较小，大型民营企业集团数量还较少，绝大多数民营企业还不具备参与国有企业股权多元化改革的实力，更难以与国外大型跨国公司抗衡；二是民营企业治理结构还不规范，即使是一些上市公司，企业家行为仍随意性很大，公司治理的规范水平也有待提升，这不利于混合所有制企业的形成，即使组建了混合所有制企业，也难以形成规范的公司治理结构；三是民营企业家族式管理问题严重，企业管理现代化水平低，企业管理科学化现代化受到家族人员素质的严重制约。这使得民营企业难以在公司管理方面与国有企业融合，可能导致管理冲突和文化冲突。

第四，我国市场环境和法律体系还不完善，还存在制约混合所有制经济发展的众多问题。

统一开放、竞争有序的市场体系，是各类所有制经济公平竞争、共同发展的基础，也是混合所有制经济发展的重要保障条件。总体而言，我国公平开放透明的市场规则还没有完全形成，在一些重要行业还存在国有经济的垄断行为，还存在民营企业进入“玻璃门”问题。从法律体系看，现有的法律还不能完全保证各种所有制经济同等受到法律保护，不能完全保证各种所有制依法平等使用生产要素、公开公平公正参与市场竞争，发展混合所有制经济的法律环境还有待完善。尤其是产权保护和产权流动的法律保障制度还有待进一步完善。产权是所有制的核心，产权清晰、权责明确、保护严格、流转顺畅的现代产权制度是混合所有制企业组建和健康持续发展的最基本的保障，我国在现代产权制度建设方面还有许多工作要做。

三　积极发展混合所有制经济的建议

第一，在分类改革与治理的基础上，积极推进国有经济战略性重组，除了极少数“公共政策性企业”外，都可以发展成为混合所有制经济。

新时期应该重新梳理每家央企存在对国家的意义，具体明确每家央企的使命，将央企分为三个大类，“公共政策性企业”“特定功能性企业”和“一般商业性企业”，为它们分别构造不同的管理制度。“公共政策性企业”，是带有公共性或公益性的、特殊的国有企业，这类企业数量少，改革方向是一企一制、一企一法，确保企业活动始终以社会公共利益为目标；“一般商业性企业”，也就是常说的竞争性国有企业，它们在数量上占全部央企的百分之七八十，其改革方向就是全面市场化；“特定功能性企业”具有混合特征，这类企业有一定数量，其改革方向是坚持市场化主导，同时适度兼顾特定的社会服务功能，它们是近期及未来一个时期改革的重点与难点。除了“公共政策性企业”可以采用国有独资公司的形式外，其他两类企业都可以推进集团层面的股权多元化改革，鼓励民营企业的介入。

我们初步研究认为,[①] 现有中央企业中“公共政策性企业”有五家，包括中国国新、中储粮总公司和中储棉总公司三家政策性企业，以及国家电网和南方电网两家自然垄断企业；“特定功能性企业”有 32 家，包括三大板块：一是国防军工板块，包括十大军工企业和中国商飞公司，共 11 家；二是能源板块，包括三大石油公司、国家核电、中广核集团和六大电力公司，共 11 家；三是其他功能板块，包括中盐公司、华孚集团、三大电信公司以及中远集团、中国海运和三大航空公司，共 10 家；其余 78 家为“一般商业性企业”，包括 22 家工业制造企业、17 家综合贸易服务企业、7 家建筑工程企业、12 家科研企业和 20 家资产规模在 500 亿元以下的其他中小企业。这意味着通过推进国有经济战略性重组，首先推进 78 家“一般商业性企业”的混合所有制改革，在未来进一步逐步推进 32 家“特定功能性企业”的混合所有制改革。这对国有产权集中，提高国有经济的控制力、影响力具有重要意义。

---

① 黄群慧、余菁：《新时期的新思路：国有企业分类改革与治理》，《中国工业经济》2013 年第 11 期。

第二，积极推进国有企业领导人管理体制由“集中统一管理”转向“分层分类管理”，扫除国有企业向混合所有制企业改革的“身份障碍”。

未来应该完善国有企业领导人管理体制，由“集中统一管理”逐步转向“分层分类管理”。具体而言，应该在逐步将国有资本集中于“公共政策性”和“特定功能性企业”的基础上。对于中央国有企业领导人员可以划分为两类角色。一类是“党政官员”角色，中央企业集团公司的董事长及董事会主要成员、党组织领导班子成员，整体上市公司的党组织领导班子成员、派出董事和内设监事会主席等，应该界定为这类角色，这些人员由上级党组织和国有资产监管部门管理。在选用方面，采用上级组织部门选拔任命的方式，他们有相应行政级别，选用、晋升和交流都可以按照行政方法和渠道；在激励约束方面，应该和党政官员基本类似，但考核以企业整体经营发展和功能实现程度为标准，激励主要以行政级别晋升为主，报酬可以略高于同级别的党政官员，但不能完全采用市场化的激励机制，不能享受过高年薪和股权激励。

另一类是“企业家”角色，中央国有企业中大量的经理人员，包括母公司层面的经理团队以及各个子公司层面的董事会成员和经理团队等都属于这类角色。这类人员是职业经理人员，由董事会进行管理的，需要按照市场化的办法选用和激励约束。在选用上，这类人员需要在职业经理市场上通过竞争性的办法由董事会进行选聘；在激励约束方面，考核以市场化的经营业绩为标准，董事会按照市场标准给予其薪酬待遇，采用市场化的薪酬结构和水平，可以实施相应的股权激励制度，但是这些经理人员原则上不能够再享有相应级别的行政待遇，也没有机会交流到相应的党政机关任职，他们是真正的职业经理人。

推进国有企业领导人员管理体制从“集中统一”向“分层分类”转变，一方面，坚持了党管干部原则，缩小了党组织部门直接管理国有企业领导人员的幅度，提高了党管干部的科学化水平；另一方面，有利于推进大型国有企业治理结构的完善、促进董事会作用的有效发挥，有利于国有企业职业经理市场培育，进而有利于国有企业实现向混合所有制方向的改革。

第三，积极引导民营经济发展，促进民营企业资本社会化、治理结构规范化和企业管理现代化，从而提升与国有经济交叉融合的能力。

未来民营企业要实现与国有企业相互渗透和交融，必须实现三方面转变。一是从家族独资向资本社会化转变。这有利于解决单个私人资本不足的问题，促进民营企业做大做强，从而具备进入资源密集型产业和资本密集型产业的资本实力。二是从古典企业治理结构向现代公司治理结构转变。民营企业必须实行资本所有权与经营权相分离的现代公司治理结构，选拔和信任不具有血缘和裙带关系的职业企业家，彻底摆脱家族式管理，以解决人才不足的问题。三是从传统管理向现代管理转变。民营企业家要不断提高自身素质，努力学习和积极采用现代管理思想、方法和技术，尤其是要重视承担企业的社会责任。政府在民营企业管理培训方面应该有所作为，具体包括建立管理技术、文件、制度、人才等方面的交流平台，建立民营企业培训服务机制等措施，促使民营企业健康发展。我们的调研表明，一些地方政府在这些方面的一些尝试和实践都取得了较好的效果。

第四，着力营造公平竞争市场环境，努力完善产权流动的市场机制和产权保护的法律体系，积极创造有利于混合所有制经济发展的外部条件。

在营造市场公平竞争环境方面，政策的着力点要进一步从行业和领域准入细化放宽到环节准入，解决民营企业进入“玻璃门”问题。经过多年改革，石油天然气、电力、民航等领域通过改革形成了可竞争性市场结构，但由于不少环节限制竞争、保护垄断的政策没有改变，有效竞争的格局没有形成。为了推进混合所有制经济发展，迫切需要配套调整相关政策和管理措施，重点清理和改革生产要素配置、市场准入、进口管制中片面保护在位企业的政策。具体而言，对于垄断性环节，可以通过股权投资形式吸收非国有资本，逐步实现运营企业从一股独大向股权分散的社会化企业的转变；对于竞争性环节，优先引入资本多元化、社会化程度较高的经营者，形成国有企业和民营企业、在位企业和潜在进入者相互竞争的市场结构。

混合所有制经济的发展关键在于产权的流动和保护，必须健全相应的法律保障体系和市场机制。从法律保障体系看，一方面要实现国有产权和私有产权的一视同仁，无论是国有产权还是私有产权，都要切实保障产权人依法享有与其出资相对应的权益；另一方面要实现区域内和区域外企业一视同仁，打破地方保护，保障跨地区投资形成的混合所有制企业与当地企业享有一样待遇，企业所在地的政府及社区必须保障外来投资者的合法权益。从市场机制看，要建立产权流转顺畅的市场运行机制，使投资者根据对未来投资收益的预期判断，及时顺畅地投入或者撤出资本，以最大化混合所有制企业出资人投资收益，降低其投资风险，从而促进产权的流动、重组，优化资本配置，提高运营效率。一个高效率的产权市场，既有利于民营企业的健康发展，也有利于增强国有资本或公有资本对其他资本的辐射功能，提高国有经济的控制力、影响力和带动力，这最终有利于完善社会主义初级阶段的基本经济制度，最大限度地解放和发展生产力。

附录三　相关研究成果列表

序号	成果名称	作者	刊发情况及说明
1	《新时期的新思路：国有企业分类改革与治理》	黄群慧、余菁	《中国工业经济》2013 年第 11 期；《高等学校文科学报》《人大报刊复印资料》转载
2	《混合所有制改革要“上下结合”》	黄群慧	《人民日报》2014 年 4 月 8 日
3	《论国有企业的战略性调整与分类改革》	黄群慧	《人民论坛·学术前沿》2013 年第 22 期
4	《论新时期全国深化国有经济改革重大任务》	黄群慧等	《中国工业经济》2014 年第 9 期
5	《制度变迁、组织转型和国有企业的持续成长——深入推进国有企业改革的生态学视角》	黄群慧、白景坤	《经济与管理研究》2013 年第 12 期
6	《新时期中国员工持股制度研究》	黄群慧等	《中国工业经济》2014 年第 7 期
7	《新时期国有经济管理新体制初探》	黄群慧等	《天津社会科学》2015 年第 1 期
8	《新时期如何积极发展混合所有制经济》	黄群慧	《行政管理改革》2013 年第 12 期；《新华文摘》2014 年第 7 期全文转载
9	《央企分类要适合国情》	黄群慧	《光明日报》2015 年 1 月 8 日
10	《地方国资国企改革的进展、问题与方向》	黄群慧	《中州学刊》2015 年第 5 期
11	《界定不同国企功能　推进分类治理与改革》	黄群慧、余菁	《经济参考报》2014 年 7 月 14 日
12	A New Approach to China's SOE Reform and Governance China Economist	黄群慧、余菁	*China Economist* July – August，2014

续表

序号	成果名称	作者	刊发情况及说明
13	《国企混合所有制改革应分类推进》	黄群慧	《光明日报》社科基金版，2014 年 11 月 17 日
14	《非公企业参与国企改革仍需清障》	黄群慧	《经济参考报》2014 年 9 月 29 日
15	《问路混合所有制》	黄群慧	《中国经济与信息化》2014 年第 15 期
16	《进一步发展混合所有制经济的政策着力点》	黄群慧	《中国社会科学院领导参阅》2014 年第 8 期
17	《员工持股：增量要分享、激励要相容》	黄群慧	《经济参考报》2014 年 12 月 24 日
18	《推进混合所有制改革的几点思考》	黄群慧	《国家社会科学基金项目成果要报》2014 年第 69 期
19	《国企混合所有制改革应该分类推进》	黄群慧	《国家社会科学基金项目成果要报》2014 年第 55 期
20	《关于加快部署国企改革的建议》	黄群慧、余菁	《中国社会科学院要报》2014 年第 188 期
21	《国企发展进入“分类改革与监管”新时期》	黄群慧	《中国经济周刊》2013 年 11 月 4 日
22	《中央企业在国家创新体系中的功能定位研究》	黄群慧	《中国社会科学院研究生院学报》2013 年第 5 期
23	《应对国企分三类进行改革治理》	黄群慧	《21 世纪经济报道》2013 年 11 月 1 日
24	《“混合所有制”的学术论争及其路径找寻》	余菁	《改革》2014 年第 11 期
25	《国家安全审查制度与“竞争中立”原则——兼论中国国有企业如何适应国际社会的制度规范?》	余菁等	《中国社会科学院研究生院学报》2014 年第 3 期
26	《国有企业高管薪酬改革制度分析》	刘戒骄	《中共中央党校学报》2014 年第 1 期;《高等学校文科学术文摘》2014 年第 2 期转载
27	《从三个联邦企业看美国的国有经济和垄断行业》	刘戒骄	《经济研究参考》2014 年第 57 期

续表

序号	成果名称	作者	刊发情况及说明
28	《我国国企高管薪酬制度改革的建议》	刘戒骄	《中国社会科学院要报》2013 年 8 月 25 日第 157 期
29	《国有经济的行业分布与控制力提升》	李钢、何然	《改革》2014 年第 1 期，人大报刊复印资料
30	《国有企业效率研究》	王罗汉、李钢	《经济与管理研究》2014 年第 6 期
31	《国有经济对我国省际经济差距收敛的影响》	李钢、王罗汉	《经济管理》2015 年第 1 期
32	《辽宁竞争性国有企业改革的路径与对策研究——基于组织生态学视角》	白景坤	《辽宁大学学报》2015 年第 1 期
33	《国有经济的现状及改革的方向》	张航燕	《经济与管理研究》2014 年第 12 期
34	《对国有企业内设监事会制度的再思考》	常蕊	《商业研究》2014 年第 7 期
35	《外资并购的国家安全审查：前置条件与监督机制》	常蕊	《改革》2014 年第 9 期

参考文献

前言

1. 陈佳贵、黄群慧、吕铁、李晓华等：《中国工业化进程报告（1995—2010）》，社会科学文献出版社 2012 年版。
2. 韩丽华、潘明星：《政府经济学》，中国人民大学出版社 2003 年版。
3. 冯飞等：《深化垄断行业改革研究》，载“改革的重点领域与推进机制研究”课题组《改革攻坚（上）——改革的重点领域与推进机制研究》，中国发展出版社 2013 年版。
4. 张文魁：《解放国企：民营化的逻辑与改革路径》，中信出版社 2013 年版。
5. 赵昌文等：《国有资本管理制度改革研究》，载“推进经济体制重点领域改革研究”课题组《改革攻坚（下）——推进经济体制重点领域改革研究》，中国发展出版社 2013 年版。
6. 黄群慧、余菁：《新时期的新思路：国有企业分类改革与治理》，《中国工业经济》2013 年第 11 期。
7. 黄群慧、余菁、王欣、邵婧婷：《新时期中国企业员工持股制度研究》，《中国工业经济》2014 年第 7 期。
8. 黄速建：《中国国有企业混合所有制改革研究》，《经济管理》2014 年第 7 期。
9. 金碚、黄群慧：《“新型国有企业”现象初步研究》，《中国工业经济》2005 年第 5 期。
10. 朱春红：《发挥我国产业静态比较优势与培育动态比较优势构想》，《现代财经》2005 年第 11 期。
11. 谢贞发、陈玲：《所有权、竞争、公司治理与国有企业改制绩效——一个荟萃回归分析》，《珞珈管理评论》2012 年第 12 期。

12. 蒋一苇、唐丰义：《论国有资产的价值化管理》，《经济研究》1991 年第 2 期。
13. 陈佳贵：《产权明晰与建立现代企业制度》，《中共中央党校学报》2000 年第 12 期。
14. 陈林：《什么是国有资本经营预算制度》，《求是》2014 年第 7 期。
15. 陈艳利：《进一步深化国有资本经营预算制度的思考》，《国有资产管理》2012 年第 6 期。
16. 黄群慧：《混合所有制改革要“上下结合”》，《人民日报》2014 年 4 月 8 日。
17. 高江虹：《国资委密集会商改革整体方案：“四项改革”试点启动》，《21 世纪经济报道》2014 年 7 月 9 日。
18. 周绍朋、郭凯论：《国有资本经营预算制度的建立与完善》，《光明日报》2010 年 5 月 18 日。
19. 黄群慧、余菁：《界定不同国企的功能推进分类治理与改革》，《经济参考报》2014 年 7 月 15 日。
20. Hay, Donald & Liu, Shaojia, “The Efficiency of Firms: What Difference Does Competition Make”, *The Economic Journal*, 1997 (5): 597 – 617.

第一章

1. 吴敬琏等：《构筑市场经济的基础结构》，中国经济出版社 1997 年版。
2. 吴敬琏等：《国有经济的战略性改组》，中国发展出版社 1998 年版。
3. 芮明杰：《国有企业战略性改组》，上海财经大学出版社 2002 年版。
4. 余菁：《中国工业企业所有制结构变化及趋势展望》，载《中国工业发展报告（2008）：中国工业改革开放 30 年》，经济管理出版社 2008 年版。
5. 余菁：《国有资本管理体制》，载《中国工业发展报告（2014）：全面深化改革背景下的中国工业》，经济管理出版社 2008 年版。
6. 张聪明：《当代中俄国有经济比较研究》，社会科学文献出版社 2012 年版。
7. 热切尔·罗兰主编：《私有化——成功与失败》，中国人民大学出版社 2013 年版。
8. 纪玉山：《竞争性领域国有经济战略调整的理论思考》，《经济学动态》

2004 年第 3 期。
9. 张军扩：《继续推进国有企业战略调整》，《中国军转民》2003 年第 1 期。
10. 王忠明：《改革开放与国有经济战略性调整》，《经济与管理研究》2008 年第 2 期。
11. 魏杰：《国有经济战略布局调整的思路——纪念国有经济改革 30 年》《国有资产管理》2008 年第 11 期。
12. 刘国光：《“两个毫不动摇”的当前价值——公有制是社会主义初级阶段基本经济制度的基石》，《人民论坛》2012 年第 5 期。
13. 陈清泰：《国企改革转入国资改革》，《上海国资》2012 年第 6 期。
14. 国务院国有资产监督管理委员会党委：《坚定不移地推进国有企业改革发展》，《求是》2012 年第 10 期。
15. 黄群慧、余菁：《新时期的新思路：国有企业分类改革与治理》，《中国工业经济》2013 年第 11 期。
16. 黄群慧：《混合所有制改革要“上下结合”》，《人民日报》2014 年 4 月 8 日。

第二章

1. 柏宝春：《国外国有企业民营化的比较与借鉴》，《山东经济战略研究》2004 年第 5 期。
2. 鲍盛祥：《基于灰靶理论国企职工持股动机分析：以武汉为例》，《管理学家》（学术版）2011 年第 11 期。
3. 蔡玉、郎福宽：《完善国有资本经营预算制度的几点思考》，《中国财政》2011 年第 2 期。
4. 常修泽：《打响“破垄”攻坚战——对中国垄断性行业改革的思考》，《前线》2011 年第 10 期。
5. 常修泽：《现代治理体系中的包容性改革——混合所有制价值再发现与实现途径》，《人民论坛·学术前沿》2014 年第 6 期。
6. 陈波、张益锋：《我国国有企业高效率论：基于层次分析法（AHP）的分析》，《马克思主义研究》2011 年第 5 期。
7. 陈红、杨凌霄：《我国国有控股上市公司治理：现实困境及制度求解——基于双重委托代理理论的分析框架》，《当代经济研究》2012 年第 3 期。
8. 陈怀海：《国有资本经营预算：国有企业产权改革的财政制度约束》，《当代经济研究》2005 年第 5 期。
9. 陈金祥：《加快建立国有资本经营预算制度——当前国有经济布局和结构战略性调整的根本保障》，《经济管理》2007 年第 13 期。
10. 陈锴：《产权多元化语境下国有企业改制问题》，《天府新论》2011 年第 4 期。
11. 陈凌、熊艳艳：《从政府到市场：国外国有企业民营化文献综述》，《经济社会体制比较》2004 年第 3 期。
12. 陈庆、安林：《完善国有资产管理体制研究》，《首都经济贸易大学学报》2014 年第 1 期。
13. 陈少晖、朱珍：《省域国有资本经营预算制度的建构》，《经济纵横》2012 年第 2 期。
14. 陈霞、杨静、陈亮：《多重目标下我国国有企业效率分析》，《中国流通经济》2011 年第 10 期。
15. 陈新芳：《混合所有的股份制应成为公有制的主要实现形式》，《中共郑州市委党校学报》2004 年第 6 期。
16. 陈艳利：《进一步深化国有资本经营预算制度的思考》，《国有资产管理》2012 年第 4 期。
17. 陈志群：《关于我国国有企业员工持股计划的思考》，《现代经济信息》2013 年第 14 期。
18. 程承坪、程鹏：《国有经济比重与中国经济增长波动的关系研究——基于 1980—2012 年统计数据的分析》，《湘潭大学学报》（哲学社会科学版）2014 年第 3 期。
19. 程恩富、鄢杰：《评“国有经济退出竞争领域”论》，《管理学刊》2012 年第 3 期。
20. 迟福林：《国有资本调整的战略重点何在》，《中国经济时报》2012 年 3 月 13 日。
21. 崔保军：《我国地方政府引导企业并购重组的制度选择》，《河南师范大学学报》（哲学社科版）2012 年第 1 期。
22. 崔伟萍：《试论国有企业的定位与分类改革问题》，《金融经济》2005 年第 2 期。

23. 邓宏图、李长英：《国有企业的产权、改革宏观效应与退出成本研究——一个基于历史与宪法视角的国企存在合理性的逻辑证明》，《江苏社会科学》2006年第5期。
24. 邓万民、杨尧忠：《混合所有制是我国所有制改革的较优选择——30年来所有制改革的回顾与展望》，《学习月刊》2008年第17期。
25. 邓瑶：《聚焦国有企业规范的董事会制度》，《先锋队》2013年第11期。
26. 邓振平：《国有企业领导人员管理体制创新途径探析》，《广西社会科学》2013年第2期。
27. 邓子基：《建立国有资本经营预算的思考》，《中国财政》2005年第12期。
28. 邓子基：《略论国有资本经营预算》，《地方财政研究》2006年第1期。
29. 丁冰：《坚持公有经济主体地位是坚持中国特色社会主义的生命线——兼析指责国有企业垄断的各种观点》，《福建论坛》（人文社会科学版）2011年第3期。
30. 丁冰：《国企的进退应该交由市场决定兼析〈世行报告〉》，《国企》2012年第7期。
31. 丁孝智、宋领波、张华：《国有企业目标调整与分类改革》，《生产力研究》2007年第17期。
32. 董梅生、洪功翔：《国有与民营上市公司效率比较的实证研究》，《马克思主义研究》2011年第9期。
33. 杜国用：《中国国有企业分类改革的理论与实践》，《改革与战略》2014年第1期。
34. 杜炜：《完善国有资本经营预算制度的几点建议》，《中国市场》2009年第5期。
35. 杜晓君、李曼丽：《新加坡国有企业改革启示》，《东北大学学报》（社会科学版）2006年第5期。
36. 方军雄：《政府管制、市场化进程与非国有经济市场份额——来自中国工业企业分行业统计数据的证据》，《产业经济研究》2011年第4期。
37. 方栓喜、倪建伟、张飞：《以公益性为目标优化国有资本配置》，《经济参考报》2012 年 5 月 2 日。
38. 甘志航、朱方明：《工业部门国有经济战略性调整的评估与前瞻》，《经济体制改革》2013 年第 4 期。
39. 高梁：《垄断行业和国有企业改革》，《政治经济学评论》2010 年第 3 期。
40. 高梁：《理直气壮地做大做强国有企业》，《红旗文稿》2012 年第 6 期。
41. 高梁：《国有经济战略性调整应有进有退》，《国企》2013 年第 7 期。
42. 高路易、高伟彦、张春霖：《国企分红：分多少？分给谁?》，《中国投资》2006 年第 4 期。
43. 高明华：《国有经济战略性调整应坚持的基本思路》，《前线》2013 年第 5 期。
44. 高明华：《国企分类改革必须对应国资分类监管》，《前线》2014 年第 2 期。
45. 高明华、杨丹、杜雯翠等：《国有企业分类改革与分类治理——基于七家国有企业的调研》，《经济社会体制比较》2014 年第 2 期。
46. 高山：《新加坡淡马锡模式的经验及对我国国有企业改革的启示》，《现代经济探讨》2007 年第 5 期。
47. 顾洪梅：《国有经济发展与国有企业深化改革——“2013 中国国有经济发展论坛”综述》，《吉林大学社会科学学报》2014 年第 2 期。
48. 关丽洁：《国有企业产权交易问题初探》，《长白学刊》2008 年第 4 期。
49. 关琦：《法国国有企业的现状与走向》，《中国中小企业》2013 年第 9 期。
50. 郭宝林：《构建公共财政模式下的国有资本经营预算制度》，《商场现代化》2007 年第 8 期。
51. 郭春丽：《组建投资运营公司完善国有资本管理体制》，《宏观经济管理》2014 年第 11 期。
52. 郭瑞：《如何正确认识中国国有经济的战略性调整问题》，《经济研究导刊》2012 年第 22 期。
53. 郭术兵、荣梅：《国有企业正副职领导体制及运行机制改革探讨》，《经济体制改革》2013 年第 6 期。

54. 国家经贸委赴德、法考察团：《德国、法国国有企业的监督与管理》，《经济研究参考》1997 年第 59 期。
55. 韩贵义：《我国国有企业公司治理诊断模型与评价研究》，《中国科技论坛》2010 年第 10 期。
56. 郝书辰、蒋震：《我国国有经济的市场结构分析和退出路径选择》，《管理世界》2007 年第 8 期。
57. 何玉梅：《混合所有制：改革的切入口？》，《董事会》2014 年第 1 期。
58. 贺庆春、李文卿：《双重视角下的混合所有股份制经济》，《学术论坛》2006 年第 3 期。
59. 洪功翔：《国有企业存在双重效率损失吗？——与刘瑞明、石磊教授商榷》，《经济理论与经济管理》2010 年第 11 期。
60. 胡乐明、王杰：《国有企业比重演变特征及趋势分析——兼论“国进民退”与“国退民进”》，《中国流通经济》2012 年第 1 期。
61. 胡立法：《转轨时期的国有企业与外资需求偏好》，《江苏社会科学》2011 年第 4 期。
62. 黄华：《探索符合 WTO 规则的国企改革路径》，《南方经济》2005 年第 1 期。
63. 黄群慧：《关于进一步明确国有企业具体使命与定位的建议》，《中国经贸导刊》2007 年第 18 期。
64. 黄群慧：《新时期国有企业的使命与国企领导人的薪酬制度》，《经济与管理研究》2008 年第 1 期。
65. 黄群慧：《实施“精细化改革战略”——明确国有企业的组织使命与定位》，《中国党政干部论坛》2007 年第 10 期。
66. 黄群慧：《论国有企业的战略性调整与分类改革》，《人民论坛·学术前沿》2013 年第 22 期。
67. 黄群慧：《国企发展进入“分类改革与监管”新时期》，《中国经济周刊》2013 年第 42 期。
68. 黄群慧、白景坤：《制度变迁、组织转型和国有企业的持续成长——深入推进国有企业改革的生态学视角》，《经济与管理研究》2013 年第 12 期。
69. 黄群慧、黄速建、余菁等：《论新时期全国深化国有经济改革重大任务》，《中国工业经济》2014 年第 9 期。

70. 黄群慧、余菁：《新时期的新思路：国有企业分类改革与治理》，《中国工业经济》2013 年第 11 期。
71. 黄群慧、余菁、王欣、邵婧婷：《新时期中国员工持股制度研究》，《中国工业经济》2014 年第 7 期。
72. 黄勤国：《国外国有企业的改革经验及其对我国的启示》，《中国民营科技与经济》2012 年第 5 期。
73. 黄茹原、谢涛：《关于发展混合所有制企业中职工持股的若干思考》，《探索》2014 年第 8 期。
74. 黄速建、金书娟：《中国国有资产管理体制改革 30 年》，《经济管理》2009 年第 1 期。
75. 黄速建：《国有企业改革三十年：成就、问题与趋势》，《首都经济贸易大学学报》2008 年第 6 期。
76. 黄速建、余菁：《中国国有企业治理转型》，《经济管理》2008 年第 Z（1）期。
77. 胡鞍钢、徐枫：《国有企业改革路径及成效：中俄比较》，《青海社会科学》2012 年第 6 期。
78. 姜影：《法国国有企业管理体制改革的历程及成效》，《法学》2014 年第 6 期。
79. 江振华：《我国"混合经济"的模式选择——兼论国有企业"混合所有制"改革的基本思路》，《特区理论与实践》1999 年第 2 期。
80. 焦建国：《论国有资本经营预算制度》，《经济与管理研究》2008 年第 5 期。
81. 金碚：《国有企业的目的和使命》，《企业文明》2010 年第 2 期。
82. 金碚：《论国有企业改革再定位》，《中国工业经济》2010 年第 4 期。
83. 剧锦钊：《转轨背景下国有经济的功能及其战略重组》，《当代经济管理》2010 年第 1 期。
84. 孔玉生、张帆：《国外国有经济布局经验及对我国的启示》，《商业时代》2011 年第 27 期。
85. 赖永添、李炜：《国有资本经营预算制度实践中的问题与思考》，《中国财政》2011 年第 6 期。
86. 雷培莉：《国外国有企业在国民经济中布局及发展变化的分析》，《化工管理》1999 年第 1 期。

87. 李保民:《新形势下国有企业的创新使命》,《国企》2012 年第 1 期。
88. 李保民、刘勇:《十一届三中全会以来历届三中全会与国企国资改革(上)》,《产权导刊》2014 年第 9 期。
89. 李钢:《国有企业效率研究》,《经济管理》2007 年第 2 期。
90. 李钢、何然:《国有经济的行业分布与控制力提升:由工业数据测度》,《改革》2014 年第 1 期。
91. 李济广:《国有经济的使命、效率及改革——天则经济研究所国有企业研究报告评析》,《探索》2013 年第 1 期。
92. 李军国、蔡跃:《继续深化大型国企改革》,《中国发展观察》2011 年第 4 期。
93. 李鲁云、王学明等:《后危机时期广东加快重点产业企业并购重组与发展研究》,《南方金融》2011 年第 7 期。
94. 李清均、西宝、张聚昌:《国有与非国有经济发展共融性研究——以社会主义基本经济制度激励为视角》,《哈尔滨工业大学学报》(社会科学版)2013 年第 4 期。
95. 李松森、荣杰:《辽宁国有经济布局和经济结构调整的原则取向》,《财经问题研究》2006 年第 7 期。
96. 李维安、邱艾超:《国有企业公司治理的转型路径及量化体系研究》,《科学学与科学技术管理》2010 年第 9 期。
97. 李燕:《论建立我国国有资本经营预算制度》,《中央财经大学学报》2004 年第 2 期。
98. 李永刚:《国有资本经营预算制度构建探析》,《当代经济科学》2011 年第 4 期。
99. 李毅中:《发展混合所有制经济要落实到企业做好顶层设计》,《宏观经济管理》2014 年第 4 期。
100. 李政、陆寅宏:《国有企业真的缺乏创新能力吗——基于上市公司所有权性质与创新绩效的实证分析与比较》,《经济理论与经济管理》2014 年第 2 期。
101. 李治国:《走出对国有经济职能定位的认识误区——从垄断行业不合理的高收入谈起》,《当代经济》2011 年 2 月。
102. 李中义:《国有经济的功能定位与战略调整——兼评“国进民退”》,《财经问题研究》2014 年第 2 期。

103. 梁勃：《资本结构的优化与国企公司治理机制的完善》，《中国青年政治学院学报》2007 年第 4 期。
104. 梁法院：《国有企业改革发展混合所有制经济研究》，《上海企业》2014 年第 3 期。
105. 梁丹：《关于完善国有公司企业董事会制度的思考》，《经济体制改革》2008 年第 1 期。
106. 刘常勇：《法国国有企业的管理与改革经验》，《科技智囊》1996 年第 2 期。
107. 刘纪鹏、黄习文：《组建国有资本运营公司——国资改革突破口》，《首都经济贸易大学学报》2014 年第 1 期。
108. 刘戒骄：《国有企业高管薪酬制度改革分析》，《中共中央党校学报》2014 年第 1 期。
109. 刘奇洪：《对实行混合所有制的顾虑》，《中国经济报告》2014 年第 4 期。
110. 刘瑞：《积极发挥国有经济在宏观调控中的作用》，《企业经济》2011 年第 10 期。
111. 刘瑞明、石磊：《国有企业的双重效率损失与经济增长》，《经济研究》2010 年第 1 期。
112. 刘瑞明、石磊：《上游垄断、非对称竞争与社会福利——兼论大中型国有企业利润的性质》，《经济研究》2011 年第 12 期。
113. 廖红伟：《后危机时代国有企业战略重组的机理与路径选择》，《经济纵横》2011 年第 11 期。
114. 廖红伟：《“委托—代理”机制与国有资产出资人模式创新》，《江汉论坛》2011 年第 11 期。
115. 鲁天鑫：《国外国有企业改革路径的考察及启示》，《技术经济与管理研究》2006 年第 3 期。
116. 罗华伟、干胜道：《顶层设计：“管资本”——国有资产管理体制构建之路》，《经济体制改革》2014 年第 6 期。
117. 马荣：《中国国有企业效率研究：基于全要素生产率增长及分解因素的分析》，《上海经济研究》2011 年第 2 期。
118. 毛剑峰、胡林荣、金海国：《国有企业公司治理结构问题及其对策》，《财政监督》2010 年第 8 期。

119. 毛立言:《关于中国特色现代国有企业治理结构问题的新思考——市场型国有企业治理结构的本质内涵与基本特征》,《毛泽东邓小平理论研究》2012 年第 7 期。
120. 蒙丹:《试析国企双重职能与深化国企改革》,《经济论坛》2011 年第 1 期。
121. 孟华强:《民间资本参与国有企业改制重组途径初探》,《国有资产管理》2011 年第 4 期。
122. 牛晓燕、刘玉平:《公共财政框架下的国有资本经营预算制度研究》,《财会研究》2011 年第 20 期。
123. 欧阳淞:《国有资本经营预算制度的几个基本问题》,《法学家》2007 年第 4 期。
124. 彭成洪:《如何破解国有资本经营预算的难题》,《经济体制改革》2011 年第 5 期。
125. 彭建国:《关于积极发展混合所有制经济的基本构想》,《中国发展观察》2014 年第 3 期。
126. 漆思剑:《我国国有企业改革理论评析及其应然路径选择》,《经济法论丛》2011 年第 2 期。
127. 戚聿东、徐炜:《国有独资公司董事会与监事会制度研究》,《首都经贸大学学报》2008 年第 1 期。
128. 曲波:《深化国有企业改革完善国有资产管理体制——国资委副主任黄淑和就深化国资国企改革相关问题答记者问》,《中国勘察设计》2014 年第 1 期。
129. 邱伟年、林家荣、林铭:《美、法国有企业改革对我国国有企业发展转型的启示》,《特区经济》2011 年第 8 期。
130. 荣兆梓:《国有资产管理体制进一步改革的总体思路》,《中国工业经济》2012 年第 1 期。
131. 荣兆梓:《国有企业改革:成就与问题》,《经济学家》2012 年第 4 期。
132. 荣兆梓:《发展混合所有制经济视角的国有经济改革新问题》,《经济纵横》2014 年第 9 期。
133. 邵传林:《国有企业性质的比较制度分析》,《经济学动态》2011 年第 9 期。

134. 邵宁：《关于国企改革发展方向的思考》，《上海国资》2011 年第 18 期。
135. 邵宁：《“十二五”，国企改革改什么?》，《企业观察家》2011 年第 5 期。
136. 邵挺：《国有资本管理体制和国有企业改革的方向和主线》，《中国发展观察》2013 年第 11 期。
137. 申建国：《国外国有企业改革经验借鉴——世界国有企业发展趋势的启示》，《经济与管理》2001 年第 3 期。
138. 石建国：《混合所有制将为国企改革开启新局面》，《福建论坛》（人文社会科学版）2014 年第 1 期。
139. 石建民、李运：《国有企业改革与重组：东欧国家的经验和启示》，《人文杂志》1998 年第 3 期。
140. 世界银行研究报告：《2030 年的中国：建设现代、和谐、有创造力的高收入社会》，http：//www. shihang. org/zh/news/2012/02/27/china－2030－executive－summary。
141. 宋春风：《法国、新加坡国有企业的比较研究》，《国有资产研究》1999 年第 2 期。
142. 隋军、卓祖航：《加快建立国有资本经营预算》，《发展研究》2005 年第 6 期。
143. 汤吉军：《中国国有经济战略性调整的路径依赖及其超越》，《首都经济贸易大学学报》2009 年第 6 期。
144. 汤吉军、年海石：《国有企业公司治理结构变迁、路径依赖与制度创新》，《江汉论坛》2013 年第 2 期。
145. 滕怀鹏：《论逻辑到国际比较下的国有企业董事会治理》，《企业导报》2012 年第 2 期。
146. 田都珍：《推进国有企业改革需深化“四个认识”》，《红旗文稿》2011 年第 8 期。
147. 田秋生：《混合所有制企业中，国有资本要不要控股?》，《广东经济》2014 年第 4 期。
148. 田雪峰、宋佳：《EVA 与国有资本经营预算》，《会计之友》2011 年第 27 期。
149. 童有好：《发展混合所有制经济应着重解决六个问题》，《经济纵横》

2014 年第 8 期。
150. 王灏：《淡马锡模式主要特征及其对我国国企改革的启示》，《中共中央党校学报》2011 年第 5 期。
151. 王华荣：《治理金融危机的国有化行为分析》，《中国流通经济》2010 年第 8 期。
152. 王佳菲：《现代市场经济条件下我国国有经济历史使命的再认识》，《马克思主义研究》2011 年第 9 期。
153. 王建平、张川：《所有制变迁、经济增长与国有经济最优规模》，《经济体制改革》2012 年第 2 期。
154. 王蕾：《基于员工持股发展规律与价值定位的我国员工持股制度分析》，《井冈山大学学报》（社会科学版）2010 年第 3 期。
155. 王罗汉、李钢：《国有企业效率研究》，《经济与管理研究》2014 年第 6 期。
156. 王平、高明华：《反对资源垄断国企实行混合所有制》，《国企》2014 年第 5 期。
157. 王涛、赵守国：《境外战略投资者参与国企改革重组分析》，《化工管理》2007 年第 10 期。
158. 王文成、才琳：《经济周期波动下国有经济对经济增长的影响研究》，《经济体制改革》2013 年第 1 期。
159. 王文成、沈红微、王爔慧：《国有经济投资对非国有经济投资的带动效应研究》，《中国软科学》2013 年第 7 期。
160. 王霞、杨积勇：《竞争性领域国有经济不公平市场地位及政策建议》，《合作经济与科技》2011 年第 5 期。
161. 王晓齐：《当前国有经济布局与结构调整须着力抓好的几项工作》，《经济研究参考》2010 年第 42 期。
162. 王珏：《股份制与中国经济体制改革》，《南方经济》2004 年第 3 期。
163. 王珏：《国有经济结构战略性调整探讨》，《党政干部学刊》1997 年第 10 期。
164. 王元京：《民营经济参与国有经济战略性重组的投资方式》，《西部论丛》2010 年第 11 期。
165. 王铮：《必须建立新的国有资本管理体制——访国务院发展研究中心产业经济研究部部长赵昌文》，《上海国资》2014 年第 4 期。

166. 王智丰、袁政：《委托人与代理人“行政化”对国企领导管理体制的影响研究》，《学术研究》2011 年第 2 期。
167. 王忠明：《改革开放与国有经济战略性调整》，《经济与管理研究》2008 年第 2 期。
168. 王忠明：《国有经济战略性调整布局与结构的三个层面》，《中国房地信息》2006 年第 5 期。
169. 王忠明：《“非国有化”或“私有化”浪潮——国外国有企业研究（中）》，《煤炭企业管理》1999 年第 8 期。
170. 卫祥云：《从国企改革看体制机制的创新》，《中国市场》2011 年第 50 期。
171. 文宗瑜：《国有资本经营预算管理改革的继续深化》，《地方财政研究》2011 年第 4 期。
172. 文宗瑜、刘微：《国有资本预算编制和审批》，《国有资产管理》2005 年第 8 期。
173. 文宗瑜、刘微：《国有资本经营预算如何与公共收支预算对接》，《财政研究》2008 年第 1 期。
174. 吴炳贵：《关于独立编制国有资本经营预算之我见》，《国有资产管理》2005 年第 10 期。
175. 吴凡、卢阳春：《我国国有企业公司治理存在的主要问题与对策》，《经济体制改革》2010 年第 5 期。
176. 吴杰：《提问贝法：走近法国国企》，《国企》2012 年第 12 期。
177. 吴祥云：《国有资本经营预算范围的界定》，《经济研究参考》2005 年第 55 期。
178. 夏东：《中国企业改革发展三十年回顾与展望——“中国企业改革发展三十年理论与实践研讨会暨中国企业管理研究会 2008 年年会”综述》，《重庆工商大学学报》（西部论坛）2008 年第 5 期。
179. 晓亮：《论混合所有制与股份制》，《现代经济探讨》2003 年第 10 期。
180. 谢鲁江：《混合所有制经济：三重意义上的体制平台》，《人民论坛·学术前沿》2014 年第 6 期。
181. 谢小兵、金彦平：《2009 年中央企业并购重组情况分析报告》，《国有资产管理》2011 年第 3 期。

182. 谢永珍、李维安：《中国国有企业董事会治理：现状、问题与对策——基于对山东省管国有企业的调查》，《山东社会科学》2008 年第 11 期。
183. 薛东阳：《国有企业全要素生产率变化及其原因分析》，《管理现代化》2011 年第 5 期。
184. 徐传谌、邹俊：《中央企业战略重组的不确定性及其规制研究》，《经济体制改革》2012 年第 3 期。
185. 徐大立、赵国杰、李广海：《国有企业公司治理模式研究》，《上海经济研究》2007 年第 4 期。
186. 徐炜：《中央企业董事会建设研究》，《经济管理》2011 年第 11 期。
187. 徐曙娜：《我国预算体系创新研究》，《公共财政评论》2011 年第 2 期。
188. 严若森：《竞争结构、目标函数与国有企业民营化的最优比例》，《人文杂志》2011 年第 3 期。
189. 严若森：《中国国有企业治理改革深化的主要现实障碍分析》，《江苏社会科学》2005 年第 2 期。
190. 闫海、蒋丽娜：《我国国有资本经营预算制度的问题及对策》，《地方财政研究》2010 年第 10 期。
191. 杨立春：《对我国国有资产管理体制改革的思考》，《江苏商论》2008 年第 9 期。
192. 杨丽伟：《国有企业规范董事会建设的深化研究》，《中国市场》2012 年第 13 期。
193. 杨瑞龙：《国有企业的重新定位及分类改革战略的实施》，《国企》2013 年第 7 期。
194. 杨正东、甘德安：《中国国有企业与民营企业的数量演进——基于种群生态学的仿真实验》，《经济评论》2011 年第 4 期。
195. 叶琪：《新中国成立 60 年来我国国有企业改革的历程与成效》，《经济研究参考》2009 年第 10 期。
196. 尹华、里光年：《国企改革的相关性分析》，《中央财经大学学报》1999 年第 10 期。
197. 余菁：《“国进民退”：实质、利弊与演化——兼对 2009 年几个典型案例的探讨》，《学习与实践》2010 年第 1 期。

198. 袁东升：《国有资产管理体制调整探究》，《社会科学家》2012 年第 5 期。
199. 袁恩桢：《国有经济的主导作用不可动摇》，《毛泽东邓小平理论研究》2012 年第 7 期。
200. 袁辉：《国有企业功能的历史透视与新时期定位》，《江苏行政学院学报》2014 年第 2 期。
201. 袁境：《国有资产管理中的政府目标与市场目标二重性探讨——“淡马锡”修宪的启示》，《经济体制改革》2010 年第 5 期。
202. 袁志刚、邵挺：《国有企业的历史地位、功能及其进一步改革》，《学术月刊》2010 年第 1 期。
203. 曾蓉：《国有资产管理体制改革的法经济学思考》，《中外企业家》2013 年第 30 期。
204. 张晨、张宇：《国有企业是低效率的吗》，《经济学家》2011 年第 2 期。
205. 张克利、唐祖君、邬彦如、郭小伟：《德国、法国国有企业改组、企业破产重组考察报告》，《中国经贸导刊》2004 年第 8 期。
206. 张佳康：《中国国有企业公司治理制度变迁》，《学习与探索》2013 年第 4 期。
207. 张杰：《国有企业董事会运作中存在问题及完善措施》，《商业经济》2013 年第 7 期。
208. 张金鑫：《国有资产监管的模式与演进》，《中国国情国力》2010 年第 2 期。
209. 张路：《构建国家核心竞争力与国有经济布局战略性调整——以国有企业“走出去”为视角》，《企业管理》2014 年第 5 期。
210. 张铭：《新时期我国国有资本经营公司运营模式探讨》，《国有资产管理》2011 年第 4 期。
211. 张思强、宋冬梅：《国有企业治理主体的界定：从理论到实践》，《财经科学》2008 年第 5 期。
212. 张晓文、刘现伟：《“十二五”国有资本管理体制改革的总体思路、重点及建议》，《中国经贸导刊》2010 年第 1 期。
213. 张馨：《论第三财政》，《财政研究》2012 年第 8 期。
214. 张宇：《正确认识国有经济在社会主义市场经济中的地位和作用——

兼评否定国有经济主导作用的若干片面认识》,《毛泽东邓小平理论研究》2010 年第 1 期。
215. 赵华荃:《遵循客观规律,加快转变经济发展方式——实施两个发展战略,解决两个关键问题》,《管理学刊》2011 年第 5 期。
216. 赵金锁:《现行国有企业制度变迁分析——基于经济自由度视角》,《甘肃社会科学》2011 年第 6 期。
217. 郑海航:《中央企业重组的历史沿革及发展研究》,《财经问题研究》2011 年第 3 期。
218. 周放生:《国有经济的定位与进退》,《企业观察家》2011 年第 2 期。
219. 周景勤:《国有经济战略性调整与深化国有企业改革》,《北京市经济管理干部学院学报》2011 年第 3 期。
220. 周淼:《国际金融垄断资本主义阶段必须发展壮大国有经济》,《红旗文稿》2013 年第 12 期。
221. 周叔莲:《解决自身问题仍是国企改革的一项极其重要的任务》,《中国党政干部论坛》2012 年第 9 期。
222. 周晓燕、陆运辉:《法国与德国国有企业改革比较研究》,《沈阳师范大学学报》(自然科学版)2010 年第 2 期。
223. 周新城:《关于巩固和完善基本经济制度的若干问题——兼论如何正确认识"发展混合所有制经济"》,《学习论坛》2014 年第 8 期。
224. 周耀东、余晖:《国有垄断边界、控制力和绩效关系研究》,《中国工业经济》2012 年第 6 期。
225. 周泽红:《国有经济改革与发展的几个理论问题辨析——从"国进民退"的争论谈起》,《理论探讨》2011 年第 3 期。
226. 朱安东:《私有化与国有化:理论与现实》,《教学与研究》2011 年第 1 期。
227. 朱恩涛、华桂宏:《国有企业领导制度改革的思考》,《经济体制改革》2004 年第 1 期。
228. 朱节云:《国有资产管理体制的缺陷及原因探究》,《人民论坛》2012 年第 27 期。
229. 朱云莉、毛剑峰:《基于管理层收购的国有企业产权改革研究》,《现代商贸工业》2010 年第 7 期。
230. 祝岩松、刘现伟:《我国国有经济的功能定位分析》,《中国经贸导刊》2011年第24期。
231. 祝岩松、刘现伟、赵雪峰等：《国有经济产业调整的对策研究》，《中国投资》2011年第8期。
232. 邹俊、张芳：《转变经济发展方式与国有经济功能再定位》，《前沿》2011年第17期。
233. 邹允祥：《新加坡淡马锡管理经验及对改进国有企业管理的启示》，《江苏建材》2013年第1期。
234. 宗寒：《正确认识国有企业的作用和效率——与刘瑞明、石磊先生商榷》，《当代经济研究》2011年第2期。

第三章

1. 黄速建：《工业发展报告2014》，经济管理出版社2014年版。
2. 吕政、黄速建：《中国国有企业改革30年研究》，经济管理出版社2008年版。
3. 章迪诚：《中国国有企业改革编年史（1978—2005）》，中国工人出版社2006年版。
4. 《中共中央关于全面深化改革若干重大问题的决定》，2013年11月12日。
5. 黄群慧、余菁：《新时期的新思路：国有企业分类改革与治理》，《中国工业经济》2013年第11期。
6. 周叔莲：《国有企业改革30年的模式、道路与成绩》，《经济研究导刊》2009年第8期。
7. 黄群慧：《新时期如何积极发展混合所有制经济》，《行政管理改革》2013年第12期。
8. 上海国有资本运营研究院课题组：《十六省市地方国资改革方案比较》，《东方早报网》2014年9月30日。
9. 财政部企业司：《以党的十八大为指引　坚定不移地支持国有企业改革》，《中国会计报》2012年12月14日。

第四章

1. 《中国工业经济统计年鉴》（2004—2012）。
2. 《中国工业统计年鉴》（2014）。

3. 《中国财政统计年鉴》（2008—2014）。
4. 吕政、黄速建：《中国国有企业改革30年研究》，经济管理出版社2008年版。
5. 张航燕：《中国国有经济现状及改革的方向》，《经济与管理研究》2014年第12期。
6. 王罗汉、李钢：《国有企业效率研究》，《经济与管理研究》2014年第6期。

第五章

1. 林毅夫、蔡昉、李周：《中国的奇迹：发展战略与经济改革》，上海三联书店、上海人民出版社1994年版。
2. 魏后凯、刘楷、周民良等：《中国地区发展——经济增长、制度变迁与地区差异》，经济管理出版社1997年版。
3. 王绍光、胡鞍钢：《中国：不平衡发展的政治经济学》，中国计划出版社1999年版。
4. 金碚、黄群慧：《“新型国有企业”现象初步研究》，《中国工业经济》2005年第6期。
5. 贾俊雪、郭庆旺：《中国区域经济趋同与差异分析》，《中国人民大学学报》2007年第5期。
6. 沈坤荣、马俊：《中国经济增长的“俱乐部收敛”特征及其成因研究》，《经济研究》2002年第1期。
7. 林毅夫、蔡昉、李周：《中国经济转轨时期的地区差距分析》，《经济研究》1998年第6期。
8. 董先安：《浅释中国地区差距：1952—2002》，《经济研究》2004年第9期。
9. 林毅夫、刘明兴：《中国的经济增长收敛于分配》，《世界经济》2003年第8期。
10. 周民良：《经济重心、区域差距与协调发展》，《中国社会科学》2000年第2期。
11. 刘强：《中国经济增长的收敛性分析》，《经济研究》2001年第6期。
12. 李钢、廖建辉：《中国省域工业结构的聚类与时空演化》，《经济管理》2011年第8期。

13. 蔡建荣：《浅谈我国东西部经济差距的原因及对策》，《中国商贸》2013 年第 8 期。
14. 樊杰、W. 陶普曼：《中国农村工业化的经济分析及省际发展水平差异》，《地理学报》1996 年第 5 期。
15. 陈耀：《对欠发达地区援助的国际经验》，《经济研究参考》1999 年第 10 期。
16. 蔡昉、王德文、都阳：《劳动力市场扭曲对区域差距的影响》，《中国社会科学》2001 年第 2 期。
17. 洪华喜、崔焕金：《中国经济增长的趋同特征及其成因分析》，《经济问题探讨》2003 年第 11 期。
18. 陆铭、陈钊：《中国的差距、投资、教育和增长的相互影响》，《经济研究》2005 年第 12 期。
19. Mankiw，N. Gregory，David Romer，and David N. Weil，"A Contribution to the Empirics of Economic Growth"，*Quarterly Journal of Economics*，1992，(2)：408 – 440.
20. Williamson Jeffery G.，"Regional Inequality and the Process of National Development，A Description of the Patterns"，*Economic Development and Cultural Change*，1965，(2)：2 – 45.
21. A. Mathur，"Regional Development and Income Disparities in India：A Sectoral Analysis"，*Economic Development and Cultural Change*，Vol. 31，No，3，475 – 505，1983.
22. T. Akita & R. A. Lukman，"Interregional Inequalities in Indonesia：A Sectoral Decomposition Analysis for 1975 – 1992"，*Bulletin of Indonesia Economic Studies*，Vol. 31，No. 2，61 – 81，1995.
23. Shorrocks，A. F.，"Inequality Decomposition by Population Subgroup"，*Econometrica*，1984，(52)：1365 – 1385.

第六章

1. 吴敬琏：《新"国进民退"——风险与改革攻坚战》，《中国 2013：关键问题》，线装书局 2013 年版。
2. 国家统计局课题组：《对国有经济控制力的量化分析》，《统计研究》2001 年第 1 期。

3. 李崇新：《关于国有经济控制力核算的探讨》，《统计与信息论坛》2001年第3期。
4. 袁恩桢：《论国有经济的控制力》，《上海社会科学院学术季刊》2000年第2期。
5. 张继良：《论国有经济的控制力》，《经济学动态》1999年第5期。
6. 周维富：《论提高我国国有经济的控制力》，《经济纵横》2004年第10期。
7. 宋东林、于群：《国有经济的战略性调整与国有经济控制力》，《管理世界》2003年第8期。
8. 闫杰：《关于国有经济控制力的思考》，《兰州大学学报》1998年第1期。
9. 刘解龙：《国有经济控制力战略论纲》，《长沙电力学院学报》2000年第8期。
10. 张晖明、潘莹：《国有经济布局调整与国有经济控制力》，《上海经济研究》1999年第11期。
11. 周学文：《如何认识并测算国有经济和国有经济控制力》，《中国统计》1999年第8期。
12. 杨宽宽、许剑毅、周学文、朱金渭：《国有经济控制力的现状及趋势》，《中国经贸导刊》2003年第18期。
13. 李士梅：《我国国有经济控制力的界定》，《工业技术经济》2002年第1期。
14. 谢敏：《开放市场经济条件下中国国有经济控制力研究》，博士论文，南开大学博士学位论文，2010年。
15. 徐国祥、苏月中：《上海国有经济控制力定量评估与发展对策研究》，《财经研究》2003年第8期。
16. 王江、周雅、郑广超：《工业企业国有经济控制力研究》，《北方经济》2009年第5期。
17. 胡鞍钢：《“国进民退”现象的证伪》，《国家行政学院学报》2012年第1期。
18. 盛毅：《用行业集中度确定国有经济控制力的数量界限》，《经济体制改革》2010年第6期。
19. 赵华荃：《关于公有制主体地位的量化分析和评价》，《当代经济研究》2012年第3期。

20. 郑志国:《怎样量化分析公有制的主体地位》,《当代经济研究》2012 年第 10 期。
21. 金碚、黄群慧:《“新型国有企业”现象初步研究》,《中国工业经济》2005 年第 6 期。
22. 刘福林:《北京工业国有经济控制力有多大》,《北京统计》2003 年第 1 期。
23. 徐国祥、苏月中:《上海国有经济控制力定量评估与发展对策研究》,《财经研究》2003 年第 8 期。
24. 李钢:《新二元经济结构下中国工业升级路线》,《经济体制改革》2009 年第 5 期。
25. 郝书辰、蒋震:《我国国有经济的市场结构分析和退出路径选择》,《管理世界》2007 年第 8 期。
26. 赵华荃:《关于公有制主体地位的量化分析和评价》,《当代经济研究》2012 年第 3 期。
27. 郑志国:《怎样量化分析公有制的主体地位》,《当代经济研究》2012 年第 10 期。

第七章

1. 阿瑟·塞西尔·庇古:《社会主义和资本主义的比较》,商务印书馆 1963 年版。
2. 大卫·科茨:《所有权、财产权与经济绩效:美国及其他国家的理论和实践》,《经济社会体制比较》2008 年第 3 期。
3. 金培:《论社会主义经济中的私经济行为》,《江苏社会科学》1993 年第 3 期。
4. 金碚:《再论国有企业是特殊企业》,《中国工业经济》1999 年第 3 期。
5. 克里斯·哈曼:《对新自由主义理论研究的反思》(下),《国外理论动态》2008 年第 10 期。
6. 钱丹:《从西方国家战后的国有化运动到 80 年代的私营化浪潮——兼论国家垄断资本主义宏观经济调节机制的演变》,《长白学刊》1988 年第 4 期。
7. 吕政:《适应生产力发展要求是所有制调整的出发点》,《人民日报》理论版,2012 年 5 月 23 日。

8. 邵宁：《十八届三中全会〈决定〉与国有企业改革》，《现代国企研究》2014 年第 1—2 期。
9. Garrett Hardin，"The Tragedy of the Commons"，*Science*，162，1968.
10. Heller：M. A.，The Tragedy of the Anti-commons，*Harverd Law Review*，111：621－688，1998.

第八章

1. 高德步：《世界经济通史》（上卷），高等教育出版社 2009 年版。
2. Bortolotti，B. and Milella，V.：《西欧的私有化：典型事例、结果和未决的问题》，热拉尔·罗兰主编：《私有化——成功与失败》，中国人民大学出版社 2013 年版。
3. Hanousek，J.，Kacenda，E. & Svejnar，J.：《中东欧和独联体的私有化》，载热拉尔·罗兰主编《私有化——成功与失败》，中国人民大学出版社 2013 年版。
4. 科林·克劳奇：《新自由主义不死之谜》，蒲艳译，中国人民大学出版社 2013 年版。
5. Nellies，J.：《非洲私有化：历史与未来》，载热拉尔·罗兰主编《私有化——成功与失败》，中国人民大学出版社 2013 年版。
6. 热拉尔·罗兰主编：《私有化——成功与失败》，约瑟夫·E. 斯蒂格利茨作序，张宏胜、于淼、孙琪等译，中国人民大学出版社 2013 年版。
7. Gupta，N.：《南亚私有化》，F. A. 热拉尔·罗兰主编《私有化——成功与失败》，中国人民大学出版社 2013 年版。
8. Estache，A. and Trujillo，L.：《拉丁美洲的私有化：美好、丑陋、不公》，载热拉尔·罗兰主编《私有化——成功与失败》，中国人民大学出版社 2013 年版。
9. 何自力：《对"大市场，小政府"市场经济模式的反思——基于西方和拉美国家教训的研究》，《政治经济学评论》2014 年第 5 卷第 1 期。
10. 黄涛：《国有经济布局和调整的原因研究——国有经济史的角度》，《北方经济》2012 年第 1 期。
11. 寇垠：《国有经济改革的文献综述》，《经济研究导刊》2013 年第 10 卷第 192 期。
12. 蒋一苇：《职工主体论》，《中国劳动科学》1991 年第 9 期。

13. 孔玉生、张帆：《国外国有经济布局经验及对我国的启示》，《商业时代》2011 年第 27 期。

14. 申建国：《国外国有企业改革经验简介——世界国有企业发展趋势的启示》，《经济与管理》2001 年第 3 期。

15. 胡家勇：《国有经济规模的国际比较》，《经济纵横》2004 年第 8 期。

16. 洪名勇：《国外国有资本退出竞争性领域的通道及启示》，《经济师》2001 年第 10 期。

17. 陆桂琴：《国外国有银行私有化改革研究》，《理论探讨》2007 年第 6 卷第 139 期。

18. 袁志刚：《国外国有企业制度及其演变的比较研究》，《世界经济》1995 年第 6 期。

19. 郭晓琼：《俄罗斯所有制结构演变及近期私有化进展》，《俄罗斯学刊》2013 年第 3 期。

20. 李松森：《国有经济结构调整的理论分析》，《产业与科技论坛》2006 年第 1 卷第 1 期。

21. 刘瑞明、石磊：《国有企业的双重效率损失与经济增长》，《经济研究》2010 年第 1 期。22. 雷培莉：《国外国有企业在国民经济中布局及发展变化的分析》，《化工管理》1999 年第 1 期。

23. 廖红伟、赵翔实：《外国国有经济的发展演变及对我国的启示》，《国有经济论丛（2012）——深入推进国有经济战略性调整》，2012 中国国有经济发展论坛：深入推进国有经济战略性调整学术研讨会，北京，2012 年 12 月 21 日。

24. Lau, L., Qian Y. & Roland, G., "Reform without Losers: An Interpretation of China's Dual - Track Approach to Transition", *Journal of Political Economy*, 2000, 108 (1).

25. Fluck, Z., Kose, J. & Ravid, S. A. *Privatization in Stages and the Dynamics of Ownership Structure*, New York University Press, 1996.

26. Chang, H - J. & Singh, A.," Can Large Firms be Run Efficiently without Being Bureaucratic?" *Journal of International Development*, 1997, 9 (6): 865 - 879.

27. Megginson, W. L., Nash, R. & Van Randenborgh, M. "The Financial and Operating Performance of Newly Privatized Firms: An International

Empirical Analysis," *Journal of Finance*, 1994, 49 (2): 403 -452.

28. Djankov, S. & Murrell, P., "Enterprise Restructuring in Transition: A Quantitative Survey", *Journal of Economic Literature*, 2002, (40): 793 -837.
29. Martin S. & Parker D., *The Impact of Privatisation: Ownership and Corporate Performance in the UK Industrial Economic Strategies for Europe State of Welfare*, Routledge, 1997.
30. Organization for Economic Cooperation and Development (OECD), *Privatising State -owned Enterprises - An Overview of Policiesand Practices in OECD Countries*, Paris, 2003.
31. Boubakri, N., Cosset, J -C, Fischer, K. & Guedhami, O., Privatization and Bank Performance in Developing Countries," *Journal of Banking and Finance*, 2005, (29): 2015 -2041.
32. Organization for Economic Cooperation and Development (OECD), *Privatisation in the 21st Century: Recent Experiences of OECD Countries - Report on Good Practices*, Paris, 2009.
33. Jeronimo, V., Pagán, J. A. & Gökçe, S., "Privatization and European Economic and Monetary Union", *Eastern Economic Journal*, 2000, (26): 321 -333.
34. Gibbon, H. A. *Guide for Divesting Government-owned Enterprises*, 1996.
35. Chernykh, L., "Profit or Politics? Understanding Renationalizations in Russia", *Journal of Corporate Finance*, 17, 1237 -1253, 2011.
36. Megginson, W., Netter, J., "From State to Market: A Survey of Empirical Studies on Privatization", *Journal of Economic Literature*, 39, 321 -389, 2001.
37. Megginson, W., Nash, R., Netter, J., Poulsen, A., "The Choice of Private Versus Public Markets: Evidence from Privatizations", *Journal of Finance*, 59, 2835 - 2870, 2004.
38. Schmidt, K., "The Political Economy of Mass Privatization and the Risk of Expropriation", *European Economic Review*, 44, 393 - 421, 2000.
39. Boehmer, R., Nash, R., Netter, J., "Bank Privatization in Develo-

ping and Developed Countries: Cross – sectional Evidence on the Impact of Economic and Political Factors, *Journal of Banking & Finance*, 29, 1981 – 2013, 2009.

40. Aslund, A. , "The Case for Swift Currency Reform in the New Republics", *Transition*, 2 (8): 4 – 9.

41. Roland, G. , "On the speed and sequencing of Privatisationand Restructuring", *The Economic Journal*, 104, 1158 – 1168.

42. Boycko, M. , Shleifer, A. and Vishny, R. , *Property Rights, Soft Budget Constraints and Privatization*, *Mimeo*, Harvard University, 1992.

43. Dewatripont, M. and Roland, G. , "Economic Reform and Dynamic Political Constraints, *Review of Economic Studies*, 59, 703 – 730, 1992.

44. Aulakh, P. A. and Kotabe, M. , "Institutional Changes and Organizational Transformation in Developing Economies", *Journal of International Management*, 14, 209 – 216, 2008.

45. Estache, A. , Gonzalez, and Trujillo, L. , "What Does "Privatization" Do for Efficiency? Evidence from Argentina's and Brazil's Railways", *World Development*, 30 (11), 1885 – 1897, 2002.

46. World Bank, Global Development Finance Report, Appendix 4. Washington, D. C. : *World Bank*, 2001.

47. Gupta, N. , "Partial Privatization and Firm Performance", *Journal of Finance*, 60 (2), 987 – 1015, 2009.

48. Selvam, J. , "Is Privatization Significant for Economic Growth? Empirical Findings from India", *Social Development Issues*, 35 (1), 55 – 63, 2013.

第九章

1. 李扬等：《中国国家资产负债表 2013》，中国社会科学出版社 2013 年版。

2. 李政：《中央企业自主创新报告 2012》，中国经济出版社 2013 年版。

3. 中国工程科技发展战略研究院：《2015 年中国战略性新兴产业发展报告》，科学出版社 2015 年版。

4. 陈东琪、臧跃茹、刘立峰、刘泉红、姚淑梅：《国有经济布局战略性调整的方向和改革举措研究》，《宏观经济研究》2015 年第 1 期。
5. 程军：《构建金融发展大动脉、助推“一带一路”经贸大发展》，《世界经济调研》2015 年第 14 期。
6. 冯雷、汤婧：《大力发展混合所有制应对“竞争中立”规制》，《全球化》2015 年第 4 期。
7. 郭树龙、李启航：《中国制造业市场集中度动态变化及其影响因素研究》，《经济学家》2014 年第 3 期。
8. 胡鞍钢、魏星、高宇宁：《中国国有企业竞争力评价（2003—2011）：世界 500 强的视角》，《清华大学学报》（哲学社会科学版）2013 年第 1 期。
9. 黄群慧、余菁：《新时期的新思路：国有企业分类改革与治理》，《中国工业经济》2013 年第 11 期。
10. 黄群慧：《工业化后期中国经济趋势性变化与风险》，《中国经济学人》2015 年第 1 期。
11. 黄群慧：《中央企业在国家自主创新体系中的功能定位研究》，《中国社会科学院研究生院学报》2013 年第 3 期。
12. 黄群慧：《地方国企国资改革的进展、问题与方向》，《中州学刊》2015 年第 5 期。
13. 黄群慧、余菁、贺俊：《构建国有经济管理新体制初探》，《天津社会科学》2015 年第 1 期。
14. 李磊：《地方国资国企改革方案扫描》，《现代国企研究》2015 年第 1 期。
15. 李荣融：《问题不是垄断，是行业集中度太低》，《市场观察》2013 年第 6 期。
16. 李扬、张晓晶：《新常态：经济发展的逻辑与前景》，《经济研究》2015 年第 5 期。
17. 陆铭、柳剑平、程时雄：《中国与 OECD 主要国家工业行业技术差距的动态测度》，《世界经济》2014 年第 9 期。
18. 马淑萍、袁东明：《地方国有资本管理的探索与启示》，《中国经济时报》2015 年 2 月 13 日。
19. 宋群：《深化中央企业布局和结构调整研究》，《全球化》2014 年第 7 期。

20. 项安波、石宁：《鼓励地方因地制宜地探索国资管理模式》，《中国经济时报》2015 年 3 月 29 日。
21. 易纲：《中国企业走出去的机遇、风险与政策支持》，《中国市场》2012 年第 12 期。
22. 张毅：《加快一带一路建设，推动国际产能合作》，《国资报告》2015 年第 7 期。
23. 中国社会科学院工业经济研究所课题组：《论新时期全面深化国有经济改革的重大任务》，《中国工业经济》2013 年第 9 期。

第十章

1. 黄群慧、白景坤：《国企改革和国有经济战略性调整综述》，载《中国经济学年鉴 2012》，中国社会科学出版社 2013 年版。
2. 余菁：《“混合所有制”的学术论争及其路径寻找》，《改革》2014 年第 11 期。
3. 何自力：《发展混合所有制经济是新形势下坚持公有制主体地位的重要途径》，《求是》2014 年第 9 期。
4. 常修泽：《社会主义市场经济体制的基础——混合所有制经济》，《光明日报》2014 年 7 月 2 日。
5. 黄速建：《中国国有企业混合所有制改革研究》，《经济管理》2014 年第 7 期。
6. 万华炜：《中国混合所有制经济的产权制度分析》，《中南财经政法大学学报》2007 年第 6 期。
7. 厉以宁：《在调查混合所有制中发现的几个误解》，《当代社科视野》2014 年第 4 期。
8. 黄群慧、余菁：《新时期的新思路：国有企业分类改革与治理》，《中国工业经济》2013 年第 11 期。
9. 赵华荃：《尊重客观规律，深化收入分配制度改革》，《政治经济学评论》2013 年第 4 期。
10. 张卓元：《混合所有制经济是什么样的经济》，《求是》2014 年第 8 期。
11. 陈永杰：《混合所有制经济约占我国经济总量的 1/3》，《中国民商》2014 年第 2 期。

12. 李军国、蔡跃：《继续深化大型国企改革》，《中国发展观察》2011 年第 7 期。
13. 黄淑和：《加快国企股权多元化改革》，《求是》2014 年第 3 期。
14. 王荣森：《从大时代角度看混合所有制》，《经济参考报》2014 年 9 月 1 日。
15. 中国社会科学院工业经济研究所课题组：《论新时期全面深化国有经济改革重大任务》，《中国工业经济》2014 年第 9 期。
16. 杨斌：《委内瑞拉怎样进行混合所有制改革》，《决策探索》（下半月）2014 年第 10 期。
17. 剧锦文：《积极发展混合所有制经济》，《经济日报》2014 年 5 月 22 日。
18. 邵宁：《关于国企改革发展方向的思考》，《上海国资》2011 年第 18 期。
19. 张晓文、刘现伟：《“十二五”国有资本管理体制改革的总体思路、重点及建议》，《中国经贸导刊》2010 年第 1 期。

第十一章

1. ［美］马丁 · L. 威茨曼：《分享经济——用分享制代替工资制》，林青松、何家成、华生译，中国经济出版社 1988 年版。
2. 梁慧瑜：《企业员工持股法律问题研究》，法律出版社 2012 年版。
3. 程斌宏、张璐：《张裕集团 MBO 之路——一个有效解决国有企业代理问题的成功案例》，《经济导刊》2006 年第 11 期。
4. 迟福林：《国有企业改革中的劳动力产权问题》，《改革》1995 年第 1 期。
5. 冯邦彦、叶穗瑜：《员工持股计划在我国的适用性研究》，《江汉论坛》2003 年第 7 期。
6. 黄群慧、余菁、王欣、邵婧婷：《新时期我国员工持股制度研究》，《中国工业经济》2014 年第 7 期。
7. 黄群慧、余菁：《新时期的新思路：国有企业分类改革与治理》，《中国工业经济》2013 年第 11 期。
8. 蒋一苇：《经济民主论——纪念党的十一届三中全会召开十周年》，《改革》1989 年第 1 期。

9. 蒋一苇：《职工主体论》，《中国劳动科学》1991 年第 9 期。
10. 刘金雄、寇纪淞、李敏强：《论职工持股计划的缺陷性——兼评国有资产流失的原因》，《天津大学学报》（社会科学版）2000 年第 3 期。
11. 罗智渊：《中国员工持股制度研究》，首都经济贸易大学博士学位论文，2011 年。
12. 王晋斌：《解析内部职工持股计划制度设计》，《经济研究》2001 年第 7 期。
13. 吴宇晖、张嘉昕：《民主公司、劳动产权与所有制——大卫·艾勒曼产权理论及评析》，《学习与探索》2009 年第 4 期。
14. 辛宇、吕长江：《激励、福利还是奖励：薪酬管制背景下国有企业股权激励的定位困境——基于泸州老窖的案例分析》，《会计研究》2012 年第 6 期。
15. 严复海、燕洪国、宋玉：《我国员工持股计划制度设计的整体思路研究》，《价值工程》2006 年第 2 期。
16. 杨欢亮：《西方员工持股理论综述》，《经济学动态》2003 年第 7 期。
17. 尹中立：《员工持股的意义》，《中国金融》2014 年第 1 期。
18. 邹海峰：《中国职工持股制度研究》，中国经济出版社 2011 年版。
19. 杨欢亮：《职工持股在中国的发展——理论、实践与对策》，四川大学博士学位论文，2004 年。
20. 艾勒曼的个人网站，http：//www. ellerman. org。
21. Gates J. , *The Ownership Solution*：*Toward A Shared Capitalism for the 21st Century*, Boston：Addison – Wesley, 1998.
22. Giddens A. , *The Third Way*：*the Renewal of Social Democracy*, Cambridge：Polity Press, 1998.
23. Jensen, M. C. , "Value Maximization, Stakeholder Theory, and the Corporate Objective Function", *Journal of Applied Corporate Finance*, 2010, 22 (1)：32 – 42.
24. Kelso L. O. , Kelso P. H. , *Two – factor Theory*：*The Economics of Reality*, New York：Vintage Books, 1967.
25. Williamson O. E. , Markets and Hierarchies：*Analysis and Antitrust Implications*, New York：The Free Press, 1975.

第十二章

1. [美] 哈罗德·德姆塞茨：《所有权、控制与企业》，经济科学出版社1999年版。
2. [美] Y. 巴泽尔：《产权的经济分析》，上海三联书店1997年版。
3. 中国社会科学院工业经济研究所：《中国工业发展报告（2014）》，经济管理出版社2014年版。
4. 张文魁：《中国混合所有制企业的兴起及其公司治理研究》，经济科学出版社2010年版。
5. 黄速建：《中国国有企业混合所有制改革研究》，《经济管理》2014年第7期。
6. 厉以宁：《产权保护与民营企业发展》，《新华每日电讯》2013年9月27日。
7. 杨俊社：《关于促进合资铁路发展与改革的思考》，国有铁路投资公司联谊会会议论文，2014年11月6日。
8. The World Bank and IFC, *Doing Business* 2014: *Understanding Regulations for Small and Medium - Size Enterprises*, http://www.doingbusiness.org, 2014.

第十三章

1. 安建：《中华人民共和国企业国有资产法释义》，法律出版社2008年版。
2. 党的十八届三中全会《决定》学习辅导百问编写组：《党的十八届三中全会决定学习辅导百问》，党建读物出版社、学习出版社2013年版。
3. 顾功耘、罗培新：《经济法前沿问题》，北京大学出版社2011年版。
4. 国务院国有资产监督管理委员会研究室：《探索与研究——国有资产监管和国有企业改革研究报告（2006）》，中国经济出版社2007年版。
5. 国务院国资委政策法规局：《国务院国有资产监督管理委员会规章规范性文件汇编（2003—2012）》，经济科学出版社2013年版。
6. 吕政、黄速建：《中国国有企业改革30年研究》，经济管理出版社2008年版。
7. 《企业国有资产监督管理暂行条例》起草小组：《企业国有资产监督管

理暂行条例释义》，中国法制出版社 2003 年版。
8. 章迪诚：《中国国有企业改革编年史（1978—2005）》，中国工人出版社 2006 年版。
9. 张冀湘：《企业有序活力论》，经济科学出版社 1999 年版。
10. 张鑫、叶振鹏：《双元结构财政——中国财政模式研究》，经济科学出版社 1999 年版。
11. 张卓元、郑海航：《中国国有企业改革 30 年回顾与展望》，人民出版社 2008 年版。
12. 郑国洪：《国有资产管理体制问题研究》，中国检察出版社 2010 年版。
13. 《中国国有资产监督管理年鉴》编委会：《中国国有资产监督管理年鉴（2012）》，中国经济出版社 2012 年版。
14. 周绍鹏等：《新世纪的国有企业改革与国有资产管理体制研究》，中国人民大学出版社 2006 年版。
15. 《中共中央关于全面深化改革若干重大问题的决定》辅导读本编写组：《中共中央关于全面深化改革若干重大问题的决定辅导读本》，人民出版社 2013 年版。
16. 陈清泰：《深化国有资产管理体制改革的几个问题》，《管理世界》2003 年第 6 期。
17. 陈小洪：《建立国有资本管理新体制》，《管理世界》1998 年第 4 期。
18. 郭春丽：《国有资产管理体制改革的总体思路和实现路径》，《宏观经济管理》2014 年第 10 期。
19. 黄群慧、余菁：《新时期的新思路：国有企业分类改革与治理》，《中国工业经济》2013 年第 11 期。
20. 黄速建、金书娟：《中国国有资产管理体制改革 30 年》，《经济管理》2009 年第 1 期。
21. 刘纪鹏：《对深化国有资产管理体制改革的建议》，《中国经济时报》2005 年 1 月 14 日。
22. 倪受彬：《中国国有资产管理目标及其实现机制》，《学术月刊》2008 年第 6 期。
23. 荣兆梓：《国有资产管理体制进一步改革的总体思路》，《中国工业经济》2012 年第 1 期。
24. 张文魁：《改革开放以来国有资产管理体制演进及走向评估》，《改革》2008 年第 12 期。

25. 中国社会科学院工业经济研究所课题组：《论新时期全面深化国有经济改革重大任务》，《中国工业经济》2014 年第 9 期。

26. 王勇：《国务院关于国有企业改革与发展工作情况的报告》，中国人大网，http：//www. npc. gov. cn/npc/xinwen/2013 – 10/26/content _ 1740994. htm，2012 年 10 月 26 日。

27. 《中央机构编制委员会办公室关于金融类企业国有资产管理部门职责分工的通知》（中央编办函〔2003〕81 号），http：//www. lawbox. cn/2012/0521/137944. html，2014 – 11 – 08。

28. 中央汇金投资有限责任公司网站，http：//www. huijin – inv. cn，2014 – 11 – 08。

29. 《关于中央行政事业单位所属企业国有资产监管工作归口管理的通知》（财办〔2010〕35 号），财政部网站，http：//jkw. mof. gov. cn/zhengwuxinxi/zhengcefabu/201009/t20100925_ 340416. html，2014 – 11 – 09。

30. 国务院关于组建中国邮政集团公司有关问题的批复（国函〔2006〕79 号），中国政府网，http：//www. gov. cn/gongbao/content/2006/content_ 421761. htm，2014 – 11 – 08。

第十四章

1. 余菁等：《转型中的中国国有企业制度》，经济管理出版社 2014 年版。

2. 财政部网站相关数据及管理规定。

3. 国资委网站相关数据及管理规定。

4. 黄群慧、黄速建：《论新时期全面深化国有经济改革重大任务》，《中国工业经济》2014 年第 318 期。

5. 世界银行：《国有企业分红：分多少？分给谁？》，《中国投资》2006 年第 4 期。

6. 谭啸：《我国国有资本经营预算改革研究》，博士论文，2014 年。

7. 汪平、李光贵：《资本成本、可持续增长与国有企业分红比例估算》，《会计研究》2009 年第 9 期。

8. 魏明海、柳建华：《国企分红、治理因素与过度投资》，《管理世界》2007 年第 4 期。

9. 张春霖：《有效约束、充分自主：中国国有企业分红政策进一步改革的方向》，北京，世界银行，2010 年。

第十五章

1. 张维迎：《国企的出路是民营化》，载《国家命运：中国未来经济转型与改革发展》，中央编译出版社 2015 年版。
2. 张维迎：《企业的企业家——契约理论》，上海三联书店 1995 年版。
3. 甄强：《基于调查的辽宁省属国有企业改革和发展问题分析》，《辽宁经济管理干部学院学报》2014 年第 2 期。
4. 高明华、杨丹、杜雯翠等：《国有企业分类改革与分类治理——基于七家国有企业的调研》，《经济社会体制比较》2014 年第 2 期。
5. 卫志民、刘鸿娟：《论我国垄断行业国企高管薪酬的规制创新——基于垄断行业国企上市公司的实证分析》，《江苏行政学院学报》2014 年 6 期。
6. 李东升：《央企高管的选拔动机与实际操作：从国资委层面观察》，《改革》2009 年第 10 期。
7. 杨黎明：《关于改革完善国企高管薪酬分配制度的再思考》，《中国党政干部论坛》2014 年第 6 期。
8. 李翃楠：《国企高管薪酬的法律规制及其合理化途径》，《江西社会科学》2014 年第 7 期。
9. 曹润林：《制度变迁、秩序规范与国企高管收入分配约束》，《改革》2013 年第 5 期。
10. 黄群慧：《论国有企业的战略性调整与分类改革》，《学术前沿》2013 年第 22 期。
11. 刘戒骄：《国有企业高管薪酬制度改革分析》，《中共中央党校学报》2014 年第 2 期。
12. ［日］植草益：《公共规制经济学》，筑摩书房 1991 年版。
13. ［日］久保克行：《国有企业民营化会增加企业价值吗?》，http：//www. rieti. go. jp/jp/projects/fcga2011/columns2/17. html.，2015 –04 –15.
14. Holmstrom，B. and P. Milgrom，“Multi – Task Principal Agent Analysis”，*Journal of Law*，*Economics and Organization*，1991，（7），Sp.：24 –52.

15. Milgrom, P. and Roberts, J., *Economics, Organaization and Management*. Englewood Cliffs, N. J.: Prentice – Hall, 1992.
16. Wilson, J. Q. *Bureaucracy: What Goverment Agencies, Do and Why They Do It*, New York: Basic Books, 1989.
17. Stiglitz, J. E., *Economics of the Public Sector*, 2nd ed., W. W. Norton, 1988.

第十六章

1. ［美］大卫·P. 艾勒曼：《民主与公司制》，新华出版社 1998 年版。
2. ［美］迈克尔·比尔：《管理人力资本》，华夏出版社 1998 年版。
3. 银温泉：《企业集团上市公司的股权结构改造》，外文出版社 1999 年版。
4. 张世贤、夏洪胜：《公司治理》，经济管理出版社 2014 年版。
5. 陈佳贵、黄群慧：《我国不同所有制企业治理结构的比较与改善》，《中国工业经济》2001 年第 7 期。
6. 黄群慧、杜莹芬：《论国有制的多种有效实现形式》，《中国工业经济》2003 年第 1 期。
7. 黄群慧、余菁：《新时期的新思路：国有企业分类改革与治理》，《中国工业经济》2013 年 11 期。
8. 黄群慧：《国资委亟待改进对国有企业的监管方式》，《财经科学》2005 年第 1 期。
9. 黄群慧：《新时期国有企业的使命与国企领导人的薪酬制度》，《经济与管理研究》2008 年第 1 期。
10. 金碚、黄群慧：《"新型国有企业"现象初步研究》，《中国工业经济》2005 年第 6 期。
11. 金碚：《国有企业的历史地位和改革方向》，《中国工业经济》2001 年第 2 期。
12. 金碚：《论国有企业改革再定位》，《中国工业经济》2010 年第 4 期。
13. 梁法院：《新一轮国企改革中如何发展混合所有制经济》，《企业研究》2014 年第 2 期。
14. 彭景：《国有企业外部治理机制及其完善》，《人民论坛》2012 年第 35 期。

15. 陶广峰、魏恒荣：《国际视野下的公司治理结构比较及启示》，《学术界》2007 年第 6 期。
16. 万敏：《国有企业内部人控制新探》，《财经科学》2004 年第 1 期。
17. 杨蕙馨、王军：《进入退出与国有企业的退出问题研究》，《南开经济研究》2004 年第 4 期。
18. 张金艳、张帆：《中国职业经理人市场发展的制约因素分析》，《广东外语外贸大学学报》2013 年第 6 期。

第十七章

1. 戴维·奥斯本、特德·盖布勒：《改革政府——企业精神如何改革着公营部门》，上海译文出版社 1996 年版。
2. 徐炜：《美国国有企业监管体制研究》，《比较管理》2012 年第 2 期。
3. 王文创、张金城：《德国国有企业的管理及对我国的启示》，《理论学刊》2006 年第 5 期。
4. 赵玲玲：《德国国企改革：通过民营化来改造国有企业》，《中国企业报》2014 年 3 月 4 日。
5. 李志祥、张应语、薄晓东：《法国国有企业的改革实践及成效》，《经济与管理研究》2007 年第 6 期。
6. 姜影：《法国国有企业管理体制改革的历程及成效》，《法学》2014 年第 6 期。
7. 李建春：《国有企业国际比较研究》，吉林大学博士学位论文，未出版，2010 年。
8. 黄群慧、余菁：《新时期的新思路：国有企业分类改革与治理》，《中国工业经济》2013 年第 11 期。
9. 张东明：《德国国有企业改革的启示与借鉴》，《财政研究》2013 年第 1 期。
10. 上海国有资本运营研究院：《国有企业分类监管法则》，《上海国资》2013 年第 4 期。
11. 商思林：《中储棉事件调查：一个政策公司的制度性冒险》，《商业周刊》2005 年 2 月 2 日。

第十八章

1. 魏成龙等：《国有大型企业的现代企业制度建设问题研究》，中国经济出版社 2013 年版。
2. 黄群慧、黄速建、余菁等：《论新时期全国深化国有经济改革重大任务》，《中国工业经济》2014 年第 9 期。
3. 黄群慧、余菁：《新时期的新思路：国有企业分类改革与治理》，《中国工业经济》2013 年第 11 期。
4. 戚聿东、柳学信：《深化垄断行业改革的模式与路径》，《中国工业经济》2008 年第 6 期。
5. 郑海航、戚聿东：《企业集团的产权结构与法人治理结构研究》，《经济与管理研究》2003 年第 5 期。

附录一

1. 陈佳贵、黄群慧：《中国工业化进程报告（1995—2010）》，社会科学文献出版社 2012 年版。
2. 黄群慧、白景坤：《国企改革和国有经济战略性调整综述》，载《中国经济学年鉴 2012》，中国社会科学出版社 2013 年版。
3. 曼瑟尔·奥尔森：《集体行动的逻辑》（中译本），格致出版社 2011 年版。
4. 常修泽：《打响“破垄”攻坚战——对中国垄断性行业改革的思考》，《前线》2011 年第 10 期。
5. 方栓喜：《国企：从现代企业制度到公共企业制度》，《上海证券报》2012 年 5 月 21 日。
6. 黄群慧：《关于进一步明确国有企业具体使命与定位的建议》，《中国经贸导刊》2007 年第 18 期。
7. 黄群慧：《新时期国有企业的使命与国企领导人的薪酬制度》，《经济与管理研究》2008 年第 1 期。
8. 黄速建、余菁：《国有企业的性质、目标与社会责任》，《中国工业经济》2006 年第 2 期。9. 金碚：《国有企业的历史地位和改革方向》，《中国工业经济》2001 年第 2 期。
10. 金碚、黄群慧：《“新型国有企业”现象初步研究》，《中国工业经济》

2005 年第 4 期。
11. 冷兆松：《“国进民退”主要分歧综述》，《红旗文稿》2013 年第 1 期。
12. 罗志荣：《国企改革——十年攻坚探出发展新路子》，《企业文明》2013 年第 3 期。
13. 罗志荣：《国资监管——十年探索构建新体制》，《企业文明》2013 年第 3 期。
14. 荣兆梓：《国有资产管理体制进一步改革的总体思路》，《中国工业经济》2012 年第 1 期。
15. 邵宁：《关于国企改革发展方向的思考》，《上海国资》2011 年第 18 期。
16. 余菁：《走出国有企业理论纷争的丛林：一个关于国有企业目标、绩效和治理问题的综合分析》，《中国工业经济》2008 年第 1 期。
17. 中国人民大学经济研究报告课题组：《国有企业的分类改革战略》，《教学与研究》1998 年第 2 期。
18. 张文魁：《国企需要新一轮改革》，《中国经济报告》2013 年第 1 期。
19. 温源：《十年改革路，国企步铿锵》，《光明日报》2013 年 5 月 14 日。
20. 张宇等：《如何看待国有企业的效率》，《北京日报》2012 年 10 月 22 日。
21. 天则经济研究所课题组：《国有企业的性质、表现与改革》，研究报告，http：//www. unirule. org. cn，2011 年 4 月 12 日。

附录二

1. 常修泽：《完善社会主义市场经济体制的新议题：发展混合所有制经济》，《21 世纪经济报道》2003 年 10 月 22 日。
2. 范恒山：《如何理解大力发展混合所有制经济》，《人民日报》2003 年 11 月 3 日。
3. 李志豹：《混合所有制：中国企业改革新目标》，《中国企业报》2011 年 7 月 8 日。
4. 罗志荣：《国企改革——十年攻坚探出发展新路子》，《企业文明》2013 年第 3 期。
5. 罗志荣：《国资监管——十年探索构建新体制》，《企业文明》2013 年第 3 期。

6. 温源：《十年改革路，国企步铿锵》，《光明日报》2013 年 5 月 14 日。
7. 黄群慧、余菁：《新时期的新思路：国有企业分类改革与治理》，《中国工业经济》2013 年第 11 期。

后　记

本书是由我任首席专家的国家社科基金重大招标项目“深入推进国有经济战略性调整研究”（12Z&D085）的最终研究成果，该项目于2012年秋立项，并在2014年年底免于鉴定而结项。整个课题的研究过程，以十八届三中全会召开为界，可以分为前后两个大的阶段。十八届三中全会前阶段，我们的工作主要是基于企业使命对国有企业进行功能定位与分类；十八届三中全会后阶段，我们的工作主要是基于十八届三中全会精神对国有企业改革的各方面重大任务进行具体研究。

在2013年初开展的第一阶段的研究工作中，我组织课题组成员对当时的117家中央企业进行了分组研究，逐一分析和阐述每一家中央企业的功能类型、企业使命、管理体制和业务特征。在此研究的基础上，我们确定了国有企业深化改革应基于企业使命和功能定位来推进分类改革与分类治理的政策思路。在十八届三中全会召开前夕，我和余菁研究员在《中国工业经济》2013年第11期发表《新时期的新思路：国有企业分类改革与治理》一文（参见本书附录一），集中展现了这一阶段我们的研究结论。我们主张：面对日趋复杂的国有企业改革与发展形势，应将国有企业分为一般商业性、公共政策性和特定功能性三类，为它们分别构造不同的治理机制。分类改革的思路已有一些学者提出，我2007年也提出要基于使命对国有企业进行分类改革，但我们的贡献在于对117家央企进行了具体的功能定位和分类，这是全新的研究，无论理论界还是实践界，还未有人对此进行研究。我们深信，在经过30多年的国企改革后，进一步深化国有企业改革必然是以分类为前提的。在随后的十八届三中全会文件中，提出了对国有企业进行功能定位的要求。我们的研究不仅符合十八届三中全会精神，而且对这种功能定位和分类进行超前具体研究。

十八届三中全会召开后，我们的研究工作进入了第二个研究阶段。2014 年，课题组同志们分赴全国近二十个省市开展了有关国资国企改革的调查研究工作，获取了大量的一手资料，相对系统和全面地掌握了中央及地方国资监管部门和国有企业在深化国有企业改革方面的最新动向。作为本书前言的《论新时期全国深化国有经济改革重大任务》（原文发表在《中国工业经济》2014 年第 9 期）是这一阶段研究成果的一个浓缩，它体现了我们基于对十八届三中全会精神的理解提出的全面深化改革国资国企改革的实践的总体构想。具体涉及四个方面的重大改革任务和具体措施：一是与时俱进地根据国家使命调整国有经济功能和布局；二是推进混合所有制改革确立国有经济的主要实现形式；三是建立分类分层全覆盖的新国有经济管理体制；四是推动国有企业完善现代企业制度。2015 年 9 月 14 日，中央对外正式公布了《中共中央国务院关于深化国有企业改革的指导意见》，我们欣喜地看到，我们的这些研究设想与该指导意见的基本精神高度一致，甚至一些表述也基本相同，如我在《新时期如何积极发展混合所有制经济》（原载《行政管理改革》2013 年第 12 期，《新华文摘》2014 年第 7 期全文转载，参见附录三）一文提出，国有企业领导人员管理体制要从“集中统一”转向“分类分层”，这与该指导意见提出了建立国有企业领导人分类分层管理制度完全一致。虽然该指导意见将国有企业分为商业类和公益类，但在商业类中区分了主业处于充分竞争领域和主业处于关系国家安全与国民经济命脉的重要领域两类，实质上也是分为了三类，我们提出的国有企业分类的“三分法”与该指导意见精神也是一致的。

回顾整个研究历程，正如从我们发表的研究成果名称可以看出的，我一直在努力用“新时期”这样一个词语来统领和概括有关理论与实践所对应的历史时期的特质。结合过去三年左右的国资国企改革的进展情况，我认为，这个用法是可以成立的。在新时期里，我国社会经济形势已发生了重要的变化，我国正步入经济“新常态”，国有经济改革与发展相应也面临新的环境与挑战。我国国有经济改革的确进入了以十八届三中全会精神为指导，以分类为改革前提，以推进混合所有制改革、建立管资本为主的管理体制、完善现代企业制度和进一步实施国有经济战略性调整为主要内容的“新时期”。

在课题研究期间，我们课题组发表了大量的成果，既包括公开发表的几十篇学术论文、报纸专访和一般文章，也包括数篇研究报告和内部要报，其中一些要报获得了中央领导的批示。书中附录四列示了我们在整个项目研究过程中发表的主要的阶段性研究成果，以供有兴趣的读者查阅和参考。细心的读者也许可以发现，虽然我们在2014年年底就因提交了几篇要报而被批准免于鉴定，重大课题已结项。但是，我们的研究并没有因为课题结项而停止，今年仍发表了一系列成果。学无止境，在未来，我们的研究还会随着国有经济改革的深入而深入。

本书并不是我们已发表研究论文的汇集，而是一本系统表述我们对新时期国有经济改革各方面重大问题研究的专著，我们试图探索和尝试回答了在新时期如何深化国资国企改革的有关重大现实问题，并致力于为国家深化改革的重大决定和政策制定提供研究支撑。本书的提纲、最终通稿是由我和余菁研究员共同完成的，各章执笔人情况如下：第一章为黄群慧、余菁；第二章为白景坤；第三章为霍景东、王钦；第四章为张航燕；第五章为李钢、王罗汉；第六章为李钢、何然；第七章为刘欧、刘戒骄；第八章为邵婧婷；第九章为黄群慧；第十章为王涛；第十一章为王欣；第十二章为郭朝先；第十三章为常蕊；第十四章为陈金亮；第十五章为刘湘丽；第十六章为原磊；第十七章为肖红军；第十八章为张航燕。参与本书写作的同志除刘欧来自哥伦比亚大学经济系外，其他同志都是我们中国社会科学院工业经济研究所的研究人员。中国社会科学院工业经济研究所自蒋一苇先生开拓性的贡献以来，一直是我国国有企业改革与发展研究的重镇。我们希望本书的研究能够体现工业经济研究所的后人在学术传承的努力，也希望能够展现我们在新时期全面深化国有经济改革的伟大实践中的学术贡献。

本书出版之际，这里我首先衷心感谢著名经济学家、中国社会科学院学部委员张卓元先生，他不辞辛苦欣然同意为本书作序，拜读他的序言，我从中深刻地感悟到他的学术大家风范和提掖后辈之情。我还要感谢中国社会科学出版社社长兼总编辑赵剑英编审，他一直关注我们的研究，不断给予鼓励。感谢他和他的出版团队为本书的出版付出的工作努力。

最后，我衷心感谢曾经热心帮助和参与我们调查研究工作的各界有识之士。有鉴于中国国资国企深化改革的形势复杂性和时间的局限，本书研究的不尽完善之处是显而易见的。我恳请读者对我们的研究工作提出宝贵的批评意见，帮助我们在支持和推动未来中国国有经济健康发展方面发挥更大的作用。

黄群慧

2015 年 9 月 16 日